中国特色哲学社会科学
探索与创新

《中国社会科学院研究生院学报》
创刊 40 周年纪念文集

THE EXPLORATION AND INNOVATION
IN PHILOSOPHY AND SOCIAL SCIENCES
WITH CHINESE CHARACTERISTICS

A COMMEMORATIVE COLLECTION OF PAPERS FOR
THE 40TH ANNIVERSARY OF
JOURNAL OF
GRADUATE SCHOOL OF CHINESE ACADEMY OF SOCIAL SCIENCES

林　维　　主编

社会科学文献出版社
SOCIAL SCIENCES ACADEMIC PRESS (CHINA)

中国社会科学院研究生院学报

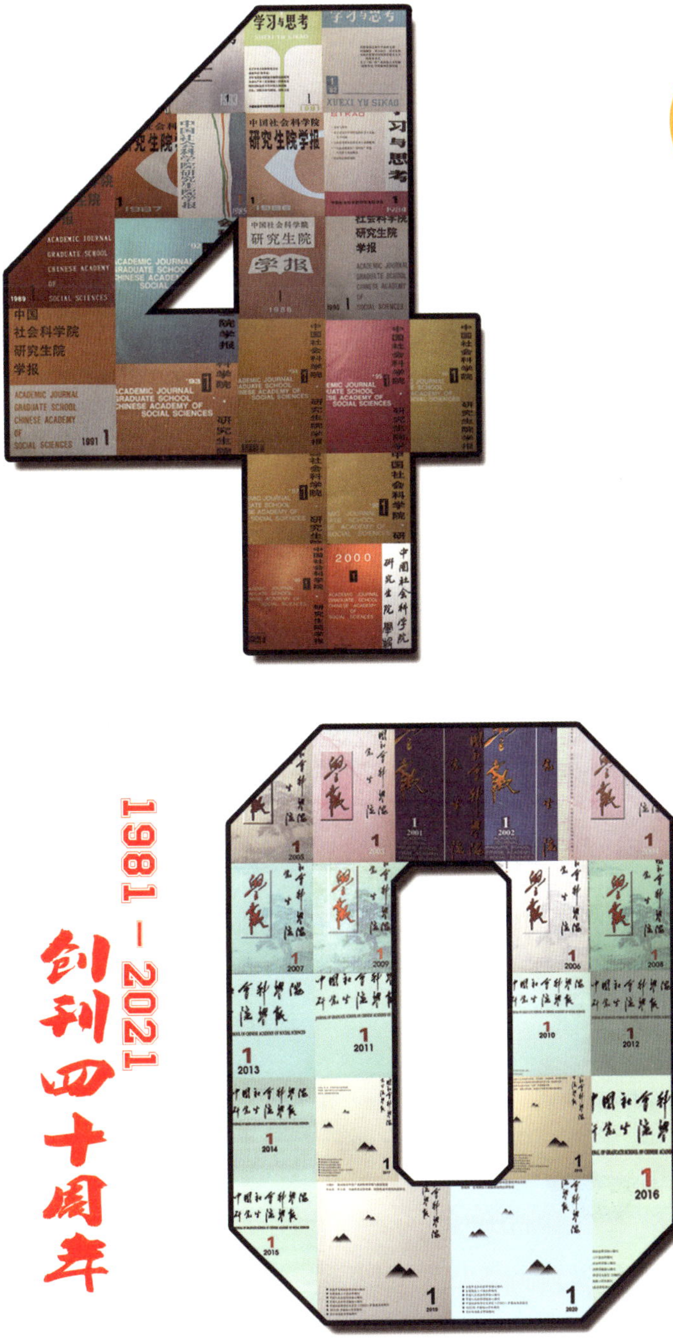

1981－2021

创刊四十周年

创刊四十周年历任主编寄语

厚植《学报》阵地　强化育德育智功能

——汪海波

百花齐放之沃土　百家争鸣之论坛

——杨润时

热烈祝贺《中国社会科学院研究生院学报》创刊四十周年！祝学报越办越好！

——杨圣明

过去的40年，我们共同见证了《中国社会科学院研究生院学报》从无到有、从有到优、繁荣学术、勇于创新的成长和蜕变，希望《中国社会科学院研究生院学报》越办越好，更上一层楼。

——邹东涛

追求真理　引领文风

——刘迎秋

《中国社会科学院研究生院学报》创刊40年来，培养了大批青年学者，发表了诸多名篇佳作，为繁荣和发展我国哲学社会科学，构建中国特色、中国气派、中国风格的哲学社会科学话语体系做出了重要贡献。

——文学国

科学而批判的精神　独立而求实的学风

——黄晓勇

发挥学术交流平台功能，助力哲学社会科学研究，服务和推进学校教育教学事业的繁荣发展。

——张政文

汇聚百家思想　见证时代变迁

——王新清

注：前任主编温济泽先生、徐敏先生和方克立先生分别于1999年、2018年和2020年先后离世，学报同仁深切感念三位先生的情怀和贡献。

历任编辑名单

（按姓氏笔画排列）

与时代同行的哲学社会科学创新研究

林　维

历经周折而呈现在读者面前的是《中国社会科学院研究生院学报》（以下简称《学报》）办刊40年以来部分优秀论文的选编。《学报》正式创刊于1981年1月，至2021年恰逢40周年，为了纪念这一段《学报》的发展历史和所取得的成绩，也更是为了激励《学报》同仁在新时代能够更好地做好编辑工作，我们选编了40年来《学报》所刊发的部分优秀论文。它们不仅仅代表了《学报》40年来在论文编发上的成绩，也更是从一个小的侧面反映了《学报》如何在正确的政治方向引领下，与时代同行，全力推进中国特色哲学社会科学的创新性研究，为三大体系建设做出自身独特的贡献。

《学报》的成长和发展始终和中国社会科学院研究生院的成长和发展息息相关，和中国哲学社会科学的人才培养事业紧密相连。中国社会科学院研究生院创办于1978年10月，研究生院成立后不久，在《学报》正式创刊之前，中国社会科学院研究生院曾在1979年12月20日发行试刊，刊名《学习与思考》。在试刊号的“编后”中，编辑部曾经明确“《学习与思考》是供研究生发表学习和研究成果、进行互相学习和自由探讨的园地，同时也将刊登导师们撰写的一些文章”。这样的定位在今天看来似乎有点过低，但是考虑到中国社会科学院研究生院的第一届448名硕士生在1978年10月5日刚刚入学（1982年3月，中国社会科学院研究生院共授予318名毕业生硕士学位，占全国首届获得哲学社会科学学位总人数的28%），这仅仅是研究生院成立的第二个年头，考虑到研究生在彼时的“稀缺”，我们也就不难理解试刊的这一番用心。作为“文革”后首批成立的研究生院，中国社会科学院研究生院的目标就是培养又红又专的哲学社会科学专门人才，加速建立一支宏大的马克思主义理论队伍，为国家的现代化建设培养社会科学理论研究专门人才。“文革”结束不久，国家发展百废待兴，中国的高等教育迎来巨大转机，社会科学的发展同样迎来了严冬之后的春暖花开，这一批优秀的人才多么需要一个崭新的学术平台，以满足他们蓬勃活跃、充满激情的思考和写作需求。正是在这样的背景下，1981 年 1 月，《学报》正式创刊。

2017 年 5 月，经教育部批准，在研究生院基础上成立了中国社会科学院大学。经历了 40 多年的改革开放，我国高等教育获得了前所未有的发展，在这一高质量发展的时代背景下，中国社会科学院大学的定位就是要成为中国特色社会主义一流文科大学。伴随这样一种变化，在经历四年多的培育和准备之后，从 2022 年开始，《学报》正式改名为《中国社会科学院大学学报》，并由双月刊改为月刊。改刊后的第一期，以醒目而沉稳的橙色为封面色调，无论是版式还是内容都有了明显的创新和变化，《学报》的发展迎来了新的一季。

《学报》的成长和发展同样也和我国哲学社会科学的创新和蓬勃发展相呼应。40 年来，《学报》与改革开放同行，与时代脉搏共振，重点发表探讨当代重大理论学说和现实问题的学术论文。试刊号的发刊词曾经热情洋溢地指出：“自从全国科学大会发出向科学进军的号召以来，已经两年多了。这里所提的科学，当然不是只指自然科学和技术科学，也包括社会科学和管理科学……为了把我国建设成为现代化的、高度民主的、高度文明的社会主义强国，一定要在发展自然科学和技术科学的同时，十分重视和大力发展社会科学和管理科学……发展社会科学和管理科学已经成为直接关系到我国现代化建设的大事，直接关系到我国经济改革和政治改革的大事，直接关系到我们国家、我们民族的前途和命运的大事。我们要为此大声疾呼、奋发努力。”试刊号上发表的论文包括《关于强子结构和胶子的哲学浅议》《速度 比例 结构——对我国经济发展速度和经济结构的探讨》《对我国银行立法的意见》《“迷惘的一代”初探》《语言学中的结构分析方法》等等。在 1981 年正式创刊的第一期上，发表的论文包括《运用控制论方法研究经济体制的改革》《略论“地方保护”政策》《跨国公司的股权形式及其变化》《现代国际政治斗争中的人权问题》《关于人民群众直接参与国家立法的设想》《言论、出版自由与新闻、出版立法》等等。40 多年前的这些论文议题，无不和改革开放事业息息相关，充满了探索、开放的精神，不仅引领着当时的学术前沿，即使在今天，也仍然闪烁着思想解放、学术创新的锐利光芒。

浏览 40 年《学报》的总目录，论文涉及的主题几乎覆盖我国哲学社会科学的主要领域及其前沿问题，或为当时人文科学的最新思想研究成果，或为对改革开放中社会科学急需解决的现实问题的理论回应。《学报》在某种程度上真实记录了改革开放 40 多年来我国哲学社会科学的学术发展和转型史，反映了我国哲学社会科学理论建构和学科建设的丰硕成果，反映了当代中国在政治、经济、文化、社会等方面深刻而巨大的变化。《学报》40 年来一直坚持政治方向坚定、时代精神鲜明、学术品格纯正、争鸣探索前沿这一办刊精神，改名后的《中国社会科学院大学学报》也将仍然秉承初心，大力打造“习近平新时代中国特色社会主义思想研究”“马克思主义与当代实践”“中国特色哲学社会科学‘三大体系’研究”“计算社会科学与现代治理”“数字化时代与人文社会科学创新”等特色栏目，继续深入研究前沿学术问题，推动哲学社会科学的创新。

《学报》40 年来共推出论文 4000 余篇，这一成绩的取得首先要归功于热爱、信任《学报》的作者们。40 年来，《学报》汇聚了一批学识深厚的作者队伍，一批学界大家例如胡绳、冯友兰、贺麟、黎澍、钱锺书、顾颉刚、罗尔纲、董辅礽等，都曾赐稿《学报》；包括一大批中国社会科学院学部委员在内的知名专家，也都曾在攻读硕士、博士期间在《学报》发表学术新声，开启他们的学术历程，如今他们有不少已成为我国不同领域的重量级专家学者和领导。在 40 年论文总目录中，这样的作者举不胜举。这其中《学报》虽不过是起了一点“促进”作用，但也足以令人欣喜。优秀的作者和作品永远是一本学术期刊办好的保证，改名后的《中国社会科学院大学学报》同样继承了这一传统，我们专设了“专论：学术与思想”栏目重点介绍知名学者的最新成果，同样也专设“青年：探索与争鸣”栏目，为推介源源不断的青年学术人才、传承中国学术精神、创新人文社会科学思想而提供广阔的平台。

40 年来，温济泽、徐敏、汪海波、杨润时、杨圣明、方克立、邹东涛、刘迎秋、文学国、黄晓勇、张政文、王新清等领导、专家先后担任《学报》主编，为《学报》的成长和发展付出了巨大心血，奠定了优秀办刊传统，成就了《学报》的办刊风格。回顾《学报》所取得的这些成绩，必须要感谢《学报》历任主编和编辑部同仁的朝乾夕惕、尽职尽责。

历史表明，社会大变革的时代，一定是哲学社会科学大发展的时代。当代中国正经历着我国历史上最为广泛而深刻的社会变革，也正在进行着人类历史上最为宏大而独特的实践创新。这种前无古人的伟大实践，必将给理论创造、学术繁荣提供强大动力和广阔空间。这是一个需要理论而且一定能够产生理论的时代，这也是一个需要思想而且一定能够产生思想的时代。限于篇幅，本书所选的论文仅仅是《学报》40 年所编发的论文中具有代表性的一小部分，大量优秀论文不能选录其中。尤其限于我们的水平，难以保证 40 年来《学报》所刊发的精品力作都能够覆盖无遗，因此必有遗珠之憾，还请各位专家学者见谅，但《学报》编发的数千篇论文所整体折射的思想魅力和学术生命力已从中可见一斑。这种生命力的获得，正在于他们的思考和研究始终深植于学术之根本，始终站在思想的潮头，始终回应时代、国家和社会发展的挑战和期待。与时代同行，回答时代之问，方能历经时代变迁而始终灼耀其华，这是我们编发这些论文的最深刻体会，也是 40 年来《学报》所取得成绩的源泉所在、《学报》未来发展的动力所在，更是中国哲学社会科学创新的希望所在。

哲学社会科学的思想成果构成了人类文明绵延的精神基础，在中华民族复兴的伟大征程中，当代中国哲学社会科学的研究将更具世界视野、开放心态，从而能够为世界贡献更多的思想和智慧。作为一份综合性哲学社会科学学术期刊，《中国社会科学院大学学报》将继续坚持从历史和现实、理论和实践相结合的角度，深入阐释如何更好地坚持中国道路、弘扬中国精神、凝聚中国力量，这是办刊的政治方向和时代精神的来源，也是中国哲学社会科学研究工作者“真问题”思考的起点。同时，学术期刊作为学术研究的窗口和学术交流的平台，在构建中国特色哲学社会科学这一系统工程中应当承担重要而独特的职责。不仅如此，大学学报还承担着大学学术形象的代言任务。因此，在未来的办刊工作中，《中国社会科学院大学学报》将始终坚持40年来的优秀办刊传统，进一步强调时代性、前沿性、开放性、创新性，继续为加强“三大体系”建设、推动中国特色哲学社会科学的发展做出应有的贡献。

是为记。

目　录

第一篇　人文社会科学方法论研究

第二篇　马克思主义与中国道路

第三篇　古今中外哲学的中国审视

第四篇　中国特色经济管理理论探索与创新

第五篇　中国全面依法治国理论创新与实践发展

第六篇 世界政治与中国视角

第七篇 文思胜境与时代精神

第八篇 古今之变与理智启迪

第九篇　当代中国社会转型与社会建设

第一篇

人文社会科学方法论研究

关于社会科学研究的几个问题

胡　绳*

江泽民总书记、李鹏总理和中央其他领导同志，自去年12月以来，多次听取我院工作汇报，又与我院部分专家学者举行座谈，发表了重要讲话，充分体现了对社会科学的高度重视和殷切期望。最近，李铁映、王忍之等同志又和我院党委、部分所局领导和专家学者多次座谈，进一步听取我院的工作情况，听取到会同志的意见和建议，并就我院在“八五”期间的任务和方针等问题提出了重要意见。李铁映同志还委托国务院副秘书长徐志坚，约齐国家计委、人事部、财政部等单位协商，帮助我院研究解决经费、基建、人事等方面的一些实际困难，以逐步改善我院的物质条件。所有这些表明，党中央、国务院对我院建设，对社会科学事业的发展是十分关心和重视的。

中央关于社会科学的一系列重要指示，进一步确定了我院办院宗旨和办院方针，提出了我院的基本任务，指明了今后的奋斗目标。在今后相当长的时期里，都具有十分重要的指导意义。回顾一年来的工作，我们深深感到，只要认真贯彻落实中央对社会科学的一系列重要指示，坚持马克思主义的办院方向，集中精力治院治所，我院以科研为中心的各项工作就会健康发展，就会为建设中国特色社会主义的伟大事业不断做出新贡献。

---

* 本文刊发于1992年第1期。作者胡绳，时任第七届全国政协副主席、中国社会科学院院长，曾任第八届全国政协副主席。

根据中央指示精神，结合我院实际情况，院党委和院务会议确定，我院在“八五”期间要始终坚持党的“一个中心，两个基本点”的基本路线，贯彻执行“坚持方向，稳定规模，突出重点，提高水平，改善条件”的20字工作方针，逐步达到以下主要目标：在政治方向上，确立马克思主义在各学科的指导地位，加强马克思主义基本理论研究，努力把我院建设成为马克思主义的坚强阵地。在全院规模上，坚持内涵式发展，积极解决人浮于事、摊子过大、机构臃肿的问题，初步形成人、财、物协调发展的局面。在科研布局上，把建设中国特色社会主义所涉及的重大理论问题和实际问题作为全院科研工作的主攻方向，继续保持和发挥人文学科已经形成的某些优势。在组织建设上，采取积极措施，建立一支政治素质较好、业务素质较高，能坚持理论联系实际的精干科研队伍；注意对中青年学术带头人的选拔和培养，加强对青年科研人员的教育、培养和提高。通过5年的努力，实现上述主要目标，将为以后的发展奠定较为坚实的基础，使我院真正成为党中央、国务院的得力参谋和助手，成为哲学社会科学的研究中心。

要实现我院“八五”期间的主要目标，任务是极为繁重的，必须有一系列切实可行的具体措施作保证。在此，仅着重强调以下几点。

第一，必须看到，党、国家和人民迫切要求社会科学战线能够用自己的科研成果，更有力地回答我国社会主义经济、政治、文化建设各方面的大量新的较深层次的问题，把建设有中国特色的社会主义的丰富多彩的实践经验，从理论上加以深刻的总结和概括。因此，社会科学研究的首要任务，就是从我国社会主义物质文明建设和精神文明建设的实践出发，抓住实践中最紧迫的和最具有战略意义的问题，调查研究，总结经验，深化认识，探索规律，努力从理论上作出有科学根据的回答，并努力为党和国家的有关重大决策提供切合实际的思路和建议。我们还要为我国的社会主义文化建设做出贡献，推进对于我国历史，特别是近代社会、革命历史的发展和我国丰富的历史文化遗产的研究，推进对于外国历史、现状、国际关系和当代世界发展的研究。包括历史学、考古学、文学、伦理学、美学、社会心理学、逻辑学、语言学等在内的属于文化研究领域的诸多学科，它们的成果有助于提高整个中华民族的思想道德素质和科学文化素质，有助于提高民族自尊心和自信心，有助于在广大人民群众尤其是广大青年中树立科学的人生观、价值观，能够对社会主义精神文明建设发挥直接的或长远的深刻效益，也有利于社会主义物质文明建设。总之，立足于中国社会主义现代化建设的现实，而又紧密联系当代世界，又不割断历史，我们研究的对象应是古今中外。延安整风时期，毛泽东同志指出，研究问题要以当代中国问题为中心，要用“古今中外法”，指出这是“全面的历史的方法”，是马克思主义的一个“根本方法”。今天我们社会科学研究工作仍然必须坚持这个方法，并在新条件下加以运用和发展。只有这样，才能把马克思主义基本原理与当代中国、当代世界的具体实际更好地结合起来，更有成效地探索社会主义现代化建设过程和世界发展过程各方面的客观规律，为建设中国特色社会主义的伟大事业做出应有的理论学术贡献。

为了在科研布局上突出体现科学研究紧密围绕建设有中国特色的社会主义伟大事业，与社会主义现代化建设和改革开放的实际相结合这一主题，在“八五”期间，要注意从以下几方面确立重点课题，组织力量，加强研究和探索。

1. 认真总结建党 70 年来、新中国成立 42 年来，特别是实行改革开放后十多年来，革命和建设的无比丰富的实践，深化对国情的认识，参考国际经验教训，探索社会主义经济和社会发展的基本规律，进行创造性的理论概括。这对于提高全国人民坚持走有中国特色的社会主义道路的信心、促进改革开放和社会主义现代化建设事业的发展，将具有重大影响和深远意义。

2. 根据社会主义经济建设和改革开放提出的任务，不但要研究社会发展和经济改革的有关方针、政策以及全局性实施方案的科学性和可行性，而且要研究实施这些方针、政策以及方案的社会效应，及时提出兴利除弊的措施。力求为实现国民经济和社会发展的第二步战略目标，提供系统的、科学的、经得起实践检验的理论成果。

3. 以马克思主义为指导，加强对有中国特色的社会主义文化建设的理论和实践的研究。要从理论上确立适应于改革开放形势的、健康向上的社会主义的人生观、价值观，给人们提供鉴别社会生活中是非、美丑、善恶的指导准则，培养健康情操和良好的社会道德风尚；弘扬中华民族优秀文化传统，激发爱国主义热情，增强民族凝聚力。

4. 加强对社会主义民主与法制的研究，科学地阐述马克思主义关于国家的理论，阐述社会主义民主的先进性和优越性，研究和总结这方面的实践经验，为社会主义民主政治和法制建设提供理论依据和对策性建议。

5. 要深入剖析苏联、东欧国家演变的历史教训，认真研究、总结我国坚持“一个中心，两个基本点”的基本路线，建设有中国特色的社会主义的历史经验，从理论与实践的结合上揭示马克思、恩格斯创立的科学社会主义理论与民主社会主义一类的思潮和理论的本质区别，丰富和发展马克思主义的科学社会主义理论。

6. 要运用马克思主义的立场、观点和方法，分析和批判西方资产阶级的民主、自由和人权理论，以及形形色色的反对马克思主义的资产阶级政治思想和学术理论观点，提高坚持马克思主义、反对和抵制“和平演变”的自觉性。

7. 要认真研究第二次世界大战后，世界资本主义经济和社会发展中出现的许多新情况、新特点。坚持和丰富马克思、列宁关于资本主义和人类社会发展规律的科学论断。

8. 要认真研究当代世界的主要矛盾和新旧格局交替过程中的国际关系、国际政治经济形势的新特点和新发展，以及建立世界政治经济新秩序问题。有重点地深化对于若干外国和世界若干区域的研究，以及重大国际问题的综合性、战略性研究。

第二，还必须看到，总的说来，我国社会科学研究的社会效果，是要为我国的改革开放和社会主义现代化建设提供理论依据，是要增强全国人民的凝聚力，增强全国人民独立自主地坚持走社会主义道路的信心和意志，因此，我们的研究成果，不但要提供给党和政府的各级领导，提供给专家学者，还要考虑到广大群众的需要。我院科研人员有责任、有义务在通过艰苦的、深入的探索和研究推出一批高水平学术专著的同时，主动地完成一批有学问、有深度而又通俗化、大众化的著作。在我国，这种学术的普及工作是大有可为的。比如，像“西方资本主义是怎样发展起来的？”“中国为什么不能走资本主义道路？”这一类的题目，还有关于人生观、价值观，关于社会主义的改革开放，关于国际问题，等等，也都应该而且可以写出有资料、有分析、有可读性，能够启发和引导读者的通俗性学术作品。我院科研人员应该在这方面做出积极的努力。

第三，为了通过自由的学术讨论和批评与自我批评，克服各种错误思想，促进理论学术事业的繁荣，我们要在坚持四项基本原则的前提下，全面理解和认真贯彻“百花齐放”“百家争鸣”的方针。要特别强调以下几点。

1. 马克思主义者应该有理论的勇气，不能回避现实生活中存在的尖锐的有争议的重大问题；应该发扬批判和战斗的优良传统，敢于坚持真理。我们主张科学问题的自由讨论，目的是通过自由讨论发展马克思主义，巩固和加强马克思主义在理论学术领域内的优势。对于明显是错误的观点，绝不能置之不理，应当用科学的态度进行有说服力的批评。

2. 科学探讨中，错误是难免的，要允许犯错误，允许改正错误。对学术上的不同观点，不应轻率作结论，最终要由实践来检验。

3. 认真实行团结的方针，要团结党内外一切有志于马克思主义的学术工作者，还要团结一切爱国的非马克思主义的学术工作者，鼓励他们在科学研究中作出对人民有益的成果。

4. 在贯彻“双百”方针中，要注意强调遵守政治纪律和宣传纪律。对于那些涉及现行的重大方针政策、涉及党和国家重大利益、涉及社会稳定等的敏感问题，要坚持内外有别的原则。

写给青年研究工作者（专题系列文章节选）

于光远*

勤（写给青年研究工作者之二十四）

写完《学聪明日记》之后，还有一些意思想说。

写日记是每天把自己所接触到的事情和自己的思考记录下来的一种形式。它是笔勤的一种表现。

自 1942 年我把那本日记本交出之后，我就没有再记日记。但这并不是说我不再去观察每天接触到的事情，不再每天进行思考了。每天总会遇到一些值得注意的事情，都有一些值得思考的东西，有时也就写点什么东西留下来。我觉得这么做是有意义的。只有“文化大革命”的那几年，我不好再写什么，那时除了交代材料和外调材料外，写任何东西都是不明智的事。

党的十一届三中全会后又可以从事愉快的写作了，而且似乎越写越想写，越写越多，最后可以说恢复了写日记的习惯。特别是从 1985 年 7 月 7 日起，我更有意识地把每天写的日记逐日保存，准备编一部《不是日记的

* 本专题首篇刊发于 1986 年第 3 期，连载至 1987 年第 5 期。作者于光远，时任中国社会科学院顾问，曾任中共中央顾问委员会委员、国家科学委员会副主任、国家计划委员会经济研究所所长、中国社会科学院副院长兼马克思列宁主义毛泽东思想研究所所长。

日记》的集子。

我自己觉得我的笔头是比较勤快的。我感到笔勤有很多的好处，如整理自己的思想、备忘备查、对外传递信息等。我觉得养成笔勤的习惯是很有好处的。我不赞成做懒于动笔的人。我自己不那么做，我也不提倡人们那么做。

口勤，这一点同笔勤有所不同。在治学方法上，我还没有见到有人反对笔勤，但是，反对口勤的人还是不少的。有不少成语就是对多讲话这一点讲的坏话，另外还有“沉默是金子”这样的话。不过，我却是主张口勤的。多讲与多写一样，也有整理自己的思想、对外传递信息的作用。当然，口讲不能有备忘备查的作用。不过现在利用录音的办法，也可以起到那种作用了。

当然，仅就治学来说，还应有“腿勤”“眼勤”“耳勤”等。它们都可以使一个人吸收比较多的信息，取得较好的学习成果。腿勤——勤于到各个地方去走，可以使人直接接触到更多的实际，因而也可以使人的思想深入。眼勤、耳勤——要直接用眼去看、用耳去听更多的东西，以增加更多的知识。所以笔勤、口勤同腿勤、眼勤等是密切联系在一起的。

凡是勤，都有一个随时随地的问题，都有一个一点一滴的问题。随时随地、一点一滴地吸收知识和改进工作，积小为大，就可以成为学问大的人。

《勤》的补充（写给青年研究工作者之二十五）

才写完关于“勤”的文章，就觉得讲得不全面。不想去改那篇文章，在这里就作一个“补充”吧。

在上篇和这篇文章中，讲的“勤”都是就认识的意义而言的。可是上篇文章虽然讲到了从认识器官来看勤，但只讲到了眼和耳，却忘了一个可能更为重要的认识器官——脑。当然，应该提倡脑也要勤，应该提倡做思想上的勤汉，不做思想上的懒汉；提倡经常开动脑筋，不要让自己的脑子因为老不开动而生锈。

对于从事科学研究的人来说，加上脑勤这一条，本来意义上的重要认识器官就可以说都讲到了。还有一个具有嗅觉的鼻子、一个具有味觉的舌头、一个具有触觉功能的“身”，它们也是认识的器官。因为它们既然是感觉器官，也就有认识论意义。但我在讲研究工作者要勤的时候，这些器官的意义是比较小的。当然，如果把它借用的意义放进去，那就不一样了。例如我们需要提高对某些错误思想的嗅觉（嗅是用鼻子的），尝试（尝是用舌头的）许多没有把握的事情；我们要去探求许多没有把握的东西，有时免不了一个暗中摸索的过程，而摸是要靠触觉的。

《勤》中提到的腿和拿着笔的手，以及用来说话的口，都是运动器官，本身不是感觉器官，但是腿勤、笔勤、口勤可通过如上文所讲的机制而取得认识论的意义。

还可以再引申一层意思，那就是人的改造客观世界的活动是具有认识论意义的。勤于从事改造客观世界的实践，对于一个研究工作者来说，也是不能够放在一边，不给予高度重视的。

有一回，大概是 1964 年，毛泽东把周培源和我叫到他在中南海的卧室里，谈关于坂田仓一物理学的文章问题（那次谈话我作的记录在“文化大革命”中被红卫兵拿走，流传到社会上去了）。在那次谈话中，我向毛泽东提出一个问题：能否像说生产工具是人的劳动器官的延长那样，说认识工具是人的认识器官的延长，比如眼镜是人的视觉器官的延长，它们属于认识工具的范畴。毛泽东没有正面回答我的问题，却说种地的镢头也是一种认识工具。从改造世界的实践具有认识论的意义来说，他的说法是对的。

突出一个“严”字（写给青年研究工作者之二十八）

题目已经把想讲的意思表达出来了。

你们会估计到，我会特别强调研究生首先要懂得必须在自己的一生中用严格的科学态度来进行研究。因此，在这里，“严”的第一个含义就是严格的科学态度。

当然，“严”在这里也就包括：(1) 作为坚持严格的科学态度的思想基础——严肃地对待人生，严肃地对待社会主义事业，严肃地对待自己正在进行的学习；(2) 在贯彻严格的科学态度时，应该做到严密地思考，努力掌握为取得研究成果所需要的一切论据（事实资料和思想资料），进行细密完整的逻辑论证。

这是对研究生来说的。对于导师来说，也有一个要对研究生严格要求的问题。“教不严，师之惰。”师不严，是培养不出研究生的这种严格科学态度的。

“严”是一种推动，但仅仅看到这一点是不够的。导师对什么是严格的科学态度要有深刻的理解，并且要使研究生懂得这种理解。导师还要善于把严格的科学态度在多方面具体化，使得研究生通过许多具体的东西来懂得严格的科学态度。比如我写的《有意义的教学、有意义的计算》一文，就是为了实现这样的目的而提供的具体的例子。我想应把那篇短文作为这篇短文的附录。

我不知道自己究竟怎样才能做到“严”。对此我正在思考，而且还要取得经验。我也不知道自己对研究生究竟应该“严”到什么程度才合适。现在我只是确定对自己应该有突出一个“严”字的思想，也要求研究生催促我突出一个“严”字，在思想上有这样的准备，并和我一起创造这方面的经验。

想开去　想下去（写给青年研究工作者之三十）

对于思考，我强调“抓”“追”“钻”这几个字。

有时候脑子里出现某个创造性的、有意义的好思想，往往只是一闪，只是一点一滴，如果不抓住很容易就会丢失了。这就要去把它抓住，最好立刻把它记下来，哪怕只记几个字也有用处。写下来，一则加深了记忆，二则那个思想“物化”在你的笔记里，成了你的对立物。它面对着你，你面对着它。它会抓住你的思想，使你的注意力集中在它上面，并使你对它做些什么，使你的思想再有所前进。

抓住了就要想开去，想下去。这就是“追”“钻”两个字的含义了。“想开去”就是去追究和它有关的各种事物，在这个方面发展自己的思想，这是对事物之间相互联系这个辩证思想的运用。这样越想涉及的方面就越宽广，使自己的思想越来越丰富。“想下去”就是对这个思想进行逻辑推理，使自己的思想一层一层地深化，越来越细致，越来越严密，钻到事物的本质里去。“追”和“钻”也就是古人说的“锲而不舍”的意思，不过，用我的话来说，就成了我自己的亲身体会了，有了更多的内容了。

上面说的只是从思想到思想，但我并不认为可以轻视实践轻视经验在认识中的作用。首先，这里说的最初产生的思想并不是凭空产生的，它只能是从实践中来的。而在“想开去”“想下去”的过程中的“想”，也离不开实践的经验。而且这里所说最初在头脑中出现的思想，就是指导自己去实践的思想；抓住这种思想，就是要抓紧完成实践的任务。我最后说的这些话，为的是不至于产生误会。

从我的一句座右铭说开去
（写给青年研究工作者之三十五）

我有一句座右铭：“不使用没有经过自己批判的语言。”意思是说，一要对自己使用的语言有负责精神，二要坚持独立思考的精神。无批判地（即不经过自己的思考）使用某一语言，就是无批判接受和这个语言在一起的思想。

在这里我想说清楚两点：一是不使用没有经过自己批判的语言，并不是不去接触、不去研究自己原先不熟悉的语言，或者更准确地说，不去研究使用这种语言的哲学社会科学和哲学社会学说。我的这个座右铭是积极的，不是消极的。这一点从这个座右铭的文字中是看不出来的，所以有必要在这里说一下。二是这句格言是我自己对自己的要求，并不是说我已经全部做到了。事实上我也免不了有时使用自己没有“批判”过的语言。当然，经过自己批判并不等于说就正确，只是即使不正确也不是盲目的，而是较有意识罢了，因为没有经过很好的研究就去使用，就带有较大的盲目性。我的这句座右铭为的就是告诫自己防止这种盲目性。如果根本不会发生这种情况，我何必要有这句座右铭呢？

对于上面所说的，我还想再补充两点：第一点，在使用新的语言时，要特别注意选择对于我国社会主义事业最为有用的。这样一种“选择”，本身也就是一种“批判”。对于这一点，我以后还要更自觉一些。第二点，对于自己已经使用的语言，也要采取批判的态度，也就是自己的思想要不断深化。思想在发展，语言也就会有所改变，观念更新和语言更新是密切相关的。对正在使用的语言的更新，常常是自己观念更新的表现。这是应该认真对待的事情。

认识·预见·行动

（在“现代自然科学和社会科学”学术讨论会上的讲话）

严济慈*

今天我来参加这个学术讨论会，感到非常高兴。有这么多自然科学家和社会科学家，而且是老中青三代，坐在一起共同议事，这样的机会真是十分难得。我们这个会议开在香山，也是很有意思的。这里空气新鲜，正象征着我们会议的气氛。所以，我今天确实有说不出来的一种新鲜的快乐。

温济泽同志在开幕词中说，我是这次会议的一个发起人。这大概是指我在中国社会科学院研究生院建院五周年大会上的一次讲话。那次讲话后来在研究生院的学报上发表了，题为《祝贺与期望》①。不少同志看到后说是一篇好文章，这要感谢学报编辑部的同志们，是他们给我整理出来的。我在那里面主要讲了这样一段话：“我们搞自然科学的人，应该向我们的哲学家、社会科学家多领教，多读一点社会科学的书。反过来，做社会科学工作的人，也应该多读一点自然科学的书。所以，我们这两个研究生院，应该手拉起手来，密切合作，互相派人做一些报告、讲一些课。还应该为两个研究生

* 本文刊发于1985年第2期。作者严济慈，时任第六届全国人大常委会副委员长、中国科技大学名誉校长，曾任第七届全国人大常委会副委员长、第一届全国政协代表、中国科协副主席及名誉主席、中国科学院主席。

① 见《中国社会科学院研究生院学报》1984年第1期。

院的研究生多创造一些互相接触、彼此交流的机会。我想，这些都是我们应该做的事情。”在那次讲话之后不过一年的今天，我们就能在一起开这样一个讨论会，这已经超过我的期望和祝愿了。所以，我的心情是非常激动的。我衷心希望在座的各位同志都能够敞开思想，畅所欲言，共同把会议开好。我虽然不可能参加每一天的会议，但对于会议讨论的结果和写出来的文章，我一定会很好地学习。

自然科学和社会科学的结合，这是一个既新鲜又古老的课题。大约两千多年以前，古希腊的大哲学家柏拉图就说过一句话：“不懂几何的人不能进我的门。”科学史上的许多伟人，都既是自然科学家，又是哲学家、社会科学家。例如十六七世纪法国的大哲学家笛卡儿，他同时就是一位伟大的数学家和物理学家。在他的名著《方法谈》里有这么一句话，大意是：为了抵达真理，一个人在他的一生中，往往要一次地抛弃他所接受的全部意见，并且要从头开始，重新建设他的知识体系。在我们探讨学科结合和科学发展的问题时，这句名言也是很值得我们思索玩味的。

我自己几年来想了一句话，还不成熟，讲出来请大家指正。我要说的是：“认识是为了能够预见，预见是为了指导行动。”意思是说，我们进行科学研究，认识事物发展的规律，是为了预见事物的未来，进而决定我们应该采取的行动。我们的行动，取决于我们预见到的趋势。当然，我们的行动不一定完全成功，会碰到各种困难，但这正能促使我们回过头来，重新考察自己的预见，从中发现自己的认识不够完善的地方。所以，行动的结果，又能帮助我们提高认识。这也就是我们所说的，实践是检验真理的标准。我们不论是搞自然科学还是搞社会科学，不论是研究自然界还是研究社会、研究人，目的都是一个，都是为了促进我们的社会和人类本身更好地向前发展和进步。可见，自然科学同社会科学是完全能够密切结合的。时代发展到今天，这种结合更成为十分迫切的需要了。拿我们做自然科学工作的人来说，你辛辛苦苦得到的研究成果，究竟是为人类造福，还是给人类造成危害呢？这在很大程度上是自然科学家自己做不了主的。虽然你是出于好心，想的是为人类谋利益、谋幸福，但是，你的创造发明究竟能得到什么样的社会效果，这完全要看它被掌握在什么人的手里，被用于什么样的目的。而这就正是社会科学家所要研究和解决的问题了。譬如大家都知道的原子能、核能，是作为能源来造福人类，还是作为武器去毁灭人类，这个决定权就不属于物理学家，而是属于政治家了。从这个意义上讲，自然科学家与社会科学家就应该多进行一些接触，多交换一些意见。

总之，自然科学和社会科学、自然科学家和社会科学家，今后一定要更好地结合，更多地合作。只有这样，我们的科学事业才能更快地发展和进步。

预祝大会圆满成功！

第二篇

马克思主义与中国道路

马克思主义是与时俱进的科学理论

徐崇温*

江泽民同志在庆祝中国共产党成立80周年的“七一”讲话中，提出了“马克思主义具有与时俱进的理论品质”的重要论断。这个论断不仅科学地揭示了马克思主义的内在本质，也深刻地总结了马克思主义发展的历史经验，并为我们在新的历史时期正确地解决所面临的新问题指明了方向，因而具有极其重要的理论意义和现实意义。

一　马克思主义与时俱进的根据与原因

在人类历史发展的进程中，特别是最近100多年来，曾经涌现出许许多多的思想理论，却没有哪一种理论能够像马克思主义一样保持着它的勃勃生机，对社会进步发挥着那么巨大的推动作用、对世界的变化造成那样深刻的影响。

为什么马克思主义和古往今来的许多理论不同，具有这种与时俱进的理论品质？根本的原因在于，马克思主义是一种从客观实际中抽引出来，又在客观实际中得到证明的科学：既然客观实际在一刻不停地变化发展着，那

* 本文刊发于2002年第1期。作者徐崇温，时任中国社会科学院哲学研究所研究员，现任中国社会科学院荣誉学部委员。

么，马克思主义就必然要随着客观实际的变化而发展，而不可能一成不变、停步不前。对于马克思主义的这个特征，马克思、恩格斯在开始创立它的时候，就作过明确的论述：在《共产主义者和卡尔·海因岑》一文中，恩格斯说："海因岑先生以为，共产主义是从一定的理论原则即自己的核心出发并从此进一步做出结论的学说。海因岑先生大错特错了。它不是从原则出发，而是从事实出发。被共产主义者作为自己前提的不是某种哲学，而是过去历史的整个过程，特别是这个过程目前在文明各国的实际结果。"① 也正是在这个意义上，马克思早在1843年就强调："新思潮的优点就在于我们不想教条式地预料未来"，"我不主张我们竖起任何教条主义的旗帜"②。到了晚年，恩格斯还在谆谆教诲说："我所在的党没有提出任何一劳永逸的现成方案。我们对未来非资本主义社会区别于现代社会的特征的看法，是从历史事实和发展过程中得出的确切结论；脱离这些事实和过程，就没有任何理论价值和实际价值。"③ 从客观实际中引出理论，又紧随着客观历史进程的发展而发展，不断地接受客观事实的检验，从中引出修改和发展某些论断的必要结论，这就是马克思主义成为一种与时俱进的科学理论的奥秘所在。

马克思主义是科学，但又不是一般的科学，而是一种把科学性和革命性内在地不可分割地结合起来的革命科学，一种把冷静分析客观形势和演进的客观进程同坚决承认广大群众的革命毅力、革命创造性和革命首创精神出色地结合起来的革命科学。马克思在《哲学的贫困》中指出："社会主义者和共产主义者是无产阶级的理论家"，他们从被剥削被压迫阶级的贫困中看出"能够推翻旧社会的革命的破坏的一面"，从而使"这个由历史运动产生并且充分自觉地参与历史运动的科学"成为"革命的科学"。恩格斯则指出："在共产主义作为理论的时候，那么它就是无产阶级立场在这个斗争中的理

① 《马克思恩格斯全集》第4卷，人民出版社，第311～312页。

② 《马克思恩格斯全集》第1卷，人民出版社，第416页。

③ 《马克思恩格斯全集》第36卷，人民出版社，第419～420页。

论表现，是无产阶级解放的条件的理论概括。"[①] 就是说，马克思主义是一种以揭露资本主义社会的一切对抗和剥削形式，考察其演变，证明其暂时性并转变为另一种形式的必然性，帮助无产阶级尽可能迅速而容易地消灭任何剥削为己任的理论。正因为马克思主义是一种帮助广大群众进行实际斗争的革命科学，因而它必定要在广大革命群众的实践斗争中不断地汲取营养，不断地用群众实践的新经验、新知识来补充自己，用新结论、新原理来代替某些旧的过时的原理和结论，以便进一步指导革命实践的科学，因此，它不墨守成规、故步自封，不把自己看成万世不移的终极真理。马克思、恩格斯反复强调他们所创立的马克思主义是行动的指南，而不是教条，是"活的行动理论，即同工人阶级在其每个可能的发展阶段一道工作的理论"，而不是"一堆应当熟记和背诵的教条，像魔术师的咒语或天主教的祷词一样"。[②] 马克思主义的生命力就在于它能够在实践中不断创新。在这个意义上，可以说坚持马克思主义最重要的就是要坚持马克思主义的这种科学精神、创新精神。

马克思主义不仅是科学、革命的科学，而且是向人类文明成果开放的思想体系。在过去，马克思主义之所以具有世界历史性的意义，就是因为它是在吸取和改造几千年来人类思想和文化发展中一切有价值的成果而形成的。列宁说"马克思主义同'宗派主义'毫无相似之处，它绝不是离开世界文明发展大道而产生的一种故步自封、僵化不变的学说"，恰恰相反，马克思学说的产生"正是哲学、政治经济学和社会主义极伟大的代表人物的学说的直接继续"，它"回答了人类先进思想已经提出的种种问题"。与此同时，马克思主义又不是一种一成不变的和神圣不可侵犯的东西，列宁指出，"恰恰相反，我们深信：它只是给一种科学奠定了基础"。[③] 因而，随着人类对自然、社会历史和人的思维本身的认识日益深化，并且在新的探索中提出种种新的学说、新的思想、新的理论、新的观念的时候，马克思主义就必然要在研究这些新变化、新思潮和吸收与借鉴人类社会创造的一切文明成果中，

① 《马克思恩格斯全集》第 4 卷，人民出版社，第 158、312 页。
② 《马克思恩格斯全集》第 38 卷，人民出版社，第 93 ~ 94 页。
③ 《列宁全集》第 23 卷，人民出版社，第 41 页；《列宁全集》第 4 卷，人民出版社，第 161 页。

把这门科学推向前进。

正因为马克思主义是这样一种必须与时俱进才能永葆青春和活力的科学、革命的科学、开放的思想体系，所以，马克思、恩格斯反复强调马克思主义是一种“发展的理论”① “发展学说”②。

二　马克思主义与时俱进的基本内涵

那么，马克思主义的与时俱进到底是什么意思、包含哪些内容呢？

说马克思主义具有与时俱进的理论品质，首先指的是马克思主义理论具有与时俱进的内在要求，只有当这种内在要求被实现的时候，马克思主义才能得到坚持和发展。同时，说马克思主义具有与时俱进的理论品质，又是指马克思主义者应当按照马克思主义所具有的这种内在要求去对待这种理论，要是不采取这种态度和方针，就不可能坚持和发展马克思主义，也不能成为名副其实的马克思主义者。

在马克思主义的发展历程中，我们可以看出，它的与时俱进包含三个方面的内容：一是在时间方面的内容，二是在空间方面的内容，三是在条件方面的内容。

第一，就时间方面的内容来说，这里又有两种情形。一种情形说的是，由于马克思主义的一些原理、观点，是反映特定时代的特定情况的，因此，人们必须随着时代的变化而改变和发展它们。在这方面，马克思主义与时俱进的典型实例，便是马克思、恩格斯和列宁在不同时代所提出的关于无产阶级革命的不同理论。

在自由资本主义时代，马克思、恩格斯认为社会主义革命只能在欧洲大多数发达国家中同时发动和陆续取胜，并以巴黎公社为例论证说：“巴黎公社之所以失败，就是因为在一切主要中心，如柏林、马德里以及其他地方，

① 《马克思恩格斯全集》第36卷，人民出版社，第584页。

② 《马克思恩格斯全集》第39卷，人民出版社，第236页。

没有同时爆发同巴黎无产阶级斗争的高水平相适应的伟大的革命运动。”[①]这是因为在那个时代，资本主义的发展在总体上说是相对平衡的，而且在世界上还有广阔的未被占领的地区，这就使后起的资本殖民主义无须为了扩充殖民地和附属国，而同捷足先登的其他资本殖民主义国家进行军事冲突和血腥厮杀。相反地，当革命在一个资本主义国家里爆发时，其他资本主义国家的统治阶级还可以同那里的统治阶级相勾结去进行干涉和镇压。在这种情况下，无产阶级革命只有不是在一国而是在世界范围内普遍发动、相互声援才能取胜。所以，马克思、恩格斯认为“共产主义只有作为占统治地位的各民族‘一下子’同时发生的行动，在经验上才是可能的”[②]。

而当自由资本主义发展为垄断资本主义的时候，一方面，因为地球上的全部领土已被资本主义列强各国瓜分完毕；另一方面，因为资本主义极不平衡和跳跃式的发展破坏了资本主义世界内的均势，于是，在帝国主义列强中间就出现了通过战争重新分割世界的趋向，而帝国主义战争则削弱了垄断资本势力，使它不可能联合起来共同对付无产阶级革命运动。从而，为无产阶级冲破帝国主义阵线的最薄弱环节创造了可能。正是因为牢牢地把握了时代的这种变化，列宁强调说：“经济和政治发展的不平衡是资本主义的绝对规律。由此就应得出结论：社会主义可能首先在少数甚至单独一个资本主义国家内获得胜利。”[③]

马克思主义在时间方面与时俱进的另一种情形是指，随着时间的推移、矛盾的展开和认识的深化，而改变原来不完全乃至不正确的认识。马克思主义的认识论认为，人们是通过现象而把握事物的本质的，而现象是逐步展开的，因此，人们对事物的认识就有一个由表及里、由浅入深、由不完全到完全的发展过程。毛泽东同志指出：“客观实际是错综复杂的，不断发展变化的。我们的头脑、思想对客观实际的反映，是一个由不完全到更完全，不很明确到更明确、不深入到更深入的发展变化过程”；“人的思维不可能完全

---

① 《马克思恩格斯全集》第18卷，人民出版社，第180页。

② 《马克思恩格斯全集》第1卷，人民出版社，第86页。

③ 《列宁选集》第2卷，人民出版社，第554页。

确切地反映客观实际。人类只能在认识事物的过程中逐渐克服认识的不足，这是没有办法的事”。① 邓小平同志则指出：“就拿我个人来说，看法经常改变。毛主席、周总理也是这样。因为世界事务、实践在变化，问题的性质也在不断变化。既然事物总是在变化，不断变化，人们的思想总得要适应这个变化。”② 在这个发展变化的过程中，去芜存菁、去伪存真，显然是马克思主义与时俱进的题中应有之义。在这方面的例证是大量的，无论对资本主义的发展潜力、资本主义能否搞经济计划的认识，还是对什么是社会主义、社会主义与市场经济的关系的认识，都有这样的情况。这里且以马克思、恩格斯对1848~1850年法兰西阶级斗争的认识为例，由于法国在1789年以后的欧洲历史中都起主要的作用，1848年2月和6月法国的阶级斗争似乎又发出了普遍变革的信号，于是，在法国经验的影响下，马克思、恩格斯在当时就认为“伟大的决战已经开始”，“结局只能是无产阶级获得最终胜利”，历史的发展表明这样的认识不符合客观实际，因为在那时，资本主义“还具有很大的扩展能力”，在当时要想“以一种简单的突然袭击来达到社会改造”，只能是“一个幻想”。所以，在40多年以后，恩格斯回顾和反思说：“历史表明，我们以及所有和我们有同样想法的人，都是不对的。历史清楚地表明，当时欧洲大陆经济发展的状况还远没有成熟到可以铲除资本主义生产方式的程度。”③

第二，就空间方面的内容来说，与时俱进意味着马克思主义基本原理的应用要从当地的客观实际出发，要因地而异。早在19世纪70年代，马克思、恩格斯在为《共产党宣言》所写德文版序言中，明确肯定“《宣言》中所阐述的一般原理整个说来直到现在还是完全正确的”，同时，又强调“这些原理的实际运用，正如《宣言》中所说的，随时随地都要以当时的历史条件为转移”。④ 列宁则指出，只要各个民族之间、各个国家之间的

① 《毛泽东文集》第7卷，人民出版社，第17、65~66页。

② 《邓小平思想年谱》，中央文献出版社，第106页。

③ 《马克思恩格斯全集》第22卷，人民出版社，第594~598页。

④ 《马克思恩格斯选集》第1卷，人民出版社，第248页。

民族差别和国家差别还存在，那么各国共产主义工人运动国际策略的统一，就不是要求消除多样性，而是要求共产党人在运用马克思主义基本原则的时候，“把这些原则在某些细节上正确地加以改变，使之正确地适应于民族的和民族国家的差别，针对这些差别正确地加以运用”，就是说“必须查明、弄清、找到、揣摩出和把握住民族的特点和特征”，[①] 而绝不能生吞活剥地照抄照搬马克思列宁主义的个别词句和别国的革命模式。我们党更把马克思列宁主义的普遍真理和中国革命实践相结合提到至高无上的地位。毛泽东同志说：“把马克思列宁主义和中国革命的实践密切地联系起来，这是我们党的一贯的思想原则。”邓小平同志则指出：“马克思列宁主义的普遍真理与本国的具体实际相结合，这句话本身就是普遍真理”，“离开本国特点去硬搬外国的东西，这条普遍真理就不能实现”。[②]

这个方面的一个成功的典型，就是以毛泽东同志为代表的中国共产党人在新民主主义革命时期，从中国的实际出发，独立地创立了不同于欧洲革命道路的中国革命的具体道路，用与十月革命不同的方式去走十月革命道路的实例。在中国共产党成立之初，教条主义者不从中国的实际国情出发，死抱住以城市为中心这一在国际共产主义运动中曾被认为是唯一的公式不放，使中国革命几乎陷于绝境，以毛泽东为代表的中国共产党人，在总结这个惨痛教训之后，以实事求是的态度独立思考了这个问题，毛泽东从中国的历史和社会的具体情况出发，以对中国革命斗争经验的总结为依据，成功地找到了一条建立农村根据地，发动农民组织革命武装，以农村包围城市，最后夺取全国政权的道路。1938 年，中国共产党六届六中全会所作《战争和战略问题》的结论指出：“革命的中心任务和最高形式是武装夺取政权，是战争解决问题。这个马克思列宁主义的革命原则是普遍地对的”，“但是在同一个原则下，就无产阶级政党在各种条件下执行这个原则的表现说来，则基于条件的不同而不一致”，“资本主义各国的无产阶级政党的任务，在于经过长

---

① 《列宁选集》第 4 卷，人民出版社，第 200 页。

② 见《中国共产党第八次全国代表大会开幕词》，载《邓小平文选》第 1 卷，人民出版社，第 258 ~ 259 页。

期的合法斗争，教育工人，生息力量，准备最后地推翻资本主义"，"到了起义和战争的时候，又是首先占领城市，然后进攻农村"，反之，"中国则不同"，"在这里，共产党的任务，基本地不是经过长期合法斗争以进入起义和战争，也不是先占城市后取农村，而是走相反的道路"。①

第三，就条件方面的内容来说，马克思主义的与时俱进表现为马克思主义某些原理的实用性、有效性，要依条件转移，就是说，当某个原理所反映的客观条件发生变化的时候，就必须用反映新的条件的新的结论，来取代反映以前的条件的过时的结论。列宁在《共产主义运动中的"左派"幼稚病》一书中，总结考茨基、鲍威尔、普列汉诺夫等第二国际领袖人物"破产的根本原因就在于他们只是'死盯着'工人运动和社会主义运动发展的某一形式，而忘记了这个形式的片面性，他们不敢正视由于客观条件的改变而必然发生的急剧变化，而继续重复那种简单的、背熟了的、初看起来是不容争辩的真理：三大于二"，而在"实际上，社会主义运动的一切旧形式中都已注入了新内容，因此在数字前面出现了一个新符号即'负号'，可是我们那些圣哲仍然（现在还在）固执地要自己和别人相信：'负三'大于'负二'"。②

随着条件的改变而相应地用反映新条件的新原理去取代反映旧条件的旧原理的典型范例，是我们党的十一届三中全会实现的由以阶级斗争为纲到以经济建设为中心的党和国家工作重心的战略转移。马克思主义认为，自原始公社解体以来，阶级斗争一直是历史发展的直接动力，资产阶级和无产阶级之间的阶级斗争，更是现代社会变革的巨大杠杆，但是这个原理的适用，要以阶级本身还没有消灭、社会主义还没有取得胜利为条件，所以，在社会主义革命取得胜利、社会主义改造完成以后，阶级斗争在社会中的地位就随之而发生变化，要是无视这个条件变化，而继续坚持适用于过去条件的旧的原理和方针，就会犯阶级斗争扩大化的错误。1956 年 9 月 22 日，在我们党的八大期间，会见意大利共产党代表团的两位来宾时，毛泽东同志谈到苏联肃

① 《毛泽东选集》第 2 卷，人民出版社，第 529 ~ 530 页。

② 《列宁全集》第 39 卷，人民出版社，第 81 页。

反的经验教训时说："客观形势已经发展了，社会已从这一个阶段过渡到另一个阶段，这时阶级斗争已经完结，人民已经用和平的方法来保护生产力，而不是通过阶级斗争来解放生产力，但是在思想上却没有认识这一点，还继续进行阶级斗争，这就是错误的根源。"① 和毛泽东同志的这个正确认识相一致，我们党的八大政治报告指出："现在革命的暴风雨时期已经过去了"，"我们国内的主要矛盾""已经是人民对于经济文化迅速发展的需要同当前经济文化不能满足人民需要的状况之间的矛盾"。但是，在国际上发生了波匈事件，国内发生了反右斗争以后，毛泽东同志对国内阶级斗争形势的判断发生了严重失误，认为在经济上剥削阶级消灭之后，政治上地主、富农、资产阶级还没有消灭，进而又认为在整个过渡时期，在社会主义社会建成以前，无产阶级同资产阶级的斗争、社会主义道路同资本主义道路的斗争，始终是我国内部的主要矛盾，继而又提出要以阶级斗争为纲的方针，把阶级斗争置于一切工作之上，乃至发动"文化大革命"，给我国人民带来巨大灾难，直到1978年底，党的十一届三中全会才纠正了这个严重错误。我们党以邓小平同志为核心的第二代领导集体在这次全会上指出，在生产资料社会主义改造完成以后，剥削阶级作为阶级已经消灭，阶级斗争不是主要矛盾，但由于国内的因素和国际的影响，阶级斗争还将在一定范围内长期存在，在某种条件下还可能激化，我们既要反对把阶级斗争扩大化的观点，又要反对认为阶级斗争已经熄灭的观点。正是根据这种正确分析，我们党把工作重心坚定不移地转移到以经济建设为中心的社会主义现代化建设上来。

三　马克思主义与时俱进与"回到马克思""走出马克思"的原则界限

在马克思主义的发展史上，每当遇到实际生活对马克思主义的理论提出挑战的事件时，就会出现怎样回答这种挑战的问题。对此，从马克思、

① 转引自《三中全会以来的重大决策》，中央文献出版社，1994，第22页。

恩格斯以来的马克思主义者一直坚持使马克思主义与时俱进的态度，这是马克思主义发展史中的主流。但是，除此之外，还有另外两种态度，一种是“回到马克思”，另一种是“走出马克思”。主张“回到马克思”的人认为，为了解决当前的现实问题，必须回到马克思的原来设计中去；主张“走出马克思”的人则认为必须随着时代的发展走出马克思的理论。那么，马克思主义的与时俱进与“回到马克思”“走出马克思”之间的区别和界限到底在哪里呢？

所谓“回到马克思”，其实质是企图借助马克思的威信，用马克思主义的词句去解决现实问题，它的表现形式也多种多样，有的是简单地照抄照搬马克思主义的原话，用本本去框现实；另一种表现形式是对马克思主义的经典著作搞某种“读解”，要人们相信由此搞出来的东西就是马克思主义的本意。但是，不论哪一种形式，单就其试图用“回到马克思”的办法去解决现实问题来说，都是不符合马克思主义的基本精神的。马克思主义无疑是指导我们思想的理论基础，我们必须认真学习马克思主义，领会和把握其基本精神，用它来观察形势、分析问题。但是，让马克思主义经典著作为解决现实问题提供现成答案却是不成的。这是因为，尽管马克思主义经典作家比一般人站得高、看得远、思想比较深邃，但他们的正确认识毕竟只能来自客观实际、来自人类实践。一方面，马克思主义只能是资本主义时代的产物，而不能在资本主义以前的时代就产生出来；另一方面，马克思又不能在自由资本主义时代就预先具体地认识到帝国主义时代某些特异的规律。毛泽东同志指出：“马克思活着的时候，不能将后来出现的所有的问题都看到，也就不能在那时把所有的这些问题都加以解决。”① 既然在生产斗争和科学试验的范围内，人类总是不断发展的，自然界也总是不断发展的，永远不会停止在一个水平上，那么，人们也就“绝不能要求马克思为解决他去世之后上百年、几百年所产生的问题提供现成答案。列宁同样也不能承担为他去世以后五十年、一百年所产生的问题提供现成答案的任务。真正的马克思列宁主义者必须根据现在的情况认识、继承和发展马克思列宁主义”，“不以新的思

① 《毛泽东文集》第8卷，人民出版社，第5页。

想、观点去继承、发展马克思主义，不是真正的马克思主义者”。① 马克思主义与时俱进同“回到马克思”，从表面上来看，这两种态度似乎都忠于马克思主义，但在实际上有天壤之别，其区别不在于要不要马克思主义，而在于怎样对待马克思主义：是把马克思主义当作行动指南，还是把马克思主义当作包医百病的万应灵方？是躺在马克思主义的词句上面，用它去框现实，还是从现实存在的客观实际出发，用马克思主义去观察和分析现实，从中引出解决现实问题的答案，同时推进马克思主义理论本身？说到底，是要不要适应时代的变化和发展，在马克思主义立场观点方法和基本原理的指导下，用马克思主义没有说过而又符合时代特征、客观实际的新话，去解决现实问题。

在面对实际生活对马克思主义的理论提出的挑战时，另一种从表面上看来与“回到马克思”正相反的态度是“走出马克思”。这就是借口时代发生了变化，马克思主义已经过时而抛弃马克思主义的态度。在国际共产主义运动的历史上，持这种态度的典型代表，前有第二国际的伯恩施坦，后有苏联的戈尔巴乔夫。

伯恩施坦、戈尔巴乔夫的“走出马克思”，从表面看来，似乎也在随着时代的变化而发展变化，但在实际上，它与马克思主义的与时俱进有根本方向上的区别：在实际生活中，这种“走出马克思”之所以会导致彻底的叛卖和破产，原因在于它对时代的变化发展作了极度的夸大，把因为时代中发生了要求对马克思主义的某些论断作相应修改和发展的具体变化，夸大成整个时代的根本变化，进而根本抛弃马克思主义的基本原理，根本抛弃整个马克思主义了。然而，事实却是由于马克思主义阐明了人类社会特别是资本主义社会发展的规律，无产阶级作为社会主义社会创造者的历史作用，它给人们提供了完整的科学的世界观，把伟大的认识工具交给人类，给广大被剥削被压迫人民提供了摆脱精神奴役的出路，教导工人阶级进行阶级斗争和生产斗争，指导人们推翻资本主义社会和建设社会主义、共产主义新社会，因此，事情就正如江泽民同志在“七一”讲话中所指出的：“马克思主义的基本原理任何

① 《邓小平文选》第3卷，人民出版社，第291～292页。

时候都要坚持，否则我们的事业就会因为没有正确的理论基础和思想灵魂而迷失方向，就会归于失败。”应该说，对于这个方面的基本道理，就连西方一些左翼学者也是从他们自己的角度有所认识的。例如，在20世纪60年代，法国著名的哲学家、文学家萨特就“把马克思主义看作我们时代不可超越的哲学”，说“它是不可超越的，因为产生它的历史条件还没有被超越”。萨特强调，“只要社会关系的变革和技术的进步还没有把人类从‘匮乏’的压迫下解放出来”，一切反马克思主义的论调，一切“超越马克思主义”的论调，都无非只是回到马克思主义以前的思想中去，重弹马克思主义以前的老调罢了。① 在20世纪八九十年代，美国著名文学家、美学家詹姆逊在《后现代主义》一书中说：“马克思主义的框架仍是理解新的历史内容所不可缺少的，新的历史内容并不要求修改马克思主义，而是要求扩充它。”② 法国著名解构主义哲学家德里达在东欧剧变以后强调说：“不能没有马克思，没有马克思，没有对马克思的记忆，没有马克思的遗产，也就没有将来。无论如何，得有某个马克思，得有他的才华，至少得有他的某种精神”，“不去阅读而且反复阅读和讨论马克思，而且是超越学者式的‘阅读’和‘讨论’，将永远都是一个错误，而且越来越成为一个错误，一个理论的、哲学的和政治的责任方面的错误”。③ 马克思主义与时俱进同“走出马克思”的区别，不在于是否看到马克思主义应该随时代、科学、实践的发展而发展，而在于变化的方向，是使马克思主义与时俱进，还是借口时代的变化根本背弃马克思主义、丢掉“老祖宗”。和“走出马克思”的态度截然相反，马克思主义与时俱进的发展过程，是一个不断创新又不断继承的过程，是一个在坚持中发展又在发展中坚持的过程，正因为这样，马克思主义历经一百多年的不断创新、与时俱进的发展历程，始终是一个永葆生机和活力、一脉相承的科学真理的统一体。

① 〔法〕萨特：《对于一种方法的探求》，纽约1963年版，第XXXIV，第30、34页。

② 中国社会科学院外国文学研究所《世界文论》编辑委员会编《后现代主义》，社会科学文献出版社，1993，第138页。

③ 〔法〕雅克·德里达：《马克思的幽灵》，何一译，中国人民大学出版社，1999，第21页。

四 保障马克思主义与时俱进的思想路线

马克思主义是与时俱进的科学，但为什么在马克思主义的发展历史上，却总是会出现或“回到马克思”，或“走出马克思”的现象呢？根本的原因在于事情正如恩格斯所说的：“社会主义自从成为科学以来，就要求人们把它当作科学看待。”[①] 而持上述那些态度的人，却从来没有把马克思主义当作科学来看待，从来没有摆脱掉把马克思主义当作空想、当作神话、当作宗教教义的影响。

那么，把马克思主义当作科学来看待，这是什么意思呢？

马克思、恩格斯在《德意志意识形态》中说：“我们所称为共产主义的是那种消灭现存状况的现实的运动。这个运动的条件是由现有的前提产生的。”[②] 因此，把马克思主义当作科学来看待，就应该从现有的前提出发，探索改造和消灭现存状况的现实途径，而不是撇开了现实运动，或者回到马克思，或者走出马克思。

恩格斯反复指出：“马克思的整个世界观，不是教义，而是方法，它提供的不是现成的教条，而是进一步研究的出发点和供这种研究使用的方法。”“我们的理论是发展的理论，而不是必须背得烂熟并机械地加以重复的教条。”因此，不能“用学理主义和教条主义的态度去对待它，认为只要把它背得烂熟，就足以应付一切”。[③] 把握了这样的态度，就不会在面临新情况时，再在“回到马克思”或者“走出马克思”中间去寻找出路。

因此，为了保证马克思主义与时俱进而不是“回到马克思”“走出马克思”，就必须有正确的思想路线作保障。马克思、恩格斯之所以能够使社会主义由空想发展为科学，就在于他们坚持从实际出发的科学精神，在广泛吸

① 《马克思恩格斯选集》第 2 卷，人民出版社，第 636 页。

② 《马克思恩格斯全集》第 3 卷，人民出版社，第 40 页。

③ 《马克思恩格斯全集》第 39 卷，人民出版社，第 406 页；第 36 卷，人民出版社，第 584、566 页。

取前人思想、深刻总结人类社会发展的客观规律的基础上，勇敢地批判和超越了亚当·斯密、李嘉图、黑格尔、费尔巴哈等人的学说，为无产阶级和人类的解放运动创建了科学的指导思想，并随着资本主义发展中出现的新情况和工人运动的新实践，不断地作出新的判断和理论解释。同样地，列宁之所以能够使社会主义由理想变成现实，一个重要原因也在于他坚持了具体情况具体分析的科学精神，先是提出了帝国主义时代无产阶级革命在资本主义链条薄弱环节上首先突破的新理论，接着又从在一个小农国家里向社会主义过渡的实际情况的分析中，引出了由战时共产主义到新经济政策的转变。马克思主义诞生以来的 150 多年中，特别是自十月革命以来的 80 多年中，国际共产主义运动出现了多次急剧的风云变幻，为什么在经济文化较不发达的中国，却能够不断地把社会主义从革命推进到建设再推进到改革，并在这个过程中一再出现把马克思主义同中国具体实践结合起来的像毛泽东思想、邓小平理论这样与时俱进的重大理论飞跃，而且在世界社会主义运动陷入低潮谷底、十个社会主义国家改旗易帜的时刻，继续高举着马克思列宁主义的伟大旗帜，使建设有中国特色的社会主义伟大事业不断地与时俱进、开拓创新呢？其原因在于，中国共产党的历史上，多次吃了“左”倾教条主义的严重苦头，因此，就特别致力于针对教条主义、本本主义的特点，在党的作风建设上，探索使马克思主义与时俱进的思想路线保障。

（一）毛泽东同志提出了“理论联系实际”“实事求是”“有的放矢”

在 1956 年党的八大的开幕词中，毛泽东同志曾经归纳总结中国革命的历史经验，指出把马克思列宁主义的理论和中国革命的实践密切地结合起来，这是我们党的一贯的思想原则。这是因为，“在马克思主义看来，理论是重要的，它的重要性充分表现在列宁说过的一句话：‘没有革命的理论，就不会有革命的运动’。然而马克思主义看重理论，正是，也仅仅是，因为它能够指导行动，如果有了正确的理论，只是把它空谈一阵，束之高阁，并不实行，那么，这种理论再好也是没有意义的。”①

而采取理论联系实际的态度，就是要有目的地研究马克思列宁主义的理论，要使马克思列宁主义的理论和中国革命的实际运动结合起来，是为解决中国的理论问题而去从它找立场、找观点、找方法的。“这种态度，就是有的放矢的态度。‘的’，就是中国革命，‘矢’，就是马克思列宁主义。我们中国共产党人所以要这个‘矢’，就是为了要射中国革命和东方革命这个‘的’的。这种态度，就是实事求是的态度。‘实事’，就是客观存在着的一切事物，‘是’，就是客观事物的内在联系，即规律性，‘求’，就是我们去研究。”“而要这样做，就须不凭主观想象，不凭一时的热情，不凭死的书本，而凭客观存在的事实，详细地占有材料，在马克思列宁主义一般原理的指导下，从这些材料中引出正确的结论。”②

正是在毛泽东同志提出的这条思想路线的指导下，我们党克服了教条主义、本本主义，实现了马克思主义的与时俱进，赢得了中国革命的伟大胜利。

（二）邓小平同志提出了“解放思想，实事求是”

在“文化大革命”结束以后，教条主义、本本主义又以“两个凡是”的面目出现，这就是公开提出“凡是毛主席做出的决策，我们都坚决维护，凡是毛主席的指示，我们都始终不渝地遵循”方针。“两个凡是”的实质，从政治上说，是企图打着高举毛泽东思想伟大旗帜的幌子，去坚持毛泽东晚年的错误，去阻碍党和人民拨乱反正强烈要求的实现；从思想上说，是企图照抄照搬毛泽东晚年的个别论断，以此去剪裁现实。这样，要使马克思主义与时俱进，就必须把解放思想、实事求是这一马克思主义的精髓应用于马克思列宁主义、毛泽东思想本身，从而不断开拓马克思主义的新境界。邓小平同志先是从要完整、准确地理解毛泽东思想体系的角度批评“两个凡是”，

① 《毛泽东选集》（一卷本），第281页。

② 《毛泽东选集》（一卷本），第801~802页。

指出“我们不能够只是从个别词句来理解毛泽东思想，而必须从毛泽东思想的整个体系去获得正确的理解”，接着，他又从实事求是的角度去批评“两个凡是”，由此开始了实践是检验真理的唯一标准的大讨论。在这个过程中，邓小平同志特别强调要解放思想、实事求是，他说：“我们讲解放思想，是指在马克思主义指导下打破习惯势力和主观偏见的束缚，研究新情况、解决新问题。”“解放思想，就是使思想和实际相符合，使主观和客观相符合，就是实事求是。今后，在一切工作中要真正坚持实事求是，就必须继续解放思想。”邓小平同志之所以特别强调要解放思想，是因为只有破除了教条主义、本本主义所制造的迷信，把僵化的思想解放出来，才能做到实事求是。他指出：“一个党，一个国家，一个民族，如果一切从本本出发，思想僵化，迷信盛行，那就不能前进，它的生机就停止了，就要亡党亡国”，“只有解放思想，坚持实事求是，一切从实际出发，理论联系实际，我们的社会主义现代化建设才能顺利进行，我们党的马克思列宁主义、毛泽东思想的理论也才能顺利发展”。[①] 在这里，首先是解放思想，因为只有思想解放了，我们才能正确地以马克思主义为指导，解决过去遗留的问题和新出现的一系列问题，正确地改革同生产力发展不相适应的生产关系和上层建筑，根据我国的实际情况确定实现社会主义现代化的具体道路、方针、方法和措施。正是在邓小平同志提出的解放思想、实事求是路线的指导下，我国的改革开放和社会主义现代化建设事业才取得了举世瞩目的伟大成就。

（三）江泽民同志提出了“一个中心，三个着眼于”

在建设中国特色社会主义的过程中，不时有人提出诸如我们的改革措施姓资还是姓社之类的疑难和迷茫。针对产生这种疑虑的脱离广大人民群众实践的教条主义学风，江泽民同志提出了“一个中心，三个着眼于”的马克思主义学风。在1997年党的十五大报告中，他强调说：“对待马克思主义，有个学风问题。究竟是从本本出发，还是用马克思主义的立场观点方法来研

① 《邓小平文选》第2卷，第42~43、279、364、143页。

究和解决中国的现实问题。”“马克思列宁主义、毛泽东思想一定不能丢，丢了就丧失根本，同时，一定要以我国改革开放和现代化建设的实际问题，以我们正在做的事情为中心，着眼于马克思主义理论的运用，着眼于对实际问题的理论思考，着眼于新的实践和新的发展。”离开了本国实际和时代发展来谈马克思主义，没有意义。静止地孤立地研究马克思主义，把马克思主义同它在现实生活中的生动发展割裂来看，对立起来，没有出路。在 1998 年 7 月的学习邓小平理论工作会议上，江泽民同志又强调说：“‘一个中心，三个着眼于’是我们党总结过去、面向未来作出的正确结论，是党的理论联系实际学风在新的历史条件下的具体体现。”这就使我们党保障马克思主义与时俱进的思想路线更加具体化和系统化了。“三个代表”重要思想也正是在这样的思想路线和马克思主义学风中提炼和概括出来的。

马克思的历史地位

——谈马克思被评为千年最伟大思想家

靳辉明*

面临世纪之交，传来一个令人振奋的信息，这就是马克思被评选为千年最伟大、最有影响的思想家。这个活动是由英国广播公司（BBC），1998 年夏天，用几周时间在国际互联网（Internet）上，经过反复评选最后选定的。马克思排在第一位，排在第二位的是世界最有影响的科学家爱因斯坦。在开始阶段，爱因斯坦的票数处于领先的地位。到评选活动的后期，赞成马克思为本千年最伟大思想家的票数直线上升，并遥遥领先于爱因斯坦。美国纽约的一家报纸用整版篇幅评论了这个意义深远的事件。尤其引人深思的是，这一活动不是由社会主义国家媒体，而是由一个资本主义国家媒体举办的，这就更具有其特殊的意义和重要性。对于世界工人阶级来说，再大的喜讯也莫过于此了。这是真理的声音，是时代赠予世界工人阶级和劳动人民最值得纪念的礼物！

这件事不是孤立的，也不是偶然的。它既显示了马克思主义真理的力量，又说明了当今时代仍然需要马克思主义，就像自然科学需要爱因斯坦的理论一样。只要不带任何偏见，人们都会作出这样的结论。马克思逝世已经

* 本文刊发于 2000 年第 3 期。作者靳辉明，时任第九届全国政协委员、中国社会科学院马克思列宁主义毛泽东思想研究所所长，曾任中宣部理论局局长，现任中国社会科学院马克思主义研究院学术委员会委员、世界社会主义研究中心常务理事。

116 年了，作为马克思主义诞生标志的《共产党宣言》发表也已一个半世纪了，但马克思为什么仍然如此受到世人的关注和崇敬呢？这是因为马克思思想的力量，马克思学说的科学性，马克思为人类精神发展做出的不朽贡献。关于马克思对人类思想的伟大贡献，恩格斯《在马克思墓前的讲话》中，概括为两个伟大的发现，即唯物主义历史观和剩余价值学说。他指出：“一生中能有这样两个发现，该是很够了。即使只能作出这样一个发现，也已经是幸福的了。但是马克思在他所研究的每一个领域，甚至在数学领域，都有独到的发现。这样的领域是很多的，而且其中任何领域他都不是浅尝辄止。”恩格斯以无比沉痛的心情向世界宣告：“当代最伟大的思想家停止思想了”，这“对于欧美战斗的无产阶级，对于历史科学，都是不可估量的损失”。一百多年后，马克思被世界公认为“最伟大的思想家”，证明了恩格斯的预言。如果恩格斯主要就思想的真理性而言，那么在今天，它已是被社会实践证明了的真理。

马克思一生最伟大的贡献，是他发现了人类社会的发展规律，创立了唯物主义历史观。列宁称之为“人类思想中的伟大战果”，赖有它，社会科学才真正变成科学。众所周知，马克思是在 19 世纪 40 年代的德国开始自己的理论活动的。当时，继黑格尔之后费尔巴哈的哲学深深地影响着德国思想界。因此，在马克思思想形成的一定阶段上有一个很重要的特点，就是唯物主义历史观的萌芽同费尔巴哈人本主义观点相交错。但是，马克思通过自己的理论探索，终于找到了摆脱这种理论困境的出路。这就是，他把研究的基点放在探讨“人的世界”、揭露“市民社会”的秘密上，通过对人的活动、人们的社会关系和物质生活条件的探讨，逐步过渡到唯物主义历史观，而其中的关键是生产关系思想的形成，以及由此而揭明的生产力和生产关系的辩证统一关系。社会生产关系的思想，是马克思同以往一切哲学家对人和社会认识的根本分水岭。生产关系概念的形成，不仅使马克思对生产力诸因素结合的方式和性质有了科学的认识，而且有可能揭示生产过程本身内在的结构，即生产力和生产关系的统一。我们知道，生产力概念，在马克思以前的古典经济学家那里就已经提出和研究了。他们之所以重视生产力的问题，是由于资本主义工业发展的需要。但生产关系问题始终是他们不可逾越的界限。因此，古典经济学家不能真正理解由生产力和生产关系统一构成的生产过程，不懂得物质生产对整个社会历史发展的决定作用。这里，不仅有历史的局限性，也有阶级的局限性。因为生产关系体现着不同社会阶层和阶级的利益，一旦触动这个领域，他们研究的丧钟便敲响了。即便是当今有成就的资产阶级经济学家，即使对社会关系作出一定的分析，但也回避或掩饰最实质的问题，即资本与雇佣劳动的关系问题。

马克思正是发现了生产力和生产关系辩证运动的规律，把整个社会的发展看成一个自然历史过程，形成了唯物主义历史观，从而奠定了马克思主义政治经济学的理论基础。马克思不再把各种经济关系看成“人的本质”的体现，不再根据“人的本质”实现的程度来判断经济形式，而是着眼于经济过程本身的分析，揭露了资本主义剥削的秘密，发现了资本主义生产方式本质及其特殊的运动规律。在当代，资本主义有了新的发展，马克思的剩余价值理论需要也必须丰富和发展，但其基本思想是没有过时的。就连许多西方学者也认为，要了解当今资本主义社会及其经济运动，仍要求助于马克思的方法。

正是基于马克思的这两个伟大发现，社会主义才由空想变为科学。空想社会主义在社会主义思想史上有其重要地位，但它有两个致命的缺点：一是脱离唯物主义基础，二是脱离现实的工人运动。所以它只能流于道德的说教和关于“人”的呓语。社会主义学说究竟应该建立在什么基础之上，这是一个根本性的问题。如果把社会主义看成实现“人的本质”，那重点当然是研究“人自身”，并从中引出人本主义的社会主义，比如，像马克思、恩格斯曾尖锐批判过的德国“真正的社会主义”；如果把社会主义制度看成客观的历史必然性，那就应该研究社会生活、人们的社会关系和社会历史规律。正如列宁所说的：“社会主义学说正是在它抛弃关于合乎人的本性的社会条件的议论，而着手唯物主义地分析现代社会关系并说明现在剥削制度的必然性的时候，取得成就的。”① 马克思的伟大发现，使人们“豁然开朗”，社会

① 《列宁选集》第1卷，第52页。

主义从此有了正确前进的方向。没有马克思的理论和实践，“我们至今还会在黑暗中徘徊”①。遗憾的是，以戈尔巴乔夫为代表的当代右倾机会主义思潮，他们或者完全撇开社会阶级关系抽象地谈论社会主义，或者返回到马克思主义创始人早已摒弃了的人本主义社会主义观，鼓吹“人的价值高于一切”和“人道的民主的社会主义”。这股思潮的要害，是否定马克思主义的阶级观点和阶级分析方法。而否定了马克思主义阶级观点，就根本谈不上科学社会主义。当代右倾机会主义思潮的泛滥，已给世界社会主义运动造成难以估量的损失。

从上述可见，马克思的学说有极强的阶级性，它是无产阶级的意识形态。但同时它又是科学的真理，是严谨的科学体系。革命性和科学性在马克思学说中是高度统一的。正如恩格斯所说，“科学愈是毫无顾忌和大公无私，它就愈加符合工人的利益和愿望。”② 这突出反映了马克思主义理论的本质特征。

诚然，马克思的学说，也有学术性的一面，或者说，它既是社会主义思想体系，也是一种学术。这种学术性，似乎使马克思学说游离了它的意识形态性而具有了一种普遍性的外观，任何人都可以把它作为一种知识去研究和运用。许多西方资产阶级学者正是在这个意义上理解和认同马克思主义的。去年夏天，笔者作为中国社会科学院社会发展比较研究中心主任，访问了英国几所大学研究社会问题和生态问题的系所，研究社会问题的教授说，应该实现社会公正，缩小贫富差距，这是马克思的一贯主张。研究生态问题的学者说，马克思早就主张人与自然的和谐，为保护生态环境提供了依据。他们对马克思不仅没有反感，而且怀着一种崇敬的心情，极力去捕捉马克思学说中对他们有用的东西。这实在令像我这样长期从事马克思主义研究的人十分感动。

特别值得提及的是，在东欧剧变后，“马恩全集”国际版（原计划出

① 《马克思恩格斯选集》第4卷，第656页。

② 《马克思恩格斯选集》第4卷，第258页。

142卷）不仅没有停止出版，而且由国际马克思、恩格斯基金会继续进行这项工作量巨大的工作。在苏联时代，“马恩全集”国际版是由苏联共产党中央委员会马列主义研究院和东德统一社会党中央马列主义研究院共同合作于20世纪60年代开始编辑的。东欧剧变前已出版30多卷。东欧剧变给这一工作带来极大困难，为把这一意义重大的工作继续下去，当时他们四方求援，向有关国家和政党发出资助呼吁，我记得，我们国家也给了资助。1996年秋天，我们访问了设在柏林—勃伦顿堡科学院的“马恩全集”国际版编辑部，主持工作的是原西德政治学教授门格勒。我问他现在经费是否解决了？他说已经解决了。我问，是怎样解决的，回答说，大部分由联邦政府出钱，小部分由地方政府给解决。我诧异地问，德国是资本主义国家，为什么要出钱资助出版马克思、恩格斯的著作？他似乎感到有点问得奇怪，然后坦然地说，一是因为马克思、恩格斯是德国人；二是因为他们的学术思想，丝毫不亚于历史上任何伟大的思想家。是的，马克思不论就其思想之博大精深，还是就其著作之丰、影响之大，都可以与历史上任何伟大思想家相媲美。马克思主义学说，已经深深地改变了世界历史进程，并且还将继续影响人类社会的发展。

诚然，马克思主义也是一种学术，而且是真正的学术，从这个角度来研究马克思的学说，也同样可以做出自己的贡献。这里，我再举例说明。20世纪80年代中期，我接待过一位德国波鸿大学“马克思学”学者萨斯教授，他从学术角度对马克思学说，特别是马克思早期著作和思想进行了深入研究，论著颇多。经过他的研究和版本考证，发现“马恩全集”第1卷中一篇题为《路德是施特劳斯和费尔巴哈的仲裁人》的文章，不是出自马克思手笔，而是费尔巴哈本人的作品，应从“马恩全集”中去掉。他的研究成果很快为学术界所接受，并在后来出版的马恩著作中得到校正。这种研究无疑是很有意义的。我们应该提倡对马克思学说进行多角度、多方面的研究。

当前，世界社会主义运动处于低潮，但并不意味着马克思主义理论研究也处于低潮，相反，世界范围内研究马克思主义的热潮却在悄然兴起。从

1995年到1998年，千人以上的马克思主义国际学术研讨会开过四次。它们是：1995年为纪念恩格斯逝世100周年在巴黎举行的、有1500多位学者参加的“世界第一届马克思大会”；1996年在美国纽约召开的、有1500多名学者参加的“世界社会主义者大会”；接着，在伦敦召开的、有6000多人参加、盛况空前的“96伦敦马克思大会”；以及1998年，为纪念《共产党宣言》发表150周年在巴黎召开的、有1500多人参加的马克思主义国际学术讨论会。此外，去年在巴黎还召开了500多人参加的“第二届国际马克思大会”，以及在莫斯科举行的每年一度的国际社会主义研讨会。至于小型的国际学术讨论会更是不计其数。2000年是世纪之交，回顾和总结20世纪社会主义，展望21世纪社会主义发展前景，将是国际理论研讨活动的重要内容。法国《马克思园地》协会将在巴黎举办规模盛大的、题为“全球化与人类解放”的马克思主义国际学术研讨会，主要议题有：20世纪社会主义分析与总结；当代资本主义分析；现代社会劳动的内容和地位；超越资本主义和变革社会的进程与动因；如何实现真正的公有制和新国际主义等。同时，在美国纽约还将举行有2400多人参加的“世界社会主义者大会”，讨论当代社会主义面临的新问题，社会主义的历史命运、当代资本主义新变化以及取代资本主义的方式和如何实现这种方式等重大问题。世界其他地区也将举办类似的活动。

以上情况，绝非偶然现象，它是当今社会矛盾的反映，是世界进步、人们要求变革社会的情绪的表现。当今诸多社会问题和社会矛盾重新激起了人们研究马克思主义的热情，为了解当代社会问题和全球性问题，人们到马克思主义那里去寻找思想武器。因此，便出现了法国《世界报》所说的“回归马克思”的热潮。这也恐怕是马克思被评选为千年最伟大思想家的一个重要的现实原因吧。

法国《人道报》在报道1998年巴黎国际大会时有下面一段生动的文字：今年（1998年），从纽约到东京，从圣保罗到耶路撒冷，从新德里到伦敦，到处都奏起了《共产党宣言》的乐章，而这次会议将“再次让历史沸腾起来”，“《宣言》对21世纪仍将发生重要影响”，“马克思主义没有死，马克思仍然活着”，这些撼动人心的话语道出了世界进步人类的心声。这许许多多马克思主义理论研讨活动，将汇成巨流，发出世界最强音，推动当代社会主义走出低谷，再度复兴。让我们高扬马克思的旗帜，昂首阔步地迈向21世纪吧！

马克思主义在中国的传播与中国传统哲学的背景

张岱年*

马克思主义在中国的传播，仅仅几十年的时间，就取得了辉煌的胜利。中国共产党在马克思主义的指导之下，率领广大人民群众，经过复杂曲折的斗争，建立了中华人民共和国。马克思主义成为新中国的最高指导思想。应该承认，马克思主义在中国的传播是比较顺利的，是多数知识分子和广大人民群众所乐于接受的。

马克思主义在中国能够顺利传播，有其政治的原因。近百年来，中国人民如饥似渴地寻求救国救民的有效方策，经过反复的尝试，别的途径都失败了，终于找到了马克思主义。只有在马克思主义的指导之下，才能取得反帝国主义、反封建主义斗争的胜利。这是中国近代史所充分证明的历史真理。

但是，马克思主义在中国的传播之顺利，绝不仅仅出于政治的原因。如果马克思主义的理论与中国的学术传统是完全格格不入的，那必然不易被人们所接受，更不易迅速成为整个国家的主导思想。马克思主义在中国取得胜利，还有思想意识方面的原因。

---

* 本文刊发于 1987 年第 3 期。作者张岱年，时任中国哲学史研究会会长，曾任北京大学哲学系教授、清华大学思想文化研究所所长。

马克思主义是无产阶级革命的理论，但也有其思想渊源。马克思主义哲学在一定意义上实现了哲学的革命变革，但它与西方古典哲学也有一定的联系。马克思主义的唯物论与西方古典哲学的唯物论有一定的继承关系。马克思主义的辩证法是西方古典哲学中的辩证法的进一步发展。马克思主义的共产主义理想与西方空想社会主义的关系更是必须肯定的。

中国传统哲学中既有唯物论，也有辩证法，虽与西方哲学的唯物论和辩证法有所不同，但也有一些共同之处。中国哲学中的唯物论和辩证法思想与马克思主义的唯物论和辩证法，虽然距离较远，但也有互相契合之处。从中西哲学的异同来考察，中国哲学与马克思主义之间有相通之处，也就不难理解了。

以下试从四个方面来考察中国古典哲学的若干基本倾向与马克思主义理论的相通之处。

一　唯物论

在中国历史上，春秋战国以来，唯心论受到封建统治阶级的尊崇，一些进步思想家也未能摆脱唯心主义的形式。但是，也存在一个唯物论的传统。先秦哲学中最显著的唯物论是荀子的学说，荀子“天行有常，不为尧存，不为桀亡”的命题曾经有深远的影响。汉代王充高举“疾虚妄”的旗帜，给世俗的宗教迷信以沉重的打击。范缜对于神不灭论的批判，提出了关于形神关系的正确理论。宋明时代，张载以自己运动的“气”来说明一切事物，王夫之更提出“天下唯器”的精湛观点。“从世界本身来说明世界”，这是中国历代唯物论者的光辉传统。这个传统，在中国历史上每一个时代都有一定的代表。

二　辩证法

如果说在中国哲学史上，唯物论与唯心论的对立不像西方哲学史上那样壁垒分明，人们对于有些唯物论哲学的性质仍时有争论，那么，对于中国古代哲学中存在丰富的辩证法思想，中国哲学史工作者却是一致公认的。老子的“物或损之而益，或益之而损”，“祸兮福之所倚，福兮祸之所伏”，已成为人们的常识。《易传》的“一阴一阳之谓道”，“刚柔相推而生变化”，是更精粹更深邃的辩证观点。宋代以来，张载提出“两不立则一不可见，一不可见则两之用息”，“感而后有通，不有两则无一”的深湛命题；程颐明确提出“物极必反”；邵雍宣扬“一分为二”；朱熹更讲“一中有二”。他们的学说中都含有比较丰富的辩证法。到明清之际，王夫之更提出了关于动静、新故的深刻观点。所以，中国学者接触到西方哲学的辩证法并不感到陌生难解，就是很自然的事情了。

三　唯物史观

唯物史观是马克思、恩格斯的创造性的贡献，但在以前亦非全无端萌。在中国思想史上，有许多思想家谈到物质生活与精神生活之关系的问题。《管子》书云：“仓廪实则知礼节，衣食足则知荣辱。”肯定物质生活是精神生活的基础。韩非说：“饥岁之春，幼弟不饷；穰岁之秋，疏客必食；非疏骨肉爱过客也，多少之实异也。”（《韩非子·五蠹》）王充说：“让生于有余，争起于不足。谷足食多，礼义之心生；礼丰义重，平安之基立矣。……礼义之行，在谷足也。”（《论衡·治期》）这些言论都肯定衣食丰足是道德觉悟的必需条件，在一定程度上看到了物质生活条件在社会发展过程中的决定作用。这些观点是广泛流传的，尤其《管子》所讲的两句，成为古今传诵的名言。这些观点还不能称为唯物史观，但与唯物史观有相通之处。

四　社会理想

共产主义理想是西方空想社会主义者提出的。中国封建时代还不具备产生空想社会主义的条件。但是，先秦道家老庄学说中保存着对于原始社会的怀念，提出了对于阶级剥削的抗议。儒家学者所撰写的《礼运》篇中，宣扬“大同”的理想。大同社会的原则是“天下为公”，其中人与人的关系是：“人不独亲其亲，不独子其子，使老有所终，壮有所用，幼有所长，矜寡孤独废疾者皆有所养。男有分，女有归。货恶其弃于地也，不必藏于己；力恶其不出于身也，不必为己。”这是非常明确的对于原始共产社会的赞颂。儒家虽认为“大同”已经无法恢复，但这些描述给予后代学者以深刻的印象。“大同”成为人民长期怀念的理想境界。所以，西方共产主义学说传来以后，进步人士是以欣喜的心情接受的。

以上说明，中国传统哲学思想与马克思主义的理论观点，虽然距离遥远，所属时代不同，所表现的阶级立场更不同，但是也有一些相通之处。应该注意，中国古代的唯物论与西方的唯物论，虽然同属唯物论，但差别很大；中国古代的辩证法与西方的辩证法，虽然都可称为辩证法，但差别更大。我们不应见同而忽异，但是，也不可见异而忽同。中西哲学的唯物论与辩证法的共同之点，对于马克思主义在中国的传播是起了促进作用的。

20 世纪 30 年代，曾经发生哲学论战。

中国传统哲学中有唯物论，然而唯心论更多；中国传统哲学中有辩证法，然而反辩证法的形而上学观点亦不少。20 世纪 20 年代至 30 年代，一些倾向唯物论的学者欢迎马克思主义的辩证唯物论，而一些坚持唯心论的人们则对于辩证唯物论大肆攻击。在哲学范围内，当时反对马克思主义的人把攻击的矛头主要针对唯物辩证法和唯物史观，这就是当时的“哲学论战”，亦称“唯物辩证法论战”。很多人利用形式逻辑来反对辩证法，把辩证法与形式逻辑对立起来。至于政治思想方面，许多坚持资产阶级立场的论者对于社会主义的攻击尤其猛烈。

30 年代，思想理论界虽然错综复杂、学派林立，但最受欢迎的是马克思主义哲学。马克思主义得到了广泛的传播，逐渐深入人心。在新中国成立之前，马克思主义哲学在理论界已经取得决定性的胜利了。

1949 年新中国成立，更为人们深入学习马克思主义理论提供了充分的条件。一些在 30 年代就已学贯中西、力图建立自己的学说体系的老一代哲学工作者如冯友兰、金岳霖等，也接受了辩证唯物论与历史唯物论，改变了原来的哲学观点。应该承认，这是中国现代思想史上的大事件。这些老一代学者接受辩证唯物论与历史唯物论，是自觉的，不是自发的；是自愿的，不是被迫的。他们确实理解了马克思主义哲学的真谛，从而实现了自己哲学思想的转向。这也证明了马克思主义辩证唯物论与历史唯物论的真理确实具有巨大的吸引力。

最后谈谈马克思主义的中国化。

马克思主义是解放全人类的理论，不属于哪一国，而是国际性的学说。马克思主义在一定国家的传播，必须与这一国家的实际相结合，才能在这一国家中取得革命的胜利。一个国家的实际不限于经济、政治的实际，也应包括思想传统的实际。运用马克思主义的观点对于一个国家的传统哲学进行分析解剖，从而加以鉴别抉择，这也是一项重要的任务。在中国占主导地位的马克思主义，只能是与中国实际相结合的马克思主义，也就是中国化的马克思主义。以毛泽东同志为代表的中国共产党人正确执行了把马克思主义中国化的任务，所以能够从一个胜利走向又一个胜利。

马克思主义在中国广泛传播，取得伟大的胜利，这不是偶然的，而有其必然的原因。分析一下中国传统哲学的实际内容，理解其中所包含的有利于马克思主义传播的历史条件，就会使我们对于马克思主义哲学在中国的发展有比较明确的认识。

建立具有中国特色的社会主义经济体制

何建章*

邓小平同志在党的“十二大”开幕词中说：“把马克思主义的普遍真理同我国的具体实际结合起来，走自己的道路，建设有中国特色的社会主义，这就是我们总结长期历史经验得出的基本结论。”我国新民主主义革命和社会主义革命的挫折与胜利，归根结底都是取决于我们能否把马克思主义的普遍真理与中国的具体实践正确地结合起来。三十多年社会主义建设的历史也充分证明了这一点。我们过去的挫折，主要是由于脱离我国的具体国情，往往从马克思主义著作中有关社会主义的个别词句、概念出发，或者照抄外国的模式，结果证明都是不成功的。

马克思最伟大的功绩是，科学地论证了随着社会化大生产的发展，资本主义私有制必然要让位于社会主义公有制，资本主义制度的灭亡和社会主义、共产主义制度的兴起都是不可避免的。一切民族都将或早或迟地走向社会主义。但是，由于各国的具体情况不同，它们从资本主义过渡到社会主义必然各有自己的特色。列宁说：“由于开始建立社会主义时所处的条件不同，这种过渡的具体条件和形式必然而且应当是多种多样的。地方差别、经济结构的特点、生活方式、居民的觉悟程度和实现这种或那种计划的尝试等

* 本文刊发于1983年第4期。作者何建章，时任国家计划委员会经济研究所副所长，曾任中国社会科学院社会学研究所所长、经济研究所所长。

等，都一定会在国家劳动公社走向社会主义道路的特点中反映出来。”①

当然，尽管各国走向社会主义都具有自己的特色，但是，社会主义制度的共同规律是不能违反的。例如，都要建立形式上虽然多样，但实质上都是无产阶级专政的政权；都要建立劳动人民当家做主的生产资料社会主义公有制；都要普遍实行按劳分配原则，消灭剥削制度；都要实行计划经济，消除社会生产的无政府状态；随着社会主义物质文明和精神文明水平的提高，人类将逐步过渡到“各尽所能，按需分配”的共产主义社会，等等。不过，正如列宁所曾经指出的：“至于人类会经过哪些阶段，通过哪些实际办法达到这个最高目的，那我们不知道，也不可能知道。”② 马克思主义经典作家没有也不可能为我们设计具体的模式。这就需要各国的无产阶级政党根据本国的具体情况，依靠亿万群众的实践来创造自己走向社会主义和共产主义的道路和方法。我们当前面临的一个重要任务，就是以马克思主义的科学社会主义理论为指导，密切结合中国的实际，建设有中国特色的社会主义。对一切不符合这个原则的经济体制都要进行改革。要以是否有助于国家的兴旺发达，是否有助于人民的富裕幸福，作为衡量我们各项事业发展得好或不好、各项改革进行得对或不对的标准。

那么，中国特色的社会主义经济体制的具体内容是什么？现阶段需要从哪些方面对我国的经济体制进行改革呢？我认为主要包括以下几个方面：第一，建立以国营经济为主导的多种经济形式；第二，实行不同形式的经营承包责任制；第三，坚持计划经济制度，充分发挥市场调节的辅助作用。另外，还要正确处理中央与地方、条条（部门）和块块（地方）的关系等。下面主要谈谈前三个方面的问题。

一　建立以国营经济为主导的多种经济形式

生产关系一定要适合生产力的性质，这是适合于所有社会经济形态的共

① 《列宁全集》第27卷，第191页。

② 《列宁选集》第3卷，第257页。

同规律。胡耀邦同志在党的“十二大”报告中说：“由于我国生产力发展水平总的说来还比较低，又很不平衡，在很长时期内需要多种经济形式的同时并存。”在我国现阶段，既存在一部分高度社会化的机械化的大生产，又存在大量的社会化程度较低的半机械化以至于以手工劳动为主的小生产。与生产力的这种状况相适应，我们应该建立以社会主义全民所有制和集体所有制为基本形式，包括一定范围的个体经济等形式在内的多种经济形式。但是，长期以来，我们却脱离我国国情，从社会主义就是消灭私有制、建立全社会统一的公有制的概念出发，片面强调生产关系的不断革命，幻想在一个早上建立起纯而又纯的单一的全民所有制，鼓吹小集体向大集体过渡，大集体向全民过渡，不断“割资本主义尾巴”。在城镇手工业改造方面，初期主要是过分强调集中生产、集中经营，忽视手工业一般带有分散性、地方性，适合于集体或个体经营的特点。尤其是通过社会主义改造，个体手工业变成初级形式的合作社（共同劳动、民主管理、按劳和按股分红）以后，没有能够在这个基础上进行巩固。在1958～1960年的“大跃进”时期，又急急忙忙地搞两个过渡：一是从集体向全民过渡，把规模较大、机械化程度较高、经营管理比较好、积累比较多的合作社，升级过渡为国营企业；二是从小集体向大集体过渡，也就是把大批的合作社合并升级为大集体企业。这类企业一般归各省、市、县的二轻局领导，把自负盈亏改为统负盈亏，企业盈利交上级领导机关掌握，统一调剂；取消按劳和按股分红，实行固定工资制，职工的工资福利待遇参照国营企业的办法，以略低于国营企业为原则。这种大集体企业实际上同地方国营企业没有多少差别。总之，两个过渡改变了集体企业的性质，从对个体经济的改造变成了对集体经济的改造。由于盲目集中生产和集中经营，吃“大锅饭”，职工的利益同企业的经营管理效果脱钩，严重挫伤了职工的积极性，削弱了市场竞争，造成了产品质量下降、品种减少，影响了市场供应和人民生活。

对小商小贩的改造，后期步子也过急了。1958年，许多初级形式的合作小组、合作商店、合作菜场也合并升级为国营零售商店。许多小商小贩或者到国营工厂当工人，或者下放到农村劳动去了。“文化大革命”期间，又进一步“割资本主义尾巴”，取缔残余的个体商贩。这样，城镇的个体工商户基本上被消灭了。1953 年，城镇个体劳动者有 900 万人，他们上缴的税收占国家财政收入的 16.6%，1978 年只剩下 15 万人，上缴的税收只占国家财政收入的 0.45%。这样，在城镇中，基本上变成了清一色的全民所有制经济。

在农村，“大跃进”时期，急忙地把农业生产合作社过渡到“一大二公”“政社合一”的人民公社，取消自留地和社员家庭副业，禁止集市贸易，实行供给制，到处搞“一平二调”，甚至要“向共产主义过渡”。“文化大革命”期间，农业经济中“左”倾错误更加发展到登峰造极的地步。由于人民公社实行“政社合一”的体制，公社干部是国家委派的，对人民公社的生产和经营实行严格的指令性计划，这实际上否定了人民公社的集体所有制性质，同国营农场没有多少差别了。只是在公社与公社之间还保留着差别，在公社社员实行工分制、没有“铁饭碗”这一点上同国营农场有着差别，这些方面还保留着集体所有制的痕迹。

由于严重脱离我国实际，盲目追求向单一的全民所有制过渡，经济形式和经营方式单一化，其结果不但不能促进生产力的发展，还严重阻碍了生产力的发展。工业发展速度下降，经济效益差；农业经济萎缩，市场供应紧张，人民生活长期没有得到应有的改善。加上堵塞了集体和个体经济的就业门路，造成了尖锐的就业问题，严重影响了社会的安定团结。因此，我们一定要按照现阶段我国生产力的具体状况，调整生产关系，实行多种经济形式并存的方针。正如党中央一再指出的：在社会主义公有制经济占优势的根本前提下，实行多种经济形式和多种经营方式长期并存是我党的一项战略决策，绝不是一种权宜之计。五届人大五次会议通过的宪法明确规定，我国社会主义经济制度，是以全民所有制和劳动群众集体所有制的社会主义公有制为基础，以劳动者个体经济为补充。这是总结我国三十多年经济建设的历史经验而得出的结论，是完全正确的。

（一）全民所有制(国营经济)是社会主义公有制的主要形式

现阶段我国的全民所有制经济采取国营经济的形式。它掌握着关系国计民生的经济命脉。据 1979 年的统计，它占全国工业固定资产的 90%，占全国工业总产值的 81%，占社会商品零售额的 82.7%，占国家全部财政收入的 86.1%。国营企业装备比较先进，技术力量比较强，是国家直接掌握的物力、财力的主要源泉，所以它在我国整个经济生活中起着主导作用。国家依靠国营经济的力量对其他经济形式施加影响。因此，它是保证劳动群众集体所有制沿着社会主义方向前进，保证个体经济为社会主义服务，保证整个国民经济的发展符合劳动人民整体利益和长远利益的决定性条件。但是，长期以来，由于国营企业经营管理落后，存在端“铁饭碗”、吃“大锅饭”的弊病，不利于发挥企业和广大职工的积极性和主动性，造成许多企业经济效益不高。为了更好地发挥国营经济的主导作用，必须对国营企业的经营管理体制进行改革。

（二）劳动群众集体所有制是社会主义公有制的重要形式

集体所有制的基本特点是自愿结合、独立经营、自负盈亏、民主管理、按劳（按股）分红。无论是在城镇还是在农村，集体经济都比较适应我国现有的生产力水平。独立经营，可以更灵活地满足市场和社会需要；民主管理，实现了劳动者当家做主，自负盈亏，按劳分红，可以把职工利益同企业经营效果紧密地结合起来。所有这些都有利于调动职工的积极性。我国过去办得好的集体经济组织，都有民主办厂、办社，勤俭办事业的好传统。因此，要纠正过去那种强行把集体企业升级过渡为国营企业的错误做法。要把一部分适宜于集体经营的国营小企业改变成为集体企业，把统负盈亏的大集体改为自负盈亏的小集体，还要大力发展真正的集体所有制的企业，以促进社会生产力的发展，更好地满足市场和人民生活多种多样的需要，并为就业开辟广阔的门路。当然，集体经济组织往往容易从本单位的局部利益出发，有时可能同社会整体利益发生矛盾。因此，国家要加强对集体经济的计划指导，主要是通过价格、税收、信贷等各种经济杠杆，把集体经济单位的经营活动纳入全国统一计划的轨道。

（三）劳动者的个体经济是我国社会主义公有制经济的补充

个体经济是同手工劳动相适应的。有些个体劳动者凭着祖传的技艺，为人民提供多种多样的产品和劳务。个体经济不需要多少资金，只要有了简单的工具就可以开展经营活动，而且经营方式灵活，适应性强，方便群众。在国营经济和集体经济没有能力把全部新成长的劳动力都包下来，并把群众多种多样的需要都包起来的情况下，适当发展个体经济，作为社会主义公有制经济的补充，是完全必要的。党的十一届三中全会实行放宽政策以后，个体经济有了一定程度的发展。截至 1982 年底，城乡的个体工商业已发展到 200 多万户，其中，城镇由 15 万户发展到 110 多万户。但是，个体工商业的发展也遇到了一些困难和阻力，这同人们对现阶段适当发展个体经济的认识不足有一定的关系。

个体经济的发展会不会损害社会主义经济呢？不会。在社会主义公有制经济占绝对优势的条件下，经济命脉掌握在国家手里，批发商业和绝大部分零售商业由国营企业和集体企业经营，个体经济仅限于国营企业和集体企业不经营或经营不足的范围。在这种条件下，个体经济只能依附于社会主义公有经济，并且随着它向专业化、社会化方向发展，对社会主义公有经济的依赖性就越大。它只能在对社会主义经济起有益的补充作用的情况下存在和发展。我们完全有力量（包括行政的和经济的）把个体经济纳入为社会主义经济服务的轨道。

有人说，社会主义就是消灭私有制，恢复和发展个体经济同坚持社会主义道路是不相容的。不错，我们的目标是建立社会主义公有制，而且是全社会统一的公有制。但是，怎样过渡到这种公有制，却要取决于生产力的实际发展，而不取决于我们的主观愿望，企图一步登天是办不到的。恩格斯说："社会制度中的任何变化，所有制关系中的每一次变革，都是同旧的所有制关系不再相适应的新生产力发展的必然结果。"他在回答"能不能一下子就把私有制废除"这个问题时，曾明确指出："不，不能，正像不能一下子就把现有的生产力扩大到为建立公有经济所必要的程度一样。因此，征象显著即将来临的无产阶级革命，只能逐步改造现在的社会，并且只有在废除私有制所必需的大量生产资料创造出来之后才能废除私有制。”① 他在另一个地方还说，“这将是下几代人的任务”②。如前所述，我们过去是企图在手工劳动的落后生产力的基础上一下子消灭私有制，这恰恰是违反了恩格斯的这些教导。我们今天恢复和适当发展个体经济，绝不是忘记或者抛弃社会主义的目标，恰恰相反，是真正扎扎实实地为更好地发展社会生产力，为最后废除私有制和建立全社会统一的社会主义公有制创造条件。

二　实行不同形式的经营承包责任制

四年来，我国对国营企业的管理逐步进行了改革，从扩大企业经营自主权着手，实行利润留成、利润包干（或盈亏包干）、递增利润包干、以税代利等不同形式的经营承包责任制。截至 1983 年 2 月的不完全统计，已有 3 万多个工业企业（占预算内国营工业企业的 80%）和 47000 多个商业企业（占独立核算单位的 35%），实行了不同形式的经营承包责任制。它们对国家承担一定的计划任务，如产品产量（或销售量）、质量、品种、成本、利润等，相应地拥有一定程度的经营管理自主权，获得与其经营效果相适应的经济利益。实行经营承包的国营企业，有一定范围的产品生产计划权，一定比例的产品自销权，以及利润留成权、物资选购权、自有资金使用权、奖金分配权、中层干部任免权，等等。这就初步改变了企业过去那种实质上无责、无权、无利的状况，较好地把国家、企业和职工个人的利益结合起来，调动了各方面的积极性，有力地促进了国营经济的发展。应该说，在前几年的经济调整中，我国国营经济不但没有出现像以前曾经出现过的大幅度下降，而且保持了一定的发展速度，这同经营承包责任制的推行有很大的关系，正如我们对农业生产实行了不同形式的联产承包责任制、有力地促进了

① 《马克思恩格斯选集》第 1 卷，第 218 ~219 页。

② 《马克思恩格斯选集》第 4 卷，第 108 页。

农业经济的发展一样。

国营企业经营承包责任制的巨大效果，在理论上给我们以很大的启示。

第一，它既保留了生产资料全民所有制（社会所有制）的性质，又在不同程度上使职工参与企业经营管理，初步实现了生产资料与劳动者的直接结合，提高了生产资料公有化的水平。

我国的国营企业最初是在没收官僚资本主义企业、接管帝国主义在华企业的基础上建立起来的。随后，又通过对私人资本主义工商业的社会主义改造和国家直接投资建设而发展壮大起来。过去，国家对国有企业实行直接管理的制度。国家任命企业的各级领导干部，统一调配企业职工；企业下达产、供、销指令性指标；企业利润全部上缴，亏损由国家补贴，基本建设投资（包括固定资产的更新改造）由国家拨款，企业职工按国家制定的统一工资类别和等级领取工资，等等。总之，国家统揽企业的产、供、销和人、财、物的决策权，职工对企业的经营管理实际上处于无权、无利的地位，从而也不能对企业的经营管理效果负责。其结果是，企业盈利和亏损一个样，职工干好干坏一个样。吃“大锅饭”、平均主义，就是由此而来的。

企业外无压力，内无动力，这是国营企业长时期以来经济效益差的根本原因之一。实行各种形式的经营承包责任制以后，企业及其职工开始有了不同程度的经营管理自主权和利润支配权，这种沉闷的局面开始打破了，国营经济开始活跃起来了，出现了生机勃勃的一派兴旺景象。

国营企业实行经营承包，特别是实行以税代利的经营承包制以后，除少数企业以外，国家不再直接管理企业的具体经营事务了，企业在相当大的程度上采取集体经营的方式，这会不会损害社会主义全民所有制的性质、降低社会主义公有化的水平呢？长期以来，流行一种观念：似乎国营经济是社会主义公有化的最高形式，国家直接管理企业是最先进的管理形式。看来，这是值得研究的。马克思和恩格斯多次强调指出，与资本主义生产社会化相适应，社会主义社会要实现生产资料公有化，即“以一种集体生产为基础的资本主义所有制只能转变为社会的所有制”①，“社会成为全部生产资料的主人”②。他们讲的是社会化、社会占有，而不是国有化。社会的主体是“自由平等的生产者的联合体”③，是自由的劳动的联合。社会主义制度“使社会的每一成员不仅有可能参加生产，而且有可能参加社会财富的分配和管理”④。但是，正如恩格斯所说的，由于不能一下子就把现有的生产力扩大到建立公有经济所必要的程度，以及由于劳动者不能一下子就学会管理社会化大生产的本领，在社会主义革命胜利后，一般都由国家以社会的名义占有社会化大生产的部分，并由国家直接加以管理。不过，马克思主义经典作家从来不认为国有化是生产资料公有化的最高形式。斯大林说：“有些同志以为，把个别人或个别集团的财产转归国家所有，是唯一的或无论如何是最好的国有化形式。这是不对的。事实上，转归国家所有，这并不是唯一的甚至也不是最好的国有化形式，而是原始的国有化形式，正如恩格斯在《反杜林论》里关于这点所正确说过的那样。”⑤ 国营企业之所以不是“国有化”（公有化）的最高形式，主要是因为国营企业的劳动者没有参与企业的经营管理，没有经营管理的决策权。从这个意义上说，劳动者并没有真正成为企业的主人，而是像列宁所正确形容的那样：在这里，全体公民都成了国家（武装工人）的雇员。全体公民都成了一个全民的、国家的“辛迪加”的职员和工人。⑥ 这就存在一种危险，即容易“造成工人群众利益同管理国营企业的经理人员或其主管机关利益的某些对立”⑦。实际情况也是这样，特别是企业管理人员或主管机关对工人群众利益采取漠不关心的官僚主义态度时，这种对立可能发展到尖锐的程度，严重挫伤群众的积极性，严重阻碍社会主义公有制优越性的发挥。

---

① 《马克思恩格斯全集》第19卷，第130页。

② 《马克思恩格斯全集》第2卷，第318页。

③ 《马克思恩格斯全集》第18卷，第67页。

④ 《马克思恩格斯选集》第3卷，第42页。

⑤ 《斯大林全集》下卷，第605~606页。

⑥ 《列宁选集》第3卷，第258页。

⑦ 《列宁选集》第4卷，第584页。

出路何在呢？出路就在于找到一种既能保持生产资料全民所有制或社会所有制的性质，又能使职工群众直接参与企业经营管理的办法和制度。这种办法和制度，在我国，在党的十一届三中全会贯彻解放思想、实事求是的思想路线，尊重群众的首创精神，试行经济体制改革以后，终于逐渐摸索出来了。这就是对原来的国营企业，根据不同的情况，实行不同的经营承包形式：小型工业企业，有的由集体承包或者个人承包，有的租给集体或个人，实行国家征税，自负盈亏；大型工业企业逐步推广递增利润包干的经验；其他多数企业实行以税代利。国营商业中的零售商店、饮食业、服务业、修理业，也逐步推广多种形式的经营承包责任制。

国营工商企业实行各种形式的经营承包责任制，并不改变生产资料全民所有或社会所有的性质。首先，集体或个人向国家承包，或国家把企业租给集体或个人，都以承认国家对企业的所有权为前提，承包的条件和期限由国家规定。其次，国家仍保留对企业的行政干预权，从下达必要的指令性指标到必要时对某些企业实行关停并转等。

与此同时，企业获得了不同程度的经营管理自主权，承包企业的职工群众就可以行使民主管理的权力，参与企业经营管理的决策。现在许多企业恢复和建立了职工代表大会等一套民主管理制度；部分企业还开始试行厂部、车间、班组民主管理，使职工代表经常、直接参加企业的日常经营管理工作，体现了职工群众当家做主的主人翁地位。许多企业还把对国家承担的任务层层分解，逐项落实到科室、车间、班组和个人，规定了不同的奖惩办法，并用经济合同形式确定下来。通过企业对国家的经营承包责任制和厂内的经济责任制，把企业和职工个人的利益同经营效果紧密联系起来，把国家、企业和个人的利益正确结合起来，可以充分体现和发挥社会主义公有制的优越性。

由此可见，国营企业实行经营承包责任制的实质是：在全民所有制企业中采取集体经营的方式。它不但没有改变生产资料的全民所有或社会所有的性质，而且从职工直接参加管理，即生产资料同劳动者集体的直接结合方面来看，比过去由国家直接管理企业的体制前进了一大步。从这个意义上来说，国营企业实行经营承包责任制，大大提高了全民所有制企业的公有化水平。

应该指出，我国广大职工创造的这种经营方式，同马克思和恩格斯当年的设想也是基本符合的。1886 年，恩格斯在致奥·倍倍尔的信中说："我的建议要求把合作社推行到现存的生产中去。正像巴黎公社要求工人按合作方式经营被工厂主关闭的工厂那样，……至于在向完全的共产主义经济过渡时，我们必须大规模地采用合作生产作为中间环节，这一点马克思和我从来没有怀疑过。但事情必须这样来处理，使社会（即首先是国家）保持对生产资料的所有权，这样合作社的特殊利益就不可能压过全社会的整个利益。"① 从实质上来说，国营企业一实行经营承包，就是"按合作方式经营"国有企业。由于它并不否定生产资料的社会（首先：是国家）所有权，较好地实现了群众直接参加管理，就比国家直接管理的国营企业更优越。

第二，国营企业采取经营承包责任制的意义还在于，它开辟了国营企业与集体企业互相融合，共同过渡到全国统一的社会所有制的前景，打破了集体企业一定要向国营企业过渡的旧的公式。

过去，人们通常把国营企业看成社会主义公有化的高级形式，把集体企业看成公有化的低级形式，从而把集体企业向国营企业过渡看成客观经济规律。这也正是我们过去急于把城镇的合作工厂、合作商店升级过渡到国营经济的"理论依据"。不错，国营企业与集体企业适应于生产力不同的发展水平，这是实际情况。但这只是事情的一方面。事情的另一方面是，集体企业具有它特有的优点：独立经营，民主管理，自负盈亏，按劳分红，经营成果与劳动者利益直接挂钩，职工十分关心企业经营管理效果。从一个企业范围内职工直接参加企业经营管理这一点来说，集体企业比国营企业的社会化和公有化程度更高一些。正是在这一些方面，国营企业可以而且应该向集体企业学习。如前所述，我们现在在国营企业中实行不同形式的经营承包责任制，正是在不同程度上吸收了集体企业经营方式的优点，提高了国营企业内

① 《马克思恩格斯全集》第 36 卷，第 416～417 页。

部公有化的水平。

当然，从全社会范围来说，集体企业是有局限性的。因为它具有较大的经营自主权和灵活性，有自己独立的经济利益，容易产生只顾本集体单位的局部利益、忽视全社会的整体利益，致使自己的经营项目、范围和方式方法同国家计划的要求不一致。怎样解决这个矛盾呢？是不是可以把集体企业一律升级过渡成为国营企业呢？这个办法我们曾经尝试过，证明效果是不好的。那么，怎样解决集体企业局部利益与社会整体利益的矛盾，使集体企业的经营活动符合国家计划的要求呢？除了国家颁布有关的集体经济管理法规、条例并加强管理以外，最重要的是，国家通过价格、税收、信贷等经济杠杆，引导集体企业按国家计划的需要开展自己的经营活动。国家加强对集体企业职工进行政治思想教育，要求他们正确处理局部利益与整体利益的关系，在二者发生矛盾的时候，自觉地服从整体利益。由于在社会主义条件下，个人与集体、局部与整体之间没有根本的利害冲突，只要我们的经济和社会发展战略决策正确，又善于协调国家、集体和个人的利益，是完全可以把集体企业的经营管理活动纳入社会统一计划的轨道的。随着集体企业经营管理水平的提高，随着社会生产力的极大发展，全社会的劳动者都将逐渐富裕起来，他们的共产主义觉悟程度也将大大提高。那时，全民企业与集体企业之间、集体企业与集体企业之间的经济差别将逐渐缩小以致逐步消失，所有的企业都能更加自觉地按全社会的总计划行事，并平等地参加全社会经济中心的管理活动。这样，集体企业与全民企业的界限将逐渐趋于泯灭，共同过渡到全社会的统一的所有制。马克思在驳斥资产阶级污蔑共产主义要消灭一切所有制的谬论时曾说："如果联合起来的合作社按照总的计划组织全国生产，从而控制全国生产，制止资本主义生产下不可避免的经常的无政府状态和周期的痉挛现象，那么，请问诸位先生，这不就是共产主义，'可能的'共产主义吗"[①]？这就是说，只要合作社的经营活动是在全国总的计划指导下进行，服从全国总的计划要求，那么，这种合作社的所有制同全社会

① 《马克思恩格斯选集》第 2 卷，第 379 页。

统一的所有制即马克思所说的共产主义就没有什么差别。或者说，这种合作社所有制实质上已经过渡到统一的社会所有制了。看来，这也是我国集体所有制企业向统一的社会所有制过渡的一种趋势。

以上我们扼要地分析了国营企业实行经营承包责任制在理论上给我们的启示。这些启示对我们的实际经济工作有什么意义呢？

其一，国营企业实行经营承包责任制，企业职工群众直接参加企业的经营管理，在实现劳动者同生产资料直接结合方面前进了一大步，也就是向更高级的全民或社会所有制前进了一大步。经营承包责任制把企业和职工的利益同经营管理效果、劳动贡献更好地结合起来，更好地实现按劳分配原则。所有这些，都是坚持了社会主义经济制度的基本特征，并且丰富和发展了它们的内容。可以说，这是继我国农村亿万农民实行联产计酬责任制，丰富和发展了马克思主义的农业合作化理论的伟大创造之后，我国国营企业广大职工在企业管理上的又一伟大创举，它丰富和发展了马克思主义的企业管理理论和社会主义公有制的理论。总之，国营企业实行经营承包责任制能够更好地发挥社会主义公有制的优越性，这一改革的方向是完全正确的，应该大胆放手地进行。当然，由于工商业比农业的情况复杂得多，改革更要有领导有计划有步骤地进行，并且一切改革都要经过试点，切忌一哄而起、一刀切。同时，也不要因为改革中出现了一些问题而惊慌失措、动摇改革的决心。我们的任务是不断总结经验，使各形式的经营承包责任制更加切合不同类型企业的实际，使它更加完善，发挥更好的作用。

其二，提高集体所有制经济的社会主义公有化水平，一般不能采取硬把集体企业升级过渡到国营企业的办法，而是要加强对集体企业的计划指导，逐步把它们的经营活动纳入全国统一计划的轨道。这就要求我们提高计划的科学性，学会运用多种经济杠杆引导集体企业按照全国统一计划的要求来开展自己的经营活动。这样，通过长期的努力，为集体企业和全民企业将来的融合、共同向单一的社会所有制逐步过渡创造条件。

三 坚持计划经济制度，充分发挥市场调节的辅助作用

社会主义经济是计划经济。我国三十多年来也是依靠实行计划经济制度取得了巨大的成就。但是，怎样有效地对整个社会的经济活动实行计划管理，才能充分发挥计划经济制度的优越性，这个问题还没有真正解决。过去，由于经济发展战略决策的失误，也由于计划管理制度上的缺陷，我国经济发展曾经发生过几次大的挫折，而且由于计划管得过多、过细、过死，束缚了企业和职工的手脚，经济效益很不理想。因此，有些同志怀疑计划经济的优越性，甚至怀疑我国现阶段有没有条件实行计划经济制度。这显然是不对的。

一个国家实行什么样的经济制度，这不取决于人们的主观愿望，而决定于生产力的性质和占统治地位的生产关系特别是生产资料占有的形式。生产社会化决定了全社会的劳动时间按比例分配于各生产部门的必要性，生产资料社会主义公有制决定了社会有可能对社会再生产进行统一的、有计划的管理。在资本主义制度下，生产社会化达到了极高的程度，但是由于生产资料是资本家私人占有的，生产什么，生产多少，完全是资本家私人的事情。国民经济发展所要求的各种比例关系，不可能由社会统一计划来调节，整个社会生产是无政府状态的。资本家完全按市场行情的波动来调整自己的经营活动，资本主义经济是在“看不见的手”即价值规律的支配下运转的。社会再生产所要求的比例，只能通过经济动荡和周期性经济危机来实现。马克思说：“资产阶级社会的症结正是在于，对生产自始就不存在有意识的社会调节。”① 过去和现在，无论现代资本主义国家怎样加强国家干预，都无法根治这一痼疾。

在社会主义制度下，生产资料公有制的建立，消除了生产社会化同生产资料资本主义私有制的矛盾，克服了人们之间的利益对立，使国民经济成为

---

① 《马克思恩格斯选集》第4卷，第369页。

根本利益一致的整体。这就使国家有可能根据国民经济发展的需要，制订统一的计划，在各个部门之间合理地分配生产资料和劳动力，有效地使用资金，合理地利用自然资源，正确规划生产布局，恰当安排国民经济的重大比例关系和发展速度，自觉地实现按比例发展的要求。这就使社会主义国家有可能集中全社会大部分的人力、物力和财力，用于解决经济建设的重要任务，保证国民经济的协调发展，不断满足人民日益增长的物质和文化生活的需要。这是社会主义经济区别于资本主义经济的基本特征之一，也是社会主义制度优越性的一个重要表现。

怎样实现计划经济制度呢？马克思和恩格斯没有为我们设计具体的模式。他们只是作了一些原则的指示，即按社会需要来有计划地安排社会生产。马克思说，在社会主义社会，“社会需要，即社会规模的使用价值，对于社会总劳动时间分别用在各个特殊生产领域的份额来说，是有决定意义的”①。恩格斯说：“在共产主义社会里无论生产和消费都很容易估计。既然知道每一个人平均需要多少物品，那就容易算出一定数量的人需要多少物品；既然那时生产已经不掌握在个别私人企业主的手里，而是掌握在公社及其管理机构的手里，那也就不难按照需求来调节生产了。”② 苏联是第一个实行计划经济的国家。它的计划管理制度的基本特征是实行单一的指令性计划。具体的做法是：由国家计划机关制订全国统一的产、供、销和人、财、物计划，然后以指令的形式向企业下达。国家向企业下达的指标最多的时候达到 100 多个，企业完全没有经营自主权。这是一种高度集中的中央集权的管理体制。从形式上来看，似乎是最直截了当地实现有计划发展的要求了，实际上，却经常造成产销脱节，货不对路，积压浪费很严重。原因很简单，全国企业几十万个，产品上千万种，人民的消费需要又经常变化，因此，任何中央计划机关，即便使用最先进的计算技术，也不可能把社会需要计算得那么精确，更不要说随着社会需要的变化而及时调整计划了。与此同时，企

① 《马克思恩格斯全集》第 25 卷，第 716 页。

② 《马克思恩格斯全集》第 2 卷，第 605 页。

业却没有权力修改计划，而且这样做对自己没有好处。因为反正盈亏都由国家包下来了，企业根本没有生产新产品、改进生产技术和工艺的兴趣。所以，产品品种单调，二三十年“一贯制”，技术进步缓慢，经济效益差，成了这种计划管理体制的通病。

显然，实行这样的计划管理体制不符合社会主义经济发展的要求，因而并不是社会主义计划管理的理想模式。

首先，它把社会主义经济的集中管理绝对化了，否定了企业的经营管理自主权。社会主义经济要求对整个国民经济进行集中的管理，预先安排国民经济的主要比例关系，以保证社会再生产的顺利发展。这同资本主义的生产无政府状态有根本区别。但是，社会主义的集中管理并不排斥企业的经营自主权。如上所述，国家不可能把几十万个企业的人、财、物和产、供、销的具体事务都管起来，事实上也不可能管好。而且，这种完全否定企业经营自主权的做法，同社会主义公有制的性质也是不相符的。社会主义公有制意味着劳动者同生产资料直接结合，劳动者是生产的主人，具有不可剥夺的经营管理权。同时，也只有依靠他们的劳动和经营管理的积极性，才能把企业办好。因此，要把国家必要的集中和企业的经营自主权恰当地结合起来。办法就是：宏观的决策权集中在中央，微观的决策权基本上交给企业。这就是说，经济发展的方针、任务、增长速度、主要比例（特别是积累和消费、农轻重、经济和国防、经济和科学教育等比例），固定资产投资规模、投资方向、生产力布局和重大建设项目，以及主要产品价格和重要服务收费，信贷、税收政策，外贸等重大经济政策和科学技术发展政策，这些关系到全局的决策，必须由中央统筹安排，以求得社会总需求和社会总供给之间的平衡，保证整个国民经济的协调发展。至于企业的内部事务，以及企业之间的经济往来，应该主要依靠企业职工，让企业在服从国家计划指导和遵守国家政策规定的范围内，自主地进行活动。只有这样，才能把集中和民主很好地结合起来，做到管而不死，活而不乱。

其次，由于实行单一的指令性计划，企业又没有经营自主权，企业不能对自己的经营效果负责，统收统支，企业之间吃“大锅饭”，平均主义就成为不可避免的了。这样，由于违反了物质利益原则，企业既缺乏外在的压力，又没有内在的动力，当然就不可能健康发展了。

最后，这种计划管理体制忽视市场和价值规律的作用。制订计划往往从主观愿望出发，从实物需要出发；在执行计划中，也不注意研究市场的变化，更谈不上根据市场的变化而修订计划了。这同理论上否认社会主义存在商品生产和商品交换有直接关系。

我国现行的计划管理体制，基本上是50年代从苏联学来的，存在同样的弊病。党的十一届三中全会以来，对如何改革开展了热烈的讨论。首先，要解决对改革的思想认识问题。从过去的讨论和若干试点的经验来看，我认为应该着重明确以下几点：第一，在保持宏观经济的决策集中在中央的前提下，适当扩大企业的经营自主权，把必要的集中管理同适当的分散经营结合起来，这不仅是管理方法问题，而且关系到劳动者能否直接参加管理的原则问题。而劳动者在生产过程中当家做主，是社会主义公有制性质所要求的。第二，承认在社会主义阶段，企业具有相对独立的经济利益。在企业执行国家计划过程中，不能只要企业承担责任，而不赋予它们相应的权力和利益，要把责、权、利结合起来。第三，承认社会主义社会还广泛存在商品生产和商品交换。制订计划、执行计划和修订计划，都必须注意研究、利用市场和价值规律的作用。

根据我国现实的情况，党中央已经决定，要改革单一的指令性计划制度，实行指令性计划、指导性计划和市场调节相结合的多种计划管理形式。对国营企业中关系国计民生的生产资料和消费资料的生产和分配，对集体所有制的一些重要的农副产品的征购和派购，实行指令性计划。对许多产品和企业实行主要运用经济杠杆以保证其实现的指导性计划。同时，允许对部分产品的生产和流通不作计划，由市场来调节，也就是说，根据不同时期的具体情况，由国家统一计划出一定的范围，由价值规律自发地起作用。同时，无论实行指令性计划还是指导性计划，都要注意研究市场供需状况的变化，自觉地利用价值规律的作用。

现在，通常都把指令性计划和指导性计划称为计划经济，而把企业自行安排生产的部分称为市场调节。这就产生一个问题：似乎计划经济不包括市场调节，市场调节不在计划经济的范畴之内了。这样理解对不对呢？我认为，应该把具体的计划管理方法同反映某种生产关系特征的经济范畴区别开来。在计划管理形式上，我们把单一的指令性计划改革为指令性计划、指导性计划和市场调节（更准确地说是由企业自行安排生产）三种形式。但是，从理论上来说，这三种形式都是属于计划经济的范畴之内的。因为所谓市场调节的部分，也包括在国家统一计划之内，是有计划地“划出一块”。这一块究竟多大，也是计划规定的。

其次，社会主义经济中广泛存在商品生产和商品交换，不但国家、集体和个人之间存在商品交换关系，而且全民所有制企业之间的交换也是商品交换，必须贯彻等价交换原则，维护交换双方的利益。这种情况表明，在社会主义阶段，虽然社会可以预先有计划地把人、财、物分配到国民经济各个生产部门，而主要不是通过市场竞争和价值规律的自发作用来实现，但是，由于劳动还是谋生手段，还保留着旧的社会分工，人们之间还保留着物质利益的差别和矛盾，在这种情况下，国家计划的实现仍需要利用市场和价值规律的作用，而不能采取无偿调拨的办法。实践证明，无偿调拨（例如资金的供给制等）和不尊重价值规律的作用（价格与价值长期背离、各种商品价格畸高畸低等），其结果都是违反了物质利益原则，造成企业之间苦乐不均，影响企业执行国家计划的积极性。过去长期以来，长线产品价高利大，往往突破计划限产指标；价低利小产品，往往完不成计划任务，这里就有着市场和价值规律的调节作用。正是从这个意义上说，社会主义经济存在一个统一的市场。它包括直接计划市场（在现阶段，包括指令性计划和指导性计划）和间接计划市场（即国家不下达计划，由价值规律自发调节的市场调节部分）。换句话说，社会主义的统一市场都是有计划的，但存在直接计划与间接计划的差别。这同完全受无政府状态支配的资本主义的自由市场是根本不同的。既然存在统一的市场，价值规律就普遍发生一定的调节作用。只是由于计划管理的形式不同，价值规律的调节作用，也就是市场调节在不同的计划管理形式下所起的作用，程度就不同。在指令性计划中，作用较小；在指导性计划中，作用较大；在市场调节中，作用最大。总之，我认为，社会主义计划经济包括对整个国民经济（而不是一部分或大部分）实行计划指导，这是必须坚持的原则。同时，又必须充分发挥市场调节的辅助作用。只有这样，才能既保证我国经济沿着社会主义道路前进，又能把经济搞活、促进国民经济的健康发展。

习近平新时代中国特色社会主义思想的发生逻辑

金民卿*

党的十九大的最重要的贡献，就是明确提出并系统阐述了习近平新时代中国特色社会主义思想，为实现中华民族伟大复兴提供了根本遵循和行动指南。深入分析这个重大理论创新成果的生成机制和发生逻辑，能够让我们更好地学懂弄通其科学理论体系，深入把握并贯彻落实其思想要义和根本要求。

一　习近平新时代中国特色社会主义思想，是对当今时代本质及其阶段特征、当代世界大局及其发展趋势、世界社会主义运动的总体态势及其发展前景的深刻剖析和科学回答

习近平多次强调，时代是思想之母，实践是理论之源。研究习近平新时代中国特色社会主义思想的生成基础，离不开对我们所处的大时代背景、世

* 本文刊发于2017年第6期。作者金民卿，时任中国社会科学院马克思主义研究院副院长，现任中国社会科学院近代史研究所党委书记、副所长。

界格局现状及发展趋势、世界社会主义运动总体态势的深入分析。

首先，当今时代的本质和特征在变与不变的交织中呈现许多新的历史特点。从总体上讲，我们依然处于马克思主义所早已指出的历史时代，也就是资本主义向社会主义过渡的“大的历史时代”。在《共产党宣言》中，马克思就已经指出，随着生产力和生产关系的发展变革，人类已经进入资本主义社会形态占统治地位的历史时代。但是，资本主义在发展的过程中，已经锻造了自己的掘墓人无产阶级，随着无产阶级革命运动的发展，“资本主义的灭亡和无产阶级的胜利是同样不可避免的。”① 人类已经进入从资本主义向社会主义和共产主义过渡的大的历史时代。如今，经过了100多年的历史发展，资本主义经历了自由竞争的资本主义和垄断资本主义两个重大历史阶段，如今正在进入新的阶段，资本主义体系中已经产生相当多的社会主义因素，在全世界也已经存在若干社会主义国家。但是，当今世界依然处于资本主义社会形态占统治地位的时代，资产阶级与无产阶级的斗争依然存在，并且仍然是资本主义社会的主要矛盾；资本主义社会固有的基本矛盾，即生产社会化与资本主义生产资料私有制之间的矛盾必然导致其不可克服的两极分化，资本主义国家内部和世界范围内的两极分化日益加剧。马克思主义所预言的“两个必然”趋势不可逆转，两个阶级、两种制度的斗争必然长期存在，甚至在特定条件下会集中爆发。

与此同时，当今世界同马克思所处的时代相比已经发生巨大而深刻的变化，呈现许多新的阶段性特征。资产阶级的统治方式、资本主义国家之间的关系、资本主义转嫁危机的手段等发生了重大改变，两个阶级、两种制度的斗争呈现新的特点，西方帝国主义国家形成联盟，对社会主义国家进行分化瓦解，制造社会主义国家之间的矛盾。随着经济全球化、科技信息的快速发展，世界信息化、科技创新突飞猛进，人类社会的生产力水平得到了极大的提高，由此引发了社会经济基础和上层建筑的巨大变化。两个阶级、两种制度、两种意识形态斗争的形式也发生重大变化，互联网已经成为意识形

① 《马克思恩格斯文集》第1卷，人民出版社，2009，第43页。

态斗争的主战场，文化、意识形态渗透和斗争更加隐蔽、更加复杂、更加激烈。

其次，当今世界局势正在发生深刻变化，正处于大发展大变革大调整时期，全球治理和人类发展面临一系列新的问题和挑战。20 世纪 80 年代末，东欧剧变、苏联解体后，长达半个世纪的冷战格局结束，两个超级大国之间的较量变成美国一极独霸世界的局面；与此同时，世界多极化趋势日益发展，反对单极霸权的多边主义越来越成为世界发展的趋势。进入 21 世纪，特别是 2008 年金融危机爆发后，美国内部的社会撕裂、族群分裂日益严重，治理困境不断加剧，在世界上的影响力明显下降。资本主义的总体力量虽依然强大但出现了明显的下降，西方国家内部出现了矛盾激化、政党倾轧、族群撕裂的态势，西方国家之间、西方国家同新兴国家和广大发展中国家之间的矛盾不断深化。西方国家主导的现行国际政治秩序在应对当今世界发展方面日益显得力不从心，在处理全球化问题上日益捉襟见肘，产生了一系列深刻复杂的问题，提出了许多亟待解决的重大问题。

世界多极化、经济全球化、社会信息化、文化多样化深入发展，全球治理体系和国际秩序变革加速推进，各国相互联系和依存日益加深，国际力量对比更趋平衡，和平发展大势不可逆转，全世界范围的反对霸权主义和强权政治的力量迅速发展，广大的社会主义国家、新兴国家、发展中国家，已经越来越成为推动世界和平发展的主力军。同时，世界面临的不稳定性不确定性突出，世界经济增长动能不足，贫富分化日益严重，地区热点问题此起彼伏，恐怖主义、网络安全、重大传染性疾病、气候变化异常等非传统安全威胁持续蔓延，人类面临许多共同挑战。

最后，世界社会主义运动虽然尚未完全走出低潮期，但是中国特色社会主义的成功发展已经昭示了科学社会主义发展的光明前景。社会主义理论和运动经历了从空想到科学、从理论到实践、从一国实践到多国实践的发展，在 20 世纪 80 年代末进入低潮期。正是从那时起，西方国家出现了“共产主义失败论”“历史终结论”等各种论调，社会主义国家内部也出现了各种各样的“社会主义低潮综合征”，理想信念动摇，不同形式的资产阶级自由化思潮暗流涌动，“共产主义渺茫论”也沉渣泛起。当前，虽然世界社会主义运动处于低谷的总体态势没有得到根本改变，“西强东弱”“资强社弱”的总体格局依然存在，但中国特色社会主义迅速崛起并进入新时代，为科学社会主义发展增添了许多原创性内容，科学社会主义在21世纪的中国焕发出强大生机活力，有力地回击了形形色色的“共产主义失败论”，充分证明了科学社会主义原则的强大生命力，马克思主义关于“两个必然”的历史趋势不可逆转，人类社会发展的基本规律不可替代。在国际上，以中国为代表的社会主义力量正在上升，中国作为上升的和平力量正积极推进世界的和平发展，社会主义中国已经走近世界舞台中央，中国声音具有极大的影响力、感召力和塑造力，极大地削弱了资本主义的世界主导性，为此也遭到了前所未有的包围打压，面临“颜色革命”“西化分化”甚至是被侵略的危险。

在这种情况下，社会主义中国面临着重大的发展机遇，同时也面临着前所未有的风险挑战。如何在这种风云变幻的世界格局中，科学把握时代本质及其发展变化，抓住难得的机遇，有效化解各方面的风险、应对各方面挑战，通过中国特色大国外交，联合世界上各种和平发展及社会进步力量，构建新型国际关系，打造人类命运共同体，既吸收人类文明发展的有益成果，走出一条适合自身特色的现代化道路，又避免西方现代化所带来的问题，在实现自身健康发展的同时，为全人类发展做出更大的中国贡献，并带领世界社会主义运动快速走出低谷而走向复兴，成为当代中国共产党人必须明确回答的重大历史课题。习近平新时代中国特色社会主义思想，在一定程度上就是对这些问题的科学回答。

二　习近平新时代中国特色社会主义思想，是对中国特色社会主义发展经验的深刻总结和理论提升，是当代中国实际经验“马克思主义化”的集中体现

马克思主义中国化“三位一体”的总体性过程，既是马克思主义在中

国运用和发展的具体化过程，也是把中国丰富的实践提升到马克思主义高度的马克思主义化的过程，还是把中国化马克思主义向世界传播的世界化的过程。延安整风运动时期，毛泽东在《反对主观主义和宗派主义》中提出过一个重要论断："我们要使中国革命丰富的实际马克思主义化。"① 这就是说，要把中国共产党领导中国人民进行革命、建设、改革中所形成的丰富经验，提升到马克思主义理论的高度，丰富和发展马克思主义的理论宝库。在一定程度上说，习近平新时代中国特色社会主义思想，就是中国特色社会主义发展经验上升到马克思主义理论高度的结果。

中国特色社会主义是新中国成立特别是改革开放以来全部理论和实践的根本主题，中国共产党带领全国人民在社会主义建设问题上孜孜追求，历尽艰辛，开拓进取，走过了中国特色社会主义的奠基和探索、开创和推进的不同时代。

以毛泽东为代表的中国特色社会主义探索时代。以毛泽东为杰出代表的中国共产党人，经过长时间艰苦卓绝的不懈奋斗，取得了新民主主义革命的胜利，创建了中华人民共和国，确立了人民民主专政的国体和人民代表大会、政治协商会议、民族区域自治等政治制度，成功开辟了具有中国特色的社会主义改造和革命道路，创建并不断发展社会主义基本经济制度和相应的各种制度。20 世纪 50 年代中期，毛泽东率先提出要以苏联为鉴戒，探索适合中国国情、具有中国特点的社会主义建设道路，实现马克思主义同中国实际的"第二次伟大结合"，随后领导全党全国人民开展大规模的社会主义建设实践，在经济政治文化社会等各个方面取得了重大成就，奠定了中国特色社会主义的制度前提、思想保证、物质基础、理论准备和外部环境，是中国特色社会主义历史进程的起点。在此过程中，毛泽东及时总结探索中国特色社会主义的实践经验和教训，不断形成马克思主义中国化的新的理论成果，进一步丰富和发展了毛泽东思想，构成了中国特色社会主义理论体系的直接思想来源和理论先导。

① 《毛泽东文集》第 2 卷，人民出版社，1993，第 374 页。

以邓小平为代表的中国特色社会主义开创时代。以邓小平为杰出代表的中国共产党人，成功开创了中国特色社会主义，带领中国进入了在改革开放中坚持和发展社会主义的新时期。“文革”结束以后，面临着国际国内形势的重大变化，邓小平领导和推动全党成功实现了思想上和政治上的拨乱反正，解决了两个相互联系的重大历史课题，一是科学评价毛泽东同志的历史地位和毛泽东思想的科学体系，二是根据新的实际和发展要求确立中国社会主义现代化建设的正确道路。在此基础上，紧紧围绕建设中国特色社会主义这个主题，成功实现马克思主义同中国实际的“第二次伟大结合”，成功开创了在改革开放中实现社会主义现代化的新道路——中国特色社会主义道路，社会主义中国开始了改革开放的新的伟大革命。在此过程中，邓小平及时总结改革开放和社会主义现代化建设的丰富实践经验，牢牢抓住并科学回答了“什么是社会主义、怎样建设社会主义”这个核心问题，把对社会主义的认识提高到新的科学水平，创立了邓小平理论。

以江泽民和胡锦涛为代表的中国特色社会主义推进时代。以江泽民和胡锦涛为杰出代表的中国共产党人，成功推进了中国特色社会主义，在坚持和发展中国特色社会主义的历史进程中不断谱写新的历史篇章。在国内外形势十分复杂、世界社会主义遇到严重挫折的严峻考验面前，江泽民坚决捍卫中国特色社会主义，带领全党全国各族人民坚持党的基本理论、基本路线，依据新的实践确立了党的基本纲领、基本经验，确立了社会主义市场经济体制的改革目标和基本框架，确立了社会主义初级阶段的基本经济制度和分配制度，开创全面改革开放新局面，推进党的建设新的伟大工程，成功地把中国特色社会主义推向21世纪。新世纪新阶段，胡锦涛抓住重要战略机遇期，在全面建设小康社会进程中推进实践创新、理论创新、制度创新，强调坚持以人为本、全面协调可持续发展，提出构建社会主义和谐社会、加快生态文明建设，形成中国特色社会主义事业总体布局，着力保障和改善民生，促进社会公平正义，推动建设和谐世界，推进党的执政能力建设和先进性建设，成功地在新的历史起点上坚持和发展了中国特色社会主义。在此过程中，江泽民牢牢抓住并科学回答了“建设什么样的党、怎样建设党”这个核心问题，创立了“三个代表”重要思想；胡锦涛牢牢抓住并科学回答了“实现什么样的发展、怎样发展”这个核心问题，创立了科学发展观。这些重大理论创新成果，进一步回答了“什么是社会主义、怎样建设社会主义”的问题，丰富和发展了中国特色社会主义理论体系。

以习近平为代表的中国特色社会主义全面发展的新时代。党的十八大以来，在中国特色社会主义新时代到来之际，以习近平为杰出代表的中国共产党人，科学把握当今世界和中国发展大势，顺应实践要求和人民愿望，提出一系列新理念新思想新战略，出台一系列重大方针政策，推出一系列重大举措，推进一系列重大工作，解决了许多长期想解决而没有解决的难题，办成了许多过去想办而没有办成的大事。经济建设取得重大成就，全面深化改革取得重大突破，民主法治建设迈出重大步伐，思想文化建设取得重大进展，人民生活不断改善，生态文明建设成效显著，强军兴军开创新局面，港澳台工作取得新进展，全方位外交布局深入展开，全面从严治党成效卓著。党的创造力、凝聚力、战斗力和领导力、号召力显著增强，国家经济实力、科技实力、国防实力、综合国力、国际影响力和人民获得感显著提升。这些历史性成就推动党和国家事业发生了历史性变革。

这些重大历史性成就的取得，最根本的原因就在于有以习近平同志为核心的党中央的坚强领导，就在于有习近平提出的一系列重要的新理念新思想新战略的科学指导，就在于全党全国各族人民毫不动摇地沿着中国特色社会主义的正确道路共同奋斗、开拓前进。

新时代坚持和发展中国特色社会主义的这些重大经验弥足珍贵，把这些宝贵的经验加以系统性的、深度性的理论集成，使之上升到马克思主义理论的高度，作为新时代坚持和发展中国特色社会主义的行动指南，已经成为全党全国人民的共同愿望，同时也是进一步推进社会主义现代化强国建设的实践需要。作为党中央和全党的核心，习近平不负党和人民的重托，以坚定的理想信念、高超的政治智慧和巨大的理论创新勇气，出色地完成了这个重大的历史任务，创立了习近平新时代中国特色社会主义思想，形成了马克思主义中国化的最新成果。

三　习近平新时代中国特色社会主义思想，是对当代中国发展新的历史方位及其重大时代课题的科学判断和深度回答

改革开放40多年来，中国共产党团结带领全国各族人民，坚定不移地沿着中国特色社会主义的道路开拓前进，推动我国经济实力、科技实力、国防实力、综合国力进入世界前列，推动我国国际地位实现前所未有的提升，党的面貌、国家的面貌、人民的面貌、军队的面貌、中华民族的面貌发生了前所未有的变化，中华民族正以崭新姿态屹立于世界的东方。

特别是党的十八大以来，以习近平同志为核心的党中央，以巨大的政治勇气和强烈的责任担当，带领全党全国人民攻坚克难，锐意进取，取得了全方位的、开创性的伟大成就，实现了深层次的、根本性的历史变革，党和国家事业站到了新的历史起点上，中国特色社会主义进入了一个全面发展的新阶段。基于此，党的十九大报告从历史和现实、理论和实践、国内和国际等的结合上，对我国社会发展的历史方位做出了重大的历史性判断——“经过长期努力，中国特色社会主义进入了新时代，这是我国发展新的历史方位。”①

中国特色社会主义进入新时代，在中华人民共和国发展史上、中华民族发展史上具有重大意义，在世界社会主义发展史上、人类社会发展史上也具有重大意义。它意味着近代以来久经磨难的中华民族迎来了从站起来、富起来到强起来的伟大飞跃，迎来了实现中华民族伟大复兴的光明前景；意味着科学社会主义在21世纪的中国焕发出强大生机活力，在世界上高高举起了

① 习近平：《决胜全面建成小康社会　夺取新时代中国特色社会主义伟大胜利——在中国共产党第十九次全国代表大会上的报告（2017年10月18日）》，《人民日报》2017年10月28日，第03版。

中国特色社会主义伟大旗帜；意味着中国特色社会主义道路、理论、制度、文化不断发展，拓展了发展中国家走向现代化的途径，给世界上那些既希望加快发展又希望保持自身独立性的国家和民族提供了全新选择，为解决人类问题贡献了中国智慧和中国方案。

这个新的历史方位是中国特色社会主义不同时代发展成就的高度凝结，是当代中国发展历史性成就的深度集成，也是中国未来发展的历史起点和现实根据。中国特色社会主义新时代，有着丰富的内涵，提出了特定的任务。正如党的十九大报告所指出的，它“是承前启后、继往开来、在新的历史条件下继续夺取中国特色社会主义伟大胜利的时代，是决胜全面建成小康社会、进而全面建设社会主义现代化强国的时代，是全国各族人民团结奋斗、不断创造美好生活、逐步实现全体人民共同富裕的时代，是全体中华儿女勠力同心、奋力实现中华民族伟大复兴中国梦的时代，是我国日益走近世界舞台中央、不断为人类作出更大贡献的时代”。① 很显然，这个时代把中国特色社会主义发展的历史、现实和未来贯通起来，把远大的奋斗目标和重大的战略部署贯通起来，把中国自身发展同对世界的贡献贯通起来，提出了新的目标和要求。

但是，要真正完成新时代的任务和奋斗目标，并不是一件轻松的事情，因为在新时代坚持和发展中国特色社会主义不仅要有坚实的基础，同时也面临一系列重大的困难和挑战：发展不平衡不充分的一些突出问题尚未解决，发展质量和效益还不高，创新能力不够强，实体经济水平有待提高，生态环境保护任重道远；民生领域还有不少短板，脱贫攻坚任务艰巨，城乡区域发展和收入分配差距依然较大，群众在就业、教育、医疗、居住、养老等方面面临不少难题；社会文明水平尚需提高；社会矛盾和问题交织叠加，全面依法治国任务依然繁重，国家治理体系和治理能力有待加强；意识形态领域斗争依然复杂，国家安全面临新情况；一些改革部署和重大政策措施需要进一

① 习近平：《决胜全面建成小康社会　夺取新时代中国特色社会主义伟大胜利——在中国共产党第十九次全国代表大会上的报告（2017 年 10 月 18 日）》，《人民日报》2017 年 10 月 28 日，第 03 版。

步落实；党的建设方面还存在不少薄弱环节。

不解决这些重大问题，不破解这些重大难题，不克服这些重大困难，在新时代坚持和发展中国特色社会主义，就无法顺利进行。在这个问题上，我们必须保持冷静的头脑，而不能躺在已有的成绩上沾沾自喜、停步不前。

而要解决这些重大问题，就必须首先明确我们在新时代所要坚持和发展的中国特色社会主义究竟是什么，也就是说必须首先在理论上对新时代中国特色社会主义的总目标、总任务、总体布局、战略布局和发展方向、发展方式、发展动力、战略步骤、外部条件、政治保证等基本问题，做出科学的、系统的回答，进而要根据新的实践对经济、政治、法治、科技、文化、教育、民生、民族、宗教、社会、生态文明、国家安全、国防和军队、“一国两制”和祖国统一、统一战线、外交、党的建设等各方面作出理论分析和政策指导。概括起来说，这就是新时代坚持和发展什么样的中国特色社会主义和怎样坚持和发展中国特色社会主义的问题，这正是习近平新时代中国特色社会主义思想所要回答和解决的重大历史性课题。

四　习近平新时代中国特色社会主义思想，是对当前我国主要矛盾历史性变化及其内在要求的深刻揭示和系统解决

主要矛盾学说是中国化马克思主义哲学最具独创性和代表性的内容，是中国共产党人科学分析基本国情和社会发展阶段及其发展变化并在此基础上制定路线方针政策的方法论基础。毛泽东早就指出：“研究任何过程，如果是存在着两个以上矛盾的复杂过程的话，就要用全力找出它的主要矛盾。捉住了这个主要矛盾，一切问题就迎刃而解了”；很多人就是因为不懂得这种方法，“结果如堕烟海，找不到中心，也就找不到解决矛盾的方法”；“对于主要的矛盾和非主要的矛盾、主要的矛盾方面和非主要的矛盾方面的研究，成为革命政党正确地决定其政治上和军事上的战略战术方针的重要方法之

一，是一切共产党人都应当注意的。”① 习近平强调指出：“抓住重点带动面上工作，是唯物辩证法的要求，也是我们党在革命、建设、改革进程中一贯倡导和坚持的方法。”②

新中国成立后，我们党高度重视社会主要矛盾的发展变化。1956 年，党的八大在政治报告的决议里第一次对“三大改造”完成以后我国的社会主要矛盾作出一个判断，我们国内的主要矛盾，已经是人民对于建立先进的工业国的要求同落后的农业国的现实之间的矛盾，已经是人民对于经济文化迅速发展的需要同当前经济文化不能满足人民需要的状况之间的矛盾。这一矛盾的实质，在我国社会主义制度已经建立的情况下，也就是先进的社会主义制度同落后的社会生产力之间的矛盾。1981 年，我们党在《关于建国以来党的若干历史问题的决议》中明确指出，我国的主要矛盾是人民日益增长的物质文化需要同落后的社会生产之间的矛盾。

如今，我国的主要矛盾两个方面的内涵都发生了深刻的变化。一个方面是人民的需要，过去我们还停留在较低层次的对物质文化产品消费的需求上，现在人民对基本消费品的物质文化需要都已经满足，总体上实现小康，不久将全面建成小康社会，人民美好生活需要日益广泛，需要更高层次、更高质量的生活，民主、法治、公平、正义、安全、环境等方面的要求日益增长，就是对“美好生活”的需要。另一个方面是社会生产，中国的社会生产发生了翻天覆地的变化，社会生产力水平总体上显著提高，在很多方面进入世界前列，但还有一些领域仍有短板，更加突出的问题是发展不平衡不充分，这已经成为满足人民日益增长的美好生活需要的主要制约因素。针对这种状况，党的十九大报告作出了新的判断——“我国社会主要矛盾已经转化为人民日益增长的美好生活需要和不平衡不充分的发展之间的矛盾。”③

① 《毛泽东选集》第 1 卷，人民出版社，1991，第 322、326 ~ 327 页。

② 2017 年 7 月 26 日，习近平在省部级主要领导干部“学习习近平总书记重要讲话精神，迎接党的十九大”专题研讨班开班式上发表重要讲话，《高举中国特色社会主义伟大旗帜为决胜全面小康社会实现中国梦而奋斗》，《人民日报》2017 年 7 月 28 日，第 03 版。

③ 习近平：《决胜全面建成小康社会　夺取新时代中国特色社会主义伟大胜利——在中国共产党第十九次全国代表大会上的报告（2017 年 10 月 18 日）》，《人民日报》2017 年 10 月 28 日，第 01 版。

社会主要矛盾的这个历史性的转变，是关系全局的历史性变化，对党和国家工作提出了许多新要求。人民群众的需要日益呈现多样化、多层次、多方面的特点，人民的需要不再是一般性的物质文化需要，而是高端的物质文化需要，期盼有更好的教育、更稳定的工作、更满意的收入、更可靠的社会保障、更高水平的医疗卫生服务、更舒适的居住条件、更优美的环境、更丰富的精神文化生活。从社会生产方面来看，我国社会生产力水平已经明显提高，很多重大技术已经站在世界前沿，甚至在领跑世界技术创新进程，供给不足的不再是低端的物质消费产品而是高端的物质消费产品，不再是个人消费产品而是社会公共产品，这就决定了我们必须把供给侧改革作为经济改革的侧重点，以适应当代中国人民的物质文化需要的发展变化。这就是说，我们一定要在继续推动发展的基础上，着力解决好发展不平衡不充分问题，大力提升发展质量和效益，更好地满足人民群众在经济、政治、文化、社会、生态等方面日益增长的需要，更好地推动人的全面发展、社会全面进步，在新时代全面坚持和发展中国特色社会主义伟大事业。

新时代赋予新的历史使命，新矛盾提出了新的工作要求，新要求需要开启新的征程，制定新的奋斗目标，作出新的重大部署，形成新的重大决策，制定新的重大安排，而要很好地完成这些任务，就需要有基本理论、基本路线、基本方略的指导。对此，习近平以非凡的政治智慧、顽强的意志品质、强烈的责任担当，在领导全党全国人民在新时代中国特色社会主义的伟大实践中，以马克思主义政治家、理论家、战略家的深刻洞察力、敏锐判断力和战略定力，提出了一系列具有开创性意义的新理念新思想新战略，创造性地提出了“八个明确”的理论框架、“十四条坚持”基本方略，制定了经济、政治、法治、科技、文化、民生、生态文明、国家安全、国防和军队、“一国两制”和祖国统一、外交、党的建设等各方面的大政方针，在新时代党的理论创新中发挥了决定性作用、做出了决定性贡献，创立了习近平新时代中国特色社会主义思想，把当代中国马克思主义发展到了新的境界。

总之，在当代世界进入大发展大调整大变革的时代背景下，在中国特色社会主义进入新时代的历史方位中，在新时代中国特色社会主义伟大实践过程中，习近平继承和发展马克思列宁主义、毛泽东思想、中国特色社会主义理论体系的活的灵魂和思想精髓，集中党和人民的实践经验和集体智慧，抓住时代特征、定标历史方位、揭示主要矛盾、提升实践经验，以全新的视野深化对共产党执政规律、社会主义建设规律、人类社会发展规律的认识，以巨大的政治勇气和理论智慧，从理论和实践结合上系统回答“新时代坚持和发展什么样的中国特色社会主义、怎样坚持和发展中国特色社会主义”这个核心问题，对新时代坚持和发展中国特色社会主义的一系列基本问题做出了系统阐述，创立了习近平新时代中国特色社会主义思想，形成了马克思主义中国化的最新理论成果，彰显了21世纪马克思主义的真理力量。

学根本大法 立人生大德

王京清*

教育兴则国家兴，教育强则国家强。今天，党和国家事业发展对科学知识和优秀人才的需要，比以往任何时候都更为迫切，这为高等教育发展提供了广阔舞台与空间。国无德不兴、人无德不立，无论时代如何变迁、社会如何发展，德才兼备、以德为先，始终是对人才的一贯要求。因此，党的十八大首次将“立德树人”确立为教育的根本任务，党的十九大进一步明确“要全面贯彻党的教育方针，落实立德树人根本任务”。立志当立大志，立德首立大德。所谓“大德”，须与党和国家之德、民族之德相一致，是人生根本之德，管方向、立信仰，是为学生党员成长成才提供基本遵循和价值依据的。《中国共产党章程》（以下简称《党章》）是党的根本大法，《中华人民共和国宪法》（以下简称《宪法》）是国家的根本法，新时代努力培养德智体美劳全面发展的社会主义建设者和接班人，必须立志于中华民族千秋伟业，积极引导学生党员学根本大法、立人生大德，为实现中华民族伟大复兴中国梦提供思想保证、精神力量与道德滋养。

---

* 本文刊发于2019年第5期。作者王京清，时任中国社会科学院副院长、党组副书记（正部长级），中国社会科学院大学党委书记，现任第十三届全国政协教科卫体委员会副主任。

一　深刻认识大学生党员立人生大德的战略意义

学校教育，育人为本；德智体美劳，德育为先。引导学生党员立人生大德，是在他们心灵里面搞建设，为学生信仰筑堤坝，是一项极端重要的工作。只有强化政治意识、责任意识、阵地意识和底线意识，将其始终摆在关键位置、作为重大使命，才能完成好立德树人的根本任务，才能把党的教育方针全面扎实地落实到办学育人的全过程。

（一）立人生大德与社会主义办学方向的根本要求具有一致性

我国的国家性质、文化传承与现实国情，决定了必须走具有中国特色的高等教育发展之路。正如习近平总书记指出的："世界上不会有第二个哈佛、牛津、斯坦福、麻省理工，但会有第一个北大、清华、浙大、复旦、南大等中国著名学府。"① 世界高等教育发展到今天，不可能有一成不变、整齐划一的发展模式与统一标准。如果不加分析地盲目模仿，其结果只能是步人后尘、陷入趋同，不可能赶上，更不可能超越。因此，统筹推进世界一流大学和一流学科建设，必须有中国特色，必须扎根中国大地。社会主义办学方向解决了为谁培养人、培养什么人、如何培养人的根本问题，是扎根中国大地办大学的总要求、总规定。坚持社会主义办学方向不是一句空话，必须落实到办学治校的各方面、各领域。高等教育要发展，根本上需要不断地改革创新，但是，不管怎么改革、如何创新，社会主义办学方向不能改。办好社会主义一流大学，固然需要吸收世界各国，特别是西方国家的先进经验，积极与国际接轨，但不管怎么吸收、如何接轨，坚持为中国特色社会主义培养合格建设者和可靠接班人的办学方向必须坚定，立德树人的根本任务必须落实。随着时代发展、社会进步，社会主义办学方向的内涵不断丰富，但有

① 习近平：《青年要自觉践行社会主义核心价值观——在北京大学师生座谈会上的讲话》，人民出版社，2014，第 14 页。

一个根本任务没有变，那就是把德育工作作为全部教育工作的根本任务、战略任务，积极推动知识传授、能力培养与理想信念、价值理念、道德观念的教育有机结合，引导学生党员立人生大德、养浩然正气。

（二）立人生大德与高等教育改革发展的现代走向具有一致性

外部发展环境的境域转变、优质高等教育的美好向往和学生精神世界的充盈需要，给开辟新时代中国特色高等教育改革发展新境界提出了更高要求。中共中央、国务院印发的《中国教育现代化 2035》提出“到 2035 年，总体实现教育现代化，迈入教育强国行列”[①] 的发展目标，并把“更加注重以德为先”作为推进教育现代化的八大基本理念之首，这是在我国社会主要矛盾发生重大变化的背景下，高等教育实现“由大到强”的时代要求，也是高等教育发展的未来走向。就学生党员而言，人生之道以德为本，是符合人生成长规律的。《大学》开篇第一段就讲“大学之道，在明明德，在亲民，在止于至善。”[②] 这句话告诉我们，人生的目的是什么。“知止而后有定，定而后能静，静而后能安，安而后能虑，虑而后能得。物有本末，事有终始。知所先后，则近道矣。”[③] 这段话告诉我们，知道了人生的目的，就要学会认识世界。认识世界的一个重要方法是：分清主次，知所先后，这是认识世界的正确途径。“古之欲明明德于天下者，先治其国；欲治其国者，先齐其家；欲齐其家者，先修其身；欲修其身者，先正其心；欲正其心者，先诚其意；欲诚其意者，先致其知。致知在格物。物格而后知至，知至而后意诚，意诚而后心正，心正而后身修，身修而后家齐，家齐而后国治，国治而后天下平。”[④] 这段话告诉我们，认识世界是为了更好地改造世界。“自天子以至于庶人，壹是皆以修身为本”。[⑤] 人们认识世界和改造世界到底能不

① 《中共中央国务院印发〈中国教育现代化 2035〉》，《人民日报》2019 年 2 月 24 日。
② 陈晓芬、徐儒宗译注《论语·大学·中庸》，中华书局，2011，第 249 页。
③ 陈晓芬、徐儒宗译注《论语·大学·中庸》，中华书局，2011，第 249 页。
④ 陈晓芬、徐儒宗译注《论语·大学·中庸》，中华书局，2011，第 250 页。
⑤ 陈晓芬、徐儒宗译注《论语·大学·中庸》，中华书局，2011，第 250 页。

能成功，根本在于修身，而修身之本在于立德。因此，学生党员应坚持以德修身、以德立规、以德定行，努力形成向上向善的道德力量。

（三）立人生大德与伟大事业薪火相传的战略目标具有一致性

中国特色社会主义是前无古人的伟大事业，越是伟大的事业，往往越是充满艰难险阻。正如习近平总书记指出的："前进的道路不可能一帆风顺，越是前景光明，越是要增强忧患意识，做到居安思危。"① 一代青年有一代青年的历史际遇。我们的国家正在走向繁荣富强，我们的民族正在走向伟大复兴，我们的人民正在走向更加幸福美好的明天。青年大学生是祖国的未来、民族的希望。坚持和发展中国特色社会主义的伟大事业最终要靠一代又一代青年来实现。高校不仅是各学科人才聚集的重要高地，拥有一批高端的卓越人才，也是培养优秀青年人才的重要园地，承担推动我国成为学习大国、人力资源强国和人才强国的光荣使命。习近平总书记强调："办好我国高校，办出世界一流大学，必须牢牢抓住全面提高人才培养能力这个核心点，并以此来带动高校其他工作。"② 德才兼备、以德为先是我们秉持的重要人才标准，如果一个人品德低下、良知缺乏，不仅不会成为服务国家和人民的有用人才，反而可能成为害群之马。因此，全面提高人才培养能力、推进学生党员成长成才的关键在立德，只有努力构建起德智体美劳全面发展的教育体系与高水平的人才培养体系，把立德树人融入教育教学各领域、各层面、各环节，才能接续培养一批又一批立志为中华民族伟大复兴中国梦奋斗终生的有用人才，使中国特色社会主义伟大事业薪火相传、后继有人。

二　牢牢把握大学生党员立人生大德的根本内容

人生天地间，必定在一个时代中生活和工作。人生不能选择所处的时

① 《习近平在十九届中央国家安全委员会第一次会议上强调：全面贯彻落实总体国家安全观 开创新时代国家安全工作新局面》，《人民日报》2018 年 4 月 18 日。

② 习近平：《习近平谈治国理政》第 2 卷，外文出版社，2017，第 377 页。

代，但时代可以选择人。经过长期的努力，中国特色社会主义进入了新时代。中国共产党的领导是中国特色社会主义最本质的特征。中国共产党在领导中国革命建设改革近百年的历程中形成的重大实践成果、理论成果、制度成果，全部体现在《党章》中，可以讲，中国共产党通过《党章》，把党的大德昭告天下。因此，每个学生党员要立人生大德，最重要的是要学好用好《党章》这个党的根本大法。习近平总书记指出："宪法是国家的根本法，是治国安邦的总章程，具有最高的法律地位、法律权威、法律效力，具有根本性、全局性、稳定性、长期性。"① 立人生大德，还须学好用好《宪法》这个根本法。

（一）《党章》总纲部分对党的大德作出了总规范，对各级党组织和全体共产党员提出了总体要求

《党章》总纲对党的性质、最高理想、党的宗旨、指导思想、战略目标和路线方针政策等作出了明确规定，对党的建设提出了基本要求、对加强党性修养制定了根本标准。习近平总书记强调："党章是党的总章程，是全党必须遵循的根本行为规范，认真学习党章、熟悉掌握党章是党员应尽的义务。"② 大德昭然、彰明天下，学生党员立人生大德，必须学深学透《党章》总纲中关于党的大德的普遍要求。其一，要了解党的性质，把握党的先进性。党的先进性是马克思主义政党的立党之本、生命所系和力量所在，《党章》总纲指出："中国共产党是中国工人阶级的先锋队，同时是中国人民和中华民族的先锋队，党的最高理想是实现共产主义。"③ 这强调了中国共产党是一个先进性的政党，它之所以先进，一是追求全人类的幸福，理想崇高伟大；二是指导思想科学，理论上与时俱进；三是符合人类社会发展规律；四是被我们党长期的成功实践所证明。其二，要了解党的初心和使命，把握

① 习近平：《在首都各界纪念现行宪法公布施行30周年大会上的讲话》，人民出版社，2012，第5页。

② 习近平：《在全国党校工作会议上的讲话》，人民出版社，2016，第18页。

③ 《中国共产党章程》，人民出版社，2017，第1页。

从富起来到强起来的战略目标。我们党不仅有远大的共产主义理想，还有实现远大理想的阶段性战略目标。《党章》总纲提出：“在新世纪新时代，经济和社会发展的战略目标是，到建党一百年时，全面建成小康社会；到新中国成立一百年时，全面建成社会主义现代化强国。”① 可以说，“两个百年”的战略目标，就是我们从富起来到强起来的战略目标，它体现了我们党的初心和使命。其三，要了解党和国家的生命线、人民的幸福线，全面把握和贯彻党的基本路线。为了实现“两个百年”战略目标，必须坚持党的基本路线。党的基本路线是我们国家的生命线、人民的幸福线。这条基本路线确定了谁领导、依靠谁，朝着既定战略目标、按照一个中心、两个基本点、一个立足点的要求贯彻落实。因此，为了实现“两个百年”的战略目标，必须严格遵循和全面贯彻这条基本路线。其四，要了解办好中国的事情关键在党，把握党的建设的基本要求。目标已经确定，路线已经指明，要办好中国的事情，关键在党。因此，《党章》总纲对党的建设提出了基本要求，即坚持党的基本路线；坚持解放思想，实事求是，与时俱进，求真务实；坚持全心全意为人民服务；坚持民主集中制；坚持从严管党治党。这些基本要求，体现了我们党以天下为已任，坚持全心全意为人民服务的宗旨；体现了从严管党治党，不断提高执政能力和领导水平的大德和公德。

（二）《党章》有关章节，对共产党员和党的干部应具备的大德提出了具体要求

《党章》第一章“党员”和第六章“党的干部”，对党员和党的干部提出了具体要求，通过加强对党员和党的干部的党性修养，明共产党人的大德于天下。

《党章》第一章首先对党员提出了基本要求，一是带头学习。认真学习马克思列宁主义、毛泽东思想、邓小平理论、“三个代表”重要思想、科学发展观、习近平新时代中国特色社会主义思想，学习党的路线、方针、政策

① 《中国共产党章程》，人民出版社，2017，第9页。

和决议，学习党的基本知识，学习科学、文化、法律和业务知识，努力提高为人民服务的本领。二是带头工作。贯彻执行党的基本路线和各项方针、政策，带头参加改革开放和社会主义现代化建设，带动群众为经济发展和社会进步艰苦奋斗。三是带头奉献。坚持党和人民的利益高于一切，个人利益服从党和人民的利益，吃苦在前，享受在后，克己奉公，多做贡献。四是带头守纪。自觉遵守党的纪律，模范遵守国家的法律法规。五是带头团结。维护党的团结和统一，对党忠诚老实，言行一致。六是带头纠错。切实开展批评和自我批评，勇于揭露和纠正违反党的原则的言行和工作中的缺点、错误。七是带头为民。密切联系群众，及时向党反映群众的意见和要求，维护群众的正当利益。八是带头为善。发扬社会主义新风尚，提倡共产主义道德，弘扬中华民族传统美德。

《党章》第六章对于党的干部除了履行党员的各项义务外，还提出了六方面的要求，一是理论水平方面。重点是带头贯彻落实习近平新时代中国特色社会主义思想，努力用马克思主义的立场、观点、方法分析和解决实际问题。二是理想信念方面。要求具有共产主义远大理想和中国特色社会主义坚定信念，坚决执行党的基本路线和各项方针、政策，立志改革开放，献身现代化事业，在社会主义建设中艰苦创业。三是求真务实方面。强调坚持解放思想，实事求是，与时俱进，开拓创新，讲实话，办实事，求实效。四是工作能力方面。要有强烈的革命事业心和政治责任感，有实践经验，有胜任领导工作的组织能力、文化水平和专业知识。五是秉公用权方面。要求正确行使人民赋予的权力，坚持原则，依法办事，清正廉洁，勤政为民，以身作则，艰苦朴素，坚持党的群众路线，自觉地接受党和群众的批评和监督。六是工作作风方面。强调坚持和维护党的民主集中制，有民主作风，有全局观念，善于团结同志，包括团结同自己有不同意见的同志一道工作。

（三）民主集中制是实现共产党人大德的制度保障

立人生大德，不仅要有理想，而且要守纪律、懂规矩。这就要求我们坚持和贯彻民主集中制。民主集中制是我们党的根本组织制度和领导制度，始终坚持这一制度，有利于维护党的团结统一，保证党的事业不断走向胜利；有利于保证党的路线方针政策的正确制定和贯彻落实；有利于调动全党的积极性，步调一致地朝着既定的战略目标前进。因此，《党章》第二章专门对民主集中制作出规定。党的民主集中制的基本原则有六项。

一是“党员个人服从党的组织，少数服从多数，下级组织服从上级组织，全党各个组织和全体党员服从党的全国代表大会和中央委员会”。① 我们党的力量在于组织，力量大小则在于纪律，而这“四个服从”是党的一项重要纪律要求。

二是“党的各级领导机关，除它们派出的代表机关和在非党组织中的党组外，都由选举产生”。② 党的各级领导机关及其成员都由选举产生，其目的在于选贤任能，选拔任用党和人民满意的好干部。

三是“党的最高领导机关，是党的全国代表大会和它所产生的中央委员会。党的地方各级领导机关，是党的地方各级代表大会和它们所产生的委员会。党的各级委员会向同级的代表大会负责并报告工作”。③ 这是一项非常重要的制度安排。我们国家的工人阶级和中华民族的先进分子，经过本人申请和组织批准，可成为中国共产党党员；中国共产党党员中的优秀分子，可以被选为各级党代会代表；通过各级党的代表大会，选出各级领导机关及其成员，这是保证党的先进性的制度安排。

四是“党的上级组织要经常听取下级组织和党员群众的意见，及时解决他们提出的问题。党的下级组织既要向上级组织请示和报告工作，又要独立负责地解决自己职责范围内的问题。上下级组织之间要互通情报、互相支持和互相监督。党的各级组织要按规定实行党务公开，使党员对党内事务有更多的了解和参与”。④ 这一项原则规定了上下级组织之间的关系。最重要

① 《中国共产党章程》，人民出版社，2017，第 31 页。

② 《中国共产党章程》，人民出版社，2017，第 31 页。

③ 《中国共产党章程》，人民出版社，2017，第 31 页。

④ 《中国共产党章程》，人民出版社，2017，第 32 页。

的有两点：一是上下级之间要做到上情下达、下情上达，避免信息壅蔽。二是各级党组织及其成员要敢于担当，履职尽责。

五是“党的各级委员会实行集体领导和个人分工负责相结合的制度。凡属重大问题都要按照集体领导、民主集中、个别酝酿、会议决定的原则，由党的委员会集体讨论，作出决定；委员会成员要根据集体的决定和分工，切实履行自己的职责”。[①] 这一项原则规定了在各级领导机关和组织内部领导集体与成员个人之间的关系，并作了三层规范：第一是各级领导机关实行集体领导与个人分工负责相结合的制度；第二是规范了与这个制度相配套的决策机制；第三是规范了与这个制度相配套的落实机制。

六是“党禁止任何形式的个人崇拜。要保证党的领导人的活动处于党和人民的监督之下，同时维护一切代表党和人民利益的领导人的威信”。[②] 这一项原则规定了党内民主监督和维护权威之间的关系。当前，国内改革发展稳定的任务繁重而艰巨，国际形势严峻而复杂，正处于百年未有之大变局。在此大背景下，更需要全党坚决维护习近平总书记在党中央的核心、全党的核心地位。

（四）《宪法》体现党的意志和主张，对公民应具备的大德和公德作出了规范

中国共产党作为执政党，还通过法律程序，将党的意志和主张体现在《宪法》中。《宪法》规定了国家的根本制度和根本任务，规定了国家的领导核心和指导思想，确定了国家的国体和政体，规范了国家工作人员和公民必须遵守的公德和大德。因此，学生党员立人生大德，还须学好用好《宪法》这个根本法。一要坚持党的领导。我国《宪法》在序言中确定了中国共产党的领导地位，以历史叙事的方式证明了中国共产党的领导是历史的选择、人民的选择，并以国家根本法的形式确立中国共产党的领导是中国特色

① 《中国共产党章程》，人民出版社，2017，第 32 页。

② 《中国共产党章程》，人民出版社，2017，第 32 页。

社会主义的最本质的特征。学生党员树立宪法意识，首要就是必须坚定不移地坚持中国共产党的领导。二要爱祖国、爱人民、爱社会主义。自觉接受集体主义、国际主义、共产主义教育，维护祖国的安全、荣誉和利益，履行保卫祖国的神圣职责。三要自觉维护宪法权威。改革开放以来，党和人民在中国特色社会主义建设的伟大进程中取得了一系列伟大成就与宝贵经验，并不断地以宪法这一根本法的形式确立下来，这既是宪法自身完善的内在要求，也反映了我国经济社会发展的客观需要。学生党员应保持宪法自信，强化宪法自觉，自觉维护宪法尊严与权威。四要推动宪法实施。带头尊崇宪法、学习宪法、遵守宪法、维护宪法、运用宪法，对宪法法律始终保持敬畏之心，做遵守社会公德的模范。就高校而言，特别要强化依法管理，坚持把教育管理与办学活动纳入法治轨道，大力推进依法治教、依法治校，积极运用法治思维、法治方式处理各种矛盾与问题。加强法治宣传教育，抓好入学、考试、求职、毕业离校等重要节点，开展学生管理规定、日常行为管理规范等专题教育。积极推动现代大学制度体系建设，依据大学章程，围绕教学管理、科研管理、财务管理、服务保障等，构建适应一流大学建设需要的更加科学系统、更加配套衔接、更具可操作性的组织架构、制度体系和运行机制。

三　全面落实大学生党员立人生大德的基本要求

历史车轮滚滚向前，时代潮流浩浩荡荡，顺之者昌，逆之者亡。历史只会眷顾坚定者、奋进者、搏击者，而不会等待犹豫者、懈怠者、畏难者。作为新时代的大学生党员，欲立人生大德，并明大德于天下，必须顺应这个伟大的时代，按照《党章》和《宪法》的要求，做到五个牢记、履行好两个义务。

（一）牢记党的性质，永葆党的先进性

全面落实新时代党的建设总要求，把质量意识、质量标准贯穿高校党建各项工作，永葆党的先进性。一是以一流标准加强党的政治建设。党的政治

建设的核心要义是树牢“四个意识”、坚定“四个自信”、做到“两个维护”。要把政治要求、政治纪律作为课堂教育教学、论坛讲坛管理、创新工程准入、课题立结项、职称评审、对外学术交流的关键环节与首要标准，及时研判政治风险点和安全稳定新动态，有效防范化解政治风险。二是以一流标准加强思想建设。认真开展“不忘初心、牢记使命”主题教育，守初心、担使命，找差距、抓落实，拧紧思想“总开关”。用习近平新时代中国特色社会主义思想武装头脑、指导实践、推动工作，打造马克思主义理论教学、研究、宣传和育人的坚强阵地，牢牢掌握意识形态工作领导权。三是以一流标准加强组织建设。坚持新时代好干部标准，大力选拔敢于负责、勇于担当、善于作为、实绩突出的干部。坚持抓基层打基础，加强教师和学生党支部建设，准确把握新时期知识分子特点，大力在优秀青年教师、学科带头人中发展党员。四是以一流标准正风肃纪倡廉。着力构建作风建设长效机制，加大对发生在师生身边的公款吃喝、师德师风、学术不端等问题的查处力度，以优良党风带动形成良好校风、学风、教风。着力构建纪律建设长效机制，坚持把纪律挺在前面，加强纪律教育，强化纪律执行。着力构建反腐倡廉长效机制，注重廉政教育、关口前移，注重标本兼治、惩防并举。五是以一流标准加强制度建设。进一步做好学校规章制度的梳理及立、改、废、释工作，有效形成纵向到底、横向到边、高效简洁的制度责任体系。严格落实党委领导下的校长负责制及相关配套制度，进一步健全党委统一领导、党政分工合作、协调运行的工作机制。

（二）牢记党的最高理想，坚定理想信念

我们党一经成立，就把共产主义作为最高理想与最终目标。要引导学生党员牢记党的最高理想，为全人类谋幸福，矢志不渝地为共产主义奋斗终生。要把理想信念建立在对科学理论的认知认同上，建立在对历史规律的准确认识上，建立在对基本国情的正确把握上。一是强化理论武装。全面落实习近平总书记在学校思想政治理论课教师座谈会上的重要讲话精神，按照中办、国办《关于深化新时代学校思想政治理论课改革创新的若干意见》的

要求，全面深化思政课综合改革，引导广大教师运用学生喜闻乐见的方式方法，结合现实问题、热点问题和学生身边的问题阐释理论原理，不断增强思政课的思想性、理论性和亲和力、针对性。坚持“思政课程”与“课程思政”双轮驱动，解决好各类课程与思政课相互配合的问题，系统创新课程思政，充分发掘哲学社会科学课堂的育人资源，让思政元素有效融入每门专业课程、贯彻每节课堂教学，形成协同效应。坚持政治标准与学术标准并重，将习近平新时代中国特色社会主义思想落实到教材选用、教学实施、课程评估、学术活动、论文评优等各个环节，落实所有教师的育人职责。二是加强社会实践。学生党员要成长为国家的栋梁之材，既要读万卷书，从书本上汲取养分，又要行万里路，在社会实践中得到锤炼。应充分发挥社会实践在世界观人生观价值观形成中的砥砺作用，坚持理论教育与实践养成相结合，引领广大学生党员走进社会大课堂，在与工人、农民、基层干部、科技人员的接触中滋养作风、认识国情，勇做担当民族复兴大任的时代新人。三是加强世情国情教育。改革开放走到今天，我国取得了历史性成就，日益接近世界舞台中央。应重点围绕党史、国史、改革开放史、社会主义发展史，宪法法律，中华优秀传统文化等加强世情国情教育，引导学生形成正确认知，既认识社会主义的优越性，又认识到我国处于社会主义初期阶段的基本国情；既认识改革开放取得的伟大成就，又不避讳实际工作中出现的问题与失误，防止理解不准确、分析片面化。

（三）牢记党的宗旨，全心全意为人民服务

在新时代，践行全心全意为人民服务的宗旨，就是要不断满足人民对美好生活的需要。联系高等教育的实际，应始终坚持充分尊重师生的主体地位，推动发展成果更多惠及师生，最大限度地汇聚师生员工的智慧与力量。一是学生共享发展成果。把本科教育放在人才培养的核心地位，围绕学生、关照学生、服务学生，不断提高学生思想水平、政治觉悟、道德品质、文化素养。把思想政治工作落实到办学治校各领域、教育教学各环节、人才培养各方面，切实构建“十大”育人体系，真正上台阶、上水平、走入学生心

灵深处。二是教师共享发展成果。“练育人之能”，通过实践研修、专题培训、学历提升等途径，引导教师努力克服本领不足、本领恐慌和本领落后，让他们有自信、有底气、有本事、“有用武之地”，信任、尊重和依靠他们，为他们职业发展搭建更广阔的舞台。“无后顾之忧”，把严格管理与关心服务结合起来，真情爱护、热情服务，采取切实有效的办法，为他们排忧解难，增强他们的职业自豪感与归属感，让尊师重教蔚然成风，吸引更多优秀人才长期从教、终身从教。三是社会共享发展成果。以服务为导向、以贡献促发展，立足学校创新资源与人才优势，积极服务国家战略和区域经济社会发展。创新理论宣传服务体系，鼓励教师围绕重大理论和实践问题深入开展研究阐释，服务中国特色哲学社会科学“三大体系”建设；利用课堂讲坛、城乡基层、厂矿企业、广播电视、大报大刊、网络新媒体等阵地开展宣讲、积极发声、引领舆论。完善决策咨询服务体系，建设一批跨学科研究平台和高校新型智库，把服务科学决策、服务改革实践作为建库立库的根本任务，深入开展政策、理论、实践、战略研究，真正发挥外脑和参谋作用。

（四）牢记党的战略目标，奋力实现中华民族伟大复兴中国梦

中华民族伟大复兴是中国共产党人的初心使命，也是中华民族近代以来最伟大的梦想。实现这一伟大梦想，人才是关键。发现人才、培育人才、凝聚人才，从根本上说，就是要为实现中国梦提供合格建设者和可靠接班人。有了源源不断的人才优势，中华民族伟大复兴才能未来可期。高等教育在实现中国梦的伟大征程中，承担着提供接续不断的人才保障和智力支持的光荣使命。高校牢记党的战略目标，奋力实现“两个百年”奋斗目标，就是要用习近平新时代中国特色社会主义思想凝聚共识，统一思想认识，巩固广大师生的共同思想基础；就是要教育和引导广大师生勇敢肩负起时代赋予的重任，充分运用高校的智力资源与自身的聪明才智，在投身党和人民伟大事业中建功立业；就是要增强广大师生知识更新的紧迫感，使大批优秀人才持续不断地涌现出来，为实现“两个一百年”奋斗目标和中华民族伟大复兴中国梦提供坚强保障。

（五）牢记党的基本路线，沿着这条基本路线坚定不移地奋勇前进

党的基本路线，是关乎党举什么旗、走什么路，关乎国家前途命运的根本问题。党的十八届六中全会提出，“党在社会主义初级阶段的基本路线是党和国家的生命线、人民的幸福线，也是党内政治生活正常开展的根本保证”。新时代牢记党的基本路线，必须让学生党员全面、系统、准确地掌握社会主义初期阶段党的基本路线。一是引导学生党员坚定不移地坚持以经济建设为中心这一“兴国之要”，坚持以人民为中心的发展思想，认识到这个“兴国之要”既包含了发展经济，更蕴含着改善人民生活的要求，而不仅仅是经济总量的增加或 GDP 的彰显。二是引导学生党员坚定不移地坚持四项基本原则这一“立国之本”，巩固加强党对高校的全面领导，教育引导学生党员树立起对中国特色社会主义的道路自信、理论自信、制度自信与文化自信。三是引导学生党员坚定不移地坚持改革开放这一“强国之路”，把勇于改革、善于创新作为一种工作方式、学习方式与生活方式，扎实推进各领域、各方面的创新发展。四是引导学生党员坚定不移地坚持自力更生、艰苦奋斗这一“立足点”。习近平总书记多次强调，“不论过去、现在和将来，我们都要把国家和民族发展放在自己力量的基点上，坚持民族自尊心和自信心，坚定不移走自己的路。”① 当前，国际上单边主义、贸易保护主义上升，全面建成小康社会、实现中华民族伟大复兴的中国梦，固然要充分利用世界各国技术与资源，但是这种利用必须把立足点放在自力更生和艰苦奋斗上，将自力更生和艰苦奋斗作为实现国家富强、民族振兴、人民幸福的长久之计，作为我们的优良传统和宝贵精神财富。

学生党员要按照《党章》和《宪法》的规定，认真履行党员义务和公民义务，勇做新时代的弄潮儿，在实现中华民族伟大复兴中国梦的生动实践中，书写人生华章。

---

① 习近平：《习近平谈治国理政》第 1 卷，外文出版社，2018，第 29 页。

贯彻党的十九大精神，实现高等教育的内涵式发展

王新清*

在中国共产党第十九次全国代表大会上，习近平同志指出："经过长期努力，中国特色社会主义进入了新时代，这是我国发展新的历史方位。"① 新时代是中华民族从站起来、富起来到强起来的时代，是中华民族伟大复兴的光明前景已经开始展现的时代，是中国特色社会主义焕发出强大生机活力的时代，是"四个自信"不断增强的时代，是为解决人类问题贡献中国智慧和方案的时代。在这个伟大的新时代，我国的各项事业都将呈现新的面貌，都将有新的发展，都应该为新时代做出积极的贡献。本文拟就新时代高等教育的主要发展方式进行探讨，为促进我国高等教育的新发展提供新的思路。

一　内涵式发展是新时代高等教育的主要发展方式

改革开放以来，我国的高等教育有了巨大的发展和进步。"从 1977 年恢

* 本文刊发于 2018 年第 3 期。作者王新清，时任中国社会科学院大学副校长，现任中国社会科学院大学党委副书记、副校长，中国社会科学院研究生院院长。

① 习近平：《决胜全面建成小康社会　夺取新时代中国特色社会主义伟大胜利——在中国共产党第十九次全国代表大会上的报告（2017 年 10 月 18 日）》，人民出版社，2017，第 10 页。

复高考开始，中国高等教育经历了从精英教育到大众化教育、从规模发展到内涵提升等不同发展阶段，人才培养、科学研究、社会服务、文化传承与创新都取得了举世瞩目的成就。”① 我国普通高等学校数量从 1978 年的 598 所增长到 2015 年的 2856 所，增加了 2258 所；普通高等学校在校生人数由 1978 年的 85.6 万增长到 2015 年的 3647 万，增加了 3561.4 万。② 但是，即便如此，我国的高等教育也还不能跟上时代的步伐，需要转变发展方式。原因有以下三个方面。

（一）在我国高等教育近40年的快速发展过程中，积累了一些问题需要解决

这些问题主要有：第一，高等教育“大而不强”。2007 年，我国接受高等教育的总人数超过 2700 万，跃居世界首位，自那时起我国就成为高等教育的大国。但是，我国还远不是高等教育的强国。我国虽然有 2800 多所大学，但“跻身世界一流的高校并不多。国际论文发表总量稳居世界第二，但总被引用数仅居世界第七”。③ 第二，高等教育在区域布局上发展失衡，东部地区强西部地区弱的现象非常突出，这对我国经济、社会的均衡发展很不利。第三，一些大学“重名不重实，重量不重质”，人才培养质量不高。这一方面表现在我国高校培养出的世界一流科学家、研究出的世界公认的关键技术数量极其稀少，因而才有了“钱学森之问”；另一方面表现为我国高校没有为社会经济发展培养出大批合格的高水平应用人才。“根据世界经济论坛（The World Economic Forum）的报告，应用型的工程技术专业的大学生，毕业后一上手就能较快适应工作的在美国占 80%，在印度占 25%，而

① 毕宪顺、张峰：《改革开放以来中国高等教育的跨越式发展及其战略意义》，《教育研究》2014 年第 11 期，第 62～71 页。

② 2015 年的数字来源于教育部《2015 年全国教育事业发展统计公报》。

③ 刘延东：《深化高等教育改革走以提高质量为核心的内涵式发展道路》，《中国高等教育》2012 年第 11 期，第 5 页。

在中国只有 10%。”[①] 第四，高等教育同质化现象严重，层次结构不合理。“近年来，由于大学排名与评估采用同一标准，以及地方政府和地方大学快速发展的愿望，致使大学在‘做大、做强、追赶一流’的浪潮拍打下，迷失了自身的办学方向，盲目追求‘大型化、综合性、高水平’，出现了盲目改名风、升格风等不健康的发展趋势，结果使学科与专业建设失去了方向。”[②]

（二）新时代对高等教育提出了新的要求

工业革命以后，高等教育和国家建设、社会进步发生了紧密的联系。我国当前取得的每一份成就都有高等教育的功劳，当然，我国当前存在的问题的根源，也都可以从教育上找到。因此，习近平总书记在党的十九大报告中指出，要“优先发展教育事业”。根据习近平总书记近年来对高等教育的系列重要论述，新时代对高等教育提出的新要求主要有以下几个方面：第一，高等教育要为实施国家战略起支撑和引领作用。习近平总书记在全国高校思想政治工作会议上指出：“教育强则国家强。高等教育发展水平是一个国家发展水平和发展潜力的重要标志。”[③] 第二，高等教育的重大任务是培养中国特色社会主义事业的建设者和接班人。习近平总书记指出：“高校立身之本在于立德树人。只有培养出一流人才的高校，才能够成为世界一流大学”。[④] 第三，高等教育要扎根中国大地，办出中国特色。习近平总书记指出：“办好中国的世界一流大学，必须有中国特色。没有特色，跟在他人后面亦步亦趋，依样画葫芦，是不可能办成功的”，“我们要认真吸收世界上先进的办学治学经验，更要遵循教育规律，扎根中国大地办大学”。[⑤]

---

① 闵维方：《“十三五”时期我国高等教育发展战略的若干问题》，《北京大学教育评论》2016 年第 1 期，第 97 页。

② 刘尧：《大学内涵发展的背景与前景》，《青岛科技大学学报》（社会科学版）2014 年第 3 期，第 88 页。

③ 《习近平谈治国理政》第 2 卷，外文出版社，2017，第 376 页。

④ 《习近平谈治国理政》第 2 卷，外文出版社，2017，第 377 页。

⑤ 《习近平谈治国理政》，外文出版社，2014，第 174 页。

（三）人民对高等教育有新的期待

改革开放初期，人民以能上大中专学校为无上的光荣，那时，他们对高等教育的要求不是很高。经过几十年的发展，高等教育的毛入学率接近50%，人民不再满足于能上大学，而是希望能上更好的大学，享受高水平的高等教育。当前，高等教育领域的主要矛盾是人民日益增长的对高水平高等教育的需要与高等教育发展不充分不平衡之间的矛盾。而解决这个矛盾的关键，是改革高等教育的发展方式，提高高等教育的质量，实现高等教育的均衡发展。党的十八大之后，习近平总书记多次谆谆告诫我们，人民对美好生活的向往，就是我们的奋斗目标，要坚持以人民为中心的发展理念。因此，高等教育必须满足人民的新期待，否则是没有出路的。

改革开放以来，我国的高等教育基本上属于外延式发展。[①] 这一方面是因为改革开放四十年来，高等教育一直处于扩张的状态，只不过有的时期扩张快一些，有的时期扩张慢一些；另一方面，在高等教育扩张较慢的时期（如1986年至1998年、2006年至2012年），也没有实现内涵式发展。因为内涵式发展是“以提高质量为核心，通过结构优化、质量提升与效益增强实现内部要素驱动的发展模式，是规模、结构、质量与效益协调统一的可持续发展”。[②] 而在这两个时期，我国的大多数高校并没有把提高质量放在首位，国家也没有对高等教育的结构进行优化，不论是教育主管部门还是高等院校，都没有对高等教育的效益给予足够的重视。即使国家明确要求促进高等教育的内涵式发展，[③] 但实际上并没有明显的成效。

---

① 有学者认为，我国的高等教育有外延式发展的时期，也有内涵式发展的时期。参见毕宪顺、张峰《改革开放以来中国高等教育的跨越式发展及其战略意义》，《教育研究》2014年第11期，第62～71页。

② 转引自齐美东、苏剑《基于人口出生率下降趋势下中国高等教育转型发展探讨》，《贵州社会科学》2017年第6期，第79页。

③ 如全国第二次教育工作会议提出“以提高教育质量和办学效益为重点发展高等教育”。参见《国家教育委员会关于国家教委直属高校贯彻全国教育工作会议精神的意见》（1994年11月5日）。

在高等教育的初创和恢复时期，外延式发展是必要的。但是，外延式发展往往也是粗放式发展，注重了规模和数量，容易忽视质量和效益。在高等教育发展到一定规模的情况下，将发展方式及时转向内涵式发展，不仅是可能的，而且是必需的。当前，我国高等教育的规模从总量上看已经全球第一，从毛入学率上看即将进入普及化阶段，而高等教育现状和人民期待的高质量、高水平和时代的新要求都有较大的差距。所以，及时转入内涵式发展，是社会的需要，是国家的要求，是人民的期待。因此，在党的十八大上，时任中共中央总书记的胡锦涛同志提出“推动高等教育的内涵式发展”，在党的十九大上，习近平总书记指出要“实现高等教育的内涵式发展”。这两次党的全国代表大会，都为高等教育下一个阶段的发展指明了方向。

“实现高等教育的内涵式发展”，重在“实现”。所谓“实现”，是指要使高等教育的内涵式发展变成现实。实现高等教育的内涵式发展，应当包括以下含义：第一，高等教育的整体发展方式是内涵式，高等教育要以提高质量和效益为核心，而不是把扩大规模和数量当作工作重点；第二，在局部地区（如西部以及高校较少的省份）和个别高校，可能在规模和数量上有一定的扩张，但在扩张的同时，发展必须符合内涵式的基本要求；第三，高等教育的发展，在全局上要“重质量、稳规模、调结构、增效益”，在具体工作上，要把完成立德树人这个根本任务和提高人才培养能力作为核心要义。在高等教育内涵式发展的过程中，不是说一点也不能扩大高等教育的规模和数量，在不影响内涵式发展大局下的扩张是可以的。但内涵式发展是主旋律，外延式发展只能是“协奏曲”。

二　高等教育内涵式发展的目标

高等教育内涵式发展一定要有目标，没有目标的内涵式发展就会失去方向。但是，对不同的高等教育主体来说，内涵式发展的目标是不同的，或者说，高等教育内涵式发展的目标是有层次的。

（一）建设高等教育强国是内涵式发展的国家目标

如前所述，我国在2007年的时候，高等教育的规模已经是世界第一了，但我们是大而不强。古人云“兵不在多而在精”，如果我们培养不出拔尖人才，培养不出社会、经济发展需要的人才，规模再大、数量再多也是没有用的。因此，我国高等教育发展的目标不再是大而是强。

建设高等教育强国是党中央赋予我们的光荣任务。习近平总书记在党的十九大报告中指出：“建设教育强国是中华民族伟大复兴的基础工程”，这里的教育强国，首先是高等教育强国。没有强大的高等教育作支撑，中华民族伟大复兴就不能实现。因为强大的高等教育可以为中华民族的伟大复兴培养、吸引最优秀的人才，可以为国家建设和社会发展积累学术优势和科技优势，可以为国家进步提供强大的创新能力。所以，习近平总书记说：“我们对高等教育的需要比以往任何时候都更加迫切，对科学知识和卓越人才的渴求比以往任何时候都更加强烈。”①

建设高等教育强国是高等教育发展的国家规划。国家教育事业发展“十三五”规划明确提出，“十三五”时期教育改革发展的总目标是：教育现代化取得重要进展，教育总体实力和国际影响力显著增强，推动我国迈入人力资源强国和人才强国行列，为实现中国教育现代化2030年远景目标奠定坚实的基础。国务院印发的《统筹推进世界一流大学和一流学科建设总体方案》明确规定，到21世纪中叶，一流大学和一流学科的数量和实力进入世界前列，基本建成高等教育强国。可见，不论是国家教育事业发展“十三五”规划还是国务院确定的“双一流”建设方案，建设高等教育强国都是我国高等教育当前和今后一个时期的发展目标。因此，高等教育的内涵式发展，也必须把建设高等教育强国作为自己的目标。否则，高等教育的内涵式发展将因为游离于国家确定的高等教育发展规划之外而无法展开。

① 《习近平谈治国理政》第2卷，外文出版社，2017，第376页。

高等教育的内涵式发展与建设高等教育强国是高度契合的。如前所述，我国的高等教育目前的状况是“大而不强”，而要实现大而且强，必须苦练内功，走提升质量、增强效益之路。内涵式发展的要义，就是通过深化改革，实现结构优化、质量提高、实力和竞争力增强。所以，在当前的社会背景下，建设高等教育强国和高等教育的内涵式发展，内容相同、路径一致，两者实际上是一回事。建设高等教育强国就必须使得我国的高等教育实现内涵式发展；实现高等教育的内涵式发展，其前景必然使我国的高等教育进入发达国家行列，成为具有强大实力和竞争力的高等教育。

（二）提高人才培养能力是我国所有高等院校内涵式发展的共同目标

人才培养是高校最基本的职能，也是所有高校都必须完成的主要使命。在高校的四个职能中，人才培养是最主要的职能，其他职能必须服从于这个职能，忘记了这一点，高校就不能称之为高校。另外，不论是哪一种类型的高校，不论其科研实力如何，不论其服务社会的能力如何，人才培养是各高校的共同任务。所以，在高等教育内涵式发展过程中，“牢牢抓住全面提高人才培养能力这个核心点”，是搞好高校其他工作，实现高等教育内涵式发展的关键。

新时代为我国高等教育的人才培养提出了新的要求。根据党的十九大报告，我国高等教育培养的人才，是德智体美劳全面发展的社会主义建设者和接班人，也是担当民族复兴大任的时代新人。这些人才不仅应有抱负、有理想、有追求，更应有扎实的学识和技能，有创新的能力，有广阔的眼界，有敢于超越世界一切优秀人才的决心和信心。我国所有高校都应该围绕培养这样的人才，来谋划学校的工作，实现高等教育的内涵式发展。

提高人才培养能力，首先，要提高“立德树人”的能力。“高校的立身之本在于立德树人”。① 要提高“立德树人”的能力，必须坚持以马克思主

① 《习近平谈治国理政》第2卷，外文出版社，2017，第377页。

义为指导，全面贯彻党的教育方针，坚持不懈地弘扬社会主义核心价值观。其次，要树立“以学生为中心”的教育理念，学校的一切工作要围绕学生的成长成才这个核心来设计和规划。最后，要跟踪并广泛使用现代信息技术，以此为主要抓手改革教育教学方法，使我们的高等教育不仅让人民满意，让党放心，也要让学生喜欢。培养人才的根本途径是让学生接受新思想、新知识和新技能，只有学生积极地学习和虚心接受，才能使高校的教育发挥作用。所以，让学生喜欢是教育教学方法改革的一个重要标准。

（三）建设“双一流大学”是少数高校内涵式发展的具体目标

2017 年 9 月 21 日，教育部、财政部、国家发展和改革委员会联合发布了《关于公布世界一流大学和一流学科建设高校及建设学科名单的通知》，正式公布世界一流大学和一流学科建设高校及建设学科名单。首批双一流建设高校共计 137 所，其中世界一流大学建设高校 42 所，世界一流学科建设高校 95 所，双一流建设学科共计 465 个。对于这些高校来说，实现内涵式发展，一定会以“双一流建设”为目标，这不仅是内涵式发展的题中应有之义，也是它们对国家的一种承诺。而且，只有通过内涵式发展，才可以实现结构优化、质量提升、效益增强，提高学科的国际竞争力，提高学校的整体实力。

除了这些高校之外，还有一些实力和水平与这些高校相当的高校，也会把内涵式发展的目标定为“双一流大学”。但是，把内涵式发展目标定位在“双一流大学”建设上，对于拥有 2800 多所大学的我国来说只能是少数。就是现在的美国高校，也不都是世界一流大学，学科也不都是世界一流学科。况且，如果所有的高校都把内涵式发展的目标定位在“双一流大学”的建设上，那只会加剧大学的同质化，不利于建设有特色的高校，更不利于为国家经济社会建设提供合格的人才。“一个国家的教育发展要形成一种与本国经济社会发展相吻合的科学的分类分层，以满足劳动力市场对各类人才的需求。我们既需要能够培养拔尖创新人才的世界一流的研究型大学，也需要能够培养数以千万计的中高级专门人才和数以亿计的高技能劳动者的高等院校，而不是要求所有的高等院校都创建为世界一流大学。”①

对于多数高等院校来说，合理确定自己的内涵式发展目标，是非常重要的。这个目标的确定，要根据自身的实际，结合国家、地区和行业对人才的需求，找到本校功能与特色的合理定位，并以此来规划自己的内涵式发展目标。我们也呼吁国家教育主管部门，采取实际的措施支持所有高校的内涵式发展。除了制定实施“双一流大学”建设方案外，还应该制定并实施“西部大学建设方案”“特色大学建设方案”“高水平应用型大学建设方案”，并给予相应的财政支持，鼓励不同层级不同类型的高校特色发展。此外，我们还要树立一种新的观念：高校一律平等，没有高低贵贱之分；只要培养出的人才是国家建设、社会发展所需要的，它就是优秀的高校。相反，如果一个研究型的一流大学，培养出的人才社会不需要，国家建设用不上，那它就不是优秀的高校。

三　高等教育内涵式发展的要义

高等教育的内涵式发展，不是对高等教育外延式发展的简单否定，而是发展内容和发展方法的全面创新。“它要求我们在高等教育问题上，统筹谋划，全面安排，实现规模、结构、质量和效益协调发展，实现满足社会需要和满足人的发展需要统一发展”。② 根据内涵式发展的基本理论，结合当前我国高等教育实际状况，今后一段时间的内涵式发展，应当注重抓好以下四个方面。

（一）采取切实措施，提升高等教育的质量

2012 年，主管国家教育工作的国务院副总理刘延东，就提高高等教育

① 闵维方：《“十三五”时期我国高等教育发展战略的若干问题》，《北京大学教育评论》2016 年第 1 期，第 97 页。

② 刘振天：《内涵式发展：高等教育本质论、价值论和方法论重建》，《大学教育科学》2013 年第 6 期，第 20 页。

的质量发表过专门的讲话，她指出，“提高质量是高等教育的生命线，是国家中长期教育改革和发展规划纲要确定的重要方针”。为了让高等教育战线的同志们加深对提高高等教育质量重要意义的认识，她还详细阐述了为什么必须提高高等教育的质量。她说：解决我国经济社会发展的深层次矛盾，迫切要求加快提升高等教育质量；顺应全球提高高等教育质量的新浪潮，迫切要求加快提升高等教育质量；把握新科技革命和知识经济的时代特征，迫切要求加快提升高等教育质量；解决高等教育自身面临的突出问题，迫切要求加快提升高等教育质量。[①] 刘延东同志的分析是非常深刻和全面的。但是，几年过去了，高等教育质量的提升仍然是雷声大雨点小。究其原因，是在提升高等教育质量方面，我们还没有找到好的办法。因此，采取切实措施提升高等教育的质量，是下一个阶段的工作重点。

高等教育的“产品”主要有两个，一是培养的毕业生，二是研究出的科研成果。因此，提升高等教育的质量，主要是提升人才培养和科学研究的质量。考虑到人才培养是高校的基本职能，所以，应当以人才培养为中心，提升高等教育的质量。

长期以来，由于缺乏严格的质量标准，也缺乏规范的质量管理，提升高等教育质量往往成为难以落实的口号。一方面是各个高校都在按照一定的标准发文凭，另一方面是社会对大学毕业生质量的抱怨声越来越多。所以，在高等教育内涵式发展的过程中，我们要采取切实措施，真正而不是口号式地提升高等教育质量。

第一，制定科学的高等教育质量标准体系。我国一直没有系统完备的人才培养质量标准体系。2015 年，国务院办公厅发布的《关于深化高等学校创新创业教育改革的实施意见》，提出完善人才培养质量标准。按照这个意见，国家要制订实施“本科专业类教学质量国家标准”，修订实施“高职高专专业教学标准”，修订实施“博士、硕士学位基本要求”；相关部门、科

① 刘延东：《深化高等教育改革走以提高质量为核心的内涵式发展道路》，《中国高等教育》2012 年第 11 期，第 4 ~5 页。

研院所、行业企业要制订或修订专业人才评价标准；高校要结合办学定位、服务面向和创新创业教育目标要求，制订专业教学质量标准，修订人才培养方案。该实施意见开了我国高等教育质量标准体系建设的先河，意义非常重大。但是，教学只是人才培养的一个重要环节而不是人才培养的全部，仅仅制订教学的质量标准是不够的，还应该制订其他的质量标准，比如，学生的实习实践质量标准、毕业论文质量标准、品德修养质量标准等。

高等教育质量标准体系，应当包括三类：第一类是各级各类人才培养的国家标准。这个标准由教育部依托专业教学委员会的专家制订，经教育部批准执行。主要有本科专业类人才培养国家标准（含教学质量标准、品德修养质量标准、身体素质质量标准等）、学术类博士研究生人才培养国家标准（分专业制订）、学术类硕士研究生人才培养国家标准（分专业制订）、专业类博士研究生人才培养国家标准（分专业制订）、专业类硕士研究生人才培养国家标准（分专业制订）、高职高专专业人才培养标准。第二类是各行各业录用高等教育毕业生的行业标准。这类标准由国家人力资源和社会保障部组织有关全国性行业协会制订，经人力资源和社会保障部批准后实施。第三类是各高校制订的本校人才培养标准，作为本校衡量学生是否达到毕业要求的准则，也可以成为社会评价高校人才培养质量的标准。除了人才培养质量标准外，我们也可以尝试建立高校的科学研究、社会服务、文化传承创新等质量标准。

第二，建立严格的高等教育质量管理体系。我国的高等教育缺乏严格的质量管理。考虑到高校数量大且提倡特色发展，高等教育的质量管理由各个高校负责进行。各高校应当建立质量管理制度，覆盖人才培养的各个环节，实现对人才培养质量的过程管理。比如，招生环节的质量管理、课程设置的质量管理、师资队伍建设的质量管理、课堂教学的质量管理、实习实践的质量管理、毕业设计（论文写作）的质量管理。除了建立制度外，还要明确校长亲自负责质量管理工作，并设立专门的机构，组建专门的队伍负责质量管理工作。各高校应当就质量管理体系的建设情况，每年向教育主管部门报告，并向社会公布，接受政府和社会各个方面的监督。

第三，实施规范的高等教育质量评价制度。目前，我国对高等教育的社会评价有教育主管部门的各种教学评估，也有社会上有关机构自发组织的“大学排名”。教育主管部门组织的各类评估，科学性越来越强，工作越来越规范，国际社会的认可度越来越高。但是，由于它还不是严格的“第三方”评价，所以还是时常遭到社会和被评价高校的质疑。社会机构组织的“大学排名”式的评价，由于动机各异，乱象丛生，客观性和真实性经常遭受社会各界的批评和质疑。因此，在我国，建立并实施高等教育质量评价制度的工作还任重道远。

近几年来，教育部高等教育教学评估中心、学位与研究生教育发展中心进行的有关评估工作越来越规范，社会上的一些评估价机构也越来越得到认可。建议将教育部所属的上述两个中心从教育部独立出来，在其基础上建立独立的“第三方”高等教育评价机构，通过政府购买服务的办法，从事高等教育质量的评价工作。同时，也可以通过政府认证的方式，对社会上成立的信誉较好的高等教育质量评价机构进行扶持，培育高等教育质量评价的社会机构，以实现科学合理、规范有序的高等教育质量评价。

（二）保持定力，稳定高等教育的规模

只有在稳定高等教育规模的前提下，我们才可以仔细审视近四十年来快速发展的高等教育积累下来的问题，并采取措施加以纠正。只有在稳定高等教育规模的前提下，才可以静下心来采取有力的措施，提高高等教育的质量，促使我国的高等教育由大变强。同时，我国当前和今后一个相当长的时期，也不再具备高等教育规模快速扩大的社会条件。“高等教育以规模扩张和空间拓展为特征的外延式发展方式是建立在一定的经济社会发展环境特别是人口基数和人口结构基础上的”。[①] 随着我国生育率降低，高等教育适龄人口数量也将会减少，加上出于种种原因的高中毕业生弃考和选择出国留

① 刘国瑞、高树仁：《高等教育发展方式转变的历史逻辑与现实选择》，《高等教育研究》2015 年第 10 期，第 3 页。

学，我国高等教育的生源问题很快就会到来，这在客观上遏制了我国高等教育的规模扩张。

稳定高等教育的规模是为了高等教育更好地发展。稳定规模表现在两个方面，一是国家高等教育的规模基本保持稳定，或者保持缓慢的增长；二是作为个体的高校也要将高等教育的规模控制在一个合理的范围内。1999 年扩招以后，加上高校的合并，我国有的高校在校生人数达到七八万人，甚至上十万人，校区有数个，遍布所在城市的多个地方，以至于有“某某城市坐落在某某大学里”的戏谑之语。这样的大学不仅不应该再度扩张，而且应该瘦身，减少在校生的数量，集聚校区，减少办学成本，加强学校的质量建设和校园文化建设，如果不走这样的内涵式发展之路，这样的大学将无法可持续性发展。

稳定高等教育规模不是不再增加高等教育在校生数，也不是不再增加高等院校的数量。根据国家教育事业发展“十三五”规划，我国高等教育在学总人数将由 2015 年的 3647 万人，增长至 2020 年的 3850 万人，在校生总人数从 2015 年的 3511 万人，增长至 2020 年的 3680 万人，五年增加 169 万人，平均每年增加 33. 8 万人。此外，为了解决地区高等教育发展不平衡的问题，在高等院校较少的西部、中部地区，增设一定数量的高等院校也是必要的。但是，不论是高等教育在学人数的扩大还是高等院校数量的增加，一定要以不影响提升高等教育质量这个时代主题为前提，一定不能影响高等教育的内涵式发展。

（三）下大力气，调整高等教育的结构

在高等教育近 40 年的规模快速扩张过程中，我们没有将高等教育结构[①]与社会对人才的需求很好地匹配起来，从而造成了不同地区之间人才分布失衡问题，“造成了一方面高等学校毕业生‘就业难’，另一方面经济社

① 高等教育结构是个比较复杂的系统，包括高等教育的布局结构、层次结构、专业结构、类型结构和体系结构。参见高书国《新一轮高等教育结构调整特征与对策分析——高等教育普及化时代的战略准备》，《高校教育管理》2017 年第 5 期，第 13 ~ 21 页。

会发展急需的应用型人才短缺的问题”。① 此外，随着产业结构的升级和人口结构的变化，高等教育结构也必须及时进行调整。“教育结构调整是教育供给侧改革的重要方面，是提高教育质量、推进教育内涵发展的重要路径”。②

高等教育结构的调整应当全面而深入。根据当前我国的高等教育结构现状，分析未来社会对高等教育的需求，从提高高等教育质量、实现高等教育内涵式发展的角度，应当对我国的高等教育结构进行全面而深入的调整。首先，调整高等教育的区域结构，使高等教育的空间布局更加合理。从高等教育的空间布局来看，东西部高等教育差距较大。“‘211 工程’‘985 工程’高校主要集中在北京、上海、江苏、陕西、湖北、湖南、四川、广东等省(直辖市)。宁夏、海南、西藏等省（自治区）没有这两类高校。我国重点建设的高水平大学存在数量少、覆盖面小、布局不均衡状况”。③ “我国的优质高等教育资源还是非常宝贵的稀缺资源，而且都集中在少数大城市的少数重点大学”。④ 因此，在今后的内涵式发展过程中，应当在高等教育薄弱的区域，重点建设一些高等院校，特别是双一流或者高水平的高等院校。其次，调整高等教育类型结构。当前，我国的高等教育培养的人才中，学术型人才过剩，应用型人才不足。而一些高职高专还有转为综合性大学的冲动。因此，国家应当加大高等职业技术型大学的建设力度，坚持不懈地动员一些普通本科高等学校转为应用型高等学校，加大应用型人才的培养力度。最后，调整高等教育专业结构。以社会需求为重要导向，淘汰一批毕业生就业难的老专业，建设一批人才需求旺盛的新专业。在研究生的培养上，减少学

① 闵维方：《“十三五”时期我国高等教育发展战略的若干问题》，《北京大学教育评论》2016 年第 1 期，第 97 页。

② 高书国：《新一轮高等教育结构调整特征与对策分析——高等教育普及化时代的战略准备》，《高校教育管理》2017 年第 5 期，第 13 ~ 21 页。

③ 林冬华：《1985 ~ 2015 中国高等教育发展战略述评》，《黑龙江高教研究》2016 年第 10 期，第 32 ~ 35 页。

④ 闵维方：《“十三五”时期我国高等教育发展战略的若干问题》，《北京大学教育评论》2016 年第 1 期，第 103 页。

术型研究生的数量，加强专业学位研究生教育。

在高等教育结构调整的过程中，可能遇到的阻力会非常大。被调整的高校会面临转型，被调整的专业，教师会面临职业调整。这些都关系到高校和教师的切身利益。如果不下定决心、加大工作力度，高等教育结构调整就难以进行。此外，为了提高高等教育结构调整的科学性，需要对各行各业的人才需求进行预测。当前，我国基本上还没有建立起人才需求的预测机制，这对于高等教育结构特别是专业结构调整的影响是致命的。所以，我国负责人力资源的部门，应尽快建立人才需求的中长期预测机制，提前发布 5 年以后的人才需求数据，指导高等教育系统调整专业结构，以便为国家建设和社会发展提供精准的人才支撑。

（四）建立高等教育效益分析机制，指导高等院校增强办学效益意识

高等教育的内涵式发展不仅是高质量的发展，也是精细化的发展。在这种发展模式下，增强办学的社会效益、经济效益是题中应有之义。然而，由于我国高等教育长期采取了外延式发展方式，对高等教育的管理也是粗放型的，国家没有对高等教育整体的效益分析，高等院校也没有办学的效益分析，以至于我们对高等教育的投入产出比是模糊的。这样下去，不利于优化高等教育资源的配置，也不利于对高等教育的精细化管理，提高高等教育的质量也可能成为一句空话。由于没有办学效益的分析，我们对高等教育的拨款还是“大锅饭”。无论毕业生的质量如何，国家或地区都按招生人数进行拨款，这导致了一些高等院校忽视教育质量的提高，一直有扩大规模的冲动，因为规模就是资源。①

一个高等院校的合理规模应该是多大？需要进行办学社会效益和经济效益的科学分析。希望国家有关部门，抓紧制定有关规定，建立高等教育办学

① 参见闵维方《“十三五”时期我国高等教育发展战略的若干问题》，《北京大学教育评论》2016 年第 1 期，第 99 页。

效益的分析机制。分析高等教育的办学效益，既要算经济效益账，更要算社会效益账，而且主要是算社会效益账。进行效益分析的基本要素，不仅包括国家对高等院校的土地投入、人力资源投入、资金投入等政策性投入，还包括高等院校人才培养的质量和数量、科学研究成果的数量和质量、高等院校提供社会服务的数量和质量、文化传承和创新等“产出”情况等。通过高等教育效益的分析，控制高等院校的招生人数和国家投入，引导高等院校注重办学效益、提高教育质量、自觉走内涵式发展的道路。

四　高等教育内涵式发展的动力

高等教育的内涵式发展，需要有动力来推动，如果没有动力推动，高等教育的内涵式发展就不能持续顺利进行。

（一）高等教育内涵式发展需要动力转换

在高等教育外延式发展的背景下，高等教育发展的动力，主要来自政府的外力驱动。改革开放以来，不论是恢复高考、设立新的高等院校，还是实现高等教育的大众化进程，基本上都是中央和地方政府在推动。政府通过“211 工程”“985 工程”“大学扩招”“协同创新工程”“双一流建设工程”，推动着我国的高等教育一步一步走到了今天。政府外力驱动高等教育发展的成效极其明显，它可以在较短时间内使我国的高等教育由小到大实现跨越式的发展，甚至在某种程度上完成弯道超车。但是，政府外力推动的弱点也很明显，那就是扼杀了高等院校办学的自主权和主动性。“大学改革和发展依附于外部动力机制的强力推进，相关政府部门成为高等教育改革的第一行动集团，而大学的主体理性难以得到彰显，大学的自主权有限。这在很大程度上抑制了高校主动争取社会资源办学的能力和自我提升质量的能力。”①

① 刘国瑞、高树仁：《高等教育发展方式转变的历史逻辑与现实选择》，《高等教育研究》2015 年第 10 期，第 4 页。

在高等教育内涵式发展过程中，如果高等院校的内生动力发挥不出来，单靠政府的外力驱动，那是非常危险的。原因在以下几个方面：第一，高等教育的内涵式发展以提升质量为核心，这里说的质量主要是指人才培养和科学研究的质量。高等院校是直接进行人才培养和科学研究的机构，如果它的积极性和作用发挥不出来，高等教育的质量是无论如何也无法提高的。因为政府的强力驱动，对于提高高等教育质量来说是外因，高等院校是内因，外因不通过内因是无法发挥作用的。第二，高等教育的内涵式发展是精细化和特色化的发展，这种发展必须建立在各个高等院校对自身功能和特色的准确定位上，政府无法对所有的高等院校进行定位，只能依靠高等院校自己。第三，政府如果长期作为外力推动高等教育的发展，就会把高等院校养成“懒汉”，失去自主办学的能力，丧失大学精神和大学文化。如果这样，我国通过内涵式发展建设高等教育强国的梦想就会落空。因此，在实现高等教育内涵式发展问题上，应当解决高等教育发展的动力转换问题。

（二）激发高等院校改革的内生动力

如前所述，实现高等教育的内涵式发展，应当使高等教育发展的主要动力由政府转换到高等院校方面来。如何实现这个转换呢？或者说，如何激发高等院校内涵式发展的内生动力呢？

第一，依法切实落实高等院校的办学自主权，让高等院校自己先“站起来”。我国高等教育法规定，高等院校是个独立的事业法人单位，在专业设置、内部机构设立和人财物安排等方面有自主权。但是，长期以来，高等院校办学自主权落实不到位。为了适应内涵式发展的要求，国家教育事业发展“十三五”规划就落实学校办学自主权做出明确的规定，提出在“十三五”期间，落实高校学科专业设置自主权，落实高校岗位管理自主权，落实高校用人自主权，落实高校教师职称评审自主权，扩大高校薪酬分配自主权，落实高校经费使用管理自主权，简化高校建设项目审批程序、扩大基本建设项目自主权，落实高校科研仪器设备采购自主权。这八个高校自主权如果真能落实，高等院校才能够独立于社会，自主处理自己的事务，为内涵式发展奠定“主体”基础。

第二，切实实现高等教育的“管办评”分离，把高等院校推到社会的前沿，直接感受社会的压力。当前，我国的高等教育，教育主管部门操纵管理和评价大权，有的教育主管部门甚至操纵某些高校的办学自主权，“管办评”的权力几乎集于一个部门。在内涵式发展的背景下，必须实行“管办评”分离。把高等教育的管理权交给政府，把办学自主权还给高校，把高等教育的评价权交给社会。只有这样，高等院校才能够根据国家和社会对人才的需求，及时调整学科专业结构；才可以直接面对社会的压力，内生出发展的动力；才可以根据社会评价，不断改进自己的工作。

第三，改革高等教育财政拨款的制度，把政府对高等院校的投入与办学质量、效益以及社会的评价挂起钩来。“我国改革开放以来实行的‘综合定额加专项补贴’的高等教育财政预算拨款制度存在两方面亟须解决的问题：一是……容易导致在校生‘规模导向’的‘膨胀机制’……二是目前专项经费拨款的项目太多太杂。”① 在这种财政拨款体制之下，高等院校就有扩大规模、争取更多国家财政拨款的冲动，内涵式发展就搞不起来。因此，应当在教育事业的基本支出方面，除了按照生均定额拨款外，增加一项高等教育绩效拨款。根据内涵式发展要求的教育质量提高、效益增加、专业结构调整、评估成绩等因素，确定一个高等教育绩效拨款数额，由学校自主支配使用。

（三）高等教育内涵式发展需要进行系列改革

在高等教育内涵式发展的背景下，高等院校也必须进行一系列的改革，才能跟上时代的步伐。改革思想政治教育的方法，促进思想政治教育和专业教育的高度融合；改革高等院校的用人制度，建立教职工能进能出、能上能下的机制，建设富有活力的教职工队伍；改革学校的管理制度，发挥教师在

① 参见闵维方《“十三五”时期我国高等教育发展战略的若干问题》，《北京大学教育评论》2016 年第 1 期，第 98 ~ 99 页。

学校管理中的作用，落实大学章程的规定，落实“教授治学”的理念；围绕“以学生为中心”的理念，改进教学方法和学生管理制度，促进学生学习积极性和自主性的提高；跟踪信息技术的发展态势，促进信息技术在教育教学和管理中的运用，实现高等教育与信息技术的深度融合。这些改革完成后，高等教育内涵式发展，才可以顺利进行。

第三篇

古今中外哲学的中国审视

哲学与科学

杨向奎*

中国传统哲学中关于“理”的概念，因学派不同而有理解分歧。本文认为，对“理”最适当的解释是：“规范法则”。这“规范法则”在宇宙中维护着自然和谐，在社会上规范着人类行为。在当代物理学的探讨中，专家们发现自然间之四种相互作用力，具有规范的对称法则。在弱相互作用中的对称法则，虽为李政道、杨振宁两位博士所否定，但即使这不完整的对称法则，也是维护宇宙之和谐美的主要力量。据此，作者给我国传统哲学中的“理”以新的思想内容，认为它相当于自然界中的“规范法则”。这是把自然法则纳入道德范畴的一种尝试。

自先秦儒家孔子以来的两千多年间，两汉经学、六朝玄学、宋明理学诸阶段，可以说都是儒家学派之不同发展方向。玄学最初亦用以说《经》，与理学相似，都是拟于实际中抽象出真际，进而以真际作为宇宙万物发生发展的决定因素。理学本是儒家传统思想的流变，也是正统思想，但因其近百年来在我国思想史上受到了折磨与非难，所以我们对之做了分析、研究，希望

* 本文刊发于1991年第4期。作者杨向奎，时任中国社会科学院历史研究所研究员，曾任第五、六届全国政协委员，中国社会科学院历史研究所学术委员会主任、秦汉史研究室和清史研究室主任。

从其中找到合理的成分，并在不违背现实，而与现代科学若合符节的基础上加以发挥，使我们自古以来的哲学传统、优良的哲学传统，能为当代的精神文明建设服务。戴东原的哲学思想是可取的，无论在自然界、在人世间都必须讲“理”。在自然界，他不以为理是生物之本，而是在物质的发生发展过程中，其自然之条理谓之理。条理是理，条理法则是事物本身的条理法则，不能离开事物本身之存在而存在；所以他反对“理无不在”的说法，因而批判程朱，反对理学。但程朱本人的说法也不一致，尤其朱子前后的说法有自相矛盾处。比如程明道曾经说：“《诗》曰：天生烝民，有物有则，民之秉彝，好是懿德。故有物必有则。……万物皆有理，顺之则易，逆之则难，各循其理，何劳于己力哉！”明道在此强调了客观法则之存在，人是不能违背的。后来朱子也说：“天生烝民，有物有则。物乃形气，则乃理也。”（《语类》卷六十二）他们坚持有物则有理，而不是有理而后有物；理是物之法则，一如人世间。理是人之法则，这当然可取。

自然有自然的理，我们称之为自然界的规范。如果将我国理学家之所谓理理解为自然界的规范，那我们应当歌颂他们的高明。事实上，他们的理解（我们加以优选后的理解）是高明的。自然有序，自然有理，自然有美，假使自然不具备这些谐和的美德，那么这自然界的秩序必遭毁坏，一定会有一个新的宇宙秩序在接替它，也就是经过所谓“大爆炸”而出现的一个新宇宙。这宇宙的新秩序是否与旧宇宙相同，是没有人能够预言的。但根据因果论的解释，这新旧宇宙应当相同，由于我们还找不到形成宇宙的条件前后不同之处，因而可以有时间之前后对称的理论，即向前看，比作向右；向后看，比作向左，这是“右左”的对称，而达到平衡。但据概率论派的解释，不存在这前后完全一致的可能，一切依统计规律，事物在千变万化，是测不准的。这也就是哥本哈根派的解释。但无论是哪一派的解释，都不能否定这“有物有则”的古老原则。

规范理论（gauge theory）的阐述，是与著名物理学家杨振宁、李政道两博士的杰出贡献分不开的。物理学的法则即左右对称法则，表现在量子力学中是一种守衡定理，也就是“宇称守衡定理”（The Conservation of Parity）。这种定理在核子物理的研究领域中被证明是非常有效和富有成果的，并且促使左右守恒原则在物理学界的普遍应用。但是到 1954～1956 年，物理界出现了一个令人迷惑不解的现象，叫作 θ—τ 迷惑（The θ—τ puzzle）。θ 与 τ 介子，现在都知道它们是同一粒子，通常被称作 K。但科学家进一步研究的结果证明，一方面 θ 与 τ 的确是同一粒子而分解走向不同的途径；同时另一方面，经过精确的实验，很明显地说明 θ 与 τ 并非同等，所以也就不能看作同一粒子。经过 1956 年李、杨两位大物理学家的仔细研究，在弱相互作用（weak interaction）下，θ 与 τ 宇称并不守衡。后来，又经过吴健雄博士等人的实验证明，的确如此。于是，“右左对称”的法则（right—left symmetry）被毫不含糊地破坏了。

杨振宁博士在他的论文“Elemtary Particles”中还绘图说明这“宇称守衡”原则的种种情况（见图 1）。使 L 代表左方（left），使 R 代表右方（right），并进一步作出反物质（Antimatter）装置，使 $\overline{L}$ 与 $\overline{R}$ 分别代表其左右方。于是会有：

$$L = R \text{ 与 } \overline{L} = \overline{R}$$

在右左宇称的基础上，并且可以相信：

$$L = \overline{L} \text{与 } R = \overline{R}$$

在反物质的宇称基础上，所得结果会使我们相信：

$$L = R = \overline{L} = \overline{R}$$

实验结果却表明这是错误的，因为它很清楚地显示出：

$$L \neq R$$

从上述不等式及许多实验，得到的事实是：

$$L = \overline{R} \neq \overline{L} = R$$

这也清楚地表明，这对称性尽管比我们过去相信得要少，但仍然有某种对称留在下列关系中：

$$L = \overline{R}; \overline{L} = R$$

以上两个等式可以归结为这么一种原则，即我们作出一个镜子反射装置，并且使物质变成反物质，那么这物理法则仍然不变。这种结合的转变因而使物理法则不变的事实，可以定义为真实的镜子反射过程。通过这一定义，镜子反射的对称性是可以恢复的。

一个新的镜子反射定义，可以表现在图 2 上，在那里反物质由白线代表，并紧靠在黑的背景上。假设在这个图像上，左边的物质是 L，右边的物质是 $\overline{R}$。实验证明这两边的指示物原来是一个。

通过上述，这个问题仍然存在，即为了保存这对称性原则，我们使物质与反物质转换于镜子反射上，答案是需要深刻地理解这物质与反物质的关系。虽然现在还不存在这种理解，但它是有趣和有用的，对于回忆与此类似的问题并使之最终得到解决会有很大的帮助。

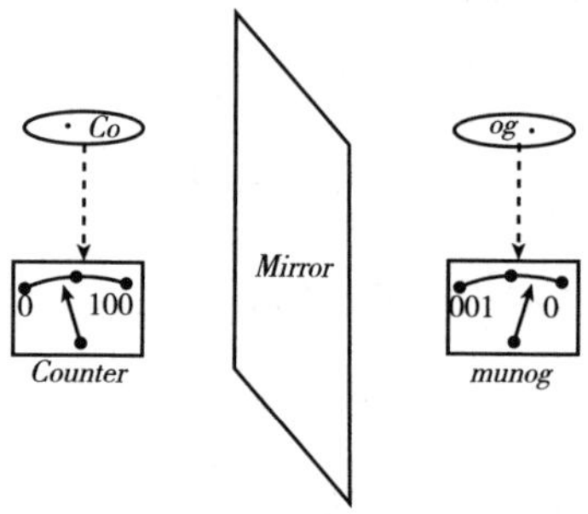

图 1

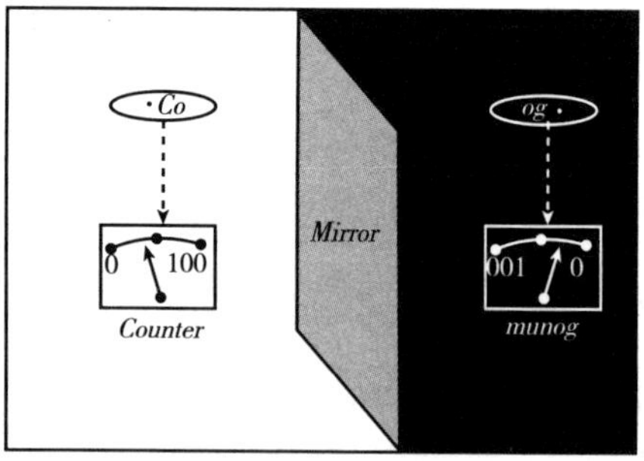

图 2

对于杨振宁博士最后的意见，我们的理解是，他和李政道博士发现在弱相互作用中 K 介子是宇称不守恒的，因而打破了物理学界一向认为在四种作用力上的宇称守恒原理。但通过反复实验论证，虽然这弱相互作用在某些基本粒子中被打破，但如果我们找到相应的反粒子，那么这种对称性是可以恢复的，而宇称守恒的原理是没法排除的。所以物理学界在努力寻找这反物质。

李政道博士则认为宇称守恒原则与宇称不守恒原则同是必须注意的问题，他认为有四种主要对称群和不完整的对称群，在物理学中是重要的。

（1）变换对称（Permutation symmetry）：玻色—爱因斯坦（Bose-Einstein）和弗米—狄拉克（Fermi-Direc）统计。

（2）连续的空—时对称（Space-time symmetries），像转化、转动和加速等。

（3）分离的对称，像空间的倒置、时间的倒转、粒子与反粒子的结合等。

（4）整体的对称，包含有 U_1—对称，像有关电荷守衡、重子数、轻子数等，SU_2（同位旋）—对称，SU_3（色）—对称，和 SU_4（味）—对称。

李政道博士说，上述前两群和末一群的 U_1—对称，或者还有 SU_3（颜色）—对称相信是正确的，其余都是不完整的（见《粒子物理：对称》）。

对称与不对称的理论在物理学界始终是在争论中的问题，因为它在宇宙之平衡方面起着决定作用。有人认为，现在的宇宙与宇宙形成时期的状态，也就是在“大爆炸”时期的宇宙相比，不对称的情形严重了，但那时是处在高温时期。而争辩者说，在那个时期无论是强相互作用、电磁作用还是弱相互作用都是相等的。并且三种玻色子 W^+、W^-、Z^o 和光子一样是没有质量的。当宇宙冷却后，这种原始对称遭到另一种规范场（gauge field）的破坏，并授予 W^+、W^-、Z^o 三种粒子以质量，但光子仍然是不具质量的。

以上是当代理论物理学界通行的理论。宇宙自“大爆炸”后产生，此前它不具有时间。一个不具备时间的宇宙，当然是不完整的，但它是统一的、对称与平衡的。这个时期的宇宙，我们用《庄子·应帝王》的话来形容，正是处于中央之帝曰“混沌”的阶段。在“大爆炸”后，我们的宇宙出现可怕的不平衡，它的四种力量一个一个地分离开。实际上我们可以把“大爆炸”当作实验室来论证这宇宙平衡被破坏的概念，现在世界上各种加速器与对撞机都是在模拟这“大爆炸”后的宇宙形成过程。宇宙形成时，时间开始，当时宇宙的温度是令人难以置信的高温，但整个宇宙是平衡的对称的，所有四种力量都凝结为一种统一的力。当温度逐渐下降时，引力从其他几种力中分离出来。随着温度的不断下降，强相互作用从电弱相互作用中分离出来。后来电弱相互作用分裂为电磁作用和弱相互作用。至此，四种相互作用力已完全分开。我们所感觉到的宇宙形成了，它们却在膨胀着，加速向界外狂奔。四种作用力都在宇宙中发生作用，物理学家们先后发现它们都是宇称守恒的，虽然弱相互作用力出现了不完整现象，但这种宇称，是不能忽视的宇宙规范作用。

物理学家温伯格（Steron Weinberg）曾经指出：“宇称守恒的形式虽然不完整，但它是正确的原理，它统辖着宇宙的所有现象，显现出这宇宙的美!”① 这宇宙的美，我们所见到的雄壮的宇宙的美，是由宇称守恒原则所维护着的。我们把这种“规范理论” （gauge theory），或者“规范对称”（gauge symmetry）原理，比作我们理学家之所谓“理”，是相当的，也是允许的。理学家之理，有不同的理解，我们可以作最佳选择。这“理”是条理，是规范，是“礼之节文”。在自然间、在人世中，理维持着自然的和谐，人世的和谐，并使自然与人世有着共同的和谐，这是儒家和后来的理学家的理想境界，即中国传统哲学中的：

天人之合!

这是美的境界。我们曾引《国语·楚语》中伍举的话说：“夫美也者，上下、内外、小大、远迩皆无害焉，故曰美。”孔子也说：“礼之用，和为贵，先王之道，斯为美。”无害就是和谐，和谐是美。在自然

① 参见 Steron Weinberg, “Conceptual Foundations of the Unified Theory of Weak and Electromagnetic Interaction,” *Science* 210 (1980): pp. 1212 - 1218.

界和人世间都存在着理，自然界无理则无序而熵（Entropy）多；在人世间无理，则无序而紊乱。自然和人世都不能违“理”。但自然在变，人世也在变，理也应随之而变。

冯友兰先生也讲“理”，但他的“理”是不变的；实际在变，超时空的真际可以不变。他说：“空间时间之性质，既已说明，我们即可见何以理是超时空底。时或空是两种实际底关系，而理不是实际底，所以不能入实际底关系之中。……正如有‘动’之理，但动之理并不动。有变之理，但‘变’之理并不变，不过实际底物如有依照‘动’之理或‘变’之理者，此实际底事物，是动底或变底。”（见《新理学》第二章）。

实际物在变，而真际理不变。冯先生自称他的新理学哲学系统为“真正的形而上学”。我们且不管这“形而上学”的中外定义如何，冯先生直言不讳地承认自己早期的哲学是唯心主义。这个体系的哲学是不真实的，因为它不符合自然的规律。自然本身是实际的“物”，所以只能以唯物主义的理论来解释。由于冯先生以唯心论解释唯物论的实际世界，因之他所提出的命题实在是“似是而非的命题”。我曾经在各种文章中提到，哲学的解释不能违反科学的真理，科学的真理也就是符合于宇宙实际的真理。限于我们的科学水平与认识水平，以及宇宙现象之丰富复杂及多变，科学的认识虽然不可能与客观实际完全吻合，但逐渐接近客观实际，并越来越走近这复杂多变的实际。当然，它还不能完全符合无间，还存在极限、很难达到的极限；我们说很难，其意思是说，如果达到了极限，人也就是理的化身了。

洪谦先生在四十年前曾经写有《维也纳学派哲学》一书。该书除介绍维也纳学派外，还评论了冯友兰先生的“新理学”。如今该书重印，其中有值得我们注意的地方。洪先生在“自然科学与精神科学”一节中指出：“科学之为知识理论的体系，就是一种真理的系统。真理就其本质而言，是统一的整体的联系而不可分离的。各种各类的真理不是有其事实上的关联性，就是有其理论的互相推演性。科学之目的也就是将各种各类的真理从理论上加以统一，从概念上加以组织，以期构成一个统一的精确的真理系统和科学的世界。”（原书第127页）文中所说的“科学之为知识理论的体系，就是一种真理的系统”，是无可非议的，凡是不合真理的系统，也可以说是不科学的；说科学目的是“从概念上加以组织，以期构成一个统一的精确的真理系统和科学的世界”，这正好是哲学家的职责，而不能要求于科学家。冯友兰先生说：“一种科学所讲，只关于宇宙间一部分之事物，哲学所讲，则系关于宇宙全体者，因此有人以为哲学是诸科学之综合。”这些话有部分道理。因为能作这种综合的只有哲学家，而不是科学家。因此哲学的发展不能离开科学。洪先生说：“某个时代的科学发展，就是某个时代的哲学的发展，某个时代的大科学家就是某个时代的大哲学家，一部哲学史与一部科学的发展史，事实上是不能绝对分离的。”（原书第137页）就哲学与科学的目的说是一致的，哲学家追求的真理，不能违背科学的真实。但一个大的科学家不一定就是一个大的哲学家，列宁说彭加勒（Poincare）是一个伟大科学家，却是一个渺小的哲学家；而马赫（Mach）的“经验批判主义”更是列宁的批判对象。科学家是不是一个好的哲学家，主要决定于他的宇宙观及方法论。科学家是求真的，但他们的宇宙观，往往使他们的“真”，曲折反复而不复“真”。

对于哲学家来说，主要是世界观问题。洪谦先生曾经引用维也纳学派领袖石里克（Schlick）的话说：“一个哲学家欲建立他的‘世界观’，则非以科学的‘世界图景’为根据不可。哲学不能从它的任意思辨中而建立起它的‘世界观’，它必须从经验科学中得来，这样得来的‘哲学的世界观’，对于世界观的伟大意义，决无妨害或损失，因为科学的‘世界图景’在内容上所有的理想性，艺术性，崇高性，浩瀚性，远非我们的或理想所能够构成的，所能想象的，所能望其项背的。”（原书第139页）于此，我们要问什么是“科学的世界图景”？康德的世界图景构成他的“二律背反”，那么你建立在“哪一种世界图景上”上？不同世界观构成不同的世界图景。欧几里得几何学是一种世界图景，但真实的宇宙却是非欧几何！你又要何去何从？

我们曾经说，世界上存在两种最基本的科学。一是物理学，它是研究自然发展规律的科学；二是历史学，它是研究人类社会发展的科学。但无论

“自然”还是“社会”都是实际存在的，我们不能把它们抽象化、概念化，作为人类主观想象的产物。这就需要以辩证唯物主义和历史唯物主义的世界观，去分析自然与社会，我们才不致歪曲它或者曲解它。而有些哲学家却偏偏如此。正如洪谦先生在《论新理学的哲学方法》中指出的，冯友兰先生所提出的问题是一种“无任何实际意义的空洞问题”。他还说：“冯先生的‘对于事实为形式的解释’的形而上学命题如‘山是山，水是水。山不是非山，水不是非水。山是山不是非山，必因有山之所以为山，水是水不是非水，必因有水之所以为水’，在原则上就是一些对于事实无所叙述无所传达的‘重复叙述的命题’。因为这样的命题对于事实所叙述所传达的对象，我们从事实方面不能有所肯定或否定而失去它的真性，而失去其原有的意义的。换句话说，我们只知一个对于‘山’或‘水’有所叙述有所传达的命题，是‘山是什么或不是什么’，‘水是什么或不是什么’，而不是‘山是山’，‘山不是非山’，‘水是水’，‘水不是非水’一类的命题。我们从‘山是什么或不是什么’、‘水是什么或不是什么’中就能推论‘山是山不是非山，必因山之所以为山，水是水不是非水，必因水之所以为水’。可不能借‘山是山不是非山，必因有山之所以为山’。‘水是水不是非水。必因水之所以为水’一类命题，对于‘山之所以为山’，‘水之所以为水’还有所了解有所认识了。所以假如我们称传统的形而上学命题是一些变相的‘桌子是爱情’，‘炮台是道德’，或者‘电子内有一种无外在现象的核子’一类无事实根据的‘似是而非的命题’，那么我们亦可称冯先生的形而上学命题是一些变相的‘今天是星期三就不是星期四’，‘今天是晴天就不是雨天’，‘戴有色眼镜的人就不是戴无色眼镜的人’一类根本对于事实无所叙述无所传达的‘重复叙述的命题’，……这还有什么可说，这分明是无所说的空话（Leeres Word）。”

一部《新理学》的内容的确如此。“桌子是爱情”一类“似是而非”的命题，实际上毫无是处，也正如《墨经》中所指出的：

> “异类不比，说在量。”
>
> “异：木与夜孰长？智与粟孰多？爵、亲、行、贾四者孰贵？麋与

霍孰高?”

“桌子是爱情”、“炮台是道德”，是一些思想混乱的命题。在墨子的逻辑中，这“木与夜孰长？智与粟孰多?”诸命题也就更可观了。这些命题说明了什么呢?

我们可以说这都是不合理的，“新理学”虽以“理”名学，却违背了科学的真实。所谓“真际”是不能脱离“实际”的，它随着实际的“变”而“变”，宇宙中不存在超时空的存在！

当代中国文化的“魂”“体”“用”关系

方克立*

我曾以“魂、体、用”三元模式来说明中、西、马三种文化资源在中国特色社会主义文化中的地位和相互关系，认为“马学为魂，中学为体，西学为用，三流合一，综合创新”是当代中国文化发展的现实道路。① 关于“魂、体、用”三元模式在文化研究中的普遍适用性，我也做过一点探索，比如根据《论语》中的“礼云礼云，玉帛云乎哉”②“人而不仁，如礼何”③“礼之用，和为贵”④ 等论述，说明在我国封建社会影响最大的儒家文化，是一种“以仁为魂，以礼为体，以和为用”的价值观念体系，一种旨在和谐人际关系的社会伦理学说。⑤ 近日学习党的十七届六中全会通过的《中共中央关于深化文化体制改革　推动社会主义文化大发展大繁荣若干重大问题

* 本文刊发于 2012 年第 1 期。作者方克立，时任中国社会科学院学部委员，曾任中国社会科学院研究生院院长、中国哲学史学会会长。

① 参见《关于文化的体用问题》，《社会科学战线》2006 年第 4 期；《“马魂、中体、西用”：中国文化发展的现实道路》，《北京大学学报》（哲学社会科学版）2010 年第 4 期；《探索中、西、马三“学”的综合创新之道》，《马克思主义研究》2010 年第 12 期。

② 《论语·阳货》。

③ 《论语·八佾》。

④ 《论语·学而》。

⑤ 参见《关于和谐文化研究的几点看法》，《高校理论战线》2007 年第 5 期；《探索中、西、马三“学”的综合创新之道》，《马克思主义研究》2010 年第 12 期；《关于儒学的精华》，载《国际儒学研究》第 18 辑，九州出版社，2011。

的决定》[①]（以下简称《决定》），从我关注的这一特定角度觉得收获颇大。因为在我看来，《决定》全文都在讲当代中国文化建设的“魂”“体”“用”问题，从文化在当今世界和我国改革发展关键时期的重要作用，讲到加强中国特色社会主义文化之“魂”与“体”建设的必要性和紧迫性；然后分别论述强“魂”健“体”的各个方面，从指导思想、任务目标、方针政策讲到具体措施、实践步骤，目的都是充分发挥社会主义先进文化引领风尚、教育人民、服务社会、推动发展的作用，为夺取全面建设小康社会新胜利、开创中国特色社会主义事业新局面、实现中华民族伟大复兴做出更大贡献。《决定》把“魂”“体”“用”三者之间相互依存、相辅相成的关系讲得十分透彻、十分到位，而且非常清楚明白，为我们认识有着内在精神生命的人类文化现象提供了有效的、科学的解释工具，格外凸显出了它的方法论意义。这里谈一点我的初步学习体会，以求教于各位同志。

社会主义核心价值体系是当代中国文化之“魂”

当代中国文化即中国特色社会主义文化，它是立足于中国特色社会主义实践的，以马克思主义为指导思想、以中华民族优秀文化传统为深厚根基、以外来积极健康文化为有益补充的，面向现代化、面向世界、面向未来的，民族的、科学的、大众的社会主义文化。这显然是一个综合创新的文化体系，当代中国文化建设也必然是一个有着多方面、多层次、多样化的内容，以及多种文化形式、产品、传播手段和服务方式的复杂的系统工程。

文化是民族的精神血脉，人民的精神家园。一个民族的文化，凝聚着这个民族对宇宙、社会、人生的历史认知和现实感受，积淀着这个民族最深层的精神追求和行为准则，是民族生存发展和繁荣振兴的取之不尽、用之不竭的力量源泉。文化是有生命的活的机体，其源头活水在人民的生活实践中，传承创新或综合创新是文化发展的规律。一种文化必有在其中起主导和决定

① 《人民日报》2011年10月26日，下文相关引文均出自同日报纸，不再一一标出。

作用的要素，即文化的灵魂。文化的灵魂就是凝结在文化之中、决定着它的性质和方向的核心价值观。有什么样的价值观，就有什么样的文化立场、文化取向、文化选择。文化软实力的竞争归根结底是核心价值观的竞争，这就是所谓"天下之至柔，驰骋天下之至坚"。当今世界，以美国为首的西方国家成天都在把它们以个人主义为核心的资本主义价值观说成"普世价值"，强行向全世界推销、向社会主义国家渗透；在国内，随着改革开放和社会主义市场经济的进一步发展，人们的价值取向也呈现多元化、独立性、差异性和选择性，"一切向钱看"已成为许多消极腐败现象背后深层的价值根源。客观形势要求我们必须铸就能够抵御资本主义价值观的侵蚀和渗透，有效发挥社会主义意识形态的主导、统摄、引领与整合作用的社会主义核心价值观，来保证中国特色社会主义事业沿着正确的方向前进。以胡锦涛同志为总书记的党中央审时度势，正是在这种情况下把社会主义核心价值体系建设提上日程的。

2006 年 10 月，党的十六届六中全会通过的《中共中央关于构建社会主义和谐社会若干重大问题的决定》，首次提出"社会主义核心价值体系是建设和谐文化的根本"，并将社会主义核心价值体系界定为马克思主义指导思想、中国特色社会主义共同理想、以爱国主义为核心的民族精神和以改革创新为核心的时代精神、社会主义荣辱观四项基本内容。2007 年 10 月，胡锦涛同志在党的十七大报告中指出"社会主义核心价值体系是社会主义意识形态的本质体现"，强调要巩固马克思主义指导地位，坚持不懈地用马克思主义中国化最新成果武装全党，教育人民，用中国特色社会主义共同理想凝聚力量，用以爱国主义为核心的民族精神和以改革创新为核心的时代精神鼓舞斗志，用社会主义荣辱观引领风尚，巩固全党全国各族人民团结奋斗的共同思想基础。2011 年 10 月，党的十七届六中全会通过的《决定》，又明确提出"社会主义核心价值体系是兴国之魂，是社会主义先进文化的精髓，决定着中国特色社会主义发展方向"，即以社会主义核心价值体系为当代中国文化之"魂"、之"精"的观点；强调坚持中国特色社会主义文化发展道路，深化文化体制改革，推动社会主义文化大发展大繁荣，要"以建设社会主义核心价值体系为根本任务”并对如何坚持马克思主义指导思想等四项基本内容做了一系列重要部署，把它当作社会主义文化建设的主体工程来抓。这对在全党全社会形成统一指导思想、共同理想信念、强大精神力量、基本道德规范起了动员令的作用。

为了与把“自由”“平等”“博爱”“民主”“人权”说成“普世价值”的资本主义价值观划清界限，充分体现社会主义意识形态的本质特征，我们没有把社会主义核心价值观简单地界定为“富强”“民主”“文明”“和谐”，或“平等”“共富”“公平”“正义”，或“自由”（“每个人的自由发展是一切人自由发展的条件”）、“为民”（“为人民服务”“执政为民”）等价值观念，尽管这些内容都是社会主义价值观的题中应有之义。因为正如马克思、恩格斯在《德意志意识形态》中所说的，占据统治地位的剥削阶级总是把代表他们自己特殊利益的思想以“普遍性的形式”表达出来，制造“共同利益的幻想”，来欺骗广大人民。[①] 因此，光凭“平等”“民主”“自由”等概念的字面意义，还很难区分是形式上的平等还是实质上的平等，是金钱控制的虚假民主还是真正的人民民主，是不顾他人的个人自由还是以一切人的自由发展为条件的自由。如果不能充分体现社会主义价值观的本质特征，一目了然地与资本主义价值观划清界限，做这样的概括至少是意义不大的，很难真正显示出我们的文化优势。提出以马克思主义指导思想、中国特色社会主义共同理想、以爱国主义为核心的民族精神和以改革创新为核心的时代精神、以社会主义荣辱观为基本内容的社会主义核心价值体系，虽然显得不够简洁和凝练，但是避免了概念混淆不清的缺点，有利于揭示社会主义价值观的本质特征和丰富内涵，也有利于揭露剥削阶级“普世价值”说的虚伪性。

党的十六届六中全会以后，党的理论工作者发表了许多阐述社会主义核心价值体系的文章，指出它的四个方面基本内容是一个互相联系、互相贯通、层次清晰、逻辑严谨的有机统一的完整理论体系。其中马克思主义指导

① 《马克思恩格斯选集》第1卷，人民出版社，1972，第52～54页。

思想是社会主义核心价值体系的灵魂，中国特色社会主义共同理想是社会主义核心价值体系的主题，以爱国主义为核心的民族精神和以改革创新为核心的时代精神是社会主义核心价值体系的精髓，以“八荣八耻”为主要内容的社会主义荣辱观是社会主义核心价值体系的基础。这对帮助广大干部群众正确理解和把握社会主义核心价值体系的精神实质和科学内涵是有好处的，但是如果往细处深处考虑，还有一些问题需要我们作进一步的探讨和回答。比如马克思主义指导思想中本来就有价值观的内容，马克思主义价值观与社会主义价值观是什么关系？是提供一般价值学说的方法论指导，还是在内容上也有所交叉重合？能否说社会主义核心价值体系是以“实现人的自由、解放和全面发展”为目标的马克思主义价值观与中国特色社会主义实践相结合的产物，二者是一般和特殊的关系？马克思主义价值观与其世界观、历史观、人生观是紧密联系在一起的，因此，它在社会主义核心价值体系中的指导思想地位也应该是指其整个学说体系而言的。又如，包括以爱国主义为核心的民族精神和以改革创新为核心的时代精神在内的中华民族优秀文化传统，也是构建社会主义核心价值体系不可或缺的重要精神资源，因此就有必要加强对中国传统文化价值观的研究，特别是对儒学核心价值观的研究。怎样具体说明社会主义核心价值体系与传统价值观的精神联系，同时指出二者在时代特征和阶级本质上的区别，既不是抽象继承也不能简单割断？把自由、平等、博爱说成“普世价值”不行，把仁、义、礼、智、信说成“普世价值”肯定也不行。社会主义核心价值体系是社会主义制度的内在本质在价值观上的体现，与剥削阶级虚伪的“普世价值”说没有共同之处，否则就很难说明它在人类价值学说史上的变革意义。诸如此类问题，都有待理论工作者进一步深入研究和阐明。

提出社会主义核心价值体系是当代中国马克思主义的一项重要的理论创造，是对马克思主义文化观、价值学说和意识形态理论的丰富和发展。《决定》对如何加强社会主义核心价值体系建设提出了一系列具体措施，如深入推进马克思主义理论研究和建设工程，推动中国特色社会主义理论体系进教材、进课堂、进头脑；深入开展形势政策教育、国情教育、革命传统教育，组织学习中国近现代史特别是党领导人民进行革命、建设、改革的历史，坚定广大干部群众对中国特色社会主义的信心和信念；建设优秀传统文化传承体系，加强爱国主义教育基地建设，用好红色旅游资源，使之成为弘扬培育民族精神和时代精神的重要课堂；深入开展群众性精神文明创建活动，倡导爱国、敬业、诚信、友善等道德规范，形成男女平等、尊老爱幼、扶贫济困、扶弱助残、礼让宽容的社会风尚，等等。这样就把社会主义核心价值体系建设由虚变实、由软变硬，让它真正能够发挥巩固全党全国各族人民团结奋斗的共同思想道德基础的作用。

深化文化体制改革，做大做强当代中国文化之“体”

当代中国文化之“魂”，必须由当代中国文化之“体”来承载和传播，才能有效地发挥其主导、统摄、教育、引领功能。所以，《决定》强调要把社会主义核心价值体系融入国民教育、精神文明建设和党的建设全过程，贯穿改革开放和社会主义现代化建设各领域，体现到精神文化产品创作、生产、传播各方面，要求一切文化阵地、一切文化产品、一切文化活动，都要体现社会主义核心价值体系的内容和要求。“体”是承载文化精神价值的物质基础和传播形态，主要包括国民教育体系、公共文化服务体系、文化产业体系、各种形式的文化产品和服务等，具体来说，不仅哲学社会科学、文学艺术、新闻出版、广播影视、网络文化产品承载着丰富的文化精神价值，乃至广告、会展、旅游、体育中都有一定的文化含量，我们在加强文化之“体”的建设时都不能忽略。

加强当代中国文化之“魂”即社会主义核心价值体系建设无疑是《决定》强调的重中之重，但是要把它落到实处，又是与加强文化之“体”的建设分不开的。所以《决定》以大量篇幅具体部署了大力发展公益性文化事业、保障人民的基本文化权益和加快发展文化产业、推动它成为国民经济的支柱性产业，即做大做强当代中国文化之“体”的问题。在我看来这是《决定》的另一个重点和亮点，也是《决定》中写得最实的部分。在做出这个战略决策之前，我们曾经有一个重要的认识转变，即对文化产品的意识形态属性与商品属性、社会效益与经济效益的关系有了更全面的认识，对人民群众的基本文化需求与多样化需求有了更明确的区分，形成了一手抓文化事业、一手抓文化产业的发展思路。文化产品国际竞争日趋激烈的客观形势促成了我们的这一认识转变，近十年文化体制改革的成功经验也证明这一认识转变是非常必要的，是完全正确的。

在文化事业和文化产业都由国家包下来的时代，我们比较重视文化产品的意识形态属性和社会效益，而不太重视其商品属性和经济效益，这样才会出现我国500多家出版社年销售额加起来还不及德国贝塔斯曼集团一家的年收入，我国海外商演的年收入总和还比不上加拿大一个著名马戏团的尴尬局面。在文化已经成为发展最高目标的当今世界，文化在综合国力竞争中的地位和作用越来越重要，许多国家都在千方百计增强本国的文化软实力和国际竞争力，力求在日益激烈的国际竞争中赢得主动权。西方发达国家在文化产品的生产和输出方面明显地居于强势地位，不但从中获得巨大的经济利益，而且起到了输出其意识形态和价值观的作用。全世界每100本图书，85本是由发达国家流向不发达国家的；每100小时音像制品，74小时是由发达国家流向不发达国家的。全世界56%的广播和有线电视收入，85%的收费电视收入，55%的电影票房收入，都进了美国人的腰包。我国虽然已经是一个物质产品的生产和输出大国，但在文化贸易方面还有很大逆差，无奈地扮演着文化产品输入大国的角色。这就意味着我们的整体发展水平还不高，对自己丰富的文化资源开发利用得很不够，如果不思改革进取甚至还会严重影响到国家的文化安全。

科学地区分文化事业和文化产业，为我们进行文化体制改革提供了理论依据，也为解放文化生产力、加快发展文化产业清除了认识障碍。不到十年时间，两手抓、两加强的分类改革从试点到稳步推进，已经取得十分明显的成效。一方面，国家对文化基础设施的投入大幅度增加，多项文化惠民工程惠及千家万户，人民群众的基本文化权益得到保证，大大丰富了他们的精神文化生活；另一方面，一批国有经营性文化事业单位转企改制，在市场经济大海中学会了游泳并成为好手，对国民经济的贡献率越来越大，整体实力和国际竞争力日益增强。我国的文化产业在2004年至2008年的年均增长率为23.28%，2008年至2010年的年均增长率为24.19%，按照这个速度增长，在2020年之前达到占国民经济生产总值的5%应该没有问题，即达到了作为国民经济支柱性产业的国际标准。

我们过去对文化与经济关系的认识，曾经有一个流行说法，叫作“文化搭台、经济唱戏”，即认为文化是虚的，经济才是硬通货，文化不过是为经济发展“搭台”、提供条件而已。这种认识在今天显然已不合时宜了。方兴未艾的文化产业不仅创造了数量相当可观的经济财富，而且在一切物质产品的生产、流通和服务中，都把增加文化含量和附加值当作产品升级换代的主要方向。也就是说，文化不仅直接贡献于经济增长，而且对提升经济发展质量发挥着重要作用。文化产业具有资源消耗少、环境污染小、产品附加值高等特点，是典型的“低碳经济”和“朝阳产业”，已成为转变经济发展方式和优化经济结构的最佳选择。这说明文化软实力也是可以转化为经济硬实力的，经济发展需要文化支撑，文化与经济相融合已成为现代社会发展的必然趋势。

理论上的清醒是行动上坚决的基础。正是由于对文化的内在力量和文化产品的双重属性有深刻认识，《决定》才果断地做出了文化事业和文化产业两手抓，做大做强当代中国文化之“体”的正确决策，并从管理体制、政策措施、资金投入、法律配套等方面给予有力保证。《决定》在厘清文化与经济的关系，把大力发展文化产业当作抓文化之“体”建设的一个重要方面时，也没有忘记社会主义核心价值体系这个“根本”，强调发展文化产业要始终把社会效益放在首位，坚持社会效益与经济效益的有机统一，提醒人们防止一味追求经济利益、放弃自己的社会责任，甚至迎合低级趣味的错误倾向。我们的文化产品要高扬社会主义核心价值之“魂”，真正以科学的理论武装人，以正确的舆论引导人，以高尚的精神塑造人，以优秀的作品鼓舞人，才会受到人民群众的喜爱，在社会主义文化市场中发挥其竞争优势。

当代中国文化之“体”的建设除了文化事业和文化产业之外，还包括发展国民教育等重要方面。《决定》也讲到了加强学校思想政治教育和德育体系建设、发挥国民教育在文化传承创新中的基础性作用等内容。2010 年 7 月，我国发布了《国家中长期教育改革和发展规划纲要（2010 ~ 2020 年)》，对各级各类学校的教育改革和发展进行了全面部署。教育是提高国民素质、促进人的全面发展的根本途径，也是传承和创新文化的重要载体。强国必先强教，教育在建设社会主义文化强国中的重要地位和作用自然也应该得到高度重视。

强“魂”健“体”才能充分发挥当代中国文化之“用”

我们在讲建设当代中国文化之“魂”和“体”时，其实已经一再地讲到了文化之“用”的问题。《决定》对文化的作用、功能、属性、效益、价值、力量（“软实力”)、使命、地位作了多方面、多角度、多层次的论述，这些意涵都可以包括在“用”的范畴内。所谓文化自觉，首先是对文化的作用、功能、地位的自觉，从这种自觉中意识到加强文化建设的必要性和重要性。可以说当代中国文化之“用”是这个文件涉及最多的关键词之一，如何更好地发挥文化在经济社会发展和人的全面发展中的积极作用，也是整个问题研讨的中心。

我们先来看文件中有关这个问题的主要论述。

第一，《决定》做出深化文化体制改革、推动社会主义文化大发展大繁荣、建设社会主义文化强国的战略决策，正是基于对文化在当今世界和我国改革开放关键时期的重要地位和作用的深刻认识。这种认识突出表现在四个“越来越”上，即“文化越来越成为民族凝聚力和创造力的重要源泉，越来越成为综合国力竞争的重要因素，越来越成为经济社会发展的重要支撑，丰富精神文化生活越来越成为我国人民的热切愿望”。比如在讲文化越来越成为综合国力竞争的重要因素时，《决定》具体阐述说：“当今世界正处在大发展大变革大调整时期，世界多极化、经济全球化深入发展，科学技术日新月异，各种思想文化交流交融交锋更加频繁，文化在综合国力竞争中的地位和作用更加凸显。”在讲到文化与民生的关系时说：“我国仍处于并将长期处于社会主义初级阶段，人民日益增长的物质文化需要同落后的社会生产之间的矛盾仍然是社会主要矛盾。全面建成惠及十几亿人口的更高水平的小康社会，既要让人民过上殷实富足的物质生活，又要让人民享有健康丰富的文化生活”，我们必须抓住和用好这个重要战略机遇期，推动文化发展和繁荣，“更好满足人民精神需求、丰富人民精神世界”。

第二，《决定》指出，把社会主义核心价值体系融入国民教育、精神文明建设和党的建设全过程，贯穿改革开放和社会主义现代化建设各领域，体现到精神文化产品创作、生产、传播各方面，是为了更好地发挥社会主义先进文化“引领风尚、教育人民、服务社会、推动发展的作用”；鼓励哲学社会科学工作者、文学艺术工作者创作出更多弘扬社会主义核心价值之“魂”的精品力作，是为了让它们能够发挥“以科学的理论武装人、以正确的舆论引导人、以高尚的精神塑造人、以优秀的作品鼓舞人，在全社会形成积极向上的精神追求和健康文明的生活方式”的作用。

第三，近十年来我们在文化体制改革方面取得的一个突破性进展，就是区分开文化事业和文化产业，采取分类改革、双轮驱动、两翼齐飞、全面推进的方针。这在很大程度上是得益于对文化产品的意识形态属性与商品属性、社会效益与经济效益，即对其作用、功能的全面认识，以及把人民群众的基本文化需求和多样化需求区分开来，明确公益性文化事业的作用、功能主要是“满足人民基本文化需求”，“保障人民群众看电视、听广播、读书看报、进行公共文化鉴赏、参与公共文化活动等基本文化权益”；发展文化产业的作用和意义则是通过社会主义文化市场来“满足人民群众多样化精神文化需求”。文化产品是多种多样的，其作用和功能也是多方面的。强调把社会效益放在首位就是要求体现正确的思想导向，要求是健康的而不是低俗的，同时也不能忽视文化产品启蒙心智、愉悦身心、陶冶性情、舒缓压力、提高人的生活质量和幸福指数的作用。

第四，《决定》对当代中国文化之“用”还从多方面、多角度、多层次进行了论述。比如一开始就讲“文化是民族的血脉，是人民的精神家园”，这是从宏观上讲文化的作用、地位和特性问题。血脉的作用是贯通，家园的作用是安居。这是说文化可以发挥贯通、维系民族精神的血脉作用、纽带作用，同时还具有安顿人的精神的家园作用。接着讲以中华文化为精神血脉和精神家园的中国共产党人，“历来高度重视运用文化引领前进方向、凝聚奋斗力量，团结带领全国各族人民不断以思想文化新觉醒、理论创造新成果、文化建设新成就推动党和人民事业向前发展，文化工作在革命、建设、改革各个历史时期都发挥了不可替代的重大作用”。《决定》对各个方面的文化事业和文化工作的作用、功能有充分了解和清楚的认识，比如在讲到发展哲学社会科学时，就明确说是为了“使之更好地发挥认识世界、传承文明、创新理论、咨政育人、服务社会的重要功能”；在讲到加强和改进新闻舆论工作时，也强调要“发挥宣传党的主张、弘扬社会正气、通达社情民意、引导社会热点、疏导公众情绪、搞好舆论监督的重要作用”。此外，诸如“文化在推动全民族文明素质提高中的作用亟待加强”“发挥市场在文化资源配置中的积极作用”“要发挥文化和科技相互促进的作用”“发挥人民在文化建设中的主体作用”“发挥宗教界人士和信教群众在促进文化繁荣发展中的积极作用”之类的论述比比皆是。对“用”的高度重视正是有高度文化自觉的表现。

“体”和“用”是中国哲学的一对重要范畴，有体有用、体用统一是中国哲学的基本观念。唐代学者崔憬说：“凡天地万物，皆有形质，就形质之中，有体有用。体者，即形质也；用者，即形质之妙用也。”① 这是体用范畴的本义，即指物质实体、本体与其作用、功能、属性的关系。著名哲学家朱熹和王夫之都经常在这种意义上使用体用范畴。如朱熹说：“假如耳便是体，听便是用；目是体，见是用。”② “如口是体，说出话便是用。”③ 王夫之说：“无车何乘？无器何贮？故曰体以致用。不贮非器，不乘非车，其曰

① （唐）崔憬：《周易探玄》。
② 《朱子语类》卷1、卷27。
③ 《朱子语类》卷1、卷27。

用以备体。”[①] 在他们看来，有其“体”必有其“用”，不同的“体”有不同的作用和功能。有两类事物是需要区分开来的，一类是有精神生命的事物，另一类是没有精神生命的事物。有“魂”之体与无“魂”之体的作用、功能是不一样的。有“魂”之体的作用、功能必须“魂”与“体”相结合才能有效地发挥出来，无体可依的“游魂”和无魂支撑的“空体”“僵体”都是异化了的东西，都不能发挥其作用和功能。文化是有活的精神生命的有“魂”之体，文化的作用和功能必须“魂”与“体”相结合才能真正发挥出来。

正确认识和把握当代中国文化之“魂”与“体”的辩证关系，是有效发挥社会主义先进文化引领风尚、教育人民、服务社会、推动发展的作用的关键。从道理上来讲，文化的内在精神价值不仅要有一定的物质载体来承载，而且要有一定的外在表现形式和传播手段来传扬，才能产生现实影响和显示“以文化人”“以文育人”的力量；各种文化活动和文化产品也需要有内在精神价值的充实和支撑，才有主心骨和精气神，才立得起来并取得一定的社会效益和经济效益。“魂”与“体”谁也离不开谁，二者是相互依存、相辅相成、相得益彰的关系。这个道理似乎并不难懂，大家都能接受，但在实践中我们过去确实有对文化载体和传播手段建设重视不够的问题，也有把先进的思想文化讲得太空因而效果不佳的问题。在今天人们对文化产业的关注度极高之时，又出现了受“一切向钱看”的价值观影响、部分文化产品的思想格调不高甚至低俗化的不良倾向。这就说明把握文化之“魂”与“体”的辩证关系并不单纯是一个认识问题，同时也是一个需要在实践中探索、遵循、贯彻并通过实践来验证的问题。中国特色社会主义文化建设实践已经证明，强“魂”健“体”、“魂”“体”相依才能成大用，这就是文化之“魂”“体”“用”三者统一的辩证法。

---

① 王夫之：《周易外传》卷5。

“魂、体、用”三元模式开辟了认识文化的新视野

中国人一贯重视文化的体用问题，历史上就有“器体道用”和“道体器用”之辨，近代以来又有“中体西用”和“西体中用”之争。在“体、用”二元的思维框架下，一些看似针锋相对的命题，如“中体西用”和“西体中用”，其实并没有直接的针对性，因为其所使用的体用范畴含义是不同的，二者讲的根本不是一回事。

如前所述，体用范畴的本义是指有形质的物质实体、本体与其作用、功能、属性的关系，与亚里士多德讲的“本体”（“第一本体”）与“数量”“性质”等九范畴的关系十分类似。除此之外，中国哲学中的体用范畴还有多重含义，哲学家们也经常从本质（本体）与现象的关系来谈体用，故有“内体、外用”之说。宋代哲学家胡瑗的“明体达用之学”就是在这个意义上来区分文化之体用的。他说：“君臣父子，仁义礼乐，历世不变者，其体也；举而措之天下，能润泽斯民，归于皇极者，其用也。”[①]“体”是指封建文化中不变的精神指导原则，“用”是把这些原则运用于具体实践，即“举而措之天下”的应事之方术。这种说法被看作传统文化体用观的经典表述。清末的“中体西用”论继承了以体用区分内在的精神原则与外在的应事方术的传统观点，主张“中学为内学，西学为外学；中学治身心，西学应世事”，[②]企图借助西方先进科学技术之“用”，来卫护中国封建纲常名教之“体”。这显然是一种保守主义的文化观。“西体中用”论则采取了釜底抽薪的策略，对体用范畴的含义做了完全不同的界定，认为：体是社会存在的本体，即生产方式、生活方式；中体西用论的最大错误就在于认为科技是用而不是体，其实科技恰恰是体。在他们看来，中国必然要走现代化的道路，而现代化源于西方，所以这是一条将“西体”运

① 《宋元学案·安定学案》。

② 张之洞：《劝学篇》。

用于中国的道路。

90 多年前，一种新的先进文化马克思主义传入中国，并与中国工人运动相结合，催生了中国共产党。此后中国的思想文化格局，就不再是中西对峙而是中、西、马三者对立互动了。由于对中、西、马三种文化资源的态度不同，中国思想界出现了自由主义西化派、“中体西用”的文化保守派和马克思主义的“古为今用、洋为中用、批判继承、综合创新”派三大思潮对立互动的局面。“中体西用”和“西体中用”文化观都不能解决中、西、马三者的关系问题，在长期论争交锋中，一种新的文化观即“马魂、中体、西用”论应运而生。突破“体、用”二元传统思维模式是认识上的一个飞跃，形成“魂、体、用”三元模式的关键在于把主导性之“体”（“魂”）与主体性之“体”区分开来。“马魂、中体、西用”论既坚持了马克思主义的指导思想地位，又坚持了民族文化的主体地位，同时还坚持面向世界、对外开放的方针。应该说这是最切合今天中国实际的一种文化观。

我们高兴地看到，“马魂、中体、西用”论在《决定》中得到了非常有力的支持。《决定》明确说“社会主义核心价值体系是兴国之魂”，马克思主义指导思想是社会主义核心价值体系的四项基本内容之一，而且是“第一要义”，在分别为“灵魂、主题、精髓、基础”的完整理论体系中居于“灵魂”地位，也就是说，它是“魂中之魂”。这就充分肯定和格外强调了马克思主义在当代中国文化中的主导地位和决定性作用。《决定》中也有“以民族文化为主体，吸收外来有益文化，推动中华文化走向世界”的论述，在讲学习借鉴国外优秀文化成果时，强调要坚持“以我为主，为我所用”的原则。这就明确肯定了中国文化（“我”）的主体地位和外来有益文化之“用”的地位、“他山之石”地位。中、西、马三种文化资源在当代中国文化中各自的地位和它们之间的相互关系可谓一目了然。

《决定》除了从当代中国文化内涵构成的角度涉及了“马魂、中体、西用”的定位之外，还从一个更加宏观的视角考察了当代中国文化建设中的“魂”“体”“用”三者关系问题，即以包括马克思主义指导思想在内的社会主义核心价值体系为“魂”，以承载着文化精神价值的各种文化的物化形态和传播手段为“体”，结合我国文化改革发展实践提出了一系列强“魂”健“体”的具体措施，强调只有处理好“魂”与“体”的相辅相成关系，才能完成当代中国文化坚持社会主义方向、防止资本主义复辟的重大意识形态使命，才能有效配合社会主义经济建设、政治建设、社会建设、生态文明建设为其提供精神支撑，才能满足人民群众日益增长的多方面、多层次精神文化需要，才能发挥提高人的全面素质的作用。这是对“强魂健体才能成大用”的文化发展规律的生动说明。

世界上的事物现象是多种多样的，我们不能用一成不变的思维模式去认识和把握纷繁复杂的事物、现象和关系。中国人尝言“体用一源”“体用一如”“体用不二”“体用相即”，有体有用、体用统一的思维模式在中华民族理论思维中有着深厚传统，今天也不可能完全弃之不用。但在运用时要界定清楚其含义，以免陷入因概念混淆而造成的“体用困境”。我们不讳言体用，但是要慎言体用。对于“一分为三”或更复杂一些的事物现象，“体、用”二元模式就有明显的局限性了，“魂、体、用”三元模式可能是一条出路，也不排除还有其他的“兼和”模式。“魂、体、用”三元模式并不是什么人设计、创造出来的，它是对客观世界某种事物、现象和关系的真实反映，因此具有一定的普遍适用性。当然这个模式也不能随便套用，而是要根据实际情况，弄清楚问题域（对象、范围）和“魂”“体”“用”的具体含义，把具体问题具体分析这个辩证法的“活的灵魂”用好。应该说，“体、用”二元模式和“魂、体、用”三元模式都是可以成立的，不过它们各有其适用范围，都只能用来说明一定的事物、现象和关系。对于文化这一类属于有“魂”之体的事物现象，可能更多地需要用“魂、体、用”三元模式来说明。

关于当代中国文化建设问题，我们是在文化改革发展的实践探索中，在与各种文化主张的长期争论中，才逐渐形成“马魂、中体、西用三流合一综合创新”和“强魂健体、魂体相依方能成大用”等规律性认识的。从古代“内体外用”的传统文化体用观，到近代以来的中西文化体用之争，再到我们今天对文化之“魂、体、用”辩证关系的认识，反映人们的文化理念是不断发展更新和越来越接近客观真理的。只有用马克思主义世界观、历史观、人生观、价值观武装起来的中国共产党人，才能在自己实践探索的基础上，不受任何固定思维模式的束缚，不断开辟认识文化的新视野，达到对文化的本质、发展规律和作用功能的科学认识。《决定》就是用马克思主义观点创造性地阐明当代中国文化之“魂、体、用”三者统一辩证法的典范。它不仅对文化改革发展实践有很强的现实指导意义，而且具有重要的方法论意义，是指导文化研究的一个重要理论文献。

“过秦”与“恢汉”

冯友兰*

秦始皇兼并了六国，统一了全中国，把中国置于一个最高统治者的统治之下，建立了专制主义的中央集权的全国性的政权，这样他就完成了当时第一项重大的历史任务。

在秦始皇统一全国以后，他下令说：“寡人以眇眇之身，兴兵诛暴乱。赖宗庙之灵，六王咸伏其辜，天下大定。今名号不更，无以称成功，传后世。其议帝号。”李斯等人说：“昔者五帝，地方千里，其外侯服、夷服。诸侯或朝或否，天子不能制。今陛下兴义兵，诛残贼，平定天下。海内为郡县，法令由一统。自上古以来未尝有，五帝所不及。”他们建议尊秦始皇为泰皇。秦始皇改泰皇为皇帝，并且下命令说：“朕为始皇帝，后世以数计，二世、三世，至千万世，传之无穷。”（《史记·秦始皇本纪》）

秦始皇和李斯等的对话，不能认为仅是一般的吹捧之词。他们确切做出了前所未有的事情；也不能认为仅是说出了他们这些人的个人意见。从阶级的观点看，他们的这些话，是代表地主阶级说的。地主阶级推翻了奴隶主阶级的统治，建立了地主阶级专政的政权，又统一了全中国，建立了全国性的封建的统治。于是全中国只有一个政府，一个法律，一个经济组织，一个交

---

* 本文刊发于1984年第5期。作者冯友兰，时任北京大学哲学系教授，曾任清华大学教授、哲学系主任、文学院院长。

通系统，一个道德标准。这就为巩固封建制度创造了极有利的条件，使地主阶级政权得到稳固的基础。于是他们就认为封建制度和地主阶级政权可以万世长存，永远不变。秦始皇所说的“至千万世，传之无穷”，就是表现了当时地主阶级的这种意识。

秦始皇在建立统一的、全国性的政权过程中，实行了一项对其政权具有根本意义的重要措施，那就是实行郡县制。郡县制代替分封制是经过了一个相当长时期的。在春秋时期就有些诸侯国在本国内实行郡县制。到战国末期，郡县制已经相当普遍地施行。秦始皇统一全中国后，更加有计划地、大规模地、有系统地施行郡县制。可是当时主张恢复分封制的，还有其他人。在当时的情况下，主张恢复分封制是就制度而言，分封的对象不一定就是原来的奴隶主。地主也不因为受了封就成为奴隶主。在封建社会中，也可以实行分封制。地主也可以世袭为侯王。

在秦朝统一以后，彻底实行郡县制和重新分封诸侯两种主张又成为当时政治上公开辩论的问题。当时的丞相王绾等言：“诸侯初破，燕、齐、荆地远，不为置王，毋以填之，请立诸子。”（《史记·秦始皇本纪》）这一派的人拥护旧制度，认为一个边远地方如果没有王，就好像挂个“真空地带”，要有王把“真空”填起来（“以填之”）。

李斯反对这个建议。他说，周朝所封子弟同姓很多，后来都自相攻击，“诸侯更相诛伐”。现在既然“统一皆为郡县”了，这是“安宁之术”，所以“置诸侯不便”（同上）。秦始皇接受他的建议，分天下为三十六郡，由中央政府所任命的官吏直接统治，把原来各国所有的防御工事以及截断河流的堤防一律撤除，又统一了度、量、衡、车轨和文字，使中国社会达到前所未有的统一。

可是，上面所说的两派意见还是有分歧。到秦始皇三十四年（前 213），又有周青臣和淳于越的辩论。在秦始皇面前，周青臣说：“以诸侯为郡县，人人自安，无战争之患。”淳于越反驳说，郡县制是古来所没有的，“事不师古而能长久者，非所闻也”。这又牵涉到儒家向来坚持的一个原则，就是“师古”。秦始皇叫群臣讨论。李斯反驳淳于越说：“五帝不相复，三代不相袭，各以治，非其相反，时变异也。”这是法家向来主张变法的论据。李斯接着说，以前诸侯割据，“天下散乱”，各家各派的“私学”也都兴起来了。各家的私学“语皆道古以害今，饰虚言以乱实”。现在已经统一了。“百姓”应该“力农工”，“士”应该学习法令。可是还有“私学”，“闻令下则各以其学议之。如此弗禁，则主势降乎上，党羽成乎下”。所以李斯主张“禁之便”。他又建议，发布禁令，除属于技术一类的著作，“医药、卜筮、种树之书”以外，民间所藏的“诗书百家语”都要烧掉。有谈论《诗》《书》的就处死；有“以古非今”的，杀其全家；有愿学法令的，“以吏为师”。这个建议，经秦始皇批准执行（《史记·秦始皇本纪》）。这样就完全实现了韩非所说的：“明主之国，无书简之文，以法为教；无先王之语，以吏为师。”（《韩非子·五蠹》）

封建社会的经济基础，经过三四百年的发展，到这时候已经确定下来了，这个时候所需要的是建立一套与之相适应的上层建筑，把它保持下来。秦始皇和李斯的“以法为教”，“以吏为师”的政策，就是这一方面的具体措施。他们是想在上层建筑方面实行暴力专政，“焚书坑儒”便是暴力的表现。要建设一套上层建筑，千头万绪，本来是极其复杂的事，秦始皇和李斯把问题看得太简单了，所用的手段也太生硬了。他们实际上是搞了一个“真空”，这个“真空”是几条法令、一群官吏所万万不能“填补”的。他们想用快刀斩乱麻的手段，割断历史，但历史是不能割断的。谁要企图割断它，它就会把割断者割断。秦朝的灭亡证实了这个真理。

秦朝是中国封建社会中第一个统治全中国的大朝代，秦始皇是秦朝的第一个皇帝，他为地主阶级全国性的政权打下了基础。从这个意义上说，他真不愧为“始皇帝”，那个“始”字的历史意义就在这里。

地主阶级成功了，可是秦始皇和他的秦朝却失败了，而且失败得很惨。在他死以后，在二世皇帝元年，农民的领袖陈胜就起义了。陈胜举起了反秦的义旗，全国同时响应，口号是“天下苦秦久矣”。二世皇帝挣扎了三年，在一次宫廷政变中被杀了。他的继承人还没有来得及被宣布为三世皇帝，刘邦所率领的义军就打到咸阳。在一次正式投降的仪式中，这位小皇帝就投降了。在中国历史中，一个统治全国的大朝代还没有这样短命的。在中国历史中，秦始皇是个悲剧型的人物，成功很大，失败很惨，成功和失败的对比最为鲜明。

在汉朝初年，人们纷纷议论这个对比，想从其中得到教训。当时的一位大思想家、大政论家贾谊，作《过秦论》（论秦朝的错误）。他说："秦以区区之地，致万乘之权，招八州而朝同列，百有余年矣。然后以六合为家，殽函为宫，一夫作难，而七庙堕，身死人手。为天下笑者何也？仁义不施，而攻守之势异也。"问题提得尖锐，结论作得明确。司马迁把文章全文抄入《史记》，作为《秦始皇本纪》的论赞。司马光也将文章的一段抄入《资治通鉴》，作为对秦朝的结论（汉纪一）。这个结论的意思就是说，在秦朝统一以前，秦国的战略是攻；在统一以后，形势变了，战略应该是守，守就应该施仁义。秦朝不知道形势变了，还是专凭暴力。战略和形势不相符，所以很快就失败了。贾谊的这个结论，是有根据的。如果对于这段历史作阶级的分析，根据就更清楚了。

贾谊所谓的形势变了，其最根本之点是什么呢？第一是社会的根本矛盾变了。自春秋以来，中国社会的根本矛盾是奴隶主和奴隶、农民及其他反奴隶主势力的矛盾。在奴隶社会被推翻以后，奴隶主阶级被消灭了，与此同时，奴隶阶级也没有了，这两个阶级在激烈的阶级斗争中同归于尽。社会转入了封建社会，地主阶级取代了奴隶主阶级成为统治阶级，与此同时，社会的根本矛盾就成为地主阶级与农民的矛盾。

第二是地主阶级地位的转化。在原来的奴隶社会中，新出现的地主阶级也是被奴隶主压迫统治的；在社会转入封建社会过程中，地主阶级由被统治阶级转化为统治阶级了。对于农民来说，地主阶级同样是一个剥削阶级，但是，在与奴隶主的斗争中，农民是拥护封建制的，因为在封建的生产关系中，农民在社会财富分配中也占有一定地位，不再像奴隶那样，只被视为会说话的工具。在生产和分配过程中，农民的地位提高了，生活也相对地改善了，所以拥护封建制，并能同地主阶级共同把奴隶主阶级作为自己斗争的对象。农民与地主阶级是有矛盾的，但这个矛盾为他们与地主阶级对奴隶主阶级的共同斗争所掩盖。在地主阶级成为统治阶级以后，地主阶级同农民之间的矛盾就突出了。在这种形势下，地主阶级的战略应该是守。所谓守，就是要守住它的既得利益。它对于奴隶主的战略是攻，但对于农民的战略应该是守。

汉高祖在取得了统治权以后，作了一首《大风歌》。歌词说：“大风起兮云飞扬，威加海内兮归故乡，安得猛士兮守四方。”他知道要注重守，这个守，不完全是守住四方的疆域，其中有守住地主阶级既得的政权和利益。

这就是贾谊所说的“攻守之势异也”的历史意义。贾谊未必能充分地认识这个意义。一个作家往往不能够认识他自己所说的话的充分意义。一个大人物也往往不能够认识他的行动的充分意义。那就是说，一个作家往往不能够充分地认识他说的是什么话，一个大人物也往往不能认识他做的是什么事。因为他们所说的话和所做的事是历史趋势的反映，而历史的趋势往往是在事情发生以后才能被明确地认识。

守的主要措施，应该是缓和地主阶级与农民之间的矛盾，而不是加剧这种矛盾。可是秦朝的政治，正是加剧这种矛盾，使它激化。秦朝的各种措施，使农民敢怒而不敢言。唐朝的杜牧把这六个字稍微颠倒了一下，改为“不敢言而敢怒”（“阿房宫赋”）。民不敢言而敢怒，这个怒如果爆发，那可不得了。秦朝就是在这种民怒爆发之下而土崩瓦解的。

要缓和地主阶级同农民之间的矛盾，地主阶级就要施仁义。所谓施仁义，就是要使农民的生产得以提高，农民的生活得以改善，使人觉得舒服一点，愉快一点。儒家的三个大人物孔丘、孟轲、荀况都说有两种政治、两种统治术，一个叫“王”，另一个叫“霸”。孔丘虽然没有用这两个名词，但他明确地说有两种统治术，一种是“导之以德，齐之以礼”；另一种是“导之以政，齐之以刑”。孟轲说，王是以德服人，霸是以力服人。“导之以政，齐之以刑”是法家的统治术，实际上就是奴隶主对于奴隶的统治术，是把奴隶当成牛马一样使用的办法。人们使用牛马，只要发一声号令，牛马就照着号令走，哪一个牛马不服从号令，就打它几鞭子。这就是“导之以政，齐之以刑”。《管子》中说：“治人如治水潦，养人如养六畜，用人如用草木。”（《七法》）这就是奴隶主对待奴隶的态度和办法。在奴隶社会中，这种办法可以行得通；但是到了封建社会，这种办法就行不通了。因为劳动人民已经觉悟到，他们在社会财富的生产和分配过程中，占有一定的位置，不只是一种工具。对于他们，仍然是“导之以政，齐之以刑”，他就不吃那一套。在这种情况下，那就不能专是以力服人了，必须用一种办法，叫他们在一定程度上心服，这就叫施仁义。

事情都是很复杂的，不能一概而论。一般来说，儒家是拥护传统的，法家是反对传统的。可是就统治术这一方面说，法家恰恰是继续奴隶主统治奴隶的办法，而儒家却有一套新路子、新办法。秦朝不知道中国社会已经进入封建社会，仍然用奴隶主的统治术，措施和形势不相应，所以就碰得头破血流。用当时的话说，也就是贾谊所说的“仁义不施，而攻守之势异也”。

汉高祖曾问陆贾，秦朝为什么失败，以后他自己应该怎么办。陆贾说：“公于马上取天下，能以马上治之乎？”以马上取天下，就是攻，要用暴力。但是如果要治天下，那就是守，守就不能专用暴力了。陆贾的这句话，也是当时的名言。

秦朝用法家的办法，所立的法很多，对于犯法的人用刑也很重。据说秦孝公死后，商鞅要逃出秦国，走到秦国的边境，要住一家旅馆，旅馆的主人说：商君之法，如果一家旅馆收留没有证件的客人，主人与客人一律同罪。“商君喟然叹曰：‘嗟乎，为法之敝一至此哉！’”（《史记·商君列传》）法多了，老百姓动辄得咎。汉高祖打到咸阳，召集各县父老豪杰开会，说：“父老苦秦苛法久矣，吾与诸侯约，先入关者王之，吾当王关中，与父老约法三章耳。杀人者死，伤人及盗抵罪。余悉除去秦法。”（《史记·高祖本纪》）他把秦朝的苛刻法律一律废除，只立了三条简单的约法，这对于当时的老百姓是一个大解放。以后的吕后、文帝、景帝都本着高祖的这个精神对待老百姓。这就是所谓黄老之学。

这恰好就是当时的老百姓所需要的。他们所需要的就是统治者不要做什么事，让老百姓比较自由自在地生活，这就是无为。在统治者无为的政治之下，老百姓可以恢复生产，提高生活水平，这就是历史上所说的“文景之治”。

这一段的无为，为武帝的有为创造了条件。武帝做了三件大事：第一件是打退了匈奴对中原的入侵；第二件是定孔丘为一尊，确定了地主阶级的统治思想；第三件是利用国家的权力，打击商人。有了这三件大事，从春秋以来历史发展的成果就保持下来了，中国封建社会的基础和规模都固定下来了。在这三件事情中与本书有直接关系的是“罢黜百家”，定孔丘为一尊。

在表面上看起来，定孔丘为一尊，就是以儒家思想作为统治思想。但是，历史是发展的，这个汉朝定为一尊的孔丘，已经不是原来的孔丘了，儒家思想也不是原来儒家的思想了。一个时代的统治思想，必须和当时的历史条件相适应，必须是针对当时的问题，能够解决当时的问题。无论某种思想原来是什么样子，经这一适应，它就不是原来的样子了，这就叫发展。

汉朝的儒家思想，是春秋公羊家。照公羊家的说法，孔丘作《春秋》，为汉制法。就是说，孔丘预先知道有个汉朝，所以作出《春秋》一书，为汉朝的精神文明定出一些规范。这个话有一半是真的，一半是假的。说孔丘预先知道有个汉朝，这当然是假的；但是为汉制法，这倒是真的。不过制法者不是孔丘本人，而是打着孔丘旗号的汉代春秋公羊家们。公羊家的领袖是董仲舒。

武帝对董仲舒亲自发出册问，董仲舒作了回答，就是所谓《天人三策》。他们所问所答的，并不只是一些空话，确实是当时政治上、思想上的一些实际问题。武帝会问，董仲舒也会答。

公羊家所说的那一部分假话，后来发展成为谶纬。在谶纬中，儒家成为儒教，孔丘成为教主。若说儒家是一种宗教，在这个时期内倒有点像。

不过这个时期并不很长，在西汉后期，就出现了古文经学，以反对公羊家的今文经学。在东汉初期，出现了王充的唯物主义哲学体系，成为董仲舒的对立面。

就中国历史上的第一次社会大转变说，从春秋开始的转变，到秦始皇告一段落，到汉武帝才完全固定下来。在这次大转变中，原来的奴隶社会是“正”，是“肯定”；秦始皇所建立的秦朝是“反”，是“否定”；汉武帝所固定下来的封建制是“合”，是“否定之否定”。就与此相适应的中国传统文化的发展来说，原来的儒家是“正”，是“肯定”；法家是“反”，是“否定”；以董仲舒为代表的春秋公羊家是“合”，是“否定之否定”。

否定之否定并不是简单地恢复过去，而是在新的条件下对过去的发展。

关于分封和郡县的争论，汉朝也提出了一个新的制度。龚自珍说：“汉有大善之制一，为万世法，关内侯是矣。汉既用秦之郡县，又兼慕周之封建，侯王之国，与守令之郡县，相错处乎禹之九州，是以大乱繁兴。封建似文家法，郡县似质家法，天不两立。天不两立，何废何立？天必有所趋，天之废封建而趋一统也昭昭矣。然且相持低仰徘徊二千余年，而后毅然定。何所定？至我朝而后大定。关内侯者，汉之虚爵也。虚爵如何？其人揖让乎汉天子之朝，其汤沐邑之入，稍稍厚乎汉相、公卿。无社稷之祭，无兵权，无自辟官属。”（《龚自珍全集·答人问》）用这虚爵的办法使受封的人享有虚名，也分到一些土地，作为他的“汤沐邑”。但是他在他的“汤沐邑”中只能收租税，不能掌政权。他的子孙可以继承享受“汤沐邑”的土地，但没有政权可以继承。这样的制度，就是有分封而无害于中央政府的统一。这是一种正、反、合的发展。原来的分封制是正，是肯定；郡县制是反，是否定；虚爵制是合，是否定之否定。这个制度，在不同的程度上，一直实行于中国的封建社会中。

墨子论稿

李泽厚*

作者指出，本文不拟涉及作为一个团体或派别的墨家，但所论又不止于墨子本人。文章着重论述了墨子作为小生产劳动者思想代表的特征。作者认为，在后代农民起义的意识形态以及某些著名儒家“异端”人物如颜元、章太炎的思想中，仍然延绵不断地呈现某些类似墨子的思想因素，这是一个很值得思索的重要现象。本文对此作了初步探讨。

一

先秦氏族传统逐渐崩毁所带来的意识形态的空前解放，使代表手工业的小生产劳动者思想的墨家一度显赫非常，成为与儒家并列而对抗的重要派别。这大概与当时比较自由的特定政治、思想条件，使作为社会生产力量的各种手工匠作失去原氏族结构的严密控制的情况有关。他们之中产生了墨子。似乎可以说，中国小生产者劳动阶级的某些思想特征，是空前绝后地以系统的理论形态呈现在墨子此人或此书中的（不包括墨辩）。我认为，这就是墨子最值得研究和注意的地方。

* 本文刊发于1984年第5期。作者李泽厚，曾任中国社会科学院哲学研究所研究员。

如果从这一角度出发，作为墨子思想的基础和出发点，概括来说，似乎可说是强调劳动特别是物质生产的劳动在社会生活中的重要地位，亦即对所谓“力”“强”的强调。墨子认为，人之不同于禽兽正在于人必须依靠自己劳动才能生存：

> 今人固与禽兽麋鹿蜚鸟贞虫异者也。今之禽兽麋鹿蜚鸟贞虫因其羽毛，以为衣裘；因其蹄蚤，以为绔屦；为其水草，以为饮食。……今人与此异者也，赖其力者生，不赖其力者不生。（《非乐上》）

这是一个简单的事实，却是一个重要的真理。正是从这里出发，墨子认为只有上上下下都努力劳动、工作，社会才能存在，而不致衰败。“凡五谷者，民之所仰也，君之所以为养也。故民无仰则君无养，民无食则不可事。故食不可不务也，地不可不力也，用不可不节也……”（《七患》）“今也农夫之所以蚤出暮入，强乎耕稼树艺，多聚叔粟而不敢怠倦者，何也？曰：彼以为强必富，不强必贫；强必饱，不强必饥，故不敢怠倦。今也妇人之所以执兴夜寐，强乎纺绩织纴，多治麻沐葛绪捆布缪而不敢怠倦者，何也？曰：彼以为强必富，不强必贫；强必暖，不强必寒，而不敢怠倦”（《非命下》）。

如此等等。墨子的整个社会政治哲学就是建立在这个简单素朴的道理之上。他所忧虑和关注的，是“饥者不得食，寒者不得衣，劳者不得息”。他所要求的是“饥者得食，寒者得衣”和劳动者有一定的休息。如果毫无休息，终年累月地为统治者服役，也就不可能进行简单的再生产。这样极端重视作为社会存在基础的生产劳动活动，比较起孔子偏重“克己复礼”“文行忠信”而斥责问稼问圃（“小人哉！樊须也”）来，所代表的阶级观念的差异，应该说是相当明显的。

当然，墨子讲的“强”或“力”，也包括氏族贵族统治者在内。“王公大人之所以蚤起晏退，听狱治政，终朝均分而不敢怠倦者何也？曰彼以为强必治，不强必乱，强必宁，不强必危，故不敢怠倦。”（《非命下》）“君子不强听政即刑政乱，贱人不强从事即财用不足。”（《非乐上》）墨子并不反对阶级差别和阶级统治，如郭沫若所说，他的确是为“王公大人”献策和服务的。墨子并且认为，像他们这些不事生产的游说之士，如果能使“王公大人用吾言，国必治”，当然功劳就要大于从事直接生产的农夫织妇，“……一农之耕分诸天下，不能人得一升粟……其不能饱天下之饥者，既可睹矣”，“不若诵先王之道，……上说王公大人”（《鲁问》）。与孔孟一样，墨子并不反对“劳心”与“劳力”、统治与被统治的“分工”，而且还特别强调要“尚贤使能”来治理天下，认为“尚贤”是“为政之本”。这里与孔孟的区别是，第一，孔孟虽讲举贤，但基本是限制在和服从于尊尊亲亲的氏族血缘传统范围内，反映着上层贵族们的利益；墨子的“尚贤”则是要打破这种传统，反对举“骨肉之亲，无故富贵面目姣好者”，而认为应该不管出身贵贱、血缘远近，唯“贤”是尚，这反映着下层的利益。“古者圣王，甚尊尚贤，而任使能，不党父兄，不偏富贵”（《尚贤中》），“赏贤罚暴，勿有亲戚兄弟之阿”（《兼爱下》），“虽在农与工肆之人，有能则举之”（《尚贤上》）。从而，第二，孔孟举贤是为了修礼乐行仁义，然后才天下太平，百姓富庶；墨子则首先和直接强调老百姓的食饱衣暖，“贤者之治邑也，蚤出暮入，耕稼树艺聚黍粟多而民足乎食”（《尚贤中》）。因此，作为“为政之本”的“尚贤”，是直接服务于物质生产以满足人民生存需要这个总目标的；至于其他的一切如礼乐等，都是次要的和应直接从属于这个根本目标而不应违反它的。

所以，墨子反对违反这个总目标的氏族贵族统治者们的奢侈生活，而强调“节用”：

> 不极五味之调，芬香之和，不致远国珍怪异物。……古者圣王制为衣服之法，曰冬服绀緅之衣，轻且暖，夏服絺绤之衣，轻且清，则止。诸加费不加于民利者，圣王弗为……（《节用中》）

饮食、衣裳、舟车、房屋……总之一切衣食住行，只求满足生存的基本需要，其他一切便属铺张浪费。

所以，墨子“非乐”：

> 仁者之为天下度也，非为其目之所美，耳之所乐，口之所甘，身体之所安。以此虧亏夺民衣食之财，仁者弗为也。（《非乐上》）

墨子不是不知道音乐以及丽色、美味、高楼、广室能给人以快乐，但因为它们“将必厚措敛于万民”，既不能直接帮助生产，又不能保卫国家，而且还妨害统治者的“蚤朝晏退，听狱治政”，妨害农夫织妇“蚤出暮入，耕稼树艺”，“执兴夜寐，纺绩织纴”，因此应该统统取缔。

墨子当然反对厚葬。因为厚葬“辍民之事，靡民之财”，“国家必贫，人民必寡，刑政必乱”（《节葬下》）。“衣食者，人之生利也，然且犹尚有节，葬埋者，人之死利也，夫何独无节于此乎？”（同上）

……

总之，保证老百姓的吃饭穿衣要紧，其他一切消费都应尽量节约、尽量取缔、尽量废除。在物质财富还远不充裕，广大劳动者经常处于饥寒交迫的古代，墨子这种思想是完全可以理解的。它揭露、抨击贵族统治者们的各种骄奢生活，也是有其进步意义的。但问题是，社会在发展，生产在扩大，剩余价值在增加，财富在不断增多和集中，社会消费和社会需要（特别是在上层氏族贵族中）在迅速扩大，这是一种不可遏止的历史潮流。生产与消费是互为因果和互相影响的。因之墨子企图极大地限制甚至取缔人们除基本生存需要之外的一切消费，实际上就违反了社会发展的客观规律，是行不通和不会有什么结果的。而这，就正是小生产劳动者的狭隘眼界的悲剧。作为劳动者，他们知道稼穑之艰难、生产的不易，反对一切铺张浪费、奢侈享受；但作为小生产者，他们又严重局限于亲闻目见的狭小环境里，而不知道由于劳心与劳力、统治与被统治的分化，社会上层的消费生活方式变得日益富裕阔绰和奢侈，消费要求会日益提高，不会满足于仅仅食饱衣暖；要主观地加以人为的限制，便只能是空想。

墨子许多其他基本思想也都建立在这样一种双重性的基础之上。例如，墨子是坚决反“命”的：

今用执有命者之言，则上不听治，下不从事。上不听治则刑政乱，下不从事则财用不足。（《非命上》）

必使饥者得食，寒者得衣，乱者得治，遂得光誉令问于天下，夫岂可以为命哉，故以为其力也。（《非命下》）

虽上世之圣王岂能使五谷常收而旱水不至哉？然而无冻饿之民者，何也？其力时急而自养俭也。（《七患》）

总之，把“命”与“力”“强”对立起来，认为饱饥、暖寒、治乱、荣辱、贵贱、安危……一切系之于人的努力（生产），而不在于命运。连社会道德和道德标准也以此为转移：

故时年岁善，则民仁且良；时年岁凶，则民吝且恶。（《七患》）

好攻伐之君不知此为不仁不义也，其邻国之君不知此为不仁义也，是以攻伐世世而不已者，此吾所谓大物则不知也，所谓小物则知之者，何若？今有人于此，入人之场园，取人之桃李瓜果者，上得且罚之，众闻者非之，是何也？曰不与其劳，获其食，以非其有所取之故……（《天志下》）

民“性”的良恶由于收成的善凶；而收成的善凶主要依靠于人为的努力而并非命定，所以应该“非命”。所谓“仁义”道德也应该建立在尊重劳动果实的所有权利之上。当时战乱频繁，相互攻打掠夺，在墨子看来，原因就在于不明白这个基本道理。这些都表明，墨子是以小生产劳动者的立场来衡量、判断、肯定或否定一切社会生活现象的。正如他之所以主张节用、节葬、非乐，是因为从小生产劳动者立场看，任何财富的创造和积累均大不易，必须力加节省爱护；他之主张非命、主强、重力也因为如此。墨子据以出发这个非常素朴的道理，往往是上层阶级的思想家们所自觉或不自觉地予以忽视或抹杀的。他们没有直接生产的经验，便较难有“重力”“非命”的深切体验；他们有较多的财富和较高的生活享受，也就很难真正严格地注意节俭省约。从而他们的治国方略和社会理想，便很难强调以物质生产为根本，而多半回旋于人性、制度等上层建筑和意识形态的设计中。儒家便是如此，他们着眼和着重的便是仁义、礼乐，等等。

墨子把道德要求、伦理规范放在与物质生活的直接联系中①，也就是把它们建筑在现实生活的功利基础之上。墨子最著名的兼爱说便是以现实功利为根基的，即所谓“兼相爱，交相利”：

> ……即欲人之爱利其亲也，然即吾恶先从事，即得此。若我先从事乎爱利人之亲，然后人报我受利吾亲乎……投我以桃，报之以李，即此言爱人者必见爱也，而恶人者必见恶也。(《兼爱下》)

这正是小生产劳动者的交换关系观念的扩大化。“虽有贤君，不爱无功之臣，虽有慈父，不爱无益之子”(《亲士》)。所以，最值得注意的是，同样讲“爱”，它与儒家把“爱”建立在亲子血缘关系的心理基础上有根本的不同，这种不同，具有许多重要的后果。第一，儒家的“爱”是无条件的、超功利的；墨家的“爱”是有条件而以现实的物质功利为根基的。这就为后来法家斥仁爱为虚伪，一切以现实利害计较为基础开了先河。在这意义上，郭沫若讲墨法两家在秦国合流是有所见的。第二，由于儒家从亲子血缘和心理原则出发，于是强调“爱有差等”，由近及远；墨子的“兼爱”是以“交相利”出发，所以不主张甚至反对爱有差等。但前者由于具有现实的氏族血缘的宗法基础，获得了强有力的现实支柱；后者要求无分亲疏的兼相爱以免于战乱的大功利②，反而成为脱离实际的空想。

企图以“普遍的爱”来停止战乱取得太平，是小生产劳动者的一种常见的乌托邦意识。由于在小生产劳动过程的狭小范围内可以产生和获得这种

---

① 墨子反对儒家三年之丧，也是认为这样会“败男女之交”而影响人口的增长。

② “……乱何自起？起不相爱。……盗爱其室，不爱其异室，故窃异室以利其室；贼爱其身不爱人，故贼人以利其身，……大夫各爱其家不爱异家，故乱异家以利其家；诸侯各爱其国不爱异国，故攻异国以利其国。天下之乱物，具此而已矣。”(《兼爱上》)

相互合作而互利的实际经验，所以他们的代言人、思想家容易把它升华扩展为一种“政治”和“救世”的理论。在后世以及其他民族思想史上，都可以看到类似现象。当然，墨子兼爱还有其渊源。《淮南子·要略训》说墨子“背周道而用夏政”，墨子也说“夫兼相爱交相利，此自先圣六王者亲行之”（《兼爱下》），其他一些典籍也常说墨子继承夏禹。这表明，墨子思想有其远古的历史来由。这大概是因为，在远古夏禹时代，氏族宗族制度还没有完善建立，无阶级无等差的原始体制还在很大程度上延续着。这种遗风余韵残存在人们的记忆和怀念中，便是产生墨子兼爱的思想来由。所以，人们经常认为被儒家纳入《礼记》中的《礼运·大同》篇实际是墨家的思想：“禹汤文武成王周公”之前的“大同”世界所展现的“人不独亲其亲，不独子其子，使老有所终，壮有所用，幼有所长，矜寡孤独废疾者皆有所养。……货恶其弃于地也，不必藏于己；力恶其不出于身也，不必为己”的图景，是在根本上超越了儒家“小康”理想而为孔子所喟叹“丘未之逮也”，它却在一定程度上保存和呈现在墨子思想中。“兼爱”正是突出的一项，如“视人之国若视其国，视人之家若视其家，视人之身若视其身”（《兼爱中》），“强者不劫弱，贵者不傲贱，多诈者不欺愚”（《天志上》），“老而无妻子者有所侍养，以终其寿；幼弱孤童之无父母者有所放依，以长其身”（《兼爱下》）；等等，不是都与上述大同理想有非常近似的地方吗？这是一个无掠夺、无剥削、无压迫的劳动者们相互帮助友爱的乐园空想。

这里重要的是，一方面是兼爱主张和大同空想，另一方面它又没有儒家倡导的那种温情脉脉的人道面纱和情感心理。而是把“为贤”“助人”“分财”这些道德空想都建筑在现实功利（富贵）之上：“今也天下之士君子，皆欲富贵而恶贫贱，曰然。女何为而得富贵而辟贫贱？莫若为贤。为贤之道奈何？曰有力者疾以助人，有财者免以分人，有道者劝以教人。”（《尚贤下》）

这似乎是矛盾的，然而是事实，是小生产劳动者本身的矛盾性格之典型反映：既要以物质现实的功利为根本基础，同时又强调要互助兼爱，甚至可以为此而牺牲自己。

与前述重力、兼爱鼎足而立以构成墨子思想体系的第三根支柱的，便是“天志”“明鬼”。

看来奇怪，从经验和功利出发、似乎非常务实而清醒的思想理论，为什么需要一个活灵活现的上帝人格神？为什么强调“强力”、反对宿命的墨子，却要以能行赏善罚恶的“天”“鬼”来统治人世？……

这仍然只能以小生产劳动者的特征才能真正解释：他们需要一种信仰力量来作为超出自己狭隘经验范围的精神支撑。因为从小生产劳动者的日常经验的狭窄眼界中，归纳不出，当然更演绎推论不出一个真正有博大视野、比较科学的整体世界观，墨子便不可能有荀子《天论》以及《易传》那样的思想。传统宗教意识也更容易存留在这些见闻有限、闭塞落后的小生产者的心里和观念中而不被触动，经常成为传统习惯势力的顽强的保存者、卫护者。从社会存在方面（小生产者的散漫狭窄的生产生活环境和地位）和社会意识方面（宗教传统的残存），小生产者都易于产生一个拥有绝对权威的人格神来作为最高主宰的幻想。“兼相爱交相利”“赖其力者生”等社会原则和政治理想，必须依存于建立这样一个绝对服从和信仰的基石、动力和标准，才有可能得到实行。

所以，尽管以现实功利为基础，墨子的社会政治原则并不建立在近代个人之间的平等契约论的原理之上，而是建立在每个人都必须服从人格神主宰的基础之上。也就是说，世间法度不是由人协商而确立的，它来自上天，从而必须服从，这即“天志”“天意”。

> ……顺天之意，谓之善刑信，反天之意，谓之不善刑政，故置此以为法，立此以为仪，将以量度天下之王公大人卿大夫之仁与不仁。……天之意，不可不顺也，顺天之意者，义之法也。（《天志中》）
>
> 天子有善，天能赏之；天子有过，天能罚之；天子赏罚不当，听狱不中，天下疾病祸福，霜落不时，天子必且……祷词祈福于天……是故义者，不自愚且贱者出，必自贵且知者出，曰谁为知？天为知。（《天志下》）

规范、规程、原则、法度如兼爱、非攻、仁义、节用等，都不是“愚且贱者”的下层人民即老百姓所能规定，它来自比天子还更“贵且知者”——作为人格神的“天”。小生产劳动者总是把自己的意愿欲望折射到天上，希望有一个公平正直的主宰来统治世界和制约贵族，自己也好匍匐在这个构造出来的绝对主宰面前而献出一切。墨子的“重力”“兼爱”引不出近代的个人主义，反而要由一个宗教人格神来颁布执行，相当鲜明地体现了这一特征。

因此，尽管如何强调自力、非命，却仍然不能由人掌握自己的命运，确定和监督自己的法度、刑政、制度以及善恶等，而必须委托和依赖“贵且知”的上帝鬼神：“今若使天下之人，偕若鬼神之能赏贤而罚暴也，则夫天下岂乱哉?”“故古圣王治天下也，故必先鬼神而后人”（《明鬼下》）。“鬼神之明，智于圣人，犹聪耳明目之于聋瞽”（《耕柱》），要求“……一天下之和，总四海之内，焉率天下之百姓，以农臣事上帝山川鬼神”（《非攻下》）。这比起儒家“子不语怪力乱神”，“未能事人所事鬼”，强调人本身的独立价值和优先地位，显然就落后多了。这种落后又正是小生产劳动者与拥有文化成果的统治者之间的差异所造成。

墨子在政治上的“尚同”也如此。“尚同”是要求统一意志，统一观念，统一行动。统一于谁?统一于“上”，即统一于“卿长”、“国君”、“天子”和“天”。“卿长之所是，必皆是之；卿长之所非，必皆非之”；“国君之所是，必皆是之；国君之所非，必皆非之”，“天子之所是，必皆是之；天子之所非，必皆非之”（《尚同上》）。总之，一卿一国和天下都必须统一于一个最高统治者。这样，“治天下之国，如治一家；使天下之民，如使一夫”（《尚同下》）。可见，正如要求宗教上的人格神来统治精神一样，在政治上所要求的便相应是绝对专制的统治者。

总之，一方面要求举贤任能，另一方面强调尚同服从；一方面追求兼爱、平均，另一方面主张专制统治；一方面强调“强力”“非命”，另一方面尊尚鬼神、“天志”——这看来似乎有些矛盾的两面，却相当典型地表现了作为分散、脆弱的小生产劳动者的双重性格。因之所谓“千里万里，一家一人”，既可以是社会理想上的博爱乌托邦，也可以是政治主张上的现实专制制度；既可以是在生活经验基础上的清醒的积极态度；也可以是沉溺在宗教观念中的醉醺醺的狂热精神。实际上，是两者兼而有之。

“非命”“节用”（重视生产），“交利”“兼爱”（乐园空想）和“天志”“尚同”（宗教专制），就这样构成墨子思想体系三大支柱。这三大支柱是相互渗透、很难分割的。它有着剥削阶级所缺乏的重视劳动和讲求互爱的光辉观点；但从整体说，却并不符合社会发展的客观发展趋向，历史的二律背反的进程使它陷入了尴尬的可悲境地。小生产劳动者在漫长的历史时期始终处于被剥削和被统治的地位，其思想体系的代表墨家也逐渐泯灭。墨子思想的主体没有取得当时和后世思想家们的呼应，相反，得到的是不断的讥评：

> 墨子兼爱，是无父也，无君无父，是禽兽也。（《孟子》）
>
> 其生也勤，其死也薄，其道大觳，使人忧，使人悲，其行难为也。恐其不可以为圣王之道，反天下之心，天下不堪……失去王也远矣。（《庄子·天下》）
>
> 墨子蔽于用而不知文（《荀子·解蔽》）。墨子有见于齐，无见于畸……有齐而无畸，则政令不施（《荀子·天论》）。墨子大有天下，小有一国，将蹙然衣粗食恶，忧戚而非乐，若是则瘠，瘠则不足欲，不足欲则赏不行……（《荀子·富国》）。
>
> 墨者俭而难遵……使天下法若此，则尊卑无别也。夫世异时移，事业不必同。（《史记·太史公自序》）

其中特别是荀子，站在正开拓着自己的经济政治事业、有着扩大生产的广阔眼界的统治阶级立场，指出只要“善治”，粮食、水果、蔬菜、肉食……都可以足够吃的，衣亦然。“财货浑浑如泉源，汸汸如河海……何患乎不足也”；“夫有余不足非天下之公患也，特墨子之私忧过计也”（《富国》）。因之统治者就应该用盛乐、美色、甘食等来享受、装饰和威严自己，“知夫为人主上者不美不饰之不足以一民也，不富不贵之不足以管下也，不威不强之不足以禁暴除悍也。故必将撞大钟、击鸣鼓、吹笙竽、弹琴瑟以塞其耳，必将雕琢刻镂黼黻文章以塞其目，必将刍豢稻粱、五味芬芳以塞其口……”（同上）。也就是说，统治者与被统治者、富贵与贫贱，必须有享受上和衣食住行上的差别，而不能像墨子所主张的均等消费、拉平齐一[①]、节俭倒退，那样就反而会使天下“贫且乱”，“尚俭而弥贫，非斗而日争”（同上）。这鲜明地显示了处于上升阶段的剥削统治阶级增进生产、提高生活的远为开阔的眼界和气概；无论在理论上还是实际上，它都更符合历史的需要。

二

秦汉以来，墨家作为思想体系和学派逐渐消失无闻，并且此后再也没有出现过相类似的独立学说、思潮或派别。这大概是由于，尽管作为小生产劳动者的手工匠作和农民仍大量地长期地存在，但已经没有像氏族结构彻底瓦解的春秋战国时代那种自由的社会环境和自由的意识气氛。特别在独尊儒术以及后来佛教东来之后，小生产劳动者文化落后，见闻闭塞，经年累月束缚在自己的狭小天地内，一般便受着社会统治意识的控制和支配，很难从自身中再产生像墨子这样的思想家或思潮、学派。

因之，只有在社会发生大分裂，即阶级对抗非常激烈、要求明确区分阶级界限的斗争时刻，那些力图表现本阶级独特利益、要求和理想的意识、思想、纲领、口号，才可能被突出来和提上日程。这个时候主要就是农民起义和农民战争。农民起义总是裹卷了各种手工匠作于其中，并且由于后者具有某种程度上的纪律、组织（如师徒、行业等）训练，他们经常成为起义队伍的各方面的骨干或领袖。

中国历史上有频繁和巨大的农民起义和农民战争。虽然有关文献大多无

① 尽管墨子也承认并也以“富贵爵禄”来引诱人，如说“爵位不高则民不敬也，蓄禄不厚则民不信也”（《尚贤中》），等等，但这不构成墨子的思想主体。

存，已无法考察、了解他们的意识形态，而且由于大多是“铤而走险”“官逼民反”，不一定能有条件和时间作真正的自觉思考或理论准备，然而，就在极不完全的挂一漏万的残存材料中，也仍然可以看出其中好些基本思想倒是与上述墨子思想有一脉相通之处的。[①]

最早的例子是陈胜的“帝王将相宁有种乎”的著名传说。它不一定有何深意可言，但与墨子所讲“官无常贵而民无终贱”（《尚贤上》），在思想特征上似乎是可以相通的。只是一个是在和平时期讲“尚贤”，认为从“贱人”中也可以举拔贤能；另一个是在起义时期认为“贱人”也可以作将相以至帝王。它们在反对等级不能逾越和“富贵在天”的命定思想上，是同一种语言。又如，保存在《太平经》里的少数片段，像“天生人幸使其人人自有筋力，可以自衣食者”（《六罪十治诀》）；“天地施化得均，尊卑大小皆如一”（《道祐三人诀》）；“或多智反欺不足者，或力强反欺弱者，或后生反欺老者，皆为逆，故天不久佑之”（《太平经钞辛部》）等思想，也可以与墨子主张的“强力”“兼爱”联系起来。尽管《太平经》早已成为统治阶级的正统典籍，但这部道家汇集中的某些东西的确曾与农民起义（如张角）有关。

从历代农民起义、农民战争某些意识形态的共同特征看，几乎都以某种超自然的人格神（即“天意”）作为主宰、命令来支撑和证明起义的合理性和合法性，来组织队伍、统一意志，严格纪律。农民起义也常常是反贪官而拥戴“好官家、好皇帝”，以及一面讲求博爱、平等、共患难，另一面又承认甚至强调等级、上下的差别，与墨子的矛盾两面都有相通或相同之处。尽管农民起义大多打着道教、佛教的旗帜，并不理睬墨子，但这是因为他们并不知道墨子，而墨子本人也非神或佛。当然，在农民起义和农民战争中，某些基本观念比墨子思想要远为激进和彻底。例如进行大规模的杀戮，便不能讲“非攻”。例如提出平均土地或财富，也远非墨子思想所具有。汉代以来

① 侯外庐在《我对中国社会史的研究》（载《历史研究》1984 年第 3 期）一文中指出：“中国农民战争的口号溯源于战国末年墨侠一派下层宗教团体所提出的一条公法，即《吕氏春秋》所载：杀人者死，伤人者刑，墨者之法也。”

作为统治阶级意识的儒家也反对过分的贫富不均，也讲仁爱，也讲天命甚至制造谶纬“符命”来作为政权的“天授”依据，甚至也渗入农民起义中；但农民起义中的宗教信仰和博爱精神主要是当作统一意志、发动群众的行动的纲领和组织力量，并直接地具体地落实在集团的战斗行动之中，与儒家讲的仍不相同，而毋宁说与墨家的特色相接近。

这种特色以最突出和最完备的形态出现在近代太平天国运动中。他们引进一位西方基督教的人格神作为主宰人间事物的最高权威；以“千年王国”作为建立世上天国的太平理想；正式提出“务使天下共享天父上主皇上帝大福，有田同耕，有饭同食，有衣同穿，有钱同使，无处不均匀，无人不饱暖”（《天朝田亩制度》）的政治纲领；强调“天下多男子，尽是兄弟之辈；天下多女子，尽是姊妹之群”（《原道醒世训》）的伦常博爱原则。总之，在同一个上帝面前，人们应该相爱而平均，共同劳动，各享所得，衣暖食饱，天下太平。这与墨子所说“天必欲人之相爱相利，而不欲人之相恶相贼也……今天下无大小国，皆天之邑也，人无幼长贵贱，皆天下之臣也”（《法仪》），基本精神不仍然相通吗？当然，两千多年后的太平天国的思想、纲领和体系，比墨家远为急进、具体和完整；特别是在战争中，农民军队所要求的共患难的兼爱原则，要求强调斗争的非命思想，都极大地突出了。但是，曾经使得敌人也惊叹的“以人众为技，以敢死为技，以能耐劳苦忍饥渴为技……死者自死，渡者自渡，登者自登”（《贼情汇纂》），不又仍然可以与“墨子服役者百八十人，皆可使赴火蹈刃，死不还踵”（《淮南子·泰族训》），“以自苦为极”，“虽枯槁不舍”，相比拟吗?！应该说，这种比拟的意义不在于任意选择外表现象的偶然相类，而在于它们共同体现着劳动者所具备的普遍阶级品格，而为上层社会所难能。另外，太平天国特别在定都南京后的种种等级规定、专制统治、禁欲主义、禁商空想、迷信上帝……也不无与墨子的天志、明鬼、节用、尚同等思想有类似之处。这种类似也不是偶然的外在现象。所以，尽管洪秀全的思想并不直接来自墨子，除了接受基督教传教士的宣传品外，他与儒家的关系更深，但重要的是精神实质，这精神实质恰恰在于作为广大下层劳动群众在意识形态中所显现出来的特色，它的优点与缺点、强处与软弱。平等博爱是理想，严格的等级制却是实际。

墨家不存在了，大规模的农民起义和农民战争也并不常有，但小生产劳动者却长期存在。这种社会基础使墨家的某些观念、行为以至组织形态，不但在一定程度和意义上表现在始终不断的下层秘密会社中，如讲义气，重然诺，行兼爱，“赴汤蹈火”以及《水浒传》里那种遭压迫而共患难，排座次却讲身份，等等，而且还可以通过其他各种改变了的状态和途径比较间接地展现出来。因之关于墨子思想的继承、影响问题便十分复杂。

简单看来，也至少有两种情况。其中一种是被社会统治意识的主流所吸收消化。墨家的好些思想如功利、重力等，已经以不同的方式渗入或融合在法家和儒家思想中。特别是由于儒墨两家原都以古代氏族传统为背景，他们对氏族制度这一社会体制和秩序都是基本肯定的，对人生世事、政治经济也都采取积极作为的态度，都讲父慈子孝、兄友弟恭，都讲任贤使能。只是一个从氏族贵族立场出发，所以强调等级差别，重视礼乐文化和个体价值，强调维护“周制”；另一个从下层生产者出发，反对奢侈生活，抨击、排斥任何非生产性的消费，强调集体互助，幻想博爱世界，主张“行夏政”。但他们同道家彻底否定氏族制度，要求到最古的动物式的世界里去，从而否定任何文明、秩序，对人生世事采取虚无消极的态度，则大不相同。也与以后单纯代表奴隶主阶级利益的法家，以传播或贩卖某些科技文化或政治策略为特色的、飘浮在上层而没有自己切实的现实根基的名家、阴阳家、纵横家等很不相同。所以诚如汪中所说，墨子“其在九流之中，惟儒足与之相抗，自余诸子，皆非其比”（《述学·墨子序》）。既然有上述这些共同基础和特征，儒家也用不着花多大气力，便不留痕迹地吸收了所可以容纳的墨子中的许多思想和观念。韩愈说：

> 儒讥墨，以尚同兼爱尚贤明鬼。而孔子畏大人，居是邦不非其大夫，春秋讥专臣，不尚同哉？孔子泛爱亲仁以博施济众为圣，不兼爱哉？孔子贤贤，以四科进褒弟子，疾没世而名不称，不尚贤哉？孔子祭如在，讥祭如不祭者，不明鬼哉？儒墨同是尧舜，同非桀纣，同修身正

> 心以治天下国家，奚不相悦如是哉……孔子必用墨子，墨子必用孔子。（《韩昌黎集·读墨子》）

韩愈是以“卫道者”即捍卫儒家孔孟之道、力排佛教异端而著称的，却居然这样对待墨子，不奇怪吗？当然韩愈是大大地夸张了孔墨的共同处，并且也不敢提及墨子的非乐、节葬等直接与儒家相冲突的东西。但由于孔墨毕竟有某些共同的现实基础，所以如“尚贤”、“节用”、“非攻”以及“兼爱”、“尚同”等，就都比较容易地与儒家学说相沟通，就是“天志”、“明鬼”与儒家（例如董仲舒）也可以找到共同处。因为这些是农业小生产国家中无论上下层都大体可以接受的东西。只是由于阶级的差异，这种吸收接近又仍有一定的限度。韩愈的“博爱之谓仁”仍不等于墨子的兼爱，不过是在儒家亲亲尊尊、爱有差等的基础上的某种扩大而已。至于墨家那些“侵差等”“有见于齐”“欲使君臣上下同劳苦”的平均思想和反文化的苦行思想，则为社会上层代表的儒家所当然拒绝。

比较起来，更有意思的倒是，墨家中某些越出正统儒家接受限度或为正统儒家所排斥、拒绝的东西，却又有时在儒学“异端”人物身上出现。也正因为这些人物、思想显现出这些非正统儒学所能容纳的东西，它们也就构成了“异端”，从而这“异端”的意义也正在于它们曲折地反映了小生产劳动者们的观点、思想、情绪或倾向。这就是本文所认为值得注意的事情。

颜元是一个例子。颜元号习斋，他最强调的就是一个“习”字。这个“习”不是正统儒学所重视的文化学习，而更多的是指向实际操作等体力活动和技艺训练。颜元自己便是参加农业劳动而有亲身体验的：“吾用力农事，不遑食寝，邪忘之念，亦不自起。”他要用这种体力劳动（包括各种需要体力活动的技艺训练）来改造儒宗理学。他处处强调：任何事都要“亲自下手一番”，“吾辈只向习行上做工夫，不可向言语文字上着力”（《颜习斋先生言行录卷下》）；“读书愈多愈惑，审事机愈无识，办经济愈无力”（《朱子语类评》）；“读书人便愚，多读更愚”，“以多读为学，圣人之学所以亡也”（《四书正误》卷二）。颜元这种强调实际操作的经验论，的确很容易令人想起墨子。墨子也讲过“士虽有学而行为本焉”（《修身》），“言必信，行必果[①]，使言行之合，犹合符节也，无言而不行也”（《兼爱下》），等等。无怪乎一些哲学史家认为，“颜元的实徵的知识论，在表面上看来好像是儒学，而实际上则是墨子学术的复活”。[②]

在社会思想上，颜元坚决反对重义轻利，认为“以义为利，圣贤平正道埋也。……义中之利，君子所贵也。后儒乃云正其谊不谋其利，过矣”（《四书正误》卷一），“世有耕种而不谋收获者乎？也有荷网持钩而不计得鱼者乎？”（《颜习斋先生言行录》卷下）这也正是从生产活动的物质实际出发，与墨子把仁义、兼爱等伦理原则、道德规范放在现实功利生活的基础之上，又是很相似的。

颜元特别强调礼仪的重要，使它具有神圣的宗教性质。颜元平均土地的思想，如“岂不思天地间田，宜天地间人共享之，……为父母者，使一子富而诸子贫，可乎”（《存治篇》）；等等，也与墨子的宗教信仰和兼爱空想有相通处。所以颜元的主习主动、强调实用、主张复古、提倡俭约，激烈抨击空谈性理的宋明理学，使他在十七八世纪中国民族民主思潮中另具一种风貌特色。他既不是王夫之、顾炎武等带有总结性的正统理学儒宗，也不是黄宗羲、唐甄、戴震等人带有近代气息的启蒙思想，而是有点泥古不化、眼光狭窄、执着于直接经验和实用价值却又勤劳苦作的具有小生产劳动者特征的理论意识。他的理论、实践和学派也和墨子一样，并没流行多久就告结束。“颜李之力行派陈义其高，然未免如庄子评墨子所云其道大觳，恐天下不堪。”“元道太刻苦，类墨氏，传者卒稀，非久遂中绝”。[③]

……

时间过去了一两百年，墨子在近代中国又一次被重新发现。《民报》第一期撇开孔孟老庄，把墨子捧为“平等博爱”的中国宗师，刊登了臆想的墨子画像。连梁启超在《新民丛报》上也呼喊“杨学（指杨朱为己）遂亡

① 可对照儒家“然必信，行必果，硁硁然，小人哉”（《论语·子路》）。

② 侯外庐：《中国思想通史》第5卷，第374页。

③ 梁启超：《清代学术概论》。

中国，今欲救亡，厥惟学墨”。[①] 当时及以后，从各种不同角度治墨家墨学和服膺墨子者盛极一时，从清末附会声光电化来解墨学到孙诒让的力作《墨子闲诂》，直到无产阶级革命家的“墨者杜老”[②]（杜守素），近代许多重要学者都有关于墨子的论述。而颁发给墨子的“伟大的平民思想家”“劳动阶级的哲学代表”之类的美称也络绎不绝，以至有人称之为“墨学之复兴”。[③] 几乎在同一时期，颜元也被推崇了起来。颜李学的复兴当然不可能有墨学的声势，然而自章太炎《訄书》中尊颜，颜元被推到继荀子而后的大师的空前地位后，北洋军阀时期徐世昌也大崇颜李学。杜威来华，许多人又把颜元捧比为实用主义。近几十年的众多研究论著，也都大赞颜为唯物主义哲学家，等等。但很少有论著着重评论颜元思想中上述那种二重性特色，特别是很少注意颜元思想的落后面。杜维明的文章提出了颜元地居僻乡，无史地时事知识（不及顾、黄、王远甚），将礼仪宗教化，因之其倾向并非革命和科学的，而毋宁说是保守的等论点，比好些论著更如实地描述了颜的本来面目。[④] 但杜文也仍然没有指出所有这些思想特征何所由来，没有去揭示它的现实的根基，即中国小生产劳动者的历史特色。我以为指出这一根基和特色是重要的，所以特地在本文中把他与墨子联系起来，把他们看作中国思想史上一条重要的路线或倾向。尽管颜元是以孔子真传自命的理学家。

之所以要由墨子而谈及这些，是因为墨学以及颜元在近代突然兴起，非常吃香，是一种颇具深意的现象。当然，崇墨捧颜中有各种不同的背景、内容和意义（例如把墨学误解为近代的平等博爱主义，等等），但其中最值得注意的却是，它与近代民粹主义有否思想血缘关系的问题。在中国近代以至今日，我以为，始终有一股以农民小生产者为现实基础的民粹主义思潮的暗流在活跃着，对社会影响甚大。由于世界历史条件的差异（例如马克思主

① 《子墨子学说》。

② 参见郭沫若《十批判书》后记。

③ 方授楚：《墨学源流》。

④ Tu Wei-ming, “Yen Yuan: From Inner Experience to Lived Concerteness,” *Humanity and Self-cultivation*, (Berkeley: Asian Humanities Press, 1979), pp. 186 - 215.

义在俄国战胜民粹主义等)，中国的民粹主义思潮不能像俄国那样经历独立的发展过程，从而具有完整的系统理论、明确的政治纲领、具体的团体组织和实际的社会行动，例如不像俄国民粹主义曾掀起“到民间去”的知识分子下乡运动；但这种思潮仍然是或明或暗地、强有力地渗入和影响着中国近代政治和思想舞台，特别是在与农村有较深关系的知识分子或具有农民气质的思想家、政治家身上自觉或不自觉地表现出来，甚至也可以渗入马克思主义的革命家们的思想深处。

我在《中国近代思想史论》一书的一些论文中曾经强调指出过这一点，并特别提出了章太炎，作为比较典型的例证。按照列宁的经典提法，民粹主义的最大特征在于反映了宗法农民反对和要求避免资本主义的前途。他们站在根基深厚但注定没有前途的小生产者立场来反对和抨击资本主义。他们反对剥削、压迫，反对资本主义的经济、政治、思想、文化、生活享受和奢侈风习，而经常把小生产者的劳动、道德、宗教作为抵制和对抗它们、作为唾弃和取缔“腐败”的现代文明的武器。他们的社会理想经常是平均主义的乌托邦，他们的认识论经常是狭隘的实用经验论：强调亲知、“践履”、力行、吃苦，而轻视甚至反对间接知识、抽象思辨、读书①、理论……章太炎憎恶资本主义而宁愿保持旧时代的“原始的圆满”，主张“用宗教发起信心，增进国民的道德”，反对现代化的经济发展，反对资产阶级代议政治，提出虚无主义的解脱空想……便具有代表性。尽管从墨子到颜元到章太炎，在外表上缺少联系，例如章太炎就并不一定喜欢墨子（见《菿汉微言》)，但重要的是他们很可能具有内在的深刻关系。而且，远不只是章太炎，还有其他好些人，从伟大的革命家到著名的保守派（如梁漱溟)，在思想中都可以在不同程度和不同意义上具有这一特色（尽管其具体内容、作用、性质可以大不一样)。其实，这也正是中国这个以悠久而庞大的小生产劳动者为基础和以农民革命为特征的国度所必然要出现的思想现象，并不奇怪。

① 颜元的读书愚蠢论本也有一定道理，确有大量的这种现象。这里批判的是这一理论倾向。“文化大革命”倒是把这一理论充分实践了。

但是，中国近代这种站在小生产立场上反对现代文明的思想或思潮，经常以不同方式或表现或爆发出来，具有强烈的力量，得到广泛的响应，在好些人头脑中引起共鸣，这一点却是不容忽视的。它对中国走向现代化并非有利。当代农民和手工业者已在突破小生产者在经济上的局限，在走向现代生活和生产，在改变着自己，因之，如何在思想上相应地自觉分析和对待这一有重要传统根基的意识形态以至思维模式（如墨子三支柱构成的社会观念），分辨它的优缺点，例如既不因墨子信鬼神主专制就无视其作为劳动者优点的一面（郭沫若），也不因具有这一面而无视其作为小生产者的严重弱点的一面（许多论著），清醒地意识到它的两重性和两个方面，而加以科学的探讨，便仍然是富有现实意义的思想史课题。从而，把古代墨子当作某种思想典型，放在这样的历史长河和现实基地中作为一个问题提出来，该不会被看作牵强附会的任意胡诌吧。不知读者们以为如何？

试释“逻各斯”

叶秀山*

“逻各斯”是欧洲哲学传统常用的概念，它的出现，早于后来成为一门“（形式）科学”的“逻辑”。赫拉克利特着重提出了这个概念，因为他只有残篇留下，研究它的含义是一个很专门的学术问题，亚里士多德虽然为西方“逻辑学”奠定了基础，但并未用“逻辑”这个词，而他在《形而上学》里阐述的仍是“逻各斯”。

一 “逻各斯”的含义

究竟怎样理解“逻各斯”的意思？它在欧洲哲学中占有何种地位和具有何种意义？

一般来说，“逻辑学”是探讨“思维”的（形式）“规则”，而“逻各斯”则有更多的“客观规律”的意思。这样来理解当然并没有什么错误。传统理解“逻各斯”一词来源于“说”这个动词的演变，赫拉克利特所说的“逻各斯”也是在这个意思上来用的，他叫世人不要听他的，要听“逻各斯”的，也就是说，不要听他的主观的“话”，要听“逻各斯”客观的

* 本文刊发于2011年第1期。作者叶秀山，时任中国社会科学院学部委员，曾任第八、九届全国政协委员。

“话”。他又说世界是一团熊熊烈火，在一定的“分寸”上燃烧，也在一定的“分寸”上熄灭，这个“分寸”一度也有“逻各斯”的意思。这样，“逻各斯”主要是指“客观”性的“道理”，而不是“主观”性的“观念”。在古代希腊，前者为“真理”，后者为“意见”。

这是在这个问题上古人为我们奠定的基本思路，在这个思路“指引”下，我们还应该继续深入地探索，使这个思路框架更加丰富具体起来。

欧洲哲学的历史发展自身提供了对这个问题深入理解的线索，特别是基督教圣经将“神”的“话”作为“逻各斯”，以增强其“客观真理”的意味，哲学要“化解”“宗教”，就不能不认真面对这个原本是从哲学中借用来的概念。

果然，对于“逻各斯”的理解在欧洲近代以来的哲学发展中，有重要的启发作用。我们这里作为重点参考的，主要是海德格尔和黑格尔、康德的思路。

海德格尔之所以在《存在与时间》里专门讨论“逻各斯”，是因为他要探讨的是“存在论”的问题，那时他叫作“基本存在论”，而不是“知识论”问题，他是把在近代欧洲哲学中康德“知识论”的“转向”又“逆转”为“存在论”，所以他第二本正式的著作《康德与形而上学问题》出版在1929年，比《存在与时间》的出版（1927年）仅晚两年。在论康德的著作中，海德格尔着重在“形而上学—存在论”为“知识论”“奠定基础”这个在《存在与时间》中已经提出的论点上发挥，尽管他把康德的“先天综合判断”何以可能问题径直理解为“形而上学”何以可能，认为康德那些“先验范畴体系”就是“形而上学体系”尚待讨论，但是他由此建构一个有“时间”性的“存在—本体”的工作，实在是很有意义的，欧洲哲学此后的发展证实了这一点。

在从“知识论”到“存在论”的“转向—逆转”中，海德格尔也把康德对于“逻辑”的“改造”转化为对于“逻各斯”的“阐明”。

康德工作的难度在于“改造”传统的“逻辑”，这个“逻辑”被理解为只管推理形式而不管所涉内容，“逻辑”只涉及“主体—理性”的“先天性”，而“感觉经验”所“给予”的则是“后天”的，不是由“理性”“推理”得出来的，而这个“先天”和“后天”的“界限”为休谟所确立，前者是“无可怀疑”的，后者则只有“习惯”之普遍性，而无“先天”之“必然性”。

所谓“先天性”就是“逻辑性”，其核心是“分析”性的，也就是说，“结论”是由“前提”“分析”出来的，“前提”已经“蕴含”了“结论”，这样的“结论”当然是“必然”的，是可以“推论”的。但是“综合命题”就没有这样的“必然性”，它的“结论”不是由“前提”保证的，而是要由实际的“经验”来“证实”的，因而“综合判断”是一个“实际问题”，而不是“理论问题”；然而，“综合性”的“判断”，又是以“逻辑推理”的“形式—形态”出现的，因而“综合”的、“经验”的“知识—判断”也是“逻辑”的。

然而，在“先天性”的意义下，“知识”在“理论”上的“可靠性—必然性”也只能是一些“先天”的“形式”，而“逻辑”只能是“形式”的，只是“知识”的“工具”，本身还不是“知识”；换句话说，这种思想意味着“知识”并不一定就具有“必然”的“可推理性”，可以徒具“推理的形式”，而实际上却没有普遍的必然性，因而除了“分析性”的科学外，就没有实际上的“理论”的“知识”，也就没有“理论”的“科学”，而没有“必然性—普遍性”的“科学”使“科学”失去了“可靠”的“基础”，“科学”在“理论”上——“科学”的“理论”应是“必然”的。

在这个意义上，康德的工作就是要将“科学知识”“奠定”在一个“可靠的—必然的”“理论”基础之上。既然“必然性”离不开“逻辑”，则康德的工作也就是要使“科学知识”的“内容”与“逻辑”的“形式”“结合”起来，使“科学”不但“合法地”就有“逻辑”的“形式”，而且“逻辑”也“合法地”具有“综合的—经验的”“内容”。

康德为完成这种“逻辑”“改造”工作，可谓殚精竭虑。因为要使“感觉经验”和“理性推理”两个分属不同领域和不同来源的“因素”“沟通—结合”起来并没有初看起来那样容易。

康德的工作基本上分成两个步骤，一是从“感觉经验”中离析出“时间—空间”作为一切“感觉经验—直观”的“形式—条件”，这个“形式—条件”是“先天”的；二是从“理性—逻辑”中提出“范畴”，“论证—演绎”它们可以合法地“运用”到“经验”中去的，这样，我们的“知识—科学”就不仅有“时间—空间”的“通道”“进入—上升”到“理性—知性”，而且也有“逻辑范畴”“进入—下降”到“经验直观”中。

在这个意义上，康德改造逻辑的工作是将逻辑的各个“概念”和“范畴”与“直观”的“时空”在“先天性”这一层面“先”“统一”起来，使一门既有“直观”又有“概念”的“知识”成为可能。既然“知性”离不开“概念”，而“感觉”离不开“直观”，如今这又有了“结合”的可能，也就为既有概念形式，又有感觉内容（材料）的“经验知识”成为可能在道理上奠定了基础，并且，在这种意义上的“知识”因其都是建立在“先天性”（范畴和时空）的基础上，则其“普遍的必然性”和“必然的普遍性”就有了保障，而不必像休谟那样，将它归于经验的“习惯”层面。

我们看到，正因为康德的工作是要把“理性—逻辑概念”与“感性直观形式—时空”在“先天性”上“结合”起来，则“双方（范畴和直观）”都会受到“限制”。也就是说，“思想”的“范畴”和“存在”的“直观”都“限制”在“现象界”，厘清这个“限制—界限”，是康德的“批判哲学”要做的工作。

“批判哲学”的意义在于，作为“思想—思维科学”的“逻辑学”的这些“范畴”不仅仅是“可以—被允许—有权利”“运用”到“直观形式（时空）”中去，并且也“只能—只允许—只有权”“运用”到“直观形式—时空”中去，“超出”这个“直观形式—时空”的范围，“理性”不可能得到“科学知识”，康德视之为“僭妄”，是“理性”在“科学知识”上的“越权”。

这就意味着，康德所谓“直观（时空）”的意思只涉及大千世界的种种“现象”的“诸存在（存在者—用海德格尔的语言）”，而不涉及—无权涉及“存在”自身。“存在—事物自身—存在作为存在”“不可知”，用逻辑学的话语来说，“存在”不是“宾词”。

“存在”不是“宾词”又意味着，“存在”只是“主词”。“主词”而无“宾词”就意味着只是一个“空洞”的“概念”，到底这个“主词”具有何种“性质—属性”，我们还“一无所知”。康德甚至批评说，如果我们只是说“神是存在的”，那我们对于所说的“神”等于什么也没有说出来，或者我们对于“神”“一无所知”，因为“神”这个“主词”如果没有任何“表现—开显”，则我们对它只能“一无所知”，而我们说出的“神”这个“语词”也只能是一个“空洞”的概念，此时“神是存在的”只是一个“抽象”的“同语反复”。

“存在”不是“宾词”，也就是说“存在”本身并不“进入”“时空”的形式，作为单纯“主词”的“存在”是一个单纯“抽象概念”，是一个单纯的“思想体”，而不是一个“实在体—实体”。“存在”本身——“事物本身—物自身”竟然是一个单纯的“思想体”，而那些原本是“思想”产生出来的“逻辑概念—范畴”却倒具有“现实”的“权利”，通过“时空”进入“经验现实”，这个问题，康德“批判哲学”反倒认为是合理的，而“理性—思想—范畴”要进入他判定为单纯“思想概念”的“存在”本身，则康德反倒认为一定—必定会发生“二律背反”，在这个意义上，康德的“二律背反”乃是“理性—思想”“自身”的“矛盾”，亦即“思想—理性—范畴”仅仅“面对”“思想体”，而“离开”“实在体—实体”的领域，没有“规定性”和“限制”，必陷于矛盾。

康德揭示的“理性”“自身”“矛盾”的必然性受到黑格尔高度的赞扬；甚至黑格尔认为，“理性”“自身”的“矛盾”，也可以由“理性”“自身”来“化解—扬弃”，而不必“接受”一个“外在—外来”的“规定”和“限制”才能“克服—避免”“自身”的“二律背反”。

“理性”不限于“自身一贯”的“逻辑”“形式”，“理性”也不限于“知性”，不限于“先天直观”和“先天概念”在“自洽”的基础上所建立—建构的“经验科学”，也就是说，“理性”不仅在“知性”层面上面对一个“直观”的“对象”，“理性”也面对“自身”，即以“超出”“直观”

的、非“直观”的“自身”为“对象”。“理性”缺少“直观”的“限制”，“理性”为“自由”，在“自身—绝对”意义上的“自由”，而这个意义上的“理性”“自由”必定产生“矛盾”，“自由”为“自相矛盾”，“理性”“摆脱”“直观”的“结果”是“自相矛盾”，“自相矛盾”也就会“自己限制自己”，“自相制约”，而由此产生积极意义上的“自相矛盾”，于是出现黑格尔意义上的“辩证法”；康德赋予了“辩证法”以“必然”（但消极）的意义，黑格尔赋予了“辩证法”以“自由”（但积极）的意义。“辩证法”是“理性”“自身”“必然”的“自由”，也是“自由”的“必然”。

由于“辩证法”积极意义之阐述，黑格尔将康德“改造”“形式逻辑”的工作又推进了一步。“形式逻辑”不仅“发展”为“先验逻辑”，而且进一步“发展”为“辩证法”的“逻辑”，在这个意义上或者也可以叫作“辩证逻辑”，只是这里的意思不仅仅在于“知识论”，而且在于“存在论”。“辩证法”“辩证逻辑”乃“存在论”的“逻辑”，即“存在”的“逻辑”。在“存在论—存在”意义上讲“逻辑”，讲“法则”，也就是古代所谓的“逻各斯”。“逻各斯”乃是“存在论”意义上的“存在”的“逻辑”。

何谓“存在”的“逻辑”？或许，我们可以说，康德的“知识论”的“先验逻辑”是“宾词”的“逻辑”，而黑格尔的“辩证法”乃“主词”的“逻辑”。

在康德意义上，“主词”所谓的“存在（者）”必由“宾词”的内容“给予”其“规定”，从而成为“现象”，也才能“认知”这个“主词”是“什么”，如果没有“宾词”，“主词”—“事物”“本身”是“不可认知”的；黑格尔并不否认没有“宾词”的“主词”只是一个空洞的“名字”，他认为，“主词”的“宾词”不是从“外部”“加给”“主词”的，而是“主词”“自身”“开显—发展”出来的，从“主词”到“宾词”是一个“发展”的“过程”。

“主词—主体”是一个“实体”，“宾词—客体”是“属性”，“属性”

并非“外在”于“实体”，原就“在”“主体”里，“实体”原就是“主体—客体”“统一”的，是一个“矛盾”的“统一体”。

这样，在某种意义上，“主体”好像一粒“种子”，枝叶、果实的“属性—性质”，都“蕴含”在这颗“种子”里，“种瓜得瓜，种豆得豆”，但是“枝叶、花果”又是从“种子”中“发展”出来的，相对于“种子”来说是一些“新东西”，原本（在“种子”中）是没有的，于是这个发展的过程，既可以说是“从有到有”，也可以说是“从无到有”，“发展”是“有”和“无”的“矛盾”并“统一”。

于是，就“逻辑”的“概念体系”来说，“宾词”固然是“属于”“主词”的，但除分析命题外，“宾词”并不能从“主词”“分析”出来，它们的关系，按照康德的观点，是一种“综合”的关系，“科学知识”的“判断”都是“综合判断”，康德论证，这种判断不仅仅依靠“经验”，它以一种“先天性”的“综合判断”为基础，康德“知识论”的主要工作就在于阐述这种“先天性”的“综合判断”何以可能。

就黑格尔来说，他则以“辩证法”来涵盖这种“先天性”的“综合判断”，从矛盾、对立统一的视角来阐述这种“先天综合判断”。所谓“综合”原本就是“矛盾—对立”的“统一”，这种“对立统一”的“发展”又是“必然”的，因而也涵盖了康德的“先天性”，但“辩证法”同时还是“先天—后天”“超验—经验”等“对立面”的“统一”。

“主词”中“孕育”着“宾词”，意味着“主词”并非单纯的抽象“概念”，而是一个“辩证—思辨”的“概念”，“主词—主体”是一个“矛盾体”，“概念”就“孕育”着“实在”，在这个意义上，“概念”就“孕育”—“是”“实体”，反过来说，“实体”也“孕育—是”“主词—主体”，即一切“实在的对象”，也同时就是“概念”，“思维（概念）”与“存在（实体）”在辩证法的意义上具有“同一性”，而不仅仅是康德“批判哲学”意义上“概念”与“直观”的“先天”关系。康德固然很正确地指出，“概念”中的“一百元”与“现实”中的“一百元”，完全是不同的，但在黑格尔看来，如果“一百元”是“真正”的“概念”，即不是

“幻想—空想”，则在这个“概念”中，必“涵盖—蕴含—孕育”着自身的“现实性”，通过“努力”，这个“概念”必成为你的“实际财富”的一部分。或许这种“转化”的工作并未成功，但你是认真地在“让”这个“概念”“实现”的，这个“概念”并非“抽象—空洞”的“幻想”。

黑格尔这个“思维与存在同一性”思想，在后来的现象学派创始者胡塞尔那里得到了承认和发挥，成为胡塞尔现象学“本质—现象同一”的基础，而把“感觉—感性自然”的“自然科学”“悬搁”起来，“现象学”成为“最严格的科学”和“理念的科学”。

胡塞尔的“理念”不同于康德，而接近于黑格尔，是一个“思想”和“实在”同一的“理念”，不是一个单纯的“思想体”，而且也是一个“实在体—实体”。面对“理念世界”，正是回到“事物本身”；但是，胡塞尔的现象学也跟康德一样，把“思维与存在同一性”问题主要从“知识论”的“直观”与“概念”的关系中去理解，他强调的是“本质”的“直观”和“直观”的“本质”，对于“存在”这个环节，是他的学生海德格尔发挥出来的。

海德格尔的《存在与时间》对于哲学的贡献并不因为他曾一度供职于纳粹统治德国时期的大学而可以完全抹杀。与我们论题有关的在于：随着“时间”进入“存在”的视野，海德格尔使欧洲传统“存在论”发生了巨大的变化。“存在”不是一个“固定”的 existence，而是一个“动态”的 Sein。

作为“主词”的“实体”，黑格尔已经让它“动”起来了，“主体—主词”“孕育”着“客体—宾词”，由此“开显”这个“实体—主体—主词”“自身”；也许，正是海德格尔，不仅让“主词（主体）—宾词（客体）”“动”起来，连带那个原本是“联系动词”的“是”也“动”了起来，“联系动词”真正成了“存在动词”。

让“是—Sein”“动”起来对欧洲的哲学思维来说是一件了不起的大事（Ereignis）。“是—Sein”是欧洲传统形而上学的“最后”的“堡垒”。康德、黑格尔已经在不同的方面、不同的层次上“摧毁”了这个“碉堡”，但这个碉堡的最核心部分——“存在”，虽然已被“震撼”，但尚未被“摧毁”，海德格尔用“时间性”这个“炸弹”使“存在”化为“碎片”，后又在赫拉克利特的熊熊“烈火”中“融为一体”，但“存在”的“火”却“永不熄灭”，永远“在”运动中。在这个意义上，“存在”是“燃烧体”，而不是“凝固体”。

“存在”是一个“大熔炉”，是一个“活”的“熔炉”，因此也是一个“活”的、“大”的“综合体”，“存在”“吞噬”“一切”，举凡“主体—客体”“思维—存在”“感觉—理智”“概念—直观”，等等，都“在”这个“大熔炉”里得到“锻炼”。“存在”之所以有如此巨大的“能量”，是因为它就是“时间”，就是“历史”，而希腊人说，“时间”是“儿童”，但也是“王”，“时间”“主宰”“一切”，而且永为“无辜者”，正是从“时间”中产生“善恶”“正义—非正义”。

“时间”“综合”“一切”，这就是“逻各斯”，在海德格尔那里，“逻各斯”是“时间”的“原则”，“存在”的“原则”。

二　“逻各斯”所蕴含的“聚集”意思

海德格尔在他1935年所作而1953年发表的《形而上学导论》中比较详细地阐述了“逻各斯”所蕴含的“聚集”的意思。

海德格尔先从“逻各斯—Logos”希腊文辞源来阐述，说这个词从一个意思为“集聚”的动词变化而来，以此解释这个词原本就是“集聚”的意思，而“言说—说道”是后来演化出来的。这样的考据，似乎与在《存在与时间》一书里的用法有所不同，但它和“存在—时间”的关系，则是一贯的。“逻各斯”不是主观的“思维”“规则”，而是客观“存在”的“时间”“轨迹”，于是“逻各斯”是“道”，是“道路”，在这个基础上，亦即在“语言是存在的家”这个意义上，“逻各斯”也是“道—言说”。“存在”“住—驻”“在”作为“时间轨迹—道路”的“语言—道”这个“家”里。这样，在本源的意义上，“思（维）”和“（存）在”，在“存在论”上是

"同一"的。"思维与存在同一性"这个命题，由黑格尔的思辨理性—辩证法"理念"上的意义，转化为"存在论"上的意义，由"超越知识—绝对哲学"的意义，转变为"时间性—存在论"的意义。用黑格尔自己的话来说，思辨意义上的"逻各斯—辩证法"被"扬弃"，"精神""克服""矛盾"发展"回归"到"精神自身"，则为在"时间"意义下的"存在""回归"于"存在""自身"。"回归"之"路"，即"历史"之"轨迹"，即"逻各斯"，即"保存—存留—住在""语言—话"里的"存在—曾在—将在"。在"逻各斯"意义下，"思—在"原本是"一"，"逻各斯"将"思"和"在""集聚"起来，"合二而一"。

"思—在""合一"，也是"主体—客体"的"合一"，也是"主词—宾词"的"合一"，"逻辑"将它们"分"开来"研究"，"逻各斯"将它们"合"起来"思考"。

黑格尔将"宾词"的"属性""吸收"到"主词"里来，使"主词"的"（诸）宾词—属性"成为"主词—主体""能动""发展""历程"，黑格尔的辩证法"扬弃"了"主—客"双方的坚硬的对峙，使"客体""归属"主体"成为"主体"的能动"开显"自身"的种种"形态"。黑格尔以"主体—主词""同化"了"客体—宾词"，将"形式逻辑""改造—转化"为"辩证法"，这个工作的巨大的启发性，在海德格尔的工作中有明显的印记，他在阐述"逻各斯"的"集聚—综合"意义时明确地将其规定为"矛盾""对立统一"的意思。所谓"综合—集聚"并非堆积并列，而是将"矛盾—对立""双方""统一"起来。

然而，细想起来，海德格尔对"逻各斯"的阐发和黑格尔也有精神上的不同，或者说，在这个问题上，海德格尔有所变化发展也未尝不可，而之所以有此变化发展，也和他们的哲学基本根据有所不同有关。

就这个问题说，海德格尔的视野并不限于"主体—主词"与"客体—宾词"的"关系"上，既不是将"主体—主词""归属于""客体—宾词"，也不是将"客体—宾词""归属于""主体—主词"，而将文章做在那个"联系词—einai-sein"上，这项工作，虽然并不是"全新"的，甚至还是很

“古老”的，一直可以追溯到古代希腊“前苏格拉底”时期，但是海德格尔在这个问题上“注入”了“新”的意思，“包容”了黑格尔的工作而又有所“推进”，或者叫“推后”，将黑格尔的“辩证法—逻各斯”精神“灌注”到传统“存在论”中，使之为之“面貌一新”。

就一般“形式逻辑”言，这个作为“联系词”的“是”甚至是可以“省略”的，亚里士多德讲“三段论”是用“符号”做“前件”和“后件”的，这个词往往被“省”掉；而且某些民族的语言中，古代往往并无这个词，古代汉语和俄语中都没有，这对黑格尔倒是比较方便的，因为他关注的重点是“主—客”的关系；但是古代希腊则在这个常常只是“联系”“主—客”关系的“小词”里看出了深刻哲学含义，抓住了不放，居然逐渐地形成了一门大学问——存在论。

当然，这门学问从亚里士多德开始就遇到了很大的麻烦，“存在”既不是一般所谓的属性，那又当如何理解？随着欧洲哲学思考的历史发展，存在论的麻烦和问题越来越多，遂有康德“知识论”的“转向”，从康德到黑格尔都在这个“转向”之中，但是黑格尔本身对于后来的变革，已经“呼之欲出”，没有黑格尔的辩证法之启发，可以想象海德格尔的工作要困难得多。

体会海德格尔在这个问题上的意思，“存在—Sein”的“能动性”有“能力”将“主体—主词”和“客体—宾词”双方都“吸收—集聚—综合”进来。在这个意义上的“Sein”就不仅仅是“联系动词”，而且是真正的、完整意义上的“存在动词”了。这个“是”，就是“在”。于是，“集聚—综合”的“逻各斯”就是“在—存在”的“逻各斯”，是“逻各斯”将“主”和“客”“集聚”起来，而且，原本那个“是—在”就已经“蕴含”了“主”与“客”，“蕴含”了“实体”与“属性”，是后来发展成“逻辑”的“思维规则”将它们“分”了开来，海德格尔（还有黑格尔）重提“逻各斯”首先就要把被“分割”的东西“重新”“聚合”起来，“回归”到它们的“源头”。

在这个“源头”，“存在”并不是一个“抽象”的“名词”，既不是

“主词—主体”，也不是“客体—宾词”，既不是单纯的“实体”，也不是单纯的“属性”，而是“集聚—蕴含”了二者的实际的“存在”，在某种意义上，这个“存在”就是亚里士多德第一层意义上的“实体”，而亚里士多德之所以要分出第二层意义的“实体”，或是“思维”“范畴”的需要。在第一层意义上的“实体”“集聚—蕴含”了“主—客”，“集聚—蕴含”了第二层意义上的“实体”和“属性”，“实体”不仅是“主体”（黑格尔），而且是“存在”。

“实体”是“存在”，反过来也就意味着“存在—是”是“实体”，而不仅仅是一个“概念”，一个“符号”，一个“语词”，一个“逻辑系词”。

这样一种理解不仅使得“存在”“实在”起来，而且也使得“实体”“实在”起来，“实体”也曾经被理解为一个“抽象”的东西。

“实体”是“主体—主词”可以理解为一个“概念”，即使是“思辨”的“概念”——“辩证”的“概念”，“概念”与“直观”相统一的“概念”，终究还是一个“概念”，它只能与“存在”的“形式”条件——“时间—空间”在“先天性”上相结合，因而黑格尔的“主体—主词—实体”“概念”也还有“超时空”的意思在内。黑格尔的“发展”主要在于“概念”的“逻辑”的“推衍”，将现实的“历史”进程“容纳”进他的“辩证发展”的“推理”中，因而，他的“逻各斯”，仍是一种“思维”的“逻辑”。

如今“实体”与“存在”“同一”，“时间—空间”就不仅仅是“认识主体”的一个“先天条件”，而是“存在”的“客体现实性”的“条件”，“存在”与“实体”、“时间”“三位一体”。“存在—实体”的“变化—发展”就不仅仅是“逻辑”“概念”的“推衍”，而是“现实历史发展”的“轨迹”，这个“轨迹”，就是“时间”，就是“逻各斯”。“逻各斯”将“主体—客体”的“概念”“集聚—吸收—融汇”到“存在”中来，“存在”是一个“大综合—大汇合”。“存在”是“风云际会”的“历史”，是“天地人神”“四位一体”（海德格尔）。

在这个意义下的“时间”已不仅是康德理解的“感性直观”的“形式

条件”，不仅是为了进入“逻辑概念—范畴”“推衍”的“必要前提—条件”，不是为了替“因果性”“推理”作“准备”的“先—后”“先天”关系，而是一个实实在在的“过程”，“时间”的“逻各斯”“吞噬”“一切”，将“过去—现在—未来”“一切”“实体—实事—存在者（包括人及其技术产物）”都“裹挟”进来，“汇集—聚集”成“历史”的“洪流”，“时间”的“洪流”。

“历史—时间”的“洪流”不是“逻辑”的“推理”所能“穷尽”的。在这个意义上，真实存在的“历史—时间”并不是将已知的或预计的“实事”“编辑—编撰”起来使之成为一个“合理”的“体系”就能“完成（任务）”的。康德已经相当雄辩地指出，“事物”的“本身”是我们“合逻辑”的“知识”所不能“把握”的，亦即真实的“历史”是不能“逻辑”“必然”化了的。“历史”充满了“偶然性”，过于“复杂”的“条件—材料”是不能穷尽的，但“历史”的探索工作要“穷尽一切细节”（福柯），这大概也就是康德的“二律背反”在“历史”“终极知识”问题上的表现。

这样，康德在“逻辑”框架中的“科学知识”，只限于“现象界”。康德认为“本质”只是一些没有直观的概念，是一个“理念”，但他的“直观”又是为某一些概念（知性范畴）“服务”的，只是为“知性”的“范畴”提供“材料”；在这个“界限”之外的广大领域，那个作为“思想体”的“本质”领域实际上却是真正的“存在”的“领域”，是实实在在“实体”的领域，它的“无限—无穷”亦即“日益丰富”的“宝藏”，“等待”着人的“理性”去“发掘”。“理性”在“开发—发掘”中“丰富”自己，“自己”“规定—限制”“自己”。

在“逻辑”框架中的“科学知识（包括历史知识）”注视着“事物”的“必然性”，而“时间—存在”的“逻各斯”却“开放着—打开了”“事物（包括历史）”的“自由”。

“时间”为“不可限制”。“存在—时间”“聚集—吞噬”“一切”同样“不可限制”，“穷尽历史一切细节”是一个“不可限制”的任务，一个

“自由”的任务，是一个“未完成”的任务。有了这个任务，“历史科学”才有了“自由”探索的“权利”，才不是一门单纯“形式”的“科学”。“历史”的“逻辑”有“（历史）存在”的“逻各斯”作支撑，才是一门“不可限量”的“科学”。

“自由”并非“为所欲为”，“自由”不是单纯“主体性”的，也不是单纯“客体性”的，“逻各斯”“综合”了它们，“自由”是一个“大全”。“逻各斯”是一个“大全”。“实体”不仅是“主体”，也是“客体”，“实体”是“全体”。“实体—存在—时间”为“大全”。

就“知识”的“逻辑”言，“大全”是一个“理念”，但就“逻各斯”言，这个“理念”也就是“存在”。“大全”没有“知识”意义上的“直观”，但这个“直观”就“在”这个“大全—理念—存在”中，“逻各斯”把“一切（包括直观和概念）都”聚集—吸收“进来”，举凡我们的“思想—言论—行动”都“在”“时间—历史”中“留下—存留”了“轨迹”，“等待”着“他人—后人”去“辨认”。“逻各斯”“存留”了“一切”的“轨迹”，“等待”“历史学家”——“人”作为“历史性”的“存在者”去“辨认”。

“实事”当有“被遗忘—被掩盖”的，但有“逻各斯”为我们“（保）存”“在”那里，“时间”“在”“空间”里，终究会“被发掘”“被辨认”出来。

我们中国人常常把“逻各斯”译成“道”是很有理由的。“道”不仅是“逻辑”的“理”，而且是“事物—存在—历史”的“道路”，“路”是人走出来的，是“自由”探索出来的，不是穿新鞋走老路，“道”是“开创性”的，“道可道非常道”说的不是“老路—常道”。

“道”也是涵盖性的，“道”“通”“万物”，“道”“通”“古今”，“道”为“不可限制—不可限量—无限”，“朝闻道，夕死可矣”乃是一句感叹的话，“道”不是一个“固定”的“东西—事物”，不可以用“金钱”和“权力”“买”来，“道”是“开放”的，“不断发展”的。

“存在”是“动态”的，“逻各斯”不是一个固定的“格式”，也是

“动态”的。“存在”的“逻各斯”，也就是“历史”的“自由”的“命运”，而不是“历史”的“命定”。

人们“思考”“存在—历史—时间”，也就是“自由地”“思考”那个“道”，那个“逻各斯”；并不是我们“思者”有“主观”“随意性”，而是那个“存在—逻各斯”原不仅是那“逻辑”的“必然”。

黑格尔的艺术哲学

贺　麟*

黑格尔的艺术哲学，一方面把理性运用到艺术领域里，另一方面把辩证法运用到艺术里。这是他整个哲学体系不可分割的一部分。

黑格尔关于美的基本定义是："美是理念，美的事物是符合自己的理念的事物。"他认为"艺术品是理念（美的）的体现"，理念不仅是真的，而且是美的，"美的东西可定义为理念之感性的显现"。这个意思就是说，凡是美的东西，都是符合自己的本质，符合美的范畴，体现了美的理想的。

中国有句古话："文以载道。"我觉得，黑格尔的艺术哲学，就是遵循这个路线的。什么是"道"？"道"就是理念、真理。"文以载道"，就是说艺术必须体现理念、真理。"文以载道"，背后的哲学基础是"万物莫不载道"。可见，连哲学基础都是和黑格尔一致的。而艺术的特点则是用直观的方式、形象的方式来"载道"，所以黑格尔说："美是直观的真理。"自然也是直观的理念，但到了审美领域里就得到了自觉。

由此可以看出，真、善、美是统一的。美既是真的，也是善的。美既然"载道"，当然是真的、善的。

* 本文刊发于 1982 年第 5 期。作者贺麟，时任中国社会科学院哲学研究所研究员，曾任第三届及第五届全国政协委员、中国社会科学院哲学研究所西方哲学史研究室主任、中华全国外国哲学史学会名誉会长。

黑格尔这种“美是理念”的思想，可以和柏拉图的美学观点联系起来。柏拉图在斐多和斐德诺（Phsedrus）的对话里说：“由于美，美的事物成为美。”这就是说，美就是理念，由于体现美的理念，事物才美。

黑格尔的“美是理念”和“文以载道”的思想，是否唯心？不以物质为第一性而以理念为第一性，当然是唯心的。唯物主义也有自己的美学原理，美的标准和概念。不过我们所说的“道”，是有阶级性的“道”，是体现了无产阶级思想感情的“道”；黑格尔讲的则是少数剥削阶级艺术家的“道”。我们应当从这里区分唯物论和唯心论。

黑格尔认为，美是统一、全、具体共相，美是真实的，不是独立的、孤立的。美是个别与一般的统一，是必然性与自由的统一，是精神性与自然因素的统一。黑格尔认为，精神在发展过程中，自己医治了感官与精神的割裂。他说：“美既是现象的自由，自由的现象只能是出于自由与必然，精神与自然，理想与现实的统一。”美是基于事物的本质，基于精神与自然的统一。这种从精神产生出来的或再现出来的自然，就是美或艺术美、理想美。这就是说，美实现在艺术里，是艺术中的精神实质、内容实质。

我们现在应当提到黑格尔的另一条原则：“美是理想与现实的统一。”黑格尔认为，理想孕育于现实之中，它是现实的最健全的发展、最完美的形态。它就是现实中最真实的东西。我们平时说的“真正的人”，就是理想的人，同时也是美的人。所以任何美的东西，就是符合它自己的概念的东西、本质得到实现的东西。反之，坏人则是不真实的、不美的人。可是，为什么还有坏人存在呢？坏人之所以存在，也是由于他终究部分地以某种方式符合于它的概念，部分地实现了自己的本质。所以，在黑格尔看来，没有绝对的丑，也没有绝对的恶。

接着，黑格尔提出了艺术中的又一原则，即“美是内容与形式的统一”。黑格尔认为，形式的缺陷，往往根源于内容的缺陷，而一个艺术作品的形式越完善，则它的内容和思想之真理性就越深刻。美具有精神的内容（绝对、理念、道、真理）和感性的形象（形式）。内容与形式的统一，就是指这两者的统一。

从以上叙述可以看出，“美是真的”，“美是精神内容与感性形式的完善统一”，“美是客观的”，这三个命题，在黑格尔的艺术哲学里是完全统一的。

根据这些理论，黑格尔对艺术的夸大、讽刺也提出了自己的看法。他认为，夸大、讽刺与日常现实生活比较，是一种假象；但这种假象又扬弃了、摧毁了自己。在这种夸大、讽刺中，包含了美和艺术的本质。这就是所谓真中有假、假中有真，幻中有实、实中有幻。

黑格尔又对形式的美（外在的美）和内容的美（内在的美）进行了区分。如匀称、整齐、和谐，声、色、线条，等等，都是黑格尔所谓外在的、形式的或抽象的美。内容方面的美，如天之蔚蓝，如风月之清明，皆是。

黑格尔认为，自然的、内在的、真正的统一，就是生命，其中保持着个体的独立性，包含了自我和自由。有一个内在原则（灵魂）浸透着、贯穿着物质，使身体有秩序、有条理、有生命、有灵魂，由植物到动物，由动物到人的有机体。所以，伟大的艺术体现伟大的精神。

应当说，黑格尔的艺术观是理想主义的，他坚决反对自然主义和客观主义的艺术。他说：“艺术不应当在描模各色各样的现象上与自然竞争，而是明白自己的特点，在精神内容上胜过自然。具体的精神内容本身就带给它自身以外在的真实的感性的表现，犹如我们读到一首高尚的诗，不禁手舞足蹈，高声吟诵起来。”所以，“纯客观性不是真正的艺术美，艺术就是艺术家精神面貌的显现。没有诗人的地方，也就没有真正的诗，而诗也就是诗人（的人格、精神面貌的表现）”。他又说：“最伟大的艺术是强有力的、伟大的心灵的完满表现。”黑格尔特别称赞席勒，他说：“例如席勒，在他的作品的真情实感（Pathos）之中，显现出他的灵魂的全部力量，并且是一个伟大的灵魂，它穿透到主题的真正核心中去，并且能够表现出它的最深刻的意义。”所以黑格尔特别强调艺术家的精神修养——伟大的心灵。“一颗伟大的心灵”，成了黑格尔对艺术家的命令式的要求。黑格尔认为，至高至美的东西并不是我们不能认识的、不能表达出来的东西，它是自然而然地必然要表达出来的，所以他说：“一个艺术家的作品是这个艺术家的完满的果实，并且精确地反映出他的真面目来。”黑格尔既然说艺术是人格精神的写照，那么它就不是自传式的，因为那是属于自然主义范畴的。

我们听惯了车尔尼雪夫斯基的“美是生活”的定义，对黑格尔“艺术美高于自然美”的原则未免有格格不入之感。我们现在就要来考查这个问题。

不错，在黑格尔看来，因为艺术美是从精神上产生的或再产生的，精神和精神产物既然高于自然和自然现象，那么艺术中包含之美高于自然中包含之美就是很自然的事了。这还是就其相对的地位来说的。真正讲来，黑格尔认为精神是世界的真正的本质和内容，任何美的东西只是分享有精神或是精神的产物。这样讲，自然美只能是精神美的反缺，自然美只是精神美之不完善、不完备的表现。举一个通俗的例子就可以清楚了，譬如画的水果，它的价值无论如何要高于水果店里的水果。这是艺术美高于自然美；而黑格尔这个原则还有另外一个意义，就是艺术美要高于生活。车尔尼雪夫斯基说“美是生活”，这在当时，不能不说具有进步的社会政治意义。但黑格尔认为艺术美要高于当时庸俗的生活，这也是一种不满现实的表现。黑格尔反对现实的庸俗、死板、藐小，认为悲剧不是感伤，艺术不是矫揉造作。黑格尔的这些言论，当然是唯心主义的；但是它包含了对当时德国政治生活的否定，坚持了艺术中崇高的理想、光辉的性格、强有力的热情。这是从其理想主义出发，强调艺术的理想化的必然结果。这种关系（艺术与生活的关系），犹如逻辑与历史的关系一样，历史、生活是紊乱的，逻辑、艺术则是更有条理，更符合客观规律和理想的。处在当时德国的那种情况下，黑格尔既然不能用革命手段来改革现实生活，只得在艺术中超出现实、改造现实，这无论如何也可以说是有一定合理因素的。

艺术还有一个特性，那就是永恒性。这个问题，也是很难解释的。我们先谈谈黑格尔的看法。黑格尔认为，伟大的艺术体现了最真、最美、最善的理念，也就是体现了绝对的理念。因此，伟大的艺术是时间隔得越久，其价值越高，它能经得起时间的考验，永不褪色。伟大的艺术作品本身就是一个海洋，一个无尽的源泉，所以人们往往并不是在它们一出现时就立刻认识到它的价值，甚至当时还可能误解它。越是伟大、越是深刻的艺术作品，当时的社会就越无力正确地了解它，需要等待时代的变迁、人类的进步，创造出新的条件来了解它。艺术作品的伟大，在于其精神内容的深刻性和丰富性。古典艺术品由于体现了青春、自由、美丽，这就会使一些处在不自由的、冷酷的、丑恶的现实中的人不胜向往，也会使一些自由的人产生共鸣。

黑格尔是以极其严肃的态度对待艺术的。他反对当时庸俗的贵族把艺术当作消遣品、玩意儿、装饰品来看待。在这一点上他甚至反对康德。康德认为，情感欲望和道德很难调和，而艺术正是既满足情欲又满足道德的。其实康德这个观点还是有一定的道理的，可是黑格尔反对。黑格尔反对艺术同时侍奉情欲和道德（亦即感情和理性、嗜欲和义务）两个主人。

黑格尔认为，艺术必须从工具、仆从的地位中解放出来。当时有些人认为艺术是梦境、幻境、自欺。英文的“Fictions”（小说）基本的意义是“虚构”“杜撰”，德文的“Dichtung”（诗）也有“捏造”的意思。看来，这些曾经为黑格尔所坚决反对的艺术观点，却是近代资产阶级艺术理论家所竭力鼓吹的。因此，我们现在研究黑格尔的艺术理论，还是很有意义的事。黑格尔反对艺术无独立性、无自由性而只是达到个别目的的工具，认为艺术自身有其目的，它表达事物的本质。这就是说，它是自然与精神的统一。黑格尔认为，欺骗、虚假绝不能达到真实、伟大的目的，真理是由真理自身产生，绝不产生于虚假。黑格尔把艺术抬到如此的高度，甚至认为艺术比现实更真，这是什么意思呢？譬如我们读《红楼梦》，觉得贾宝玉、林黛玉等人物比自己的哥哥、妹妹还要亲切，比了解自己的哥哥、妹妹还要了解得深，这就显示了艺术的伟大的、精神的、现实的力量。

黑格尔进一步发挥说，艺术的目的在于使事物的神圣意义、人类最深刻的利益、精神上最普遍的真理得到自觉和表现。他说：“艺术是精神对物质的胜利，精神、理念通过物质形象表达自己。”艺术性越高，则越需要精神化的物质形象来表达。在黑格尔看来，了解一个民族的精神、智慧、宗教的关键便是艺术。

黑格尔认为，精神的内容本身要采取适当的外在的、真实的、感性的形象表达它自己，所以艺术的内容题材是最重要的；形式的缺点，往往由内容题材引起，而不完全是艺术家的技巧不好。艺术的形式越完美，它的思想内容就一定越深刻。

现在我们分析一下黑格尔对艺术发展阶段的看法。黑格尔认为艺术也是从低级到高级发展的，这个过程的本质就是精神战胜物质的过程。

——象征艺术：这种艺术所体现的理念是模糊的、隐讳的，而其所用的感性材料和它的理念是外在的关系，是不协调的关系。这种艺术，往往用某些象征性的形象暗示某些意义，譬如，用狮子表示威武，用龙象征帝王的美德，一句话，用动植物，用自然的东西，来象征神圣的东西。在黑格尔看来，这是较低级的艺术，并且受了泛神论的影响。据他说，象征艺术正是东方艺术的特点或缺点。那么，在黑格尔看来，东方艺术当然是较低级的了。这显然是他的民族偏见。他不知道东方各族人民也是有极其优美的古典艺术和浪漫艺术的。

——古典艺术：在这种艺术阶段里，精神和理念得到了较适合的表现，得到了较明确的表现。一般都用人的形式来表现理念，如雕刻，以身体的感性形式作为表现精神的外衣。这样就比象征艺术进步得多了。它显示了内容与形式的统一，主客观的平衡，显示了青春、和谐、明朗。但是，古典艺术没有表现严重的、暴风雨般的斗争，所以有待于进一步的发展。

——浪漫艺术：这种艺术是用精神工具来表现精神。就像逻辑学用概念来表现理念而成为最高科学一样，浪漫艺术作为最高的艺术，更偏重于主观。象征艺术是偏重客观性，古典艺术是主客观的统一，而浪漫艺术则是偏重于主观性。在浪漫艺术里，精神统率了物质。内心生活、内心世界是浪漫艺术的内容。因为理念是精神的，或精神化的，而表现在人的内心生活、情感和情意中，所以对于浪漫艺术来说，情感高于一切。黑格尔说："只有将艺术与偶然外在现象比，方才能说艺术是假象，现象与经过精神飞跃的艺术比，倒反而艺术是真相，现象是假相。"

按照精神对物质的胜利的原则，黑格尔对特殊的艺术形式也作了分析。

——外在艺术

建筑：这是最低级的艺术，它只是以它的形式，暗示、象征理念。这是一种感觉的、物质性的形式，譬如神灵降临、群众集合祈祷的庙宇等。

——客观艺术

雕刻：在这里，材料得到更多的雕琢，精神更多地支配了物质。

——主观艺术

是用色调、声音、语言来表达多样性的特殊化的内心生活、情调、情感、苦难、灵魂的波动等。

绘画：它重视觉，重色彩，用明暗、对称的方式表现美。它的材料较少物质性，神灵本身以物质的形态出现，表现更多的精神性；并且材料、内容可以有无限多样性，不论是自然的还是精神的东西，都可用图画表现出来。建筑和雕刻都是用立体的物质材料，而绘画则是用平面，就是说不要求感性的完备，从而在理性、精神上要高于建筑和雕刻。

音乐：它是通过音调倾吐心灵和情感，它能感动人的灵魂、血液，是一种精神性的艺术，重视人类灵魂的最深刻的本质。它虽然仍是感性的，但已有了较深的主观性。它否定了空间，把感性理想化了，由可见的转变为可听的。由可见到可听的音乐，是由绘画到诗歌的过渡。在精神性方面，音乐比诗歌还要低一等。

诗歌：诗与音乐虽然都利用声音、音调，但音乐所表达的感情是模糊的，不明确的；而声音在诗人手里，就成为确定的音调、文字、语言，以此来表达情感当更有力量。诗是最丰富的无穷无尽的艺术，在诗里，美的想象得到最高的发展。诗同时是综合性的艺术。诗有建筑的结构，有雕刻的刻划，又能歌唱，有音乐性，诗中又有画意。诗不仅是综合性的艺术，而且还超出建筑、雕刻、绘画、音乐，成为一个独立的形式。

黑格尔把诗歌又分成三种。

史诗：是诗歌的儿童时期，它客观地描写自然和历史的奇迹和光荣。

抒情诗：主观性较强，因为它回到不可见的世界——个人的灵魂；它带有浪漫的色彩。

剧诗：这种艺术形式，在黑格尔的时代是最流行的，如莎士比亚、歌德、席勒等都是以剧诗为主导的人物。黑格尔认为，剧诗只有最文明的民族才能有，剧诗是再现历史、自然及人心中的情感、冲突、矛盾的过程。

最后我们应当提到悲剧，因为在黑格尔看来，悲剧是最高的戏剧。

悲剧的成分据黑格尔说，是人物和动作。悲剧的特点是非常人物的非常事变，结局是惊心动魄的惨痛。这里自然会提出这样一个问题：悲剧英雄何以会得到惨痛的结局呢？对这个问题，历来有两种回答，这就是命运说和公理说。不言而喻，黑格尔是赞成公理说的。命运说以为客观世界无道德秩序，一切由命运决定，由此得出悲观的结论；公理说则认为客观世界有道德秩序，世界上存在公道。

我们研究悲剧，必然涉及伦理学、历史学，罪恶的起源，意志自由或命定、行动的责任，人生的意义等问题。

黑格尔认为，悲剧主要是冲突，而矛盾的对立就形成悲剧的冲突，矛盾的统一就是悲剧的和解。黑格尔认为，理念同样在悲剧中，是人类基本的、普遍的、合理的主题，也就是统治人类意志与行为的精神势力。在黑格尔看来，悲剧人物都是伦理观念，如忠、孝、荣誉、爱情、责任等的化身，悲剧的英雄正是以强烈的感情、坚强的意志体现这种伦理的力量。但是，每个悲剧人物都仅代表一种伦理观念、一个片面，悲剧就是起于两种片面的、互相排斥的伦理力量的斗争。每一个悲剧英雄都有片面的合理性，但也有其局限性，这就包含了失败的种子。这两种互相排斥的力量的斗争，其结局只能有两个：或者得到和解（有外力的和解及内心的和解两种），不致演成悲剧；或者不能得到和解，演成惨痛的悲剧。在悲剧中，两种对立的力量同归于尽；但被摧毁的并不是伦理观念本身，而是那片面代表伦理理想的当事人。这样，悲剧就体现了永恒的公正，使人觉得理性是公正的。这意思就是说，在悲剧的全部过程中，全面（理性）通过对片面的否定而得到实现。因为在黑格尔看来，片面的善，也可能变成恶；而恶，也可能成为实现善的手段。尽管悲剧的结局是惨痛的，但它显示了理性的力量，证明了理性是无往不胜的。黑格尔认为悲剧本身就得到消解，换句话说，悲剧本身就告诉我们，任何的片面性都是要被摧毁的，理性的威力是任何人违反不得的。悲剧给人的是哀怜和恐怖的感情。哀怜的是悲剧英雄毕竟还代表了一种伦理观念，恐怖的是理性的威力，人们必须更尊重理性。悲剧虽然是否定的，但终究通过永恒公理（理性）的胜利，最后将冲突归于统一，给人以肯定的结果。

对黑格尔的悲剧理论，我觉得有两点是可以批评的：首先，悲剧主角，并不一定都有缺点，也可能都是好人，如梁山伯与祝英台，并没有什么片面性；当然，祝英台的父亲是片面地体现了封建礼教的。其次，悲剧的斗争，并不是两个伦理观念的斗争，而是忠奸的斗争，片面性就是恶。虽然无绝对的善和恶，但它们之间是有界限的。

我们不妨来总结几句。黑格尔认为，精神除了实现并表现它自身的本质，回到自己本身外，没有别的外在目的，不完成别的东西。这就是自由的、真正无限的精神——绝对精神。

在黑格尔看来，在充分自由中直观着它的本质的精神就是艺术、美术，虔诚默祷地表象着自己的对象就是宗教（狭义的）；用概念思维地把握着自己的本质的精神就是哲学。正如世界历史是客观精神或世界精神的体现一样，绝对精神体现、显现其自身于艺术、宗教、哲学中。绝对精神是有限精神的真理，是有限精神的根源和推动原则，就如同宗教家说上帝是世界的原始本质、原始根源一样。

艺术要向哲学过渡，过渡到（回到）绝对精神自身的最高表现。黑格尔说："艺术产品的特殊性质已不复能满足我们的最高要求。……思考和反省已经扬弃了艺术。"又说："从哲学看来，艺术是过去了的东西。"黑格尔认为，对艺术或艺术理念加以思维的概念式的研究，就是艺术哲学。

对美学的一种理解

赵汀阳[*]

不同方法有不同的世界

什么是美学的对象？按照习惯，我们很可能认为美学的对象是“美”或者“艺术”或者“审美关系”，等等，但这种回答并没有提供一种对美学的真正了解。我们不妨换另一种思考方式。

如果我们假定有事实 F 存在，那么，关于 F 的学科就有理由被建立。事实 F 仅仅作为一个研究的基础，并不说明别的什么。F 不一定仅仅作为某个学科的基础，而很可能是几个学科的共同出发点。也就是说，从可能性上看，F 可以导引出 T_1、T_2……T_n种学科理论。不难想到，理论 T 不是研究某一事实 F，而是研究一系列关于 F 的问题，这些问题就是被称作“课题”的那些东西。K. 波普尔说过：“科学仅是从问题开始的。”① 只有关于 F 的课题，才能显示出这门学科的特殊性。所谓一门学科的对象，实际上就是这门学科的课题的集合。而课题则是由方法决定的。当事实 F 不和任何研究者

---

* 本文刊发于 1986 年第 2 期。作者赵汀阳，时为中国社会科学院研究生院哲学系 1985 级博士研究生，现任中国社会科学院学部委员、哲学研究所研究员。

① 〔英〕K. 波普尔：《猜测与反驳》，第 222 页。

发生联系时，它是自在的；当它且只有当它被纳入各种观察——思考方式中时，它所谓的各个方面和层次才被划分出来并且具有意义。换句话说，不是研究者把事实 F 的各方面、各层次接受下来，而是研究者用一定的方法考察 F，同时也就给 F 规定了各个方面和层次，从而也就规定了课题。不是先有研究对象，而是先有方法指向事实才生成了研究对象。可见，考察方法决定着一种理论的性质。美学作为一种理论，不同的考察方法将产生不同的美学。

既然美学的对象是一系列课题，那么是否应该把这些课题罗列出来，使人们对美学有一个清楚的了解？比如说，属于美学的课题有“艺术的本质”“艺术品的结构”“艺术想象”“审美经验”，等等。这种介绍是不准确和不公平的，虽然我们经常读到在这些题目下进行的论述。事实上，美学的课题是无法罗列和加以限制的。美学史展示了一个事实：美学的课题并非千古不变。这意味着美学的领域界限是模糊的。的确，有时要确定某些课题是属于美学还是属于艺术史学或者心理学，并非易事。但人们更习惯于判断出属于美学的课题，这也是合理的。美学课是一个家族，存在维特根斯坦所说的“家族相似”性质。

存在一个基础事实

组成一门学科的那些课题，建立在一个“基础事实”之上。一个基础事实必须满足两个条件：(1) 给出关于这个事实的课题在逻辑上可能的领域；(2) 这个事实在经验范围内是不能被分析的。

关于美学的基础事实，根据历史上各种理论所能显示的迹象来看，我们可以有三种假设：审美关系、美、艺术。显然，审美关系不是一个基础事实，它仍可以被分析，对审美关系的说明还必须归结到一个经验事实。美如果被作为一个超验的本体概念来使用，那么它不符合基础事实的条件；如果作为一个经验事实的概念来使用，那么它是可以被分析的，如习惯地把它划分为自然的和艺术的。实际上所能找到的被用来说明所谓“自然美”的事实，恰好都是反证。那些黑暗、恐怖的山洞里的壁画，荒凉、神秘的海岛上的雕像，透露出艺术和审美起源的秘密。原始人类在艰苦、危险的远古时代中，最初并没有任何审美活动，创造艺术原来是出自非审美的功利原因。那些原始艺术“无意中”造成了人类的审美能力和审美知觉，使人类奇迹般地把世界经验作为一个充满美的世界。不仅原始艺术，而且每次艺术的革新、每次艺术的运动，都培养和发展了人类的审美意识。正如马克思所说的：“艺术对象创造出懂得艺术和能够欣赏美的大众。”① 我们如果真切地进行反省，就会发现我们的审美意识是由我们所有的艺术经验造成的。心理结构和过程并不能直接控制一个人审美意识的形成，还需要一个中介的过程，即心理结构和过程控制我们对艺术的经验，进而对艺术经验进行整理从而积淀生成审美意识。审美发生的心理历史过程和自然历史过程有着相同的逻辑结构。由普通的经验产生审美意识在逻辑上是不可能的，因为缺少一个必然的逻辑根据，除非认为事实本身具有美的特质，并且美不是人类的创造产物和专利。但这个假设必须拥有这样一个事实才能成立，即动物也具有审美意识。而马克思早已通过严密的论证向我们指出，只有人才“按照美的规律来建造”②。因此，只有艺术经验才是产生审美意识的真正原因。

在这里，我实际上避开了一个问题，这就是，艺术经验这个词的使用就已经预先包含了一个假设，即艺术经验是由审美意识来规定的。当然，如果不加分析地承认这个假设，则将导致一个“鸡和蛋”式的循环。我们无意落入这样的陷阱。K. 波普尔就曾指出，这类循环并不是真的存在。初始心灵并非没有规定性，而是有着先天的心理结构，有着先在的规定。据此，推论 1：由于不预先包含经验内容，初始心理结构是纯形式的方法。推论 2：初始心理结构是未分化的，是普遍适用的。在初始心理结构和一系列经验的相遇中，心理结构不断生成新的结构，而这些新结构在和经验相遇中，又不断造成新的经验。于是，推论 3：被生成的新结构不是纯形式的方法，而是

① 《马克思恩格斯选集》第 2 卷，第 95 页。

② 见马克思《1844 年经济学 - 哲学手稿》〔异化劳动〕一节。

“理论”，它包含着经验内容和与之相适应的个别的方法。推论4：理论的方法是后天的，是先天方法综合（改造）对象结构而产生的变异，即对象结构被内化并参与构成理论的方法。可以看到，审美意识和其他意识作为“理论”，是在心理结构和经验不断的相遇——演变中先后产生的。为了明确这个问题，有必要在这里把那些在审美意识产生之前的艺术活动称为“前审美的艺术活动”，以区别于那些后来出现的、被审美意识赋以审美性质的艺术活动。至于“前审美的艺术活动”如何能够导致审美意识的产生，李泽厚已提出一个深刻的论点，把这个过程描述为一个“积淀”的过程。

既然审美意识是由艺术经验造成的，我们对自然景物的审美，本质上就是把自然艺术化。在艺术理论中，对“模仿”这个词最糟糕的误解是认为“真的在模仿自然”。即使是文艺复兴时期的艺术家们，也不是真的在模仿自然，尽管由于透视法的运用使画面看起来非常逼真。实际上，“他们所创造的艺术品，是对理想化了的想象中的现实作出自然主义的镜子般的反映”①。而现代艺术更表明了艺术模仿自然是不可能的。结论是清楚明白的：美学的基础事实是艺术，任何美学课题都是由艺术这一事实而建立的。

科学方法进入美学

了解一门学科的性质，关键在于了解它的方法。几乎在20世纪末以前，美学作为古典哲学的分支，一直使用“自上而下”的思辨方法。许多事实证明，由这种方法构造出来的理论，在艺术品和艺术经验面前往往是苍白无力的。这导致了一场持久的新的美学运动，费希纳的“自下而上”的倡议只是这场运动的一个呼声。这场革命的结果，是使现代大多数美学家力图用科学的方法去理解艺术和审美经验。托马斯·门罗认为应该建立科学的美学。

美学能否成为一门科学，这其中包含着这样一个问题：科学和非科学的

① 见〔英〕H. 奥斯本《美学与艺术理论》第10章。

分界标准是什么？对此，目前尚未有一个普遍认可的理论。逻辑主义者认为，科学方法是把科学同非科学区别开来的基础，这种方法的根本特征是可证实性或可证伪性，它是永远适用的分界标准。历史主义者则指出，在不同的历史时期中科学有不同的方法、规范和目标，它们之间是不可比较的。如果按照逻辑主义的主张，则一些学科和很大部分的古代理论将被排除于科学之外。而从历史主义的相对主义观点中，我们获得的仅是一种对现象的描述而不是对问题的回答。分析什么是科学并不是美学的任务，并且为了回避困难，我们不必追究“美学能否成为一门科学”这样的问题，而应该讨论：在多大程度上，科学方法在美学中的使用是有效的？我们实际上承认了科学方法有一个合理性标准，但这个标准必须有一个时空限制，即只在一定的历史时期、一定的社会中有效。虽然不能给科学方法下定义，但我们仍试图指出，在现今社会中，科学方法作为一种解决问题的方法，至少具有这样的特征：（1）超出批评议论方式的界限；（2）对个别事实或领域进行研究；（3）能够导致具有实践有效性的理论。① 据此，科学方法有理由进入美学并帮助美学接近艺术实践，使美学不仅仅是一种玄思。

美学的那些课题总是具有过多的隐秘性，根本原因在于它们面临的不是一个物理世界，而是一个主客体共同构成的“第三性的质”的世界。古老的反省法和近代的实验法至今仍是主要的描述—实证法，无论是来自个人叙述的，还是来自实验报告的，都是些个别的经验描述和例证，而且这些个别描述往往有很大的个性差界，不足以得出普遍的结论。即使是卓越的归纳主义者也尚未发现普遍有效的艺术规律。美学家从来没有放弃假设—推论的方法，但又无法做到真正的严格准确，而是包含着过多的“自明公理”，因此，美学理论看起来总像是一些“诗意的陈述”。要在美学中完全使用科学方法，显然有着难以克服的困难。设想我们对审美知觉进行研究，发现一般的知觉规律在心理学上是可能的并正在逐步实现，但这样一些规律仍然不能

① 按马克思主义的实践定义，它包括任何实验和实验性的观察。并且“有效”不等于完全证实。

说明审美知觉的本质；虽然审美知觉作为一种知觉并不是一种特殊的知觉，它和其他知觉一样，在生理方面都是普遍的知觉，都遵循一般的知觉规律。审美知觉和一般知觉的区别只能来自两个方面：一方面，假设审美知觉的对象——艺术品——具有特殊的结构和形式；另一方面，假设主体对艺术品有某种特殊的语义解释。科学方法面对这两个假设必然要导引出来的超验的、本体的问题，只能隔河相望，却难以找到渡河的船。正像康德指出的，超验的理性认识不是从经验里提供，因此也就不能通过经验来证实或证伪。[①] 任何一种科学方法，在解决问题的同时就是在生成问题。P. 费耶阿本德说："如果我们要理解自然界，如果我们要支配我们的物质环境，那么我们一定要使用一切的思想，一切的方法。"[②] 当然，科学方法能为美学提供许多有效的研究途径和例证，但它无法解决美学的所有问题，因为永远还有——

没有被忘记的形而上学悬念

现代以来，大多数美学理论都回避美学的形而上学问题，这和哲学上的实证主义和分析主义思潮有关。实证主义者往往体现休谟的精神，认为我们的具有现实性的世界是经验或者事件，超验的东西是不确实的东西；分析哲学坚决拒斥形而上学，认为形而上学无非一些无意义的假概念、伪命题，不具有"可证实性"。维特根斯坦说："我们根本不能回答这一类问题，我们只能确定它们荒谬的性质。"[③] 并且建议人们对这些不能说的东西保持沉默。大多数美学家也确实对形而上学问题保持着沉默。

形而上学问题是否真的被遗忘了？没有。可以不说，但它存在，它是永恒的思想悬念。那种被称为"物理学之后"的东西究竟是什么？它实质上不是一些超验的假设，一个形而上学的假设只是形而上学的结果。形而上学

① 见〔德〕康德《任何一种能够作为科学出现的未来形而上学导论》（以下简称《导论》），第 42 页。

② 〔美〕P. 费耶阿本德：《反对方法》，第 306 页。

③ 〔奥〕维特根斯坦：《逻辑哲学论》。

是一种思维方法，是人类思维的一种本性，它的根本特征是“无穷蕴含”。我们设想世界是不同层次的事实，其中 A 由 B 解释，B 由 C 解释……以至无穷。人们便设定在无限处有一个自因的东西作为终极原因、最后层次，称为“理念”或称为“道”，也不妨称作 X，任何一个名称都不影响这个形而上学假设的意义。这个假设是所有问题的基础，也是所有问题的归宿。但这个假设本身就是一个“无限”，我们心理上需要但不可能真正有一个极限的假设。一个极限的形而上学假设也就是一个自身否定的概念。因此，形而上学实质上不是在求得一个极限的假设。如果真正相信一个形而上学的假设是极限的常数，那就是“中止”了形而上学。形而上学作为一种方法，永远指向下一个问题，它关心的是这种方法的实行过程。形而上学意味着信念的存在；没有信念，我们立足于何处去迈步呢？K. 波普尔说：“如果没有纯思辨的、有时甚至是十分朦胧的形而上学信仰，科学发现是不可能的。”①康德指出：“人类精神一劳永逸地放弃形而上学研究，这是一种因噎废食的方法。”② 形而上学问题不解决，“理性本身就永远得不到满足”。那些科学所能进行研究的“每个个别经验不过是经验领域全部范围的一部分；而全部可能经验的绝对的整体本身并不是一个经验”。③ 这里明确地给形而上学留出了用武之地。由此看来，放弃美学的形而上学问题是不足取的。实际上，许多现代美学理论都暗中指向那些被悬搁的形而上学问题。

任何一个美学问题，实质上都包含着价值形而上学问题。分析主义美学企图通过批判美学中的概念和命题，把那些“假概念”“伪命题”从美学中清除出去。美学中确实存在分析主义所指的“假概念”“伪命题”，但分析主义忘了它在这里面临的是美学，是包含价值问题的学科而不是精确的自然科学。对美学而言，“这是一幅美丽的图画”这个陈述，比起“这是一幅图画”这个陈述的确多了点什么，并且的确是一个有意义的命题。因为美学是和价值相关的学科，它的理论标准就不只是一个客观的认识标准，而是还

① 〔英〕K. 波普尔：《科学发现的逻辑》，第 38 页。

② 见〔德〕康德《导论·总问题的解读》。

③ 见〔德〕康德《导论》第 49 页。

有一个信念的标准。B. 罗素曾说明这样一个道理："科学不讲价值，它不能证实'爱比恨'，或'仁慈比残忍更值得向往'诸如此类的命题。科学能告诉我们许多实现欲望的方法，但它却不能断定一个欲望比另一个欲望更为可取。"① 形而上学是体会价值的最好道路之一，也是美学必不可少的方法之一。

有一个美学的形而上学问题。假设审美经验的决定因素是一个主体的原因，我们把它描述为一种审美态度，或者一种审美能力，或者一种特殊的心理结构。这种审美态度或审美心理结构可以用来说明审美经验，却不能说明其自身，而必须依靠一个更为根本的东西来解释它。审美心理结构和其他心理结构、心理过程，都需要来自一个心理本源的说明，这就是一个"自我"的问题——美学形而上学的根本问题和哲学形而上学的根本问题是同一的。这个自我是一个"先验的自我"，它是经验自我的观察者。自我可以用一种语言来说明各种心理过程，但是不是也可以用这种语言来说明自身呢？如果设想解释自我用的是另一种元语言，那么这个自我就不是一个作为最终解释者的自我。这就像问：一个光源照亮周围的对象，但是不是也照亮了它自身？这是一个悬而未决的难题。

有许多美学形而上学的问题一直是悬而未决的，并且很可能永远也难以解决。那神秘的美之道在哪里？在这里，也在那里。我们看不见，摸不着，茫茫无所知，可是我们体会着它，亲近着它。

---

① 〔英〕罗素：《宗教与科学》，第91页。

21世纪中国哲学走向：诠释、整合与创新

成中英*

一 时代的挑战与新思维方式的建立

21世纪显然是现代人类文明的全球化与本土化同时加速发展与强烈激荡的世纪。它代表了现代科技理性的逞强用势与权利的恣情驰骋，这是一种历史趋势，但也是一套构筑。始作俑者是科技与权利，但人文的觉醒与人性的自我保存却因之逐渐兴起，形成一种成长理性与自由的平衡，这就是本土化的时代感受与使命。但全球化与本土化两者的深度关联与其理想的互发性的机制却不可不细加考察。全球化代表经济理性与科技理性的实践，同时也具有政治权利普遍化的作用；本土化代表历史理性与文化理性的自保，同时也具有价值信念差别化的坚持。两者不可偏废，必须同时并举、相互渗透、彼此推动，才能达到真正的世界和平发展与人类文明的可持续成长。这也就意味着一种新的思维方式的建立与发展的需要。这种新的思维方式是在整体中追求个别，在个别间追求整体；在同化中追求差别，在差别中追求共性；在多元中追求一体，在一体中追求多元；在平衡中追求卓越，在卓越中追求扩大；在合作协力中追求自我优化，在竞争冲突中力求沟通共赢；在历史经

---

* 本文刊发于2001年第6期。作者成中英，时任美国夏威夷大学哲学系终身教授。

验中追求理性结构，在理性规律中实现个体价值；在主体中追求客体，在客体中实现主体。

在这种思维方式中必须掌握一个开放的事物整体观。凡事都属于一个可以延伸的整体空间，不只是其显示的存在可以有多种多样的历史因果关系，其未来的发展也可以有多种多样的可能性。这种思维方式也要求掌握整体观念的分化性与差别性，以及分化性与多元性的对偶性与互补性，在对偶性与互补性的掌握中再求整体的一致与关联，使生活的素质提升，使生命的潜能发挥，在使自由的创造个体的价值实现的同时，也自由地创造整体的或集体的权益。显然，这就意涵着对一个本体的创造性的宇宙有所认知、有所体验，同时是用一种开放的包容的心态来进行认知与体验。这又进一层意味着对自我心性的认识与自我心性的修持。扩大心灵、培育心性、深入思考，将是自我修持、自我创化的重要要求。如果说认知一个开放的创造的本体宇宙观是全球化的根本条件，认知一个开放创造的自我心性就是本土化的根本条件。两者又互为根源与互为基础，方能形成一个具有张力与协力的互动系统与整体。在这种互动的体系中，主客不仅是知性的交融，也是情性的适应，更是行为与行动上的整体协调与配合，明显地隐含着一个整体的标准与自我在整体中的定位。行为与行动是实际改变现状的力量，这个力量的使用可以是盲目的、自私的、不合乎理性的，但它也可以是智性自觉的、符合整体发展的，能同时满足个人价值与需要的，因之实现了一种本体的创造力。当然这又意味着一套对行为符合整体发展与人性认知、本体认知不同层面和谐与统一的要求。

归纳以上所说，面对当代全球化与本土化的激荡中创造新宇宙与人类生活世界的体认，现代人不能不尽快建立一个新的思维认知方式，一个新的宇宙观，一个新的自我心性哲学和一个新的行为判断标准。新的思维认知方式意涵着天人互通、互动与互融；新的宇宙观意涵着本体宇宙论的体验与观察；新的自我心性哲学意涵着主体自我提升、转化与主客的相互超越与创造；新的行为判断标准则意涵着知行的整体与动态的合一。这三者又是相互激荡、相互制衡的。三者都必须在差异中以求整合，在整合中以求创新。诠释是个别中求全体，也是在全体中求差异。整合则是为了提供平衡和开放的创造空间，而创新则是求存在价值的提升与生活世界的丰富。其最终目的在实现生命的整体和谐与持续创化。

基于对此一时代性的深入考察，我们要问中国哲学可以有如何的发展？我们也要问如果代表中国哲学的思维没有发展或者甚至失落，人类的时代问题又将如何解决？如此我们就能准确地掌握中国哲学在21世纪的发展的使命及其发展的正确方向。

二　中国哲学中的本体相生、一体二元、体用互需的思维结构

在中国哲学的源头上就重视综合直观、知觉与体验的本体思想，远超于方法思想之上。这是一种纳方法于本体认知之中的思考方式。与之相反，西方人自希腊开始就追求理路分明、独立于经验之外或经验之上的实体对象，故视理性方法与规则为达致真理与真实之路。因之，它是一种纳本体于方法认知之中的思考方式。中国式思考是本体境界体验性的。西方式思考是方法所指求证性的。两者出发点决然不同，故所营造出来的理解与诠释传统就大不相同。

我必须再次强调，中国式思考是以本体体验理解与诠释现象与文字典籍（文本）的。在一个理解中首要立其大者，所谓大者就是宏观整体的本体架构。本为本源与根本，兼历史与基础两意义，更有动而愈出以应无穷的意涵。体为整体与体系，是机体性的实体存在，可以用来说明形象之实际与功能之运用。但体系也可包含虚体与虚用，形成一个有无相生、虚实互发的道的体系。用此理解来说明现象与某一特定文本就是我所说的自本体以理解与诠释的本体诠释。如不能由此本体的体系的理解与体验，诠释就只是表象与功能的阐述，借以达到自设体系的目的而已。韩非的《解老》与《喻老》即其例。此处假设韩非有其未加说明的本体论，是以合理的本体思考传统为背景的。此一本体思考的背景与主流传统可以就《易经》的形成与《易传》

的发挥，道家的根源反思与对生命变化的综观，儒家对己与对人的心智潜能与德性根源的内外省知三方面来加以说明。三者形之为理解，就形成了一个中国人的道体或本体宇宙论与本体人性论的本体思考传统。三者用之为诠释，就形成了一套中国人的本体思考的本体诠释学。诠释是以理解为本源、为依归的，却在文字上概念上作义理发挥与解说的功夫，所谓言之成理、言之有物、自圆其说等。但只有基于本体的认知与解说才是本体诠释，故不论具体的或特定的本体何指，只要有本体的概念并纳方法于本体的思考之中即广义的本体思考；如专就传统中特定的道家或儒家或从其他诸子百家的本体论立言则可谓之狭义的本体思考。宋明的理学、气学与心学能兼广义与狭义的本体思考进行诠释与理解，也为此两者运用的结晶。我们今日进行本体的理解与诠释也不外于此两意的本体思考的运用，从而可以推陈出新，形成一种创造性的哲学思考。

与中国式思考比较，西方哲学重视批评、批判与逻辑，以突破现有的概念典范与体系为哲学思考的精神所在。因之，西方基本上并不重视诠释性的疏注。我们可以举苏格拉底学派与苏格拉底所启发的创新性的哲学家柏拉图与亚里士多德为例说明此点。此一批判与创新的理解或认知传统延续至今，仍为西方哲学的主流所在。但当代哲学诠释学的兴起，却隐含着本体论的革新，在理性与方法思考的主流之外有宗教神学传统，进行基督教神学的《圣经》文本诠释。这一传统可以看成另类本体性的诠释。西方《圣经》与中国《易经》的诠释比较尤能显出中西本体思考的本质性的差异。

当代西方哲学诠释学（philosophical hermeneutics）显然源于神学本体论释。从 ast 到 Schleiermacher 都是此一神学诠释学的系统化与哲学方法化的发展者。近代生物科学与生命科学兴起，Dilthy 想用一个新的科学方法来理解生命与历史是当代哲学诠释学的前驱。但他未能面对人的本体存在的实体体验与反思问题，欠缺了一个人与世界的本体思考架构。这是要到海德格尔（Heidegger）的本体论或基本形而上学革命才真正发展了人存的本体论。由此人存的本体论，才有伽达玛（Gadamer）发展出来的哲学诠释学。因之，哲学诠释学是以人本或人存的本体诠释学为基础的对人的历史体验、艺文体验、语言体验的解说与诠释，阐发了前所未有的有关历史、艺术、语言的深度认识，更批判了只注重方法与概念的哲学传统，开辟了一个新的对理解的理解，并启发了人的历史性与理性如何整合的思考，以及人与人之间、文化与文化之间的沟通如何进行思考，提出了历史偏见、有效历史、无穷对话、视野交融等重要概念。但伽达玛尚未能进行有关伦理道德与宗教等现象的本体理解与诠释，可说仍有待继续推进本体诠释工作。另外，伽达玛也未进行新的本体论及广义的本体思考，当然更未能进行跨文化及跨哲学传统的本体思考。这些正是其哲学诠释学有待发展的重要课题。他与 Betti、Habermas、Derrida 等哲学家的辩争又凸显出哲学诠释学的内在与外在问题，可以为吾人借镜，Paul Ricour 站在现象学的立场提出折中历史与理性之说，也并未解决诠释本体的根本问题。因之西方当代哲学诠释学尚停留在迂回踟蹰的关头，等待本体论的新发展，也等待方法论的新发展，以及两者的更进一步的交融，来建立新的典范思考和解决哲学、科学与人的生活世界中的诸多问题。

总结言之，与西方比较，中国哲学传统中的诠释其主流与大体是本体诠释学。因之，如要建立中国诠释学就必须认识本体诠释学的主流与大体，自《易经》历经春秋、战国、两汉、魏晋、隋、唐、宋、元、明、清流传至今，衰而复兴。诠释的类型固有多样，但万变仍不离其宗，亦即不离一个重视本体思考、纳方法于本体之中的易与道的本体思考方式。此点反与西方近现代的人存本体思考有接近之处（但在狭义的实质的本体宇宙中，西方人仍有天人分离、上帝超越的思想，而中国哲学的本体思考却坚守天人合一、道体内涵于人存的体验）。因之，西方哲学诠释学的兴起所代表的本体思考的革命更具有走向中西融合与汇通的重要意义。但西方近代发展出来的反本体论思考、非本质主义却有走向虚无主义的倾向。然而，我们也必须认识到，只有在一个更具深度的或更有高度的人与世界的本体思考中，东西方才能找到一条通向人之所同本、人之所同具的本体宇宙与本体真理的道路。这就是沟通中西、借诠释以求同释异的本体意涵，也就是本体诠释学兼具诠释本体与本体诠释的双重思考功能之所在。必须说，中西诠释学的主流同属于一个一般性的本体诠释的网状体系之中。

三　当代科学知识体系的诠释、整合与创新

当代科学知识体系庞大，依托新科技为基础，而为新经济的实际利益所驱动。因此科学的问题归根结底是与伦理价值的普遍问题密切相关的。此一问题我们下面再作讨论。这里我们所提出的当代科学知识体系的诠释、整合与创新的问题，远远超出了单纯知识论的范围，而是从知识本体论的整体水平上来展开理解。这就涉及更高、更广、更深层次的问题，即我们如何把知识转化为智慧，能够建立体制，因而能够将之运用于不同科学或学科的范围，能够真正对个人和社会的生活有所帮助，能够真正促进整个文明的发展，乃至能够真正实现宇宙内涵的价值。一开头就应该有整体性的明确导向，即如何实践，如何发展。自觉的实践必然基于一个深入认识的基础。

谈到新科学，首先就涉及科学中的“新”与“旧”的问题。依照知识本体论的理解，新科学的发展并不表示排斥旧科学，而是包含旧的传统科学。科学的发展，显示一步一步前行、演变、更新的历程。从西方冲突辩证法的观点看，往前发展就要克服旧的、完全扬弃过去，而若依照中国和谐化的辩证观，新与旧并不是截然对立的，而总是包含着过去一些存在的价值，并能一直推广到未来。所以整个发展有层次、有结构，是推陈出新，化腐朽为神奇。从炼丹术中可以发展出化学和精神分析学即为一佳例。因此，今日的新科学不应理解为是要放弃旧科学，而是要在一个更大的体系之中包容下来，使它们各定其位。古典力学仍有其有效位置，相对论和量子论也有其一定的位置，最新的科学理论无一例外。这样就能产生一个更完整的理论。全部的科学史的发展是合乎大易的原理的，因为每一科学现象都有它的历史背景，而每一历史性的发现和发明，都以微妙的方式决定着未来的一些现象的过程。而由旧而新，由偏而全，由微而著，根本上是一系列的创造行动。

我在以前不同的场合都强调过，我们今天所了解的新科学，是一个非线

性的、一个自我称谓的、自我组合的体系，我称之为“巨型量子论”的科学理论。我们今天若欲整体地把握当代科学知识体系，首先就要理解它的时代性的标志，它所显露出来的是一个新科学的面貌。这个新科学要创造性地利用科学，透彻地理解先前科学的种种状况、种种条件和限制，进而发现它可以超越的地方。这同时也是新科学对旧科学的创造性的诠释、整合和创新。假如没有这样一番诠释、整合和创新的工作，我们对最新科学的了解必定会大受限制。

历史地看，当代科学知识体系，根本上是西方智性的建构。西方知识论最初是从科学与哲学混而不分的母体中分化而出，因而一开始就是针对外在的客观世界的。直至当代，西方知识论的焦点和模式仍是对客观世界的知识，而不是对价值和人本身的知识。现代科学乃是西方知识论展开的极致，它以建立合理而有效的知识为目的。但科学作为方法论的系统，其基础却是知性的推理与假设能力，而以认识、解释与预测不同类别的事物及现象为宗旨。但当代科学知识与理解及本体的相关性，也即知识的对象能否超出部分、联结不同部分而涵括宇宙全体，却是一个根本问题。这种相关性，我曾用从本体到科学知识的图式来表示：

本体真实⟶真理⟶感受、体验、体会、理解⟶认知知识⟶科学知识

这可称为“自本体”而对科学知识作出诠释。我们亦可自科学知识而“对本体”作出诠释，其图式则层层递进，循环而上，可表示为：

科学知识⟶认知知识⟶理解、体会、体验、感受⟶真理⟶本体真实

如果说西方知识论同科学发展的相互关联是显而易见的，那么，中国的知识论同科学和技术的发展一般没有直接的联系，既不能像笛卡尔和康德的知识论那样被看作致力于确证性的现代科学，也不能像奎因的知识论那样被看作当代科学的一种延伸。中国传统文化未能产生科学的主流思想，一度造成近代中国文明的被动格局，说明中国同样必须在发展科学一途上迎头赶超西方，以求民族的生存保障与持续繁荣，同时还得看到中国知识论的优点。同西方知识论不同，中国知识论从未脱离实在论和实践论，它把知识从本质

上看作整体的，并将诸多关系视为统一整体的体系。这种知识观念是形成、发展于长期而又广泛的文化经验的基础之上的。因之，我们可以说它完全具有再发展以涵盖方法与科学的潜能。欲达此目的，就必须把科学与人文、现代与传统纳入新的理解与方法互动的基础之上。既在理解的基础上建立整体的自然科学，也在方法的基础上建立理解的人文科学，融通而成人类走向更高境界的新眼光、新智慧。

四　当代文化中的虚无主义的表现及其克服方式

以新科技为动力而造成的当代经济发展，远胜于以往的任何时代。那么，我们所处的科技日新月异、经济全球化的现实，能否揭明文化的新旧关系的辩证性？回答当然是肯定的。因为，一个新的文化价值体系的建立不仅有其传统的渊源，而且还与该文化所掌握的经济资源以及被大量利用的科技发明都是密切相关的，人不仅可以利用科技和经济来充实和完善自己，人也可能成为科技和经济的工具。问题还在于，新科技已在根本上动摇人的原有的形象，克隆人的研制，脑和心的复制和移植，使得人的存在变得虚幻了；新经济打开了人的无穷欲求，由于人的欲望可以如此轻易被填充，连欲求本身也变得可疑了。在新的生化技术的肢解、组合过程中，人体可以被重新组合、替换，人的一种主体特性可以转变为另一种主体。这已非科学幻想，而已从虚拟变为现实。那么，人究竟有没有其存在的独特性，人的根本价值又在什么地方呢？也许透过科技的发展，我们可以把科技所透露出来的种种实体看作一种“虚体”。而现代哲学所谓的人的非本质化、非实体化的思辨有了科技的实证性的说明。作为非本质化、非实体化的人虽有其实像，却也有其“空性”。在这种情形下，就把佛教与最新科技的问题联系起来了。新科技如此真切地揭示了人的空，人被定位为一种空性的存在。这种思想有它的深刻性，更有它的危险性，它是新科技时代的虚无主义。这种虚无主义同样弥漫于新科技为我们描绘的一幅虚无化的宇宙图景中。大爆炸学说宣布了传统“宇宙学的终结”。这种终结论充满了悲观的论调。因为它认识宇宙肇始于太古发生的一场大爆炸：既有开始就有结束，似乎隐设了宇宙存在是唯一性的过程。按照大爆炸理论较近的说法，在我们宇宙历史的非常早的阶段——精确地计算是 T = 10 - 43 秒时——那时的宇宙比一个质子更小，引力变成斥力。由于这种斥力，宇宙经历了一次惊人的、指数增长的膨胀，到如今，宇宙则以一个低得多的速率膨胀。不过，更多科学家承认，宇宙起源的时间的推算越是精确、越是确定，这种理论就越变得带有猜测性。我们这里感到关切的是：如果生命和地球注定要毁灭，在这样一幅命定的景观中，生命还有何意义？大爆炸学说将整个宇宙描绘成经过爆炸而逐渐消亡、沉寂的过程，呈现一幅虚无的图像。可见这种宇宙论思维有它的局限性和危险性。若一切按照大爆炸学说，基本发现已经完成，余下的事情不过是做一些填充，这就把充满无限奥秘的宇宙问题简化为一种可疑的结论。而根本的问题也许仍然是：我们对整个宇宙的认识是否还需进一步深化？面对科技时代的虚无主义思想，我们必须寻求超越之道。按照中国哲学的智慧，生生不息的宇宙得在一个整体的网络中被了解，这可以说类似道家所说的“有无相生”、往复不已的过程，是一个大循环，这是一种不断充满新的生机的循环。从这一观点理解和解释大爆炸学说的意义，我们也许可以得出超越虚无主义的哲学结论。

当代最新科技发现和发明，一经作出，即很快在全球化的网络中得到传播，其后果不仅深深地影响人类文化的意识，并凸显了尖锐的伦理问题。这些伦理问题远远超出传统伦理学的范围。最根本的生命包含有，同时又敞开无，是从有到无、从无到有生生不已的过程。这一认识是《周易》的基础，也是儒家和道家的基础，在一定意义上也是中国佛学的根本思想。在今天这依然是一种富于启发性的智慧，这一智慧是我们据以克服一切形形色色虚无主义的未来哲学的历史基础。

五　当代伦理道德的诠释、整合与创新

当代西方伦理学对本体论的拒斥的结果之一，导致众说纷纭的相对主义

学说的盛行，这种相对主义的极端化的表现，就是伦理道德的虚无化。西方虚无主义的产生有其文化和哲学上的根源。因此，对这种虚无主义的克服和超越不得不深入其文化和哲学的核心问题。对这一问题可从与本体论相关的论域展开理解。

20 世纪西方哲学的建构方式以及哲学本身的命运直接影响了作为哲学内在构成部分的伦理学的地位。正如有的学者所强调的，伦理学先在哲学学科内部降低了地位，之后又在人类知识总体中减少了重要性。造成伦理在哲学中弱化的原因，在我看来是由于科学主义与本体论的紧张关系。由于科学主义对本体论的“拒斥”，伦理学今天已难以维持其在亚里士多德和康德体系中具有的基本地位。伦理学更像是一种社会学理论而丧失其思想探索的锋芒和深刻的洞察力。在当代全球化的视域中，西方伦理学所面临的问题同时也已成了中国人必须理解和回应的问题。

我们不妨从概念的界说来辨别中西伦理道德之异同。按照西方传统思想家的理解，伦理（ethics）与道德（morality）各有其论域。伦理是就人类社会中人际关系的外在秩序而言的，而道德则是就个体体现伦理规范的主体性与精神特性而言的。伦理侧重社会秩序的规范，而道德则侧重个人意志的选择。尽管有基本的区分，它们的相关性仍然显而易见。伦理可谓群体的道德，道德可谓个人的伦理，两者的联系初步可以从其逻辑性的关联来理解。与之比较，中国古典哲学中伦理与道德两词含义的原初的区分，似乎比西方哲学中 ethics 与 morality 的差别更为显著：人伦即指人伦之理，更突出人类社会中人际规范的内在性及其意义；而道德则指行德修道。前者可说着眼于人类社会及其关系的总体，后者则含有超越性的异常突出的形而上学意味。中国伦理观念有一个古老的传统，其起源可以追溯到史前时代，道德概念的形成则与早期道家和儒家（老庄和孔孟）的人生哲学和本体论直接相关。经过魏晋玄学和宋明理学的陶铸，道德之学更落实到个人的心性修养和生命的怡养上，这不但为伦理学提供了一个形而上学的基础，更把伦理内化为心性的道德成就与生命境界，使伦理与道德整合，形成心性的知与行的一体两面，并发展为一个“合内外之道”而“故时措之宜”的大系统。

中国传统伦理学的构成各有其一定的本体论基础。现代以来，这一基础不同程度地被取消或经历巨大变异。今天的问题是，如何对人类所掌握的伦理系统进行一个深度的转换，从而对伦理学内部的分裂及中西伦理学的差异进行一种深部整合。这里我所要特别强调的是，伦理学的整合一方面必须将人的整体性及其行为作为一种纵向过程看待，同时也要将人间协调化的横向关系的建立当作伦理整合得以实现的条件与方法。从纵向来说，很显然，品德或德性伦理是一个根本德性伦理，是一种本体论伦理，或者也可以称之为伦理本体论。德性伦理着重追求道德目的性和实现此一目的性的德性能力。人的整体的重要性就在于他的品德即人的品德的建立。对这种品德的强调对于中西伦理学都是一样的，都注重人的素质或本质，即从根本上追问人如何成其为人，人如何体现人作为人的品德，人的至善如何实现？纵向的伦理体系从贯通和涵容一切层次的伦理系统着眼，强调从个体伦理到宇宙伦理的一体性、统一性与连续性。而以个体伦理的内在化道德作为全部伦理体系得以建立及实现的起点。从横向来说，人与人应相互信赖、相互关怀，彼此和谐地相处。这样一种关系的秩序化，本质上是对时间与空间的掌握，人的生命及其德性本质上是时间和空间差异化的表现，是时空历程和敞开的结果。依托时空之差异而建立起一个价值体系就是伦理关系之网。问题还在于，这样的关系的建立对人究竟有什么好处？这就涉及善的问题，具体地说就是如何判断善进而作出抉择的问题。

因此，我们一方面必须注重人整体的品德，另一方面也不能忽视人的品行的种种差异性。在中西伦理学的比较中，我们发现，西方伦理学的历史发展总体表现为由德性伦理而责任伦理、而功利伦理、而权利伦理这样由形上而形下一种过程。这里，我们不必一一详述其基本理论，只要列举出各阶段的最有代表性的人物就可以了，他们是亚里士多德、康德、穆尔和洛克。他们各有其现代的继承者和发挥者。附带可以指出的是，康德和洛克的责任伦理和权利伦理，在一定程度上曾受到中国伦理思想的影响。我们知道，十七八世纪时期，以儒家为主体的中国文化传入欧洲，对西方伦理政治思想的演变影响极大。康德和洛克伦理政治思想中的中国影响问题是一个值得深入研究的专门课题。在西方，功利主义伦理观的形成是很重要的，这种伦理学具体探讨如何在最大限度上实现每个人的福利问题，责任伦理和权利伦理的许多问题可以从功利主义的立场进行综合。因此可以说，功利主义伦理学开辟了20世纪西方伦理学的方向。这种伦理思想传入中国以后也产生了一定的影响。

中国传统的伦理学基本持一种德性的立场，我们可称之为广义的德性主义伦理学。这种德性主义与中国哲学的本体论、生命意识和价值观念是分不开的，我们可以称之为本体伦理学。本体伦理学的目的是建立一个完整的人格，这就是为什么中国先哲孜孜于探求人如何乐仁乐智、成贤成圣的道理。按照西方伦理学的历史经验，品德不仅指向至善，同时也应兼含责任和权利。在高度组织化的现代世界中，品德必须转化并提升责任、功利和权利，才能真正发挥效用。而按照中国哲学智慧的启示，责任、功利和权利，必须以德性为归。当代西方伦理学由于过分强调权利的作用而忽视其形而上学基础的问题，结果反而丧失了权利，因而萌发了回归品德伦理的需要，这是一个值得注意的动向。而当代中国伦理学的建设，也亟待从德性的立场接纳责任、功利和权利，进行哲学性的整合，并能施之于用，这已经成为迫在眉睫的问题。

第四篇

中国特色经济管理理论探索与创新

试论生产价格理论形成中的利润形式

顾海良*

国内外学者在评价马克思《政治经济学批判（1857～1858 年草稿）》（以下简称《草稿》）在生产价格理论形成中的地位时，存在不同的看法。有些学者认为，在《草稿》中，马克思“已经非常接近生产价格理论，但还没有认清它的全部意义”。[①] 有些学者则认为，在《草稿》中，“平均利润与生产价格理论已初步形成”，马克思为“制定平均利润理论创立了全部前提”。[②] 但是，这些持不同观点的学者都认为，在《草稿》中，马克思从考察个别利润率过渡到考察剩余价值总额及利润总额，是建立平均利润和生产价格理论的“第一个重要步骤”或“一个重要步骤”。[③] 而且他们的这一结论，都是在引述了马克思在《草稿》“资本章”第三篇中的一段论述后才得出的。马克思的这段论述是：“总剩余价值，以及**总利润**这一不过是以**另一种方法来计算的剩余价值本身**，通过这种活动决不会增加，也决不会减少；**由此发生变化的**并

---

* 本文刊发于 1985 年第 4 期。作者顾海良，时任中国人民大学马列所教师，曾任武汉大学校长、教育部党组成员（副部长级）、国家教育行政学院院长，现任教育部社会科学委员会副主任、高校思政理论课教育指导委员会主任，全国马克思主义经济学说史学会会长。

① 〔苏〕维·索·维戈茨基：《卡尔·马克思的一个伟大发现的历史》，中国人民大学出版社，1979，第 74 页。

② 马健行、郭继严：《〈资本论〉创作史》，山东人民出版社，1983，第 168、169 页。

③ 〔苏〕格·阿·巴加图利亚和〔苏〕维·索·维戈茨基：《马克思的经济学遗产》，贵州人民出版社，1981，第 89 页；《〈资本论〉创作史》，第 167 页。

不是剩余价值本身，而只是**剩余价值在各个不同资本之间的分配**。"① 但是，我们通过对《草稿》在马克思生产价格理论形成中的地位的考察，得出的却是相反的结论。我们认为，在《草稿》中，马克思研究利润形式的逻辑过程，马克思生产价格理论形成的一个步骤，是从对总利润、一般利润率的考察过渡到对个别利润、个别利润率的考察；同时，我们以上所摘引的马克思的那段论述说明的也是从对总利润、一般利润率的考察过渡到对个别利润、个别利润率的考察。

一

《草稿》分作两章："货币章"和"资本章"。马克思对利润形式的考察是从"资本章"开始的。在"资本章"中马克思在论述了货币转化为资本的本质规定性之后，就分析了资本生产过程中价值形成和价值增值的实质。在这一分析中，马克思论述了资本主义经济关系中商品价值构成的问题。他认为："产品的价值 = 原料的价值 + 劳动工具已被消耗的部分（即已转移到产品上的、扬弃其原来形式的那一部分）的价值 + 劳动的价值。或者说，产品的价格等于这些生产费用，也就是 = 在生产过程中消费掉的各种商品的价格总和。"（上，273）这里所说的生产费用，是指商品价值中资本预付的价值部分。在资本的现实运动中，这种生产费用构成资本生产的前提；在资本的理论逻辑中，这种意义的生产费用范畴则构成论述资本价值增值过程的起始点。马克思进一步认为，不能把利息和利润包括在这种生产费用中，不能把生产费用理解为商品价值的总和，否则"剩余价值就会成为纯粹名义上的、虚拟的、假定的东西，成为一句空话"（上，276）。这是马克思在"资本章"中首次提到剩余价值范畴。把利息和利润的特殊形式归结为剩余价值的一般形式，这是马克思建立剩余价值理论的最重要的步骤。

① 《马克思恩格斯全集》第 46 卷下，第 281 页。以下引用此书，只在文中标明卷之上下和页码，不再另注。

在“资本章”中，马克思在提出了剩余价值范畴并且揭示了剩余价值本质之后，并没有像现行《资本论》第一卷中那样，立即得出剩余价值率的范畴，而是转入对资产阶级政治经济学利润理论特别是李嘉图利润理论的批判。他指出，李嘉图的“根本错误在于，他从来没有研究价值由工资决定和由物化劳动决定之间的区别究竟是从何而来的。……利润等等在他那里**只**表现为分享产品的份额，……他从未研究过媒介形式”（上，289）。马克思在批判李嘉图利润理论的过程中，揭示了剩余价值和利润之间的“媒介形式”，提出了剩余价值率的范畴，从而科学地阐明了利润率和剩余价值率的本质关系。

在进一步的考察中，马克思规定了方法论上的一般原则。他指出，在这里“流通其实还与我们无关，因为我们在这里考察的是资本一般”，“我们在这里考察的是**资本本身**，也可以说是全社会的资本。资本的差别等等还与我们无关”（上，313～314）。可见，马克思所要考察的剩余价值和利润都是以“全社会的资本”为前提的，这里排除了对个别的、各自有差别的许多资本的考察。因而，马克思所考察的利润形式也只能是总利润和一般利润率。

在这一方法论原则的指导下，马克思在作出一系列复杂的计算和逐个层次地展开剖析后指出：“实际上问题在于：（1）资本的各组成部分彼此间的比例怎样；（2）用工资，即用物化在工资中的劳动小时购得的剩余劳动有多少。如果我知道资本的总额，知道它的各个组成部分彼此间的比例……并且知道所得到的利润，那么，我就会知道创造的剩余劳动有多少”（上，345）。马克思在这里指明，在对总资本、资本有机构成和利润作出量的规定之后，才能确定剩余价值的相对量和绝对量。[①] 也就是说，只有从资本的总利润、一般利润率的外在的量的规定性出发，才能进一步揭示出资本的总剩余价值、剩余价值率的内在的量的规定性。总利润、一般利润率作为剩余

① 在《草稿》中，马克思还没有直接使用“资本有机构成”的用语，但已形成资本有机构成理论的基本思想。

价格、剩余价值率的外在形式，成了认识剩余价值和剩余价值率内容的起始点。

在进一步的分析中，马克思先后列出了三个表格（上，350～351）。这三个表格确切地反映了马克思考察利润率和剩余价值率的逻辑顺序。马克思所列的三个表格可综合如表1所示。

表1　关于资本

资本	原有资本	不变价值	可变价值	剩余价值	利润率（%）	总额	剩余价值率（%）
Ⅰ	100	60	40	10	10	110	25
Ⅱ	100	80	20	10	10	110	50

从这一综合的表格中可以看到，资本Ⅰ和资本Ⅱ为等量资本100，由于资本有机构成不同（资本Ⅰ为3∶2；资本Ⅱ为4∶1），在相同的一般利润率（10%）的前提下，这两个资本就具有不同的剩余价值率：资本Ⅰ为25%，资本Ⅱ为50%。显然，马克思在这里完全是从一般利润率的外在形式出发，来揭示剩余价值率的内在规定性的。一般利润率是“资本章”中首先提出的利润率形式。

马克思进一步指出：“一个使用较多机器的较大资本的利润，所以会明显小于一个相对或绝对地使用较多活劳动的较小资本的利润，其原因恰恰在于：**活劳动产生的较大的利润**分配在总资本上显得较小，因为这个资本所用活劳动同总资本的比例较小；而**活劳动产生的较小的利润**却显得较大，因为较小的利润同较小的总资本的比例较大”（上，359～360）。这里的“总资本”和“较小的总资本”所指的应该是总资本在连续过程中表现出的不同的量的形式。马克思在这里指明了剩余价值对利润量和利润率的决定作用。接着，马克思又强调指出：“如果各组成部分之间的比例不同因而生产力也不同的各个资本，为总资本提供同一百分比，那么，实际的剩余价值在不同部门中必然极不相同”（上，374）。在资本有机构成不同的许多资本中，能“为总资本提供同一百分比”的只能是一般利润率。在这里，马克思也是从同一的一般利润率出发来说明不同的剩余价值率。

以上分析说明，马克思在“资本章”中最先论述的利润形式是以社会总资本为前提的总利润和一般利润率。马克思在揭示总利润和一般利润率的本质规定性时，还没提出或涉及个别利润和个别利润率问题。

二

在“资本章”转入对资本积累论述之前，马克思对利润理论作了进一步的阐述。这时，马克思已经开始从剩余价值、剩余价值率出发来考察利润、利润率问题；就其对利润形式的论述而言，“资本章”首次形成了从对总利润和一般利润率的考察过渡到对个别利润和个别利润率的考察的逻辑顺序。

马克思在继续考察中首先假设，“这里剩余劳动 = 必要劳动，剩余价值为100%”（上，419）。只有在剩余价值率为一定时，才可能进一步展开一般利润率的内在规定性，才可能在纯粹的形态上认识剩余价值转化为利润的逻辑过程。马克思进一步认为，在剩余价值率为一定的前提下，“**一般利润率**之所以可能，只是因为这个生产部门的利润率过高，那个生产部门的利润率过低；也就是说，只是因为剩余价值——与剩余劳动相应的剩余价值——的一部分从一个资本家手中转到另一个资本家手中”。因此，一般利润率是各个资本生产部门不同利润率平均化的结果，即“总剩余价值不是按照各个个别生产部门的资本所实际创造的剩余价值来分配，而是与他们的资本**量**成比例地大致平均地进行分配”（上，426）。

由此可见，马克思这时已经从对一般利润率的考察上升到对个别部门不同利润率的考察，已经认识到各个部门之间的剩余价值的平均化是形成平均利润和“平均利润率”的原因。与此同时，马克思也认识到，不同的个别利润率是由于“资本推动的活劳动所占的比例”的不同，亦即“资本中间活劳动交换的部分与同机器和原料交换的部分相比”的不同而造成的（上，

425～426)，揭示了形成不同个别利润率的“两个源泉”① 之一。马克思还认识到竞争对个别利润率平均化的作用。他说：“较高的利润……由于竞争会降低到这个平均水平，而另一生产部门的较低的剩余价值，由于该部门的资本被抽出并由此而形成有利的供求关系，就会提高到这个水平。”（上，426）竞争通过许多资本间的资本转移来实现利润平均化，因而是形成生产价格的重要机制。马克思的这些结论，对于平均利润和生产价格理论的形成具有十分重要的意义。而这些结论完全是以利润形式由总利润、一般利润率上升到个别利润、个别利润率为前提的。

三

通过对“资本章”这一部分内容的分析可以看到，在《草稿》中，对马克思生产价格理论形成具有重要意义的，是对利润形式从总利润、一般利润率过渡到个别利润、个别利润率的考察。马克思对利润形式考察的这一逻辑顺序，在理论、方法论和结构上，都有其内在的必然性。

首先，在“资本章”中，马克思剩余价值理论的最初建立是和对李嘉图利润理论的批判联系在一起的。李嘉图不懂得利润的本质，更不懂得作为利润内在规定性的剩余价值及其本质，也从来没有研究过剩余价值和利润的本质区别及其转化的“中介”环节。李嘉图在利润这一外在形式上，把利润和剩余价值混淆在一起，把利润率和剩余价值率直接等同起来。因此，为了批判李嘉图的利润理论，马克思就有必要以利润而且以撇开了一切复杂规定性的利润、利润率形式，即以总利润、一般利润率形式为起始点，进而逐个层次地揭示出利润和剩余价值的本质规定性，以及两者转化的“中介”环节。在“资本章”中，马克思就是在揭示出“李嘉图的思路”（上，296～297）之后，才对总利润和一般利润率作出深刻论述的。因此，在对利润形

① 马克思指出：“除了资本的有机构成不同以外，……利润的不等还有另外一个源泉，即不同生产部门资本的周转时间不同。”（《马克思恩格斯全集》第 25 卷，第 169 页）

式考察时，先从总利润和一般利润率出发，这是马克思在《草稿》中对政治经济学理论史批判的必然结果。

其次，在资本运动的现实形式上，剩余价值、剩余价值率总是表现为资本的总利润和一般利润率的外在形式。因而，以总利润和一般利润率的外在形式为起始点，进而揭示出剩余价值、剩余价值率的内在规定性，这应该是顺理成章的；而一般利润率又是各部门相异的个别利润、个别利润率的抽象形式，因而从具有一般的抽象的规定性的总利润、一般利润率出发，再逐个层次地把它们展开为具有特殊的具体规定性的个别利润和个别利润率，也应该是顺理成章的。

最后，“资本章”对利润形式考察的这一逻辑顺序，也是由马克思当时所制定的政治经济学著作的结构和方法所决定的。马克思当时已经把他的政治经济学著作划分为以下六大部分：资本、土地所有权、雇佣劳动、国家、对外贸易、世界市场（上，219～220）[①]。其中对“资本”的论述又分为第Ⅰ部分“一般性”、第Ⅱ部分“特殊性”和第Ⅲ部分“个别性”。资本“一般性”要研究的是资本所具有的最抽象的规定性；资本的“特殊性”和“个别性”则要研究许多资本所具有的具体规定性，如竞争、信用和股份资本，等等。马克思把第Ⅰ部分“一般性”又分为三节，其中第（1）节考察资本的一般概念，第（2）节考察资本的流通，第（3）节才考察资本的利润形式（上，232）。“资本章”三篇基本上就是以这三节为考察对象的。因此，在“资本章”中也就不考察第Ⅱ和第Ⅲ部分的内容，即不考察竞争以及由竞争的作用所引起的资本的进一步的规定性。在“资本章”中，马克思多次明确地指出：“我们研究的既不是资本的某一**特殊**形式，也不是与其他各单个资本相区别的某一**单个资本**”（上，270）；“我们完全撇开以后会出现的规定，如竞争、价格等等”（上，299）。马克思还指出：“在以后的研究中，还要包括一些新的关系，那将大大改变这些论点。这一切一旦不再

① 马克思后来把这六部分发展成政治经济学著作的“六册结构”，参见《马克思恩格斯全集》第29卷，第531页。

完全从一般形式上〔来表述〕，**那就属于利润学说了**”（上，306）；“我们在这里考察的是**资本本身**，也可以说是全社会的资本。资本的差别等等还与我们无关”（上，313～314）。所有这些关于结构和方法论上的论述都清楚地表明，“资本章”考察的出发点只能是作为资本一般形式的总资本，而相对于总资本的利润形式也只能是总利润和一般利润率。

在“资本章”中，马克思多次提到与“资本一般”相对应的“许多资本”的概念。① 马克思认为，在“资本章”中，要撇开以许多资本为前提的一切因素（下，11）。但是，马克思在“资本章”论述过程中，还是在一些相关的地方，对许多资本作了一些有限度的论述。只是在这些有限度的论述中，马克思才可能对许多资本中的个别利润和个别利润率作出有限度的考察。而这些考察只能以利润的一般形式即总利润、一般利润率为起始点，只能表现为从对总利润、一般利润率的考察上升到对个别利润、个别利润率的考察的逻辑过程。

在“资本章”中，马克思在论述了资本流通的一般性质之后，就考察了“资本章”第三篇“资本是结果实的东西（利息、利润、生产费用等等）”（下，263）。这一篇所考察的应该是“资本”部分第I部分的第（3）节“资本和利润”的内容。马克思在第三篇的一开头就指出：“这里要考察的东西有很大一部分前面已经讲过了。但是，提前讲过的东西应该放到这里来。”（下，265）这里所说的“提前讲过的东西”，显然包括前两篇中对利润形式所作过的一些展开论述。接着，马克思就对“前面所阐述的一般规律”作了“简短概括”。在这一概括中，马克思论述的起始点仍然是总利润和一般利润率。他说：“剩余价值在利润的形式上，则是按在生产过程开始前就已存在的资本的总价值来估量的”；“资本作为资本同直接劳动相比在生产过程中所占的份额越是大，因而，相对剩余价值，资本创造价值的能力越是增长，**利润率**也就按相同的比例越是**下降**”（下，265）。在这里，马克思撇开了许多资本所具有进一步的复杂规定性，首先对利润形式作了抽象的

① 在《草稿》的第Ⅲ笔记本上，马克思最先提到“许多资本”的概念（上，397～398）。

一般的考察。他还概述了利润率下降的规律，揭示这一规律所表现出的对立的运动形式，即“利润率虽然下降”，但是“总利润会增加”（下，267）。利润率下降规律所表现的正是一般利润率和总利润形式所具有的本质规定性。因此，在“资本章”第三篇开始，马克思所考察的利润形式也并不是个别利润和个别利润率，而是总利润和一般利润率。

毋庸置疑，马克思在“资本章”第三篇中对利润理论以及利润形式变化的论述，对马克思生产价格理论的形成具有极其重要的意义。在这一篇中，马克思对生产价格理论的一些要点作了十分有益的探索（对这些理论要点本身的论述，不是本文的任务）。但是，第三篇所要考察的仍然是资本一般，所考察的利润形式仍然是总利润和一般利润率，利润形式的进一步的规定性，还“只有在考察许多资本时才能研究，还不属于这里研究的范围”（下，281）。马克思正是在总利润和一般利润率形式的既定前提下，才写了本文一开头就引过的那段论述。因此，把马克思的那段论述理解为对个别利润率的考察过渡到对剩余价值总量及利润总量的考察，显然是不妥当的。实际上，马克思只是从对总利润、一般利润率的考察为前提，才进一步得出了如下的结论：“在各个不同的产业部门中，数量相等的各个资本的利润不相等，即利润率不相等，这是竞争的平均化作用的条件和前提。”（下，283）**“直接形式上的利润无非是以对资本总价值的比例的形式出现的剩余价值总额。”**（下，289）马克思在展开的利润形式中，揭示了许多资本中的个别利润和个别利润率的运动形式。因此，马克思在这里也像前面在转入资本积累论述之前对利润形式所作的分析一样，也是从对总利润、一般利润率的考察过渡到对个别利润和个别利润率的考察。

四

通过以上分析，我们可以看到，在《草稿》“资本章”中，马克思对利润形式的考察是以对总利润和一般利润率的考察为起始点的，是从对利润总量、利润率的一般形式的考察上升到对利润的个别量、利润率的个别形式的考察的逻辑过程。同时，在“资本章”中，利润形式从一般到特殊的这一逻辑过程并不是简单的直线上升过程，而是一个复杂的不断往复的过程，正如马克思在论及资本时所讲的那样，这是一个“画着不断扩大的圆圈，形成螺旋形”（下，265）的过程。在“资本章”对资本生产过程的分析中，马克思从总利润和一般利润率的分析入手，揭示了利润率和剩余价值率的本质的差别，从而揭示了利润形式所借以存在的内在规定性，揭示了利润和剩余价值相联系的“中介”环节；在揭示了利润的内在规定性的基础上，又从对总利润量，从对抽象的一般利润率的考察上升到对个别利润、个别利润率的考察。虽然这在“资本章”中只是作为插入部分来论述的，并不构成“资本章”论述资本生产过程的主线，但是，这对马克思平均利润和生产价格理论形成来说，却是十分重要的。在“资本章”第三篇考察资本和利润时，马克思又以总剩余价值、总利润为前提，在对形成一般利润率的经济机制的分析中，揭示了个别利润和个别利润率的一些具体规定性；从而在“资本一般”的范围内，对平均利润、生产价格理论作了有限度的论述。在从对总利润、一般利润率的考察过渡到对个别利润、个别利润率的考察中，扩大了考察的主体，画了一个“扩大的圆圈”。在每一次“画圆圈”的过程中，利润形式的起始点都是总利润和一般利润率，都是从对总利润、一般利润率的考察上升到对个别利润、个别利润率的考察。

正确理解马克思在《草稿》中考察利润形式的逻辑顺序，对研究《草稿》在马克思平均利润、生产价格理论形成中的地位是极其重要的。这是研究马克思生产价格理论形成中的一个重要问题。同时，马克思在《草稿》中对利润形式考察所运用的从抽象的一般的经济关系、经济范畴上升到具体的个别的经济关系、经济范畴的逻辑方法，对深入理解马克思提出的由抽象上升到具体的科学方法论，对进一步理解《资本论》的方法和结构也都具有极其重要的意义。

瓦尔拉斯一般均衡理论研究

樊　纲*

法国经济学家莱翁·瓦尔拉斯（1834～1910）是洛桑学派（数理经济学派）的创始人，也是一般均衡理论的奠基者。在其代表著作《纯理论经济学要义》①（1874～1877）中，他以边际效用理论为基础，把一切经济关系都视为市场交换关系，把一切经济活动都视为追求利润或凭借个人所拥有的某种资本谋取收入、追求最大效用的行为，从交换的均衡入手，逐步分析了由交换均衡、生产均衡、资本积累均衡和货币均衡四个方面构成的整个经济体系的一般均衡；他将各方面的均衡表现为一系列的方程式，并将它们联系起来构成一个庞大的方程体系，借助数学方法，对资本主义经济的各种现象形态之间复杂的普遍联系和资本主义市场的运行机制，做了较为详细的分析和描述，研究了完全竞争条件下静态一般均衡的实现条件、实现方式，以及动态条件下均衡变化的一般趋势等问题，建立起了一个包罗万象的经济学理论体系。这一理论体系问世一百多年来，在西方经济学界产生了巨大的影

* 本文刊发于1985年第5期。作者樊纲，时为中国社会科学院研究生院经济系1985级博士研究生，曾任中国社会科学院经济研究所副所长、央行货币政策委员会委员，现任中国经济改革研究基金会理事长。

① 有人译作《纯粹经济学要义》，英文一般也译作 *Elements of Pure Economics*，但法文原题为“Élémentsd' économie politique pure”，故在此译为《纯理论经济学要义》，也能较明确地表现出瓦尔拉斯这本著作的特点（以下简称为《要义》）。

响。它不仅构成了新古典理论的重要基础，而且即使在凯恩斯理论占统治地位之后，仍然是西方经济学的一个重要组成部分，并被一些“后凯恩斯主义者”当作凯恩斯宏观经济学的“微观基础”；在凯恩斯主义日渐不灵的今天，一般均衡理论研究则更呈抬头之势。后人的种种研究，固然包括了对瓦尔拉斯理论的种种“纠正”、“扩充”、“应用”或“发展”；但就其基本内容来说，都没有超脱当初瓦尔拉斯构造的理论框架。因此，要想对种种现代一般均衡理论有深入的了解，仍需首先对瓦尔拉斯的理论有所研究。

一 关于一般均衡的概念

瓦尔拉斯在各种均衡的分析中，从而在整个一般均衡理论的分析中主要研究的问题，可以概括为两个：第一是均衡的实现条件，以及这些条件所表明的一般均衡的性质；第二是均衡实现的可能性和方式。这里我们先来分析一下一般均衡的条件及性质。

整个经济一般均衡的实现条件，可以归纳为以下六条。

1. 各个市场（消费品市场、服务市场①、资本物品市场、借贷资本市场和货币市场）上供求普遍相等，不存在正的或负的“超额需求”；

2. 各交易当事人的个人效用最大化，这表现为各种商品对于个人来说的“稀缺度”（即边际效用②）与各种商品的价格成正比（这里进入效用评

① 在瓦尔拉斯的理论中，通常所说的“生产要素”，被称作“生产性服务”。瓦尔拉斯将土地、人力和生产资料都视为资本，分别称作土地资本、人力资本和资本物品。资本的功能，就在于它们能提供“服务”。服务又分为两类，一类是“消费性服务”，可直接用于消费，其需求来自消费者；另一类即“生产性服务”，它们在生产过程中转化为各种产品，对这种服务的需求，则直接来自企业主。“服务市场”上买卖的服务，既包括消费性的，也包括生产性的；但在瓦尔拉斯体系中，这种市场与消费品市场相比较的特殊性质，就在于生产性服务的买卖。因此这里所说的服务市场，就相当于西方经济学中一般所说的“生产要素”市场。

② 法文 *rareté* 是瓦尔拉斯的一个特殊术语。当它指的是“由一定商品消费量所满足的最后需要的强度”（《要义》英文版第 119 页）时，其含义就是后人所说的“边际效用”；笔者将其译为“稀缺度”。有人译作“稀缺”或“稀缺性”是不确切的，因为没有极量含义。

价的商品包括各种产品、各种服务、永久性纯收入①、各种流动资本和现金余额的服务②)；

3. 产品的生产成本等于产品的销售价格（这里产品既包括消费品，也包括各种资本物品)；

4. 社会形成统一的资本纯收入率③；

5. 借贷资本利息率等于（实物）资本纯收入率；

6. 货币利息率等于资本纯收入率。

下面我们就来看一下这些条件都意味着什么。

所谓均衡，通常直接指的就是供求均衡，即市场上供给与需求数量的相等。而供给和需求是市场上对于价格施加相反作用的两种因素，因此，在供求相等的意义上，均衡就是相反的经济力量相互作用、相互依存而达到势均力敌的一种和谐状态。瓦尔拉斯一般均衡的第一个基本条件，就是各个市场上供求的普遍相等；而这个条件所表明的，正是一般均衡的这样一种基本性质，即它是整个经济体系内各种直接或间接地相互反对的经济力量相互作用、相互依存、相互抵消所达到的一种普遍的和谐状态。

然而仅仅是普遍的和谐或普遍的供求相等，还并不是瓦尔拉斯所说的一般均衡；瓦尔拉斯的一般均衡还要求前面所列举的其他五项（第 2 ~6 项）条件也都同时实现，因此一般均衡显然还具有其他的性质。

稍加分析就可以看出，前面第 2 ~6 项均衡条件，有一个共同点，即它们都是从各个方面保证着供给、需求等经济变量不再具有变动的趋势，从而使供求的相等是确定的，不会立即因某一变量的变动而遭到破坏。例如，根据瓦尔拉斯的理论，通过市场上的适当调整，可以找到一组价格，使各种产品和服务的市场供求都达到相等；但这时各种产品的成本却可能大于或小于

---

① “永久性纯收入”是瓦尔拉斯的一个特殊用语，相当于一般所说的“预期利润”。

② 瓦尔拉斯将各种储备、存货等都视为流动资本；把保存在手头的货币称为“愿持现金余额”；这些东西由于给人们提供了种种便利，因此被认为也是提供服务的，称为“灵活性服务”。

③ 这相当于社会平均利润率。

其价格，于是生产者（企业主）就会从那些因成本大于价格而发生亏损的部门中撤出，进入那些因成本小于价格而有赢利的部门，从而造成产品的供给和生产性服务的需求发生变动，使原来市场上的供求均等遭到破坏。而只有各种产品的成本都等于其价格，这种变动才不会发生。[①] 其他几个条件也是这样：每个人的效用最大化，决定着对产品的需求和对服务的供给不会再发生变化；统一的资本纯收入率决定着对各种资本物品的需求比例不会再发生变化；利息率等于资本纯收入率则决定着货币资本的供求关系不会再发生变化，等等。根据这种分析，我们可以做出进一步的概括：将前面第 2～6 项条件的共同要求，即各种经济变量不再具有变动的趋势，视为一般均衡实现的第二个基本条件，而将第 2～6 项条件本身，视为这一基本条件在各个方面的具体体现。

那么，各种变量都不再具有变动的趋势又意味着什么呢？不难发现，这就意味着决定那些变量是否变动的各方面经济因素，这时都处于某种“最大化”或“最佳化”状态。例如，按照瓦尔拉斯的理论，决定产品需求不再变化的个人效用最大化，直接地就是这样一种“最大化”状态；而决定产品供给的生产成本与产品价格相等，则意味着普遍的利润最大化（没有亏损）和生产资源的最佳配置；统一的资本纯收入率，则意味着新生资本物品所能直接或间接地产生的效用最大化和新生资本物品的最佳配置；货币利息率与资本纯收入率相等，则意味着现金余额的最佳数量，等等。这样，从各种经济变量不再具有变动趋势这个一般均衡的第二个基本实现条件当中，我们便看到了瓦尔拉斯一般均衡第二方面的基本性质，即它是一种普遍的最佳状态。

总之，所谓一般均衡，一方面是指各种经济力量相互作用、相互依存所达到的普遍的和谐状态，另一方面是指各种经济变量不再具有变动趋势的普遍的最佳状态。这就是一般均衡的二重性质，或一般均衡概念的二重意义。

---

① 在瓦尔拉斯的理论中，企业主是一种所谓的“无所得企业主”，他们“以追逐利润为目的”，但在均衡实现时，由于成本等于价格，他们“既无利润也无亏损”（见瓦尔拉斯《要义》英文版，第 41、215 页）。这种理论自然遭到了批评。后来广为接受的是马歇尔、罗宾逊等人提出的在完全竞争条件下均衡时企业主获得“正常利润”的理论。

二　关于经济因素之间普遍的相互依存与相互决定

与局部均衡理论相比较，一般均衡理论的特点，就在于它不是仅仅分析单个市场上若干经济因素之间的相互关系，而是把整个经济体系置于视野之内，分析所有市场上的各种经济因素之间的普遍联系。瓦尔拉斯的一般均衡体系，正突出地表现了这种特点。

首先，它明确地表现了所有市场变量之间普遍的相互作用与相互依存。在瓦尔拉斯体系内，各种产品、服务和价格的供给、需求，都表示为所有价格包括纯收入率和利息率的多元函数；一种价格变动，各种供求数量都随之变动，其他各种价格也相应地发生变动；各种产品、服务和资本的供求方程，连同产品的生产方程以及决定统一纯收入率的各方程联系在一起，形成了一个无所不包的方程体系，在此体系中，任何一个变量的变动都将对整个体系的每个最远的角落发生影响，引起整个体系的调整或再调整；任何一个变量的均衡水平，都必须与其他一切变量相关地同时确定，若其中一个是“非均衡的”，其他一切便也都是“非均衡的”。

其次，它论证了各个市场均衡状态的相互依存。瓦尔拉斯认为，由于社会上每个人的支出（包括储蓄和现金持有）必然等于他的收入，因此社会上的总供给与总需求必然是相等的。在此前提下，若将经济划分为 n 个市场，则如果其中 n－1 个是均衡的，另一个（第 n 个）也必然是均衡的；如果其中一个是不均衡的，则至少存在另一个市场也是不均衡的，例如若产品市场上供大于求，则货币市场、生产要素市场和资本市场等必然至少有一个发生求大于供，等等。这也就是所谓的“瓦尔拉斯定律”①。

---

① 瓦尔拉斯自己并没有将此作为一个规律提出来，他只是在论证独立方程个数与未知数个数相等时实际地论述了这个规律的内容，后来经兰格加以重新表述并加以命名，才以一个规律的形式出现，并成为许多研究的基础（参见兰格《萨伊定律：重新表述与批评》，载于《数理经济学和计量经济学研究》，芝加哥，1942）。

最后，它表现了“微观变量”与“宏观变量”的相互依存。瓦尔拉斯并不注重社会总供给、总需求、总收入之类宏观变量的研究，因此他的理论一般来说仍属于一种“微观分析”。但是，由于瓦尔拉斯体系中的“永久性纯收入”总需求（储蓄总额）、新生资本总供给（投资总额）、统一收入率、利息率等，本身既可以是微观变量，也可以作为宏观变量；特别是由于瓦尔拉斯体系包括了经济体系内的所有“个量”，只要经过适当代换、加总，就不难推导出一系列的总量，因此，这一体系较为明显地表现了个量与总量、微观分析与宏观分析的相互依存关系，也因而被一些人视为联结微观理论与宏观理论的“桥梁”。

各种经济因素之间普遍的相互作用与相互依存，是一个客观事实，是一切事物普遍联系这一客观规律在经济领域内的表现。瓦尔拉斯通过以上几个方面，以他独特的方式，对各种市场因素之间的这种普遍联系从理论上进行了一定的分析和概括，无疑是他对经济思想发展的一个贡献，一般均衡理论也因此而包含着科学经济理论可以利用的合理因素，值得我们加以注意。

但是，还需注意的是，瓦尔拉斯所说的各种相互依存，都是一种不分主次、无特定因果关系的普遍的相互决定。例如，就各种商品市场价格的相互关系而言，既可以说服务价格的变动能够通过引起成本和产量的变动，决定产品价格的变动，又可以说产品价格的变动能够通过引起产量和服务需求的变动，决定服务价格的变动。又如，就各市场之间的关系而言，既可以说是商品市场的生产过剩引起货币市场的“货币紧缺”，又可以说是货币市场的不均衡引起经济的波动以至经济危机。再如，就微观变量与宏观变量的关系而言，既可以说是个人的活动决定着整个经济的运行，又可以说是整个经济的状况，决定着个人作出的选择。总之，用琼·罗宾逊的一句话说便是，在此体系中，“一切决定于其他一切”①；反过来也一样，一切又决定着其他一

① 〔英〕琼·罗宾逊、〔英〕约翰·伊特韦尔：《现代经济学导论》，陈彪如译，商务印书馆，1982，第49页。

切；各市场变量间的任何关系都同等程度地具有“可逆性”，不存在任何特别的占主导地位的因果联系，不存在任何起着主要支配作用的决定与被决定的关系。这可以说是瓦尔拉斯一般均衡体系内普遍相互依存关系的一个重要特征。

瓦尔拉斯的理论之所以具有这种特征，与其说是哲学方法和一般分析方法上的错误，不如说是由认识程度、认识层次上的局限性所决定的。可以看到，整个一般均衡理论所研究的重点，都是供给、需求、价格等“市场变量”，而这都是些最为表面的现象形态。再深一步，瓦尔拉斯充其量只涉及了效用评价、生产系数、个人资本持有量等所谓的“背景条件”。[①] 但是，第一，这些因素不仅对于静态一般均衡体系来说是“外在的”、既定不变的，而且整个一般均衡理论并不包含对这些因素本身以及它们之间相互关系的分析；第二，更重要的是，这些“背景条件”本身，也都只是些第二、第三层次的现象形态，它们或者是心理因素，或者不过是一些既成事实。而正是由于一般均衡理论所研究、所涉及的都仅仅是些表面层次的现象形态，并且仅仅注重于数量方面的研究，而将这些现象形态下面更深一层的人与人之间客观的经济关系、这些关系的特定社会历史、由此决定的经济关系特殊的内在矛盾和内在动因，以及生产、交换、分配、消费之间的一般关系，等等，都斥于视野之外，未作任何深入的分析，因而它就无法确定那些处于表面层次的各因素之间的真实关系，从而也就无法摆脱杂乱无章的混沌表象。因此，一般均衡理论中市场变量相互关系所具有的这种相互决定的性质，不过是这一理论本质缺陷的一种反映。

这种不分主次相互决定式的普遍相互依存，实际上还表达了瓦尔拉斯以下的经济思想，即在资本主义经济中，各种经济力量和社会阶级，都处于一种平等和相互制约的关系之中，没有哪种力量或哪个阶级居于主导地位；不仅人人都是资本家，而且人人都是统治者，都可以对经济状况平等地施加自

① 英文为“data”，现代理论中一般称为“参数”，即“parameters”。

己的影响。于是，资本主义便被描绘成一种统一、和谐和不存在统治与被统治关系的经济制度。这显然是对现实生活的一种歪曲。

三　关于效用最大化与自由竞争的优越性

前面曾经指出，瓦尔拉斯的一般均衡指的不仅是供求的普遍相等，而且还意味着体系的各个方面都达到了某种“最大化”或“最佳化”，是一种普遍的最佳状态。而如果我们对各种最佳状态作进一步的分析，便可以看出，各种最佳状态最终都可归结为“效用的最大化”。事实上，瓦尔拉斯本人也正是从效用最大化条件中“合理地推演出”其他各种最佳化条件的，并对这种理论上的“统一性”颇感得意①。由此可见，以边际效用论为基础的效用最大化，在一般均衡体系的构造和一般均衡条件的论证中，占有中心的地位。

不仅如此，瓦尔拉斯还作了进一步的引申，这就是将他所说的效用最大化作为论证资本主义自由竞争制度优越性的一个最根本的论据。在他看来，由于自由竞争制度能够自动实现使每个人都获得最大满足或最大效用的一般均衡，因此便足以证明自由竞争是一种最为优越的经济制度；并将此论断称为“无论社会主义者如何反对都最终成立”的“重要真理”。② 关于自由竞争是否自动实现一般均衡的问题，我们将在下一节进行分析。这里我们先就效用最大化本身与自由竞争制度优越性的关系问题，进行一些讨论。

这是一个很早就在经济理论上引起争议的问题。首先，也是为后人普遍接受的批评来自威克赛尔。他除了指出均衡点不唯一从而效用最大值也不唯一的可能性外，还指出如果不实现均衡，而是通过某种强制的价格体系，在穷人与富人的交换中设置一些有利于穷人的“障碍”，由于穷人和富人对同种商品的边际效用评价不同，就可能使穷人多得到的满足大于富人所受到的损失，于是会使社会总效用更大些。因此，在自由竞争所导致的均衡点上，

① 见《要义》英文版，第37～39页。
② 见《要义》英文版，第305～306页。

并不一定就有社会最大总效用。[①]

这种批评就其本身来说有一定道理。它实际是以其特殊的方式触及了瓦尔拉斯理论撇开所有制关系而谈论经济制度优劣的根本性错误。但是，这一批评，一方面仍以人的主观评价来作为衡量社会制度优劣的基本标准，另一方面，这种反驳方式也不够令人信服，因为他是在用瓦尔拉斯体系内并不存在的社会总效用概念来批判瓦尔拉斯式的每个个人的效用最大化概念。[②]

这里我们要给出一个进一步的批评。我们将看到，不使用所谓社会总效用概念，同样可以证明瓦尔拉斯的论断是站不住脚的。

瓦尔拉斯论断的一个大前提是：凡是能够实现他所说的效用最大化的经济制度，就是优越的经济制度；但他根本没有对这个前提本身作出任何证明，甚至对于他所使用的衡量一种经济制度优劣的标准本身，即"每个个人效用最大化"这个概念本身的社会经济意义，也没有作出任何科学的说明。而问题正是由此产生的。事实上，经过深入分析便可以发现，瓦尔拉斯所说的社会上每个个人的效用最大化，一方面不过是一种由社会经济关系决定的"不可能再大"；另一方面则不过是一种脱离任何客观标准的"任意最大"。就第一方面来说，按照瓦尔拉斯自己的理论，每个人面对任何一种价格体系，都可以确定一种主观的"效用最大值"；但是他所能实现或得到的，却只能是与社会决定的均衡价格相联系的那一种"效用最大值"，而不可能实现其他种种对他来说更大的效用。因此，就如同均衡价格是由社会决定的一样，任何一个人的满足程度，也都是社会地规定的，是由整个体系的资源技术条件、财产占有状况、所有其他人的主观评价以及他个人在此体系中的地位和条件共同决定的，是一种社会强制下的不可逾越的"最大"。例如，在自由竞争下，只能一方面是胜利者的最大满足，另一方面是失败者的

① 〔瑞典〕K. 维克赛尔：《国民经济学讲义》，刘絜敖译，上海译文出版社，1983，第 74 ~ 83 页。

② 瓦尔拉斯明确认为效用评价、稀缺度等都是"个人的""主观的"，因此在他的理论中不存在"社会总效用"之类的概念。"瓦尔拉斯效用最大化"，指的仅是社会上每个个人的效用最大化。参见《要义》英文版，第 146、257 页。

“最大满足”。就第二方面来说，由于瓦尔拉斯所说的效用，都是个人的、主观的评价，因此他所说的个人效用最大，对客观社会经济生活来说，完全可能是有害的。例如，在经济发展的情况下，地租收入很高，地主反而会“最大满足”地增加自己的消遣用地，减少生产用地的供给，从而使地租、房租及地价进一步上涨，而资本家和工人则不得不“最大满足”地为此付出更大的代价，让地主去挥霍社会财富的更大份额。总之，瓦尔拉斯效用最大化的上述两个方面的性质，恰恰反映着资本主义自由竞争的两大根本性弊病，即贫富的两极分化和生产的无政府状态，又怎么能用这种效用最大化来证明资本主义自由竞争制度的优越性呢？

理论上的静态均衡，的确需要用某种最大化状态来加以说明。瓦尔拉斯用他的效用最大化来论证一般均衡，在他的理论结构内，也是能够成立的，这实际上是以其特有的主观唯心主义的、歪曲的形式，来反映资本主义经济追求利润最大化的现实。但这种效用最大化不能成为证明资本主义自由竞争优越性的依据。资本主义自由竞争在历史上的确起过进步的、在一定时期内可以说是“最优越”的进步作用，但这只能由客观经济发展的历史分析来加以说明，只能通过对社会基本矛盾的考察加以论证，却不能用静态均衡、个人的心理评价等来加以证明。而瓦尔拉斯在资本主义自由竞争正在开始变为生产力发展桎梏的历史条件下，再用均衡、效用最大化等来论证它比新的、更适合生产力发展性质的社会主义制度优越，则是错上加错，并使其理论本身不可避免地具有了辩护的性质。

四　关于均衡实现的理论

瓦尔拉斯关于均衡实现问题的研究，一般分为以下两个步骤。

第一步，通过“点计方程式”，说明均衡是否可能实现。他先根据既定的“背景条件”与经济变量之间的关系，构造出一系列的方程式及方程组，然后便通过论证方程式个数与未知数个数相等来论证方程组是“有解的”，实际也就是在论证经济体系是可能实现均衡的。由于使用这种被人称为

“点计方程式”的方法不过是为了在理论上、数学上对问题作出解答，因此瓦尔拉斯自己将由此得出的结论，称为均衡实现问题的“理论解”或“数学解”。

第二步，通过“搜索”过程说明均衡是如何在市场机制下实现的。所谓“搜索”①，是瓦尔拉斯构造的一个极为独特的描述或说明市场机制如何实现均衡的理论工具。其基本特征在于，它不是实际发生的“误差调试”，而是假定在生产和交换实际发生之前运用一种称作“订票”② 的东西进行的“预备性”调整过程。其基本程序是，首先随机地“喊出”一组价格，然后消费者按照这组价格，根据自己的效用方程，确定各自的服务供给量和产品需求量；生产者则根据生产方程，确定自己的产品生产量和服务需求量，但都只是把这些数值记在“订票”上提交市场，并不进行实际的生产和交换。由于随机喊出的价格一般不是均衡价格，体系这时一般不会达到均衡，因此需要进行调整；调整的方式就是根据服务和产品各自的供求差额调整其价格，再根据产品成本与价格的差额调整产量，把这些新的价格和产量再提交市场。经过这样一轮调整，仍然可能没有实现均衡，于是便再行调整。瓦尔拉斯论证说，只要将这一过程反复进行下去，最终总会“搜索”到一组价格和产量的“均衡值”，实现整个体系的一般均衡；只有到了这时，才开始按照“均衡值”进行实际的生产和交换。

使用“订票”进行“搜索”，而不实际地进行生产和交换，目的是保证体系的各“背景条件”不发生变化，主要是为避免生产出不符合均衡需要量但又无法再消除的商品数量，以避免市场上现有商品存量这一“背景条件”的变化，从而在纯粹静态的条件下抽象地研究均衡如何实现的问题。这种搜索过程，在现实中是不可能存在的。它只是一种理论虚构，是静态分

① 法文“tâtonnement”，英文有人译作 approximation（逼近），有人译作 groping（摸索）；中文有人译作“喊价”，似不确切，搜索过程包含喊价，但不仅是喊价，还有供求量的相应调整。

② 法文“bons”，原意为赌博时在现金结算之前代替钱币相互支付所使用的“签儿”或“筹码”，英译直译为 chips，英译本译作 tickets（票）。

析的一种假设，实际上只是相当于数学中用迭代方法对方程组求解的过程。正因如此，瓦尔拉斯将“搜索”与“点计方程式”一起，都称为求得均衡问题“原则解”的方法。

然而，更重要、更值得重视的一点是，搜索过程正是瓦尔拉斯对自由竞争的市场机制下实际的均衡实现过程的一种理论模拟。在此过程中，他抽象掉了实际的生产和交换，却保留了市场运行的全部机制。他反复指出：“搜索”所解决的问题，正是“市场上自由竞争机制实际解决的同样问题”①；“搜索”所描述的过程，正是“自由竞争制度下市场上自然地发生的”或“自发地发生的”事情②；因此，他也称搜索过程的结果，是对均衡实现问题的“经验解”或“实际解”③。事实上，他正是通过这样一个假设的搜索过程，在理论上论证了他的均衡实现理论的根本命题，这就是：自由竞争的市场机制是一种完美的机制，它能够自然地和自发地实现经济体系的一般均衡。因此，绝不能简单地将这个搜索过程看成一种无重大意义的理论虚构，而应将其视为瓦尔拉斯均衡实现理论的主要内容。

对于瓦尔拉斯的均衡实现理论，后人曾提出种种批评。例如埃奇沃斯1899年曾指出瓦尔拉斯的搜索过程并不能完全避免“背景条件”的变化（例如不能避免由价格变化导致的财产收入关系及效用评价的变化），因此均衡点可能是不确定的④。德国数理经济学家瓦尔德于1930年指出，瓦尔拉斯所使用的“点计方程式”的方法，并不能证明方程组有解；有解也不一定是“唯一解”，而是可能出现多个以至无穷多个解；同时有解也不一定有经济意义，因为解出的未知数可能是负数，等等⑤。后人就这些问题进行了大量的研究，在数学上对瓦尔拉斯的理论和方法进行了一些修正和补充，这对于一般均衡理论数学表达的精确化、严格化，是有一定意义的。

---

① 《要义》英文版，第242页。
② 《要义》英文版，第251、247页。
③ 《要义》英文版，第169、242页。
④ 埃奇沃斯：《政治经济学论文集》第2卷英文版，第311页。
⑤ 瓦尔德：《论某些数理经济学模型》。见《经济计量学》杂志，1951年第19卷第1~4期。

但是，长期以来，存在一个颇为流行的观念，就是认为瓦尔拉斯一般均衡理论所研究的，主要是对一组方程联立求解的问题；它的均衡实现理论，就是用“点计方程式”方法证明方程组有解的理论；而它的主要错误，就在于在此过程中发生的种种数学错误，并将纠正这些数学错误看成对一般均衡理论的重大发展。

事实上，这种观点是对瓦尔拉斯理论不求甚解的表现。任何一个系统读过《纯理论经济学要义》的人都不难发现，瓦尔拉斯用“点计方程式”方法对方程组有解的证明，所费笔墨不多，可以说是一带而过；他的真正重点，则总是放在接下去开始的、占据大部分篇幅的对搜索过程即均衡如何取得“实际解”的详细分析上。因此，在他看来，重要的问题并不在于均衡的“数学解”，而在于市场机制本身是否能自然地趋于均衡。瓦尔拉斯所掌握的数学知识和技巧，显然并不充分，因此他对方程体系有解的证明，的确存在种种错误。但是，既然“数学解”并不是他理论的重点，他的数学错误，也就不构成他的理论的主要问题；对这些错误的纠正，在经济学上实际也并无多大的意义①。

在我们看来，真正需要认真研究并进行理论批评的，并不在于瓦尔拉斯的数学错误，而在于瓦尔拉斯均衡实现理论本身的重点，即他的搜索理论以及由此论证的自由竞争必然趋向于均衡这一实现理论的中心命题。真正重要的问题在于，资本主义自由竞争，是必然地不断趋向均衡，还是必然地趋向不均衡？事实上，任何事物都同时存在两种变化的趋势，既有趋向均衡的一方面，又有打破均衡趋向不均衡的一方面；只不过在一定的条件下，在事物发展的不同阶段上，必然有一种趋势居于主导的地位，起着决定的作用。在资本主义发展的历史上，自由竞争的确在一定的历史阶段上，促使经济均衡发展的趋势居于主导的地位；但发展到一定阶段，这种趋势逐渐衰弱，必然

① 我们可以证明，瓦尔拉斯以后一些人通过严格数学推导所论证的静态一般均衡方程组有解、非负和唯一所需要的种种条件，有一些对于经济学来说是不言而喻的，有一些是经济理论历来分析的一般情况所自然能够保证的，还有一些则是经济理论分析中通常采用的近似性假设。

地被间歇的以至经常的不均衡发展的趋势所代替。瓦尔拉斯不对这个问题作进一步的深入分析，而是将一种趋势，即均衡发展简单地视为资本主义自由竞争唯一的、永恒的和必然的运动方式，就表现出他的理论片面的、形而上学的性质和历史、阶级的局限性，这也是他的均衡实现理论的根本错误所在。后人只有在这个问题上摆脱和纠正瓦尔拉斯的错误，才能对经济理论的发展做出真正的贡献；否则，沿着瓦尔拉斯错误的方向越走越远，只能使经济理论进一步地庸俗化。

论加强宏观调控的意义、方式和手段

李京文*

一　加强宏观调控与国民经济持续高速健康发展

我国经济在经历了1989～1990年的低谷、1991年的回升之后，1992年进入了高速增长时期。1992年我国的经济增长率高达12.8%，其他经济、社会发展的各项指标也都很理想，引起了全世界的瞩目和震惊。1993年上半年的发展势头更为强劲，国民生产总值比上年同期增长13.9%。根据我们采用宏观经济模型的测算和定性分析，今年我国的经济增长率在下半年虽将有所回落，但全年仍将保持在12.5%左右，明年（1994年）将保持在10%左右。

伴随着经济的高速增长，我国经济也出现了一些值得特别注意的问题，诸如固定资产投资规模过大，新上项目过多；投资结构不合理，"三热"（房地产热、股票热、开发区热）愈益严重；金融秩序混乱，金融形势严峻，货币超量发行；财政收支失衡；瓶颈约束收紧，特别是交通运输愈益紧张；通货膨胀压力加大，物价和居民生活费用指数上涨已接近或超过警戒线，等等。

---

* 本文刊发于1993年第6期。作者李京文，时任中国社会科学院数量经济与技术经济研究所所长，曾任中国工程院院士、中国社会科学院学部委员。

在这样的经济形势下，国家的宏观经济决策可能的选择有以下几种：第一种选择是放任不管，由市场去自动调节。按照经典的西方经济学市场理论，通过“看不见的手”和完全竞争的作用，市场会自动达到资源有效配置的最优状态，从而实现经济的有序高速增长。但是，世界各国发展市场经济的历史经验早已证明，严格意义上的完全竞争市场从来就没有出现过，在经济国际化和区域化趋势日益明显的条件下，这种经过市场自动调节而实现经济顺利发展的可能性更加不存在。国家对经济发展中出现的重大问题不加以宏观调控，只能使经济继续盲目发展，各种矛盾加速积累激化，最终导致经济的全面紊乱和恶性通货膨胀的出现，以致被迫实行经济的大调整，这在西方经济中曾屡见不鲜，在我国也有过类似的经历。这种选择既不现实，也不可取。

第二种选择是采用计划经济条件下通常使用的行政控制手段，如砍投资、压项目，调整指令性计划指标，减少财政拨款和物资调拨数量，压缩劳动工资总额和职工人数等，其结果是经济运行逐步恢复正常，但伴随着的是经济大伤元气和经济大滑坡，往往要经过一年到数年的调整后才能恢复到原来的水平，大大延误宏观经济的发展进程。这种做法在我国曾经起过历史作用，但当前和今后都不可能也不应该再予考虑。

第三种也是当前唯一可供采用的选择，就是推进和加强市场经济条件下的宏观调控，这种宏观调控的目的在于既限制市场的消极作用，弥补市场的失灵和不足，又要推进市场化的调节过程，调整和缓解经济高速增长中的各种矛盾和问题，以促进经济的健康发展。从 1993 年 6 月开始，我国加强宏观调控的目的，也正是要通过整顿金融秩序、改善经济环境等措施，来优化产业结构，加速经济发展，使经济又好又快地发展。

必须明确指出，加强宏观调控并不仅仅是针对当前经济中出现的问题而采取的临时措施，它是现代市场经济的基本要素，也是建立与发展社会主义市场经济体系的内在要求。

所谓现代市场经济，就是建立在社会生产力高度发达，经济社会化程度日益提高，各企业、产业、地区、国家之间的经济联系愈益紧密并逐渐形成世界市场体系的基础上的市场经济。现代市场经济体系的形成、发展和成熟，经历了一个漫长历程，主要是在20世纪二三十年代逐步确立起来的。现代市场经济是人类文明的优秀成果，它既具有市场经济的一般特征，即市场的作用覆盖整个社会生活，并在资源配置中居于枢纽地位；同时，由于社会化大生产的高度发展，它又是具有宏观指导（或管理）的市场经济。这是因为，在科学技术飞速发展、社会生产力空前高涨的现代社会里，各企业、部门、地区乃至国家之间的经济技术联系日益紧密，但它们又是各自独立的利益主体，有着不同的发展目标和要求，相互之间的矛盾和摩擦是不可避免的，特别是在经济发展处于不够正常时期，不管是经济萧条还是经济“过热”，这种矛盾和摩擦都会明显加剧，严重时将会破坏整个经济联系链条，导致经济的崩溃。因此，通过一定的国家干预与宏观调控来调整和挽救这种失调，将是经济发展的内在要求。西方经济学中关于国家干预和宏观调控论述最为系统的凯恩斯经济理论，正是在1929～1933年的资本主义世界经济大危机中得到发展和确认的，同时也就为罗斯福的新政出台提供了理论基础。

社会主义市场经济也是建立在社会化大生产基础上的现代市场经济，它不仅必须充分发挥市场在资源配置中的基础作用，也必须通过宏观调控加强各企业、部门、地区间的经济分工与协调。同时，由于社会主义制度下全体人民根本利益的一致性，它比在资本主义经济制度下更有必要和可能建立有效的宏观调控体系，并在调控过程中取得更大的成效。1993年7月我国政府采取的加强宏观调控措施，在仅仅推行一个多月后就已初见成效，就是一个很具体的实例。当然，加强宏观调控绝不是要走回头路，再去用计划经济的那一套行政性措施来限制市场经济的发展，而是在承认和发挥市场机制作用的基础上，采用适当的经济手段去调整经济的各个主要方面，缓解它们之间的矛盾，使宏观经济发展更好地体现社会主义生产的目的，尽可能地减少由分散性盲目性而产生的力量抵消和摩擦损失，实现经济的协调、高速、健康发展。尽管在加强宏观调控的过程中，有的建设项目（主要是已经“过热”的产业，如房地产、开发区和一些长线加工工业项目）会压缩规模，推迟施工甚至停工下马，有的产品会出现滞销或价格回落，许多企业的流动资金紧张，出现新的“三角债”，等等，但是，这次加强宏观调整不搞“一刀切”，受冲击和削弱的主要是一些“长线”产业，而那些“瓶颈”产业、重点基础设施项目反而会得到加强。而且，随着经济秩序的正常化、规范化，全国人民和各行各业都会从中受益，我国的经济必将在更好的经济、社会环境中继续高速高效发展。

二　加强宏观调控与社会主义市场经济体制的建立

关于国家要对市场进行宏观调节的必要性和重要性，国内外学者发表过许多精辟的论述。在这里，我简单地介绍一下我们中国社会科学院的一批学者在刘国光同志率领下于1987年冬至1988年春在为即将建立特区的海南岛搞发展战略时所发表的一些看法。

1987年9月，党中央、国务院决定在海南建省，并办成我国最大的经济特区。同年10月，开始了建省筹备工作，其中第一项就是要制定海南经济发展战略，建省筹备组邀请中国社会科学院承担此项任务。我院派出了以刘国光同志为首的海南调研组，经过近两个月的调查研究，提出了海南经济发展战略（1988年1月10日完稿上报，1988年6月经济管理出版社公开出版）。在这部近20万字的著作里，以较大的篇幅论述了改革问题，在我国首次系统地论述和制定了在一个省的范围内实行社会主义市场经济体制的必要性、重要性和基本框架。该战略明确提出：“海南的振兴，改革是关键。……我们提出在海南实行共产党领导下的社会主义市场经济体制。这种市场经济是有指导的……”并明确论述了社会主义市场经济的基本框架。它包括“1. 建立多元化的所有制结构；2. 形成完善的开放型的市场体系；3. 实行诱导性的宏观调节”。并明确指出，“实行社会主义市场经济，政府对经济的管理和调节不能放弃和削弱，而是要加强和改进。但管理和调节的方式改变了……”对于这方面问题的研究，近几年来虽有了很大发展，但其基本论点并没有大的变化。

在现代市场经济和社会主义市场经济中，宏观调控之所以必要和重要，是因为市场并非万能。

在市场经济条件下，市场是社会生产、分配、流通与消费各个领域中资源的主要配置者，通过市场机制的竞争与激励作用，使资源流向效益最优的企业、部门和地区。因此，在我国构建社会主义市场经济的体制，极为重要的内容是建立起以市场为基础的经济运行机制和资源配置方式，并建立发展、完善市场体系。在这个构建过程中，国家与市场的关系一定要处理好。一方面，国家对于市场能解决的经济问题应当完全交由市场去处理，包括商品供求、价格升降、生产要素流动等，都要通过市场来调节，这才能为市场运行提供条件。另一方面，由于市场并非万能，对于市场的缺陷或失效，则必须由政府的适当干预来加以补足。由于市场缺陷或失效而需要通过加强宏观调控加以补救的领域和作用主要是：

1. 保证收入分配的公正性。在市场经济条件下，财富在企业间、个人间的分配并非公平进行，分配不公、贫富差距拉大的现象普遍存在，在垄断条件下这个问题就更加严重。因此，需要政府采取行动，实施正确的收入政策和税收政策来保证收入分配的公正和相对平等。

2. 制止垄断对市场功能的破坏。垄断的出现会破坏公平竞争，导致市场调节功能的失灵或歪曲，这就要求制定、监督、执行反垄断法规，保护公平竞争。

3. 解决经济的外部性带来的问题。所谓外部性问题，是指某些经济活动导致外部其他人受益或受损，而没有计入产品的成本与价格之中时，产生的问题也只能依靠政府干预来解决。如企业为了增加利润，对生态平衡、环境保护、基础设施建设等往往不加注意，也不可能主动下大力气来解决，只能由政府制定法规，采取行政、法律手段或经济奖惩的办法来加以处理。

4. 解决经济发展中的盲目性问题。在市场活动中经济利益主体的多元化会导致各个企业、地区在生产、投资、销售、购置、运输等活动上的趋同性和重复性，结果在供求总量上失衡，这就要求政府通过制定产业政策来加以引导。

5. 建立市场规则问题。市场活动需要规则和秩序，这除了市场活动中“约定成规”以外，还要求国家或地方有统一的方法和规定，使市场活动规范化。

6. 补救事后调节的滞后问题。市场调节是一种事后调节，从价格形成、信号反馈到人力、物力、财力投入与产品、劳务产出并进入消费，有一定的时滞，并会产生消极作用。因此，需要政府组织有关方面对未来经济进行预测、分析，提出发展规划，以协调当前利益与长远利益的关系，并指导企业正确发展。

7. 协调国家、集体、企业、个人的物质利益。使局部利益和全局利益都得到兼顾并保证全局利益不受损害。

因此，我们在积极构建市场经济体制的过程中，不仅要特别强调市场在资源配置中的基础作用，而且也不能忽略政府对经济活动的宏观调控作用。

从我国当前的实际情况看，国家加强宏观调控的作用就更为显著。这是因为我国的市场发育程度还不高，从总体上看，还处于初期发展阶段。商品市场虽然已初步形成，但市场分割严重、市场运行紊乱。生产要素市场还处于萌芽状态，其中，劳动力市场因劳动力是不是商品的理论问题至今尚无结论而发展缓慢；资本市场也因资金的商品性质尚未完全确立，有的还有争议，因而未能充分发展；土地、技术市场等也处于不规范的运行之中。在这样的情况下，市场的作用还难以充分发挥。这就更加要求政府促进市场发育，发挥政府的积极作用。

必须强调指出的是，即使在市场尚未充分发育的今天，政府要搞的宏观调控，也主要不是为了限制市场的消极作用，主要着眼点应该是推进市场化的调节过程，在这个过程当中，弥补市场作用的失效和不足，通过市场机制与宏观调控的结合，实现资源配置的优化。

三　宏观调控的目标

宏观调控的总目标是使经济稳定而又高效高速发展。

实行市场经济的各个国家，大多把保持经济稳定增长作为宏观调控的首要目标。因此，在市场萧条、经济滑向低谷时，就要采取扩张性的政策来刺激经济复苏，而在经济过度膨胀，即所谓“过热”时，就要采取紧缩政策。这种政策在西方国家中一度是有效的，但20世纪70年代后西方经济出现“滞胀”，这些政策就难以奏效了。我国社会主义市场经济的顺利发展也要求经济稳定增长，减少经济发展过程中的波动，更要避免大起大落，这是经济持续健康发展的基础。因此，首先要保持社会总需求与社会总供给的平衡。同时，由于我国经济基础差，底子薄，起点低，发展的潜力大，各地各部门的加快发展要求都很强烈，因此，在今后相当长的时期内，我国宏观调控的目标不仅仅是稳定增长，也是要在保持社会总需求与总供给基本平衡的状态下，实现经济的高效高速发展。

经济的稳定高效高速发展与结构优化直接关联。只有在结构合理的基础上的总量平衡，才能获得好的经济效益，使这种稳定高效高速发展能持续下去，至少是波动较小。当前，我国经济发展正处于大规模工业化和向“小康”过渡的阶段，人均GDP 1000美元左右（按1980年汇率），技术进步的作用日益扩大，对基础设施和基础产业的要求日益增大，农业人口大量向非农产业转移，人民消费要求从量的增多逐渐转为质的提高，这就对产业结构的调整与优化要求愈益迫切。同时，国际经济技术迅猛发展，经济国际化、地区化的趋势日益明显，国际产业结构调整升级过程加快，这些也对我国产业结构的优化提出了新的更高的要求。因此，为了实现经济的稳定高效高速发展，一定要把优化产业结构作为一个重要目标。

有的同志认为，为了保持我国经济的总量平衡，应该采取“增加供给、抑制需求”的方针。这在某种意义上讲是有道理的。因为资源总是有限的，因此总量平衡中的问题常常是供不应求，即短缺经济。但是，在市场经济条件下，供给与需求都应主要由市场来调节，而且它们是互相影响、互相制约的。没有需求或需求不足，供给就失去其本身的作用。而且供给的增加也应当由市场需求来引导和决定，否则就毫无意义。因此，我主张在市场经济中供求平衡主要由市场决定，国家只能在市场作用的基础上做些引导、控制。按照控制论的观点，控制并不等于限制，而是通过反馈系统自动调节、协调、操纵的功能来使系统保持良好状态。当然，调节之中也包含某些方面的节制，但主要不是限制，而是疏导，使之协调运转。因此，在总量控制中，我主张采取“增加供给，疏导需求”的方针，促使供给能按照市场的需求来不断增加，而需求则要根据市场关于资源供给状况的信号不断调整，使它们互相协调、互相促进，为宏观经济的协调运行奠定基础。

防止过高的通货膨胀率，也是宏观调控的重要目标。虽然轻微的通货膨胀在任何国家都是难以避免的，但过高的甚至恶性通货膨胀，对经济会带来极坏的影响，这在国内外都有许多例证。拉丁美洲国家利用高债务、高通货膨胀来发展经济，其结果是经济增长率多年来仅有1%左右，还抵偿不了人口自然增长的新需求，有的国家有些年份还是经济负增长。在我国，银行信贷规模过大，货币投放过多，也曾带来严重的后果。例如1984年后我国的货币逐年增发，1984年为262亿元，1985年为195亿元，1986年为230亿元，1987年为237亿元，1988年为679.6亿元，分别比上年增发49.5%、24.7%、23.4%、19.4%和46.7%。货币流通量1978年仅为212亿元，到1987年已增到1454亿元。这里面有经济规模逐年扩大、经济活动市场化程度不断提高的原因，但货币发行和流通量增幅大大高于经济增长幅度。如相较1978年，1987年工农业总产值增长1.3倍，社会商品零售总额增长2.3倍，而货币流通量却增长6.9倍。其结果是1988年出现了投资与消费双膨胀，社会商品零售物价指数也由1985年的8.8%、1986年的6%、1987年的7.3%上升为1988年的18.5%，最后不得不实行治理整顿，进入全面紧缩阶段，使国民经济的发展受到严重打击。这些教训是必须记取的。因此，我们认为，用高通货膨胀来促进经济高速增长是行不通的。根据我国的经济实力和人民群众的承受能力，我国宏观经济调控的目标之一，应是把通货膨胀率控制在10%以内，超过这一警戒线就有可能造成不良后果。为此，要把好货币供应量增长率这一关。影响这一指标的因素有：经济增长率、物价上涨率、货币流通速度，以及由市场经济发展而带来的产品与劳务的市场化和价格升降所需的货币供应量。必须对上述因素做全面的分析，以确定货币供应量的合理区间、信贷规模和利率水平，这些是影响宏观经济的重要因素。

此外，保持国际收支平衡也是宏观调控的重要目标之一。对于正在扩大开放的我国，保持国际收支平衡并争取略有顺差，拥有必要的外汇储备并使其合理增长是十分必要的。这牵涉到深化外贸体制改革和实行合理的引进外资政策。要在全国建立开放型的经济体制，在一些地区建立以鼓励出口为主的外向型经济，同时推行促使国内产业高度化的进口替代政策。1993 年以来外资引进增长幅度很大，但同时有相当数量的资金外流。在进出口方面，出口增长不快，而进口增长幅度则甚高，上半年已经出现贸易逆差。这些问题都是需要通过必要的宏观调控加以解决的。

四　宏观调控的方式与手段

社会主义市场经济体制中的宏观调控，应当是以经济杠杆为主要手段，以间接调控为主要方式，这同计划经济体制下以行政手段为主、以直接调控为主是有本质区别的。

我国旧体制的重大弊病之一，是政府直接管理和控制企业，把企业视为政府的附属物，对它实行“管、卡、压”，使企业丧失了自主经营的权利，因而也就不可能自负盈亏、自求发展，只好躺在政府身上“等、靠、要”。事实已经证明这种体制的失败。在新体制下，宏观调控不再直接到企业，应实行以间接调控为主的宏观调控方式，核心是真正给企业以独立商品生产经营者的权利，让市场价值规律居于调节的中枢，坚持政府的宏观调控服务于、有利于市场体系的发展及其对资源的优化配置，服务于、有利于企业和劳动者个人积极性、创造性的发挥。

社会主义市场经济的宏观调控手段主要是运用经济杠杆，按市场规律办事。经济杠杆有金融信贷、财政税收、收入分配、价格等，它们从价值形态上联系各方面和各个利益主体的经济利益，是政府用来调节经济活动的主要经济手段。这些经济杠杆有以下几个功能：一是调节功能，包括调节社会再生产各个环节（生产、分配、交换、消费）、各个产业的关系，以及调节国家、企业、集体、个人之间的利益关系；二是控制功能，即通过税率、利率、价格等经济杠杆，引导各项经济活动向国家（或社会、地区）的总体目标发展；三是核算功能，即借助价格、税收、工资、利润等经济杠杆，核算劳动耗费，比较投入与产出，平衡社会供给与需求；四是监督功能，包括对企业经济活动及其与政府、职工、相关企业关系的监督。

在各种经济杠杆中，最为重要的是金融政策、财政政策与计划。

（一）金融政策

在构建社会主义市场经济的过程中，金融政策具有特别重要的意义。所谓“金融”，就是资金的融通，也可以说是资金流通的总称。它由两个主要部分组成，即货币流通和信用。因而金融政策也就有两个重点：一是货币政策，即中央银行对货币供应量管理的政策；二是信贷政策，即银行发放贷款额的政策。信用是以偿还为条件的借贷活动的总称。它的特殊功能是在不改变所有权的条件下，以偿还为条件把暂时不用的资金集中起来，借给需要它们的经济主体（企业、个人）。在我国，货币流通的组织与调节，信贷资金的动员和分配，都应主要以银行为中介进行。随着我国市场经济的建立与发展，金融、银行在经济稳定与发展中越来越重要了。改革开放以来，凡是经济发展比较迅速、比较健康的年代，都是金融手段运用得比较好的时期；反之，其情况即不够好。因此，加快金融改革，是当前我国经济体制改革的中心环节。

在发展市场经济的过程中，对金融、银行的要求越来越高：第一，随着投资的资金来源由财政拨款向银行信贷的倾斜，要求银行筹集更多的资金，更好地发挥间接融资的优点，第二，要求银行从根本上改变着重对企业实行管理监督的做法，更好地为搞活经济创造条件；第三，要求银行迅速建立信贷计划、金融政策、利率、汇率、存款准备金等各种手段并用的金融控制体系，加强宏观金融调控作用。

金融改革的总目标可以概括为逐步做到货币供应的间接调控，实现金融机构多元化、金融工具多样化、利率决定市场化、宏观调控间接化。当前金融改革着重达到以下目标：（1）将目前的中国人民银行加以改造，使其真正成为负责货币发行和制定与监督执行金融政策的中央银行，以建立一个由中央直接领导的独立执行货币政策的中央银行调控体系，改变目前中央银行主要依靠对信贷和货币供应的规模控制实行调控的状况，把准备金率和再贴现率作为中央银行的主要政策工具。（2）改革目前的金融组织体系，建立一个政策金融与商业金融分离，国有银行为主体，多种金融机构并存的金融组织体系，实现商业性业务与政策性业务、短期融资与长期投资分开，将原来的专业银行改造成为商业银行，成立政策性银行或长期开发信用银行，并积极发展信托、租赁、证券机构，还应继续发展城市信用社，可以考虑组建城市合作银行。为了适应扩大对外开放需要和学习国外金融工作经验，应适当引进外资银行。（3）建立一个统一开放、有序竞争、严格管理的金融市场。对各类金融机构，都应实行分类资产/负债比例管理。上述改革措施的推行，将有力地促进利率的市场化，并实行存款准备制度和公开市场业务，最终必然逐步形成货币供应的间接调控体系，使金融信贷在宏观调控体系中的重要作用得到进一步发挥。

（二）财政税收

财政是凭借国家权力集中和分配一部分国民收入而维持国家经常开支和推进经济建设的一个重要工具。它反映国家、集体、企业、个人以及中央与地方的利益关系。我国的财政税负有稳定经济的使命，又有通过公平税负和鼓励竞争促进产业结构优化、经济效益提高和经济顺利发展的重要作用。

在建立社会主义市场经济的过程中，我国财政的作用主要集中在以下几个方面。

一是实行总量控制，促进总量平衡。政府通过税收和国家预算，直接影响消费总量和投资总量，干预经济发展速度与结构变动，以保持社会总需求与总供给的基本平衡，促进经济的健康发展。

二是通过实行不同税率来体现国家的产业政策和地区发展政策，以支持加强支柱产业和“瓶颈”产业，抑制“长线”产业；加快经济特区和某些地区的发展，扶持“老、少、边、穷”地区的发展等。

三是发挥财政税收对国民财富进行再分配的职能，调整中央与地方，国家、企业、集体、个人的关系，使它们既有利于国家整体和长远利益的需要，也有利于调动各方面的积极性。因此，对财政税收的重要性必须充分认识，过去的“大财政、小金融”固然是不对的，当前有的同志提出的“小财政、大金融”的说法也并不正确，应当是它们联合运用、相互支持、共同作用。

财政政策对经济运行的作用主要是通过财政收支的增减，刺激或收缩经济活动规模。如在市场萧条、需求不足时，可以通过扩大政府开支、兴建各类工程、扩大建设规模，或降低税率，以增加有效需求；当经济过热、市场购买力过旺时，政府可通过减少对商品、劳务的购买，降低社会购买力水平，或通过增加税收，减少公共的货币购买力。

为了充分发挥财政税收这一重要经济杠杆在中国建立市场经济过程中的作用，必须加快财税制度的改革步伐，首先是用“分税制”代替“财政包干”制。改革开放以前，我国财政管理上一直实行高度集中、统筹统支的制度，严重束缚了地方和企业的积极性。20 世纪 80 年代初，开始实行“分灶吃饭”的办法，并逐渐形成对收支划分和分成（或补贴）比例由一年一定变为五年不变的制度，这是我国财政体制上的一大进步。1985 年，又提出了“划分税种、核定收支、分级包干”的改革方案，执行的是总额分成办法，具体讲，是分别实行“收入递增包干”“定额上缴”“定额补助”等各种形式的包干办法。这种体制对于调动地方增收节支的积极性，保证财政收入的增长，是起了一定积极作用的。但是，这种体制既助长了地区封锁和重复建设，又使中央的财政收入比重越来越小（特别是在通货膨胀率较高的年月里，地方上缴给中央的财政收入不仅不是“递增”，实际上是“递减”），造成中央财力严重不足，大大削弱了宏观调控的能力。

因此，财政税收制度改革的首要措施是把“财政包干制”改为“分税制”，提高中央财政收入在总收入中的比重。要把目前的税收合理划分为中央税、地方税和中央地方共享税。为此，应同时组建中央与地方两套税务机构，由中央税局征收中央税和共享税，地方税局征收地方税，同时，要在明确各级政府财政支出范围和重点的基础上，给各级政府以财政支出上的处理权。

其次，要根据市场经济的需要改革和完善税制，解决税收占国民收入比重偏低和税制结构不合理，以及税法不健全、税权分散等问题。方向是扩大税基，降低税率，完善税法，简化征管，使税收真正具有公平性（对同等纳税人给同等待遇）、中立性（建立保证市场公平竞争的税收环境）、简洁性（建立一套方便纳税人理解和遵守的税制与征管办法）和国际兼容性。具体设想有：（1）完善间接税体系，改革流转税制，建立以增值税为主体的流转税制度。（2）建立和完善所得税制度，所有内资企业都实行统一的所得税率，相应取消国有企业的调节税。（3）完善税制结构，逐步扩大资源税征收范围，开征一些新税种，如社会保险税、有价证券交易税、资本所得税、遗产和赠予税等。

（三）经济计划与产业政策

实行市场经济，要取消的是直接的、指令性的计划，但仍需要制订指导性计划，以补充市场的缺陷、协调宏观经济活动。这种计划的大多数指标都不具有强制性，而是对经济发展的目标、方向、速度、结构等进行预测性指导性的计算、分析，作为企业制订具体生产经营计划的参考。在这方面，日本、法国等发达国家有不少值得参考的经验。例如，日本不仅制订中长期计划，而且有预算实施计划，日本经济企划厅是一个相当有力的计划工作机构，所提出的一些计划都对日本的高速增长起了重要作用。但是，这些国家实行的都是指导性计划，主要依靠运用经济政策、经济杠杆去激励企业。我们建立社会主义市场经济后，也要建立这种指导性计划或政策性计划。建立这种计划体系，就将计划工作的重点由个量平衡转为总量平衡，由调控总供给为主转为调控总需求及其结构为主，把规定计划指标为主转为制定政策为主，把计划与市场灵活地结合起来。

在指导性计划中，产业政策占有特殊的重要地位。产业政策的作用主要在于补救、补充市场之不足，对一些需要发展的产业加以扶持，对需要限制或淘汰的产业加以限制，以达到整个国民经济协调发展的目的。如果是依靠市场调节，产业升级就必然是一个缓慢的过程，而且在国际竞争日益激烈的情况下，为了保护国内幼稚产业，强化优势产业，制定产业政策也是十分必要的。产业政策包括产业结构政策、产业组织政策、产业技术政策、产业区域政策，这几个方面政策的正确制定与实施对于国民经济的持续、稳定、高速发展和经济效益的提高，都是十分必要的，应该成为指导性计划的核心。

此外，收入政策也是宏观经济调控的一种手段，通常是为了抑制一般价格水平上升速度而实行限制货币工资和价格的国家干预手段。它的目的是实现无（或低）通货膨胀条件下的充分就业。但是，单纯的收入政策很难奏效，必须与其他调控手段配合使用才能产生作用，否则会引起广大职工的不满，影响其劳动积极性，甚至造成社会的不稳定。

上述几种宏观调控的手段，包括金融、财政、收入和产业结构政策，以及指导性计划，对于弥补市场缺陷，达到稳定经济、协调快速发展的目的是必要的，它们不能相互替代，但相互影响、相互制约；在不同的时期和条件下，其作用的大小不同，但它们是共同在一国的宏观经济调控中发挥作用的。因此，必须使它们相互配合，综合运用，才能取得良好的效果。综合运用的方式和力度，要根据当时经济发展的需要，既考虑近期效应，又注意其远期效应。例如，在经济过热时既要实施紧缩政策，使经济降温，但又不应使经济回落过大过快，否则其负面影响有可能很大，对整个经济的长期发展影响不好。这也是社会主义市场经济建设中的难点与重点之一。

所有制改革与经济运行机制改革

董辅礽*

一　经济体制改革究竟要改革什么

经济体制改革究竟要改什么？人们的认识是很不一致的，同时，也有一个逐渐深化的过程。

其一，起初，许多人都把经济体制改革理解为改善经济管理方法，认为我国经济中出现的各种问题都是由于经济管理方法的不完善所致。所以，这些同志所理解的经济体制改革并非改革经济体制，而只是改善经营管理。例如，在经济计划体制应不应该改革的问题上，就曾有过截然相反的意见。当时，有少数同志（如孙冶方同志）认为，我国的经济计划体制应“推倒重来”，修修补补是不行的。但是，更多的同志则表示，我国的经济计划体制不能改革，而只能是改善。在他们看来，原来的经济计划体制基本上是好的，只是经济计划不够严密和科学，只要在计划的方法和组织上加以改进就可以了。在其他社会主义国家如苏联，不久前也是这样看的，他们甚至不提“改革”，回避“改革”这样的字眼，而只谈“改善”，例如“改善经济机

* 本文刊发于1987年第1期。作者董辅礽，时任中国社会科学院经济研究所所长，曾任第七届和第八届全国人大常委及财经委员会副主任委员、第九届全国政协委员及经济委员会副主任、中国社会科学院研究生院副院长。

制”“改善经济管理”之类。

在我国，目前把经济体制改革仅仅看作改善经济管理方法的同志已经很少了，或许没有了。这是因为人们越来越清楚地认识到，以往我国经济中存在许多严重问题，固然有经济管理方法不善这方面的原因，然而这并非根本的原因。单单改善经济管理方法是不可能从根本上解决这些问题的，甚至可以说是舍本逐末。例如，就经济计划来说，固然它的编制、执行和检查很不完善，在编制过程中缺乏严格的科学论证和计算，各种经济指标之间衔接不好，计划定额不科学、不合理，计划指标的下达不及时，而且多变，“一年计划，计划一年”，执行计划缺乏严肃性和必要的严格的检查，计划的编制未能运用现代的计算技术和现代化的方法（如投入产出分析），等等，但是，从根本上来说，我国经济计划中存在的问题不是计划的方法问题，而是由计划体制本身以至整个经济体制所引起的。例如，在这种计划体制下，市场机制不能起作用，指令性计划使企业没有经营自主权，等等。

其二，在改革的起初阶段以及稍后的时期，不少人把经济体制改革看作经济决策权的改变。同 50 年代中期和 60 年代中期以及 70 年代初期相比，人们对经济决策权划分问题的认识已经有了重大的变化，已不再把经济体制问题归结为改变中央与地方之间的集权和分权的关系，而是看作解决国家与企业之间经济决策权的划分问题。这种看法同前面第一种看法显然有区别，可以说已经触及了经济体制改革的重要内容。因为如果只是把经济决策权在中央与地方之间划分，企业仍然处于无权的地位，那么许多突出的问题就无法得到解决。

但是，究竟如何来解决国家与企业间经济决策权的划分问题呢？企业究竟应该成为怎样的经济组织呢？人们的认识是有很大差别的。

需要扩大企业的自主权，把一部分经济决策权下放给企业，这一点所有的人都可以接受。有些社会主义国家，包括我国在内，改革都是从扩大企业自主权开始的（就国营企业来说）。苏联最近重新开始的改革也是如此。但是，扩大企业自主权是弹性很大的说法，可以容纳对经济体制改革极不相同的理解。一般地说，给企业留用一部分利润，建立企业基金或厂长基金，把一部分基本折旧基金留给企业，企业在留用的利润、基本折旧基金的范围内，有权改造某些生产技术、发展生产、举办福利和奖励职工等。给企业这样一些权力，虽然比企业把全部利润、全部基本折旧基金上缴财政要好，可以把它们作为经济体制改革的内容，但毕竟还不构成改革的主要内容。这样的一些权力，我国的国营企业甚至在“文化大革命”前就曾享有，苏联的国营企业在最近实行的改革以前也已享有。因此，如果把经济体制改革仅仅理解为给企业一些经济决策权，还很难说这就是经济体制改革。

问题在于要不要使国营企业与行政机构分开，摆脱作为行政机构附属物的地位，使企业成为相对独立的或独立的商品生产者和经营者，能够自主经营、自负盈亏。这样来提出问题，并从这一基点出发来改革经济体制，解决国家与企业之间划分决策权的问题，同笼统地把经济体制改革仅仅理解为扩大企业自主权，显然有本质的区别。这样提出问题，在改革之初以及稍后时期，并未为许多人所接受，甚至至今也有一些人不能接受。因为这样来提出问题、进行改革，就会碰到社会主义经济是否商品经济的问题，碰到由此引出的许多根本性的改革。这样就出现严重分歧了。近几年来，我国在社会主义经济是否商品经济的问题上，经历了巨大的反复，有一段时间，它几乎成为研究的禁区。这个问题直到 1984 年党的十二届三中全会才算明确地解决了，而在有的社会主义国家如苏联，至今仍未取得这样的认识。

社会主义经济是否商品经济，这决定着企业是否商品生产者和经营者，是否应该自主经营和自负盈亏，进而决定着国家与企业之间以及企业与企业之间究竟应该建立怎样一种关系，决定着企业的权力、责任和利益以及三者的关系。人们一般地都可以同意扩大企业自主权，但对企业自主权是否应该作为商品生产者和经营者必须具有的自主权，那就不一定都能同意了。如果认为社会主义经济不是商品经济，企业不是相对独立的或独立的商品生产者和经营者，那它们就不应该具有许多经济决策权，例如根据市场变化调整自己的产品结构和产品数量的决策权，扩大生产规模的投资权，与其他企业发生横向经济联系权，调整产品销售价格权，等等。如果认为企业是相对独立的或独立的商品生产者和经营者，那就不同了，凡是使企业能够作为商品生产者和经营者所必须具有的各种经济决策权，它们都应该具有。这里，显然不只是企业自主权的多少、大小问题，而是什么样的自主权问题。同样，人们一般地也都可以同意企业必须承担各种经济责任，应该有自己的利益，但是，如果说到企业应该自负盈亏，也就不一定都能同意了。因为如果认为社会主义经济不是商品经济，企业不是相对独立的或独立的商品生产者和经营者，那么企业就不应该自主经营，从而也不能，并且不应该自负盈亏，盈亏同它的利益也不应该休戚相关。如果认为企业是相对独立的或独立的商品生产者和经营者，那它就必须自负盈亏，使盈亏同它的利益直接联系在一起，直到在资产不能抵偿负债时得以破产。

由此可见，把经济体制改革仅仅看作是改变决策权的划分，扩大企业自主权，也是很不够的，甚至可以说没有抓到经济体制改革的核心和关键。

其三，另外一种理解是把经济体制改革看作经济运行机制改革。这种看法在改革之初就已经提出来了，不过那时持有这种理解的人较少，以后才逐渐多了起来。这种看法概括地说就是：缺乏市场机制是原有的经济体制的根本缺陷所在。经济体制改革的任务，就是要把市场机制引入社会主义经济中来，所要解决的问题是计划与市场的关系。因此，有一段时间，关于计划与市场的关系问题讨论得很热烈。比起前面两种认识，应该说这种认识是很大的前进，它已经抓住经济体制改革的一部分核心内容了。因为，原来的经济体制是排斥市场机制在社会主义经济运行中的作用的，许多问题正是从这里产生的。不解决社会主义经济运行机制问题，经济管理方法是不可能得到根本改善的，甚至不知道朝什么方向去改善。经济决策权的划分问题，也取决于社会主义经济运行机制是什么模式。

尽管在改革之初已经提出了改革社会主义经济运行机制问题，但是在对这个问题的认识上的差别是极大的，甚至有些认识是截然对立的。这也同是否认为社会主义经济是商品经济密不可分。有人根本否认在社会主义经济中可以允许市场机制的作用。在苏联，不久前人们还在批判“市场社会主义”。有些人则把市场机制看作外在于社会主义计划经济的，即仅仅在计划不参与调节的那一小块领域（例如农村集市贸易），才允许市场机制起作用；社会主义经济本身则只能由计划来调节，不容许市场涉足。此外，也有一些人主张把市场调节的这一块再扩大一些，譬如说，容许一部分生产资料的配置经由市场机制来调节。这种看法同前一种看法有所不同，因为它已经容许市场机制进入社会主义计划经济内部了，或者说，认为可以把社会主义经济让出一块来供市场机制去调节。但是这两种看法也有相似之处，即所谓“板块论”：把国民经济分为两块，让计划和市场在各自的领域内去调节。这两种看法都与否认社会主义经济是商品经济有关。

与这两种看法不同，有些人把市场机制看作内在于社会主义计划经济中的调节机制，认为计划调节与市场调节应是水乳交融地结合在一起，而非泾渭分明，不是计划不起作用的地方市场才起作用，或者相反。这就必然要求在理论上把社会主义经济看作商品经济。

在党的十二届三中全会提出社会主义经济是有计划的商品经济以后，这后一种看法才占据了主导地位。但是，人们的认识仍然有很大差别，例如至今还在争论：社会主义有计划的商品经济首先是商品经济，还是首先是计划经济？这似乎有点咬文嚼字，实际上仍然反映了人们对经济体制改革的看法存在重大的分歧，特别是在社会主义经济运行机制改革上的重大分歧。这种分歧是在已经肯定了社会主义经济是有计划的商品经济的情况下，前面那几种对社会主义经济运行机制的不同看法的延续，只不过变换了形式。说到底，还是对社会主义经济是否商品经济，以及由此而产生的究竟按什么模式来改革社会主义经济运行机制的问题，在认识上存在分歧。

我想指出的，比起把经济体制改革仅仅看作经济管理方法的改善或者经济决策权划分的改变这些认识来说，把经济体制改革理解为经济运行机制的改革，具体地说，把市场机制引入社会主义经济，使市场机制成为社会主义经济运行的内在机制，这无疑是对经济体制改革的认识具有实质意义的深化。匈牙利就是把经济体制改革称作实行“新的经济机制”。我国的经济体制改革，在扩大企业自主权以后所采取的步骤，许多都是在经济运行机制方面的改革，例如价格体系的改革、金融体制的改革、税制的改革、生产资料流通体制的改革、计划体制的部分改革，等等。既然认识到要对社会主义经济运行机制进行改革，要使市场机制成为调节社会主义经济运行的内在机制，那么围绕这种改革，也必然要求对企业与国家的关系以及经济管理的方法进行相应的改革，使企业能够成为市场中的积极活动的主体，能够自主经营，参与市场竞争，并且自负盈亏；同时，国家对经济运行的宏观管理的方式和方法，也都要作相应的改革。

可以说，在我国经济体制改革的过程中，在较长的时间内，较多的改革以及对改革所进行的理论探讨，都是围绕经济运行机制的改革而进行的。

其四，仅就经济体制改革本身来说，最深一层的理解是生产资料所有制的改革，即经济体制改革除了改革经济运行机制以外，还必须包括所有制的改革，而且这是最重要的改革（其中最重要的又是改革国家所有制，找到全民所有制的适当形式）。这个问题，在我国经济体制改革之初只是个别人提出来的。我可能提得最早。1978 年 9 月，我就提出了改革全民所有制的国家所有制形式，实行“政企分开”；改革人民公社集体所有制形式，实行“政社分开”。最早见诸公开发表的文章，是我在《经济研究》1979 年第 1 期上发表的《关于我国社会主义所有制形式问题》。1979 年我又继续论证这个问题，写了《经济体制改革的几个基本问题》①。1980 年我在一篇文章中进一步提出社会主义经济模式包括两个不可分割的方面，即社会主义所有制和经济运行机制；经济体制改革包括改革所有制和经济运行机制这两个方面的内容，而且两者的改革必须结合进行；不改革所有制，经济运行机制的改革是不可能成功的。

对于所有制的改革，最初人们可以接受的是改革所有制结构，这就是说改革单一公有制这种结构，允许个体所有制的存在和某些发展，允许外国投资或中外合资的资本主义或国家资本主义所有制的存在和某些发展。甚至随着改革的发展，人们也可以赞成允许少量雇工的私人资本主义所有制的存

① 《经济研究》编辑部编《关于我国经济管理体制改革的探讨》（《经济研究》丛刊），山东人民出版社，1980。

在。尽管如此，人们还是回避多种所有制结构问题，只讲多种经济形式，大概是怕被人怀疑我们又回到了新民主主义时期的情况。关于农村集体所有制，许多人起初认为是不能改革的。大家都还记得，在农村实行包产到户特别是包干到户时，几乎众口一词地说，实行包产到户、包干到户只是改变了农村集体所有制的经营方式，而集体所有制并未改变。这种说法，如果只是为了使改革能够顺利进行，不致引起人们（主要是干部）的反对，还可以理解，尽管已经造成了理论上的混乱，压抑了人们对农村所有制问题的研究。对城市的集体所有制改革，人们比较容易接受的是，使其由统负盈亏改革为自负盈亏，改变其变相的国家所有制或者说地方政权所有制的性质，使其与地方政权机构相分离，成为真正的名副其实的集体所有制。至于改革国家所有制的问题，人们是想得很少、谈得很少的，更不要说进行深入的探讨了。但是实际上，在改革中我们天天碰到国家所有制的问题，碰到不改革国家所有制各项改革就难以奏效甚至与预期相反的问题，而且实践早已无视人们认识的局限，国家所有制实际上已经在不断地进行改革了。即使面对这种实际，可能出于同上面说到的实行包产到户、包干到户时同样的考虑，人们仍然坚持说，我们实行的各种改革都不会改变国家所有制，改革的只是经营方式。为了不提国家所有制的改革问题，以后又提出了所有权和经营权可以分开的理论。我不否认所有权可以与经营权分开，但我认为所有权与经营权分开只是国家所有制改革的一种途径。由于所有制改革问题对传统的社会主义经济理论冲击太大，有些社会主义国家（例如苏联）至今仍很少涉及改革所有制特别是国家所有制的问题。

在我国，由于近几年的各项改革，特别是人们寄最大希望的经济运行机制的各项改革遇到了困难，碰到了企业对市场的变化和国家的间接调节不能作出相应反应的问题，同时也由于农村实行包干到户后出现的许多新的问题，特别是 1984 年下半年经济生活中发生了许多异常现象，越来越多的人深深地感觉到所有制特别是国家所有制必须改革，否则单单改革经济运行机制是难以奏效的。于是，近两年来对所有制特别是国家所有制的改革问题的讨论渐渐多起来了，有的同志（如厉以宁）甚至提出改革所有制是关键的见解。应该说，达到这样的认识，是对经济体制改革究竟要改什么这个问题的认识的一个飞跃。人们迈出这一步是极不容易的。可以说，只有抓住了所有制改革问题，经济运行机制的改革、国家与企业的经济决策权的划分以及经济管理方法的改善等问题，才能获得有效的解决。

二 所有制改革与经济运行机制改革的关系

改革社会主义经济运行机制为什么必须以改革所有制为前提？这里需要着重地谈一下。

（一）社会主义经济的运行必须具有市场机制，这是我们对社会主义经济的认识的很大进步

但是，如何才能使市场机制成为社会主义经济内在的运行机制，并且能够有效地起着调节资源配置、推动技术进步和节约资源的作用呢？在回答这个问题之前，先要一般地说说市场作为经济运行的一种机制，究竟是怎样来起这些作用的。

简单地说，市场机制是在市场中各个经济活动主体的交互行动下起作用的。这些经济活动主体是企业、消费者个人和政府机构，它们是市场上各种资源的供给者和需求者，或者说卖者和买者。在它们的各自活动下，市场不断地调节着各种资源（产品、资金、劳动力等）的配置并促进技术的进步和资源的节约。具体地说：

第一，市场机制的调节是通过对各市场活动主体的经济利益以及它们之间的经济利益关系的调节而发挥其运行机制的作用的。各市场活动主体出于对自身的经济利益的考虑而采取的经济决策，将改变它们之间的经济利益关系，从而引起市场的各种变化（例如产品的供求关系的变化、产品价格的变化、利率的变化，等等）；另外，市场的各种变化反过来也会使市场各个活动主体出于对自身的经济利益的考虑而采取相应的经济决策（例如增加或减少某种产品的供应或对某种产品的需求，提高或降低某种产品的价格，

增加或减少对贷款的需求或它们的供给，等等）。

第二，市场是通过各市场活动主体之间的竞争而发挥经济运行机制的作用的。竞争是市场发挥其经济运行机制作用的动力，而竞争这种动力的原动力则是经济利益的刺激。正是以此为原动力的竞争引起了市场中各种关系（包括经济利益关系）的不停的变动，从而使市场作为对市场经济活动主体的行为的调节者、指挥者和鞭策者而起到经济运行机制的作用。

（二）要使市场在社会主义经济中能够充分地发挥运行机制的作用，需要具备以下条件

第一，经济活动的主体应该是独立的经济利益的主体。只有这样，它们才能一方面从增进自身的经济利益出发，积极地参与市场的竞争，在竞争中求得生存和发展；另一方面，出于对自身的经济利益的考虑，对市场的任何变动作出相应的反应。在这种情况下，市场便能够发挥经济运行机制的作用，并在运行中调节各市场活动主体的行为，鞭策其在竞争的压力下不停地前进。相反，如果它们不是独立的经济利益的主体，那么它们就不会接受市场的调节和鞭策，不会积极地参与竞争。在这种情况下，也就不会有真正的市场，从而也谈不上经济运行中的市场机制。

第二，经济活动的主体应该是独立的或相对独立的经营主体（这里仅就企业来说，不谈消费者个人和政府机构）。它们应能在市场竞争中以及市场变化引起的各种关系（主要是经济利益关系）的变化中，自主地及时地作出相应的反应，采取相应的对策，例如前面提到的增加或减少某种产品的供给或对某种产品的需求，等等。相反，如果经济活动的主体不是独立的或相对独立的经营主体（这里也仅就企业来说），那么它们就无权对自己的经营活动作出决策，就不能参与市场的竞争，不能对市场的变化作出相应的反应，从而也就不能接受市场的调节和鞭策。在这种情况下，也就不会有真正的市场，从而也就谈不上经济运行中的市场机制。

第三，要素能够自由地流动。市场作为经济运行的机制在于它能够调节要素（资金、劳动力、产品——生产资料和消费品等）的配置，使要素的

供求达到平衡并能形成合适的产业结构。要做到这一点，就必须使这些要素能够经由市场自由地流动——在地区之间、部门之间、企业之间等自由地流动。相反，如果像在原有经济体制下，统一的国民经济被部门管理或地区管理所分割，各种要素由行政管理部门直接分配，而不能在地区之间、部门之间、企业之间自由地流动，那么就不能形成市场，更不能形成全国统一的市场，当然也就谈不上市场对要素配置的调节，从而也就谈不上市场成为社会主义经济内在的运行机制。

第四，有一整套市场借以调节经济运行的经济杠杆。市场对经济运行的调节，是一种参数的调节，这些参数是由各种经济杠杆的变动给出的。而各种经济杠杆的变动要能给出确当的经济参数，并能确当地调节要素的配置以及推动技术的进步和资源的节约，就必须具备整套的发达的能组织市场活动的各种机构（如各种银行、证券交易所、劳动服务公司、信息机构等），并形成整套的完善的市场体系。正是这些组织市场活动的机构和市场体系，才能形成使市场借以调节经济运行的经济杠杆。

（三）在这里，我们只想就前两个条件来谈谈经济运行机制的改革与所有制改革的关系

前面谈到，近几年我们在经济运行机制方面，即在发挥市场的调节作用方面，作了不少的改革，成绩无疑是不小的。但是，现在我们遇到了两个难题。

第一，国营企业要自负盈亏，我们已经讲了几年了，也朝这个方面作了不小的努力，但是收效甚微。它们实际上还是不能自负盈亏，亏损企业的比重并未减少，亏损的金额还在增加。这里面的原因当然很多，但根本的原因是国家所有制。

国家所有制产生了一种特殊的情况，它同私人所有制、集体所有制（这里指真正意义上的集体所有制）、股份所有制等都不同。在后面这种所有制下，企业的财产最终都可以分解到个人或具体的人群。企业盈利了，最终都是这些个人或具体的人群的财产的增加；企业亏损了，最终都是这些个

人或具体的人群的财产的减少。换句话说，企业的经营状况、盈利或亏损，是这些个人或具体的人群切身利益之所在，他们能具体地感受到利益得失，可谓血肉相连、息息相关。对于这些企业来说，自负盈亏是天经地义、不言而喻的事。

对于国家所有制的企业来说，情况就不同了。顾名思义，国家所有制是国家作为全体人民的代表成为这些企业的财产的所有者。“全体人民”是一个整体概念。全体人民所有，并不是其中的一个一个分子所有。这些企业盈利了，自然全体人民的利益也增进了；这些企业亏损了，自然全体人民的利益也损失了。可是，企业的盈利或亏损，人民中的每一个分子并不能直接地具体地感受到。甚至在这些企业工作的职工，只要工资不少拿、奖金照发，即使由于他们的过失而造成财产的损失（例如副食商店大量蔬菜的腐烂），他们也没有切肤之痛。因为他们作为人民中的一个一个的分子，并不是这些财产的所有者。同时，国营企业是由国家的各个主管部门及其代表（厂长、经理等）来负责经营的。应该承认，确实有许多兢兢业业、精明能干的人尽力想把企业经营好，但是，我们也常常看到一些人对国家财产的漫不经心的态度（且不说贪污、营私了）。一个错误决策动辄造成若干万元的损失，这无疑是全体人民的损失，但是决策者或经营不善者却并不会直接感受到他的财产受到了损失。因此，在国家所有制下，国有的财产人人有份，而又人人不为其经营的盈亏负责。

同时，对于国家所有制的企业来说，正因为企业的财产是国家所有，它们的预算的软性约束成为先天的痼疾。盈利了固然很好（这里还有与资产相比的盈利多少的问题，就不谈了），亏损了，国家总不能不管，“父爱主义”也罢，“母爱主义”也罢，国家总得想办法。办法也确实很多：减税、免税、免缴利息、宽限归还贷款的期限、免还贷款、财政补贴、把亏损企业并入盈利企业，等等。我国有一位经济学家写过一篇文章，题目是《国营企业岂能“自负盈亏”》。这个命题不错，我赞成，因为它道出了国营企业不能自负盈亏的根源在于国家所有制。当然，我同这位经济学家的看法截然相反。在他看来，国家所有制是不能改的，所以国营企业不能自负盈亏，要求其自负盈亏是同国家所有制的性质相违背的；而我则认为，必须使原来的国营企业自负盈亏，为此必须改革这些企业的国家所有制，否则这些企业就不能做到自负盈亏。

第二，国营企业要自主经营，我们也讲了好几年了，也采取了一些改革的措施，确实在自主经营方面有所前进。但是，要国营企业作为独立的或相对独立的商品生产者和经营者那样地自主经营，可以说还远远没有达到。这里的原因也很多，但最根本的是国家所有制。因为，企业既然是国家所有，国家（广义地说包括政府和党的组织）总要以这样或那样的方式来干预企业的经营活动。政企分离（以及党企分离）成为改革中的另一个难题，人们想了许多办法，总难获得妥善的解决。中央有些部实行了与企业的分离，例如机械工业部、商业部、电子工业部，等等，它们已经把企业下放到了地方，希望不再管企业的日常经营活动了。但是，一方面，正如《人民日报》不久前报道的，机械工业部每天门庭若市，来自各个企业的人一清早就排着长队要求部里给解决各种各样的大大小小的问题。当然，这里有改革当中未配套的问题，但也的确有国营企业离开了政府机构的具体干预就寸步难行的问题。用企业自己的话来说，“婆婆多了不行，没有婆婆也不行”。政府机构作为企业的“婆婆”，对企业遇到的大大小小的问题自然也不能不管，责无旁贷。所以，尽管一些部声称不再直接管企业了，实际上藕未断，丝更连。另一方面，我们还看到，企业由中央的部下放到了地方，或者又由地方下放到了“中心城市”，结果不过是换了一个“婆婆”而已。过去企业（指中央直属企业）附属于、听命于中央政府机构，现在则附属于、听命于地方或“中心城市”的政府机构，企业作为行政机构附属物的地位并没有变，行政机构对企业的日常经营活动的干预甚至更多、更直接了。例如，这几年改革国家计划体制，由中央计划部门下达的指令性指标确实大大减少了，可是各级行政部门则不断地加上自己的指令性指标，这样，到了企业就很难说有多少指标不是指令性的了。为什么会这样？因为企业是国家所有的，哪能不接受主管部门的任务。可见，要真正做到政企分离，使现在的国营企业获得作为一个独立的或相对独立的商品生产者和经营者所应具有的各种自主权，能够自主地经营，也需要改革国家所有制。

由于国家所有制没有改革，现在的国营企业不能自主经营和自负盈亏，给市场运行机制在社会主义经济中的作用带来了一系列的问题。

其一，由于国营企业不能也不必自负盈亏，市场关系的变化所引起的经济利益关系的变化对于国营企业来说，远不及对其他所有制的企业那样的休戚相关，那样的敏感。因此，它们对市场的变化并不那样异常关切；可以作出相应的反应，也可以不作出相应的反应，甚至作出变态的或者相反的反应。例如1986年上半年，工业生产增长速度很低，其中一个原因是，企业不按照市场的变化调整产品结构，造成产品大量积压，流动资金周转不灵。再如，利率作为资金的价格，可以起调节信贷资金供求的作用。最近几年，我国几次调整利率，但效果并不显著。因为贷款利率的提高，尽管增加了企业的利息支出，从而增加了产品的成本，但企业所应付给财政的企业所得税也减少了，而企业留利的减少是很有限的。所以，尽管贷款利率提高，企业照借不误，即使日后偿还不起，国家也会宽容的，总不会让企业活不下去。又如，产品的市场价格的变动，并不总能对企业产生相应的刺激。例如，煤炭价格近几年提高了，这本应促使使用煤炭的企业千方百计地节约煤炭的消耗，以不致增加或尽可能少增加产品的成本，从而使自己的产品在市场上具有竞争能力（私营企业以至真正的集体企业都必定会这样做的），但是，实际上，这并未对国营企业节约煤炭起显著的作用，因为企业可以要求国家相应地提高其产品的价格，或者减少上缴给国家的调节税，等等。

由于国营企业不能也不必自负盈亏，在国营企业之间就很难开展真正意义上的市场竞争，即相互以自己的产品或劳务的质优、新颖、价低、适合消费者需要以及服务周到等在市场上取胜（而不是靠运用行政等力量来排挤其他企业）。一个很引人注意的例子，就是北京市的出租汽车。北京市有许多家不同的出租汽车公司，其中绝大多数是国营的。按理说，这样多的出租汽车公司，拥有许多出租汽车，它们之间应能展开激烈的竞争，竞相给消费者提供周到的优质的服务，可是，众所周知，情况并非如此。各个出租汽车公司之间并未出现真正意义的市场竞争，它们的服务之恶劣引起了社会上广泛的抱怨。这里面原因很多，其中最重要的原因是，它们大多是国营的，出租汽车收费价格是垄断的，盈利并不困难；即使不盈利，也不必由各个公司自身负责。由于这些出租汽车公司不能也不必开展真正意义的竞争，市场机制在它们的经营中并不能起到调节的作用，它们也不必接受市场的选择和淘汰。

其二，由于国营企业不能像独立的商品生产者和经营者那样自主地经营，当市场关系发生变化时，企业即使想及时作出相应的反应，也往往无能为力。产品销路好，本可扩大生产，但是哪来资金、设备、原材料；产品滞销了，应该另找出路，同样遇到各种解决不了的问题。看看北京市近几年市场上的变化是很有意思的。由于发展了个体商业，市场上售卖服装的摊子很多，有些摊子已经摆到了国营大商场的门口。国营商场力量雄厚，本应占有优势，可是，人们都知道，一些最时新的服装，在国营商场往往不易买到，而在那些个体小摊子上却有的见，价格并不贵，有时甚至比国营商场还便宜些。我们不能说，国营商场吃惯了大锅饭，都不想好好经营，但是，它们往往无能为力，许多时新的服装它们进不了货，只好眼巴巴地看着个体小商贩把钱赚去了。这些小商贩看到什么服装市场畅销，就千方百计地去弄货（甚至从国营零售商场弄到）。所以，当作为市场活动主体的国营企业无充分的自主权对市场变化及时作出相应的反应时，市场机制对社会主义经济运行的调节作用，也是难以真正发挥的。

由于上述两个方面的问题（以及其他问题），尽管这几年国家在运用间接手段来调节经济运行方面作了不少改革，下了不少功夫，可是效果并不理想。这就是人们所说的，国家的宏观调节缺乏微观基础，也就是说，遇到了国营企业对这些调节缺乏应有的反应，甚至作出相反反应的问题。例如，为了防止企业滥发奖金，国家决定征收奖金税。可是，企业自有办法照发不误，又让国家征不着，因为它们可以改头换面，不用奖金的名义而把钱发出去。滥发奖金，在私营企业中是不可能发生的事，而在国营企业里，即使有奖金税来控制，也控制不了。为什么国家利用各种经济杠杆来间接地调节国营企业的行为会失灵或不大灵呢？人们认识到，原来经济运行机制的改革是离不开所有制的改革的，要想使市场机制成为社会主义经济内在的运行机制，就必须改革国家所有制，即通常所谓改革宏观调节的微观基础。

三　国家所有制的改革问题

改革国家所有制，是需要通过改革的实践来解决的问题。所有制的改革，要在保持公有制占主导地位的前提下进行，这就需要找到适当的全民所有制形式，使原有的国家所有制企业成为自主经营、自负盈亏的市场活动的主体。在市场中，它们是独立的经济利益的主体，同时又是能够独立经营的主体。

人们曾经设想，用所有权与经营权相分离的办法来做到这一点，即国家拥有所有权，企业或企业领导人拥有经营权。为了证明这是可行的，人们常以一些资本主义的企业为例，说明它们的所有者并不一定是经营者，而经营者——经理也可以不是企业的所有者。但是，人们常常没有考虑到以下这种情况：这些企业本身是私有的（不管是独资的、合资的还是股份的），无论采取何种方式来处理所有权和经营权，它们都是经济利益的主体和独立经营的主体，是完全独立自主、自负盈亏的。因此，在市场活动中，它们的行为同我们的国营企业是根本不同的。我国国营企业，按照一些人的设想，实行所有权与经营权分开，国家有着所有权，企业有着经营权，显然会比原来的国营企业要好些。它们有可能成为具有某种程度的独立性的经营主体，但它们还不能成为独立的经济利益的主体。因为，所有权仍是国家的，企业的收入，国家要“得大头”，企业能够留用的利润只能是小部分，而且企业在财产的处置等权限上也是很有限的，从而企业对盈亏的责任必定是有限的，它们的经营权实际上也必定会受到一些限制。这些都会影响企业的行为，影响它们在市场的活动以及对市场机制的态度。所以我想，使所有权与经营权相分离，可以是解决目前国营企业行为不佳、不能成为市场积极活动的主体的一种办法，但不能作为普遍运用的模式。这种设想只是改革国家所有制的一种途径，我们还必须寻找更多更好的途径。

在目前的改革试验中，一些国营小企业改变成私人企业或集体企业，无疑是可行的。因为这种改变使这些企业成为真正的经济利益主体和独立经营的主体。因此，试验的效果是好的。例如，北京市一些国营商业、服务业的服务态度之恶劣曾经是一个棘手的问题，自一些小企业在所有制上做了这样的改变以后，效果立竿见影。还有一些国营小企业实行了租赁制、承包制的改革，这实际上是采用上述所有权与经营权相分离的模式。有一些企业试验的短期效果不错。但正因为国家仍旧是所有者，租赁者、承包者与国家之间会经常发生讨价还价，而且租赁者、承包者注重于租赁期、承包期的短期利益和自身利益，容易发生“掠夺式”的经营。所以，长期效果如何，尚待观察。一些国营小企业可以试验采取这种改革模式，但不如变成私人企业或集体企业。

中型的特别是大型的企业的国家所有制如何改革，是至今没有解决的问题。

有少数关系国民经济命脉的或者不应以盈利为目标而只能以社会公共利益为目标的（也就是说，即使亏损也必须办的）企业，例如铁路、中央银行、城市公共交通公司等，可以保留国家所有制，按照所有权与经营权相分离的模式去改革，使这些企业能自主经营，但不要求那些不应以盈利为目标的企业自负盈亏。国家可以用定额补助、亏损包干或减亏分成等方式激励这些企业改善经营。这类企业在市场中的行为会与其他企业不同，它们的活动主要是由国家而非市场机制来调节。但是，在其他企业改革了国家所有制，成为市场活动中的经济利益主体和独立经营主体以后，这类企业便处在市场起着运行机制的作用的环境下，它们的行为也会有所改善，会或多或少地考虑市场的变化，感受到市场的一些压力，正像一些资本主义国家中处在市场的汪洋大海中的国营企业那样。

其他的大中型企业的国家所有制则必须改革，寻求适当的所有制形式。

中型国营企业，有一些可以改变成集体所有制企业。不过这些集体所有制企业应不同于现在的许多集体所有制企业。后者是由主管政府统负盈亏的，实际上是变相的国家所有制企业，或者地方政权所有制企业，它们的所有制也要改革，使其成为真正独立经营的、自负盈亏的集体所有制企业。有些中型国营企业也可以实行租赁制、承包制以及与承包相类似的资产经营责任制。正如上面所说，这些形式都是在不改革国家所有制的前提下，按照所有权与经营权相分离的模式而做的改革，对它们的长期效果尚有待观察，短期效果可能是好的。

更多的中型和大型的国营企业也可以试行股份制。它可能是取代国家所有制的一种所有制形式。如果企业的股份仅由本企业的职工所占有，那么这种企业同集体所有制就没有区别。如果企业的股份由国家以及个人（本企业职工或本企业以外的个人）所分别占有，那么这种企业的财产的一部分还是国家的财产，但同原来的国家所有制已有原则的区别。因为，这种企业既然是股份企业，国家就只能作为股份所有者在董事会中起作用，而董事会中则除了有国家的代表，还有其他的代表，国家不能像过去那样作为企业的所有者而对企业的活动直接发号施令，从而使政企真正分开，并使企业成为独立经营的主体。同时，国家的利益只体现在它所拥有的股份的利益上，也就是说，它同其他股份拥有者在利益上是一样的，差别只不过是股份的多少。这同国家作为企业唯一的所有者，从而国家是经济利益的主体不同，股份企业是全体股份所有者的企业，企业的利益与他们的利益融合在一起。因此，这些企业乃是经济利益的主体。这种股份企业并非私有企业，却可能类似于私有企业那样独立经营、自负盈亏，积极地参与市场的活动，接受市场机制的调节，并对市场的变化和压力作出应有的反应。所以，用股份制来取代国家所有制，可能是使市场成为社会主义经济内在运行机制的前提。当然，这还只能是一种推论，是否如此，会发生什么问题，甚至是否可能有更好的全民所有制形式来取代国家所有制，使原有的国营企业成为自主经营、自负盈亏的市场活动的主体，还需要改革的实践来证明。

社会主义现代化建设与生态环境

许涤新*

胡耀邦同志在党的“十二大”的报告中，指出要“坚决保护各种农业资源，保持生态平衡”。在新宪法第二十六条中明确规定“国家保护和改善生活环境和生态环境，防治污染和其他公害”。这表明了党和国家对于保护资源、保持生态平衡和改善生活环境的高度重视。

党和国家对于保护资源、保持生态平衡和改善生活环境，为什么这样重视呢？

一

人类为了生存，必须进行物质生产，而要进行物质生产，就必须同自然界发生关系。马克思在分析劳动过程的时候说道：这个过程“是制造使用价值的有目的的活动，是为了人类的需要而占有自然物，是人和自然之间的物质变换的一般条件，是人类生活的永恒的自然条件，因此，它不以人类生活的任何形式为转移，倒不如说，它是人类生活的一切社会形式所共有

---

* 本文刊发于 1983 年第 4 期。作者许涤新，时任汕头大学校长，曾任第一及第三届全国人大代表、第五及第六届全国人大常委、中国社会科学院副院长。

的"[①]。在资本主义社会里是这样；在社会主义社会里也是这样。

很明白，人类的劳动过程是由两个侧面所形成的："一边是人及其劳动，另一边是自然及其物质"[②]。人类在不同的历史阶段上，都要同自然界进行物质交换，这种物质交换的发展水平，表现为社会生产力的发展水平。既然人类的劳动过程是他们同自然界在进行着物质交换，那么，我们就有必要去考察结成社会的人类同他们的自然环境之间的关系，就有必要去考察这个由生命系统和环境系统在特定空间的结合所构成的生态体系。生态系统可以指动物和植物同它们的环境之间的相互关系；也可以指人类与环境之间的相互关系。在社会主义制度下，生态系统指的应该是从事社会主义生产的人们同自然环境之间的相互关系。在这里，所谓自然环境或环境系统，指的就是自然界的光、热、空气、水分以及各种有机和无机元素彼此间的相互作用所构成的空间。我们要进行社会主义生产和建设，是不能离开这样的空间的；我们要在本世纪末实现工农业年总产值翻两番的历史任务，是不能不保持和改善这样的空间的，是不能不保持一个良好的生态环境的。

为了实现社会主义现代化，为了在本世纪末实现工农业年总产值翻两番，必然要大力做好工农业的技术改造工作，同时，也必然要大力做好保护、改善生活环境和生态环境的工作。过去若干年，我们在社会主义建设中，只看见产品的产量和产值，而忽视了经济效益。党的十一届三中全会以来，从事经济工作的同志，在党中央的教导之下，已经开始重视经济效益了。这是一个极其可喜的进步。为了整体利益和长远利益，我们希望在重视经济效益的同时，也要重视生态效益。事实证明，经济效益是以生态效益作为物质基础的。生态效益如果受到损害，经济效益就很难得到保障。例如，把一座林木茂密的青山剃成光头，从砍树的个人或集体来说，固然可以发一笔横财，但是，生态环境被破坏了，生态效益被破坏了。在这种情况之下，无论从整体利益来说，还是从长远利益来说，还有什么经济效益呢？事实证

① 《资本论》第1卷，第208～209页。

② 《资本论》第1卷，第209页。

明，保护生态效益就是保证经济效益的重要条件，就是保证整体利益和长远利益的重要条件。

二

生态系统是各个有关方面互相联系的整体。在自然界各类生物之间、非生物之间以及生物与非生物之间，都是相互联系、相互影响、相互制约的。在它们的相互联系和相互影响中，进行着能量和物质的循环和交换，这就是生态平衡的内容。在较长的期间里，保持生态系统各部分的功能处于互相适应、互相协调的平衡状态之中，就能够使生态系统的自我调节能力比较稳定，就能使有机体的种类和数量的生长能力比较强大。举几个例子：对于耕地，如果每年都能补偿其输出的肥力，那么，在大气不发生巨大变化的条件下，我们就能够经常得到稳产高产、五谷丰登的效果。对于树林，如果贯彻采育并重（育重于采）的方针，每年新种成活的树木，不少于被伐的树木或者多于被伐的树木，那么，我们就能够做到青山常在、永续利用。对于湖泊河海，如果采取捕养并重的方针，而不是竭泽而渔，那么，鱼类就能生长、繁殖，我们就能连续地从水域取得丰盛的鱼类资源。这几个例子都证明，保护生态平衡，就是在保护资源的再生产能力，就能使可更新的资源达到永续利用的目的。

保持生态平衡是不是忽视人们的主观能动作用呢？是不是在搞“自然主义”呢？在上面所举的例子中，所谓补偿土地所输出的肥力，所谓对树林采取以育为主、采育并重的方针，所谓对水域鱼类采取捕养并重的方针，难道不是在发挥人们的主观能动性吗？人类对于生态系统，对于生态平衡，绝不是无能为力的。但是，人们的主观能动性，只能在生态系统的客观规律的条件下进行。无视生态平衡的客观性，夸大人类对自然的主观能动性，将会带来严重的危害性。例如在采伐林木的时候，不采取剃光头的办法，而采取“间伐”的办法，并且在“间伐”之后补种新树，这样做，是合乎生态平衡规律的要求的。在这里，生态平衡的客观规律同人们的主观能动性，是统一的。

在生态环境中，存在生态平衡和平衡被打破的问题。无论从生态学的观点来说，还是从经济学的观点来说，保持生态平衡的稳定，对于发展生产是有利的；当然，生态平衡是不可能永久稳定的。过去一个时期，在“左”倾指导思想的支配之下，有些同志强调了平衡的相对性和不平衡的绝对性。不平衡的绝对性意味着什么呢？那就是把林木茂密的青山剃成光头，而不去种树育林；那就是劫掠耕地的肥力，而不去加以补偿；那就是毁坏牧地的青草，而不设法加以恢复。这样做的结果，就是水土的严重流失和流失面积不断扩大，就是沙漠面积的逐渐扩大和风沙灾害的不断侵袭；就是土壤资源、野生动物资源以及水域鱼类资源的毁灭性破坏。把生态平衡的破坏看成绝对的，看成生态环境的常态，那是“左”倾错误在生态经济学中的一种表现。这种“左”倾思想的实质，就是在否定生态平衡的客观性，就是在否定保持生态环境的必要性。这对于发展我国的社会主义经济，对于要在本世纪末实现工农业年总产值翻两番的历史任务，是极其有害的。

为了发展我国的社会主义经济，我们必须保持和改善生态环境，必须从各方面维护生态系统的平衡；只有如此，社会生产力才能不断地提高起来。在这里，还有一个问题是必须明确的。在哲学上，所谓平衡就是矛盾的暂时的相对统一；这种统一，经过一个时期，就必然要被矛盾的斗争所打破，这样，平衡就成为不平衡。这就是说，只有在经过平衡的破坏之后，才能建立新的平衡。这种观点，是值得考虑的。难道发展林业都要把原有树木砍个精光之后，都要把原有生态平衡完全破坏之后，才重新植树护林吗？马克思多次指出，生产的“连续性本身就是一种劳动生产力”①。如果按照那种“左”倾思想去对待生态环境，生产的连续性不是要被中断吗？以连续性为条件的劳动生产力，不是要受到破坏吗？因此，对于生态环境，要重视生物发展的连续性，要通过人为的“干预”

① 《资本论》第2卷，第312页。

去改善生态平衡，而不是在制造一个大破坏之后，才“从头收拾旧山河”，才去建立新的生态平衡。

三

从全世界来说，生态环境的破坏，表现为水土流失和环境污染两大问题。一般来说，水土流失多发生在发展中国家，而环境污染多发生在发达国家。我国则是两者兼而有之，环境污染问题不少，水土流失也相当严重。

水土流失的重要原因，是树林长期地反复地遭到乱砍滥伐，而没有得到恢复。我国现有的森林面积为18.3亿亩，占世界420亿亩的4%。我国森林覆盖率为12.7%，而全世界的森林覆盖率平均为22%。新中国成立初期，各地进行了封山育林，许多地区出现了青山茂密的可喜情况。但是，1958年以后，由于大炼钢铁，由于大办食堂，由于十年浩劫中的乱砍滥伐，许多原来树林茂密的青山，都变为剃了光头的濯濯童山了。这股恶风，直到现在还未完全煞住。大自然虽然没法阻止人们的这种蛮干，但是，它却给人们带来了水土流失的严重惩罚。我国的水土流失面积为150万平方公里，流失量每年约为50亿吨，是世界上水土流失量最大的国家之一。在这50亿吨流失量中所含的养分，据专家推算，折合化肥（氮、磷、钾等）达4000万吨，相当于全国化肥的年产量（以商品量计算），而要生产4000万吨化肥，估计要投资340万元以上。这就等于说，340万元的投资是落空了的，4000万吨化肥是流进了大海，而不是补偿了耕地的肥力的。水土流失使大量沃土流入大海，这是损害之一。

第二，水土流失加剧了水库和湖泊的淤积。新中国成立以来，我国兴建了大中小型水库86000座，总库容量为4000多亿立方米；但是，被淤积的重点水库已达22座，这22座水库的总库容量为400亿立方米。举国闻名的黄河三门峡水库，因泥沙淤积严重而没法使用。洞庭湖是我国有名的第一大淡水湖，三十多年来，由于沙土淤积，又由于大规模围垦，1977年的湖面比1949年缩小了35%，这样一来，就大大地缩小了长江对洪流的吞吐作用。

第三，由于水土流失，暴雨一来，就会出现塌方，出现滑坡，出现泥石流等严重灾害。1981 年 7 月间，四川一场大水灾，把全省历年围河造成的 34 万亩田地完全冲垮，把全省 80 条公路和 483 个县的公路全部冲断，使成渝、宝成和成昆铁路，由于路基塌方而在二十天内中断了交通。1982 年 7 月间，丰都县遭受一场暴雨，全县出现滑坡和泥石流 698 处，被冲光的耕地土层达 1.25 万亩。很明显，暴雨之所以成灾，就是由于树木砍光，水土流失。

第四，由于水土流失，江河含沙量不断增加，河道因而淤积，航道越来越短。黄河每年流失的 16 亿吨泥土，其中有 4 亿吨淤积在下游河道，形成“地上悬河”，威胁到沿岸亿万人民的生命财产。不仅黄河如此，其他河流也出现因淤塞而航程缩短的情况。全国内河通航里程，1961 年为 17.2 万公里；1980 年缩短至 10.8 万公里，即缩短 37%。据中国林学会长江流域水土保持考察组考察结果，近 20 年各省航道日渐缩短：湖北 1960 年通航里程为 14334 公里，1979 年缩短为 7879 公里；湖南 1965 年通航里程为 16600 公里，1978 年缩短为 10700 公里；四川 1958 年通航里程为 17000 公里，1978 年缩短为 11272 公里。航道里程这样的缩短，舟楫之利当然不能不受到损害。

树林具有抗旱、防洪、调节气候的作用。树林遭到严重破坏，不仅引起水土流失，而且引起气候恶化。岷江上游的森林，由于遭到乱砍滥伐，覆盖率由 30% 下降到 18%，这么一来，风速就大大地加大，夏季降水量就大大减少，无霜期就跟着缩短，冰雹灾害就跟着增加。这不是在证明：生态平衡的失调必然会加剧生态的恶性循环的严重性吗？

四

环境污染主要来自工业排放的废气、废水和废渣。这是世界各国，特别是工业发达国家的一个严重问题。目前我国的“三废”排放量也越来越多，不能不引起我们的严重关注。

首先是废气。它主要是煤炭燃烧排放出来的烟尘和二氧化硫等有害气体。1981 年在全国排放的废气中，各种有害物质约 4200 多万吨，其中二氧化硫达 1400 多万吨。目前，我国受大气严重污染的城市逐年增多，1978 年有 18 个，1979 年增加到 22 个。按国家规定，城市每平方公里每月降尘量为 6 吨 ~8 吨；而全国几十个大中城市的降尘量都超过了这个标准。据 1979 年 3 月的监测，北京居民区达 39 吨；首钢工业区达 285 吨。有些工业城市竟高达五六百吨。大气中的烟尘和二氧化硫等有害元素，不仅严重地危害了人民的健康，而且还能随雨雪降落成为“酸雨”，使土壤、江水、湖水发生酸化，使森林和农作物遭到破坏，使人民的健康遭受损害。现在，“酸雨”已经在上海、常州、福州等城市发现了。

在我国，水的污染程度也相当严重。1981 年全国废水总排放量为 303 亿吨，其中，工业废水 240 亿吨，占 79%；生活污水占 21%。在工业废水中，有 85%未经处理，直接流入水域，严重地污染了江河湖海和地下水。据全国 53000 公里河段调查，有 2400 公里因污染而鱼虾绝迹；有 12240 公里因水质污染而不适于饮用和灌溉；符合饮用水和渔用水标准的，仅有 7483 公里（占 14.1%）。据对 44 个城市地下水的调查，受到酚、氰、砷等有害物质污染的，有 41 个，占 93.2%，其中比较严重的有沈阳、西安、太原、北京、长春等九个城市。沈阳监测了 420 眼水源井，有害物超过饮用标准的占 78%。为了沿岸居民的健康，为了沿岸农田的灌溉，为了鱼虾资源的生长，控制污水的排放，加强对水质的保护，已经成为急切的问题了。

随着我国工业的发展，废渣排放量也日益增加。目前我国每年排放各种工业废渣达 4.3 亿吨，其中综合利用率仅 19.3%，大部分废渣丢弃未用。历年积存的废渣达 54 亿吨，堆积成山，加上尾矿，达 700 亿吨，占土地面积 188 万亩。在各种废渣中，钢渣和煤矸石最多；其次是矿山的尾矿；等等。全国的火力发电，每年有 1400 多吨粉煤直接排入江河。废渣中所含有害物质，随雨水流失，渗入地下，污染了良田和地下水源。

在城市里，还有噪声的问题。人们睡眠的时候，要求环境噪声在 35 分贝以下；在工作、学习的时候，要求环境噪声在55分贝以下。而据北京、上海、天津等九个城市监测，市中心噪声强度竟在80分贝以上。严重的噪声污染，使人们的听力下降，使人们易于患哮喘、溃疡、高血压、心脏病等病症。

环境污染损害着人民的健康，关系到我们整个民族的体质。如果没有健康的身体，我们怎能进行社会主义的现代化建设呢？怎能为实现“翻两番”的战略目标而奋斗呢？

五

生态环境的恶化和生态平衡的破坏，早已成为世界性的一个严重问题了。有些国家的人们，为了保护生态环境而组织了政党（如英法两国都已成立了生态党）。他们提出各种各样的主张，如防止工业的发展，反对火力发电站的建立，限制小汽车的制造和使用，减少化学制品，特别是化肥的使用，劝说第三世界国家“不要追求全面工业发展和经济增长”，等等。一句话，就是反对工业、农业和交通的现代化。这实质上就是要开倒车，就是要回到工场手工业的时代去。这同我们的社会主义现代化建设，是背道而驰的。但是，他们的保护生态环境的立意是值得我们考虑的。

发展现代化工农业，不可避免地要带来不同程度的副作用。“三废”排放量的逐年增加，环境污染程度的趋向严重，这是客观存在的事实。我们决不能同西方国家一样，去走“先污染，后治理”的弯路。这种弯路走得越久，生活环境和生态环境的恶化就越来越严重，人民健康和资源的破坏就越来越严重；将来要回头来治理的时候，所付代价也就不能不越来越大。我们的党和国家之所以强调要“保护和改善生活环境和生态环境”，不仅是从现实出发，而且是高瞻远瞩，从社会主义现代化建设的整体利益和长远利益出发的。

我们能不能在社会主义现代化建设的过程中逐步消除污染，保护和改善生活环境和生态环境呢？我的回答是肯定的，理由是我们对于生态平衡的失调绝不是无能为力的。例如，对于工业的“三废”，我们能够通过各种办法削弱其危害性。通过提高煤炭燃烧的利用率，我们不但能节约用煤，而且能够减少废气的排放量；通过废气的回收设备，我们不但能够把废气控制在一定范围之内，而且能够使废气中的有用元素为人们所利用。通过控制废水的任意排放，我们就能够降低地上水和地下水的污染程度；通过生物净化的处理，我们就能够使净化的工业污水在密闭的系统中循环使用，从而使废水的污染作用降低到最低限度。通过对于各种工业废渣的综合利用，我们就能够减少废渣的积压量及其污染。许多工业企业的严重污染，有的是企业管理不善，对能源和材料的浪费熟视无睹所形成的；有的是工艺落后、设备陈旧，能源的“跑冒滴漏”极其严重所形成的。在企业整顿中，抓好技术改造和工艺改造，把控制污染作为一项重要任务，既符合于经济效益，也符合于生态效益。除此之外，还有改正工业企业布局不合理的问题。逐步处理好这些问题，工业生产所带来的污染也就会逐步削弱。至于滥伐林木，制造水土流失，那是对于社会主义现代化建设的破坏，而不是社会主义现代化建设带来的副作用。为了保护生活环境和生态环境，必须严格加以取缔。

我国是社会主义国家。由于生产资料的社会主义公有制居于强有力的主导地位，由于国民经济实现了以计划经济为主导的方针，我们能够自觉地掌握生命系统同环境系统之间相互关系的必然性，有条件根据自然资源的客观情况，遵循生态环境的规律，去进行社会主义现代化建设，使经济效益同生态效益结合起来，使眼前利益同整体的长远利益结合起来。

中国经济如何跨越“低中等收入陷阱”？

蔡 昉[*]

一 引言

为适应国内外形势的新变化和各族人民对于更好生活的新期待，在“十一五”规划充分论证的基础上，党的十七大把十六大确定的国内生产总值（GDP）2020年比2000年翻两番的目标，修订为人均GDP翻两番。按照这个更高要求，预计在2020年，中国以不变美元计算的人均GDP，就不是达到3000美元而是达到4000美元左右。仅仅从这个翻番目标来看，这个任务的完成并不是十分艰难的。2006年中国人均GDP为2040美元。从这个基点出发，如果以1978年至今的增长率趋势预测，人均GDP达到4000美元甚至远远发生在2020年之前，也就是说，如果在2020年达到这个翻番目标，只需保持一个比以往的速度更为平滑的增长趋势即可（见图1）。

按照党的十七大精神，人均GDP翻两番的任务同样要体现“又好又快”的要求，即这个人均收入水平目标的达到，应该以基本形成合理有序的收入分配格局，以及中等收入者占多数为条件。换句话说，通过初次分配和再分

* 本文刊发于2008年第1期。作者蔡昉，时任中国社会科学院人口与劳动经济研究所所长，曾任中国社会科学院副院长、党组成员，现任第十三届全国人大农业与农村委员会副主任委员、中国社会科学院学部委员。

配环节改善收入分配格局，构建民生为先的中等收入社会，是2020年全面建设小康社会目标的一个重要标志。从这个目标出发，改善收入分配既是当务之急，又是发展阶段所决定的长期任务。按照世界银行的分组，中国目前的人均收入水平位于低中等收入国家的行列。世界银行在其最新报告《东亚的复兴》中，警告东亚经济要防止陷入“中等收入陷阱”。其中一个特别指出的挑战就是如何解决该地区普遍存在的收入差距扩大的问题。①

在关于经济发展的理论和经验的讨论中，关于发展中国家摆脱贫困陷阱的文献汗牛充栋，相对而言，对于一个国家如何超越低中等收入发展阶段，向高中等收入阶段乃至高收入阶段跨越，还是比较新的课题。中国迄今为止的改革、开放与发展都是史无前例的，形成了许多成功的经验，为发展经济学做出了应有的贡献。本文将从理论和政策的层面，讨论如何吸收国际发展经验，根据中国的国情制定正确的经济政策和社会政策，改善收入分配，超越正在面对的“低中等收入陷阱”。

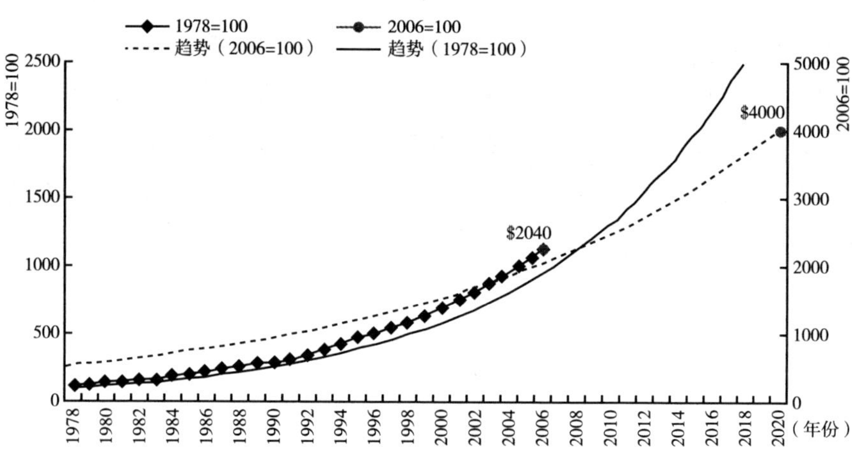

图1　人均GDP翻两番的预测

资料来源：国家统计局《中国统计年鉴－2007》。

① Gill, Indermit and Homi Kharas, *An East Asian Renaissance: Ideas for Economic Growth* (Washington D. C: The World Bank, 2007).

二 收入差距扩大的挑战

按照世界银行最近的定义，人均 GDP 在 824 美元以下的国家，属于低收入国家；人均 GDP 在 825～3254 美元的国家，属于低中等收入国家；人均 GDP 在 3255～10064 美元的国家，属于高中等收入国家；人均 GDP 超过 10064 美元，则进入高收入国家的行列。经过 30 年的改革、开放和发展，中国从一个人均 GDP 只有 300 美元左右的典型的低收入国家，跃升到低中等收入国家的行列。这个新的发展阶段，带来前所未有的机遇和前所未有的挑战。观察世界各国从低收入向中等收入的跨越，继而向高收入的跨越经验，有助于我们认识面临的机遇和挑战。

国际经验表明，从什么样的发展水平起步，对于随后的发展绩效有重要的影响。通过对 1970～2003 年各国经济发展数据的分析可以发现，那些起步时人均 GDP 在 1000 美元以下的国家，经过 30 余年的发展之后，或者继续被困于低收入水平上，或者虽然摆脱了低收入却陷于中等收入陷阱之中；而那些起步时人均 GDP 在 1000～3000 美元的国家，30 余年以后大多摆脱了贫困陷阱，但是国家之间也产生了巨大的分化，有些进入了高收入国家的行列，有些则被困于中等收入陷阱。中国已经处在典型的低中等收入国家的发展阶段，意味着我们既面临前所未有的机遇向高中等收入国家的行列跃升，也面临长期陷入低中等收入陷阱的危险。

在中等收入的发展阶段上，导致国家之间产生分化的因素很多，包括资源环境状况、改革与调整的进程、社会稳定程度以及国际市场的影响，等等。但许多因素的效果，都在一定程度上与收入分配政策及其作为结果的收入分配状况相关。国际上公认成功地实现了从中等收入向高收入跃升的日本和亚洲四小龙，收入分配普遍比较公平，公认陷入中等收入陷阱的拉丁美洲国家，收入分配高度不公平，最不发达国家常常收入分配异常不公平。目前位居高收入国家的日本和韩国，基尼系数分别为 0.25 和 0.32，仍然处于中等收入国家行列的巴西和巴拉圭，基尼系数分别为 0.59 和 0.58，处于最不

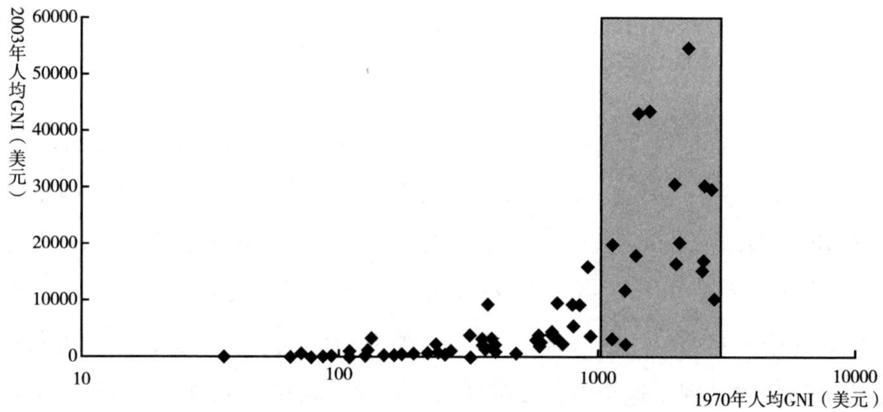

图2　各国经济增长分化期和“中等收入陷阱”

注：横坐标是按照对数形式绘制的。

资料来源：世界银行数据集。

发达国家行列的塞拉利昂，基尼系数高达0.63。[①]

经济学中所谓收入陷阱，实际上是指一种均衡状态，即在一个促进人均收入提高的因素发挥作用之后，由于这个因素具有某种程度的不可持续性，其他制约因素又会将其作用抵消，把人均收入拉回到原来的（生存）水平上面（见图3）。早期的发展经济学关注的重点在于，贫困国家如何通过资本积累摆脱“贫困陷阱”，所以，大多数文献都把一个临界水平的积累率作为经济起飞的前提。例如，刘易斯[②]认为，经济发展的核心问题是迅速的资本积累，或者说如何把储蓄率和投资率从4%～5%或更低的水平，提高到12%～15%甚至更高的水平。罗斯托[③]也把储蓄率和投资率从5%上升到

① World Bank, *World Development Report* 2006: *Equity and Development* (Washington D C: The World Bank and Oxford University Press, 2005).

② Lewis, W. A., “Economic Development with Unlimited Supplies of Labor,” *The Manchester School of Economics and Social Studies* 22 (1954); pp. 139－191, Reprinted in A N. A garw ala and S. P. Singh (eds.) *The Economics of Underdevelopment* (Bombay: Oxford University Press, 1958).

③ 〔美〕W. W. 罗斯托：《经济增长的阶段——非共产党宣言》，郭熙保、王松茂译，中国社会科学出版社，2001。

10%或以上作为经济起飞阶段的条件。然而，如前所述的发展中国家经验表明，一个国家即使跨越了低收入水平阶段，仍然有可能在中等收入水平上停滞不前，甚至有人均收入下降的危险。按照世界银行的观点，[①] 在从低收入向中等收入迈进中起作用的因素，到了中等收入阶段就不够了。如果收入分配恶化到伤害经济激励和社会稳定的程度，就会产生一系列阻力，阻碍经济增长，使人均收入水平不能继续提高。

中国收入分配的基尼系数在1978年只有0.30，属于较低的水平。改革开放期间，在解决了平均主义收入分配倾向的同时，也造成了过大的收入差距。表现为基尼系数逐年提高，1997年超过了国际上公认的0.40的警戒线水平，引起社会高度关注。但是，收入差距扩大的趋势迄今仍然没有得到根本性扭转，基尼系数目前达到0.46左右。尽管这个收入差距是在低收入群体的收入也增长的情况下扩大的，目前还没有到伤害经济增长可持续性的程度。

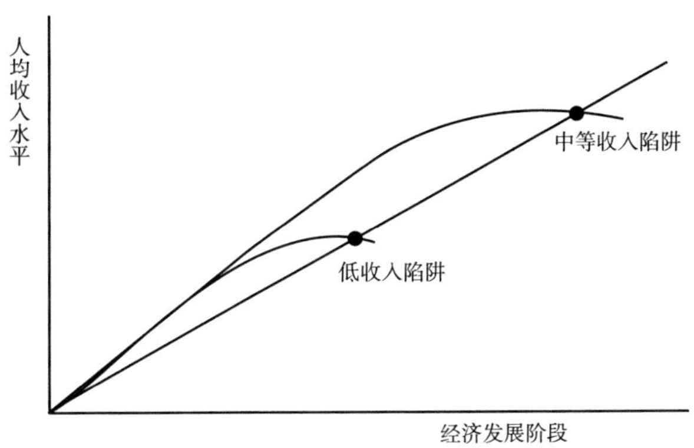

图3　低收入陷阱与中等收入陷阱

但是，在全面建设小康社会的整个期间，实际上就是从低中等收入向高中等收入迈进的阶段，如何解决收入差距过大的问题，基本形成良好的收入分配格局，关系到能否实现这个跨越，是我们面临的一个重大挑战。

① Gill Indermit and Homi Kharas, *An East Asian Renaissance: Ideas for Economic Growth* (Washington DC: The World Bank, 2007).

三 扩大就业与公平效率的统一

党的十七大关于“初次分配和再分配都要处理好公平与效率的关系，再分配更加注重公平”的论述，相比于党的十五大和十六大所提“坚持效率优先、兼顾公平”，“初次分配注重效率”，“再分配注重公平”等表述，标志着科学发展观在收入分配领域的重大理论创新。这个新表述实际上指出，收入分配中的公平与效率是高度统一的，特别是在初次分配环节，两者决不应该被割裂开来加以认识和处理。

考察通过扩大就业，提高居民收入在国民收入分配中的比重和劳动报酬在初次分配中的比重，从而保持经济增长动力的可持续性，可以加深我们对于初次分配中公平与效率如何实现统一的认识。收入的分配格局取决于经济增长与就业增长的关系模式。人们的收入来源于生产要素报酬，即资本的报酬、劳动的报酬和其他资源如土地的报酬。如果在一个劳动力丰富的国家采取资本高度密集的产业发展方式，则资本获得的报酬就高，相应地，收入和财富就向少数资本要素拥有者集中，收入差距就大。相反，如果采取劳动密集型的产业发展方式，通过在城乡创造更多的普通就业岗位，扩大劳动者报酬在初次收入分配中的份额，收入分配就比较均等，收入差距就比较小。

例如，作为各级政府实施积极就业政策和劳动力市场发育的结果，大批下岗和失业职工实现了再就业，整体城镇就业大幅度增长。2002 年以来城镇调查失业率逐年下降，从 6.1% 降低到 2005 年的 5.2% 。同期，在收入分配的五等分中，最低 20% 收入组的人均收入增长率逐年加快，并与最高 20% 收入组的人均收入增长率趋同；到 2006 年，前者增长率是 12% ，后者降低到 10% 以下。从图 4 中我们可以看到，2002 年以来，不同收入组人均收入水平增长率之间显现明显的收敛，并且具有平稳加快的趋势。虽然这还不足以表明收入分配状况有了根本性的改善，却说明就业扩大从而劳动者报酬份额提高，对收入差距继续扩大的确是具有抑制作用的。

通过扩大就业提高了劳动者报酬在初次收入分配中的份额后，由于低收入者具有更高的边际消费倾向，普通劳动者的收入增长会相应地导致消费需求的扩大。第一，对于投入支撑的高速经济增长，由于劳动力逐渐不再是无限供给，资本报酬递减的现象终究要发生，因此，增长方式必须转变到依靠生产率提高上来，消费需求驱动的增长有利于实现这个转变。第二，过快过大的贸易顺差，无论怎样解释终究会在贸易伙伴一方引起贸易保护主义，长期看这种过分依赖贸易的格局也是不可持续的。近年来，最终消费支出GDP 增长的贡献率趋于下降，从 2000 年的 63.8% 降低到 2006 年的 38.9%，而 GDP 增长过于依赖投资和出口的增长，同期资本形成和净出口对 GDP 增长的贡献率，分别从 21.7% 和 14.5% 提高到 40.7% 和 20.4%。其结果是产业资本密集程度的提高和顺差的扩大，经济增长的可持续性减弱。一旦消费需求对 GDP 增长的拉动效果增强，则可以改善经济增长源泉的结构，有利于推动经济又好又快地发展。换句话说，通过扩大就业改善分配状况，可以同时改变支撑中国经济高速增长的因素。

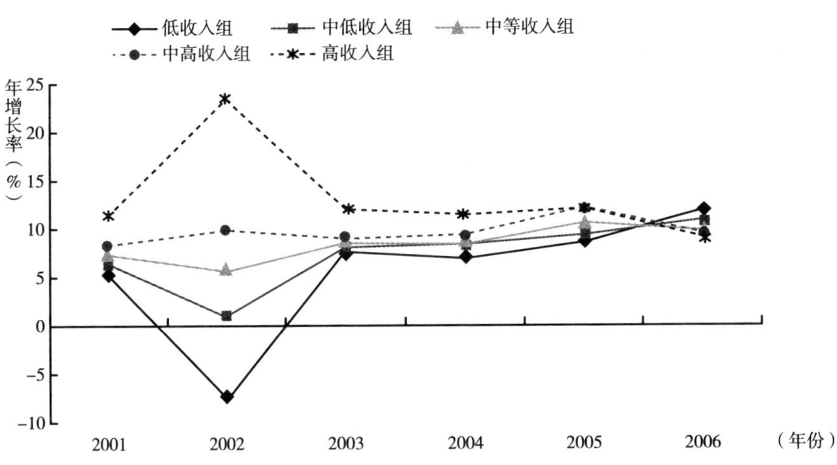

图 4　人均收入增长速度的收敛趋势

资料来源：国家统计局《中国统计年鉴－2007》。

目前，我们经济已经处在一个新的发展阶段，即随着农村剩余劳动力存量的减少、普通劳动者工资水平的提高，刘易斯转折点开始到来。[1] 这个转折点预示着一个符合发展阶段的新要求，即市场力量和政策倾向逐渐转向保护劳动者利益。首先，在劳动力出现结构性短缺的情况下，企业为获得充足和称职的劳动力所进行的竞争，可以推动劳动者得到接近合理的工资，工作条件逐步得到改善，工人的利益较多地得到保障。其次，适应劳动力市场供求趋近于平衡的新情况，地方政府为了保持经济增长的可持续性，也日益自觉地实施保护劳动者利益的政策。从而整体上形成一个越来越有利于下岗职工、失业者和农民工等普通劳动者的市场氛围和政策环境。因此，这个时期恰好是加强劳动立法和执法、改善劳动关系、建立工资正常增长机制和支付保障机制的大好时机。但是，政府和社会在促进劳动力市场规范化的同时，也应该防止伤害市场机制和价格信号，从而导致市场不能发挥其配置资源的功能、降低资源配置效率的情况发生。毕竟，劳动力这个特殊的要素市场，仍然要遵循市场经济原则，其价格信号要正确地反映资源的相对稀缺性。

四　推动公平再分配的切入点

市场机制并不能自动保证收入分配的合理有序。一旦收入差距扩大到超过社会所能容忍的程度，人们会对政策失去信心，对改革产生不好的预期，社会就会形成一种对经济发展的阻碍力量，经济增长的进程就有可能被打乱，不公平就转化为没有效率。因此，政府为了矫正市场自发力量而进行的再分配，不仅是必要的，也是将收入分配格局向合理有序的方向进行调节的有效手段。许多国家的经验和教训都表明，社会经济政策和政府参与其中的制度安排，对于社会各阶层之间的利益分配结果有直接的影

① 蔡昉：《中国的劳动力市场发育与就业变化》，《经济研究》2007 年第 7 期。

响。[①] 实际上，当经济发展本身可以解决增长过程中大部分劳动群体的收入问题之后，社会再分配政策便可以把有限的资源更加集中使用，提高社会保障和社会保护的效果，解决收入分配中不公平的问题。在这个再分配的领域，一方面同样需要处理好公平与效率的关系，另一方面应该更加侧重公平原则的贯彻。

虽然在再分配领域，公平与效率之间也不必然是非此即彼或此消彼长的关系，然而，这里的确存在一个要把握和选择好再分配政策实施力度和限度的问题。政府通过税收和转移支付政策，对收入进行二次分配，调节收入在不同人群、不同地区之间的分配关系，同时通过政府建立健全社会保险、社会福利和社会救助机制，通过构建社会安全网，保护弱势群体。这种方式靠发挥政府职能，目标明确且直截了当，特别适宜于解决社会特殊困难群体的物质贫困和人文贫困问题。但是，再分配政策由于过多地依靠政府行为，带有抽肥补瘦的性质，如果运用不当，也存在伤害合法、勤劳致富积极性的危险；另外还会导致一部分人群形成对再分配政策的依赖，创业和就业积极性受到抑制。因此，该政策手段的运用需要恰当设计，把握好实施的力度和限度。

第一，再分配政策的制定，需要考虑中国所处的人口转变过程。再分配政策应该适应人口老龄化的特殊需要，对于包括残疾人、慢性病患者、老年人等因丧失或缺乏劳动能力而陷入困难的群体，进行专门救助。

第二，再分配政策的制定，需要考虑中国所处的经济转型过程。在这个转型过程中，一些人群会在不同程度上受到冲击，也导致城镇贫困人口的增加。对由于历史和自然原因造成的困难对象进行特殊支持和扶持，是政府不可推卸的职责。

再分配政策的制定，需要考虑中国所处的二元经济转变阶段。再分配资源虽然有限，也需要为这个转变提供制度支持。由于再分配机制更多的是在社会保障、社会保护和公共服务等领域实施，处理好再分配中公平与效率的

① Krugman, Paul, “Wages, Wealth and Politics,” *New York Times*, August 18, 2006.

关系，应把重点放在创造条件、提高社会保障和公共服务的公平享有程度，最终过渡到各地区、部门和各类人群之间。因此，改善收入分配格局、构建民生为先的中等收入社会、全面建成城乡小康社会，最大的挑战莫过于通过再分配政策，让社会保障和公共服务之光在城乡均等地照耀。

预防腐败的财政措施及国际经验

高培勇　于树一*

在预防和打击腐败的制度体系中，财政制度无疑是重要的一环。从财政的角度看待腐败现象，焦点直指政府部门收支行为的不规范。放眼国际，凡是反腐成效突出的国家，均在财政制度建设方面富有成效。可以说，严格规范政府部门的收支行为，有效关闭从政府收支通向腐败的闸门，是值得我国借鉴的成熟经验。

一　财政与腐败：一个基本关系链条[①]

从根本上说，腐败的实质，就是运用公共权力谋取个人或小集团的私利。腐败私利的最终落脚点是“钱”——通过各种腐败的途径，将公共的钱转变为私人的钱。故而，预防和打击腐败的财政措施应该从“公共的钱”入手，以其来源与去向的载体——财政收支为线索，构筑一道财政“隔离

* 本文刊发于2011年第1期。作者高培勇，时任中国社会科学院财政与贸易经济研究所所长，现任中国社会科学院副院长、党组成员、学部委员，中国社会科学院大学党委书记；于树一，时任中国社会科学院财政与贸易经济研究所助理研究员，现任中国社会科学院俄罗斯东欧中亚研究所副研究员。

① 高培勇：《从财政制度建设上构筑反腐大坝》，中国社会科学院直属机关党委网站，http：//zhshjgdw. cass. cn/ Article. asp？ ArtID =83。

墙”，阻断钱的属性由“公共”向“私人”转化的通道。这条线索是预防和打击腐败最直接、最有效、最透明、最重要的一条线索。同时，这条线索也将财政与腐败之间的关系引向明朗，为实施一系列有效的财政反腐措施提供了依据。

具体来看，财政收支与腐败联系的环节一共有三个：政府部门的经费是否只由财政来筹集？政府收支是否全部进预算？政府部门的经费是否由财政部门统管、专司？如果回答是否定的，那么，政府部门的收支行为就是不规范的，财政部门所发挥的“隔离墙”作用就是有限的。换言之，它存在巨大的腐败隐患。

（一）政府部门经费有多渠道来源

为了预防腐败，政府部门的经费应该只从财政部门一条渠道取得，即由财政部门集中一部分国民收入后，再由财政部门为其他政府部门供给经费，财政部门与其他政府职能部门各司其职，确保政府职能的实现。这里只有财政部门能够筹集收入，所有政府职能部门的经费应全部实行“供给制”。这样，政府部门的行政、执法同其服务或管理对象之间在“钱”上便不会建立直接联系，就可以有效防止腐败。反之，如果职能部门以其服务或管理对象是否上缴钱或上缴钱的多少作为行使职能的标准，那么政府就如同企业，政府行为就被赋予商业性质，与其本来追求公共利益的宗旨相背离，政府收支就难以规范，腐败则难以避免。

在当前渐进式的市场化改革过程中，中国仍存在政府部门的经费来源“双轨制”——一部分由财政拨款，另一部分靠部门自筹。究其原因，一方面，在传统体制的惯性作用下，政府部门一下子难以跳出企业行为的轨道，一定程度上仍然存在“政企不分”的问题；另一方面，在体制转轨期间的财政困难面前，政府部门还必须自筹一部分经费来弥补收支缺口。但是，这样便在政府部门内部生成了利益驱动机制，并由此产生了较多动用政治、行政手段牟取个人或部门非法利益的腐败现象。

（二）政府收支只有一部分进预算

全部政府收支被纳入预算且公开透明，并经立法机关审议，是政府收支行为规范的基本要求。政府部门应该做哪些事，不应该做哪些事，应由公众决定、法律支持和预算保障，政府收支行为也是同样。否则，如果有一部分政府收支游离于预算之外，由各个地方、各个部门自立规章，自收自支，并且难以统计和监督，便会为腐败创造条件。

在现实中，我国的制度外政府收支和部分预算外政府收支，没有被纳入预算管理，既不受各级人民代表大会审议，也游离于财政部门的统筹视野之外，属于非规范性的政府收支。由于非规范性的政府收支脱离了预算的控制，它的取得和支用，便与部门利益、地方利益和个人利益脱不了干系。相当一部分收入会进入“小金库”，成为个别领导的“私房钱”，直接用于正常经费预算报销不了的开支，甚至通过各种渠道转化为个别领导的贪污对象和买官卖官等腐败行为的经费来源。

（三）政府部门的经费分散管理

政府收支行为规范的重要体现，是政府部门的经费只能由财政部门统一管理，按照每个政府部门支出的实际需要统一分配，也就是说，财政管理权只能由财政部门行使，其他部门不能行使。即便出于工作便利的考虑，把某些特殊形式的收入，如关税、规费交由特定的政府职能部门收取，那也要纳入“收支两条线”的制度框架，实行“代收”“代征”。由财政部门代表政府“间接”收钱、“集中”管钱的最大好处，就是从根本上铲除“以权谋钱、以权换钱”等腐败行为的土壤，使政府部门能在一个规范的制度环境下、以规范的行为履行它的职能。所以，从预防腐败的意义上说，掌管全部政府收支是财政部门的天职所在。

政府部门的经费分散管理是中国体制转轨过程中的一大特色，不仅财政部门从事财政活动，其他的政府部门也在从事财政活动。现实中，财政行为几乎存在于中国每一个政府部门。因为除了财政部门以外，其他政府部门也都有从企业、居民那里取得收入的行为，都有将直接取得的收入用于支出的现象，形成了政府财政主体多元化的格局。这样，政府收支活动的行为规范被打乱，成为党员干部、政府部门的各种腐败行为的直接诱因。

总体来看，尽管我国部门预算、国库管理、政府采购等制度已基本建立，但它们的实际运行与预定目标之间还有很远的距离，还不能真正将腐败隔离在政府收支的门外。在腐败的表象下，国家利益被部门利益、地方利益、集团利益和个人利益严重肢解，公共资源存在大量流失现象。展望未来，中国需要在重视财政反腐的基础上，充分发挥财政反腐的作用，严把上述三道防线。

二　国外财政反腐的典型经验梳理

政府部门经费实行“供给制”、全部政府收支进预算和财政部门统揽政府收支，在实践中也是国际通行的做法。一些国家在这三个方面做得很好，例如英国强廉政职能的公共财政体系、美国严防腐败的预算体制、新加坡高效激励的财政支出措施均体现了上述财政反腐某一方面或某几方面的突出特征，对腐败形成有效防御。此外，法国全面反腐的财政监督机制在预防腐败方面也发挥了重要作用。

（一）英国强廉政职能的公共财政体系

英国有一套强廉政职能的公共财政体系，在保障经济秩序的同时，有效遏制了腐败现象的发生。

第一，英国的政府经费基本来源于财政部门掌握的税收收入，其税收收入约占预算收入的90%。在财政部每年向议会提交的预算法案中税收方案被视为核心内容。其中，征税标准、税收范围变化、税收政策调整、税率的变动、新税种的开征、某一现行税种的废除、改变征税行政机构等内容，都需要严格审批。英国实行以所得税为主、高度集中的复合型分税制，税收立法权和解释权完全属于中央，财政部或财政委员会颁布的税收法规在受到英国法律制约的同时，还要受到欧盟有关法律规定的制约。

第二，行政机构及其他机构不能滥用征税权。议会对国家财政税收拥有较强的控制力，其主要职能之一就是对公共财政进行监管。议会独立于政府之外，代表着纳税人的利益，反映着纳税人的呼声，有权对政府要不要征税、向谁征税、征什么税、征多少税、怎样征税等重大税收问题做出决定，有权监督政府的税收使用情况，从而保证行政机构及其他机构不能滥用征税权。①

第三，英国设有政府统一账户，保证财政信息的质量和透明度。在《政府资源和会计法案 2000》的立法框架下，要求财政部为每个履行公共职能的实体（包括中央政府、地方当局、公营公司以及部分或全部由公共资金支持的实体）准备政府统一账户（WGA）。政府统一账户是由英国财政部主持开发、借鉴商业会计方法、基于通用会计准则、跨越整个公共部门的合并财务报表，可为政府、议会、纳税人等其他潜在使用者提供质量更高、更透明的信息，可以更有效地分配资源，更好地实行公共财政管理，更好地预防腐败。②

第四，对政府经费支出实施绩效评价，保证财政资源的使用效益。英国实施公共支出绩效评价的初衷，是防止和纠正政府公共支出活动中出现的因采购过量造成的库存积压、合同定价过高、超定额工时损失等浪费现象。此后，在国防科研和开发项目、合同管理、公共工程、农业扶持和工业开发以及国民保健等项目上得到了充分运用。20 世纪 80 年代以来，其作用和功能得到进一步加强，不仅着眼于评价项目活动的目标、战略和方法，而且，力图通过对支出项目的评价，揭示政府经费支出中存在的腐败问题以及影响支

---

① 魏建国：《代议制、公共财政、宪政内在关系检视——以近代英国公共财政建构为线索》，《甘肃政法学院学报》2006 年第 4 期。

② 郭俊华、肖林：《英国政府公共财政管理改革及其评价》，《上海金融》2007 年第 10 期。

出效果的主要因素。①

第五，英国对地方政府及财政的监督和约束比较严格。中央规定地方不能出现赤字预算，也不能发行地方债券。中央通过计划控制、“戴帽”控制、信贷控制、再分配控制、最高限额控制等方法，对地方预算实行严格的控制和管理。同时，英国议会设有审计、监察和信访三个委员会，负责监督和审查地方政府行为是否违法。②

（二）美国严防腐败的预算体制

美国财政反腐的特色是预算控制，除了绝大部分政府收支进预算以外，在预算权力配置、预算监督、重点支出法定、预算外资金管理、绩效预算和预算透明度方面的经验也值得我国借鉴。

第一，美国预算权力实现有效制衡。预算立法和执行权力配置的法律依据是美国宪法。宪法规定所有的立法权力都被赋予国会，预算经国会审定并由总统签发后成为法律。宪法赋予联邦政府在筹集财政收入和安排财政支出方面的权力，由联邦政府履行财政职能。在实际工作中，行政和立法部门各有一套参与预算编制和审核的系统，行政部门主导预算编制，立法部门主导预算审核，二者各有侧重、互相制约、共同配合地履行预算职能，有利于防止公共权力的滥用。③

第二，美国联邦预算的重点支出法定，降低了政府行为的随意性。美国的联邦预算分为两部分，即法定支出和自主支出。自主支出需要通过申请预算拨款来实现，而法定支出是以法律的形式规定的，每年情况类似，无须太多修正。这样做，一方面减少了预算编制的重复劳动，提高了预算编制效率；另一方面，法律保护了国家在重点方面的投入，能够有效防止侵占重点领域资金的腐败行为。法定支出包括教育支出、公共医疗保障支出等。

① 申书海主编《财政支出效益评价》，中国财政经济出版社，2002，第319页。

② 程宗璋：《美、英、日三国公共财政法律体系及其特点》，《财经科学》2003年第3期。

③ 《美国的预算管理制度》，中华人民共和国财政部官网，http：//www. mofgov. cn/pub/yusuansi/zhengwuxinxi/ guojijiejian/200810/t20081014_ 81947. html。

第三，对预算外资金进行有效管理。美国预算外资金主要包括社会保障信托基金和邮政服务基金，不列入总统预算提案和国会正常决议案。美国对预算外资金的管理有效规范了政府的预算外收支行为。一是以“权益预算”方式进行管理，虽不列入一般预算和年度审核，但每一项预算外资金的设立都需事前提出议案，经国会审议通过后形成专门法律。二是以“综合预算”的方式进行总量监管，将联邦政府预算及政府信托基金合并后的预算总额反映在预算文件中，将美国政府所有收支都纳入国会监管视野。三是以相对中立和全面的政府会计体系对外报告。美国政府会计准则由非官方机构制定，预算外机构的财务报表需列入预算附录，采用类似于私人部门的权责发生制作为政府会计报告原则。①

第四，美国的预算透明度较高。美国预算执行的规则和各个环节的程序不但受到严格有效的监督、受到《反非效率法案》等法律有力的保障，还具有较高的透明度，使腐败现象难以在预算领域发生。美国联邦政府、州政府、地方政府网站提供了最详细的财政支出信息，公众可以在网站上下载各级政府的预算报告，便捷地查询政府预算情况，了解自己缴纳的税款去向。此外，总会计办公室的报告是公开的，除国家机密外要通过互联网公之于众。

此外，美国绩效预算也较为成熟，其“项目等级评估工具”（PART）在美国联邦政府评估项目绩效时被采用，它是由总统管理委员会和联邦管理与预算局于 2002 年联合开发的，实际上是一套用来评估联邦机构项目管理与绩效的调查问卷，它将联邦政府的绩效与预算决策正式统一起来，在发现腐败方面的意义非常突出。②

（三）新加坡高效激励的财政支出措施

新加坡是国际公认的廉洁程度较高的国家。根据透明国际 2009 年发布

① 冯静：《政府预算外收支管理美国经验值得借鉴》，《中国社会科学院报》2009 年 1 月 22 日，第 10 版。

② 孙一平：《美国联邦政府项目等级评估工具应用及借鉴意义分析》，中国发展研究基金会地方治理与公共预算网，http：//www.pbgchina.cn/newsinfoasp？newsid＝9079。

的全球清廉指数（Corruption Perceptions Index），新加坡的廉洁排名居世界第三位、亚洲第一位。能如此，其财政支出措施对廉政所发挥的高效激励作用不容忽视。

第一，财政支持“高薪养廉”。新加坡运用科学、规范的方法确定高级公务员的收入水平和享受高薪的人数。每年都对社会主要经济行业、私人经理收入情况进行调查，取其中间值作为高级公务员的收入，并注意拉开档次。对工作任务繁多、职责相当重要的行政官员给予较高的薪酬，以体现职责与薪酬的匹配。同时，严格控制高层公务员的数量。这样既保证了公务员拿到较高、较合理的薪水，抑制了腐败心理，也使得社会对公务员的收入基本认同，不增加财政压力和纳税人负担。

第二，财政支持完善的公积金制度。这一制度规定，所有参加社会工作的人员和政府共同出资建立公积金，存入个人公积金账户，工龄越长、职位越高，公积金越多。这份公积金属于个人所有，但不得随意提取，只能用于购买政府房屋、医疗、为子女交学费和缴纳养老金。若任内没有出现贪污受贿或其他渎职违法行为，退休后就可提取这份公积金。新加坡公务员的公积金水平大大超出其他国家，但法律规定，凡是有贪污、受贿等违法行为的，就要撤销个人全部公积金，极大地提高了腐败成本。一般来说，大多数人不会冒着丢掉工作和巨额公积金的风险去腐败，因此，公积金制度实际上已经成为新加坡政府反腐工作的有力支撑。

第三，财政支持高福利保障制度。与中国相比，新加坡公务员享有更为优厚宽松的福利待遇，政府推行人性化的“亲家庭工作制”，为子女提供医疗福利、提供弹性工作时间、可以通过网络在家上班，等等。而且公务员福利待遇与其行为表现挂钩，如果贪污腐败，则会失去津贴和花红、丰厚的养老金及晋升机会等。这样既有利于提高公务员的工作积极性，也有利于促进公务员廉洁自律、防范腐败。

此外，新加坡政府还实行严格的财产申报制度，公务员本人拥有的财产及利益、配偶或其他家庭成员的投资收益都要申报。财产申报制度、高薪、高福利、公积金制度都得到了财政的大力支持，成为预防和打击腐败的有力武器。

（四）法国全面反腐的财政监督机制[①]

法国现行的财政监督体系是由议会对政府预决算的监督、财政部门对资金拨付过程的管理监督、部门对预算执行的管理监督、审计法院高层次的事后监督共同构成的全面且相对独立和相互制衡的财政监督体系，在防范腐败方面发挥着重要的作用。

第一，严格监督资金使用，防范以任何腐败方式造成公共资源流失。法国各级议会负责对本级政府预决算进行严格和细致的审查和监督，还委托审计法院对预算执行，特别是对政府部门和事业单位的经费开支进行审计监督。财政部门对资金拨付过程的管理监督贯穿于资金运行的全过程，其中财政稽查总署负责对公共开支监督检查，监督对象是使用公共资金的所有机构。财政稽查总署有跨部权限，有权检查任何使用公共资金的部门，还随时根据部长指示对涉及国家财政收支的活动及其他有关事项进行专项检查或调查。各财政部门均设立由部长领导的稽查署，推行内部管理审计，通过建立内部监督机制，强化本部门预算资金的执行监督。

第二，实行财政监察员制度是财政部门对政府经费统一管理的体现。财政监察员的监督重点包括支出对预算的遵守情况、支出对公共财政的影响。根据新《财政法组织法》，财政监察重点转向项目对议会预算许可的遵守情况和支出的可承受性评估，对除人员工资之外的事项将不进行合规性审核。如果支出部门对财政监察员拒绝签字有意见，可以通知财政部部长，由部长决定是否给予支付。

第三，公共会计监察机制对支付执行过程中可能出现的腐败进行控制。公共会计负责监督支付执行，核查拨款是否有预算、是否有财政监察员签字等。如果公共会计拒绝支付，其他人一般不可强制支付。新《财政法组织

---

① 法中公共财政监督研讨会中方代表团：《法国财政预算改革与监督管理新情况考察及借鉴》，《财政监督》2007 年第 1 期。

法》引入了分级监督①和平级监督②两种新的监督方法，二者互为补充，事后还要对选择是否正确进行检查。

第四，独立性较强的外部审计作为财政部门内部审计的重要补充，对财政部门形成有效监督。法国的审计法院是国家最高的经济监督部门，是既独立于议会又独立于政府行政部门的司法机构。它所具有的协助议会和政府监督财政法规执行的职责，由法国宪法赋予。其基本任务是审计核查国家机关、国家公共组织机构和国有企业的账务与管理，其主要目的是检查财政管理水平和资金使用效益，其具体工作包括对国家账目的认证审计、审查国家决算、对公共会计进行法律监督、监督公共开支决策人、监督国有企业遵守有关财政法规情况等。审计法院负责事后监督，在地方由地方审计法庭负责审计地方相关账务与管理。

三 借鉴国外经验，实施适合国情的财政反腐措施

根据财政反腐的国际经验，反腐败的公共财政治理应该受到重视，采取相应的财政措施把紧政府收支通向腐败的三道闸门，并辅以有力的财政监督，力求最大限度地激发公共财政反腐的潜在效力。我们认为，在完善公共财政体系、规范政府行为、加强对腐败的预算控制、建立反腐败的财政支出激励机制、加大对腐败的财政监督力度等方面应实施如下具体措施。

（一）完善公共财政体系，规范政府行为

首先，规范政府部门经费来源渠道。政府应当公开其结构、职能、内部分工以及与其他公共部门（有时扩大到某些私有部门）之间的关系。在此基础上，改变职能部门筹集经费的做法，实行政府部门经费由财政部门统一筹集、统一供给的“供给制”。为此，需要尽可能地取消、削减部门收费，

① 以支出的性质、频率、风险等为标准将支出分为不同等级，根据等级不同决定对某项支出进行事前逐笔审核、事前随机抽查审核或事后监督。

② 对支出决策者的操作程序进行分析，对那些有良好内部监督机制的支出，监督相应减少。

能纳入税收的纳入税收体系，不能纳入税收的要纳入“收支两条线”管理。同时，从严格依法治税、推进税制改革、完善税收征管制度、建立办税公开制度等方面完善税收体系；从建立国债投资项目的质量保证体系、完善国债投资项目管理法律法规、加大对国债投资中腐败行为的惩罚力度、地方债发行制度化等方面完善国债制度。

其次，政府部门的经费由财政部门统一管理，完善公共支出体系。一是深化国库集中支付改革，要将所有部门的支出都纳入集中支付范围，提高资金支付效率。二是完善公共投资制度，包括优化公共投资结构、规范政府采购行为、加强公共投资的公众参与、推进投资多元化和市场化。三是完善公务消费制度，包括将公务消费项目的全部支出都纳入部门预算；公务人员福利货币化、显性化，纳入工资所得，薪酬水平与绩效挂钩；扩大公务卡制度范围；确立合理、科学的公务消费的标准和浮动幅度等。

（二）加强对腐败的预算控制

第一，完善公共部门的财政资源配置体制和财务管理体制，保证农业、教育、科技、卫生、社会保障等基础领域分配到更多的财政资源，规范事业单位预算管理和经费供给，推进项目预算滚动管理。第二，细化预算编制，按照政府收支分类，逐步将各项收支预算细化，同时细化项目预算，提高预算编制水平，增强财政预算的刚性约束。第三，加强预算外资金管理，严格“收支两条线”制度，防止财政收入流失。第四，提高预算透明度，在符合涉密要求的前提下，政府应当向公众公开所有的预算信息以及预算编制和执行过程，确保信息真实。提供预算报告，对或有事项和准财政活动进行充分披露，在可能的情况下予以计量并考虑在表内确认，还要通过国家审计机关的独立审计。第五，加快预算法修订步伐，重点补充责任条款，加大违法惩罚力度。

（三）建立反腐败的财政支出激励机制

首先，以“高薪养廉”为目标，调整公务人员的薪金结构，在收入显性化的前提下，显著提高公职人员的工资待遇，但不能大幅增加政府经费开支而使国家财政难以承受，应在政府经费总额不增加的前提下，调整经费结构，提高支出效率。其次，建立财政反腐的激励机制，包括建立充分体现按劳分配原则的分配制度、充分体现廉者厚养原则的养老金制度和社会保障制度、充分体现业绩原则的奖励制度等。最后，重点突出绩效激励，在实施绩效预算、财政支出绩效评价、绩效考核的基础上，将财政资金使用效益、部门工作效率、个人工作业绩和收入水平相挂钩，有效解决财政领域的道德风险问题。

（四）加大对腐败的财政监督力度

财政监督不仅包括对其他行政事业单位和国有企业的监督，还包括对财政部门自身的监督。首先，财政部门要加强对外监督。一是加强对税收和非税收入征缴质量的日常监督；二是加强对部门预算执行情况的监督；三是加强对政府采购的监督；四是加强对国库集中支付制度的实施情况的监督，加大对国家机关、行政事业单位“小金库”及对财政专项资金管理和使用的监督力度；五是加强对重点支出的监督。其次，财政部门要加强对内监督，建立健全内部审计等内控制度，同时接受独立性较强的外部审计，强化约束和惩罚机制，防范腐败行为的发生。

综上所述，财政反腐应该立足于公共财政独有的特征和优势，将预防放在首位；同时，突出激励，加强惩罚。其关键在于从制度上完善公共财政体系，规范政府行为，对腐败形成天然的隔离，不但要将其他政府部门有效隔离于腐败之外，也要将财政部门自身有效隔离于腐败之外。这就需要在预算、支出和财政监督等重点领域多下功夫，在加强制度建设的基础上，制定和实施行之有效的财政反腐措施。

20年中国国有企业改革经验的理论分析

周叔莲*

一　国有企业改革思路的反思

国有企业改革的进程和成效，在很大程度上是由改革的战略指导思想即改革思路决定的。20 年来我国国有企业改革经历了曲折的过程，它反映了改革战略指导思想的演变和发展。概括起来，从 1978 年党的十一届三中全会至 1984 年党的十二届三中全会以前，改革的战略指导思想是扩大企业自主权。从党的十二届三中全会到 1993 年党的十四届三中全会以前，改革的战略指导思想是实行两权（即所有权和经营权）分离。从党的十四届三中全会到现在，改革的战略指导思想是建立现代企业制度和从战略上调整国有经济布局。相应地，国有企业改革也可以划分为扩大企业自主权、实行两权分离、建立现代企业制度并调整国有经济布局等三个阶段。下面依次对这三个阶段的国有企业改革思路进行分析。

第一阶段：扩大企业自主权阶段（1978 ~ 1984年）

早在改革以前，人们就逐步认识到国家对国有企业管得过多过细的弊

---

* 本文刊发于 2000 年第 3 期。作者周叔莲，时任第九届全国政协委员，曾任中国社会科学院学部委员、工业经济研究所所长。

端。毛泽东在1956年写的《论十大关系》中曾指出："把什么东西统统都集中在中央或省市，不给工厂一点权力，一点机动的余地，一点利益，恐怕不妥。"① 孙冶方在20世纪60年代就提出要以资金价值量为标准来划分"大权"和"小权"，认为"属于扩大再生产范围的事是国家的'大权'，国家必须严格管理"；"属于简单再生产范围的事是企业应该自己管的'大权'，国家多加干涉就会管死"。② 党的十一届三中全会公报指出："现在我国经济管理体制的一个严重缺点是权力过于集中，应该有领导地大胆下放，让地方和工农业企业在国家统一计划的指导下有更多的经营管理自主权。"③ 基于当时这种共识，国有企业改革从扩大企业自主权开始，是很自然的事。

国有企业改革在党的十一届三中全会以前就开始了。1978年10月四川选择了宁江机床厂等六个企业进行扩权试点。党的十一届三中全会以后，1979年5月，国家经委等六个单位，选择首都钢铁公司、天津自行车厂、上海柴油机厂等进行扩大企业自主权的试点。试点得到许多企业和广大职工的拥护。1979年7月，国务院发布了扩大国营工业企业经营管理自主权、实行利润留成、开征固定资产税、提高折旧率和改进折旧费使用办法、实行流动资金全额信贷等五个文件，要求地方部门按照统一规定的办法选择少数企业试点。1979年底，试点企业扩大到4200个，1980年发展到6000个，约占全国预算内工业企业数的16%、产值的60%、利润的70%。

1981～1982年在工交企业实行的经济责任制，以及从1983年开始试行的利改税试点，也都是以扩大企业自主权为国有企业改革的指导思想的。1984年5月国务院颁发了《关于进一步扩大国营工业企业自主权的暂行规定》，规定扩大企业10项自主权。1985年9月，国务院又批转了国家经委、国家体改委制定的《关于增强大中型国营工业企业活力若干问题的暂行规定》的通知，通知作出了14条规定，要求继续扩大企业自主权。

我国从20世纪50年代后期开始就提出对国有企业进行改革并进行过改

① 《毛泽东选集》第5卷，人民出版社，1986，第273页。

② 孙冶方：《关于全民所有制经济内部的财经体制问题》。

③ 《中国共产党第十一届中央委员会第三次全体会议公报》。

革，但当时的改革主要是在中央和地方权限的划分上做文章。1978 年开始的改革则把重点放在调整国家与企业关系上，着眼于调动企业和职工的积极性主动性。因此，扩大企业自主权的改革思路与过去国有企业改革的思路比较，是一个很大的进步。通过这一阶段的改革，企业有了一定的生产自主权，开始成为独立的利益主体，企业和职工的积极性都有所提高，并使传统计划经济体制打开了缺口。在一些改革搞得好的企业，这种积极作用更为明显。例如首都钢铁公司通过改革使企业有了自主权，增加了留利，改进了管理，提高了经济效益。1979 ~ 1981 年和改革前的 1978 年比较，首钢利润净额平均每年增长 45.32%，上缴利润和税金平均每年增长了 27.91%，企业留利和职工收入都有较大的增加。[①]

但是，扩大企业自主权的改革思路是在计划经济的框框下进行的，这一阶段国有企业的改革没有也不可能动摇计划经济体制的基础。我们历来都把国有企业称为企业，但是真正的企业应该是自主经营、自负盈亏的商品生产者和经营者，并应以利润为经营目标的。但是这一阶段的改革仍是以产品生产者而不是以商品生产者为国有企业改革的目标的。例如，1979 年 7 月国务院在《关于扩大国营工业企业经营管理自主权的若干规定》中，第一条就提出，企业必须保证完成国家下达的各项经济计划，这个计划指的是指令性计划。1981 年 11 月国务院批转的关于实行工业生产经营责任制若干问题的暂行规定中，又明确要求“实行经济责任制的单位，必须保证全面完成国家计划，按社会需求生产，不能利大大干，利小不干”。这都表明这一阶段的改革是维护（或改善）计划经济体制而不是改变计划经济体制。这一阶段文件中一般也不提企业应该“自主经营”，而只提“适当扩大企业自主权”。虽然学术界早有人提出国有企业应该和可以“自负盈亏”，[②] 但是在计划经济框框内扩大企业自主权是绝难做到的。实行“适当扩大企业自主权”也是困难重重，尽管不断颁布文件要求这样做，但有关政策常常很难完全落

① 中国社会科学院工业经济研究所科研组织处编《经济发展与经济改革》，经济管理出版社，1989，第 472 页。

② 周叔莲、吴敬琏、汪海波：《充分发挥企业的主动性》，《人民日报》1978 年 12 月 31 日。

实。中国社科院工业经济所 1984 年 8 月给国务院的一份研究报告中说：目前大企业组织生产经营活动中存在很大困难，如指令性计划比重大，指标下的次数多，变化多，层层加码，行政管理方面婆婆多，干预多，摊派和罚款也给企业造成很大负担，等等。[①] 这充分说明扩大企业自主权的改革思路连最起码的扩大企业自主权也难做到。

第二阶段：实行两权分离阶段（1985～1993年）

这一阶段国有企业改革的思路是国家有所有权，企业有经营权，所谓两权分离主要就是这个内容。1984 年 10 月召开的党的十二届三中全会提出要建立自觉运用价值规律的计划体制，发展社会主义商品经济。按照发展社会主义有计划商品经济的需要，决定全面推进以增强企业活力，特别是增强国有大中型企业活力为中心的、以城市为重点的经济体制改革。并重新确立了国有企业改革的目标，这就是：要使企业真正成为相对独立的经济实体，成为自主经营、自负盈亏的社会主义商品生产者和经营者，具有自我改造和自我发展能力，成为具有一定权利和义务的法人。围绕着这一改革目标，从 1984 年底开始，我国国有企业改革进入了一个新的发展阶段，改革的指导思想就是实现两权分离，试图以此促进实现政企职责分开和国有企业向市场主体的转变。

对于深化改革中如何实现两权分离，使国有企业成为商品生产者和经营者，当时有种种议论，曾经确定在小企业中主要搞租赁，在大中型企业中主要搞承包。1986 年 12 月国务院《关于深化企业改革增强企业活力的若干规定》中提出，要推行多种形式的承包经营责任制，给经营者以充分的经营自主权。1987 年大中型企业普遍推行企业承包经营责任制。主要形式有：（1）“双保一挂”。双保，即保上缴税利，保批准的技术改造项目。一挂，即工资总额和实现税利挂钩。（2）上缴利润递增包干。在核定上缴利润基数的基础上，逐年按规定递增率向财政上缴利润。（3）上缴利润基数包干，超收分成，即确定企业上缴利润基数，超收部分按规定进行比例分成或分档

① 《经济发展与经济改革》，第 498 页。

分成。(4) 微利亏损企业的利润包干或亏损包干。(5) 行业投入产出包干，实行的有石油、煤炭、石化、冶金、铁路、邮电、民航等部门。企业承包经营责任制的基本特征是：包死基数、确保上缴，超收多留，歉收自补。到1987 年底，全国预算内企业的承包面已达 78%，大中型企业达 80%。1988 年 2 月 27 日国务院发布了《全民所有制工业企业承包经营责任制暂行条例》。1990 年第一轮承包到期的预算内工业企业有 3.3 万多户，占承包企业总数的 90%。接着又开始了第二轮承包。到 1991 年第一季度末，90% 以上的到期企业签订了第二轮承包合同。

20 世纪 90 年代初国有企业改革强调转换企业经营机制，贯彻的也是两权分离的思路。当时人们认识到了过去的企业改革偏重于单纯的扩权让利，而未能以转换企业经营机制为目标。1991 年 9 月中央工作会议因而强调要转换企业经营机制。根据中央工作会议的精神，经过近一年的调查研究，1992 年 7 月国务院公布了《全民所有制工业企业转换经营机制条例》。该条例根据两权分离的思路明确了企业经营权、企业自负盈亏责任、企业和政府的关系、企业和政府的法律责任等问题。

在这一阶段，两权分离主要是通过承包经营责任制实现的。因而，我们可以通过承包制来评析两权分离的改革思路。对于承包制的看法理论界存在尖锐的意见分歧。一种意见完全肯定，认为它是社会主义管理的基本制度。另一种意见完全否定，认为这是从利改税向传统体制倒退。但是实事求是地分析，完全肯定和完全否定的意见都有片面性。承包制曾经起过的积极作用是不能否定的。例如它可以使《企业法》中规定的企业自主权得到落实，可以增强企业的动力机制，可以加强企业的财务责任，可以明确主管部门的责任，特别是使政府和企业的关系发生了变化，企业不再完全听命于政府，可以促进政企分离，等等。不过承包制也有其固有的缺陷，例如，实行承包制的企业仍在相当程度上隶属于政府机关；经营自主权仍受到限制，甚至受到很大的限制；没有也不可能实行自负盈亏；会使产业结构固定化，因此与产业结构调整和合理化的要求相矛盾；等等。

这一阶段对国有企业改革除了提出自主经营、自负盈亏的要求外，还提出自我发展、自我制约的要求。作为真正的企业，是必须做到自主经营、自负盈亏、自我发展、自我制约的。但当时实行承包制的企业既不能做到完全自主经营，更说不上能够自负盈亏，也就难以做到自我发展和自我约束。企业的短期行为如滥发工资奖金、投资不计效益相当普遍地存在。后来大家关注的内部人失控现象，在扩大企业自主权阶段就种下了根，而这一阶段更具备了迅速滋长的条件。

承包制的种种缺陷，是同两权分离改革思路的局限性有内在联系的。两权分离的改革思路和以往扩大企业自主权的改革思路相比，是一次重大的飞跃。这是承包制之所以产生积极作用的原因。但是两权分离理论只承认国有企业有经营权，而不承认企业作为法人应该有财产权，认为所有权全部属于国家，这就决定了国有企业不可能真正实现自主经营、自负盈亏、自我发展、自我制约，即不可能成为真正的企业。为了使国有企业成为真正的企业，改革的战略指导思想还需要进一步发展和转变。

第三阶段：建立现代企业制度并调整国有经济布局阶段（1994年以来）

建立现代企业制度是 1993 年 11 月党的十四届三中全会正式提出来的，调整国有经济布局是 1995 年 9 月党的十四届五中全会正式提出的。这两项措施的实质是进行产权和所有制结构调整。而其理论依据则是建立社会主义市场经济体制。

1992 年 10 月，党的十四大明确提出，我国经济体制改革的目标是建立社会主义市场经济体制，并要求围绕社会主义市场经济体制的建立加快经济改革步伐。1993 年 11 月，党的十四届三中全会通过了《关于建立社会主义市场经济体制若干问题的决定》（以下简称《决定》），指出我国国有企业改革的方向是建立现代企业制度，并把现代企业制度概括为适应市场经济和社会化大生产要求的、产权清晰、权责明确、政企分开、管理科学的企业制度，要求通过建立现代企业制度，使企业成为自主经营、自负盈亏、自我发展、自我约束的法人实体和市场竞争主体。该决定把产权关系明晰作为现代企业制度的第一个特征，指出：企业中的国有资产所有权属于国家，企业拥有包括国家在内的出资者投资形成的全部法人财产权，成为享有民事权利、承担民事责任的法人实体，企业以其全部法人财产，依法自主经营、自负盈亏、照章纳税、对出资者承担价值增值的责任。出资者按投入企业的资本额享有所有者的权益，即资产受益、重大决策和选择管理者等权利。企业破产时出资者只以投入企业的资本金对企业债务负有限责任。由于承认国有企业不仅有经营权，而且有法人财产权，国有企业要进行深层次的改革，我国国有企业改革的思路又经历了一次飞跃。

为了落实《决定》精神，国家选择 100 户不同类的国有大中型企业，进行建立现代企业制度的试点。在试点中发现，仅仅从企业层次着眼是建立不起现代企业制度的。必须着眼于搞好国有经济，才能深化国有企业改革、完成改革的任务。1995 年 3 月国务院一位领导同志就在中央党校的演讲中指出："国有企业改革要着眼于搞活整个国有经济，而不是着眼于搞活每一个企业。"1995 年 9 月党的十四届五中全会明确指出："要着眼于搞好整个国有经济，通过存量资产的流动和重组，对国有企业实施战略性改组。这种改组要以市场和产业政策为导向，搞好大的，放活小的，把优化国有资产分布结构、企业结构同优化投资结构有机结合起来，择优扶强、优胜劣汰。"① 江泽民同志在党的十五大报告中进一步阐明了这个指导思想。党的十五届四中全会《关于国有企业改革和发展若干重大问题的决定》中把它概括为"从战略上调整国有经济布局和改组国有企业"，并把这作为推进国有企业改革和发展的一条重要指导方针。由此可见，调整国有经济布局和建立现代企业制度一样，也是这一阶段国有企业改革的指导思想。

实践经验和理论分析都表明，社会主义国家国有企业改革的任务包括两个重要方面。一方面，是要使国有企业也成为真正的企业，在国有大中型企业中建立现代企业制度。另一方面，是要处理好国有经济在国民经济中的地位和作用，也就是通过调整国有经济的布局，把原来国有经济在国民经济中

① 《中国共产党第十四届中央委员会第五次全体会议文件》，人民出版社，1995，第 51 页。

的主体地位改变为主导地位，改变国有企业范围过宽、数量过多、比重过大的局面。后一方面的工作属于国有经济定位的问题，制约着国有企业的经营管理，可以说是国有企业改革的首要问题。我国国有企业改革经过 20 年的探索和实践，终于明确了建立现代企业制度并调整国有经济布局的战略指导思想，可以说已经找到了一条科学的国有企业改革的思路。

人们经常提出一个问题：为什么国有企业改革进行了这么长的时间还没有取得成功。上面的分析大致可以回答这个问题。我国企业改革第一阶段和第二阶段的思路，虽然和以往相比有很大进步，但是这两个阶段的思路都是不可能完成改革的任务的。而这两个阶段经历了 15 年时间。1993 年 11 月提出建立现代企业制度，在国有企业改革的微观层次上找到了正确的方向，但是如果不明确要在宏观层次上对国有经济布局进行战略性改组，现代企业制度也难以顺利建成。而从战略上调整国有经济布局是 1995 年以后才开始逐步明确的。改革的指导思想明确了，但是实现这个指导思想还需要一个过程。一是把正确的指导思想变为完整的政策体系需要一个过程，二是贯彻政策还会遇到思想认识、利益矛盾等方面的困难。尤其是传统体制长期积累下来的一些问题，如企业资金短缺、人员过多、社会负担重等，以及发展过程中出现的新的矛盾和问题，解决起来也要有一个过程。所以，我们“既要充分认识推进国有企业改革和发展的重要性和紧迫性，又要清醒地看到这项工作的艰巨性和长期性，锲而不舍地努力，不断取得新的突破”。①我们有理由坚定信心，经过努力来完成国有企业改革的任务。

二　国有企业改革成功的必要条件

这里所谓国有企业改革成功，是指从社会主义计划经济向社会主义市场经济转轨过程中国有企业改革任务的胜利完成，这里的国有企业改革同已建成市场经济体制国家的国有企业改革是有很大不同的，我们知道，在市场经

① 《中共中央关于国有企业改革和发展若干重大问题的决定》，人民出版社，1999。

济条件下所有企业包括国有企业也是必须不断改革的。现在我们向社会主义市场经济的转轨已取得了巨大成绩，已建成了社会主义市场经济体制的框架，但是还没有建成社会主义市场经济体制，国有企业改革离应该实现的目标更有相当大的距离。党的十五届四中全会提出，到2010年，国有企业改革的目标是基本完成战略性调整和改组，形成比较合理的国有经济布局和结构，建立比较完善的现代企业制度。为了顺利完成国有企业改革的任务，研究国有企业改革成功的条件问题是很必要的。

下面主要根据我国20年来改革的经验，对国有企业改革取得成功所必要的若干条件进行分析。这些条件是：明确发展社会主义市场经济是经济体制改革的目标；明确市场经济条件下国有经济的功能、地位和作用，建立适应社会主义市场经济体制的所有制格局；建立现代企业制度；进行配套改革，尤其是要转变政府职能，实行政企分开；改进和加强企业管理。

（一）明确发展社会主义市场经济是经济体制改革的目标

经验表明，正确确定国有企业改革的任务和目标是国有企业改革成功的必要条件，而这又要以正确确定经济体制改革的任务和目标为条件。因此可以说，发展社会主义市场经济是国有企业改革的依据。我们国有企业改革在进入第三阶段即建立现代企业制度、调整国有经济布局的阶段，才从单纯的扩权让利转变为制度创新，才有可能实现改革的目标。而提出建立现代企业制度和调整国有经济布局又都是以提出发展社会主义市场经济为前提的。

改革前，我们实行的是高度集中的计划经济体制。这种体制是排斥商品倾向关系和市场机制的作用的，故称为产品经济。它的优点是可以集中使用资源，有利于完成国家规定的某些任务。在新中国成立后的一段时间内，这种体制起过积极作用。但这种体制存在一些根本性的弊端，不利于发挥地区、部门、企业和劳动者的积极性。经济改革就是要在体制上创造条件，让市场机制发挥作用，尤其是让市场机制在社会资源配置中起基础作用，克服以上弊端。

但是，我们对于市场机制作用的认识经过了一个曲折的过程。改革伊始我们就认识到要让市场机制发挥作用，在农村、城市采取的改革措施都是为此创造条件的。1984年党的十二届三中全会通过的《中共中央关于经济体制改革的决定》，明确了社会主义经济是公有制基础上有计划的商品经济，以后更是自觉地实行了市场取向的改革，日益扩大了市场机制的作用。尽管如此，大家对市场机制在社会主义社会资源配置中要不要起基础作用却长期没有取得共识。邓小平同志在1979年就说过社会主义也可以搞市场经济，其他一些同志也说过社会主义商品经济就是社会主义市场经济，但社会主义市场经济的提法并未及时被人们普遍接受。邓小平同志南方谈话，在全国范围内进一步解放了思想，清除了错误的传统观念，这才为确立社会主义市场经济这一正确提法奠定了思想基础。

商品经济和市场经济之间没有不可逾越的鸿沟。商品经济有一个从不发达到发达的发展过程。在不发达的商品经济阶段，市场机制还不能在社会资源配置中起基础作用，这时候的商品经济还不能称为市场经济。而当商品经济发展到比较发达的阶段，市场机制就在社会资源配置中起基础作用，成了社会资源的主要配置者，商品经济就成为市场经济了。因此，商品经济和市场经济既有相同点，又有不同点。它们都要有市场，都要实行等价交换，都要开展竞争，都要发挥价值规律的作用，这些是共同点。但并不是任何商品经济都是市场经济，小商品经济就不是市场经济。只有商品经济的社会化和市场化相当发达，市场机制成为社会资源的主要配置者，商品经济才成为市场经济。市场机制在社会资源配置中起基础作用必须具备一系列条件。例如，既要有发达的商品市场，还要有发达的要素市场；要有灵活的价格机制；要有相应的微观机制即现代企业；要有资源自由流动的各种必要条件；还要有正常的市场运行规则和健全的市场管理制度。为了充分发挥市场机制的积极作用并克服其消极作用和弥补其不足，还要有正确的宏观经济管理制度和政策。可见，市场经济是生产力相当高度发展的产物，是一种发达的商品经济。社会主义商品经济理应是发达的商品经济，因此社会主义商品经济理应是市场经济。

如果只承认社会主义商品经济而不承认社会主义市场经济，那就在商品经济和市场经济之间划了一条不该划的鸿沟。这种不承认社会主义市场经济的观点曾经非常流行，从而使得社会主义商品经济理论有局限性，在有些问题上不够明确或不够彻底。例如，我们曾把社会主义商品经济的运行机制概括为计划经济和市场调节相结合，有些同志进而认为这就是计划经济为主、市场调节为辅，这样就难以使市场机制在社会资源配置中起基础作用。又如，一种流行意见认为，国有企业只能有相对的独立性。所谓相对独立，就是相对自主经营而不完全自主经营，相对自负盈亏而不完全自负盈亏。这样，国有企业就难以成为真正独立的商品生产者和经营者，难以成为真正的市场主体，从而也难以使市场机制发挥它应有的调节作用。再如，我们曾规定劳动力、土地和企业等都不是商品，这样就难以形成生产要素市场，难以使国有企业优胜劣汰，难以充分发挥市场机制的作用。还如，政府作为国有企业的主管部门既有行政管理权，又有财产所有权，同时又不承认企业作为法人有法人财产权，这就难以实现政企职责分开，而政企职责分开则是市场机制充分发挥作用的前提条件。这些理论上的局限都曾影响到改革的实践，增加了改革的困难，造成改改停停的局面。后来按照邓小平同志的理论克服了这些局限，在继承社会主义商品经济理论的科学内容的基础上，发展形成社会主义市场经济理论，并据此进一步明确了企业改革以及价格改革、市场培育、宏观管理改革的目标和要求，才比较顺利地建成了社会主义市场经济体制的框架。现在记住这个经验教训，还是很必要的。

（二）明确市场经济条件下国有经济的功能、地位和作用，建立起适应社会主义市场经济体制的所有制结构

国有企业在社会主义计划经济体制中的功能和它在社会主义市场经济体制中的功能是不同的。在社会主义计划经济体制下，国有企业是完成国家计划的基层组织，因此它的经营内容和经营范围几乎是无所不包的。而在社会主义市场经济体制下，市场在社会资源配置中起基础作用，国有企业则是政府用以弥补市场缺陷、实现某些社会政策目标的手段，例如用以提供某些公共产品，经营资源垄断性行业，进行基础设施和基础产业建设，从事某些高科技产业，提供有关国家安全的产品，等等。这一点，发达资本主义国家国有企业经营内容经营范围的演变为我们提供了佐证。在这里，社会主义市场

经济和资本主义市场经济是有共同点的。这就决定国有企业要成功就必须处理好国有经济在国民经济中的功能、地位和作用。也就要把国有经济原来在国民经济中的主体地位，改变为主导地位。

把国有经济放在国民经济中的主导地位不同于那种不重视国有经济，主张把国有经济放在国民经济中一般地位甚至取消的意见，也不同于那种不从实际出发，主张把国有经济放在国民经济主体地位上的意见。提出国有经济是主导，这是历史经验的科学总结。

在改革以前，除了农业外，社会主义国民经济中可以说是国有经济一统天下的局面。在这种国有经济不仅是主导而且是主体的情况下，是难以实现市场经济体制的。因此，市场经济要求企业成为真正独立的市场主体，而在国有经济一统天下的局面下，即使主观上要求在国有企业建立现代企业制度，使之成为真正的企业，也是不可能的。党的十一届三中全会以来，我们一直坚持发展多种经济成分的方针。中国是在形成了多种所有制经济成分共同发展的格局以后，才出现在国有企业建立现代企业制度和建成社会主义市场经济的可能性的。

但是，到现在，我国国有经济仍存在战线过长、范围过宽、分布过散及布局不合理的问题。1998 年，在 608 个工业小类行业中，国有企业涉足的行业有 604 个，占 99.3%，其中国有大中型企业涉足的有 533 个，占 87.7%。此外，国有企业还分布在商业、服务业等领域的众多行业。国有资产的广泛分布，表面看似乎加强了国有经济的地位作用，事实上这种状况产生了多方面的不利影响，削弱了国有企业的竞争力，限制国有经济优势的发挥。

我在 1994 年 10 月发表的一篇文章中曾指出：国有经济发挥主导作用首先要有合理的产业构成，即经营范围、经营内容合适；现在国有经济在有些产业和企业应该加强，却没有加强，在有些产业和有些企业可以退出，也没有及时退出。因而我提出要把“调整国有经济的经营范围和内容”作为发挥国有经济主导作用的一项“战略措施”。①

① 周叔莲：《怎样发挥国有经济的主导作用》，《光明日报》1994 年 10 月 28 日。

党的十四届五中全会提出对国有企业实施战略性改组以后，党的十五大进一步明确了要从战略上调整国有经济布局的方针，指出：对关系国民经济命脉的重要行业和关键领域，国有经济必须占支配地位，在其他领域，可以通过资产重组和结构调整，以加强重点，提高国有资产的整体质量。有人认为国有企业是一种特殊企业，主张国有经济应该全部退出竞争性行业。我认为，国有企业确实有其特殊性，但是即使如此，考虑到我们是社会主义国家，考虑到我国国有企业分布的现状，同时考虑到竞争性和垄断性的区别是相对的而非绝对的，现在提出我国国有企业完全退出竞争性行业的意见未必是正确和现实的。党的十五届四中全会指出："国有经济需要控制的行业和领域主要包括：涉及国家安全的行业，自然垄断的行业，提供重要公共产品和服务的行业，以及支柱产业和高新技术产业中的重要骨干企业。"我认为这是慎重考虑客观现实因而比较切实可行的决定。党的十五届四中全会也明确指出国有企业改革要同所有制结构的调整完善结合起来，这将促进形成以公有制为主体、多种所有制经济共同发展的格局，为国有企业改革的成功提供条件。

对于国有经济的主导作用，认识上一直是有分歧的。一种意见认为，国有经济是主导，就是国有经济要在国民经济中占稳定的绝对的优势。事实证明这种意见是错误的。党的十五大曾提出：国有经济起主导作用，主要体现在控制力上。党的十五届四中全会进一步明确指出：在社会主义市场经济条件下，国有经济在国民经济中的主导作用主要体现在控制力上。（1）国有经济的作用既要通过国有独资企业来实现，更要大力发展股份制，探索通过国有控股和参股企业来实现。（2）国有经济在关系国民经济命脉的重要行业和关键领域占支配地位，支撑、引导和带动整个社会经济的发展，在实现国家宏观调控目标中发挥重要作用。（3）国有经济应保持必要的数量，更要有分布的优化和质的提高；在经济发展的不同阶段，国有经济在不同产业和地区的比重可以有所差别，其布局要相应调整。因此，正如党的十五大报告所说："只要坚持公有制为主体，国家控制国民经济命脉，国有经济的控制力和竞争力得到加强，在这个前提下，国有经济比重减少一些，不会影响我国的社会主义性质。"

（三）建立现代企业制度

在国有企业中建立现代企业制度是要使企业成为真正的企业，即成为自主经营、自负盈亏、自我发展、自我约束的商品生产者和经营者，成为真正的市场竞争主体。由于国有企业经营内容不同，少数国有企业改革以后也是必须国营的，不能要求它们成为独立的商品生产者和经营者。因此，确切地说，是要通过改革，建立现代企业制度，使绝大多数国有企业成为真正的企业。改革以来，曾经实行过放权让利、承包经营等措施，但都未能使国有企业成为真正的企业，故而党的十四届三中全会提出要建立现代企业制度。"到本世纪末要使大多数大中型骨干企业初步建立起现代企业制度，成为自主经营自负盈亏自我发展自我约束的法人实体和市场竞争主体。"

认为国有企业是一种特殊企业的同志强调社会主义计划经济下的国有企业和资本主义市场经济中的国有企业在功能和地位上都是不同的，认为社会主义市场经济下国有企业也应该是一种特殊的企业。这种意见值得重视。社会主义国有企业在法律上属于全民所有，并由政府代表人民进行管理。因此，它的特殊性是不能否认的。但是考虑到社会主义市场经济中国有经济存在的必要性、重要性和主导作用，考虑到我国国有企业数量较多的现状，为了发挥国有经济的主导作用，除了少数企业（如有些自然垄断性质、公益性质、军工性质的企业）要继续国有经营，不宜或不能成为商品的生产者和经营者外，绝大多数国有企业还是要通过各种不同形式（包括有些国有小型企业改制后成为非国有企业），成为真正的商品生产经营者和市场主体的。所以，国有企业改革有一个分类指导的问题。

日本一位经济学家曾说改革前中国没有真正的企业，意思是中国的国有企业没有自主权，也不能创新，名义上是企业实际上不是企业。这话是1985 年说的，很快得到人们的赞同。其实在此以前我们已明确国有企业应该成为自主经营、自负盈亏的商品生产者和经营者，以后又明确了企业要自我发展、自我约束，这就是市场经济条件下真正企业的主要特征。

国有企业建立现代企业制度必须进行产权改革，而这个问题也是长期有争议的。党的十四届三中全会把产权清晰作为现代企业制度的重要特征，以后争论仍时断时续。有人不赞成建立现代企业制度，尤其不赞成产权要清晰，不赞成企业产权改革。反对产权改革的意见甚多。例如，有一种说法：中国国营企业的产权是明确的，不存在清晰产权问题，主张产权清晰就是要实行私有化。还有一种说法：中国国营企业的效率问题，说到底是个能否真正狠抓管理的问题；产权清晰与效率关系不大，甚至无关。按照这些意见去做，中国国有企业改革难以深入，也建不起现代企业制度。

我国国有资产的所有权仅属于国家，这是明确的。但是产权和所有权是既有联系又有区别的范畴。长期以来国有企业资产流失严重，却找不到具体的单位和人员负责，经济效益差和亏损严重的责任也大多难以落实到具体的单位和个人。这种情况，怎么能说不存在产权清晰问题呢？

所谓产权清晰与效率无关的说法是违背历史和违背现实的。诚然，私有制和公有制都会出现产权清晰的问题，产权清晰也不能自然而然地带来高效率。但绝不能否认产权清晰的必要性，不能否认产权清晰是企业普遍有效率有活力的前提之一。对于“产权清晰、权责明确、政企分开、管理科学”这四句话应该全面理解。鉴于不少企业存在以“改”代“管”、以“包”代“管”和管理滑坡现象，必须强调管理和狠抓管理，反对那种以改革代替管理的现象。与此同时，也要重视另一种倾向，即认为只要加强企业管理就能达到搞活企业的目的。如解决问题只要扩大企业自主权和加强企业管理就行了，还有什么必要深化企业改革、建立现代企业制度呢？

应该指出，现代企业制度的四个特征中，权责明确、政企分开、管理科学在党的十四届三中全会以前就作为企业改革的要求提出来了，有的明确提出，有的实际上已经提出，而产权清晰则是党的十四届三中全会新提出来的。

党的十四届三中全会提出产权清晰是研究总结国内外企业演变历史的结果，是认识深化的结果，是思想理论上的又一次飞跃。要在国有企业建立现代企业制度使之成为真正的企业，还必须找到恰当的形式。实践表明，股份制是改革国有大中型企业的一种好形式，股份合作制是改革国有小型企业的一种好形式。党的十五大报告指出：“股份制是现代企业的一种资本组织形式，有利于所有权和经营权的分离，有利于提高企业和资本的运作效率，资本主义可以用，社会主义也可以用。要按照‘产权清晰、权责明确、政企分开、管理科学’的要求，对国有大中型企业实行规范的公司制改革。”并指出：“目前城乡大量出现的多种多样的股份合作制经济，是改革中的新事物，要支持和引导，不断总结经验，使之逐步完善。劳动者的劳动联合和劳动者的资本联合为主的集体经济，尤其要提倡和鼓励。”这也是改革实践的总结。

对于股份制的性质也有过长期的争论，一种意见认为股份制姓“私”不姓“公”，姓“资”不姓“社”，另一种意见认为姓“公”不姓“私”，姓“社”不姓“资”，还有一种意见认为股份制本身并不存在姓“私”姓“公”、姓“资”姓“社”的问题，它的社会性质要由谁控股来决定。党的十五大报告中说：“不能笼统地说股份制是公有还是私有，关键看控股权掌握在谁手中。国家和集体控股，具有明显的公有性，有利于扩大公有资本的支配范围，增强公有制的主体作用。”这是符合实际情况的科学结论。

股份合作制是我国经济体制改革中的创造。它把合作制与股份制结合起来，既保留了合作制中劳动联合、按劳分配、劳动者直接参与管理等优点，又吸取了股份制筹集资本、产权清晰、分散风险等长处，是适应社会主义初级阶段生产力水平、符合小型乃至中型企业特点的企业组织形式。1995 年中央提出“抓大放小”方针以后，各地加快了放开搞活国有小型企业的步伐。到 1997 年底，一些地区的小企业改制面已达 50% 以上，有的地区超过 90%。在很多地区，股份合作制是改革国有小型企业的首选模式。

以上说股份制和股份合作制是改革国有企业的一种形式，绝不是说这是唯一形式。我国地域大、人口多，国有企业的情况也是差别很大，因此，不论是改革国有大型企业还是改革国有中小型企业都不可能只有一种形式，而必然会存在多种多样的形式。各个企业应该根据本企业的具体情况，采取适合于自己的形式，而绝不能搞一刀切。在实行股份制和股份合作制时也不能刮风，不能一哄而起，更不能强迫命令。而要从实际情况出发，采用既积极又稳妥的办法，促进改革的深化和健康发展。

（四）进行配套改革，尤其是要转变政府职能，实行政企分开

把社会主义计划经济体制改革为社会主义市场经济体制是一个庞大复杂的社会系统工程。它有许多组成部分，国有企业改革是中心环节，是为市场经济体制建立微观基础的，同时它的成功也有赖其他方面改革的成功。因此，进行配套改革，也是国有企业改革成功的必要条件。

党的十四届三中全会在提出建立现代企业制度这一任务时，就同时提出了培育和发展市场体系，包括推进价格改革，改革商品流通体系，发展商品市场、金融市场、劳动力市场、房地产市场、技术市场和信息市场等任务，并强调要转变政府职能，建立健全宏观经济调控体系。党的十五届四中全会根据当前的情况，又把协调推进各项配套改革作为推进国有企业改革和发展一条重要指导方针，提出了“转变政府职能，建立权责明确的国有资产管理、监督和营运体系，保证国有资产保值增值，加强法制建设，维护市场经济秩序，健全社会保障体系，帮助企业增资减债、减轻负担”等要求。

我着重谈谈转变政府职能、实行政企分开的问题，因为这是国有企业改革成功的一个关键问题。事实上，党和政府早就明确了实行政企分开的方针，并一再提出了促进政企分开、转变政府职能的任务。有些同志举出种种理由说明国有经济不能和不应实行政企分开。我认为这些同志的主张是不正确的，他们列举的理由或者以偏概全，或者似是而非，是不符合我国的现实情况和经济改革的要求的。我国实行社会主义市场经济体制，国民经济是以公有经济为主体、国有经济为主导、多种成分共同发展的。它既不同于资本主义国家以私有制经济为主体、国有经济一般数量很少的格局，又不同于传统社会主义经济体制下的国有经济为主体，实行高度集中的计划经济的格局。因此，我国不仅要在非国有经济中实行政企分开，而且在国有经济中，也要在绝大多数国有企业中实行政企分开。这样才能使我国国有经济以及整个国民经济充满活力、健康发展。

历史经验表明政企不分会带来许多严重后果。例如，第一，难以建成现代企业制度，企业也难以成为真正的企业。现代企业制度的基本特征是产权

清晰、权责明确、政企分开、管理科学。政企不分不仅违背政企分开的要求，也会妨碍实现产权清晰、权责明确、管理科学的要求。真正的企业必须做到“四自”。政企不分就意味着企业不能实现“四自”。第二，市场体系难以健康有序地发展。社会主义市场经济必须建立和发展健康有序的竞争性市场体系。第三，宏观调控难以正常进行和顺利实现目标。市场经济条件下的宏观调控要以政企分开为前提，政企不分，政府既当“球员”，又当“裁判”，宏观调控也难搞好。第四，政企不分，权钱结合，为腐败提供了有利的土壤。这是一些地方和部门“寻租”现象泛滥的重要原因。第五，企业难以增强活力，国有资产流失现象难以根治。企业不能实行“四自”，经营管理和技术进步都会遇到难以克服的困难。政企职责不清，谁都管理谁又都不负责任，则是国有资产流失的重要原因。第六，不利于政府实现管理现代化和提高工作效率。政企不分，实现政府管理现代化就缺少重要的前提条件，也必然会对提高政府工作效率产生消极影响。所以必须对政企不分可能导致的严重后果和危害有足够的认识。

但是实现政企分开是很艰巨的任务。一是它不仅是经济体制改革的问题，也是政治体制改革的问题，而且涉及法制建设等问题。二是它涉及很多方面的理论问题，不仅涉及经济理论，而且涉及政治学、行政学、法学、社会学等理论。三是它涉及深刻的利益矛盾。四是解决这个问题需要找到一条好的途径和办法，能够处理好人员安置、利益调整等问题。

现在国有企业政企不分的现象还相当严重。1998 年国家为了进一步促进政企分开，加大了政府机构改革的力度，取得了成绩。但是，据不久前中国企业联合会、中国企业家协会等单位对千家国有企业经营者的问卷调查，对 1998 年以来政府机构改革的进展和效果表示满意的仅占 8.49%，基本满意的只占 66.25%，不满意的占 25.26%，这说明，在各级政府与国有企业的关系上，目前仍比较普遍地存在妨碍国有企业成为真正企业的问题，一些地方仍沿用多年来政府管理国有企业的方式管理企业。因此，当问到“通过政府机构改革，企业改制能否实现政企分开”时，有 12.81% 的经营者回答“不能”，58.68% 的经营者回答“不能确定”，仅有 28.51% 的经营者回答“能”。表明国有企业经营者对实现政企分开的信心不足。

针对现实情况，党的十五届四中全会的《决定》中强调要“继续推进政企分开”，并提出“各级党政机关都要同所办的经济实体和直接管理的企业在人财物等方面彻底脱钩”等意见和措施。认真贯彻这些方针政策，将会促进政企进一步分开的进程。但是，还有如何实现政企分开以及与此联系的如何有效管理国有资产等不少需要进一步研究解决的问题，对于完成这方面任务的难度要有足够的估计。

（五）改进和加强企业管理

我们进行改革是为了发展生产力和完善社会主义制度，而改革本身是把生产力从传统体制的束缚下解放出来。要使得解放的生产要素变成现实的生产力，实现发展生产力和完善社会主义制度的要求，则还要通过管理，包括企业管理和国民经济管理，即通常说的微观管理和宏观管理。所以，改革和管理既有联系又有区别，它们是相辅相成的关系，应该互相补充、相互促进。不能以改革代替管理，也不能以管理代替改革，在深化国有企业改革中必须十分重视管理。这样才能建立现代企业制度，也才能使改革和发展结合起来。

改革以来，国有企业经营管理发生了深刻变化，出现了不少经营得好的企业，它们在制定正确的经营战略、建立科学的管理体系、实施先进的管理方法、调动职工的积极性创造性等方面，都进行了探索、取得了成绩、创造了经验。尤其是在适应和开拓市场、提高竞争力方面，这是改革以后面临的新课题，一些企业在发展战略、管理制度、管理方法、管理手段以及调整产品结构、加快技术进步、实行名牌战略等方面进行了创新，积累了经验，这些经验对于建立现代企业制度也是十分宝贵的。

但是，与经济改革和经济发展的要求相比，加强和改进企业管理显得滞后，一些企业还出现了管理滑坡现象。根据一些单位的调查分析，企业中管理不严、纪律松弛、组织涣散、基础工作薄弱的情况是相当严重的。管理思想落后、经营观念陈旧、决策能力差、失误多也是普遍现象。这是导致一些企业亏损的重要原因。现在企业向经营管理要效益的潜力确实很大，狠抓企业管理确实是会见实效的。为了扭亏增盈，也要狠抓企业管理。

其实，在任何情况下，抓企业管理都是必要的，而在深化企业改革时期，抓企业管理更有重要的紧迫的意义。这是解决企业面临困难的要求，也是推动企业改革进一步深化的要求，是国有企业改革成功的保证。

三　努力加快国有企业改革的步伐

国有企业改革是一场广泛而深刻的变革。20 年来国有企业改革取得了巨大的成就和丰富的经验，当前已进入攻坚阶段，一些深层次矛盾和问题逐步暴露出来。例如，相当一部分国内企业还不适应市场经济的要求，经营机制不活，技术创新能力不强，债务和社会负担沉重，富余人员过多，生产经营艰难，经济效益下降，一些职工生活困难。这些矛盾和问题只能在深化国有企业改革的过程中才能解决。加快国有企业改革的步伐已成为当务之急，重中之重。

不久前召开的党的十五届四中全会通过的《关于国有企业改革和发展中若干重大问题的决定》（以下简称《决定》），对国有企业改革和发展取得的成绩和存在的问题，都有概括而又科学的说明，提出全党既要充分认识推进国有企业改革和发展的重要性和紧迫性，又要清醒地看到这项工作的艰巨性和长期性。

为了加快国有企业改革的步伐，当前最重要的是认真学习和贯彻《决定》的精神。目前深化国有企业改革既有有利条件，也有不利条件。《决定》对此也都作了全面深刻的分析。并提出了搞好国有企业改革和发展一系列政策措施。《决定》是推进国有企业改革和发展的纲领性文件，因此它本身就是深化改革的极大的有利条件。

《决定》有以下几个鲜明的特点。

（一）深化了国有企业改革的正确思路

上面说过，国有企业改革有两个重要方面，一是建立合理的所有制结构，二是建立现代企业制度。前一方面的任务就是使公有制为主体、多种所有制经济共同发展成为我国社会主义初级阶段的一项基本经济制度。其中，国有制经济是主导，但不是主体。如果国有企业范围过宽，数量过多，是难以建立现代企业制度的。在这个意义上，前一方面是制约着后一方面的。以前对于这种关系并不十分明确。《决定》中把“从战略上调整国有经济布局”“推进国有企业战略性改组”列为最优先的两项任务，放在建立和完善现代企业制度之前，进一步发展了党的十四届三中全会提出的建立现代企业制度的思路，是国有企业改革战略指导思想的深化。关于国有经济的定位，《决定》也更加明确和具体化了。党的十五大把国有经济定位在控制关系国民经济命脉的重要行业和关键领域，《决定》概括为主要包括四个行业和领域。《决定》还指出：“从战略上调整国有经济布局，要同产业结构的优化升级和所有制结构的调整完善结合起来，坚持有进有退、有所为有所不为。”这些都是国有企业改革战略思路进一步科学化、明确化的表现。

（二）规划了国有企业改革的可行路径

《决定》重申了党的十五大提出的国有企业三年解困和改革的任务，同时新提出了到2010年国有企业改革和发展的目标。这是非常必要的，可以把解决当前的问题和完成长远的任务结合起来。《决定》还提出了推进国有企业改革和发展的十条指导方针，坚持这些方针，将能保证三年和十年国有企业改革和发展目标的实现，《决定》提出的十条指导方针，实际上是进一步规划了国有企业改革的一条科学并可行的道路。这十条方针体现了国有企业改革要和所有制结构调整结合起来，要和国有经济布局调整结合起来，要和协调推进各项配套改革尤其是转变政府职能结合起来，要和深化金融改革结合起来，要和加快企业技术进步、实行产业结构优化升级结合起来，要和加强和改善企业管理结合起来等正确战略思想。从国有企业本身来说，国有企业改革的道路可以概括为“三改一加强”，这也是当前国有企业摆脱困境的主要出路。“三改一加强”作为国企改革的方针早就提出来了，《决定》则大大丰富了它的内容。例如在“加强和改善企业管理”这一部分，提出了加强企业发展战略研究、建立和完善各项规章制度、狠抓管理薄弱环节，及广泛采用现代管理技术、方法和手段等具体要求，很有针对性和可操作性。

（三）总结了国有企业改革的成功经验

国有企业改革以来取得了丰富的经验教训，其中不少是成功并有一定普遍意义的成功经验，尤其对解决长期困扰我们的一些难题有指导意义和参考价值。《决定》认真总结了这些经验教训，科学地提升到方针政策的高度。国有企业改革必须分类指导，对这个重要问题过去却重视不够。《决定》贯彻了分类指导的要求，总结了经验教训。在建立和完善现代企业制度方面，《决定》强调“要确保出资人到位”，“公司法人治理结构是公司制的核心”，“要积极发展多元投资主体的公司”。这些也是成功经验的总结。其他如放开搞活国有中小企业、做好减员增效、做好再就业工作、做好社会保障工作、加快企业技术进步、建设高素质的经营管理者队伍等方面，《决定》也都总结了一些有推广价值的好经验。《决定》在总结经验教训的基础上，必然会提出新的理论观点和方针政策。问题还在于，对于推进国有企业改革来说，重要的不在于新提法还是旧提法，而在于提法是否正确。那些过去已经制定而《决定》中又一次重申的方针政策，是经过实践检验证明是正确的，我们应该像对待新提法那样认真学习和贯彻。

（四）鼓励广大干部群众在国有企业改革中发挥积极性、创造性

我国国有企业改革是空前艰巨的事业，尽管已经积累了经验和找到了可行的路径，但不能说一切问题都找到了妥善解决的办法。因此，《决定》一再提出要对一些尚未解决或尚未完全解决的问题进行探索。例如，《决定》中要求“积极探索国有资产管理的有效形式”，“允许和鼓励地方试点，探索建立国有资产管理的具体方式”。还要求：“积极探索适应现代企业制度要求的选人用人新机制，把组织考核推荐和引入市场机制、公开向社会招聘结合起来，把党管干部原则和董事会依法选择经营管理者以及经营管理者依

法行使用人权结合起来。"《决定》强调指出："各级党委和政府要坚定地站在国有企业改革的前列，解放思想、实事求是，遵循客观经济规律，尊重群众首创精神。要认真改进领导作风，从工交、商贸、金融等各行各业国有企业的实际出发，深入调查研究，总结新经验，研究新情况，解决新问题，团结和带领广大干部群众迎难而上，开拓前进。"这是完全正确的，必将进一步调动广大干部群众在深化国有企业改革中发挥首创精神。

应该指出，《决定》也符合国有经济和国有企业发展的一般规律性。各国的国有经济各有特点，但也有共同的规律性。这个问题越来越引起人们的重视。我曾概括一些学者的研究成果，指出国有经济存在如下一些规律性现象：一是在现代市场经济中，国有经济的存在有其必然性。二是国有经济和非国有经济之间存在相互制约的关系，国有经济从事着不能让私人经济搞，或私人经济不能搞、不愿搞的经济活动。三是各个产业部门和国有经济的相容性是不相同的。四是国有经济的比重不是越大越好，也不是越小越好，它是受多种条件主要是经济发展的要求制约的。五是国有企业在国民经济中比重的变化与工业发展阶段有着内在的联系。六是各国发展国有企业都有其社会目标，许多国有企业就其自身的经济效益来看是不好的，需要财政补贴。但从国际经验看，国有企业是可以搞好的。除定位恰当外，搞好的主要条件是企业有经营自主权，有明确的财务责任，参加市场竞争。七是随着社会经济等情况的变化，如社会对国有企业需求的变化、科学技术的进步、国民经济结构的变化、市场体系的发育和成熟程度的变化，国有企业必然会发生调整改革的问题，国有企业的调整改革又是和所有制结构的变动、产业结构的变动等联系着的。八是国有企业采取的经营方式是多种多样的，西方发达国家越来越多地采取控股或参股的股份制形式。《决定》符合国有经济和国有企业发展的客观规律，因而能够对国有企业的进一步改革和发展起正确指导和积极推进的作用。

《决定》是一个好文件。但《决定》对改革能够起到怎样的作用，还决定于学习和贯彻的情况。当前的任务是要认真学习和掌握《决定》的精神，排除各种思想障碍，把认识统一到《决定》上来，然后坚决贯彻《决定》

的基本精神和具体规定，解决改革中的实际问题，这些问题尤其是认识问题的解决也要依靠学习和提高思想认识来解决。

为了学好《决定》，应该把《决定》和党的十四届三中全会的决定和党的十五大报告联系起来学习，尤其要认真领会党的十五大提出的“公有制为主体、多种所有制经济共同发展，是我国社会主义初级阶段的一个基本经济制度”，“公有制实现形式可以而且应当多样化”，“非公有制经济是我国社会主义市场经济的重要组成部分”等科学论断。现在国有企业改革的一个思想障碍还是“恐私症”。有些人总是把私有制和社会主义对立起来，和资本主义等同起来，但是，从生产力发展的趋势来看，从发展市场经济的要求来看，从当代经济最发达国家的经济发展趋势来看，从人们生活方式的发展趋势来看，以及从企业家在经济发展中的作用来看，社会主义时期能不能和该不该彻底消灭私有制是值得研究的。这是重新认识社会主义的一个要继续深入研究的重要课题。而无论如何，在我国社会主义的初级阶段，我们绝不能再把公有制和私有制完全对立起来，不能忘掉非公有制经济是我国社会主义市场经济的重要组成部分。这样才能正确理解党的十五大和党的十五届四中全会文件的精神，真正开创国有企业改革和发展的新局面，推动国有企业改革不断深化，圆满地完成改革的任务。

推进天然气人民币战略的路径探析

黄晓勇*

一　问题的提出

随着全球能源向清洁化转型，以及天然气资源的大量发现和供给增加，天然气在全球能源消费中的比重将进一步增加。IEA（国际能源署）在《2016年世界能源展望》中指出，伴随着全球能源体系的逐渐转型，未来天然气和可再生能源将会成为满足全球能源需求的最大赢家。同时，在未来的25年间，天然气作为主要需求能源，会取代煤炭的地位。① 就目前而言，石油需求的增长动力主要源于陆地运输、航空以及石油化学工业等。数据显示，由于能源的转型以及可替代性能源效率的提高，上述石油需求正在降低。未来天然气有可能与石油并驾齐驱，甚至取代石油成为主导的化石能源，全球在一段时期内将进入一个“气体能源主导”的时代。

中国作为未来最主要的天然气消费和贸易大国之一，理应抓住这一契机，努力推进人民币在全球天然气贸易中的应用，进而重塑全球资金流，并

* 本文刊发于2017年第1期。作者黄晓勇，时任中国社会科学院研究生院院长，现任中国社会科学院大学国家城市群空间战略研究院院长。

① International Energy Agency, “World Energy Outlook 2016,” 16 November 2016, http://www.iea.org/newsroom/news/2016/november/world-energy-outlook-2016.html，最后检索日期：2016年11月20日。

发挥与石油美元①相类似的作用，在推动天然气生产与贸易稳定健康发展的同时，更好地维护中国的经济利益和提升中国在全球经济治理中的地位。那么，形成天然气人民币的机遇与依据是什么？中国要凭借怎样的力量和优势来推进天然气人民币战略？

本文以政治经济学的视角，沿着市场和政治两条主线进行分析。从市场角度看，天然气人民币的形成源于天然气市场供需不平衡力量的推动及比较优势力量的集聚，是各国经济行为主体在全球化背景下出于降低交易成本和规避市场风险的考虑而进行相互利益权衡的结果。除了市场动力以外，形成天然气人民币的政治逻辑同等重要。尤其是大国之间，围绕“国际货币权力”的竞争、合作与冲突往往是一国货币走向国际化道路的重要推动力。更进一步讲，各国之所以在世界政治舞台上展开对“国际货币权力”的激烈角逐，其根源在于货币与生俱来的权力属性。② 天然气人民币是实现人民币国际化的重要推动力和重要纽带，在推进过程中将被同时赋予“金融”属性和“权力”属性。

二 石油美元崛起的经验及天然气人民币的概念界定和现实依据

（一）石油美元崛起的经验

20 世纪 70 年代初，伴随着布雷顿森林体系的瓦解，美元地位受到极大冲击。为了维护美元在国际货币体系中的地位，美国秘密与当时最大的石油

---

① “石油美元”一词最早由美国经济学家奥维斯提出，有广义和狭义之分。广义的石油美元包含石油出口国的全部石油出口收入，狭义的石油美元是在广义石油美元基础上扣除国内进口及用于发展本国经济的支出部分。因为石油对任何一国的经济发展都必不可少，所以美国通过控制世界石油交易的方式，便可以巩固美元在国际货币体系中的地位，“石油美元”一词由此而生。

② 赵柯：《德国马克的崛起——货币国际化政治经济学分析》，中国社会科学院研究生院博士学位论文，2013。

出口国沙特阿拉伯以签订石油交易协议为条件达成互助交易。[①] 根据该协议，石油交易将继续使用美元作为计价货币，而由于沙特阿拉伯在欧佩克的特殊地位，其他成员国最终也被迫接受这一规则并延续至今。上述石油交易协议规定，石油必须以美元计价和交易，从而奠定了美元成为石油交易主货币的基础，巩固了美元的霸权地位。统计显示，20 世纪 70 年代与黄金脱钩的美元不但没有出现大幅贬值，反而一直保持强势地位，其在全球央行外汇储备中所占的比重更是从 1969 年的 54.4% 稳步提升至 1977 年的 79.2% 。

石油美元的循环主要有两个链条。(1) 20 世纪 70 年代中期石油输出国由于石油价格大幅提高后增加的石油收入，扣除用于发展本国经济和国内其他支出后的盈余资金要寻找投资渠道，又因美国拥有强大的经济实力和发达的资本市场，石油美元以回流方式变成美国的银行存款以及股票、国债等证券资产，这构成了石油美元循环的第一个链条。(2) 20 世纪六七十年代以出口为导向的“亚洲四小龙”的快速崛起，以及改革开放以后中国的高速发展，使得东亚地区大量出口廉价商品，对美国形成巨额贸易顺差，美元大量流向东亚地区；而东亚地区的日本、韩国以及中国等都存在资源匮乏的问题，需要大量进口资源和原材料，于是又将部分美元外汇储备用于购买中东、非洲、拉美等地区的石油、矿产等初级产品和资源，这构成了石油美元循环的第二个链条。

美国拥有的由这两大链条构成的石油美元体系，使得美元在全球顺畅流通，成为国际上最主要的储备货币。美国通过美元的发行以极低的成本获得了所需的商品，并通过上述两大链条填补了美国的贸易与财政赤字，从而支撑了美国经济的持续增长、维持了其经济霸主地位。可以说，石油、铁矿石等大宗商品以美元计价和交易奠定了这两大链条的重要基石。美国以其特殊的经济与金融地位，维持着石油美元环流，长期呈现消费膨胀、外贸逆差和大量吸收外资并存的局面，美国经济亦得以在这种特殊的格局中增长。

① 王虹：《论石油美元的兴起及其对国际金融市场的影响》，吉林大学硕士学位论文，2013。

诚然，石油美元在其发展过程中具有特殊的历史条件和背景，但我们仍可以从中为天然气人民币的形成和未来发展找到一些可资借鉴的经验。

（二）天然气人民币的概念界定和现实依据

目前，学术界对天然气人民币并无较为准确而全面的定义。根据天然气人民币形成的市场动力和政治逻辑，笔者试图从政治经济学的视角对其概念进行初步界定。

所谓天然气人民币，是与石油美元相对应的一个概念，即通过人民币在天然气投资、生产和贸易中的广泛与大量使用，推动全球天然气市场实行以人民币计价与结算。对天然气的进口使人民币流向境外，而天然气出口国则通过购买中国生产的产品和服务以及投资人民币金融产品，使人民币得以回流中国。由于未来天然气将成为全球最主要的大宗商品之一，天然气人民币计价和结算所形成的人民币循环链条可以使人民币在全球贸易结算中的份额大大提高，助推人民币国际化。届时，中国不仅可以借人民币的主导地位获得相应的“铸币税”，亦可因此得以降低人民币融资成本。

上述对天然气人民币的概念界定，主要基于以下几个方面的考量。

1. 天然气市场供需不平衡，加大了中国的比较优势

BP（英国石油公司）2015 年调查数据显示，天然气储备主要聚集在中东、欧亚及非洲等地区。2015 年，中东地区天然气储备量占全球储备量的比重为 42.8%，是全球最大的天然气储备区域，其储备量估计可用 129.5 年。[①] 同时，因受到管道运输的限制，天然气国际贸易带有很强的区域性特点。目前，全球天然气贸易的三大区域市场分别是北美、欧洲和亚太市场。中国作为未来天然气消费大国，需要大量进口天然气，未来天然气贸易量将持续增长。而中国在经济和区位上的比较优势，是中国设立区域或全球性天

① BP，“Natural Gas Reserves”，http：//www. bp. com/en/glob - al/corporate/energy - economics/statistical - review - of - world - energy/natural - gas/natural - gas - reserves，html，最后检索日期：2016 年 11 月 15 日。

然气交易中心的有利条件。童晓光等通过 SWOT 分析和市场化演进进程分析，针对我国构建天然气交易中心提出了“依托供给格局逐步推进天然气交易中心；顺应政策预期大力推进储备体系建设；发挥比较优势形成区域性利益共同体；借鉴国外经验加强市场化改革与监管体系设立”的综合性发展战略。① 胡奥林等就中国天然气交易市场的发展现状，进一步指出中国在谋求国际天然气市场定价话语权及形成东北亚地区天然气市场中枢等方面具备一定的优势，并提出了具体的发展构思。②

2. 天然气的金融属性加速人民币国际化进程

中国是全球最主要的天然气贸易国及进口国之一，以人民币充当天然气交易的主货币合情合理。同时，全球对天然气需求的日益旺盛及新兴经济体的大力崛起将会促使天然气人民币得以迅速积累。在金融市场国际化和各国普遍开放金融市场的大背景下，天然气演变为一种投资商品，其本身会被赋予一种金融属性。对天然气价格形成及定价机制的重大影响是促进天然气人民币迅速增长的重要因素。

3. 天然气人民币具有强大的“权力”属性

主流经济学认为，货币的主要功能在于降低市场交易成本，减少风险和不确定性；作为一种交易媒介、计价单位等，主要用以解决经济运行中的“效率”问题。其实，货币具有强大的资源再分配与财富再分配的功能，“铸币权”成为政府间努力争夺和垄断的权力，货币的“权力”属性是与生俱来的。

与石油美元带动美元成为全球储备货币的逻辑一样，天然气人民币的发展也会促进人民币的国际化。所以，在推进天然气人民币的形成过程中，建立以中国为主导的天然气交易中心必然会涉及国家间利益的权衡与博弈。

---

① 童晓光、郑炯、方波：《对我国构建天然气交易中心的战略思考》，《天然气工业》2014 年第 9 期。

② 胡奥林、秦园、陈雪峰：《中国天然气现货交易构思》，《天然气工业》2011 年第 10 期；胡奥林：《如何构建中国天然气交易市场》，《天然气工业》2014 年第 9 期。

三　推进天然气人民币战略的可行性

2016年10月1日，人民币被正式纳入国际货币基金组织SDR（特别提款权）篮子，标志着人民币国际化又迈出了重要一步。同时，伴随着中国“一带一路”倡议的逐渐实施，人民币国际化的进程进一步加快。加之国际经济结构的不断演进和全球消费模式的逐渐改变，对绿色清洁能源的需求不断增加，以天然气为载体的人民币交易量也会不断提升。[①] 随着天然气在我国和全球能源消费中的比重不断上升，天然气将成为最主要的大宗商品之一，以天然气贸易充当人民币国际化的重要平台，可以进一步提高人民币在全球贸易结算中的地位，进而加快人民币国际进程。鉴于当前的国际政治经济大背景及未来全球化能源的发展趋势，天然气人民币战略的推进将具有切实的可行性，主要体现在以下三个方面。

（一）未来天然气贸易稳定增长，可成为推动人民币国际化的载体

BP统计显示，2010～2015年世界天然气日产量总体保持增长态势。2015年在全球能源消费增长率仅为1%的背景下，全球天然气产量为35386亿立方米，同比增长2.18%。与此同时，天然气占全球一次能源消费的比重达到23.8%，而石油和煤炭分别占比32.9%和29.8%。[②] 在不久的将来，天然气消费很有可能超过石油和煤炭，在能源消费市场占据主导地位。

以中国为代表的新兴经济体将成为促进天然气消费增长的主要力量。中石油经济技术研究院发布的报告显示，2015年全年我国天然气消费量为

---

① 天然气的构成除了常规天然气之外，还有页岩气、煤层气、致密气等非常规天然气。在巴黎协定后的低碳时代，相对清洁的天然气必将在经济社会发展中扮演更加重要的角色，天然气有望成为工业文明的血液。目前，天然气已成为继石油、煤炭之后的世界第三大能源。

② BP, “BP Statistical Review of World Energy”, June 2016, http://www.bp.com/en/global/corporate/energy-economics/statistical-review-of-world-energy.html，最后检索日期：2016年11月10日。

1910 亿立方米，同比增长 3.7%，创近十年新低。但在消费总量增速放缓的同时，对外依存度却在上升。2015 年，我国天然气进口量达 624 亿立方米，同比增长 4.7%，对外依存度升至 32.7%。[①]

预估数据显示，中国将会成为天然气消费大国中唯一需要大量进口天然气的国家，未来天然气贸易量将保持增长态势。中国天然气贸易量将从 2010 年的 150 亿立方米增加到 2035 年的 2260 亿立方米，并于 2035 年成为全球最大的 LNG（液化天然气）进口国，进口量将占全球 LNG 供应量的 1/3。据测算，2009～2020 年中国天然气需求增量将占世界需求增量的 30.7%，2020～2030 年将占世界需求增量的 25%。[②] 届时，中国将成为天然气消费量最大的五个国家[③]中唯一需要大量进口天然气的国家。随着环境承载能力接近或达到极限，中国对天然气等清洁能源的发展日益重视，未来天然气贸易量势必保持较快增长。全球和中国天然气贸易的急剧增长，将为人民币国际化提供最佳载体并创造良好的基础和条件。

（二）LNG 的发展使天然气贸易更趋便利化，逐步具备全球贸易的条件

随着管道基础设施的完善和 LNG 运输能力的提升，天然气逐步具备了远距离、跨区域交易的条件。20 世纪 60 年代以前，天然气作为能源商品，主要在产气国内使用。随着大型气田的相继发现，天然气探明储量、产量均呈快速增长趋势，产气国政府逐渐放松对天然气市场的管制，天然气生产商开始向周边消费国出口天然气，但是受到管道运输的限制，天然气国际贸易带有很强的区域性特点。目前，全球天然气贸易形成了三大区域市场，即北美、欧洲和亚太市场。其中，北美和欧洲市场以管道天然气贸易为主、LNG

① 中石油经济技术研究院：《2015 年国内外油气行业发展报告》，http：//finance. Huanqiu. com/roll/2016—02/8525161. html，最后检索日期：2016 年 11 月 10 日。

② 贾承造、张永峰、赵霞：《中国天然气工业发展前景与挑战》，《天然气工业》2014 年第 2 期。

③ 天然气消费量最大的五个国家分别是美国、中国、俄罗斯、伊朗、沙特阿拉伯。

贸易为辅；亚太市场的情形较为复杂，中国仍以管道天然气贸易为主，同时积极开展LNG贸易，而日本、韩国则基本依赖LNG贸易来维持天然气产业的发展。

目前，虽然国际天然气市场仍呈现以管道天然气贸易为主、LNG贸易为辅的格局，但是LNG贸易的发展潜力非常大。根据IEA的估计，2030年LNG贸易量将从目前占全球天然气贸易总量的15%上升到40%。21世纪以来，随着LNG基础设施和跨境管道建设的快速发展，天然气受生产区和消费区分离的影响越来越小，天然气贸易逐步从区域市场过渡到全球性市场。① 未来建立全球性的天然气市场将不得不依赖短期贸易与LNG贸易的发展，LNG具有运输、储存等方面的便利，更重要的是它使得天然气交易脱离了地域限制，具备了进行全球化贸易的条件。

（三）中国的经济和区位条件优越，具备设立区域或全球性天然气交易中心的条件

从全球范围看，中国设立天然气交易中心具有得天独厚的地理区位条件。中国处于中亚天然气供应和东北亚天然气消费枢纽地位，在构建跨国天然气管网方面具有明显的地理优势。在中亚天然气管道、中缅天然气管道和中俄天然气管道完成后，将形成近2000亿立方米的进口输气能力。中国与中亚国家土库曼斯坦、乌兹别克斯坦、哈萨克斯坦三个国家都有天然气合作项目。2006年，中土双方签署协议，中石油获得了土库曼斯坦阿姆河右岸巨型气田的钻探权。2007年，中石油分别与土库曼斯坦油气资源管理利用署及土库曼斯坦国家天然气康采恩在北京签署中土天然气购销协议及阿姆河右岸天然气产品分成合同。根据协议，在未来30年内，土库曼斯坦将通过规划实施的中亚天然气管道每年向中国出口300亿立方米天然气。协议签署后，土库曼斯坦逐渐增加对中国的年供气量，预计到2020年可达每年650亿立方米以上。此外，2014年中俄双方商定，俄罗斯对华输气包括西线与

① 段兆芳：《世界天然气发展历史回顾与前景展望》，《中国矿业》2008年第11期。

东线两种方案，其中西线年供气量约为300亿立方米，东线年供气量约为380亿立方米。

与此同时，中国在LNG进口方面也具有较好的地理条件和区位优势。澳大利亚、印度尼西亚、马来西亚都是新兴的天然气供给大国，与中国东南沿海地区空间距离较近，便于海上运输。近年来国际天然气价格持续下跌，亚洲主要LNG进口国的需求下降，加上目前全球在建和投产的大量LNG生产线，未来市场上LNG的供应能力将相当可观。这对于中国来说，无疑是一个机遇，可以大大提高天然气供给能力，为天然气市场的连续交易提供充分保障。

由于天然气的运输、储存成本大于开采成本，故而建立交易市场的选择余地较小，只有具备管道、自然储备库和海上气体输入交汇处才能形成交货体系。这意味着只有在诸如欧洲大陆、北美大陆、亚洲大陆等大陆国家才能建立完备的天然气交货体系，而岛屿国家和市场不够大的区域则不具备建立天然气交易中心的基本条件。因此，亚洲地区其他国家，如新加坡、日本、马来西亚等，都不充分具备独立天然气交易中心的设立条件。而充足的天然气供给和庞大的天然气消费，使中国在本地区最有条件成立区域乃至全球性天然气交易中心。

此外，随着美国页岩气革命的推进，北美天然气产量大幅增加，全球天然气供给宽松，已逐步使天然气成为一个独立的能源品种，全球天然气定价与石油价格挂钩的模式已经不能适应现实的发展和需要。中国应当利用经济和区位优势以及市场契机，建立天然气现货与期货交易中心，以此获得天然气定价的话语权，并推动人民币国际化进程。

四　推进天然气人民币战略的具体措施

目前，中国设立区域乃至全球性天然气现货与期货交易中心恰逢其时。通过设计成熟的交易制度，能够使中国成为亚太乃至全球天然气的定价和贸易中心。这既可以增强中国在世界天然气市场的影响力，为实现气价与油价脱钩、解决天然气贸易存在的“亚洲溢价”① 问题创造条件，又可以为人民币“走出去”创造良好的载体。

（一）建立东北亚地区乃至全球性天然气现货与期货交易中心

鉴于中国在天然气消费量、生产能力以及管网储运设施等各方面具有的优势，在中国建立区域天然气现货和期货交易中心的条件已日趋成熟。东北亚地区的中、日、韩三国和俄罗斯、中亚地区可以从双边协商的天然气现货交易起步，逐步建立东北亚天然气交易中心，推动形成中国天然气市场基准价格，并形成以人民币计价的贸易机制。

但在如何寻求俄罗斯、中亚、日本、韩国等国家和地区参与以中国为主导的天然气交易中心方面，必须充分考虑到各方的利益。对俄罗斯和中亚地区国家而言，与中、日、韩三国的能源贸易具有很强的互补性。特别是乌克兰危机以后，美欧对俄罗斯实施了一定的经济制裁，俄罗斯油气出口重心东移，未来将更多面向中、日、韩三国出口油气。近年来，中国与中亚地区国家之间的油气贸易在稳步上升。俄罗斯、中亚地区加强与中、日、韩三国的合作，可以为其油气寻找到稳定的市场；而中、日、韩三国则可以更好地保障其油气供应安全，并保证交易市场的连续性。另外，统计显示，2013 年中、日、韩三国遵循的天然气贸易体系基础价格——日本液化天然气平均到岸价格为每百万英热单位 16.17 美元，约是德国、英国天然气进口价格的 1.5 倍，是美国亨利枢纽中心天然气价格的 6 倍。② 可以看出，“亚洲溢价”在天然气市场表现得比在石油市场更加突出。东北亚地区作为全球天然气特别是 LNG 的重要进口区域，在国际天然气市场定价方面的话语权严重缺失。所以，中、日、韩三国建立区域天然气交易市场，有助于争取国际天然气定

① “亚洲溢价”是指，长期以来，中东地区的一些石油输出国基于政治、经济等多方面因素的考量，对出口到不同地区的相同原油采用不同的计价公式，造成亚洲地区的原油进口价格高出欧美国家的现象。

② 蒋春林、刘丁嘉：《天然气价格市场化迈出重要一步》，《经济参考报》2015 年 1 月 12 日，第 A06 版。

价的话语权。

2015 年 7 月 1 日，上海石油天然气交易中心试运行，投入试运行的主要是管道天然气和 LNG 现货交易，未来还将推出 LNG 接收站接转能力品种的交易，其最终目标是建成与美国亨利枢纽中心和英国国家平衡点并驾齐驱的天然气交易中心。无疑，以人民币交易的东北亚天然气交易中心的建立，将为该地区获得更大的天然气国际话语权创造条件，并为人民币国际化提供强大动力。

（二）推动东北亚地区和俄罗斯天然气管道基础设施建设和互联互通

良好的基础设施可以有效降低油气运输和交易成本，加强跨境油气基础设施建设是建立东北亚天然气交易中心的重要基础。要建立东北亚天然气交易中心，必须加强中国国内天然气管道和 LNG 储运设施的建设；同时，还要加快推动中、日、韩三国与俄罗斯以及中亚地区的天然气基础设施互联互通建设，并加大油气开发、贸易等环节的合作。

中国天然气管网等基础设施建设的不断完善，已经为亚太地区天然气期货市场的库存和交割提供了较为便利的条件。目前，中国已经形成了超过 10 万公里的天然气主干管网，陆地天然气形成了西北、东北和西南三大进口通道。而且，近年来中国在石油天然气管网和 LNG 接收站的投资大幅增加，管输能力和 LNG 接收能力正在不断提升。这为在中国建立区域乃至全球性天然气交易中心提供了可靠的基础设施条件。

同时，随着俄罗斯面向中、日、韩三国出口天然气的增加，俄罗斯石油、天然气进入中国油气管网后，只需要修建从中国山东或辽宁通往韩国和日本的海底油气管道，就可以实现中、日、韩三国油气管网互联互通。目前，中国学界普遍希望经中国大庆进口俄罗斯油气，进入中国油气管网后，从山东威海、青岛或者辽宁大连建设通往韩国和日本的海底油气管道。[①] 但

① 刘先云：《俄罗斯油气出口重心东移能带来什么》，http：//energy. people. Com. cn/n/2014/1208/c7166126170096. html，最后检索日期：2016 年 11 月 10 日。

是，韩国学界普遍希望修建一条从俄罗斯海参崴到朝鲜的油气管道，过境朝鲜后通往韩国，然后从韩国修建海底管道通往中国山东，并通过中国国内油气管网输送至中国东部沿海主要的能源消费市场。尽管目前对油气管道走向存在一定分歧，但建立东北亚地区与俄罗斯和中亚地区互联互通的油气管网已逐步成为共识。

（三）稳步推进国内天然气行业改革和外汇管理体制改革

虽然我国具有建立以人民币计价和结算的天然气交易中心得天独厚的条件，但要顺利推进这一交易中心的建设仍面临国内政策和制度等方面的很多障碍。目前，天然气市场交易主体过于单一、法律保障不到位、缺乏先进的信息服务平台支持、合约交易程序和交割安排不完善、人民币无法自由兑换等，都限制了我国天然气交易平台的建立和完善。所以，稳步推进国内天然气行业改革和外汇管理体制改革至关重要。

首先，要推进交易主体多元化和天然气管道的公平开放。作为一个天然气进口大国，中国的天然气交易主体还没有实现多元化，而大型油气企业由于监管体制和产业链上下游一体化经营策略，基本上都不愿意参与天然气期货市场。天然气进口权不完全放开，中国就无法形成具有影响力的区域或全球性天然气交易市场。全球天然气进口来源众多，放开天然气进口权不会像铁矿石行业一样出现国际寡头垄断的格局。同时，还要逐步推动天然气管道经营的改革，确保管道公平地向第三方开放。

其次，要完善国内天然气定价机制，使市场充分发挥配置资源的决定性作用。目前，国内天然气市场实行政府指导定价，还没有形成市场化的价格形成机制，这既不利于国内准确制定天然气价格，也不利于我国在全球天然气定价方面获取更大的影响力与话语权。从正确传导价格信号、稳定市场供应的角度来看，势必需要改革国内的天然气定价机制。

最后，要推动资本项目逐步开放，使开展以人民币计价的天然气交易具备外汇管制方面的条件。我国要在有序开展人民币汇率市场化改革、逐步开放国内资本市场的同时，继续推动人民币“走出去”，提高金融业国际化水平。在具体实施方面，可逐步在部分自贸区展开试点。

总之，应当积极推进国内各项改革、加快国际天然气合作，做好规划编制和交易合约设计，为早日建成以人民币计价的东北亚天然气交易中心创造条件，进而以天然气人民币为载体，加速人民币国际化进程，使天然气人民币成为中国作为一个负责任大国的重要支撑。

五　推进天然气人民币战略面临的挑战与机遇

随着人民币国际化进程的加快及天然气在我国和全球能源消费中所占比重的不断加大，天然气将成为未来国际上最主要的大宗商品之一，借此可进一步提升人民币在全球贸易结算中的地位。当然，天然气人民币的国际化进程并不会一帆风顺，在拥有机遇的同时也会面临诸多挑战。

（一）推进天然气人民币战略面临的挑战

1. 国内层面

首先，国内天然气产量和消费量的不足制约着我国天然气交易市场的建设。推进建立区域乃至全球性天然气交易中心，需要有可观的交易量才能准确反映市场供求关系，使其交易价格成为区域或全球性的基准价格。然而，由于勘探开发技术相对落后以及天然气产业政策不完善，我国天然气未得到有效勘探开发，天然气利用规模与我国经济实力不匹配，天然气市场尚未充分发展。

其次，要将国内潜在的天然气市场、资源和地理优势转化为现实生产力和竞争力，仍面临不少困境。主要表现在三个方面：（1）上游方面，国内天然气勘探开发能力不足，进口市场主体过于单一；（2）中游方面，我国天然气管道仍被三大石油公司垄断，天然气储备严重不足；（3）下游方面，天然气供应不能满足需求、价格机制不合理、监管体制不健全、调峰问题突出。

2. 国际层面

首先，东北亚地区国家间政治互信不足，经济利益难以协调。推动建设东北亚天然气交易中心，是推动天然气人民币的重要手段。建设这一交易中心虽然符合中、日、韩等国家的共同安全和利益，具有良好前景，但国家间的政治互信不足、经济利益难以协调，会形成一定的障碍。

其次，或将遭到美国和天然气出口国的抵制。一是天然气人民币的推行或将被认为威胁到美元的霸主地位和美国的经济利益。美国无疑会敏锐地察觉到这一举动，并通过经济的甚至其他的手段，阻挠天然气贸易国采用人民币进行天然气贸易的计价和结算，而代之以美元。同时，此举动也会削弱美国对日本和韩国这两个盟友的影响力，冲击美国的外交利益，这也是美国所不愿看到的。二是天然气出口国基于本身多元利益的考量，恐怕也不希望中国建成统一的东北亚天然气交易中心并获得定价权。但也要看到，这其实是国家间的一个利益折冲与交换的过程，不必过度夸大这种阻力。

最后，我国还缺乏强大的军事力量作为支撑。美国是当今世界上军事实力最强的国家，其超强的军事实力对美元霸权地位构成强有力的支撑。研究显示，大多数有美军驻扎的国家或地区都采取了与美元挂钩或者完全美元化的汇率制度。① 目前，中国不具备和美国同样强大的军事实力，没有强制约束力推动天然气贸易使用人民币进行交易。这可能是推进天然气人民币战略最大的“短板”。但是，这一“短板”也并非不可克服。一方面，随着美国在全球军事部署的收缩，美国的海外军事影响力正在逐步走弱；另一方面，我国完全可以更多地凭借经济上的互利共赢，获取天然气贸易国的支持。此外，由于石油在能源消费中的比重在

① 由于中东地区蕴含丰富的石油，战略资源地位非常重要，沙特、科威特、阿联酋、巴林、土耳其等国均有美国重兵驻扎。为了获得美国的军事保护，上述石油出口国实行石油贸易美元计价也就顺理成章了。此外，美国在亚洲的日本、韩国、澳大利亚、泰国、新加坡等也有大量驻军，这些美国的盟友或跟随者的国家安全战略与美国紧密捆绑在一起，受美国军事和政治的影响较大，其采取与美元挂钩的汇率制度也在情理之中。

相当长的一段时间内不会显著下降，故而天然气人民币短期内不会取代石油美元。换句话说，在相当长的时期内，很可能是石油美元与天然气人民币共荣共存的局面。因此，天然气人民币战略的循序推进，并不会现实地挑战美元的国际地位。

（二）推进天然气人民币战略面临的机遇

未来随着全球能源向清洁化转型，以及天然气资源的大量发现和供给的大幅增加，天然气在全球能源消费中所占的比重还会进一步增加。天然气有望成为与石油并驾齐驱，甚至超过石油的另一个具有主导地位的化石能源，全球在一段时期内或将进入气体能源时代。

当前，全球天然气供给相对宽松，天然气已经成为一种独立的能源品种，与石油价格挂钩的定价和交易方式已经不适应现实需要。美国和加拿大页岩气探明储量都在不断增长，这使部分原来出口北美的 LNG 转向了日本和韩国，日本和韩国甚至还获得了来自美国的 LNG 合同，尽管贸易量不大，但定价都参考了美国亨利枢纽中心的价格。此外，东北亚地区从卡塔尔、澳大利亚等天然气出口国获得的 LNG 也越来越多。这都对传统的东北亚地区天然气定价机制产生了冲击。在这样的背景下，东北亚地区的中、日、韩三国迫切需要改变现有的定价机制，通过建立区域天然气交易中心，以自身强大的购买力影响天然气市场价格。

以石油美元为重要支撑形成的美元霸权及美国利己主义的货币政策与市场操纵行为，一直为世界其他各国所诟病。凭借石油美元，美国不仅取得了“铸币税”，并对具有巨大财富分配功能的石油价格拥有绝对的影响力与操控力，而且还大大提升了自身货币政策的灵活性和自主性。当美国经济衰退时，宽松的货币政策制造的过剩流动性可以向全球输出；而当美国经济复苏、货币收紧、美元升值时，美元又得以回流。欧元的推出在一定程度上形成了与美元的抗衡力量。俄罗斯、中东地区国家等也一直探索以美元之外的货币开展石油和天然气贸易。乌克兰危机后，美俄关系趋紧，俄罗斯试图打破美元垄断地位的意愿更加强烈。因此，推进天然气人民币交易符合国际社会的呼吁，特别是有望形成结构更为合理的国际金融与货币体系。

六　结语

我国拥有巨大的天然气生产潜力和不断增长、规模庞大的天然气消费市场，是东北亚地区天然气消费的枢纽，且我国拥有来自中亚、俄罗斯的天然气供应以及中缅油气管道，管道天然气和海上 LNG 进口都十分便利。得天独厚的地理条件使我国在构建跨国天然气管网、建立东北亚天然气交易中心方面具有显著优势。在此基础上推进以人民币计价的天然气跨境结算和交易，将极大地扩展人民币使用的空间和范围，助推人民币国际化进程，并推动国内天然气行业的改革和能源结构的低碳化转型。

国际油气供过于求局面的出现，以及俄罗斯油气出口重心的东移，使中、日、韩三国获取油气资源和谋求定价话语权的能力不断增强，这给东北亚地区建立区域天然气交易市场创造了契机。虽然中、日、韩三国的合作还面临政治互信不足、经济利益难以协调等外部阻力，但在共同利益诉求面前，仍可能逐步推进各项合作，建立东北亚天然气交易中心，为实施天然气人民币战略奠定基础。

第五篇

中国全面依法治国理论创新与实践发展

“企业是国家所有权的客体”质疑

孙宪忠*

“企业是国家所有权的客体”这一论断，是法学界一致首肯的观点，似乎从来没有人推敲过它的科学性。从大专院校的讲台到各种类型的教科书，从一般的学术论著到法学理论精华荟萃的《法学辞典》（新编）和《中国大百科全书·法学卷》，乃至与法学相邻近的众多学科的论著，它都一直无可非议地被人们使用着。其实，这一论断的谬误是显而易见的。

第一，财产所有权的客体只能是物，而企业不是物。从所有权理论产生的《罗马法》时代起，财产所有权就是一种全面地支配物的权利。尽管社会主义法与剥削阶级法有着不同的阶级本质，但不能改变作为法律文化的所有权概念在法学上的意义。因此，在社会主义制度下，不管是国家所有权、劳动群众集体所有权还是公民个人所有权，其所指向的客体仍然是作为财产的物。作为财产所有权客体的物，首先应该是自然界除人体之外、占有一定空间的自然物质，即必须具备物的物理意义，表现为人们可以控制和利用的自然物部分。在法律上，作为客体的物只能是一定法律关系的担负者，是主体支配和利用的对象，它本身不享有权利，也不承担义务，其作用只是在于

---

* 本文刊发于1986年第5期。作者孙宪忠，时为中国社会科学院研究生院法学系1984级硕士研究生，曾任第十二届全国人大代表，现任第十三届全国人大宪法和法律委员会委员，中国社会科学院学部委员、法学研究所研究员。

它们能表现出主体之间的权利和义务关系。只有在奴隶制法律中，自然人的一部分——奴隶是作为客体存在的，在奴隶身上，表现出奴隶主之间的法律关系，而奴隶自身的地位和牛马、丝绸、青铜器完全一样，奴隶只是一种无权利也无义务可言的生产工具。这种以人为客体的野蛮法制，早已被历史淘汰了。

企业（指全民所有制企业）并不具备作为所有权客体的条件。首先，企业不是一种自然物质，而是一种组织，即一定数量的人与一定数量的物的有机结合体。企业中不仅仅有物的因素，更重要的是人的因素；其次，企业不是一定法律关系的担负者，不是被利用和支配的对象，而是一个法律关系的参加者，自己享有权利、承担义务。

第二，企业只能是法律关系的主体，而不能成为客体。社会主义企业，是指专门从事生产、贸易、运输等经济活动，具有严格的内部分工与协作，而对外则表现为一个独立经济实体的组织，如工业企业、农业企业、交通运输企业、商业企业和金融企业等。从法律意义即从企业财产属性上分析，企业又可以表现为全民所有制企业、集体所有制企业、私有企业、合伙企业，等等。与国家所有权相联系的全民所有制企业，是我国经济建设的主导力量。国家建立企业最根本的目的，就是要让企业创造价值和使用价值，以满足人民群众日益增长的物质和精神的需要。人是企业最根本的生产力，没有人的因素存在，机器再好也形不成生产能力，所以物资设备不是企业作为独立经济实体的最本质的要素。企业最本质的要素只能是人。正是因为人的因素存在，企业才必须具有自身独立的物质利益。企业的自身利益，是企业全体职工作为一个整体进行生产和消费的源泉，也是企业全体职工物质利益的总和。正是这种独立的利益关系，使企业全体职工共同劳动、共同享有自己的劳动成果，并且共同为企业的经营好坏承担责任。① 企业的这种独特的经济联系，使它对外形成了一个完整而独立的人格。这种整体的物质利益和独特的经济联系，使得企业的生产和经营不能不具有商品经济的性质。

① 参见《民法通则》第43条。

企业在参与法律关系时，正是以这种全体职工整体人格的化身——法人出现的。企业的法定代表人设置的权利和义务，依法律规定，必须归企业法人享有，其实是由企业内部职工作为一个整体享有或承担的。如果把企业当作客体，也就否认了企业的本质要素——人，从而也就否认了企业作为法人存在的基础。这不但是对企业的本质缺乏明晰之见，也可以说是对我国的经济体制改革缺乏认识。

第三，有一种流行的观点是：企业相对国家所有权是客体，而相对第三人（包括法人、公民）是主体。这种观点除了表明对所有权理论和法人理论的认识有些模糊之外，对国家与企业之间的行政法律关系和民事法律关系的区别亦有混淆。在行政关系上，国家是主权者，企业是社会一个分子，所以企业必须接受国家的行政领导和监督。尤其是在社会主义国家里，组织经济建设是国家的首要职能，而企业负有经济活动的使命，所以它必须接受国家对经济建设的安排，执行国家计划，完成国家的税利义务。企业在行政关系中能不能被看作国家权力的客体呢？不能。因为企业在完成国家义务之后，仍然享有行政上的权利，它不是国家权力可以任意处置的纯粹义务担负者。所以，企业在行政关系中同样是主体。在民事关系上，国家以国家财产所有权的享有人出现，它不再是主权者，而是一种特殊的民事法律关系主体。在国家与企业发生民事法律关系（如购买公债、国库券）时，它们的地位应该是平等的，它们之间的法律关系应该是等价有偿性质的。企业依法对国家授予其经营管理的财产所享有的经营权的法律关系，也属于民事法律关系的范畴，因为企业占有国家财产，是以向国家缴纳固定资产占有费和流动资金占用费为代价的，国家也承担着不得随意平调企业占用资产、不得侵占企业合法收益的义务。因此，不管是在行政关系还是在民事关系中，企业相对于国家都是主体，只不过它在两种关系中的地位不同：前者是隶属关系，后者是平等关系。

第四，“企业是国家所有权的客体”这一提法，不符合我国法律规定。例如，《民法通则》就是把企业规定在主体内容之中的：第三章第二节，规定全民所有制企业自登记之日起取得法人资格。

那么，国家所有权的客体到底是什么呢？从《民法通则》第 48 条、第 82 条的规定中可以看出，在全民所有制企业中，国家所有权的客体，就是“国家授予企业进行经营管理的财产”，包括企业生产经营所必需的生产资料和企业职工生活所需的佳房、文娱设施等生活资料，以及培养职工劳动技能的专门设施等物质资料。对这些财产，国家只是享有所有权，并不直接从事生产经营；直接从事生产经营活动的企业，对国家授予其经营管理的财产享有经营权。

国家所有权和企业经营权都是我国法律所规定的独立的对物的财产权利。所不同的是，国家所有权是一种完全的充分的物权权利，具有《民法通则》所规定的占有、使用、收益和处分四项完整的权能。但是实际上，社会主义国家并不直接占有、使用其所有的财产，也不从财产的生产经营中直接收益，这些权利事实上是由全民所有制企业享有并行使的；国家只保留最终的、彻底的支配权——处分权，企业同时也享有受到国家严格限制的处分权。因此，我们可以说，企业经营权是从国家所有权中分离出来的。但是，经营权仍然是一种独立的物权权利，它的权利主体是特定的，义务主体是不特定的；它不必借助第三人就能行使，并在合法的范围内排斥任何第三人的干涉，包括国家机关不正当的行政措施；它可以作为独立诉权的基础，依其独立自主的经营权，独立参加诉讼，并承担法律责任，等等。所以，企业在法定范围内对国家财产行使经营权，既使国家所有权得以保存，又使企业的主体资格不致因为国家所有权的存在而受到否定。

为什么国家所有权的客体是企业所占用的国家财产，而长期以来人们却把企业当作国家所有权的客体呢？这是因为，在社会主义国家里，国家所有的生产资料必须交由企业直接用于经营，全民所有制企业也只有依靠国家的生产资料才能进行生产经营活动。在社会主义商品经济被否定的年月里，企业自身的利益也被否定了。企业在生产经营活动中无权利可言，当然也就谈不上什么主体了。这就给了人们一个错觉，好像企业就是国家所有权的支配物，即国家所有权的客体。因此可以说，“企业是国家所有权的客体”这一提法，是产品经济的产物。

在“企业是国家所有权的客体”这一论断的产生地苏联，法律最初也没把企业当作客体对待，如 1918 年《苏俄宪法》规定：“工厂、矿场、铁路及其他生产资料和运输工具完全转归苏维埃共和国所有。”到了 30 年代，由于商品经济受到批判，高度集权的产品经济得到推行，因此，便在 1936 年的宪法第 6 条中明确地把企业规定为国家所有权的客体，并在 1964 年的《苏联和各加盟共和国民事立法纲要》和各加盟共和国的民法典里再次得到确认。但是 1977 年通过的苏联宪法中，却又明文规定：“工业、建筑业和农业中的基本生产资料、运输和通讯工具……属国家所有。”这一改动再次肯定了国家所有权的客体是生产资料、运输和通信工具这些物，而不是企业整体。但是，令人费解的是，在法学理论界，即使是那些主张企业享有较大自主权利的法学家，却仍然坚持“企业是国家所有权的客体”这一提法。这恐怕与苏联的经济体制和法学传统观念有着根深蒂固的联系。

在我国，仍然坚持“企业是国家所有权的客体”这一观点，是十分有害的。

首先，它妨碍我们正确认识社会主义经济结构并确立经济体制改革的方向。因为全民所有制经济是社会主义经济的主导力量，如何确立全民所有制企业的法律地位，对社会主义经济建设有着至关重要的意义。社会主义经济是有计划的商品经济，企业是商品生产者。企业在法律上必须享有完全的主体资格，其权利能力和行为能力应该是充分的，这是商品生产最起码的条件。城市经济体制改革首要任务，就是搞活企业。要把企业搞活，除了市场和金融渠道等外在条件外，最重要的就是企业自身的法律地位问题。我国《民法通则》已经明确规定全民所有制企业自登记之日起享有法人资格，其主体资格是受法律保护的。因此，再也不能把企业作为客体看待了。

其次，坚持“企业是国家所有权的客体”，妨碍我们正确认识企业所享有的经营权的法律性质。前边已经讲过，国家所有权和企业经营权是我国民法所规定的两种各自独立的民事权利。作为独立的民事权利，企业经营权对国家所有权没有隶属关系，也不是国家所有权的一个中间层次，或国家实现其所有权的一个中间环节。因为企业所享有的经营权，乃是反映企业作为独立自主的商品生产者所应该享有的法定权利。企业的商品生产者性质，决定了企业经营权的独立物权性质。企业所享有的经营权，在民事法律关系中，应该具有与国家所有权平等的地位。那种把经营权当作国家所有权的一个中间层次的观点，无一不是从“企业是国家所有权的客体”这个大前提下演绎出来的，这既不符合我国进行经济体制改革的指导思想，也违背了《民法通则》关于经营权的法律规定。

最后，这种观点容易给法学理论带来混乱，妨碍我们建立科学的所有权理论、法人理论和企业理论，等等。因为这些理论问题和有关经济建设的法律制度紧密联系，如果坚持“企业是国家所有权的客体”这一提法，不仅会影响法学学科及法学相邻学科的科学性，而且会妨碍有关经济关系的法律调整。

总之，“企业是国家所有权的客体”这一提法，应该改为“国家对授予企业经营管理的财产享有所有权”。这不仅仅是个概念转换的问题，更重要的是，它从一个侧面反映了经济体制改革和法制建设中一系列迫切需要解决的理论问题。

市场经济与公序良俗原则

梁慧星*

公共秩序和善良风俗，是现代民法一项重要的法律原则。但我国现行法尚未正式使用公序良俗概念。本文借鉴法、德、日等国和我国台湾地区关于公序良俗的立法经验及判例学说，探讨了在市场经济条件下公序良俗原则的含义、性质和作用，并论述了公序良俗原则的发展轨迹：从政治的公序到经济的公序；公序良俗成为保护消费者和劳动者的法律手段；公序良俗违反的效果从绝对无效到相对无效；公序良俗关于调整当事人利害关系的机能增大。本文还论述了公序良俗违反行为的10种类型。作者建议立法机关在制定民法典时，明确以公序良俗原则代替“社会公共利益”一语，这对于完善市场经济法制有重大意义。

一 引言

公共秩序和善良风俗，合称公序良俗，是现代民法一项重要法律概念和法律原则，在现代市场经济社会中，有维护国家社会一般利益及一般道德观

* 本文刊发于1993年第6期。作者梁慧星，时任中国社会科学院法学研究所民法研究室主任，曾任第十一届全国人大代表（主席团成员）、法律委员会委员，现任中国社会科学院学部委员、法学研究所研究员。

念的重要功能，被称为现代民法至高无上的基本原则。[①] 我国现行法未使用公序良俗概念，是受苏联民法立法和理论影响的结果。[②]《民法通则》第 7 条规定："民事活动应当尊重社会公德，不得损害社会公共利益。"第 58 条规定，"违反法律或者社会公共利益"的民事行为无效。按照民法学者的解释，此处"社会公共利益"，其地位和作用相当于各国民法中的"公共秩序和善良风俗"。[③]

现今中国大陆正处在由权力高度集中的计划经济体制向社会主义市场经济体制转变的过程中。改革开放和发展社会主义市场经济的实践，已经取得了举世瞩目的经济成就。同时也发生了许多损害国家社会一般利益和违反社会一般道德准则的丑恶现象。因此，研究市场经济条件下公序良俗原则的地位和作用，借鉴和吸收市场经济发达国家和地区关于公序良俗的立法经验及判例学说，对于完善市场经济法制和建立健康有序的市场经济法律秩序，无疑有重大意义。

二　各国法制上的公序良俗

（一）法国法

《法国民法典》第 6 条规定：个人不得以特别约定违反有关公共秩序和善良风俗的法律。第 1133 条规定：如原因（cause）为法律所禁止，或原因违反善良风俗或公共秩序时，此种原因为不法的原因。按照第 1131 条的规定，基于不法原因的债，不发生任何效力。此外，第 1128 条亦属于有关公序良俗的规定。

第 1128 条规定：得为契约标的（Object）之物以许可交易者为限。属于关于标的不能的规定。但由于法国民法中没有直接规范标的不法的规定，

① 郑玉波：《民法总则》，三民书局，1979，第 338 页。

② 周林彬主编《比较合同法》，兰州大学出版社，1989，第 418 页。

③ 王家福主编《中国民法学·民法债权》，法律出版社，1991，第 356 页。

因此判例学说均从第 1128 条寻求认定标的不法之契约无效的根据。并须注意，该条所谓得为契约标的之“物”，不限于有体物，债务人的“行为”亦包括在内。因此，不仅约定买卖法律禁止流通物如毒品的契约，可依第 1128 条认定为无效，约定从事违法行为的合意，亦依同一条文判定为标的不法而否定其效力。

标的不法与原因不法是严格区分的。例如，转让妓馆经营权的契约，属于标的不法，应依第 1128 条判定其无效。为了开设妓馆而购买房屋或承租房屋，此种契约不构成标的不法。但依法国现时的判例学说，当事人开设妓馆的意图成为决定契约缔结的动机，构成原因不法，该房屋买卖或租赁契约应依第 1131 条、第 1133 条认定为无效。

关于判断是否构成公序良俗违反，历史上比较重视契约之标的，而现今比较重视原因。今日的判例，以原因不法及合意违反有关公序良俗的法律作为理由，认定违反公序良俗的情形较多，而作为标的不法性问题处理的较少。[①]

（二）德国法

《德国民法典》只有善良风俗概念，而无公共秩序概念。这是德国法与法国法、日本法及我国台湾法不同点之一，另一不同点是，将暴利行为作为违反善良风俗之一特例加以规定。

《德国民法典》第 138 条规定：(1) 违反善良风俗的行为，无效。(2) 特别是，法律行为系乘他人的强制状态、无经验、判断力欠缺或显著意志薄弱，使其对自己或第三人的给付作财产上利益的约定或提供，而此种财产上利益比之于该给付显失均衡者，该法律行为无效。[②] 此外，《德国民法典》第 826 条规定：以违反善良风俗的方法对他人故意施加损害的人，对受害人

---

① 〔日〕后藤卷则：《法国法上的公序良俗论及其对我国的启示》，《法律时报》65 卷 2 号，第 80 页。

② 第 138 条第 2 款原文为“乘他人窘迫、轻率或无经验”，1976 年修改为“乘他人的强制状态、无经验、判断力欠缺或显著意志薄弱”。〔日〕林幸司：《德国法上的良俗论与日本法的公序良俗》，《法律时报》64 卷第 13 号，第 247 页。

负损害赔偿的义务。将善良风俗违反行为作为侵权行为之一种。

需加说明的是，《德国民法典》第一草案第106条曾经同时规定了公共秩序和善良风俗两个概念。起草理由书关于并用两概念的理由指出，善良风俗属于“道德的利益”，而公共秩序属于“国家的一般利益”，两个概念并不完全重合，例如营业自由的原则，就只能说是公共秩序，而不能说是善良风俗。由于受到多数论者的批评，在第二草案中删去了公共秩序概念。主要理由是：其一，公共秩序概念界限不明，属于不确定概念；其二，所谓违反公共秩序的一切情形，包括侵害营业自由原则在内，均可用“违反法秩序”及“违反善良风俗”予以说明。

令人难以理解的是，公共秩序概念与善良风俗概念，均属于不确定概念，何以独以概念的不确定性为由排斥公共秩序概念？首先是因为，公共秩序乃是法国法上固有的概念，德国民法典第一草案采自法国民法典。此前的德国普通法学完全不知有此概念。删除公共秩序概念的原因，主要是在德国当时将公共秩序作为法律概念的时机尚不成熟。其次，善良风俗概念本来的含义，虽以道德为其核心，但像营业自由及人权等原则亦可涵括，是一个相当概括的概念。

《德国民法典》施行后，1901年莱比锡最高法院判决，关于是否违反善良风俗，由法官按照“考虑正当且公平的一切人的道义感”进行判断。由于这一判断基准的确立，善良风俗概念具备了适应社会变化的极大弹性，成为依法官裁量无论什么内容均可装进去的“黑洞”。善良风俗概念的“黑洞化”，有时为法官恣意破坏法秩序开了方便之门，1936年3月13日莱比锡最高法院判决，将“健全的国民感情”即纳粹的世界观视同善良风俗，就是明证。于是，出现了将善良风俗的范围限定于性道德及家族道德问题、另外规定公共秩序概念的主张。①

---

① 〔日〕林幸司：《德国法上的良俗论与日本法的公序良俗》，《法律时报》64卷13号，第245～246页。

（三）日本法

日本民法虽说是继受德国法，却未像德国民法典那样排斥公共秩序概念，而是并用公共秩序与善良风俗两概念。《日本民法典》第90条规定：以违反公共秩序或善良风俗的事项为标的的法律行为无效。另外，日本民法未特别规定暴利行为，学说和判例将暴利行为作为违反公序良俗行为之一种。

日本民法学曾经深受德国法解释学的影响，其表现是：重视理论体系的确立，概念、论理的细致精密，忽视判例的作用。[①] 大正10年以后，日本民法学试图摆脱概念法学的影响。以末弘严太郎为首创立了民法判例研究会，并对日本民法追随德国解释法学的一边倒状况进行痛烈的批判，认为离开判例研究根本不可能了解现行法。由于受末弘先生的影响，学者我妻荣尝试判例综合研究方法，对违反公序良俗的行为进行类型化，将判例所处理的违反公序良俗行为分为以下七种类型：（1）违反人伦的行为；（2）违反正义观念的行为；（3）乘他人窘迫、无经验获取不当利益的行为；（4）极度限制个人自由的行为；（5）限制营业自由的行为；（6）处分生存基础财产的行为；（7）显著的射倖行为。[②] 此即著名的“我妻类型”。在一个相当长的时期，“我妻类型”成为法官裁判案件的基准，起到了确保具体妥当性、法律安定性及预测可能性的重要功能。但“我妻类型”也是时代的产物，难以超越时代的局限。作为其基础的判例，基本上是战前的判例。由于战后日本社会经济政治生活发生了巨大变化，“我妻类型”已与战后新判例实践不相符合，其价值因而大为减少。[③]

（四）中国法

我国清朝末年实行法制改革，聘请日本学者起草民法典草案，称为第一次草案。其中仅规定“公共秩序”概念，而未提及善良风俗。民国成立后

---

① 〔日〕椿久美子：《关于公序良俗的我妻类型》，《法律时报》64卷12号，第63页。

② 最初发表的论文中为八类型，后经修正定为七类型。

③ 〔日〕椿久美子：《关于公序良俗的我妻类型》，《法律时报》64卷12号，第66页。

以第一次草案为基础，制定第二次草案，用“风化”二字取代公共秩序概念。国民政府于1929～1930年正式颁布的《中国民法》第72条规定：法律行为，有悖于公共秩序或善良风俗者，无效。此将“公共秩序”与“善良风俗”并用，显系参考法、日立法例。① 该民法典于1949年在我国大陆被废止，迄今仅适用于我国台湾地区。因此，以下称为我国台湾法。

史尚宽先生指出，何种事项属违反公共秩序及善良风俗，难以一一列举。盖以社会之一般秩序、一般道德为抽象的观念，其具体的内容，随时代而变迁，应按照时代需求而各别具体决定。先生依日本判例、我国民国时期判例及我国台湾地区判例，提出下列判断标准：（1）有反于人伦者。指违反亲子夫妻间之人情道义之法律行为，例如约定母子不同居之契约。（2）违反正义之观念。指劝诱犯罪或其他不正当行为或参加其行为之契约，例如赃物收买之委托、拍卖或投标时之围标约定。（3）剥夺或极端限制个人自由者。如以人身为抵押标的之契约。（4）侥幸行为。例如赌博、买空卖空、彩票、马票等，但经政府特许者除外。（5）违反现代社会制度或妨害国家公共团体之政治作用。如当事人均为中国人并在中国境内缔结契约，为规避中国强行或禁止法规，而约定适用外国法律。②

中国大陆在1949年后曾经进行过三次民法典起草，各次草案均未使用公序良俗概念。如1957年1月15日的民法典总则篇（第四次草稿）第3条规定：民事权利的行使和民事义务的履行，不能违反法律和公共利益。1981年的民法典草案（第3稿）第124条规定：合同的内容，不得违反法律、法令和国家计划的要求，不得与社会公共利益或者社会主义道德准则相抵触。《民法通则》的颁布和施行，使“社会公共利益”成为一项正式的民法概念。《民法通则》第7条规定：民事活动应当尊重社会公德，不得损害社会公共利益，破坏国家经济计划，扰乱社会经济秩序。第55条规定，民事法律行为应当具备的条件之一是：不违反法律或者社会公共利益。第58条

① 郑书波：《民法总则》，三民书局，1978，第335页。

② 史尚宽：《民法总论》台北第3版，正大印书馆，1980，第301～304页。

规定，违反法律或者社会公共利益的民事行为无效。此外，《民法通则》关于对企业法人追究法律责任的第49条，及关于适用外国法律和国际惯例的第150条均涉及社会公共利益概念。

认为《民法通则》上的“社会公共利益”相当于法、德、日及我国台湾法上的公序良俗概念，乃是大陆民法学者之通说。[①] 关于“社会公共利益”这一概念的含义，有学者认为，既包括“社会主义物质文明建设方面的利益，也包括社会主义精神文明建设方面的利益；既包括巩固人民民主专政和进行社会主义现代化建设所必需的法律秩序，也包括社会主义的社会公德；既包括国家的、集体的利益，也包括公民个人的合法利益”。[②] 笔者亦曾指出，所谓社会公共利益，是一个极抽象的范畴，凡我国社会生活的基础、条件、环境、秩序、目标、道德准则及良好风俗习惯皆应包括在内。[③] 这些解释均失之空泛，难以作为法官判断的基准。

另需说明的是，《民法通则》有关的规定还有第58条关于“乘人之危”的规定，以及第59条关于“显失公平”的规定，此系借鉴《南斯拉夫债务关系法》的经验，将传统民法上的暴利行为规则分为两条。其利弊得失本文后面将要涉及。

三　公序良俗规定的含义、性质和作用

（一）什么是公序

什么是公共秩序？迄今并无统一的界说。史尚宽先生说，公共秩序谓为国家社会之存在及其发展所必要的一般秩序。不独宪法所定之国家根本组

① 王家福主编《中国民法学·民法债权》，法律出版社，1991，第356页；佟柔主编《中国民法学·民法总则》，中国人民公安大学出版社，1990，第21页；梁慧星：《民法》，四川人民出版社，1988，第129页。

② 最高人民法院民法通则培训班：《民法通则讲座》，第136～137页。

③ 梁慧星：《民法》，四川人民出版社，1988，第129页。

织，而且个人之言论、出版、信仰、营业自由，乃至私有财产、继承制度，皆属于公共秩序。[①] 黄茂荣先生认为，所谓公共秩序当指由现行法之具体规定及其基础原则、制度所构成之“规范秩序”，它强调某种起码秩序之规范性。[②] 按照法国当前有代表性的体系书的叙述，公共秩序分为政治的公序与经济的公序。其中政治的公序为传统的公序，经济的公序为现代的公序。政治的公序包括：（1）关于国家的公序，即国家的基本秩序。宪法、刑法、税法及关于裁判管辖的法律，与之相当。（2）关于家族的公序，指家族关系中非关于财产的部分。（3）道德的公序（实际上指善良风俗）。[③] 经济的公序，为对传统公序概念加以扩张的结果，分为指导的公序和保护的公序。日本学者亦谈到公序包括宪法秩序、刑法秩序、家族法秩序等。[④] 这就在实际上将公共秩序等同于法秩序。

将公共秩序等同于法秩序，即应推出如下结论：只在有相应的法规时，才能作出违反公共秩序的判断。法国的判例学说曾经长期坚持这一立场。1929 年法国最高上诉法院对于法律未有禁止规定的行为作出违反公共秩序的判决之后，判例学说所采取的立场是：关于公序的法律不存在的场合，亦可发生公序违反问题。[⑤] 由此可见，公共秩序未必是法律所规定的秩序，公共秩序概念比法秩序概念的外延更宽。除现行法秩序外，还应包括作为现行法秩序的基础的根本原则和根本理念等内容。

（二）什么是良俗

什么是善良风俗？史尚宽先生认为，善良风俗谓为社会国家之存在及其

---

① 史尚宽：《民法总论》台北第 3 版，正大印书馆，1978，第 300 页。

② 黄茂荣：《民法总则》，第 539 页。

③ 〔日〕难波让治：《法国判例中的公序良俗》，《法律时报》65 卷 3 号，第 88 页。

④ 〔日〕林幸司：《德国法上的良俗论与日本法的公序良俗》，《法律时报》64 卷 13 号，第 248 页。

⑤ 〔日〕后藤卷则：《法国法上的公序良俗论及其对我国的启示》，《法律时报》65 卷 2 号，第 81 页。

发展所必要之一般道德。[①] 黄茂荣先生认为，善良风俗指某一特定社会所尊重之起码的伦理要求，它强调法律或社会秩序之起码的“伦理性”，从而应将这种伦理要求补充地予以规范化，禁止逾越。可见，善良风俗应是以道德为其核心的概念，与我国《民法通则》第 7 条所谓“社会公德”相当，应解为某一特定社会应有的道德准则。

有必要涉及善良风俗与诚实信用原则的关系。依学者之通说，诚实信用亦属于社会应有的道德准则。[②] 因此，仅指明善良风俗为社会国家存在和发展所必要之一般道德，或者某一特定社会所尊重之起码的伦理要求，尚不确切。我赞成将善良风俗概念限定在性道德及家庭道德的范围内，[③] 这样，与作为市场交易的道德准则的诚实信用原则，[④] 便不至于发生混淆。

（三）公序与良俗的关系

德国法因排斥公共秩序概念，而将本属于公共秩序的内容，例如营业自由原则，纳入善良风俗概念。法国法、日本法及我国台湾法，将公共秩序与善良风俗并列，因而发生二者的关系问题。前面提到法国有代表性的体系书，关于公序的分类，将善良风俗纳入公共秩序概念，属于政治公序中的“道德公序”，或称为“政治的道德的公序”，或用“社会的公序”包含政治的公序与善良风俗。[⑤] 日本法上从来占支配地位的学说，对公共秩序与善良风俗不作区分，而以“社会的妥当性”一语替代之。判例亦不探究公序良俗本来的意味，而将二概念合为一体，作为一个其本身并无内容的概念使用。[⑥] 史尚宽先生指出，公共秩序与善良风俗大部分同其范围，而且有时明为区别，亦甚困难。一者自外部的社会秩序方面言之，一者自内部的道德观

① 史尚宽：《民法总论》台北第 3 版，正大印书馆，1980，第 300 页。

② 黄茂荣：《民法总则》，第 539 页。

③ 史尚宽：《债法总论》，正大印书馆，1978，第 319 页。

④ 德国学者 K. Smitis 的见解，参见〔日〕林幸司《德国法上的良俗论与日本法的公序良俗》，《法律时报》64 卷 13 号，第 246 页。

⑤ 王家福主编《中国民法学·民法债权》，法律出版社，1991，第 389 页。

⑥ 〔日〕难波让治：《法国判例中的公序良俗》，《法律时报》65 卷 3 号，第 88 页。

念言之，同系以社会国家健全的发展为目标，而使障害此发展之一切法律行为悉为无效。然善良风俗与公共秩序亦非完全一致，有不违反善良风俗而违反公共秩序者，亦有不违反公共秩序而违背善良风俗者。①

在判例实务中，法庭往往并不区分案件事实是属于违反公序或者违反良俗，只是宣告该案件事实“违反公序良俗”。这样一来，公序良俗成为使法庭所作价值判断正当化的工具。② 这就关系到应当如何认识公序良俗规定的性质及作用的问题。

（四）公序良俗规定的性质和作用

关于公序良俗的规定性质上为一般条款。③ 鉴于立法者不可能就损害国家一般利益和违反社会一般道德准则的行为作出具体的禁止规定，因而通过规定公序良俗这样的一般条款，授权法官针对具体案件进行价值补充，以求获得判决的社会妥当性。因此，公序良俗规定相对于法律强行性和禁止性规定而言，具有补充规定的性质。其作用在于弥补强行性和禁止性规定之不足，以禁止现行法上未作禁止规定的事项。④

按照私法自治原则，市场经济活动及其他民事活动，应由立于平等地位的当事人自由协商决定他们之间的权利义务关系，非基于正当的重大事由，国家不应加以干涉。公共秩序和善良风俗，属于国家一般利益及社会一般道德准则，毫无疑问，为正当的重大事由。以公序良俗限制私法自治原则的范围，乃罗马法以来所认之法则。但在《法国民法典》制定时代，不过是对契约自由原则作例外的限制，其适用范围较窄，而在今日，公序良俗已成为支配私法全领域的基本原则。不独契约自由，如权利的行使，义务的履行，

---

① 〔日〕林幸司：《德国法上的良俗论与日本法的公序良俗》，《法律时报》64 卷 13 号，第 247～248 页。

② 史尚宽：《民法总论》台北第 3 版，正大印书馆，1978，第 301 页。

③ 〔日〕林幸司：《德国法上的良俗论与日本法的公序良俗》，《法律时报》64 卷 13 号，第 248 页。

④ 黄茂荣：《民法总则》，第 537 页。

自力救济的界限，法律行为之解释等均属于公序良俗原则的支配范围。[①] 学者进一步指出，公序良俗原则的作用在于限制私法自治原则，当然具有足以与私法自治原则相匹敌的强行法性质。[②]

四 公序良俗原则的发展

（一）从政治的公序到经济的公序

自法国民法典规定公序良俗以来，在长达一个世纪的时期，以保卫社会主要组织即国家和家庭为其目的，因而称为政治的公序。例如依公序良俗认定买卖投票用纸的契约无效，认定禁止结婚、再婚的合意无效。同时为了维持这些组织正常的机能，则要求其成员遵守一定的道德，因此依公序良俗认定企图获取不道德利益的合意无效。如赌博契约、为开设妓馆而购买或租赁房屋的契约，及违反性道德的合意、姘居夫妇间的赠予契约。政治的公序与财产和劳务的交换即市场经济活动无直接的关系。因为财产和劳务的交换，应由当事人依契约自由原则去决定，公序良俗原则旨在防止无限制的契约自由损害国家和家庭秩序。[③]

战后以来，市场经济的发展及国家经济政策的变化，导致公序良俗概念的扩张，即在传统的政治公序之外，认可经济的公序。所谓经济的公序，指为了调整当事人间的契约关系，而对经济自由予以限制的公序。政治的公序与财产及劳务的交换无直接关系，而经济的公序恰好相反，其目的在使国家介入个人间的契约关系。

经济的公序又分为指导的公序和保护的公序两类。指导的公序是统制经济所产生的概念，以贯彻一定的国家经济政策为目的，从个人间的契约关系

① 黄茂荣：《民法总则》，第 537 页。

② 史尚宽：《民法总论》台北第 3 版，正大印书馆，1978，第 300 页。

③ 〔日〕林幸司：《德国法上的良俗论与日本法的公序良俗》，《法律时报》64 卷 13 号，第 248 页。

中强行排除违反国家经济政策的东西。例如实行价格管制时期，认定违反国家定价的契约无效。此外，关于货币的公序亦属于指导的公序。在各国改变凯恩斯经济政策、废止价格管制法规之后，指导的公序已经不再占有过去的重要地位。于是保护的公序逐渐占据了重要位置。所谓保护的公序，指保护劳动者、消费者、承租人和接受高利贷的债务人等现代市场经济中的弱者的公序。指导的公序，是关于全体人民利益的公序，而保护的公序,① 则是对市场经济中的弱者个人利益予以特殊保护的公序。② 从判例学说来看，保护的公序是近时最为活跃的领域。

（二）以公序良俗作为保护消费者的法律手段

以日本为例，自70年代中期以来的判例实务中，关于各种“恶德”交易方法受害，而给予受害消费者以损害赔偿救济的判例增加。所谓“恶德”交易方法受害，如“连锁贩卖交易”（Multilevel Marketing Plan）、“无限连锁推销方式”及私设期货交易，交易方法本身具有欺瞒性，加上显著不公正的劝诱方法，使消费者丧失自由意思决定，蒙受重大损害。法院在这类判例中，运用公序良俗原则作为保障消费者自由意思决定的手段，以交易方法、结构本身的不当性、劝诱方法的不当性为由，认定构成违反公序良俗，使消费者获得损害赔偿。在现代市场经济条件下，公序良俗原则成为保护消费者的一种法律手段。③

（三）以公序良俗作为保护劳动者的法律手段

战后判例实务中另一突出特点是，法院运用公序良俗原则，以保护劳动

① 〔日〕后藤卷则:《法国法上的公序良俗论及其对我国的启示》,《法律时报》65卷2号，第81~82页。

② 参见〔日〕后藤卷则《法国法上的公序良俗论及其对我国的启示》,《法律时报》65卷12号，第82页；〔日〕难波让治《法国判例中的公序良俗》,《法律时报》65卷3号，第90页。

③ 参见〔日〕今西康人《消费者交易与公序良俗违反》,《法律时报》64卷12号，第80~82页；〔日〕中舍宽树《战后判例中的公序良俗》,《法律时报》64卷11号，第76页。

者的利益为目的，强行干预劳动关系。这方面的判例大致可分为两类。其一是公司利用自己的经济优势，在与雇员签订的劳动协议、劳动契约中，给予雇员以不当的利益。例如，规定以雇员对公司无不利行为作为支付退职金的条件，关于奖金支付的不利于雇员的规定，对出勤率低的雇员不予加薪的规定等。其二是公司在劳动契约中规定的男女差别条款。如女子提前退休条款、解雇有子女二人以上女雇员的人员整顿标准、男女劳动报酬差别的规定。尤其是1975年以来，日本的法院频繁地作出上述条款违反公序良俗因而无效的判决，以达到保护劳动者的目的。表明法院为了改善劳动者待遇、维持劳动关系的公正，利用公序良俗原则作为强行介入劳资关系的法律手段。①

（四）从绝对无效到相对无效

公序良俗违反的效果为该法律行为绝对无效。这已经成为判例学说从来一致的立场。所谓绝对无效，系指从该法律行为成立之时日起，当然、确定、全部无效，无论何人（当事人或第三人）均可主张其无效。② 绝对无效对于违反政治的公序及经济的公序中的指导公序，不发生问题，唯独对于经济的公序中的保护公序，则有可能不利于受保护一方的利益。因此，在违反保护公序的场合，法院改采相对无效，即仅使受保护一方当事人享有主张无效的权利；在无效的范围上，亦可仅认定违反公序良俗的条款无效，而使其余条款继续有效；并允许有权主张无效的一方溯及地予以追认。③ 在公序良俗违反的效果上承认相对无效，就使法院获得了更大的机动性，可以更好地协调当事人之间的利害关系，达到保护经济上的弱者的目的。

---

① 〔日〕中舍宽树：《战后判例中的公序良俗》，《法律时报》64卷11号，第78页。

② 〔日〕难波让治：《法国判例中的公序良俗》，《法律时报》65卷3号，第92页。

③ 参见〔日〕中舍宽树《战后判例中的公序良俗》，《法律时报》64卷11号，第81页；〔日〕鹿野菜德子《德国判例中的良俗违反》，《法律时报》65卷1号，第84页；〔日〕后藤卷则《法国法上的公序良俗论及其对我国的启示》，《法律时报》65卷2号，第82页；〔日〕难波让治《法国判例中的公序良俗》，《法律时报》65卷3号，第90页。

（五）调整当事人利害关系的机能增大

按照传统的理解，公序良俗原则的机能在于确保社会正义和伦理秩序，其所适用的事例主要是反人伦的行为，其效果为绝对否定违反行为的效力。战后以来，依公序良俗原则处理的反伦理事例显著减少，而有关市场交易的事例占了压倒的多数。与此相应，公序良俗原则的机能多样化，尤其是调整当事人间利害关系的机能增大。

由于公序良俗原则所处理主要事例，不再是反人伦的事例，而是与市场交易活动有关的事例，这就导致公序良俗原则所欲达成目的发生变化。由确保人伦为中心的社会正义和伦理秩序，变为调整当事人间的利害关系，确保市场交易的公正性。也由于这一目的变化，导致法院在判断是否构成公序良俗违反时，从过去仅考虑该行为是否具有反公序良俗性，变为对于与该行为有关情事进行综合判断。不仅如此，在违反公序良俗的效果上，由原来的绝对、全面无效，变为依具体情形可认定相对无效、一部无效，以及将公序良俗违反作为认定侵权行为之违法性的根据，和作为判决给付返还的根据。因此，现代的公序良俗原则，极而言之，已经成为有关市场交易的无论什么事例都可适用，无论什么样的效果都可导出的一种“魔法条文”，[①] 在市场经济条件下，发挥着协调当事人之间的利害冲突、确保健康公正的市场交易秩序的多样化的重要机能。

五　公序良俗违反行为的类型

鉴于我国大陆法院迄今依公序良俗（社会公共利益）原则处理的判例有限，[②] 笔者结合法国、德国、日本及我国台湾有关著作中所介绍的判例，

① 以上见〔日〕中舍宽树《战后判例中的公序良俗》，《法律时报》64 卷 11 号，第 74～82 页。

② 如张连起、张国莉诉张学珍损害赔偿纠纷案，法院认定：被告在招工登记表中规定“工伤概不负责”，违反宪法和劳动法规，严重违反了社会主义公德，属无效民事行为。参见《最高人民法院公报》1989 年第 1 期。

将现今可能被判断为违反公序良俗行为归纳如下，以供我国大陆学说及实务发展上之参考。

（一）危害国家公序行为类型

国家公序，指国家政治、经济、财政、税收、金融、治安等秩序，关系国家根本利益，其违反行为无论在过去或当代均为公序良俗违反行为之重要类型。例如，以从事犯罪或帮助犯罪行为作为内容之合意；投票用纸之买卖契约；身份证件（身份证、护照等）之买卖合意，规避课税的合意；意图影响投票而为选举人提供免费饮料的合意等。

（二）危害家庭关系行为类型

家庭关系属于政治公序。这一类型在公序良俗违反行为中从来占有重要位置。例如，约定父母与子女别居的协议；约定夫妻别居的协议；约定断绝亲子关系的协议；婚姻关系中的违约金约款等。新出现的代替他人怀孕的所谓“代理母”协议，以及代理母中介协会等，亦属此类型。

（三）违反性道德行为类型

性道德为善良风俗之基本内容。依公序良俗原则确认这类违反行为无效，对于维系社会起码的道德秩序，至关重要。例如，妓馆之开设、转让契约；为开设妓馆而购买或承租房屋的契约；对婚外同居人所作之赠予或遗赠，以同居为条件之财产移转等。

（四）射倖行为类型

指以他人之损失而受偶然利益之行为，因有害于一般秩序而应无效。例如，赌博、买空卖空、彩票、巨奖销售等，但经政府特许者除外。

（五）违反人权和人格尊重的行为类型

人权和人格之尊重，为现代民主法治社会之前提条件。我国宪法明文规定保障人身自由和人格尊严不受侵犯，因此依公序良俗原则规范违反人权和人格尊重的行为，具有重大意义。例如，过分限制人身自由的劳动契约；以债务人人身为抵押的约款；强制债务人在债主家作奴仆以抵偿债务的约款等。北京地区近年出现的企业有权对顾客或雇员进行搜身检查的约款或规定，亦属此类。

（六）限制经济自由的行为类型

经济自由为市场经济之基本条件，其违反行为当然应无效。例如，竞业禁止条款，限制职业自由的条款等。经济体制改革以来，存在的利用垄断地位或行政权力分割市场、封锁市场，限制原材料输出或商品进入的协议或规定，在有关禁止垄断的法律颁布、生效前，应归入这一类型，依公序良俗违反认定为无效。

（七）违反公正竞争行为类型

公正竞争为市场秩序之核心，当然应受公序良俗原则之保护。属于这一类型的行为有：拍卖或招标中的围标行为；以贿赂方法诱使对方的雇员或代理人与自己订立的契约；以诱使对方违反其对于第三人的契约义务为目的之契约等。

（八）违反消费者保护的行为类型

在现代市场经济条件下，消费者为经济上的弱者，无法与拥有强大经济力的企业相抗衡，于是各国执行消费者保护政策，由国家承担保护消费者之责任，消费者保护成为公序良俗原则适用的重要领域。违反消费者保护的行为，主要是利用欺诈性的交易方法、不当劝诱方法，及虚假和易使人误信的广告、宣传、表示，致消费者遭受重大损害的行为。自改革开放以来，这类行为几乎达到泛滥程度，如近年发生的所谓“电子增高器”“换肤霜”“交友热线电话”等典型事例。

（九）违反劳动者保护的行为类型

同消费者保护一样，劳动者保护也是现代保护的公序的重要领域。已构成各国依公序良俗处理的重要类型。如劳动关系中以雇员对企业无不利行为作为支付退职金条件的规定，“工伤概不负责”约款，“单身条款”（即女雇员一旦结婚立即辞退），男女同工不同酬的差别规定等。

（十）暴利行为类型

关于暴利行为，这里稍作讨论。

上文已经提到德国民法将暴利行为作为良俗违反行为的特例规定在法典第138条第2款。其主要原因是，德国在19世纪60年代废除利息限制法，实行利息自由政策，导致金钱消费借贷约定极端高利率，出现“信用暴利”的严重社会问题。1880年、1893年制定禁止暴利行为的刑罚法规，因而产生民法上规制暴利行为之必要。第138条第2款立法之目的，在于强化对暴利行为的规制，但由于条文上规定了“双重要件”，即须有给付间显失均衡的客观要件及乘他人窘迫、轻率或无经验的主观要件，尤其实务上对主观要件作严格解释，因此实务中认定为暴利行为的判例格外的少。说明暴利行为规定并未起到预想的功能。1976年的修正法将主观要件作了扩张，即改为“乘他人的强制状态、无经验、判断力欠缺或显著意志薄弱”，亦未达到缓和主观要件的目的。因此，判例实务对于本应适用第138条第2款，而主观要件不能满足的案件，改为适用第1款作为一般违反善良风俗处理，学说上称为“准暴利行为”。[①] 日本法未特别规定暴利行为，判例学说均认暴利行为是公序良俗违反行为之一类型，解释上与德国法相同，要求客观要件和主观要件，但实务上对于主观要件不具备仍然认定为暴利行为的判例不少。由于未作明文规定，适用上反比德国法更灵活。[②]

德国判例中作为暴利行为处理的，有价值8万马克的不动产以4.5万马克出卖的契约，利息超过市场利率2倍的合意。作为准暴利行为处理的，主要是占有垄断地位和经济优势一方与经济上较弱一方缔结的显失均衡的协

---

① 〔日〕林幸司：《德国法上的良俗论与日本法的公序良俗》，《法律时报》64卷13号，第246~247页；〔日〕鹿野菜穗子：《德国判例中的良俗违反》，《法律时报》65卷1号，第83页。

② 〔日〕林幸司：《德国法上的良俗论与日本法的公序良俗》，《法律时报》64卷13号，第247页。

议。这种情形，给付不均衡特别显著的，推定为有应受非难的意图。依所谓“滚雪球式贩卖法”（Schneeballsystem，即对介绍顾客的人给予奖励的宣传贩卖法）所缔结的买卖契约，亦作为准暴利行为处理。[①] 日本战后判例中暴利行为所占比例最大，在 1948～1989 年共 480 件中，占 228 件（认定 120 件，否定 108 件），主要是违反利息限制法约定高利息及高额违约金的金钱消费借贷契约。判例学说已形成固定见解，仅否定其超过部分的效力，将超过部分充抵原本，尚有剩余可请求返还。其他如违反住宅建筑业法报酬限制的约款；交易约款中对业者有利的条款，如分期付款买卖中的违约金条款、运送约款中的业者免责及责任限制条款、房屋租赁中的居住者限制及保证金不返还特约等。[②] 值得注意的是，日本最近的判例学说出现了所谓“新型暴利行为”的主张，认为对于保护消费者及规制交易约款来说，与适用法律关于错误、诈欺、强迫及意思能力欠缺的规定相比较，作为暴利行为处理更为有利，并将依不公正交易方式、不当劝诱手段缔结的契约称为“关系状况滥用型”或“不当劝诱型”的新暴利行为类型。[③]

我国大陆《民法通则》将传统民法暴利行为一分为二，即第 58 条中的“乘人之危”和第 59 条中的“显失公平”。乘人之危行为，应有利用对方急需、窘迫、危难、轻率或无经验等不利情事之故意，即主观要件；如仅双方给付显失均衡而不具备上述主观要件，则应属于显失公平行为。[④] 依笔者见解，上述规定应有其合理性，在市场经济条件下可以更好地发挥保护消费者利益和规制交易中的违反公序良俗行为的作用。传统暴利行为依《民法通则》应属于乘人之危行为，而德、日判例学说所谓准暴利行为或新型暴利行为，应属显失公平行为。《民法通则》将显失公平行为规定为可撤销行为，亦与法、德、日判例实务中的相对无效相合。

---

① 〔日〕鹿野菜穗子：《德国判例中的良俗违反》，《法律时报》65 卷 1 号，第 83 页。

② 〔日〕中舍宽树：《战后判例中的公序良俗》，《法律时报》64 卷 11 号，第 77 页。

③ 此为大村敦志教授、米仓明教授及长尾治助教授的见解，参见〔日〕今西康人《消费者交易与公序良俗违反》，《法律时报》64 卷 12 号，第 83～84 页。

④ 梁慧星：《民法》，第 137～138 页。

六 结语

从法解释学上说，虽然大部分法律概念都是不确定的，却至少还有可能的文义可以作为法官解释的依据，而公序良俗这类一般条款竟连可能的文义也没有，它只是为法官指出了一个方向，要他朝着这个方向去进行裁判，至于在这个方向上到底可以走多远，则全凭法官自己去判断。这是由于立法者认识到自己能力有限，无法事先预见一切公序良俗违反行为并作出详细的具体规定，因而采“白地委任型”条款，授权法官于个案中依价值判断予以具体化，以求兼顾法律安定性及个案之社会妥当性。德国民法典第138条立法理由书指出：本条为立法者所作之重要一着。赋予法官这样大，且史无前例之裁量权，虽非毫无疑虑，且不能完全避免误用的情形发生。但考诸德国法官忠于良心的品德，毫无疑问地可以信赖他们将谨守本条之规范意旨，予以适用。①

公序良俗原则由于包含了法官自由裁量因素，具有极大的灵活性，因而能处理现代市场经济中发生的各种新问题，在确保国家一般利益、社会道德秩序，以及协调各种利益冲突、保护弱者、维护社会正义等方面发挥极重要的机能。这对于正在向市场经济过渡的我国大陆，尤有借鉴意义和参考价值。面对社会经济生活的急剧变革，各种新问题层出不穷，而社会主义市场经济法制有待逐步建立，应当更加重视法律一般条款的规范功能，仰赖忠于法律正义、熟练掌握法律技术的法官，善用《民法通则》有关社会公共利益及乘人之危、显失公平等原则性规定，应能规制各种各样的公序良俗违反行为。

最后，考虑到“社会公共利益”一语虽可解释为与公序良俗概念相当，但终究难谓正规法律概念，且不能涵括一切公序良俗违反行为类型。因此建议立法机关于制定民法典时，以“公共秩序与善良风俗”取而代之。

---

① 转引自黄茂荣《民法总则》，第538页。

对21世纪知识产权研究的展望

郑成思*

在某一研究领域谈“展望”，有许多困难；在发展极快的知识产权领域，尤其困难。为避免使所“展望”的内容在下一世纪到来后的实践中化为空谈或笑谈，至少有两点是应力求做到的。一是对国际上的有关信息应掌握得尽量地多（虽不可能“全”），也就是应看得尽量广。“不畏浮云遮望眼，只缘身在最高层”，正是告诉我们如何去“展望”。二是虽要结合身边的现实（即结合“中国的国情”），但也不能陷在现实中，而应有“超前”意识。否则为下一世纪所预定的研究项目或规划，就有可能导致重复劳动、走弯路一类的后果，难免如古人所云“时雨降矣，而犹津灌，其于泽也，不亦劳乎”。除了无依据、无理论支持的妄说之外，“超前”并不应被一般地当作“赶时髦”“脱离实际”的同义语。确有价值的现有科研成果中，许多均是超前的；何况对科研的“展望”。

一个国家知识产权研究的水平与发展状况，经常可以从它的知识产权立法的发展中反映出来。

1997年及在这之前的几年里，中国与巴西的知识产权立法（包括有关国

* 本文刊发于1999年第5期。作者郑成思，时任第九届全国人大法律委员会委员，中国社会科学院知识产权研究中心主任、法学研究所研究员，曾任第十届全国人大代表、中国社会科学院学部委员。

际条约的加入或缔结）几乎是同步的。两国几乎同时开始了对外国专利的行政保护，几乎同时开始了给计算机软件似特殊又非特殊的保护，几乎同时开始了对现有版权法修订的考虑。1997 年 3 月，两国不约而同地各自颁布了在各自国家均属第一部的植物新品种保护法规。[①] 不过，到 1998 年，情况改变了。1998 年 2 月，巴西通过了修订后的版权法，并于 6 月实施。其中引人瞩目地包含进了世界知识产权组织 1996 年两个新条约的内容，即增加了网络环境下知识产权保护的内容。这比同年 10 月通过了《跨世纪数字化版权法案》[②] 的美国还先行了八个月。而同年 11 月 18 日中国新闻媒体通报已初步成形的中国著作权法修订案，则仍旧丝毫没有触及网络环境下知识产权保护的内容。

那么，是巴西立法过于超前了，还是中国落后了？我想可能是后者。因为，网络上"侵权"（依法有些尚不能称侵权）的纠纷，在中国当时已经实实在在地出现了。未经许可的"网络书屋"未经许可的"音乐节目上网"等，[③] 已使人感到大大高于书刊盗版、录像制品盗版的威胁摆在中国版权人面前。而我们修订中的法律则对此丝毫无反应。我国的"解密公司"已在报刊上公开刊登广告，收费破解国内从事软件创新开发的任何企业所专有软件的加密措施或其他技术措施，而我们却仍在讨论把"禁止解密"纳入版权是否太"超前"，是否会妨碍国内软件产业发展！当然，这类显然已滞后的问题，本来是应在进入 2000 年之前解决的。已经在立法中将互联网络上的知识产权保护纳入版权法的发展中国家已有一批，如菲律宾、新加坡等，绝不止一个巴西。

那么，从我国已滞后的实际出发，结合国际上的发展现状与趋势，在下一世纪（即明年）到来之后，我们在知识产权领域应研究哪些热点及难点问题呢？可能有三个方面的问题。

---

① 有关巴西 1998 年及此前知识产权立法的发展进程，资料主要来自美国出版的 *IPWorld Wide* 杂志 1998 年第 2 期。读者可查的网址是：http：//ipworldwide. com。

② Digital Millennium Copyright Act of 1998. 读者可查的网址是：http：//thomas. loc. gov。

③ 参见《北京青年报》1998 年 8 月 7 日，第 2 版。

一　新技术尤其是数字技术与网络给中、外带来的共有的新问题

这类问题中的多数，对中、外知识产权界都是新的。其中至少包括下面几个。

（一）网络特点与知识产权特点的冲突如何解决

正如80年代有关“信息社会”论的“热”是由计算机广泛应用带动起来的，目前，“知识经济”论之热，则是由计算机网络及数字技术的广泛应用带起来的，当人们谈及，传统的农业经济及工业经济的特点是有形资产起决定作用而知识经济则是无形资产起决定作用，均会想到：知识产权恰恰是无形资产的重要（或最重要）组成部分。

有人认为在知识经济中，商品生产开始“隐形化”。[①] 事实上，网络环境还使商品流通的一部分也“隐形化”了。这就是人们常说的“直接电子商务”活动。例如，通过网络出售软件、多媒体、数据库等，均已与传统的市场上出售有形磁盘、光盘等销售活动大相径庭了。

知识经济必然而且已经带来知识产权保护上全新的问题。而这些新问题，又集中在网络的应用上。

知识产权的特点之一是“专有性”。而网络上应受知识产权保护的信息则多是公开、公知、公用的，很难被权利人控制。

知识产权的特点之一是“地域性”。而网络上知识传输的特点则是“无国界性”。

上述第一对矛盾，引出了知识产权领域最新的实体法问题。在国际上，有的理论家提出以“淡化”“弱化”知识产权的专有性，来缓解专有

① 钱德元、丁丽华：《知识经济：跨越工业化的新阶段》，《人民论坛》1998年第7期，第21～23页。

性与公开、公用的矛盾。具有代表性的是日本法学家中山信弘和美国法学家戈德斯坦。[①] 而更多学者乃至国际公约，则主张以进一步强化知识产权保护、强化专有性来解决这一矛盾。最典型的例子就是1996年12月世界知识产权组织主持缔结的两个新的版权条约。其中增加了一大批受保护的客体，增列了一大批过去不属于版权的受保护权利。而美国已经在1998年、欧盟国家已准备在1999年，即进入21世纪之前，修订知识产权法，使之符合新条约的要求。此外，在商标保护方面，强化专有性的趋势则表现为将驰名商标脱离商品以及服务而加以保护。

这种强化知识产权专有性的趋势，应当说对发展中国家未必有利，但目前尚没有发展中国家表示出“坚决抵制”。主要原因是：在知识经济中，强化知识产权保护的趋势是抵制不了的。发展中国家应及早研究它们的对策。

上述第二对矛盾，引出了知识产权保护中最新的程序法问题，亦即在涉外知识产权纠纷中，如何选择诉讼地及适用法律的问题。过去，绝大多数知识产权侵权诉讼，均以被告所在地或侵权行为发生地为诉讼地，并适用诉讼地（法院所在地）法律。但网络上的侵权人，往往难以确认其在何处；在实践中，侵权复制品只要一上了网，全世界任何地点，都可能成为侵权行为发生地。这种状况，主要是由网络的无国界决定的。曾有人提议采取技术措施，限制网络传输的无国界性，以解决上述矛盾。但在实践中困难极大，或根本做不到。于是更多的学者，[②] 更多的国家及地区，实际上正通过加速各国知识产权法律国际“一体化”的进程，即通过弱化知识产权的地域性来解决这一矛盾。

国际知识产权法律“一体化”，就要有个共同的标准。多少年来，已确认的专有权，一般不可能再被撤销。于是，保护面广、强度高的发达国家法律，在大多数国际谈判场合，实际被当成了“一体化”的标准。发展中国

---

① 中山信弘、张玉瑞：《多媒体与著作权》，《电子知识产权》1997年第5～12期连载；1998年《知识产权研究》第六卷中 Paul Goldstein 的文章。

② 参见1998年《知识产权研究》第五卷 Paul Geller 的文章，From Patchwork to Network；其中译本请参见1998年《知识产权文丛》第一卷。

家虽然并不情愿，却又阻止不住。世界贸易组织成立时订立的《与贸易有关的知识产权协议》，就是违背发展中国家意愿，统一知识产权保护，又不得不被广大发展中国家接受的典型一例。

看来在这一问题上，发展中国家也应研究对策。这种研究，可能成为21世纪初发展中国家的一个重点。

（二）电子商务中的知识产权保护问题

电子商务影响到的绝不仅仅是知识产权法。

它首先影响了各国的合同法及商法。1995年，美国最先考虑修改其《统一商法典》，随后提出了《统一电子贸易法》的议案，以适应电子商务的需要。[①] 1996年，联合国贸易法委员会发布了《电子商务示范法》、国际商会起草了《电子商务指南》，进一步解释该示范法。此后，不少国家及地区（如欧盟）纷纷开始了相关立法或修法。在发展中国家里，至少新加坡已于1998年颁布了它的《电子贸易法》。[②] 我国立法机关在《合同法》草案中也加进了电子合同的原则性规定。[③] 但正像WIPO的两个新条约只是解决问题的开始一样，电子商务中的合同法及商法问题的全面解决，仍要留给下一世纪。

有人把电子商务分为"直接电子商务"与"间接电子商务"两类。"间接电子商务"即网络上谈判、签合同、订购商品，但商品本身仍需通过有形方式邮寄或送达。"直接电子商务"则是签合同及最终取得商品，均在网络上完成。可以想见，"直接电子商务"会涉及更多的知识产权问题。

网络传输中既已涉及版权产品的无形销售（如上一题所述），就必然产生版权保护的新问题，自不待言。而更值得重视的是，它还必将产生（而且已经产生）在网上的商标及其他商业标识保护、商誉保护、商品化形象保护，乃至商业秘密保护等方面诸多与传统保护有所不同或根本不同的问题。

例如，我国《商标法》将可受保护的标识界定为"文字、图案或其组

① 读者可查的网址是：http：//www. law. upenn. edu。

② 读者可查的网址是：http：//www. ech. ncb. gov. sg。

③ 参见《人民日报》1998年9月7日第10版，第十一条、第十六条等条款。

合”，它只能是“静态”的。而目前已出现把某一动态过程（如小鸡从蛋中破壳而出）作为商标，而且在网上有发展为“时髦”的趋势。这就不仅在版权法领域对于“版权不保护过程”的结论有了明显的反证（说明至少一部分“过程”不应被排除在保护之外），而且改变了传统对商标的认识。可能只有在这种网络上的商业活动，才能使人们感到用“视觉可感知”去界定，比起用“文字、图形”去界定商标更能适合下一世纪商业活动的发展。当然这类纯属形式方面的问题可能还不是最重要的。

正当国内并不鲜见的议论在断言“域名决不会被纳入知识产权保护范围”时，域名已实际上成为商誉乃至商号的一部分受到了保护，甚至已经作为无形财产被实际交易着。这是无须到下一世纪再去弄清的问题。但域名与在先商标权、在先商号权的冲突如何真正妥善解决，则可能要留给下一世纪了。这是一个确实存在的（而不是如下文将讲的有意侵权者的辩护人臆想的）权利冲突。

在驰名商标范围内，20 世纪已大致解决。一些国家的“反淡化法”及 WIPO 准备缔结的国际条约，均立下了这方面的示范。但对于非驰名商标及商号，其与域名冲突的问题，仍无令人满意的答案。这里矛盾的焦点之一倒是在权利产生的程序上。商标权多经官方行政批准注册产生；域名专用权则多经非官方组织登记产生；商号权（按巴黎公约的要求）却仅仅依实际使用产生。21 世纪如果在技术上仍找不到解决冲突的出路，那么法学者的研究成果在这方面仍旧将发挥作用。

（三）生物技术与知识产权保护问题

知识产权新问题并非全部与计算机互联网络有关。生物技术对知识产权保护的影响是基本无关的一个。传统生物技术及其产品（如植物新品种）的保护即使到了 20 世纪末，仍不断在早已实施这种保护的发达国家争论着。例如 1996 年，当欧洲生物学家提出应取消农业生产者对植物新品种的“合理使用”亦即增强其专有权时，欧洲“绿色和平组织”则强烈要求根本取消对植物新品种的专有权。[①] 这类争论的余音，21 世纪在发达国家仍旧会听得到，而在中国这样的发展中国家，则争论可能会开始。

生物基因、新生物合成等发明中的知识产权问题，对中国这样的发展中国家可能就更重要了。在生物技术比较发达的澳大利亚，1998 年本国两个政府研究机构，在以“自己的”植物新品种申请“准专利”（即“植物品种专有权”）时，被指控为“生物盗版”（biopiracy）。[②] 该纠纷所产生出的这一知识产权新术语，是不应被轻视的。中国（至少在北京）已有过极类似的纠纷，但并未引起注意。原因是生物工程总体在中国的发展还较滞后。待到 21 世纪更多国内企业与机构发现这是一个经济效益可能很好的领域并加快在其中的投入时，中国企业与机构之间、中外相关企业与机构之间的这类冲突，比起 20 世纪文化市场上因盗版引起的冲突，不会更少。“生物盗版”与“独立创作”的区分及认定，也会成为使司法界棘手的问题。而 20 世纪内，当国外知识产权界已在研究以血样及其他人体标本为基础的新发明中，血样及标本提供者享有什么权利时，[③] 中国在生物技术知识产权保护方面的研究还极为薄弱，从事研究的人员也屈指可数。这种状况如果在进入 21 世纪仍无改变，将很难应付届时发生的纠纷，很难保护创新者的权益及保护与促进我国生物工程的发展，也很难跟上国际上民事权利保护的新发展。

二　国际上已基本解决，但中国国内仍需加强研究的特有问题

由于我国在知识产权研究方面起步较晚，又有一部分研究是在封闭状态下（即在未接受国外信息的状态下）进行的，所以有些国际上已基本解决，

① 参见英国 *Bio-Science Law Review* 杂志 1997 年第 1 期 R. M. C. Nott 的文章，The Biotechnology Directive：Does Europe Need a New Draft。

② 参见英国 *Bio-Science Law Review* 杂志 1998 年第 1 期 M. Blakeney 的文章 IPR in the Genetic Resources of International Agricultural Research Institutes—Some Recent Problems。

③ 见前引杂志，1998 年第 2 期，H. Newiss 的文章 Rights in Blood and Tissue Samples：Consent Requirments。

乃至我国参加的国际条约已有定论的老问题，在我们这里则还有进一步研究的必要。在21世纪到来之后，更多的国内司法实践及更多的人逐渐打破封闭式研究，都将有助于这些问题在更高的层次上开展讨论，并基本解决。其中至少会涉及下面几个问题。

（一）侵害知识产权的归责原则

中国在20世纪80年代制定的《民法通则》，从原则上已将包括侵害知识产权在内的绝大多数侵权行为，归入“过错责任”。如果只以解释《民法通则》为限，这个问题是无可讨论的。不过，如果把眼界放开一些，就可以看到：绝大多数已经保护知识产权的国家的立法，均要求侵害知识产权的直接侵权人，负“无过错责任”。[①] 凡在国际上被认可的知识产权学者们（无论美英还是法德这些不同法系国家的学者），也无例外地认为对知识产权直接侵权的认定，只看客观结果，不看主观有无过错。[②] 这就需要我们在研究中，不能拘泥于民法通则的原则。同时，国内知识产权执法的实践，也要求我们重新认识这个问题。

其实，在法理上，侵害知识产权的归责原则与侵害知识产权的诉讼时效，是非常近似的两个问题。由于知识产权保护的客体可以同时被相互独立的不同主体所利用（注意：这是有形财产权保护的客体所不具备的特点），侵权行为一旦延续超过两年（即我国《民法通则》规定的时效），这“两年”期限将只约束侵害赔偿之诉，不应约束知识产权的财产所有权之诉。而一般侵权诉讼中，这二诉是并存的。对此，我国最高人民法院已在20世纪内作了恰当的结论。[③] 因此时效问题即使在21世纪仍有争议，可能只是余音而已。

---

① AIPPI 1996年年报的第四、五、七三期及1997年第一期，较全地列出了与会国家知识产权法中采用“无过错责任”的情况，可供研究这一问题的同人参阅。

② 间接引文，可参见《知识产权论》，法律出版社，1998，第260～271页。直接材料可参见W. R. comish著 *Intellectual Property*1996年第三版，Sweet and Maxwell出版公司出版，第44～45、66～67页等。

③ 参见1998年《最高人民法院关于全国部分法院知识产权审判工作座谈会纪要》。

对直接侵权人的归责问题也是如此。只有支持被侵权人的权利归属及其范围之诉，亦即认定客观上的侵入他人产权范围（即“in”—“fringe”）的事实并加以禁止，才有助于避免侵权物进入流通领域或已进入流通领域后进一步扩散（而这正是《与贸易有关的知识产权协议》所要求的）。至于支持被侵权人的损害赔偿之诉，则确应视侵害者有无主观过错而定了。拿日本学者中岛敏先生的话说，即侵害知识产权的物权之诉只以客观为据，而其债权之诉则应辅之以主观要件。① 当然，在这点上，国外也并非无例外。例如，依照美国法律，直接侵权人即使无过错，有时也需负侵权赔偿责任。美国的这种较少见的规定，经过其乌拉圭回合谈判的讨价还价，还居然反映在世界贸易组织的协议中。②

到目前为止，我国不赞成像多数国家那样在知识产权保护中采用无过错责任原则的一个主要原因，在于不少人误以为知识产权的侵权诉讼中，被侵害人的“请求权”仅仅指对损害赔偿的请求，不包含诸如确认权利人的专有权之类的物上请求权，即认为侵权之诉中只有债权之诉而无物权之诉。于是，他们认为诸如德国版权法第 99 条的禁令、没收等，不属于在确认侵权成立后的民事救济。针对这种误解，我国在 90 年代后期已有专著做过分析和论述。例如，王利明等所著《合同法新论——总则》就是其中之一。此外，在《中国法学》1998 年第一期魏振瀛的文章中，更进一步地论述了“侵权责任”（Liability）与“侵权之债”（Obligation）（亦即侵权的损害赔偿）的区别，也有助于我们认识这个问题。

在我国，对于侵害知识产权的无过错责任，只有较少的专著或论文论及它的合理性，而大多数理论界与实际部门的议论，则停留在解释《民法通则》有关条文的合理性，论证应不加更改地一般适用于一切知识产权侵害活动。网络环境下的“在线服务商”作为“特例”，其侵权行为在国外适用“过错责任”原则；我国包括“在线服务商”在内的一切侵害知识产权的行

① 1998 年 2 月 20 日在中国贸促会专利商标事务所与魏启学先生及日本通产省知识产权研究所学者座谈时记录。

② 参见 Trips 第 45 条（2）款。

为，则作为“通例”在适用着“过错责任”。这一类理论及实践上的差距，这种立法上的差距，是否应予缩小，肯定在21世纪还需要继续讨论。互联网络上的侵权行为，在国内外事实上都已经发生了。而对于互联网络上的侵权责任，国外已经讨论了几年，中国则几乎没有开始。

这个问题，无论在21世纪修订几部现有知识产权法之前，还是在制定民法典之前，都应深入讨论，以结合国际上的已有惯例，在我国把它弄清。

（二）知识产权的权利冲突问题

不应一般地否认知识产权的权利冲突的存在。无论中、外，两个或两个以上分别享有相同或不同知识产权的权利人，在行使权利中发生冲突的事，并不罕见。许多已有的及拟议中的立法及国际条约，正是为了解决这类冲突。问题在于，在我国，在20世纪末叶，一批被炒得沸沸扬扬的“权利冲突”知识产权案例，实际上并非真正意义上的权利冲突，而是地地道道的权利人与侵权人的冲突。这些冲突，依照原有的我国知识产权法，本来是可以顺理成章地解决的。而且，有关法院的判决，行政机关的裁决，也大多合理合法，或基本合理合法地解决了。[①] 只是理论界反倒觉得昏昏然，觉得似乎有关的侵权人实际是法律不健全，从而产生出的权利冲突的牺牲品。因此，在21世纪修改原有知识产权法时，就会面临这样的问题了：是把已有的原本合理的规定改掉，还是保留原本合理的规定，进而去解决真正的（包括尚未在我国出现的）权利冲突。

例如，“先用权”性质的并无排他性的“在先权”，与具有排他性的在先权的根本区别。以未曾向社会扩散方式先发明、先使用某一他人专利保护客体之人，在“注册”制国家未注册但已在先使用某一商标多年之人，等等，方享有相对应的、在其后获行政批准而握有专利权、商标权的“在后权”权利。这在大多数国家均是明明白白的（确实有部分国家不承认在先

① 例如，北京第一中级人民法院1997年终审的“武松打虎图”一案，上海高级人民法院1997年终审的“三毛”形象一案，以及国家工商行政管理局商标评审委员会关于撤销“武松打虎图”及“三毛”商标注册的裁决。

使用商标而未注册者有“先用权”——这里另当别论)。而发生在我国的许多议论，则是未经许可而使用了他人已经受知识产权（或其他民事权利，如姓名权、肖像权）保护的内容，是应当判仅仅为侵权，还是应当认为通过侵权便产生了“在后权”的问题。

这一类听起来很简单的问题，若不在理论上弄清楚（从现有的司法判决看，它们在实践中倒往往是清楚的)，对我国 21 世纪实施有效的知识产权保护，肯定会有妨碍。

（三）知识产权法律中一些基本概念的含义

作为一门应用法学，知识产权法学并非没有“基础理论”。起步较晚的中国，在 21 世纪仍需补其基础理论的课，是毋庸置疑的。但应切记：离开了国际上知识产权理论的发展去闭门补课，则仍旧难免走弯路，乃至进入歧途。以往的事实表明：一些知识产权法律中的概念，正是由于闭门研究才越搞越不清的。

例如，版权法意义上的“委托”（Commissioning）显然不同于民法代理意义上的“委托”(Transfer of Power 或更直接一些：Power of Attorney)，但也绝不能等同于加工、定作合同意义上的“承揽”（Contracting)。这从律师有权再次使用（并禁止其他律师使用）其代理词的实质性部分，从检测人可能再次使用其检测报告的实质性部分等实例，均可看到。版权意义上的委托合同在无明确规定时，权利归受托人；承揽合同在无明确规定时，成果归定作人。仅从一般法律的对无形知识产权与有形定作物归属作出的这种不同规定，我们就可以看到把委托等同于承揽在实践中会出多大的差错。只有在极少数场合（如广告制作的承揽合同)，委托与承揽才发生部分重合。对这些早已发生在实际生活中的整体区别及有限的重合，国际上早已归纳到理论的著述中。① 我们则经常以“有限”取代了“整体”，以自己可能较熟悉的有形财产方面的概念，往无形财产上套用着。

① 参见 Paul Geller 主编的 *International Copyright Law and Practice*，Metthew Bender 出版公司出版。

（四）国有企业的改革与知识产权保护

这里讲“保护”，主要是指两方面。其一，企业的“自我保护”，亦即Geller讲的三级保护中的第一级。[①] 其二，国家采取措施制止和制裁侵吞国有无形资产的腐败行为（“侵吞”，在这里包括某些国企管理者有意使无形资产流失以换取私利）。

这是为数不多的、确有中国特色的问题。既然在“知识经济”中，无形资产的投入已经起决定作用，不讲究通过怎样的体制改革方能增加这种投入和减少流失，国企就很难有出路。这可能是21世纪初，我国一个跨学科（知识产权法学、管理学、行政法学、政治学等）的研究课题。

三　知识产权法与民法的关系问题

与传统民法若即若离的知识产权法，经常使人们遇到重重难题。在勉强以规范传统民事权利的准则去规范知识产权时，就往往本想解决难题结果却离了题。在21世纪初，若打算起草出中国自己的“民法典”，就不能不把知识产权与传统民事权利的异同搞清楚。研究二者之“同”，许多人已是感到轻车熟路；对二者之异，许多人则知之甚少，甚至视异为同。因此，研究二者关系的重点，似应放在二者之异上。

（一）知识产权法与民法分立问题

法国19世纪初的《民法典》，为近现代普遍的民法法典化之始。法国20世纪末（1992年）起开始制定的《知识产权法典》是否会成为21世纪知识产权法与民法分立之始，是值得研究的。

法国《知识产权法典》之所以值得我们重视，首先在于它明确规定了知识产权保护在哪些具体问题上“不适用”现行民商法的条文，就是说，

① 参见Paul Geller的文章From Patchwork to Network。

它明确了二者之异在何处[①]（当然，其中也有规定哪些问题适用现行民商法的条文）。其次在于它在行文中，较清楚地反映出一些看上去似与传统民法相同的概念实质上有何不同。这后一方面最典型的，就是该法典第 L121—1 条。它告诉人们：作者享有独立于其作品的“姓名权”，该权是作者精神权利的一部分而不属于民法中任何人均可享有的那种“姓名权”。

国际上已有的将民法法典化的国家不少，但以民法典包容知识产权的国家则较少；已有的各国民法典在不断修订时增加新内容者不少，但增加规范知识产权内容者则较少。这些现象并非偶然，也值得我们研究。对国际上的现状视而不见，我们就还会走弯路，恰如当年执意将知识产权合同纳入合同法、最终仍不得不拿出一样。

（二）传统民事权利与知识产权似相重叠而实不重叠的问题

我国一些知识产权研究论述，往往把作者的人身权与传统民法中一般人的人身权相混淆。这固然在形式上与我国《著作权法》不适当地使用了“著作权人的人身权”这一来自日本及我国台湾地区表述有关，[②] 但更有深一层法理上的原因值得探索。

在市场经济已经很发达的现代地位越来越高的知识产权中，有许多概念并非市场经济尚不发达时即能够形成的。在国际上，有不少后起的发达国家从先起的发达国家、从更加发达的外国引进知识产权保护的特有概念的先例在。我国向市场经济转轨过程中，也可能发生类似的“引进”的必要。我们诚然可以拒绝引进，只要拒绝得有道理。如果认为传统民法中某些固有概念已经可以解决知识产权的特有问题而拒绝引进（或根本不知道国外存在这类可供引进的特有概念），就可能把传统民法中看上去与知识产权中相重叠、实则不重叠的概念，轻率地下了“等同”的结论。这会不利于解决我

① 参见《法国知识产权法典》，黄晖译，商务印书馆，1999，第 L613—30 条、第 L132—15 条、第 L321—11 条等。

② 请注意，《法国知识产权法典》在用语上，则不会引起误解。它使用的是“Droits moraux”，亦即“精神权利”。参见该法典第二编第一章。

国市场中已有表现并即将大量出现的纠纷。

例如，如果认为知识产权项下的“商品化权”（或“形象权”）根本没有存在和加以研究的必要，认为它已经被传统民法中的“姓名权”“肖像权”等所覆盖，那就很难解释20世纪30年代美国法院对“米老鼠”纠纷、70年代日本法院对“螺江先生”“阿童木”等纠纷，是如何解决的。当然也就难以处理中国90年代“小龙人”纠纷、“三毛”纠纷，也难处理日后还将大量发生的类似纠纷。很显然，上述这类应受保护的对象，有些不是真正存在的人或法人，因此谈不上享有“姓名权”或“肖像权”。联合国世界知识产权组织在1996年的示范法中，已经把国际上司法实践中承认多年的“商品化权”列为知识产权中的一项。被我们常常去借用民法概念的日本也在更早就产生了全国范围的“商品化权保护协会”。而我们直到1998年却仍弄不清为什么“三毛”形象即使未合法作为商标使用，仍能够作为知识产权被评估出上亿元的价值。

相信在21世纪初，这类问题随着我国市场经济的法治化，也随着更多的人意识到它们的重要性，会在我国也被认真研究并弄清。

（三）与知识产权法及传统民法均密切相关，但在20世纪的研究中未得到应有重视的问题

这类问题中相当大一部分，应为前文提过的新技术的应用引发的新问题，诸如电子商务、人体基因合成的发明及复制等引发的新问题，这里不再复述。还有一部分则与新技术的应用无关（至少无直接关系）。

例如，“信托财产”在法律中的地位。既难归入“物权”又难归入“债权”的“信托”，是在很长一段时间里，固守民法物权与债权泾渭分明的一些大陆法系国家所不愿接受的概念。但国际金融业务的发展，已经使这种“不愿接受”成为历史。

在我国，在《信托法》草案提出并暂时搁置之前，反倒是知识产权集体管理的实践毫无困难地接受了它，进而又被部分法院的司法实践所接受。[①] 不

① 1998年7月上海法院处理的音乐著作权协会诉张学友演唱会组织者一案，正是把该协会当作音乐家版权财产权信托的“受托人”对待的。

过，似乎应当承认，信托概念在知识产权领域的合理被接受，从我国的立法角度看，是缺乏支持的；从民法学界研究的进度上看，也缺乏法理的支持。法国在 1992 年即建议把“信托”作为一种合同列入《民法典》并已列出了具体的建议条文。我国在那之后开始起草的《合同法》，无论在较早的专家建议稿还是在接近尾声的立法机关公布的征求意见稿上，均未出现过“信托”。我国的“物权法”刚刚在考虑起草。无形财产中知识产权的信托活动却已经在实际进行着。司法机关如果再遇到稍复杂一些的相关知识产权纠纷，必然将面对适用法律乃至寻求法理支持上的困难。在网络环境下，在版权的集体管理在市场经济中显得更加重要的 21 世纪，这种无法律依据的信托活动如何进一步开展，必然成为问题。

20 世纪 90 年代末，我国在信托法的研究上，确有优秀的成果问世。例如，沈达明教授的《衡平法初论》就是。衡平法的重点是信托法。沈教授的专著中，如果删去“禁止反言”一章，称“信托法初论”也无不可。

但因与知识产权相关联而研究信托，则在我国是极为薄弱的。乃至英美法系国家专利法中“依衡平法享有的权利”，总是被误译成“股权”。

在类似的一些问题的深入研究上，知识产权领域先行一步的实践及研究成果，极可能促进我国较完整、较完善的民法体系的形成（虽然我依然赞成法国式的知识产权法典与民法典的分立）。20 世纪 90 年代我国一些专利管理人员对质押问题的研究，我国一些出版管理人员对服务贸易的研究，已经证明了这一点。希望在 21 世纪，会有更多的知识产权领域的研究成果，继续证明这一点。

法律为什么有力量？

——从知识和经验角度对法律内在力量的若干分析

刘 瀚*

人们在简略地回答什么是法律的问题时，常常这样说：法律是经国家制定或认可的，以国家强制力保证执行的社会行为规范。这个说法，一则不是专门回答法律为什么有力量的问题；二则又提到保证法律执行的力量是国家强制力，这就容易给人们造成一种误解，以为法律的力量仅在于国家强制力。其实不然。

法律有内在力量

国家强制力的保证，的确是法律这种特殊的社会行为规范与其他社会行为规范，如习惯、道德和非国家的社会组织纪律等明显不同之处，也是它比其他社会行为规范更有力的原因所在。但是，国家强制力是法律外部的和最终的保证力量，而且从法律规范的整体（包括宪法、法律、法规、规章及其他具有法律效力的规范性文件）和法律主体的整体（包括享受法定权利

---

* 本文刊发于1992年第6期。作者刘瀚，时任中国社会科学院法学研究所法理研究室主任，曾任中国社会科学院法学研究所、政治学研究所联合党委书记兼法学研究所副所长、政治学研究所副所长，中国法学会法理学研究会会长。

和履行法定义务的全体公民、国家机关、武装力量、政党、社会团体、企事业组织等）来说，被自觉遵守的法律规范和能自觉遵守法律规范的主体，都占绝对多数。也就是说，在绝大多数情况下，国家强制力量是不显现的、是备而不用的。例如，在所有法律规范中，刑事法律规范的国家强制力是最明显、最严厉的，但是，我国刑事案件的年发案率只有2‰，是世界上刑事案件年发案率最低的国家之一，即使刑事年发案率高的国家，也只有10‰，少数的是50‰。也就是说，从全世界范围看，绝大多数人是自觉或比较自觉地遵守刑事法律规范的。在现实生活中，绝大多数人的一生都是不触犯刑律的，而且，一般地并不是因为慑于刑法的严厉，想到一旦触犯刑律就会招致军队、警察、法庭、监狱对自己实行国家强制——逮捕、关押、审判、服刑以至被判处死刑——而不触犯刑律的。那么，促使绝大多数人自觉或比较自觉地遵守刑事法律规范的力量，除了作为后盾的、从外部最终保证其执行的国家强制力外，法律是否也有其自身内在的力量呢？回答是肯定的。

知识和经验是法律内在力量的主要成分

对法律的内在力量可以从多角度、多层次上去分析，但对那些好的、不待从外部以国家强制力保证即能被绝大多数人自觉遵守的法律规范来说，构成其内在力量的主要成分，是凝结于其中的具有真理性的知识和经验。例如婚姻法关于一夫一妻制、禁止直系血亲和三代以内旁系血亲结婚、禁止患麻风病未经治愈或患有其他医学上认为不应当结婚的疾病者结婚等规定，就凝结了人类最古老的切身经验和医学科学知识，这对追求家庭生活幸福美满和子孙后代健康成长的有知识、有教养的人们来说，是一种自然的力量。法律如是规定，首先是以法律的形式对人们在这方面的知识和经验的肯定；其次才是防止和制止极少数愚昧无知或出于其他原因违反这些规定的人的违法行为。又如合同（契约）制度，是人们在商品生产出现后，为了交换的安全和信誉，在长期实践中逐步形成的。它凝结了许多知识、经验和教训，目前已发展成为一种内容广泛、形式多样的法律制度。1991 年我国签订的经济合同就有 8 亿多份，标的额超过 1 万亿元，仅首钢一家，一年签订的合同就有十几万份，标的额达 107 亿元（资料来源于《法制日报》1992 年 7 月 2 日、4 日第 1 版）。这样多的合同，当然主要是靠当事人双方自觉履约。因为绝大多数人都从各自的知识和经验中深深地懂得，只有重合同守信用、自觉履约，才能建立良好的信誉，求得生存和发展。如果不是合同制度中凝结的人们的知识和经验的力量起作用，而是单靠外部的国家强制力来保证这么多的合同的履行，那是不堪设想的。

“杀人者偿命，欠债者还钱”，并非法律术语，而是中国的一句古老的格言。它凝结着人们相互保障生命、财产安全的知识和经验。我国刑法以“故意杀人的，处死刑……”的条文规定，吸取和肯定了“杀人者偿命”的精神；我国民法通则以“债权人有权要求债务人按照合同的约定或者依照法律的规定履行义务”的条文规定，吸取和肯定了“欠债者还钱”的精神。对绝大多数人来说，这是不待法律规定或法律具体如何规定而视为当然的。

“知识就是力量。”（培根）体现在法律里的知识，包括自然科学知识、社会科学知识和人们长期积累、潜移默化、世代相传的为人处世的知识和经验，都是力量。对人来说，有知识、有教养是同无知、愚昧对立的。犯罪行为，不论是暴力型的还是智力型的，等等，其原因和动机非常复杂，但有一点可以说是共同的，那就是所有罪犯，（除某些过失犯罪者外）在实施犯罪行为时，都表现了他们的无知和愚昧。绝大多数罪犯可以改造过来的主要原因正在这里；我们对犯罪的未成年人实行像父母对待子女，老师对待学生，医生对待病人一样教育、挽救、感化的方针，并取得了显著成绩的主要原因也在这里。对罪犯，当然要实行强制，但是单靠强制，而不对他们耐心细致地进行劳动改造和法制、道德、文化、技术的全面教育，不对他们进行苦口婆心的思想感化，是很难把他们改造成为遵纪守法、自食其力的新人的。在这里又是知识和经验的力量起了主要作用。

法律体现的意志与知识和经验的关系

法律是经国家制定或认可的，而国家权力迄今为止都是掌握在某一个阶级或某几个阶级联盟的手中的。在现代，大多数国家是通过代表一定阶级的政党或几个政党联合执政的。国家权力首要的一项就是立法权。掌握国家权力的阶级或政党，必然要在法律中贯彻自己的意志，这样，才形成了历史的和现代的性质不同、良莠不齐的众多法律。

意志是人为达到某种目的而产生的心理状态，是人的意识能动作用的表现。它在人的社会实践中形成和发展，受人的世界观的影响，受客观规律和客观条件的制约。它通过语言或文字表达，并见诸行动才能被别人了解。阶级意志是有共同经济地位和政治要求的人们为达到某种目的的意识能动作用的集中表现。掌握国家政权的阶级，把这种意志体现在法律里，并推行全国，以期按本阶级的愿望和要求治理国家。阶级意志以本阶级的物质生活条件为内容，但受本阶级（一般是通过其若干代表人物）对自然规律和社会规律认识的情况和程度（即知识、经验的多寡和正确与否）的直接影响。世界上几个文明古国包括中国在内的古代，都经历过神权法的时代，表明了奴隶主阶级的知识和经验的局限性。封建地主阶级进了一步，资产阶级更进了一大步。以马克思主义为指导思想和理论基础的工人阶级及其先锋队共产党，运用辩证唯物主义和历史唯物主义的世界观和方法论，通过艰苦的探索，能够通晓自然规律和社会规律。因而，体现工人阶级和广大人民意志的法律，是人类历史上新型的法律，它能够保证工人阶级伟大历史使命的逐一完成，实现人类最美好的理想，是内在力量最强的法律。

就个人来说，他的世界观的样式，他对客观规律和客观条件的认识与把握，以及形成怎样的意志，在主观上是取决于他已有知识和经验的；他的意志怎样发展，他为实现意志采取怎样的行动，以及他的意志能在多大程度上实现，又取决于他是否善于在实践中学习、积累知识和经验。客观条件、机遇大体相同，而各人的状况千差万别，有的完全实现了自己的意志，有的部分实现了自己的意志，有的则一事无成，这除了个人无法左右的诸多复杂的客观因素外，就主观说，则是由于积累知识和经验的努力程度不同，掌握、运用具有真理性的知识和经验的程度不同，因而，效果也就不同。个人如此，体现在法律里的意志亦复如此。不过，法律体现的是国家意志，它的制定和实施亦比个人意志的形成和实现要复杂得多。

一部在它有效期间起了保障和促进社会发展的作用，在它失效后仍然在法律文化包括立法技术等方面，对后世有影响，有参考、借鉴价值的法律，都是认真严肃地集中了当时的人们在该法调整领域已经掌握的历史的、现实的知识和经验的结果。罗马法、唐律、法国民法典，之所以被法学家们尊崇为各代表了一个时代的法典，主要是它们所包含的知识和经验中，有许多是具有规律性的，因而，在许多方面至今还放射着异彩。相反地，历史上和现代的一些法律，特别是那些毫不顾及人们的知识和经验的极端偏私的法律，虽然依靠国家强制力可以推行于一时，但其寿命和影响力都是不会长久的。

知识和经验处在一个永无止境地积累和发展过程中。古人的、今人的，别人的、自己的知识和经验，积累、汇集，共同构成人类蔚为壮观的知识和经验的宝库。从某种意义上说，一项法律的起草、审议，就是一个了解、汇集和结合当时当地的情况，在该项法律调整事项的范围内，比较、选择适合于该项法律的知识和经验，用法律术语把它们表现出来，形成法律规范的过程和结果。法律的动议需要知识和经验，否则就提不出，或虽提出了也不会被负责立项的机关和人员根据自己的知识和经验，认为必要、可行而接受。立项后着手起草时，首先的一项工作是挑选具有法律知识和立法经验，以及对该项法律调整事项有丰富知识和经验的行家里手，否则，就没有把握拟出可供提交审议的草案。其次，在合适的人员选定后，他们的一项主要的、大量的工作，是搜集、整理、研究起草该项法律所需要的历史的、现实的、别人的、自己的有关资料，要进行深入细致的调查研究。他们所占有的资料，不论其具体表现形式如何，一言以蔽之，都是这样或那样的知识和经验。起草者对这些知识和经验的占有越全面、越系统、吃得越透、与当时当地的具体情况结合得越紧密，他们起草的法律就越有可行性、价值也就越大。最后，拟定了法律草案，经有关机关或人员提出，进入正式立法程序后的讨论、审议的过程，实际上也是一个有关知识和经验的交流与比较、选择的过程。立法机关的组成人员，对某项法律草案赞成或反对；对某项法律的某些条文赞成、反对或提出补充修改意见；对某项法律的名称、结构、逻辑、术语或其他技术性问题提出修改意见；等等，都是以他们在这方面的知识和经验为基础的。很难设想，一个缺乏一般知识和经验的人，能对某项法律草案提出什么中肯的、有价值的意见。

整个立法过程是一定的意志体现的过程，而一定意志的形成和表达，都是离不开知识和经验的。

知识和经验在法律实施中的作用

法律的制定离不开知识和经验，法律的实施也离不开知识和经验。例如行政执法，是法律实施量最大、面最广的一块，它贯穿于行政管理的整个过程，而行政管理的各个部门，都具有程度不同的专业性，有的具有很强的技术性。因而，公务员要在自己的业务范围内具有丰富的知识和经验，才能胜任工作。现代国家普遍地对公务员的培训、考试、选拔等方面非常重视和严格。有的国家，只有那些名牌大学有关学科的高才生，才能进入公务员行列。业务类公务员实行常任制的重要原因之一，就是要使他们在稳定、连续的工作中，积累知识和经验。在现实生活中，我们经常会发现，不同的人去做数量、质量、要求和难度大体相同的一项工作，由于各人掌握的知识和经验的丰富程度不同，对这些知识和经验运用的熟练程度也不同，因而工作成效上也显现出很大的差别，至于在工作中的创造性，则更有赖于知识和经验。丰富而又能运用自如的知识和经验就是智慧。

行政法规、规章和其他规范性行政文件是抽象行政行为。它们之间，以及它们与法律之间在性质、效力等级等方面是有差别的，但其制定的过程，约与前述制定法律的过程相同，也是把有关的知识和经验分门别类形成行为规范的过程和结果。把行政法律、法规、规章及其他规范性行政文件，适用于行政管理事项和行政管理相对人，是具体行政行为。公务员在作出具体行政行为时，以行政法律、法规等为依据，以自己的能力和对行政管理事项具体情况的了解为中间环节，以对具体问题作出处理为结果。这些环节都充满了知识和经验：行政法律、法规等是知识和经验的结晶；公务员对行政法律、法规等的理解、掌握和运用，主要靠他们的知识和经验；公务员对行政管理事项具体情况的调查研究、作出正确判断与处理，也主要靠他们的知识和经验。

在司法工作中，侦查员、检察员、审判员等人员的知识和经验，对案件正确、及时、合法的处理，可以说有着决定性的作用。精明干练的侦查员之所以神奇，是因为他们有比别人更丰富的知识和经验，别人没有注意到的问题，他们能注意到；别人解不开的疑团，他们能理出头绪；别人要花很大气力才能取得的证据，他们能顺利地取得；别人无法说明的现象，他们能推理判断作出合情合理的解释，如此等等。有丰富知识和经验的审判员，审阅案件材料，立即能抓住关键，开庭时指挥若定，很快能辨明是非曲直，做到胸中有数。受人尊敬的律师，全靠他们的知识和经验，迅速弄清案件，在提问、举证、辩论时，政治、经济、天文、地理、律条、案例等种种知识，信手拈来，运用得体，鞭辟入里，令人折服。称职的监狱、劳改场所的管教工作人员，其实是特殊的人类灵魂工程师，他们要凭借自己的经验，针对不同罪犯的思想和表现，运用法学、心理学、伦理学、社会学等各学科的知识，循循善诱，启发开导，才能使罪犯逐步改恶从善，重新做人。

广大公民（包括各级干部）遵纪守法是他们有知识、有教养的基本表现。知识和经验，使人展开理想的翅膀，铺平前进的道路，选择合法的作为与不作为，获得自由发展的空间和时间，逐一实现自己的理想和追求。而违法乱纪以至触犯刑律者，由于不理解、不掌握这些最基本的知识和经验，不懂得为人处世的基本道理，或心存侥幸、投机取巧，或利令智昏、铤而走险，违反人在社会活动中的规律，必然走入死胡同，导致失去自由，甚至生命，何谈其他？即使免予起诉，不失去自由，或尚未构成犯罪而属一般违法行为，也是一个有知识、有教养、善于把握自己命运的人所不为的。

增强法律内在力量的途径

知识和经验是构成法律内在力量的主要成分，但是，知识和经验在符合实际、符合客观规律即具有真理性的程度方面，往往是有差别的，它们被集中、概括于法律里的情况也是不同的，因而法律的内在力量就有强有弱。例如，由于某方面的知识完全、经验成熟，制定法律时又经过许多人集思广益，这类法律的稳定性和内在力量就强，就容易通过人们的头脑，与人们的知识和经验合拍，产生共鸣，从而让人们自觉遵守。当然，即使这类法律，由于社会的发展，社会关系的变化，在它们所调整的领域里不断出现新情况、新问题，也需要不断地补充、修改、完善。这是正常的，是符合社会发展与人的知识和经验的积累过程的。在制定法律时，由于自己在这方面的知识不完全、经验不成熟，又未能虚心学习和借鉴别人的知识和经验，这样的法律，即使在结构、体例、逻辑、文字表述等方面是好的或比较好的，但由于忽视了该法律调整领域的知识和经验，要么超越于、要么落后于人们的知识和经验，缺乏从内容上通过人们的理解、掌握和运用的基础，因而，就不可能具有稳定性和内在力量。有的法律或法律中的某些条文规定，很难或根本无法实施，从法律本身讲，主要原因之一就在于它有悖于常理，使人们无法理解和接受，也就不可能得到自觉遵守。当然，这都是就法律本身是否真正地集中和概括了具有真理性的知识和经验的角度而言的。法律得不到很好实施的情况很复杂，不能以偏概全，以为凡得不到很好实施的法律都是法律本身的问题。但是，内在力量强的法律，最终都能得到很好的实施，这是毫无疑义的。

那么，如何才能增强法律的内在力量呢？

（一）应该把制定法律、法规等，看作是一项严肃的科学工作。法学是一门社会科学，立法学是它的一个分支学科。参与立法者，包括参与起草法律的工作人员和草案进入正式立法程序后参与审议的人民代表和有关机关的组成人员，都应有一定的法学和立法学知识，都应有一定比例的法学和法律工作者参加。改革开放以来，我国有关部门，注意了这一问题，特别是在制定立法规划、调查研究、起草法律以及法律草案正式通过前的征求意见的过程中，吸收法学和法律工作者参加，广泛征求他们的意见，这是目前基本形成的我国现行法律体系，在建设有中国特色的社会主义事业中，能够发挥巨大作用的重要原因之一。值得进一步改进之处，在于逐步增加有权制定地方性法规以上的各级人大及其常委会和有关机关组成人员中的法学和法律工作者的数量，特别是在上述各级人大代表中，应有一定比例。这将对增强法律、法规的内在力量起到积极作用。从长远看，这是加强社会主义民主政治建设，实行依法治国的必然要求。

（二）应该积极主动地总结我们自己的经验。在立法工作中，我们一直强调以总结经验为基础，并且提“成熟一个，制定一个”的做法，对保证立法的质量起了很大作用。但是，常常有这样的情形：某项法律调整领域的经验已经不少，各方面的呼声也比较强烈，只是由于领导机关、领导人或主管部门没有把它提上日程，或出于其他原因，没有积极主动地组织力量，对这些分散的经验做系统地调查研究和总结，因而，该项法律就一拖再拖，迟迟不能出台。这对期望较快地建立一个形式完善、内容和谐的法律体系的目标来说，就显得很被动。争取主动的唯一办法，就在于积极主动地总结经验。须知，任何经验都不会以现成的形式摆在我们的面前，而都需要我们提炼、加工，总结、提高。许多分散的经验，个性很强，普遍应用价值不大，但当我们对之加以系统化之后，就会变成另外一个样子。因此，应针对那些经过周密论证，而又为客观所迫切需要的立法规划的缺口，积极主动地总结经验。这是一个基本功，不高度重视并花大气力做好这一基本功，再好的规划也只能停留在纸面上。

（三）应该大胆地学习、借鉴别人的经验。历史上和现代各国的法律，从现象到本质、从形式到内容、从原则到具体规定，非常复杂，但是，说到底，它只是人们为达到一定目的的一种工具。时代不同，国度各异，立场、观点、方法有很大差别甚至对立的人们，都在不断地探求如何才能使这一工具更完善、更有力，从而更好地为达到各自的目的服务。在这个永无止境的探求过程中，人们创造出五花八门的法律理论原理，汗牛充栋的法律，数不胜数的具体规定、具体制度和方法、手段，尤其是既以看不见的方式影响法律，又在法律内容和表现形式上随处可见的法律文化，所有这一切，都是全人类共同创造和积累的。其中，既有精华，又有糟粕，都是需要我们了解的。精华可以从正面吸取，糟粕可以从反面给我们以启示；对别人行之有效而又适合我国情况的，自有学习、借鉴的价值，对别人管用而不适合或不完全适合我国情况的，也有学习、借鉴价值。总之，首先要开阔视野，了解别人，才能谈得上学习、借鉴。新中国成立初期，帝国主义封锁我们，后来“左”的指导思想束缚我们，使我们不可能大胆地学习、借鉴别人的经验，这是影响我国法制建设进程的一个重要因素。现在，情况发生了根本变化，我们没有任何理由不放大胆子，学习、借鉴别人有益的经验。

别人的知识和经验，只要带规律性，具有真理性，而且，经过实践检验是适合我国具体情况的，就必然会对建设有中国特色的社会主义事业有积极作用。况且，能够用来增强我国法律内在力量的别人的知识和经验，不同于我们学习、借鉴别人的其他知识和经验，它要经过制定或认可的准备阶段和正式程序，经过许多人的深思熟虑。而且，有中国特色的社会主义法律体系已经基本形成，它以马克思主义为指导，深深植根于有悠久历史和光荣传统的中国大地上，即使我们的胆子再大一些，学习、借鉴别人的东西再多一些，也只能是对我国社会主义法制的一些有益补充。

第六篇

世界政治与中国视角

关于民主理论的几个问题

李铁映*

发展社会主义民主政治，是建设中国特色社会主义的伟大历史任务之一，也是实现社会主义现代化和中华民族全面振兴的最重要的政治保证和制度保证。

为了把中国特色社会主义民主政治建设不断推向前进，需要进一步加深对中国特色社会主义民主的系统理解；海内外敌对势力妄图利用“民主牌”，实现对我国进行西化、分化、弱化的政治图谋，中国特色社会主义民主自然成为它们攻击的重点，也需要认真加以回应。因此，加强民主问题研究，系统地论述马克思主义经典作家的民主理论，阐明中国特色社会主义民主的基本理论、基本制度和基本特征，总结民主政治建设的历史经验，分析当前的新问题，对于进一步增强全党和全国人民的民主意识，树立正确的民主观，积极稳妥地推进社会主义民主政治建设，坚定不移地走自己的民主之路，无疑具有重要意义。在这里，我想就民主理论中的几个问题，做一些探讨。

一

民主概念是历史的、具体的、发展的。在人类历史上，作为政治上层建

---

* 本文刊发于2001年第3期。作者李铁映，时任中共中央政治局委员、中国社会科学院院长，曾任第十届全国人大常委会副委员长，现任中国社会科学院研究员。

筑的民主，是随着阶级和国家的产生而产生，又是随着阶级和国家的变化而变化的。

本文系《论民主》一书的绪论。

亚里士多德（公元前384年至公元前322年）曾依据城邦统治者为一人、少数人或多数人，把古希腊政治制度分为君主、贵族和共和三种常态政体，以及僭主、寡头和民主三种变态政体。可以看出，希罗多德、伯里克利、亚里士多德对于民主的理解大体一致。这是人类文明史上最早的民主概念。不过，必须指出，他们讲的“人民”或“多数人”并不包括奴隶在内。被后人誉为古代民主灯塔的雅典是一个城邦，在最繁荣的时期，境内人口40万左右，其中奴隶约20万，外邦侨民3.2万，公民及其家属16.8万。有权参加议事和审判的公民约4万，仅占总人口的1/10。这就是说，古希腊政治家、思想家们讲的“人民统治”实际上是奴隶主的统治，政权只是在奴隶主的手中。雅典民主制实质上是奴隶主的民主制，是奴隶主对奴隶的统治。管理国家的民主权利只属于奴隶主，而不属于奴隶。

从欧洲中世纪末期起，资本主义生产关系得到了迅速发展，资产阶级逐渐成为社会生活中的重要力量。可是，那时的国家政权仍然掌握在封建统治阶级手中，封建的政治制度及其意识形态保护着封建的经济制度，阻碍着资本主义的发展。于是，欧洲历史上先后发生了文艺复兴运动和资产阶级思想启蒙运动。在启蒙运动前后，资产阶级思想家们举着自由、平等、民主和人权的旗帜，批判神权、王权、等级特权，为资产阶级革命做了思想和舆论上的准备。

英国资产阶级思想家约翰·洛克（1632～1704年）在《政府论》中，批判“君权神授”和“王位世袭”理论，宣传社会契约和天赋人权学说，认为政府的权力来自人民。法国启蒙思想家孟德斯鸠（1689～1755年）在《论法的精神》中，反对封建专制政体，提出三权分立的思想。法国激进的启蒙思想家卢梭（1712～1778年）在《社会契约论》中，提出了人民主权原则，认为主权就是公意的运用，公意就是人民共同体的意志，所以主权属于人民。这些是资产阶级启蒙思想家对民主思想的重大发展。19世纪特别是 20 世纪以来，资产阶级的民主理论，又有了许多新的发展和变化。

资产阶级民主政治制度虽然被标榜为“人民主权”，但实际上不过是资产阶级统治的一种形式。这种制度下的自由、平等、民主和人权，只是资本的特权。随着资产阶级与工人阶级及其他劳动人民矛盾的发展和激化，资产阶级民主就日益暴露出它为掩盖其阶级统治本质的欺骗性和虚伪性。

在中国古代典籍中，民主一词最早见于《尚书》。《尚书·多方》中有“乃惟成汤，克以尔多方，简代夏作民主”① 的记载。这里提到的“民主”是作民之主的意思，它与西方关于民主是“人民统治”的含义迥然不同。在我国，把民主理解为人民统治，只是到了近代才开始的。从清末到中国共产党诞生之前，最具代表性的是孙中山的民权思想。孙中山说，民国则以国家为人民之公产，凡人民之事，人民公理之。他的民主观念，在中国近代史上属于资产阶级的旧民主主义范畴。不过应该指出，在中国古代奴隶社会和封建社会君主专制长期占统治地位的情况下，在一些杰出思想家的著作及其他记载中，有不少带民主性的思想因素；在具体制度设置方面，也存在一些可资借鉴的东西。

总之，在不同的历史时期，人们一般地都把民主理解为“人民统治”，但他们对“人民”和“统治”却作了不同的解释，实际上建立起来的制度及由法律规定的权利，也是大不相同的。这就形成了不同的民主概念和民主实践形式。在社会主义国家民主制度建立以前，各种民主制度有一个共同特征，就是国家制度与劳动人民权利的分离。我们在认识和分析历史与现实中存在的各种形态的民主制度时，绝不能停留于思想家、理论家、政治家对民主概念所作的词面解释，而要揭示其历史的、具体的、阶级的含义，把握其实质。只有从民主的实际含义和民主的阶级实质出发，才能真正揭示出民主在人类历史上的发展规律。

---

① 此句意谓夏桀无道，大失四方人心；唯有成汤，能用四方之贤，深得民心，所以灭掉夏朝，取而代之，作天下之民主。

二

马克思主义经典作家通过批判地继承包括民主理论在内的人类文明成果，总结无产阶级革命斗争的实践经验，创立了马克思主义民主理论。这个理论在人类历史上第一次揭示了民主的阶级实质，阐明了民主的科学规定，确立了民主问题在无产阶级解放斗争中的重要地位，为实现人类历史上更高类型的民主——社会主义民主奠定了理论基础，为全世界劳动人民争取和实现人民民主的伟大实践指明了正确方向，在人类民主理论发展史上做出了划时代的贡献。

唯物史观是马克思主义民主理论的哲学基础。人民群众是社会实践的主体，是历史的创造者，这是唯物史观的一个基本观点。从这一基本观点出发，人民群众应该是国家权力的真正主体。马克思主义经典作家通过对人类民主实践的深入分析，特别是通过对资产阶级启蒙思想家提出的人民主权理论的批判性继承，阐明了民主概念的内涵，揭示了它的本质特征。马克思主义认为，民主就是人民主权、人民意志的实现，就是人民自己创造、自己建立、自己规定国家制度，并运用这种国家制度决定自身的事务。概括地说，民主就是人民当家做主。不过，由于人民和人民当家做主都是历史的范畴，因而，不同历史时期的民主就具有不同的本质和形式。

民主在社会结构中属于上层建筑，是由经济基础决定的，而阶级斗争、政治斗争、思想文化、历史传统等因素，也对民主产生着重大影响。在阶级社会中，民主的主体从来都是经济上占支配地位、政治上占统治地位的阶级，因而民主总是具有阶级性，总是一定阶级用来实现其统治的形式和手段。在此基础上，马克思主义论述了民主的阶级实质及其表现形式的多样性，民主和专政，民主的阶级性和一般社会性，民主的历史性和继承性，民主的目的性和手段性等问题。一般民主、普通民主、绝对民主在历史上是不存在的。但在历史上存在的阶级的、具体的民主，则总是具有可以为后人继承、借鉴的一般的普遍的因素。在人类历史上，民主是不断发展和演变的。

随着这种发展和演变，人类社会自身的组织管理变得越来越有效，越来越文明。深刻理解和把握民主的阶级本质，同时也注意认真总结和批判继承不同历史时期的人们在民主实践中创造的文明成果，是马克思主义对民主问题所持的基本态度。

马克思主义经常在社会不同层面上和不同领域中使用民主概念。在国家政治制度层面上，把民主理解为一种国家形态或国家形式，称作民主的政治制度或民主政体；在人民权利层面上，指广义的民主权利；在管理层面上，指组织管理的民主原则、民主体制；在思想观念层面上，指民主观念、民主精神；在行为方式层面上，指民主作风、民主的工作方法。把民主概念扩展到政治领域以外的其他领域，如经济、文化和社会生活领域，则形成了经济民主、文化民主和社会民主。总之，民主既有基本的含义，又有扩展和延伸的含义，但作为人民权利和国家制度的民主是它的基本含义，是马克思主义民主理论研究的重点。

马克思主义在肯定资产阶级民主所具有的历史进步性的同时，又深刻揭露了它的阶级实质及其历史局限性。由于生产资料的私人占有，资产阶级民主只能是资本的特权，是实现资产阶级统治的政治形式。对于工人阶级及其他劳动人民来说，资产阶级民主不过是金权的统治，是资本项下的权利，是金钱笼子里的自由鸟。马克思揭示了资本主义社会的基本矛盾，并进而揭示了资产阶级民主的深刻矛盾，即理论上标榜代表社会普遍利益，而实际上保护和实现的只是资本的特殊利益；法律形式上平等，而经济地位事实上不平等；国家机构形式上权力分立，而国家政权仍然凌驾于社会之上。因此，资产阶级民主不可能真正实现国家制度与劳动人民权利的统一。在国际上，资产阶级一方面打着“民主、自由、人权”的旗号，另一方面对外却从未停止过侵略和掠夺，推行殖民主义、霸权主义和强权政治。我们认为，这是资产阶级民主内在矛盾的又一表现。

马克思主义通过深刻分析资本主义社会的基本矛盾及由此决定的资产阶级民主的内在矛盾，揭示了社会主义取代资本主义、社会主义民主取代资本主义民主的历史必然性。社会主义民主是工人阶级和其他劳动人民当家做主的民主，是社会成员中绝大多数人享有的民主，是绝大多数人对极少数敌对分子依法实行专政的民主，是工人阶级政党领导、组织人民群众参加管理和实施监督的民主，是为了实现劳动解放、社会解放、人类解放的民主。因此，只有社会主义民主才是人民主权、人民意志的真正实现，才能真正做到国家制度和人民权利的统一，真正做到人民当家做主。这就表明社会主义民主是人类历史上新的更高类型的民主。

一切民族都将不可避免地走向社会主义，但各民族所走的道路并不完全一样。在民主的这种或那种形态上，在无产阶级专政的这种或那种形式上，每个民族都会有自己的特点。巴黎公社是人类历史上工人阶级夺取政权、争得民主的第一次伟大尝试；俄国十月革命胜利后建立的苏维埃政权，是社会主义民主的第一次伟大实践；第二次世界大战后，随着社会主义在一系列国家中的胜利，社会主义民主又在更大范围内得到了进一步的实践和探索。由于社会主义民主是迄今为止真正由人民当家做主的民主，也由于现实的社会主义制度大多诞生于经济、文化比较落后的国家，因此，工人阶级政党必须从本国实际出发，领导人民群众积极探索和创造社会主义民主的实现形式，在实践检验的基础上，将其制度化、法律化。同时，还要清醒地看到，在任何国家，民主的实现都是有条件的。创造社会主义民主的实现条件，探索社会主义民主的实现形式，完善和发展社会主义民主，需要经历一个相当长的历史过程。这是工人阶级及其政党在执政后，将长期面临的重大历史任务。

三

中国共产党的创立和已经走过的近 80 年的发展历程，都是与如何争得人民当家做主的权利和怎样建设社会主义民主政治紧密联系在一起的。

“五四运动”是近代中国反对帝国主义、封建主义的伟大爱国民主运动。它倡导民主与科学，促进了马克思主义在中国的广泛传播。中国共产党在成立初期，就制定了反帝反封建的民主革命纲领，提出了争取和实现人民民主的历史任务。1931 年在江西革命根据地建立的中华苏维埃共和国，成为中国大地上第一个人民民主政权的雏形；在延安创建的民主政权受到当时全国各界追求民主的人们的普遍赞誉，延安被称为中国民主的摇篮。在整个新民主主义革命时期，党领导全国人民，为争取民族解放和人民民主进行了艰苦卓绝的斗争，取得了革命的伟大胜利，在1949年建立了新中国，中国人民开始真正享有民主权利。

在社会主义革命和建设时期，中国共产党领导全国人民为创建适合中国国情的社会主义民主制度，实现人民当家做主，进行了大量的探索和创新，取得了前所未有的成就。毋庸讳言，在民主政治建设过程中，也有过曲折和失误，甚至发生“文化大革命”那样的严重破坏社会主义民主和法制的错误。党的十一届三中全会以后，中国共产党进行了思想路线、政治路线和组织路线上的拨乱反正，开创了改革开放和社会主义现代化建设的新时期，恢复并健全了一系列民主制度，使社会主义民主和法制建设走上了健康发展的道路。

以毛泽东、邓小平、江泽民为代表的党的三代领导集体，把马克思主义基本原理与中国实际结合起来，总结了我党和我国人民在民主建设方面长期探索的实践经验，集中了全党和全国人民的智慧，逐步形成了建设中国特色社会主义民主的理论。

以毛泽东为核心的党的第一代领导集体，正确回答了新民主主义革命时期、社会主义革命和建设时期的一系列有关民主的问题，创造性地发展了马克思主义的民主理论。毛泽东从中国的实际出发，分析了近代中国模仿西方政体屡遭失败的经验教训，指出中国的政治制度绝不能照抄照搬别人的东西，中国的民主政治建设，只能从自己的实际出发，走自己的路。毛泽东创立了人民民主的理论，科学地阐明了国体和政体的概念，论述了人民民主专政是我国的国体，人民代表大会制度是我国的政体；论述了统一战线和共产党领导的多党合作与政治协商制度，创立了新型的社会主义政党制度；阐述了民主宪政的思想，领导制定了新中国第一部宪法，创造了合理配置国家权力的形式；论述了民主集中制是我们国家政权的基本政治原则和组织原则。他提出了在少数民族聚居地区实行民族区域自治的理论，为我们正确处理统一的多民族国家内部的民族问题奠定了理论基础；论述了用民主的方法正确处理人民内部矛盾的思想。毛泽东还倡导在科学文化工作中实行“百花齐放、百家争鸣”的方针；倡导把民主精神和方法推广到社会生活的各个方面。他强调了从群众中来、到群众中去的工作方法；提出要努力创造一种既有集中又有民主，既有纪律又有自由，既有统一意志又有个人心情舒畅、生动活泼的政治局面，等等。所有这些都为形成中国特色社会主义民主理论和制度奠定了基础。

以邓小平为核心的党的第二代领导集体，坚持和发展了毛泽东思想，正确回答了改革开放和社会主义现代化建设中的一系列问题，形成了中国特色社会主义民主理论体系。邓小平阐明了民主与社会主义的关系，指出发展民主是社会主义的本质要求，没有民主就没有社会主义，就没有社会主义现代化。他提出了在坚持人民民主专政条件下，改革和完善社会主义政治体制的一系列理论观点和基本原则，主张通过改革逐步实现党和国家政治生活、经济管理和整个社会生活的民主化。他进一步论述了党内民主与人民民主的关系，强调必须坚持和不断改善党的领导，正确界定党和国家的职能，用党内民主来推动国家政治和社会生活中的民主。他强调，中国人民今天所需要的民主，只能是社会主义民主或称人民民主，而不是资产阶级的个人主义民主。他进一步论述了社会主义民主是民主与专政、民主与法制、民主与纪律、民主与集中、权利和义务的统一，而不是“文化大革命”那样的无政府状态。他强调要坚持四项基本原则，牢牢把握民主政治建设的正确方向，既要反对资产阶级“自由化”和西方的“和平演变”，也要抵制封建主义腐朽思想的复活与侵蚀。他提出民主要制度化、法律化；要加强法制建设，坚决贯彻法律面前人人平等的原则，真正做到有法可依、有法必依、执法必严、违法必究；要加强民主监督，防止和惩治腐败。他要求建立人与人之间的平等关系和个人与社会之间的正确关系，发展基层社会生活的群众自治。他创造性地提出，要用“一国两制”方针解决香港、澳门和台湾问题，实现祖国统一。所有这些，构成了建设中国特色社会主义民主理论的基本内容。

以江泽民为核心的党的第三代领导集体，高举邓小平理论的伟大旗帜，在建设中国特色社会主义的实践中，继承、丰富和进一步发展了毛泽东和邓小平的民主理论。江泽民明确提出了依法治国、建设社会主义法治国家的治国方略，开始了我们党在领导方式和执政方式上的重大转变。他强调，共产党执政就是领导和支持人民当家做主，掌握管理国家的权力，保证人民依法享有广泛的权利和自由，尊重和保障人权。他指出，要继续推进政治体制改革，加强社会主义民主政治建设，进一步坚持和完善人民代表大会制度及共产党领导的多党合作和政治协商制度，推进政府管理体制的改革。要扩大基层民主，保证人民群众直接行使民主权利，依法管理自己的事情。他强调必须加强法制建设，逐步形成有中国特色的社会主义法律体系；法制建设与精神文明建设必须紧密结合，同步推进；要完善民主监督制度，发挥党内监督、法律监督、群众监督和舆论监督的作用，加强对宪法和法律实施的监督，维护国家法制统一；要坚决防止和铲除腐败。他倡导的在全党进行的“讲学习、讲政治、讲正气”的教育活动，是发扬党内民主和人民民主的一次成功尝试。他明确提出了“三个代表”的重要思想，这是对我们党的性质、宗旨和任务的科学概括，是对马克思主义政党理论的重大发展。

总起来看，党的三代领导集体创立的建设中国特色社会主义民主理论，从中国国情和所处的国际环境出发，从中国革命和社会主义现代化建设的全局出发，从中国人民的根本利益出发，回答了关于中国民主政治建设的一系列基本问题。它阐明了中华人民共和国的国体、政体、政党制度、国家结构形式和政权组织原则；论述了民主法制建设与党的领导、经济体制改革、精神文明建设和社会稳定之间的关系；明确了推进中国民主政治建设的战略方针、基本目标与具体步骤，厘清了发展中国社会主义民主政治的基本思路。

党的十一届三中全会以来，我国的改革开放和社会主义现代化建设取得了巨大成就，社会主义民主政治建设不断取得新的进展，政治体制改革在保持政局总体稳定的条件下逐步深入。人民代表大会制度和多党合作与政治协商制度得到了加强和完善；宪法的权威得到了维护和加强。在修宪立法、民族区域自治、政府机构改革、司法改革、反腐倡廉、惩治腐败、城乡基层政权建设、基层群众自治等方面，都取得了积极进展。社会主义法律体系的框架初步形成。人民的民主权利不断扩大，人权保障不断加强，公民的参政议政意识和法律意识不断增强。特别是在"一国两制"的框架下，香港、澳门顺利回归祖国，继续保持繁荣、稳定，公民权利和自由得到切实保障。所有这一切，都证明了中国特色社会主义民主理论和政治制度是符合中国国情的，是行之有效的。

四

有中国特色的社会主义民主与资本主义民主相比，具有本质的区别；与马克思主义经典作家所设想的社会主义民主相比，它是社会主义初级阶段的民主，是具有鲜明中国特色的民主。那么，有中国特色的社会主义民主有哪些基本特征呢？我想着重强调以下几点。

（一）共产党领导和人民当家做主的高度统一

资产阶级通过自己的政党，巩固和维护本阶级在经济和政治上的统治权。无产阶级也必须组织本阶级的政党，在它的领导下争取和维护无产阶级和广大人民群众的权利。否则，就难以争得统治权；即使一时争得了，也很容易丧失。这是无产阶级用血的代价换来的教训。在旧中国，人民争取解放，争取民主的斗争，曾屡屡遭受挫折和失败。只是在以马克思主义为指导的中国共产党登上政治舞台之后，才根本改变了这种局面。没有共产党，就没有新中国，就没有社会主义，就没有人民当家做主的地位和权利。

共产党领导地位的确立，不仅是中国人民所作出的历史选择，也是推进中国社会主义现代化建设和实现人民根本利益的现实要求。中国是个人口众多、幅员辽阔、多民族的国家，经济、文化总体发展水平还比较落后，地区间发展很不平衡，面临着迅速发展生产力，实现共同富裕，推进体制改革，维护民族团结，实现国家完全统一，保持国家稳定和安全，全面振兴中华等一系列繁重而艰巨的任务。完成这些任务是全体中国人民的根本利益之所在。只有坚持共产党的领导，才能够完成上述任务，加快发展生产力，实现中国的社会主义现代化，以满足人民不断增长的物质文化需求。在当代中国，只有共产党能凝聚全国各族人民的力量，调动一切可以调动的积极因素，驾驭如此复杂的局面，完成如此艰巨的历史使命，带领人民走向光明的未来。反之，离开共产党的领导，中国社会就会是一盘散沙，国家就会四分五裂，社会主义现代化建设事业就会夭折，已经取得的成就也将毁于一旦。

中国共产党是工人阶级的先锋队。江泽民指出，中国共产党始终代表中国先进生产力的发展要求，始终代表中国先进文化的前进方向，始终代表中国最广大人民的根本利益。这一重要思想进一步阐明共产党能够担任领导责任的根本前提。共产党来自人民，服务于人民。它的唯一宗旨是全心全意为人民服务，除了人民利益之外，没有任何自己的特殊利益。党的领导和执政的根本目的，就是实现人民当家做主。因此，党的领导与人民当家做主是高度统一的。

人民代表大会是实现共产党领导和人民当家做主高度统一的有效形式，是人民行使国家权力的机关。人民要能够有效地行使自己手中的权力，就必须依靠自己的政党——中国共产党，把自身组织起来，统一自己的思想，协调自己的行动，通过选举自己的代表实行对国家事务的管理。在人民代表大会中，人民代表经过讨论，把正确的意见集中起来，形成国家的法律，再通过各级国家机关来加以执行。共产党对国家政权机关的政治、思想和组织上的领导，是在宪法和法律范围内实行的。这就从制度上保证了党的领导和人民当家做主的统一。

共产党领导和人民当家做主的内在统一及其制度化，是中国社会主义民主的一个基本特征。

（二）多党合作和民主协商的新型政党政治

共产党领导的统一战线既是中国革命取得胜利的一大法宝，也是实现社会主义现代化和维护国家统一的一大法宝。它使我们能够团结一切可以团结的力量，调动一切可以调动的积极因素，完成我们在各个时期的历史任务。它充分体现了协商合作的民主精神。多党合作和政治协商，是在统一战线的历史进程中逐步形成的一种新型政党政治。

在新民主主义革命时期，中国共产党与民主党派和民主人士结成了广泛的统一战线，逐步形成相互合作和协商共事的传统。在长期的共同奋斗中，确立了共产党在统一战线中的领导地位。新中国成立前夕，共产党与各民主党派和民主人士亲密合作，共同制定了起临时宪法作用的《共同纲领》，迎来了新中国的诞生。在社会主义时期，共产党与各民主党派的亲密合作关系继续发展和完善，形成了“长期共存、互相监督、肝胆相照、荣辱与共”的富有中国特色的新型政党关系。共产党与各民主党派之间的关系，就成为执政党与参政党的关系，成为与西方那种执政党和在野党之间迥然不同的友党之间的关系。

共产党领导的多党合作和政治协商制度，如共产党在重大问题上与各民主党派进行民主协商；在多党合作中，进行充分的讨论和研究；共产党和各民主党派之间相互监督，特别是民主党派和无党派爱国人士对共产党进行监督；举荐民主党派、无党派人士在各级政府和司法机关担任领导职务，等等，经过长期的实践证明，是符合中国实际的。它丰富了马克思主义的民主理论，是我们政治制度的一大优势和特征，是政党制度的发展与创新。

（三）对最广大人民的民主和对敌对分子的依法专政相结合

中国特色社会主义民主，是在工人阶级和其他劳动人民掌握了国家政权之后实行的民主，是人民管理国家和社会的政治形式。民主的运作过程不再受资本的操纵。人民是有中国特色社会主义民主的主体，这不仅是法律上规定的主体，也是民主实际运作过程中的主体。

在中国特色社会主义民主制度下，享有民主权利的人民的范围十分广泛。全体社会主义的劳动者、拥护社会主义的爱国者和拥护祖国统一的爱国者，依法享有民主权利。最广大的人民享有广泛的民主权利，同时对极少数敌对分子实行专政，这就是中国特色社会主义的民主政治。民主与专政是辩证统一的。当把人民民主专政作为国家政权的整体时，没有广大人民的民主，就没有人民当家做主的国家，没有对敌对分子的专政，人民的权利就得不到保障，就没有国家的安全。当把民主与专政作为两个侧面时，民主是人民的权利，是人民管理国家和社会事务的方法；专政是国家的一项职能，是依法制裁敌对分子的方法。民主只适用于人民内部，专政只适用于敌对分子。但是，资产阶级的一些理论家和政客，宣称民主与专政是对立的，是互不相容的，攻击人民民主专政。他们用所谓的“一般民主”“绝对民主”掩盖资产阶级民主的阶级专政实质。而任何实行民主制的国家，都是民主与专政的统一体。任何国家都有专政机器，对危害其安全的行为，都要依法惩处。资产阶级国家机器就从来没有放弃过它的阶级专政。

为保障人民当家做主的权利，保障国家的安全、稳定和发展，我们必须始终坚持人民民主专政，充分发挥它的职能作用。对人民的民主和对敌人的专政，是我国民主政治的又一基本特征。

（四）以人民当家做主的制度确保人权的真正实现

中国特色社会主义民主是尊重和保障人权的民主。社会主义的权利主体是人民，保障人权是社会主义的本质要求。社会主义制度是切实保障人权的制度。我国人民民主专政的国体，确认了人民在国家中的主体地位，从而使人权在社会主义制度下体现了其应有的真实性和普遍性。我国人民代表大会制度的政体，通过宪法和法律，确认了全体公民的各项人权和基本自由，并通过各种渠道、以各种方式保障人权的充分实现。在我国，没有这种新型的国体和政体，就没有人民当家做主，就不可能从根本上尊重、保障和实现人权。

我国的人权保障体现出三个显著特点：一是广泛性，人权的主体不是少数人，而是全体人民；享有人权的内容，不仅包括政治和公民权利，而且包括经济、文化和社会等各方面的权利；保障人权的范围，不仅有个人人权，而且有集体人权（即与个人人权相对应的由集体作为主体所享有的权利）。

二是平等性，在社会主义条件下，各项人权不受金钱和财产状况以及民族、种族、性别、职业、家庭出身、宗教信仰、教育程度、居住期限等的限制，为全体人民平等地享有。三是真实性，国家从制度上、法律上、物质上对人权给予保障，实现了法定权利与现实权利的统一。以人民当家做主的制度确保人权的真正实现，是中国社会主义民主政治的又一特征。

人权是历史地产生的，在其发展过程中，必然受到经济发展水平、社会制度、历史文化等条件的制约，体现出人权内涵规定的社会历史性、人权理解上的文化差异性、人权保障的多样性和人权发展的渐进性。对近代以来饱受殖民主义、帝国主义侵略和欺侮的中国人民来说，维护人权首先要保障国家的主权、人民和民族的生存权和发展权。没有这些最基本的权利，其他一切人权均无从谈起。国权不立，人权不保。国家主权是享有人权的基本前提，是实现人权的根本保障。丧失了国权，就从根本上丧失了人权。这是中国人民从亲身经历中得出的历史结论。

（五）以民主集中制保障民主政治正常有序地运转

民主集中制是我们国家政权的基本政治原则和组织原则。这是我们党的民主集中制原则在国家政权建设中的运用。所谓民主集中制原则，就是在民主基础上的集中和集中指导下的民主。这一原则要求在充分反映人民群众意愿的基础上，形成统一意志和共同目标，再通过群众的实践把这种统一的意志和共同的目标变为现实。民主集中制原则已被载入我国宪法，并通过有关的法律法规得到了进一步具体的规定。按照这一原则，全国人民代表大会和地方各级人民代表大会都由民主选举产生，并按照民主集中制原则进行工作，对人民负责，受人民监督；国家行政机关、审判机关、检察机关都由人民代表大会产生，对它负责，受它监督；中央和地方的国家机构职权，是按照在中央的统一领导下充分发挥地方的主动性、积极性的原则来划分的。

民主集中制原则可以保证我国社会主义民主政治正常有序地运行。实行这一原则，能够使人民群众充分发表自己的意见，使各级政权机关能够及时了解人民群众的利益、要求，使我国的民主政治具有广泛的群众性；实行这一原则，能够集中绝大多数人的意志，从而体现人民意志的至上性，使我们在实行统一意志和决策的过程中避免干扰，保证我国的民主政治具有高度的权威性；实行这一原则，能够使我们恰当地处理国家与社会、政府与公民、上级与下级、多数与少数等的相互关系，正确处理各种人民内部矛盾，保证我国民主政治运行的有序性；实行这一原则，能够使我们避免那种议而不决、决而不行、相互牵扯的现象，在统一意志和决策形成之后，立即实施，保证我国民主政治运行的有效性。上述广泛性、权威性、有序性和有效性的有机结合，保证了决策的合理性和科学性，保证了我国民主政治的稳定、正常运行。

实践证明，当我们正确地贯彻执行了民主集中制原则，我国的民主政治就正常有序地运转，并向前发展；反之，就会出现不正常情况，导致我们的事业遭受挫折。我们应该认真总结正反两方面的历史经验，在政权建设中正确执行民主集中制原则。在人民内部要处理好多数和少数的关系，实行“尊重多数，保护少数”的原则。在不影响由多数通过的决策贯彻执行的前提下，应该允许少数保留自己的意见。必须正确处理好民主与集中的辩证关系，既要反对无政府主义的所谓“民主”，又要防止把个人意志凌驾于集体意志之上的所谓“集中”。只要我们正确地贯彻了民主集中制原则，我国社会主义民主政治制度的优越性就一定会得到更好的发挥。

总之，中国共产党在领导全国人民进行革命和建设的伟大实践中，逐步创立了有中国特色的社会主义民主。这种民主坚持了马克思主义民主理论的基本原则，与中国的具体实际相结合，而不是教条式的搬用。这种民主借鉴了世界文明包括西方民主的优秀成果，但与资产阶级民主有着本质的不同。这种民主深深扎根于中华沃土，它吸收了中国传统思想和制度文明中的民主性精华，摒弃了其封建性糟粕。有中国特色的社会主义民主是中国人民真正需要的民主，是人民普遍享有的民主，是能够实现国家的长治久安和兴旺发达的民主。它是世界民主发展史上的伟大创造。

需要指出的是，有中国特色的社会主义民主，同我国正在进行的改革开放和现代化建设的要求相比，还有许多不成熟、不完善的地方，现实生活中也存在不少违背民主和法制的社会现象。发展和完善有中国特色的社会主义民主是全党和全国人民所面临的重大历史任务。我们强调它是有中国特色的，就是要说明，中国的民主只能在我们自己的实践探索中发展和完善。它必须适合中国的社会制度和经济、文化发展水平，适应中国的社会环境和社会需要，而绝不能照抄照搬人家的东西。在别人那里可行的，在我们这里由于国情不同就不一定可行；适合别人的，不一定就适合我们。世界上一切对我们有用的东西，我们都要加以借鉴和吸收，为我所用，从而使中国特色社会主义民主更快地完善和成熟起来。

五

新的世纪已经到来。中国特色社会主义民主政治建设有着光明的前景，也面临着许多新的挑战和艰巨的任务。对此，我们要有充分的思想准备，要勇敢地面对、科学地回答一系列不可回避的尖锐而复杂的问题，把我国的社会主义民主政治建设不断推向前进。

从世界范围来看，经济全球化是一种客观趋势，但必然伴随着经济、政治和意识形态的激烈斗争。如何正确认识经济全球化条件下的民主问题，正确处理经济全球化和独立选择本国的发展模式及文化多样性的关系，是我们面对的一个重大课题。多极化是国际政治发展的趋势，但超级大国倚仗其经济、科技和军事实力，推行霸权主义和新干涉主义，企图使其他国家，特别是发展中国家沦为其附庸，仍是当前的现实。民主问题必然成为国际斗争的一个焦点。如何挫败霸权主义包围和遏制中国的图谋，更好地坚持和发展有中国特色的社会主义民主，是我们面对的又一个重大课题。科学技术特别是信息技术和生物工程的迅速发展，正在极大地影响和改变人们的生产方式、生活方式、交往方式和思维方式。如何在高科技迅速发展的今天，更好地建设中国特色社会主义民主政治，也是我们必须认真研究和应对的重大课题。

还要看到，世界社会主义运动现在处于低潮。如何全面正确地总结无产阶级专政的历史经验和教训，总结社会主义民主政治建设的经验和教训，保证我国的长期稳定发展，是摆在我们面前的一项重大政治任务。

在国内，随着改革开放和社会主义现代化建设的深入发展，民主政治建设也面临着许多迫切需要解决的问题。例如，如何进一步健全和完善民主监督，遏制和消除腐败；如何继续加强党内民主建设、基层政权和群众性自治组织的民主建设，满足人民群众在进入小康社会后日益增长的精神文化需求；如何进一步提高全民族的民主素质，增强法制观念，建立完备的法律体系，更好地尊重和保障人权，实行依法治国；如何促进民主政治建设与经济体制改革和精神文明建设的同步发展；如何在目前这个社会急剧变革、人们的利益关系有重大调整的发展阶段，积极稳妥地推进社会主义民主政治建设。所有这些问题也都必须加以回答。

迎接挑战，实现发展，必须坚持邓小平理论，一切从社会主义初级阶段的实际出发，在党的领导下，按照党的十五大所确定的发展中国特色社会主义民主政治的战略目标和改革任务，按照江泽民提出的“三个代表”的重要思想，积极稳妥地推进政治体制改革。政治体制改革是个逐步推进的历史过程。当前，我们一方面要把已经形成的民主制度的作用发挥好，把已经制定的法律、法规执行好，把正在进行的改革继续深入下去；另一方面，要注意研究新情况、新问题。在政治体制改革问题上，我们既要有紧迫感，但也不能操之过急。

迎接挑战，实现发展，必须加强对中国特色社会主义民主政治的理论研究，进一步搞好理论建设。必须看到，在建设中国特色社会主义民主政治的进程中，积累了很多新的经验，有待我们从理论上去提炼和升华；对实践中出现的许多新情况、新问题，需要我们从理论上去探索和回答。尤其对新世纪国际国内提出的一系列重大课题，需要我们去研究和应对。社会主义民主政治理论是科学社会主义的重要内容，是马克思主义的政治学说，必须加强马克思主义政治理论的研究；要总结历史上的经验教训，揭示世界范围内民主政治的发展规律，必须加强政治哲学和民主史的研究。要正确对待人类在实践中所创造的民主成果，既看到民主在社会发展中的积极进步作用，也看到民主不是万能的。值得注意的是，西方敌对势力利用民主问题大做文章，它们运用花样翻新的政治和理论的“软武器”，发动了一场没有硝烟的政治战、意识形态战。我们必须加强社会主义民主政治的理论宣传和教育，增强全民的社会主义民主政治意识，坚决抵御资产阶级民主政治思潮的扩张和渗透。坚持、丰富和发展中国特色社会主义民主的理论体系，是我们肩负的崇高历史使命。

迎接挑战，实现发展，还必须继续探索有利于体现社会主义民主本质的具体实现形式，进一步搞好制度建设。我们认为，衡量社会主义民主政治建设成败得失的基本标准是：第一，要看它是否有利于坚持四项基本原则，真正实现人民当家做主；第二，要看它是否有利于解放和发展生产力，促进经济发展，逐步实现人民的共同富裕；第三，要看它是否有利于维护国家统一、民族团结和社会稳定；第四，要看它是否有利于增强党和国家的活力，调动一切积极因素，实现社会的全面进步。社会主义民主政治建设是一项探索性很强的实践活动。一个构想，一项政策，一种制度安排，只要符合了这些标准，就应积极稳妥地去试，在实践中不断地加以完善，使之逐步成熟和定型。

有中国特色的社会主义民主政治建设，是一项前无古人的开创性事业。尽管由于特定的国情，中国社会主义民主政治建设中存在特殊的复杂性、艰巨性和长期性；尽管在前进的道路上，难免有这样或那样的错误和挫折；尽管我们面临着错综复杂的国际环境，但是，彻底的唯物主义者是无所畏惧的。中国共产党人对马克思主义，对中国的社会主义事业，有着坚定的信念。只要我们高举邓小平理论的伟大旗帜，紧密地团结在以江泽民为核心的党中央周围，坚持党的基本路线，从中国的实际出发，沿着建设中国特色社会主义这条道路坚定不移地走下去，我们就一定能够实现社会主义现代化，一定能够使有中国特色的社会主义民主日臻完善，一定能够实现中华民族的伟大振兴！

论民族与民族主义

李少军*

一

研究民族与民族主义理论，离不开有关民族的基本概念。概念不同，其结论就会相异。多年来学术界在民族问题上争论不休，原因之一就是界定各异。这些界定从不同的视角，强调了民族构成的不同因素。对于这些界定，人们习惯于按照客观派和主观派来归类。① 所谓客观派，就是强调民族构成的客观因素，这大致包括地理条件、宗教信仰、肤色、种族、语言、习惯以及共同的法律制度和政治制度等；所谓主观派，则主要强调人的意愿。

客观派的代表人物有马志尼（Mazzini）、韦伯（M. Weber）等。马志尼强调的是意大利的独特地理条件。韦伯强调的是政治功效。罗高斯基（R. Rogowski）追随韦伯，把民族定义为“文化独特的群体，它能够作为独立、统一和自足的政治实体存在”。②

早期强调主观因素的典型代表人物是雷南（E. Renan）。他认为，民族

---

* 本文刊发于1994年第5期。作者李少军，曾任中国社会科学院世界经济与政治研究所国际政治研究室主任，现任中国社会科学院世界经济与政治研究所研究员。

① 哈斯（E. B. Haas）：《什么是民族主义和我们为什么应研究它?》，《国际组织》1986年第3期；王缉思：《民族与民族主义》，《欧洲》1993年第5期。

② 《发达西方的新民族主义》，第87页。

是一个群体，组成群体者的意愿使他们构成一个社会。他有一句名言，即“民族是逐日进行的公决”,[①] 意思是说如果人民愿意，这个民族就存在，如果他们不再愿意“合在一起”，他们就会分开。按照这种界定，民族构成的决定性因素是人的意愿。这种看法在西方很有影响。

还有另一种“主观型”界定，即强调人的想象。比如安德森（B. Anderson）就提出了“假想的共同体”概念。他认为，民族是一个假想的政治共同体——被想象为原本是有限的和有主权的。它之所以是想象出来的，因为即使一个最小民族的成员也绝不会认识大多数伙伴，不可能见过他们、听过他们讲话。然而，在每一个人的心里，都存在这种有关共同体的想象。他认为，所有的共同体，都大于存在面对面接触关系的原始村落，但这个大又是有限的，因为最大的民族也有明确的边界，在边界之外是另外的民族。任何民族都不会想象自己与人类具有相同的广度。[②]

哈斯（E. B. Hass）对民族的界定是强调人的意识。他认为，民族是一个得到社会动员的个人群体，这些人按照他们自己的想法，确信自己这群人是由于具有一系列使之有别于其他群体的特征而结合起来的，并且正努力创造或维持自己的国家。这些人具有集体的意识，具有独特的情感。因为他们有共享的核心象征。哈斯指出，一旦人们认为群体的象征与其他群体的象征没有区别，这个民族也就不再存在了。[③]

按照人的意愿界定民族，准确地反映了民族是一个由情感和意愿的纽带联结的共同体。不过，这样的界定有很大的缺点，即它亦可适用于其他的共同体，诸如国家，甚至政党。

因此，界定民族应把主观因素和客观因素结合起来。一个民族可能有共同的种族、语言、历史、政治和文化经历和共同的领土基础。但是，缺少其中的一项乃至几项，仍然可以是世界公认的民族。斯特林（R. W. Sterling）

① 盖尔纳（E. Gellner）:《民族与民族主义》，第 53 页；史密斯：《民族主义理论》，第 11 页。

② 哈斯（E. B. Haas）:《什么是民族主义和我们为什么应研究它?》，第 717 页。

③ 哈斯（E. B. Haas）:《什么是民族主义和我们为什么应研究它?》，第 726 ~ 727 页。

提出了一种很有启发性的看法，他认为民族构成因素中最重要的是要求统一的政治意愿，而地理、种族、语言、文化等实在因素则都是政治意愿用以构造民族共同体的原材料。如果原材料一无所有，自然无从构造，但缺少一项甚至几项，却并不一定影响民族的构成。[①] 菲利普（A. B. Philip）亦持这种看法。他在论述一个民族区别于另一个民族的因素时，提到了共同的领土、共同的语言、共同的文化、共同的历史和共同的宗教。他指出："在每一个民族运动中，这些因素的存在并非一个不少，但是，如果这些因素都不存在，那么也就不存在任何名副其实的民族主义了。"[②]

换一个角度看问题，民族的构成也可以说有这样两个方面的因素，即过去的因素和未来的因素。客观的种种"共同"，无论怎么说也是历史的产物，是过去的既定事实，人们是否能形成一个民族，还要看对未来的意愿。埃默森（R. Emerson）的界定就涉及了这一点。他把民族界定为"人民的共同体"，认为这些人"是在双重意义上聚合在一起，一方面他们深深地共享着一种共同遗产的种种重要因素，另一方面他们就未来而言有共同的命运"。[③] 这种界定强调的是对过去和未来的认识。

其实，所谓意愿，归根结底乃是由民族情感决定的。这种情感是民族构成的内聚性因素。密尔（J. S. Mill）指出，如果人类的一部分由共同感情联结在一起，这种感情不是他们和任何别人之间共同存在的，这部分人类可以说就构成了一个民族——这种共同感情使他们更愿意彼此合作，希望处在同一个政府之下，并且希望这个政府完全由他们或他们中的一部分人治理。密尔还认为，共同感情的产生有种种原因，与共同的种族和血统有关，与共同的语言和宗教有关，地理界限可能也是原因之一，但最重要的乃是共同的政治经历，包括共同经历的骄傲和耻辱。密尔的界定强调了政治历史因素，而这种因素所导致的共同的政治意愿，涉及了一个更进一步的问题，即实现民族自治的问题。

---

① 斯特林：《宏观政治学》，第182页。

② 米奇森：《民族主义的根基：北欧研究》，第5页。

③ 埃默森：《从帝国到民族》，第95页。

二

“民族主义”概念源于何时，大概还不能确定。据史密斯（A. D. Smith）介绍，该词最早出现于中世纪的莱比锡大学。不过，当时无论是 nation（大学教授和学生按出生地形成的团体）还是 nationalism（维护这种团体的利益）都与现代用法相去甚远。人们通常认为，现代意义上的民族主义出现于 18 世纪的欧洲，在时间上与资产阶级革命大体相合。但是，民族主义一直没有标准的界定，即使到了 19 世纪，在概念上与现代的用法仍有很大距离，正如史密斯所提到的，在 1836 年的《牛津英语字典》中，民族主义所表明的还是这样的意思，即某些民族是神选对象。①

就世界范围而言，随着时间的推移，已形成了越来越复杂的民族体系和民族国家，与此同时，民族主义的含义也越来越复杂化、多元化，形成了多视角的界定。例如，英国皇家国际事务研究所 1939 年的报告把民族主义定义为一种“意识”；科恩（Hans Kohn）是把它定义为一种“心态”；韦伯是把它定义为“共同的情感纽带”。② 这种歧义迭出的情况确实为理解民族主义的概念增加了难度。

从社会学的角度看，无论如何界定民族主义，它总是各种各样的社会要求的产物，诸如政治要求、经济要求、文化要求、宗教要求等。这些要求中，最根本的是政治要求，在一定意义上，民族主义是一个具有认同感的人类群体所表现出来的休戚与共，这些人有民族地位意识，谋求给予这种共同体一个政治实体，要么是实现自治，要么在不能实现自治的情况下得到某种其他形式的政治承认。

菲利普把民族主义概括为这样的信念：人类自然地划分为民族。每一个民族都有自己的个性或特征（有时甚至有相对世界而言的天职），这些东西

---

① 史密斯：《民族主义理论》，第 167 页。

② 史密斯：《民族主义理论》，第 174 页。

是该民族的历史和文化的产物。此外，所有民族都有权利管理自己的事务，而且只有这样做一个民族才能实现它的全部潜能。最后，公民或每一个人首要的是忠诚于自己的民族国家。[①]

史密斯对民族主义的概括包括菲利普所讲的这些内容，另外他还强调：民族整体是一切政治权力的来源，为了自由和自我实现，人必须认同于一个民族；民族只有在其自己的国家才能臻于完善；忠于民族国家高于一切，全球自由和谐的主要条件就是民族国家的加强。[②] 凯杜里（E. Kedourie）所概括的民族主义，还加了这一条，即“唯一合法的政府形式是民族自治政府”。[③]

综合各种有关民族主义的界定，可以概括出这样两项要求或基本原则：（1）每一民族都应成为一个国家。（2）每个国家都应由一个民族组成。早在 1861 年，密尔就提出了这一点。他认为，自由制度的一个必要条件就是政府范围应大致与民族范围一致；凡是民族感情有效存在的地方，就存在把该民族所有成员联合于他们自己的同一政府之下的根据。

盖尔纳（E. Gellner）认为，民族主义主要是一个政治原则，坚持政治单元与民族单元应当相合。对民族主义情感或民族主义都应当从这个原则出发进行解释，即民族主义情感是因这一原则受到侵犯或得以实现而产生的愤怒或满足感。而民族主义运动正是受这种情感驱使的运动。[④]

现在越来越多的人清楚地看到，尽管民族主义在构成上的文化因素因时因地而异，但它所涉及的问题本质上是政治问题，它所要实现的根本目标是政治目标，这包括民族自治、民族自决乃至建立民族国家。自 19 世纪下半叶开始，人们（特别是在欧洲）逐渐有了这样的认识：每个民族都应构成一个国家，而这个国家应当包括整个民族，也许甚至只应包括该民族。这种信念构成了最一般化的民族主义信念。正是这种信念推动了民族主义政治的

① 米奇森：《民族主义的根基：北欧研究》，第 1 页。

② 史密斯：《民族主义理论》，第 21 页。

③ 凯杜里（E. Kedourie）：《民族主义》，第 1 页。

④ 王缉思：《民族与民族主义》，第 1 页。

发展。

从这里可以看到，民族主义所涉及的基本政治关系就是民族与国家的关系。其实，这种关系从民族的词义上也可以看出来。在英语中，nation 既有“民族”的含义，亦有“国家”的含义。联合国及其前身国联，都是以 nation 表示国家。在英语中，有三个词可以译为中文的“国家”，这就是 nation、state 和 country。然而，这三个词虽然都指国家，但侧重点是不同的：nation 指的是人组成的国家；state 主要是从政府角度来指国家；而 country 则主要是指地域意义上的国家。在这里，nation 所指的人，当然不是单个的人，而是指形成民族的共同体。在这个词义上，民族与国家也可说成一回事，民族构成为国家，而国家由民族构成。

三

民族主义自产生起，就与现实政治问题连在一起。历史学家们常常指出 19 世纪是民族运动和自决的时代，确实，欧洲正是在这一时期形成了一系列民族国家。但是，实际上 20 世纪也许更有资格被称为民族主义时代。

20 世纪之初的最大事件就是第一次世界大战。大战末期，民族主义第一次成了解决国际问题的指导原则。1918 年 1 月 8 日美国总统威尔逊提出的“十四点”，就包含了解决欧洲诸国国界划分的民族主义原则，如“意大利边界的重新调整，必须按照显然可识的民族界线来实现”，“对于我们希望保障其国际地位的奥－匈帝国治下的各民族，必须给予最自由的机会，使之获得自治的发展”。美国官方的解释提出，“各国疆界应尽可能按照种族划分”。[①] 尊重民族同一性和民族自决成了 1919 年凡尔赛条约的特色之一。

如果说第一次世界大战的民族主义运动奠定了资本主义世界民族国家体系的话，那么第二次世界大战和随之而来的民族解放运动则确立了一大批社会主义国家和新兴独立的民族国家。这是民族主义运动历史发展的又一个重

① 《国际关系史资料选编》上册，武汉大学出版社，1983，第 377～386 页。

要阶段。这个阶段所体现的主要是被压迫民族反对压迫民族的斗争。当然，除了这种大趋势之外，在许多国家内部还同时存在小民族争取自决的斗争。自20世纪80年代以来，特别是苏联和南斯拉夫解体之后，民族主义运动又呈现了新的热点。这可以看作一个新的阶段。这个阶段的主要标志是一系列新的民族国家的出现以及区域性民族冲突和民族战争的加剧。

对于两百年来在国际舞台上一直起重要作用的民族主义，人们必然会进行价值判断。然而，正如对民族和民族主义概念的界定众说纷纭一样，对民族主义的评价也是各有说法，莫衷一是。

斯特林认为，民族主义作为自由、财富、权力的带来者所取得的成绩，至少与它作为冲突与死亡的带来者的记录不相上下。[①] 菲利普认为，民族主义就像掠过人类社会的风一样，有时是和煦海风，令人心旷神怡，有时则像飓风一样摧毁所遇到的一切。从好的方面来说，它为人民民主和丰富文化提供了促进因素；作为恶势力，它是种族主义在意识形态上的同盟者，是大陆战争的导火索。他认为，在当今世界，民族主义已变成了遍及世界的政治社会的基本要素之一，因此，应把民族主义看作一个政治存在的事实，而不能把它作为相对善或恶而言的必不可少的力量来对待。[②] 菲利普的这种看法是比较客观的。确实，对民族主义是无法作抽象的善恶判断的。在不同的时期，在不同的背景下，它的作用可能完全不同；有时当时看似不错，但过后却发现后患无穷。

民族主义追求目标是基于这样的期望，即民族国家才是政治社会的理想形式。换言之，民族主义认为没有国家地位，就不能实现完全的民族地位。事实上，得到联合国承认的国家就是 nation。得到了这种承认，在国际舞台就有了各种权利（当然也免不了各种义务）。在当今的国际社会，作为一个民族得到承认，常常就是作为一个国家得到承认的附带结果。

然而，人们接着就会提出这样的问题，即实行民族主义真的能给人民带

① 参见《宏观政治学》，第181页。

② 米奇森：《民族主义的根基：北欧研究》，第4页。

来幸福、权利的发展吗？作为一个民族得到承认，很容易使该共同体在文化上统一起来（如实现该民族在语言、宗教等方面的同一性），这是毫无疑问的。但是，就其他方面而言，则很可能产生原先不曾有过的问题，例如经济问题和国防问题。作为一个国家得到承认，就意味着切断原来参与其中的各种政治、经济、文化和军事联系。切断政治、文化联系，这原本就是民族主义的目的，但切断经济、军事联系是否有利于这个民族的利益就不是简单的问题了。在全球体系日益发展的今天，经济发展在日益国际化，防务也日益国际化，安全问题往往不是一个国家自己所能解决的，所以这种“切断”常常会给有关的民族带来极大的困难。苏联和南斯拉夫解体之后，就出现了许多类似的问题。

建立民族国家可以说是民族自决的最终结果。而民族自决也可以说是民族主义的主要形式。现在人们往往把民族自决同“人民主权”联系在一起，把民族自决解释为一种民主形式，即根据社会多数成员的意愿作决定。然而，从现实情况来看，我们会发现，除非一个地区只存在一个“民族”，否则自决只能是大民族的自决。在一个多民族的地区，总会有多数民族和少数民族，实行民主式的多数统治，就使得少数民族处在了一种绝对的少数地位。他们永远不会成为多数，永远无法自决，除非是在国际力量的支持下诉诸武力。在南斯拉夫联邦面临解体之际，联邦内的各民族就碰到了这样的多数与少数的问题。作为联邦范围最大民族的塞族力主保持联邦，提出应在全联邦范围内决定南联邦的前途，认为塞族人民有权继续生活在一个共同的国家里，不能使之在某个独立出去的共和国里成为少数民族。然而斯洛文尼亚、克罗地亚、波黑等共和国内的主要民族却主张在各自的共和国内决定是否独立。这就引发了民族利益的冲突。其结果是克罗地亚、波黑等共和国宣布独立，但在这些独立的共和国境内，居少数的塞族亦开始了分离运动，纷纷成立自治区或独立共和国。民族争端就是由此而起。其实，在塞族宣布分离的地区内，亦有其他民族的少数问题。在各自民族同胞的支持下，这种错综复杂的利益冲突在历史宿怨的催化下最终演变成了一场剧烈的武装冲突和民族仇杀。事实证明，民族自决与人民民主不是一回事。民族自决并不排除压迫少数的可能性。

阿克顿爵士（Lord Acton）认为，把个别民族造就成国家，就会造成容不得异己的国家，而一个真正自由的、无压迫的国家应该是容纳多民族的国家。因此他对民族主义持尖锐的批评态度，指出了它所内含的危险性。他说："民族化的目标既不是解放，也不是繁荣，它为了把民族确立为国家模式和范围的急迫需求而牺牲了这两者。"[①] 他认为民族主义的过程将以物质和道德的毁灭为标志。

鉴于民族主义所带来的种种问题，理论家们一直在寻找替代解决办法。雷南指出，对任何构成民族的群体来说，重要的都是良好的遗忘能力。这就是说，回顾只能适可而止，否则人们所发现的也许更多的不是共同性而是多样性。这种提法可以作这样的解释，即构成民族应该向前看而不是向后看。事实上，存在过许多这样的事例，不是先有民族后有国家，而是先有国家后有民族。美国就是典型事例。人们一直把美国称为"熔炉"，因为它的既定政治社会能够"熔掉"外在多样性。当然，美国有它自己的特殊性，即它是一个"新大陆"，没有历史包袱，没有积淀下来的民族问题。但是，作为一种民族模式，它毕竟向人们展示了一种非常有意义的可能性，展示了一种选择，即以政治统一为基础实现民族融合。

在宏观上，从部族到民族，从民族到国家，再从国家到全球化，这似乎是历史发展的大趋势。人们往往认为，民族主义是农业社会向工业社会过渡过程中的时代产物。显然，民族主义是有它的历史合理性的，但它的历史局限性也是不可否认的。从现实政治实践看，它更多地强调的是历史的因素而不是未来的因素，换言之，它更多地是向后看而不是向前看。它唤醒人们的民族历史意识，其结果往往会揭开历史的伤疤，激起人们的民族情绪，甚至是民族仇恨情绪。这种民族情绪作为历史积淀下来的东西，在风平浪静的情况下，可能安然无事，但一旦被搅起来，则久久不能平复。民族问题之所以难以解决，这大概是一个重要原因。

---

① 阿克顿：《论自由与权力》，转引自史密斯《民族主义理论》，第9页。

当然，现今的民族主义运动也受到了很大的制约。其中最主要的制约因素就是国际社会。任何一个民族，无论是实现自治还是建立独立的国家，都不得不考虑国际社会的反应，因为得不到国际社会的承认，就会受到强有力的干预和制裁。自 80 年代以来，联合国在解决民族争端方面发挥了越来越大的作用。例如，1983 年塞浦路斯土族宣布成立“北塞浦路斯土耳其共和国”就受到了联合国安理会的谴责，而近期的波黑问题更一直处在联合国的干预之下。再者，全球性经济体系和安全体系的日益发展也使得单一民族建立国家的企图受到制约。这些因素也许会给未来民族社会的发展带来重大影响。

怎样观察当代中国*

朱佳木**

当代中国也称新中国，是指 1949 年在中国这块古老土地上成立的中华人民共和国。要用一个小时讲清楚当代中国的国情，是一件很困难的事。不过中国有句俗话，叫“授人以鱼不如授人以渔”。就是说，送给别人鱼，不如教给别人打鱼的方法。因此，我想在这段时间里重点介绍一下观察当代中国的方法，或者说谈谈怎样看待当代中国，这或许会对诸位了解当代中国的国情有所帮助。

一　历史地看当代中国

一个国家和一个人一样，之所以是这样而不是别的样子，都与自己成长的历史有密切关系。因此，我们要真正了解当代中国，不仅要看它成立至今 60 年的历史，而且要看它成立以前特别是近代以来的历史。

当代中国从 20 世纪 50 年代初，由新民主主义过渡到社会主义，然后

* 这是作者 2009 年 11 月 24 日为商务部委托中国社会科学院研究生院承办的“非洲国家减贫与可持续发展研修班”所作的首场报告。本刊发表时，作者进行了修改和补充。

** 本文刊发于 2010 年第 2 期。作者朱佳木，时任第十一届全国政协委员、中国社会科学院副院长兼当代中国研究所所长，曾任第十届、第十二届全国政协委员，现任中华人民共和国国史学会会长。

在70年代末80年代初开始进行以市场为取向的改革，实行全方位的对外开放政策，用我们的话说，叫走上了中国特色社会主义道路。这条道路既不同于苏联当年所实行的一党制与排斥市场和私人经济的社会主义，也不同于欧美等发达国家所实行的以多党制和私有制作为市场经济基础的资本主义。

对于当代中国这个最大的国情，总有一些西方人持反对态度。他们或者指责中国的政治体制仍然是专制主义的，与市场体制相矛盾；或者宣称中国的市场经济是假的，仍然由国家所控制；或者认为中国实际上实行的是资本主义制度，只不过挂着社会主义的招牌而已。这些看法除了政治上的偏见之外，主要是缺乏对中国历史的了解。

中国地处亚洲东部，地域辽阔，但四周多有天然屏障，在地理上相对封闭。考古发掘证明，至少170万~180万年前，人类就在中国的黄河、长江流域繁衍生息了。大约四五千年前，中华民族开始形成，并出现建立在宗法制和分封制基础上的统一的城邦式国家。在约2200年前，秦始皇将一度被诸侯们分裂的中国再次统一起来，并废除分封制，建立了由中央直接任免地方官员的郡县制，形成地主阶级占统治地位和中央高度集权的封建制国家。由此直到19世纪初叶，中国不知发生了多少次分裂，更换了多少个王朝，地主阶级和后来与其相适应的儒家文化始终占据统治地位，中央集权和大一统始终是历史的主要趋势。中国历史的这一特点与世界上其他几个古老文明的历史相比，有着很大的不同。

18世纪后半期，欧美各国掀起工业革命高潮，并于此前后纷纷建立起资产阶级占据统治地位的资本主义国家。而那时的中国，仍然处在清王朝的统治之下。最先强盛的西方霸主英国为平衡其海外贸易，向中国大量输出鸦片，不仅毒害了中国人的身体和精神，而且严重影响中国的财政收入。19世纪30年代末，清王朝决定禁止鸦片贸易。英国以此为借口，发动了第一次鸦片战争，使中国逐步沦入半殖民地半封建的境地。

面对西方列强的不断入侵和清王朝的腐败无能，中国的有识之士提出了各种救国对策。有的主张学习西方的科学技术，但不接受西方的制度；有的主张在维护封建王朝的前提下部分学习西方的制度，如君主立宪维新变法，等等；有的主张推翻封建专制制度，照搬西方政治制度，建立资产阶级共和国，实行多党制、议会制，同时抗拒西方列强的入侵。还有人面对国内农民起义和民众反抗运动，主张联合西方列强，“先安内，后攘外”。事实证明，这些道路在中国统统走不通。

正当中国人迷茫彷徨之时，俄国1917年的十月革命“一声炮响”，送来了马克思列宁主义。两年后，中国在它的影响下爆发了把反帝和反封建联系在一起的“五四”爱国运动。又过了两年，一批接受马克思主义的知识分子把它和已经出现的工人运动相结合，创立了工人阶级的政党中国共产党。中国共产党人认为，西方列强的入侵虽然促进了中国资本主义商品经济的发展，但它们并不想使中国成为一个资本主义工业国，而只想把中国变成自己的殖民地或半殖民地，所以总是勾结封建势力和官僚买办资产阶级，削弱中国的主权，压制中国民族工商业的发展。封建势力和官僚买办资产阶级为了镇压国内人民的反抗，也总是靠出卖主权和民族工商业的利益来换取西方列强的支持。因此，要使中国由落后的农业国变为先进的工业国，必须首先消除帝国主义和封建势力这两只拦路虎。而要做到这一点，在丧失民族独立、没有一点合法斗争空间的旧中国，只能由工人阶级领导，依靠工农联盟，团结民族资产阶级和小资产阶级，通过武装斗争，走农村包围城市的道路，最终夺取政权，建立人民民主专政的共和国。历史证明，共产党的主张完全符合中国的实际。正由于实行了这些主张，中国人民才经过28年的奋斗，打倒了强大的帝国主义、封建地主阶级和官僚买办资产阶级，建立了中华人民共和国，实现了国家的独立、统一和各民族的大团结，进行了彻底的土地改革，为使中国由农业国变为工业国提供了现实可能性。

新中国成立之始，没有选择西方的多党制、议会制和某些国家的联邦制，而是建立了人民代表大会制度、中国共产党领导的多党合作和政治协商制度、民族区域自治制度；并且面对经济的落后局面和帝国主义的军事威胁、经济封锁，为尽快建立现代工业和巩固国防，选择了苏联那种优先发展重工业的社会主义工业化道路，进行了农业的合作化和工商业的国有化、集体化，实行了计划经济的体制，从而使中国得以把有限的资金、物资、科技人才集中起来，保证以重工业为重点的基本建设，在较短时间内建立起了独立的比较完整的工业体系和国民经济体系。

但是，计划经济体制也存在企业缺少自主权、产销互不见面、对市场反应不灵活等弊端。因此，中国从 20 世纪 50 年代中期便提出了探索适合自己特点的建设社会主义道路的任务。后来，随着经济规模的不断扩大和人们对计划与市场属性认识的不断深化，从 1978 年起，开始对这一体制进行认真的改革，先实行了一段时间计划与市场相结合的体制，接着于 1992 年转为在国家宏观控制下使市场对资源配置起基础性作用的社会主义市场经济体制。与此同时，逐步调整所有制结构，使过去单一的国有制、公有制，变为以国有经济为主导、公有制经济为主体，私营经济、个体经济、合资经济等多种经济成分共同发展的格局。在农村，撤销了政企合一的人民公社，实行土地集体所有制基础上的农户土地承包制。在城市，还对国有大中型企业进行了现代企业制度改革，除少数涉及国民经济命脉的产业由国家独资经营外，大部分实行股份制，允许私人参股，到股市筹集资金。与经济改革同步，实行了对外开放战略，积极吸引外资，兴建经济特区，开放沿海、沿江、沿边城市，直至加入世界贸易组织（WTO）。

另外，针对战争年代形成的权力高度集中的体制和法制不健全的状况，中国也进行了政治体制改革。例如，实行党政职能适当分开，扩大党内民主和人民民主，建立和完善社会主义法制体系，保障法律规定的各项公民权利，建立干部退休制度，加强对权力的制约和监督等。但是，改革的目标不是要取消社会主义的基本政治制度，相反，是要使中国共产党的领导、人民当家做主和依法治国有机统一起来，构建社会主义和谐社会，建设社会主义民主政治和法治国家，发展社会主义政治文明，为中国特色社会主义道路提供政治保证。

我们常说，只有社会主义才能救中国，只有中国特色社会主义才能发展中国。这不是两句空洞的口号，而是中国人用鲜血换来的历史结论。如果中国不坚持这条道路，不仅不会有发展，而且必然会引起政局动荡、社会混乱，直至国家分裂、内战爆发，使已有的发展成果丧失殆尽，最终倒退回被外国势力瓜分的旧时代。

二　全面地看当代中国

我们看一个人，既要看他的优点、长处，也要看他的缺点、不足。看一个国家同样应当如此，尤其看中国这个幅员辽阔、人口众多、历史悠久的国家，更要这样。否则，就会像寓言说的“盲人摸象”那样，只摸到象的一只耳朵或一条大腿，便以为那是整个大象。

前一时期，西方一些人鼓吹“中国威胁论”，近来又有一些人大谈特谈“中国责任论”和所谓“G2 时代”的到来，主张中国应与美国组成“两国集团”，共同应对全球性问题。这些提法在客观上有承认中国综合国力增强和国际地位提高的一面，但由于主观上是为了诋毁中国或给中国设圈套，因此必然无视中国所一贯奉行的独立自主的和平外交方针及和平发展、和谐世界的理念，忽略中国仍然处于并将长期处于发展中国家行列的客观事实，结果只能是自欺欺人的无稽之谈。那么，怎样看当代中国才是全面的呢？我认为，起码应当看到以下两点。

1. 当代中国的60年确实取得了中国历史上无与伦比的辉煌成就

首先，看改革开放前的 30 年。

新中国成立时，从官僚买办资产阶级手中没收的固定资产仅有 112 亿元，1956 年对资本主义工商业改造时，从民族资本家手中赎买的固定资产不足 20 亿元，二者相加 132 亿元。中国人民就是靠这点家当，在内缺资金、人才、资源、经验，外有西方经济封锁的情况下，发扬自力更生、艰苦奋斗的精神（仅在初期得到了苏联的一些援助），通过连续 5 个五年计划建设，使 1952 年到 1978 年的工农业总产值年均增长 8. 2%（如果按 GDP 计算，有权威统计学家认为年均增长率也达到了 7. 3%），工业总产值年均增长

11.4%。那30年，基本建设投资6440亿元，累计新增固定资产是1949年的56.3倍。

在工农业产品方面，钢产量1949年仅为15.8万吨（旧中国最高年产量为93万吨），而1978年已达3200万吨，超过了英国。石油产量1949年仅有12万吨，而1978年已达1亿吨，做到了完全自给。粮食产量1949年仅为1.1亿吨，而1978年已达到3亿吨，增长了近2倍。

在交通运输方面，铁路营运里程和公路里程分别由2万公里和8万公里增加到5万公里和90万公里；港口吞吐量和民航旅客周转量分别由1400万吨（1952年）和1.8亿人公里，增加到2亿吨和28亿人公里。

在制造业和科技方面，毛泽东主席在新中国成立初期曾说过："我们能造什么？能造桌子椅子，能造茶碗茶壶，能种粮食，还能磨成面粉，还能造纸，但是，一辆汽车、一架飞机、一辆坦克、一辆拖拉机都不能造。"① 经过那30年的努力，中国不仅造出了汽车、飞机、坦克、拖拉机，而且造出了火车、轮船、发电机、水压机，还造出了原子弹、氢弹，发射并回收了人造卫星，500多种工业门类基本齐全。

在文教卫生方面，小学、中学和高等院校在校学生分别由1949年的2400万人、120万人、11.7万人，增加到1.46亿人、7400万人、85.6万人；科技人员由1952年的42.5万人增加到434万人；婴儿死亡率由旧中国的20%下降为2%左右，天花、鼠疫、霍乱、黑热病、回归热、斑疹伤寒、性病等恶性传染病被消灭或基本消灭，人均预期寿命由旧中国的35岁提高到67岁。

其次，看改革开放后的30年。

1978年，中国纠正了一度占据主导地位的"左"倾思想，抓住国际形势深刻变化的机遇，毅然决然地实行了改革开放的总方针，同时发扬与时俱进、奋力拼搏的精神，使经济有了更为迅猛的发展。从那时到2008年的30年来，GDP年均增长9.8%，经济总量达到3.8万亿美元，在世界上由第10

① 《毛泽东文集》第6卷，人民出版社，1999，第329页。

位跃升至第3位，占世界经济的份额由1.8%提高至7%。

在工农业产品方面，钢产量由3200万吨增加到5亿吨，原煤产量由6亿吨增加到28亿吨，年发电量由2500亿千瓦小时增加到3.5万亿千瓦小时，粮食年产量由3亿吨增加到5.28亿吨，均处于世界第一位或第二位。

在制造业方面，以汽车为例，由15万辆增加到900多万辆，2009年可望突破1000万辆。美国《时代》周刊在新中国60周年前夕发表文章说："中国已成为世界工厂，生产全球三分之二的复印机、微波炉和鞋子，60%的手机，55%的DVD，50%以上的数码相机，30%的个人电脑，75%的儿童玩具，等等。"

在交通运输方面，铁路、公路的里程分别由5万公里和90万公里，增加到8万公里和373万公里，其中高速铁路和高速公路从无到有，分别达到7000公里和6万公里；港口吞吐量和民航、铁路客运量分别由2亿吨和230万人、8亿人，增加到43亿吨和1.9亿人、13亿人。

在对外经济方面，进出口贸易总额由206亿美元增加到2.6万亿美元，提高了100多倍；占国内生产总值比重由9.7%增加到68%，提高近60个百分点；占世界贸易总额的比重由0.8%提高到8%，居世界位次由第29位上升到第3位。旅游入境人数由181万人增加到1.3亿人，其中外国游客由22万人增加到2600万人，外汇收入由2.6亿美元增加到400多亿美元。实际利用外资累计1万亿美元，其中外商直接投资8500多亿美元。外汇储备由1.67亿美元增加到1.9万亿美元，2009年可能达到2.3万亿美元。

在科技教育方面，相继建成了正负电子对撞机、每秒10万亿次的高性能计算机和64位的电子计算机中心处理器（CPU），自主研发的卫星绕月飞行和载人航天飞行（包括出舱）获得成功。小学和初中实行了义务教育，入学率分别达到99%和98%；高中和高等教育的毛入学率分别达到66%和23%，在校大学生由85.6万人增加到2000万人。这30年累计培养大专以上学历学生3000万人，其中硕士180万人，博士24万人；出国留学人员累计121万人。

在社会事业和人民生活方面，城市化率由18%提高到45.7%，平均每年增加0.9%。就业率为96%，其中约1.5亿农民进城务工，农业劳动力占全部劳动力的比重由80%下降至60%。城乡居民人均可支配收入扣除价格因素后，分别增长6.5倍和6.3倍，年均增长7%。2008年底城乡居民存款余额为22万亿元，比1978年底的211亿元增加1000多倍，相当于当年国民生产总值的70%。城乡居民人均居住面积分别由6.7平方米和8.1平方米，增加到20.4平方米和23.5平方米。城乡居民恩格尔系数分别由58%、68%下降为36%、43%。农村绝对贫困人口由2.5亿减少到1200万。洗衣机、彩电、电冰箱、空调等耐用消费品已基本普及。固定电话的家庭普及率由1%提高到67%，达到3.4亿部；移动电话更由零增长为6.4亿部，普及率达到48%。互联网上网人数超过3.5亿人，居世界第1位。由于实行严格的计划生育政策，人口自然增长率由12‰下降到5‰，30年平均增长率为1.1%，相当于少生2亿人。人均预期寿命也由67岁提高至73岁。还值得一提的是，30年来中国运动员共获得世界冠军2137个，创造或打破世界纪录1001次。

2.当代中国在发展中仍然存在许多严重问题

首先，按人均计算，各项发展指标都偏低。中国目前有13.3亿人，任何一个数乘以13亿都会变得很大，相反，除以13亿也会变得很小。例如，2008年中国人均GDP按国际货币基金组织（IMF）公布的数字是3200美元，低于世界人均9000美元，仅相当于中低收入国家，在世界排名中居第106位，处于许多非洲国家，如利比亚、赤道几内亚、加蓬、博茨瓦纳、毛里求斯、哥斯达黎加、南非、安哥拉、纳米比亚、佛得角之后，与刚果(布)、斯威士兰、摩洛哥、埃及不相上下。许多工农业产品的人均产量也很低。例如，2008年钢的人均产量只有378公斤，远远少于日本、韩国的人均1000公斤，连印度也不如；粮食的人均产量只有399公斤，低于世界人均450公斤的水平。

其次，发展存在粗放和不平衡的问题。经济增长方式粗放的主要表现是，质量、效益不够高，资源环境生态代价过大。例如，2005年中国的GDP只占世界的5%左右，但消费的石油、原煤、粗钢、水泥和氧化铝却分别为世界消费总量的7.8%、39.6%、31.8%、47.7%、24.4%。发展不平衡的问题，主要表现在城乡间、区域间人群收入差别都有扩大的趋势。例如，城乡居民人均收入差别由1978年的2.5∶1扩大到2008年的3.1∶1。世界银行公布的数据显示，中国基尼系数已达0.47，超过了警戒线，在世界排名中居第93位。不久前公布的“胡润富豪榜”还显示，拥有10亿美元财富的超级富翁已有100多人，拥有1.5亿美元的人多达1000人以上。而按照联合国的标准，中国还有1.5亿人生活在贫困线以下。另外，社会保障体系还很不健全。因此，如果仅仅看城市或东部沿海地区，很难反映中国的全面情况。

更为严重的是，科技创新能力仍然不足。许多机电出口产品的核心技术仍掌握在外国人手里，就连出口服装和鞋等低端产品，大部分品牌也是外国的。在这种情况下，我们只能将许多产品的相当一部分利润交给别人。据报刊披露，手机售价的20%、计算机售价的30%、数控机床售价的20%～40%，支付给了国外的专利持有者。这个状况不改变，我国在国际竞争中将会长期处于不利地位。

从长远看，人口、资源、环境对发展的约束越来越大。人口中性别比和老龄化的问题越来越突出，目前全国男性比女性多近4000万人，一些地区的新生儿男女性别比甚至超过130∶100；全国60岁以上的老人已超过人口总数的10%。预计到2050年，80岁以上的人口将超过1亿人。随着城市化、工业化的高速发展，人均耕地、水资源和生态环境的压力也越来越大。中国耕地有1.2亿公顷，仅占世界耕地的6%，少于印度1.6亿公顷和美国的2亿公顷；人均只有0.09公顷，不到世界人均0.2公顷的1/2。人均淡水资源2156立方米，不到世界人均6800立方米的1/3。全国660多个城市，有2/3缺水，100多个城市严重缺水。二氧化碳的排放量中国已达到50亿吨，人均虽然远远低于发达国家的人均排放量（美国为20.6吨，澳大利亚为16.2吨，英国和日本为9.8吨，德国为6.2吨），但绝对量毕竟占到全球排放总量的17%。无论出于自身利益还是全人类利益，排放量都只能逐渐减少而不能继续增加。所有这些，对于尚处于工业化中期的中国来说，都将是进一步发展的制约因素。

说到军费开支，中国也是很低的。近30年来，中国为了把更多的钱用于发展经济和提高人民生活水平，曾进行了三次大规模裁军。2008年军费支出仅占国内生产总值的1.4%，远远低于美国的5%和俄罗斯的2.1%，而且不如新加坡的2.9%和菲律宾的4.3%。如果按人均国防费计算，中国更低，只有美国的1.9%，日本的14%，俄罗斯的18%。如果按军人的人均国防费计算，中国只有美国的5%，日本的17%，俄罗斯的81%。这对于中国这样一个拥有约2万公里陆地边界、1.8万公里海岸线、至今没有实现国家的完全统一、外贸依存度已达60%的大国来说，显然是很不相称的。

以上说明，中国综合国力在世界上虽然已经排在了前列，但是实力还很弱，自身问题一大堆。对于中国来说，当前乃至今后相当长时间里的主要任务，仍然是自身的发展。由于当代中国一直奉行和平外交政策，可以肯定，即使今后强大起来，也绝不会以强凌弱。中国自20世纪60年代就不再结盟，今后也不会结盟。

三 发展地看当代中国

前面说到，看一个国家既要看它的长处和成就，也要看它的不足和困难。但仅仅这样还是不够的，我们还要看它是否存在克服这些不足和困难的主客观条件。中国有个寓言，叫作“刻舟求剑”，说的是一个人坐在船上，不小心把宝剑掉到河里，于是在船舷刻了一个记号，想等到船停下来之后，按照那个记号下水捞剑。但他忘了，河水是流动的，船是行走的，按照他刻的记号捞剑，永远也不会成功。这个寓言告诉我们，看问题要用发展的眼光，而不要用静止的、停滞的眼光。

对于当代中国，西方世界除了上述“威胁论”“责任论”外，还有一种论调，叫作“崩溃论”，意思是不要看中国现在发展很快，它早晚有一天要垮台。我们暂且不去理会这种论调中仇视中国和夸大中国问题的成分，单说它对中国确实存在的那些问题的分析，就很有些像上述寓言所批评的“刻舟求剑”的味道。

我们从不隐讳自身存在继续发展的制约因素，而且清醒地看到，在中国前进的道路上，除了前面讲到的那些障碍外，还有外部霸权主义的遏制，有各种敌对势力的颠覆、分裂、捣乱、破坏活动。但是，客观分析一下就会知道，中国同时也存在与这些制约因素相抗衡的因素，而且后者的力量更为强大。

首先，当代中国具有继续发展的制度优势。

现在世界到处都在热议“中国道路”“中国模式”“北京共识”。我们主张，人类的发展道路具有多样性，可以也应当相互借鉴，但不存在“普适”的模式，不应当照抄照搬别国的经验。我们不赞成中国照搬苏联和西方经验，也不赞成其他国家照搬中国经验。如果说有一条中国道路，这条道路只能是中国特色的社会主义道路。如果说这条道路具有“普适”的意义，这个意义只能是说明马克思主义的普遍真理一定要与各国的具体情况相结合。中国特色社会主义道路之所以获得成功，最根本的原因就在于此。正是根据这个原则，当代中国在政治上实行人民代表大会制度、共产党领导的多党合作和政治协商制度、民族区域自治制度以及基层群众自治制度；在经济上实行以公有制为主体、多种经济成分并存的所有制和以按劳分配为主体、多种分配形式并存的分配制度；在文化上实行以马克思主义为指导、维护社会主义核心价值体系、弘扬中华优秀传统文化、吸收人类一切先进文化、尊重差异和包容多样的意识形态制度。实践证明，这些制度既有利于调动人的积极性，有利于让一切劳动、知识、技术、管理和资本的活力竞相迸发，让一切创造社会主义财富的源泉充分涌流；又有利提高决策的效率，有利于集中力量办大事，有利于社会的总体和谐和稳定，有利于各个民族、各种信仰的人在祖国统一、民族复兴大业基础上的团结。它们保证了当代中国过去的发展，也一定可以保证当代中国今后的发展。

其次，当代中国具有有利于继续发展的科学指导思想。

当代中国的指导思想主要来源于马克思主义基本原理与当代中国实际情况相结合的产物毛泽东思想、邓小平理论、“三个代表”重要思想，以及科学发展观。所谓科学发展观，就是在坚持以经济建设为中心、一心一意谋发展的前提下，更加突出发展的目的是满足人民日益增长的物质文化需要，发展的成果要体现在人民普遍得到实惠上，强调走共同富裕的道路；使经济建设与政治建设、文化建设、社会建设“四位一体”，全面推进；实现速度和结构、质量、效益相统一，经济发展与人口、资源、环境相协调；要统筹城乡发展、区域发展、经济社会发展、人与自然和谐发展、国内发展和对外开放，统筹中央和地方关系，统筹个人和集体、局部和整体、当前和长远等利益关系，统筹国内国际两个大局。这个指导思想针对的正是中国发展中已经出现和将要出现的各种问题，只要用这个思想为指导，中国发展道路上的障碍就可以得到克服，中国的发展就会做到可持续。例如，在城市化不断发展的情况下，耕地会越来越紧张，我们一方面要实行最严格的基本耕地保护措施；另一方面可以通过改进种子、化肥、农药等途径，不断提高农产品的单位面积产量，使粮食自给率始终保持在95%左右。又如，今后随着经济发展和人民生活水平的提高，水资源会越来越紧缺，我们一方面要采取更加严格的节水措施，提高农业灌溉效率；另一方面可以通过修建水源工程、防治水污染、开发再生水利用、海水淡化等办法，保证水的供应。再如，今后经济发展与二氧化碳减排的矛盾十分尖锐，我们一方面要淘汰高耗能、高污染的落后产能，对化石能源进行低排放的技术改造，大规模退耕还林、植树造林；另一方面可以大力发展核能、风能、太阳能等清洁能源，从而兑现中国向世界做出的减排承诺。

再次，当代中国拥有真心拥护中国共产党、热爱祖国、勤劳节俭、自强不息的13亿人民。

中国共产党是当代中国的执政党，人们对生活的任何不满，都有可能归咎于各级党和政府的领导。特别是由于中国共产党处于长期执政、市场经济、全面开放的环境下，难免出现官僚主义和官员腐败问题，从而引起群众的不满。但是，中国共产党有全心全意为人民服务的宗旨，有与人民群众长期共同奋斗的历史，有自我批评和不断清理自身污点的传统。为了保证与人民群众的血肉联系，中国共产党自执政以来，连续不断地开展各种整风运动；改革开放以来的30年，几乎每隔几年就在全党范围开展一次自我教育活动，并让党外群众对党员领导干部进行评议。对此，绝大多数中国人是认可的，因此能够信任党和政府的领导，响应党和政府的号召。

现在，为新中国成立和初期建设而奋斗过的几代人已完成了他们的历史任务，在优越环境下长大的一代人，尤其是被称为“80后”“90后”的年轻人，正逐渐成为各项事业的接班人和主力军。他们能否像前辈那样，对祖国充满热爱，甘心情愿地为祖国牺牲个人利益，是许多人心中的疑问。但是，当人们看到2008年发生四川大地震和举办北京奥运会时，大部分志愿者和在世界各地自发保护火炬传递、为五星红旗呐喊助威的人，正是那些“80后”和“90后”，对他们看法改变了。就连把中国“和平演变”的希望寄托在他们身上的某些西方人也哀叹，这一代人是伴随中国强大、在爱国主义高涨的氛围中长大的，要他们反对自己的国家确实很难做到。中国人勤劳节俭的传统在绝大部分年轻人，尤其是进城务工、出国经商的人身上仍然比较多地被保留下来，这使高储蓄率可以继续为中国今后的发展发挥积极作用。另外，年轻一代的文化程度普遍高于老一代，对提高劳动力综合素质也是有利条件。只要有这样的党和这样的人民，中国就会有向心力、凝聚力、创造力，中国前进的步伐就不会停顿。

最后，当代中国拥有和谐的国际关系和良好的国际形象。

中国近代以来曾有过受尽欺凌、侮辱的历史，与世界上各被压迫民族有着共同的命运和感受。新中国成立后不久，周恩来总理便同印度、缅甸的领导人提出著名的和平共处五项原则，又在印尼万隆召开的亚非29国首脑会议上提出求同存异、加强团结的方针，赢得了国际社会的广泛赞誉。此后，中国始终支持亚非拉民族解放运动，亚非拉大多数国家也一直支持中华人民共和国恢复联合国的合法席位。近30年，中国作为维护世界和平的坚定力量，继续坚持把中国人民的利益同各国人民的利益结合起来，秉持公道，伸张正义，坚持国家不分大小、强弱、贫富一律平等，尊重各国人民自己选择发展道路的权利，不干涉别国内部事务，不把自己的意志强加于人，反对任何形式的霸权主义和强权政治。在实施开放战略时，奉行互利共赢的战略，支持国际社会帮助发展中国家增强自主发展能力、改善民生，缩小南北差距。同时，加强同发达国家的战略对话；加强同周边国家的睦邻友好；加强同广大发展中国家的团结合作，深化传统友谊，提供力所能及的援助；积极参与国际多边事务，承担相应的国际义务，推动国际秩序朝着更加公正合理的方向发展。

对于中国的外交方针和政策，多数国家、多数人是认可和称赞的。当然，也有少数人说三道四，例如，看到近些年中国从非洲进口石油，便指责中国是什么“掠夺非洲资源的殖民主义”。历史告诉我们，当欧洲人于15世纪末发现非洲时，中国上万人的船队早在此80多年前就已到过那里了。但中国人到非洲只是交换货物，从来没有杀人放火、抓奴隶、抢东西、建殖民地。20世纪60年代，中国在自己经济非常困难的情况下，无偿援助了坦赞铁路的修建，向非洲派出大批医疗队员，也没有拿过一滴油、一块矿石。现在，在经济全球化背景下，出于各国之间优势互补、互利共赢的需要，中国开始向非洲等地区的油气资源投资并进口非洲的石油。但中国的进口量只占非洲石油出口量的13%，远远低于非洲向美国和欧洲各占30%多的出口量；而且，中国的投资额也不到各国在非洲总投资额的16%。有的非洲国家领导人说：国际金融危机使非洲发展步伐放慢，世界金融体系把非洲遗忘在边缘，而中国仍然支持非洲的发展，兑现承诺，扩大援助，说明中国是非洲“全天候”的朋友。有的非洲官员说：中国的投资项目不仅在能源领域，也在基础设施方面；最重要的是这些项目的成本是欧洲的1/4，而且不附加任何政治条件。中国过去和今天在国际关系上的这种良好记录，对于克服今后发展中的制约因素，无疑也是一个十分有利的条件。正因为中国有上述有利条件，所以一定会克服各种不利因素，从而持续发展，不断壮大。所谓“中国崩溃”，不过是某些人无可奈何的诅咒罢了。

中非关系在过去10年里取得了很大发展，双边贸易增加了9倍，已超过1000亿美元。不久前，在埃及举行的中非合作论坛第四届部长级会议上，以胡锦涛主席于2006年北京峰会宣布的对非合作八项举措的全面落实为基础，温家宝总理又进一步宣布了对非合作的八项新举措，更加巩固了中非之间新型的战略伙伴关系。诸位正是在这个大背景下来到中国的，我预祝大家在中国的学习、研究和生活一切顺利，也希望我的讲解能在大家了解当代中国的过程中起到一定的参考作用。

地缘政治·国际关系·中国视角

王逸舟*

一

冷战结束以来，“地缘政治”（geopolitics）无论在政治家嘴里还是在学者或记者笔下显得十分流行，人们似乎突然发现各种国际事务中都存在地理因素的作用。比如，它使人联想到波斯湾的石油供给、分布不均的战略矿产、各大陆的农业潜力、险要的海上通道、猝不及防的前沿地带、日益减少的自然资源，等等。①

大致地讲，“地缘政治”被人们在两个层次上理解和诠释：一是作为理论学说，即地理科学分支的政治地理学；二是指国家当局制定对外政策时的地理坐标。这两个层次既有联系又有区别。首先，“地缘政治”往往与“政治地理学”（political geography）在同等的意义上被加以使用，故有时也叫作“地缘政治理论”（theory of geopolitics）。在这个意义上，它是一门以地理分析为基础、专门研究国际政治力量与地球自然性质之内在联系的学问；

* 本文刊发于 1994 年第 3 期。作者王逸舟，时任中国社会科学院世界经济与政治研究所副研究员，曾任中国社会科学院世界经济与政治研究所国际政治研究室主任、副所长，现任北京大学国际关系学院副院长、教授，中国国际关系学会副会长。

① 〔英〕杰弗里·帕克：《二十世纪的西方地理政治思想》，李亦鸣等译，解放军出版社，1992，第 2 页。

这门学问把领土国家视为国际政治力量的主要单元（非主要单元有国际组织、跨国公司和各种超国家集团，等等），而气候、植被、土壤、位置、矿物资源、海拔高度、陆块分布等因素则构成“地球自然性质”的内涵。地缘政治理论提供了观察国际问题的重要视角。它相信，权力本身牢固地植根于地球的天然物性之中。现代国家的力量恰恰来源于其安身立命的领土，国土是国家实力的必要条件。国家领土系指隶属于国家主权的地球表面的特定部分。一个国家是不可能没有领土的，虽然必要的领土可以很小，如梵蒂冈城、摩纳哥公国、圣马力诺共和国或列支敦士登公国的情形。一个流浪的部落或种族，尽管可能有一个政府或在其他方面是有组织的，但在没有定居自己的领土以前，它不被国际社会认定为一个国家。①

十分清楚，地缘政治学同一般地理学之间存在“血缘关系”；离开后者，前者将失去立论的根基。地理科学为地缘政治学家提供了分析的工具箱，而地缘政治理论则成为地理学之人文部分的核心内容。著名地理学家布罗克认为，从本质上讲，地理学研究在于“把地球作为人的世界去了解它”。② 事实上近代以来的地理学思想史告诉我们，政治地理学是一般地理学的自然衍生物之一。地理学家乔治 · 马什早在 20 世纪中叶便已指出：“洪堡、李特尔、盖约特及其追随者的工作，给予地理科学一个比从前人承袭下来时更为哲理的、同时又是更富于想象力的性质。摆在这门引人注目的学科的新的耕耘者面前的最为重要的理论，可能是这样一个问题，即外部自然条件，特别是地球表面形状、陆地和海洋的分布、轮廓及其相互位置，对人类的社会生活与社会进步的影响有多大多深的问题。”③ 反过来，我们也可以说，地缘政治研究的实质在于把人及人的关系放到地球的环境中去看待。与一般地理学的不同之处在于，纯粹地理分析的对象基本上是固定不变

① 〔英〕劳特派特：《奥本海国际法》上卷，第二分册，王铁崖、陈体强译，商务印书馆，1989，第 1 页。

② 〔美〕普雷斯顿 · 詹姆斯、〔美〕杰弗雷 · 马丁：《地理学思想史》，李旭旦译，商务印书馆，1989，第 6 页。

③ 〔美〕普雷斯顿 · 詹姆斯、〔美〕杰弗雷 · 马丁：《地理学思想史》，李旭旦译，商务印书馆，1989，第 169 页。

的（地质学意义上的改变在这里没有意义），地理学者们对特定的地理现象可以有不同的解释，但它们多半属于认识深浅的不同；地缘政治观点则必须随着人类改造自然的能力的变化而变化，并且随着不同的学者对这种变化之性质的解释的不同而表现出理论的差异。比如，飞机的出现以及人类对外层空间的不断开发，给地缘政治学增加了一个全新的方面。正像著名的“海权论”的创始人马汉（A. T. Mahan）和“陆权论”的奠基者麦金德（H. Mackinder）分析技术在便利海洋和陆地交通上所产生的影响，并在此基础上建立起各自的地缘政治理论一样，20 世纪前半叶西方一些地缘政治学家通过对飞行器技术改善造成的后果（如机动性的增加、地形障碍重要性的下降、前方后方观念区别的模糊，等等）的考察，创立了崭新的“空权论”（制空权）理论。①

实际上，从上面的论述里我们已经可以看出地缘政治概念的另一种主要用途：人们常常自觉不自觉地运用地缘政治学的“立场、观点和方法”，来确定或校准国家当局的对外政策，尤其是涉及国家安全的政策；在这种场合，“地缘政治”被用于指称处在世界体系中的各国筹划国家安全政策时的某种地理基准。在决策者和决策智囊层那里，专门的地缘政治区域并不是由恒定不变的地形所规定的地理区域，而是一方面由自然地理所决定、另一方面由实力中心的动态转移所决定的战略区域。就是说，争夺权力的斗争本身会把一些地区提到显著地位，把另一些地区暂时降到被人遗忘的地位，以致考虑中的那些特殊区域有的扩大、有的缩小。如前所述，地缘政治分析与纯粹的地理分析不同，其主要的特点就在于它所研究的是动的而非静的形势。政治世界中条件的改变，会改变某一时期给某些特殊因素所赋予的重要性，因而影响到最终的结局。技术条件的变化也会使形势改变，特别是在行使武力方面，因为交通速度和工业技术的进步，必然会使一定国家的实力地位发生变化。地理因素不会改变，但它们对外交政策的意义却会改变。②

---

① Giulio Douhet, *The Command of the Air* (New York: Coward-McCann, 1942); Alexander P. de Seversky, *Victory Through Air Power* (New York: Simon & Schuster, 1942).

② 〔美〕斯皮克曼：《和平地理学》，刘愈之译，商务印书馆，1965，第 15～16 页。

很清楚，无论作为思想学说，还是充当政策标准，地缘政治是在近代民族国家的世界体系产生以后才出现的一种现象，因此它最早发源和捭阖于欧洲并非偶然。地缘政治观念的根本，在于教会各国如何根据既定的自然地理条件使自己在获得权力与和平的国际斗争中处于比较有利的地位。从本质上讲，地缘政治乃世界权力政治大树的一个分支。

二

80年代末90年代初，随着东欧的转向和苏联的解体，长达近半个世纪之久的两极冷战格局消失，世界进入一个新的时代。从地缘政治的角度看，“心脏地带”的这一历史性改变所造成的巨大影响，无论如何不可低估。

首先，它势必挤压出新的“破碎地带”，并且为释放某些地区长期受抑的冲突潜能提供可能。最明显的莫过于东欧地区和今日独联体。众所周知，在第一次世界大战之后，中东欧和巴尔干地区曾产生了一些小国弱邦，它们成为新的列强争夺势力范围的筹码和牺牲品。20世纪20～30年代，人们把这些小国称为“被肢解废弃的弱小国邦”，把它们所处的区域叫作“小国群立的分裂地带”。而今，我们见到的是一幅似曾相识的画面：两极格局时期曾经固若金汤的东欧集团（它的典型存在形式是经互会和华约组织），现在完全分崩离析；两大政治军事集团几十年的压制，造成了根深蒂固的离心倾向和独立意识；各国国内政治的不同特点，使新的外交方位迟迟难以定下，也使整个区域成为世界大国和地区强国竭力争夺的一块肥肉；经济转轨的不同模式和不同速度，导致了“顺产”“难产”“怪胎”的不同经济社会后果；极端民族主义思想和宗教复归情绪在这个原本多种族、多教派、多文化的地区重新抬头，并迅速崛起为一股强大的世俗力量；大国强国的建立势力范围的企图和对小国弱国事态的频频干预，使矛盾更加复杂化和严峻化……在这种形势下，巴尔干地区出现了战后半个世纪中欧洲的第一次持续性的、有相当规模的战争，东欧也给曾长期稳定的西欧造成了“难民潮”和其他形形色色的严重冲击。在中亚，在近东，在欧亚大陆交接地带，以至在所有的“大陆边缘”区域，凡是在强盛和稳定国家之间的所谓“缝隙带”，或是在冷战后“未定型的”或转型中的外缘地区，冲突和摩擦都有程度不同的上升趋势。

其次，苏联的瓦解使世界政治地理已经并且将继续发生重大裂变。无论承认与否，两极时代的世界秩序之稳定程度相对来说是很高的，美国和苏联曾经各自雄踞一方、威慑天下，造成了事实上的“霸权和平”。总的国际和平与稳定之所以存在（当然不排除小的摩擦和局部战争），其中一个重要前提，是各国——无论愿意与否——认可或接受现状（包括边界、领土、势力范围，等等）的不可更动性。现在，这一前提已不复存在，疆界的变化更改在许多地方仿佛已是题中应有之义。从地理学讲，世界各国的疆界主要有三种类型，即自然疆界、文化疆界和几何疆界。所谓“自然疆界”，指边界依从疆界所处的自然状况（山脉、沙漠、沼泽、森林、河川等等）而定；文化疆界系指边界按民族、部落、种族的区别隔离带而定的情形；几何疆界说的是边界划分根据纬度线、子午线、与地球圆弧平行的直线得出。目前，在世界的许多地方，三种边界都出现了更动的趋势，其变化曲线主要依宗教、民族、种族、传统、心理的各种差异而波动。比较典型的如非洲：在那块大陆上，冷战结束以前，44%的边界是按经线或纬线划出的，30%的边界是用直线或曲线的方法划定的，26%是由河流、湖泊或山脉构成的自然边界线，而文化疆界与自然疆界吻合的事例几乎没有；非洲有的国家内部有几百个部族（如尼日利亚、扎伊尔），有的民族则分布在好几个国家（如西非的埃维族分散在加纳、多哥、贝宁三个国家）。[①] 由于苏联威胁不复存在，西方国家（特别是美英法等国）放松了对这一地区的控制，有些非洲国家也开始寻求解决历史遗留下来的民族纠纷和领土争端，有的国家内部的不同种族、部落亦发现了改变寄人篱下的地位的机会，于是，我们见到了今天的争执不下、战事迭起的严重局面，冲突的潜能迅速转化为冲突的现实。从全球

① 〔埃及〕布特罗斯·加利：《非洲边界争端》，仓友衡译，商务印书馆，1979，第4~5页；朱重贵：《冷战后非洲局势为何格外动荡》，《现代国际关系》1993年第5期。

角度观察，冷战结束三四年来，联合国成员的数目已增加了几十个，照目前这种裂变势头发展下去，未来三四十年内全世界可能再出现上百个甚至更多的独立国家。下个世纪中叶的世界地图也许令我们无法辨认。

最后，冷战的结束和苏联集团的瓦解，在打破旧的权力构造的同时，形塑出一批新的冲突格式、新的边缘地带和新的实力中心，从而开始了后两极格局的建立过程。由于传统的敌我友界限被模糊和受侵蚀，原来的东西方各自内部的凝聚力大大下降，旧式意义上的南北关系也不似以往那样泾渭分明，可以说，旧地缘政治所依据的“政治意识形态经纬线”已无法继续充当划分世界力量区域的基准，各国各地区都在寻找、发现新的位置和支点，以便对其注入新的“投资”或从中吸收新的力量来源。

那么，各国政治家在考虑自己的地缘政治战略时必须面对什么样的新现实呢？概括地讲，我们或许可以发现如下所述的“三三制式”的新的世界政治地理背景。

其一，出现三条冲突带或者说三条危机弧，即以苏联东欧区域为主要范围的“破碎地带”；沿阿富汗、伊朗、巴基斯坦，到土耳其和新成立的中亚诸国，直至近东和阿拉伯半岛，最后是阿尔及利亚、苏丹等国的伊斯兰教“新月形地带”；南亚次大陆的印度、斯里兰卡及巴基斯坦等国的新一轮残酷厮杀争斗造成的“热点群”。这三条冲突带或危机弧均处于麦金德所说的“世界岛”的边缘地区，涵盖了世界人口的1/3左右和人类居住的最密集地带，涉及两大洋、三大洲，以及难以计数的世界战略地理要津和自然资源蕴藏区带。

其二，出现三大经济区，即以西欧国家为核心的欧共体经济区和未来可能的全欧经济圈，以美国为核心的北美自由贸易区和未来可能的美洲自由贸易圈，以日本和中国为核心的东亚（包括狭义的东北亚和东南亚）经济区和未来可能的亚太经济圈（包括美国和太平洋沿岸的部分美洲国家）。这三大经济区各自的比较优势在于：欧洲经济区到目前为止最成型也最成熟，一体化程度最高因而享受其好处亦最充分；美洲经济区实力最雄厚资源也最丰富，美国独特的地理位置使之最有可能“利益均沾”，即在建立自己的经济势力范围的同时向太平洋和大西洋两面扩张；亚洲经济区的基石最庞杂，制度化水平最低，但它的合作形式最生动多样，作为一个整体的经济发展速度最快也最具潜力。新地缘经济的这种现实构造，决定了新的实力中心的分布格局和新的地缘政治的走向定位。

其三，出现三种文明的互动，即以欧美为基地的基督教文明、以阿拉伯世界和中亚一带为活动范围的伊斯兰教文明和以东亚地区为中心的儒教文明（这一概念似乎得不到所有国家的共识，但它多少比“东方文明”的表述略胜一筹）之间的相互作用，既包括竞争、摩擦和冲突，也含有合作、融通和妥协；片面强调某一方面，容易得出对未来的错误预见。[①] 这三种文明所依存的三大政治地理板块（同自然地理有相当的一致，虽然不完全符合），构成未来几十年甚至更长时期中以民族国家为基本单位的人类政治活动的主战场。“基督教板块”以西方创始的市场制度、法制文化和个人主义为根据，它支配世界体系至今已四百年，而且仍有可能继续占领统治地位一段时间，但它的由盛极乃至衰败的进程目前已初露端倪；“伊斯兰板块”正在经历一次新的剧烈运动，造成动荡的原因既有宗教激进主义的挑战，又有改革宗教及政治体系、与世界其他部分建立更平和更协调的关系的要求，还有来自外部、主要是西方国家的多方面压力，它有时表面的咄咄逼人，不过是内在紧张性、急迫性的某种外化；“儒教板块”属后发工业化区域，政治上制度化、法制化程度仍然较弱，国家主义、政府导向既是这一地区发展的特点、优点，也不可避免地同时是缺点、劣势，但它目前正处在上升期和成长阶段，创设新的发展模式的前景被世界有识之士看重看好。

---

① 美国哈佛大学的亨廷顿教授便犯了这种片面性错误，他在《文明的冲突?》一文中（见美国《外交》季刊1993年夏季号），把异质文明（他辨识了8种文明形态，即西方文明、儒家文明、日本文明、伊斯兰文明、印度教文明、斯拉夫—东正教文明、拉美文明、非洲文明）之间的对立和冲突提升到不恰当的高度，认为文明的冲突将是决定世界未来的主要因素，并臆想出“儒家—伊斯兰的联合”对西方世界的根本性挑战。关于亨氏文章的荒谬性及合理之处，可参见拙文《国际政治的又一种透视——亨廷顿〈文明的冲突?〉一文述评》，《美国研究》1994年第1期。

三

与冷战后世界地缘政治的上述特征联系起来考虑，中国目前处在一个有限的相对有利的状态。

第一，我国大陆的腹地特点，使它与三条冲突带保持一定距离。我们目前同俄罗斯联邦有着正常的邻国关系，今后应继续保持下去，同时应研究处置各种不测的危机事态的办法。中亚一带的伊斯兰宗教激进主义势力近年来有泛滥扩张趋向，虽然这种势力在多数信奉伊斯兰教的国家里尚不构成政府主导方针的基础，但考虑到我国西北边疆少数民族成分、宗教信仰、经济发展水平及地理地域特点，中国应当在继续发展与中亚各国的友好关系、促进彼此的经贸和劳务交流的同时，加快我国边疆地区的改革开放和经济建设步伐，不断改进国内各民族之间的团结和互助关系，形成一条有伸缩余地的缓冲地带或者说比较宽广的“防火线”。南亚次大陆的形势目前对中国的安全是比较有利的。在保持同其他国家的睦邻友好关系的同时，我国同这一地区最大也最重要的国家印度改善了相互间的关系；中国对于次大陆发生的种族恶斗和宗教摩擦及领土争端，采取了客观公允、不干涉内政、主张和平解决的立场；我们对这一地区的武器销售，既遵守了国际有关协议的规定，也遵循了不打破地区实力均衡的原则。但是，中印之间还存在领土边界争执，所谓的“边疆问题”也给两国关系的进一步改善蒙上了某种阴影。

第二，我国位居世界最大的大陆与最大海洋的边缘，雄踞亚洲东海岸，拥有很长的属于中纬度的海岸线，握有控制西太平洋的地利。尤其是，我们正处于一个新的转型期，即世界力量平衡的基点从大西洋欧洲方向逐渐朝太平洋亚洲方向转移。综观世界近现代历史，我们不难发现，全球中心曾经依托地中海，那时文艺复兴的威尼斯开现代进步风气之先，令世人心仪，让各国瞩目；后来世界重心越过阿尔卑斯山脉转到了大西洋，工业革命的英国带动了民族国家世界体系的成长；美国在 20 世纪的霸权仍是“大西洋时代”的继续，只不过它已从巅峰跌落，显示出盛极而衰的种种征兆；现在则开始了所谓“太平洋时代”的新纪元，世界五大力量中心的四个（美、日、俄、中）在这里有直接的利害关系，另一个中心（欧共体）也向这一地区投入了更多的注意力，以东亚国家为骨干的亚太区域，凭借其持续的经济景气和制度创新而成为新时期全球进步的主要生长点。

第三，中国的人口和资源的地区分布、工业基础状况、对外开放格局及政府外交方针的着眼点，都表现了中国发展与太平洋时代契合的可能性：如从黑龙江瑷珲到云南腾冲作一直线，将全国分成面积大致相等的两半，东南半壁占全国面积的42.9%，人口占全国的94.4%；西北半壁占总面积的57.1%，人口仅占全国的5.6%。我国东、南部的土地面积仅为全国总面积的50%，却占有94%的耕地；水资源分布极不均衡，80%的水资源集中在长江流域及其以南地区；矿产资源分布也不均衡，能入选的铁矿石集中散布在辽东半岛、冀东、攀西和长江中下游一带。[①] 地形特征与中国大陆由西向东侧斜的人口和资源“发展起跳板”是一致的。按高度的明显变化，地势自西向东可以分为三级阶梯：青藏高原平均海拔4000米以上，是最高的一级；青藏高原以北、以东，下降到海拔大多为1000~2000米的地带，构成了第二级阶梯；大兴安岭山脉、太行山脉、巫山及云贵高原东缘一线以东，是海拔1000米以下的丘陵和200米以下的平原，沿海平原在海拔50米以下，这是第三级。[②] 众所周知，中国东南沿海省份是我国改革开放的“排头兵”和经济发展的“主力军”，中国绝大部分基础设施和熟练技术人员都在地形的“第二级”上，这片区域也最先最充分地接收到东亚各国各地区发达的市场经济对我国的信息流辐射，中国在海外的同胞、侨胞也主要居住在东南亚一带，全世界各种经济体制和模式的经济发展最神速的国家几乎都不可思议地集中在东部亚洲一线（依近

① 参见吴树明主编《国情概要》，中国经济出版社，1991，第209、218页；李泊溪：《中国走向未来》，新华出版社，1988，第31页。

② 《中国地图册》，地图出版社，1966，第2~3页。

一二十年世界情况看，发达国家中发展最快的是日本，发展中地区发展最快的是东亚“四小”，社会主义国家中发展最快的是中国）。并非偶然的是，中国政府奉行的独立自主的和平外交方针的基础，首先是立足亚太、搞好周边，优先发展同东北亚、东南亚各国的友好关系（包括审慎地处理我国与有关国家在北部湾水域和南中国海的主权争端）。这一切，都是考虑中国加入和推助“太平洋时代”的地缘政治前提，是我国确定同后冷战世界的新关系的重要基石。

最后，提一点想法供探讨：处在发展壮大过程的中国应当研究和确立自己的“战略疆域”。所谓“战略疆域”（strategic territory）是指国力、影响力实际能够延伸或达到的区域；它不同于国界性质的自然疆域或地理疆域，后者是任何主权国家实际管辖的领域。战略疆域是一个国家战略思维、地缘政治观念和国家实力之结合程度的体现。历史地看，举凡大而强的现代国家，其政治地理区域都有以下几个部分，即中心地带（如首都或经济枢纽带）、边缘地带（包括内地依附中心地带的区域）、缓冲地带（似又可称“中立地带”）和战略疆域。战略疆域不是领土概念，不是法律划定和承认的边界，不是国家当局行政治理的区域；但战略疆域又以领土边界、主权范围为基础，它与中心、边缘、缓冲各地带是有内在联系的，它所抵达的区域直接关系到国家政治区域的上述各部分的坚固和安全程度；而且战略疆域是有弹性的、可伸缩的、随具体条件的改变而改变的，综合国力越强大、增长越迅速的国家，战略疆域就越宽广、越富有弹性。战略疆域有强大的功用和深远的寓意：它能够使一个国家扩大安全保障的外径，对超出本土以外但危及自身安全的事态施加必要的影响，增加抵御侵略的能力。建立这种战略疆界的努力，可以表现在对海峡、公海、国际水域和通道等的灵活使用上，可以表现在对共同区域、共管地带等的巧妙影响上，可以表现在对外太空及宇宙的某项重大战略方针的宣布或施为上，可以表现在对周围发生的侵略行为的谴责制裁或威慑上，可以表现在对建立地区和平的进程的积极参与上，可以表现在依照现代地缘政治学说对区域和国际事务纵横捭阖、因地制宜上……

一百年以前，当欧洲行将跨入 20 世纪之时，近现代地缘政治学说的主要奠基者之一、英国牛津大学地理教授麦金德曾经提醒人们："政治的进程是驱动和导航两种力量的产物。这种驱动的动量源于过去，它植根于一个民族的特质和传统的历史之中。而今天则是通过经济的欲求和地理的机遇来引导政治的动向。政治家与外交家的成败很大程度上在于他们是否认识到了这些不可抗拒的力量。"① 今天，在尊重先哲的中国人看来，麦金德的提示仍然不无现实意义。

① 〔英〕杰弗里·帕克：《二十世纪的西方地理政治思想》，李亦鸣等译，解放军出版社，1992，第4页。

第七篇

文思胜境与时代精神

中国诗与中国画

钱锺书*

一

这不是一篇文艺批评，而是文艺批评史上一个问题的澄清。它并不对中国旧诗和旧画试作任何估价，而只阐明中国传统批评对于诗和画的比较估价。

当然，文艺批评史很可能成为一门自给自足的学问，学者们要集中心力，保卫专题研究的纯粹性，把批评史上涉及的文艺作品，也作为干扰物而排除，不去理会，也不能鉴别。不过，批评史的研究，归根结底，还是为了批评。我们要了解和评判一个作者，也该知道他那个时代对于他那一类作品的意见，这些意见就是后世文艺批评史的材料，也是当时一种文艺风气的表示。一个艺术家总在某些社会条件下创作，也总在某种文艺风气里创作。这个风气影响到他对题材、体裁、风格的去取，给予他以机会，同时也限制了他的范围。就是抗拒或背弃这个风气的人也受到它负面的支配，因为他不得不另出手眼来逃避或矫正他所厌恶的风气。正像列许登堡所说，模仿有正有负，“反其道以行也是一种模仿”（Grade das Genthiel tun ist auch eine Nachahmnug）；

* 本文刊发于1985年第1期。作者钱锺书，时任中国社会科学院副院长，曾任西南联大外文系教授、上海暨南大学外语系教授、清华大学外语系教授、中国社会科学院文学研究所研究员。

圣佩韦也说，尽管一个人要推开自己所处的时代，仍然和它接触，而且接触得很着实（On touche encore à son temps，et trés fort，même quand on le repousse）[①]。所以，风气是创作里的潜势力，是作品的背景，而从作品本身不一定看得清楚。我们阅读当时人所信奉的理论，看他们对具体作品的褒贬好恶，树立什么标准，提出什么要求，就容易了解作者周遭的风气究竟是怎么一回事，好比从飞沙、麦浪、波纹里看出了风的姿态。

一时期的风气经过长时期而能持续，没有根本的变动，那就是传统。传统有惰性，不肯变，而事物的演化又迫使它以变应变，于是产生了一个相反相成的现象。传统不肯变，因此惰性形成习惯，习惯升为规律，把常然作为当然和必然。传统也有弹性，因而不得不变，不断地相机破例，实际上作出种种妥协，来迁就演变的事物。批评史上这类权宜应变的现象，有人曾嘲笑为"文艺里的两面派假正经"（ipocrisia letteraria）[②]，表示传统并不呆板，而具有相当灵活的机会主义。它一方面把规律定得严，抑遏新风气的发生；而另一方面把规律解释得宽，可以收容新风气，免于因对抗而地位摇动。它也颇有外交老手的"富于弹性的坚定"（elastic or flexible rigidity）那种味道。传统越悠久，妥协越多，越不肯变，变的需要越迫切。于是不再能委曲求全，旧传统和新风气破裂而被它破坏，新风气的代兴也常有一个相反相成的表现。它一方面强调自己是崭新的东西，和不相容的原有传统立异；而另一方面更要表示自己大有来头，非同小可，向古代也找一个传统作为渊源所自。例如西方十七八世纪批评家要把新兴的长篇散文小说遥承古希腊、罗马的史诗[③]，圣佩韦认为当时法国的浪漫诗派蜕变于法国 16 世纪的诗歌。中国也常有相类的努力。明清批评家把《水浒》《儒林外史》等白话小说和

---

① 列许登堡（G. C. Licbtenberg）：《隽语·散文·书信》（Aphorismen. Essays. Briefe），巴德（K. Batt）编本第 70 页。圣佩韦（Sainte-Beuve）：《我的毒素》（Mes Foisons），季洛（V. Giraud）编本第 197 页；他这几句话也在《月曜日文谈》开卷第一篇里早就说过（causerios du lurdi，T. 1，"M. Saint-Marc Girardin"，pp. 15 – 16）。

② 克巴齐（Croce）：《美学》（Estetica）第 10 版，第 495 页。

③ 梅（G. May）：《小说在十八世纪的困境》（Le Dilemme du roman au 18e sieècle），第 18 ~ 19、33 页。

《史记》挂钩；我们自己学生时代能看到提倡“中国文学改良”的学者煞费心机写了上溯古代的《中国白话文学史》，又看到白话散文家在讲《新文学源流》时，远追明代“公安”“竟陵”两派。这种事后追认先驱（préfiguration rétro active）的事例①，仿佛野孩子认父母，暴发户造家谱，或封建王朝的大官僚诰赠三代祖宗，在文学史上数见不鲜。它会影响创作，使新作品从自发的天真转为自觉的有教养、有师法；它也改造传统，使旧作品产生新意义，沾上新气息，增添新价值。

一个传统破坏了，新风气成为新传统。新传统里的批评家对于旧传统的作品能有比较全面的认识，作比较客观的估计；因为他具有局外人的冷静和超脱，所谓“当局称迷，傍观见审”（元行冲《释疑》），而旧传统里的批评家就像“不识庐山真面目，只缘身在此山中”（苏轼《题西林壁》）。除旧布新也促进了人类的集体健忘，一种健康的健忘，千头万绪简化为二三大事，留存在记忆里，节省了不少心力。旧传统里若干复杂的问题，新的批评家也许并非不屑注意，而是根本没想到它们一度存在过。他的眼界空旷，没有枝节零乱的障碍物来扰乱视线；比起他这样高瞻远瞩，旧的批评家未免见树不见林了。不过，无独有偶，另一个偏差是见林而不见树。局外人也就是门外汉，他的意见，仿佛清官判断家务事，有条有理，而对于委曲私情，终不能体贴入微。一个社会、一个时代各有语言天地，各行各业以至一家一户也都有它的语言田地，所谓“此中人语”。譬如乡亲叙旧、老友谈往、两口子讲体己、同业公议、专家讨论，等

① 这是柏格森论古典主义文学是否含有浪漫主义成分所用名词，见《思想与流动》（La Pensee et le mouvant），第 23 ~ 24 页。参看尼采论后起的艺术大师不由自主地（un willkürlich）改变了前人艺术作品的评价和意义（Menschliches, Allzumenschliches, Ⅱ. i。147, Werke, hrag. K. Schlechta, Bd Ⅰ, S. 793），艾略脱论新起作品能改换（alter）传统作品的位置（T. S. Eliot: “Tradition and Individual Talent”, Selected Prose. ed. HayWard, Penguin, p. 23）。艾略脱那节话是一般人引用惯的，但不如柏格森讲得透彻。博尔赫斯论卡夫卡的“先驱者”时说：“事实上，每个作家都创造他的先驱者”（EI hecho es quecada escritor crea a Sus Precursores，——J. L. Borges: “Kafka y sus precursores”, Ostras Inquisiciones, Alianza Emecee, 1979, p. 109），正是柏格森的用意。博尔赫斯列举卡夫卡的“先驱者”，第二名是作《获麟解》的韩愈；这和卡奈蒂（Elias canetti）《另一审判》（Der andere Prozess）里赞美卡夫卡是唯一具有中国精神的近代西方作家，都未必是咱们乐意听的好消息，然而必将成为研究者捕风捉影的好题目。

等，圈外人或外行人听来，往往不甚了了。缘故是：在这种谈话里，不仅有术语、私房话以至“黑话”，而且由于同伙们相知深切，还隐伏着许多中世纪经院哲学所谓彼此不言而喻的“假定”（suppositio）①，旁人难以意会。释袾弘《竹窗随笔》论禅宗问答：“譬之二同邑人，千里久别，忽然邂逅，相对作乡语隐语，旁人听之，无义无味。”这其实是生活中的平常情况，只是“听之无义无味”的程度随人随事不同。批评家对旧传统或风气不很认识，就可能“说外行话”，曲解附会。举一个文评史上的惯例罢。

我们常听说中国古代文评里有对立的两派，一派要“载道”，另一派要“言志”。事实上，在中国旧传统里，“文以载道”和“诗以言志”主要是规定个别文体的职能，并非概括“文学”的界说。“文”常指散文或“古文”而言，以区别于“诗”“词”。这两句话看来针锋相对，实则水米无干，好比说“他去北京”“她回上海”，或者羽翼相辅，好比说“早点是稀饭”“午餐是面”。因此，同一个作家可以“文载道”，以“诗言志”，以“诗余”的词来“言”诗里说不出口的“志”。这些文体仿佛台阶或梯级，是平行而不平等的，“文”的等级最高。西方文艺理论常识输入以后，我们很容易把“文”一律理解为广义的“文学”，把“诗”认为文学创作精华的同义词。于是那两句老话仿佛“顿顿都喝稀饭”和“一日三餐全吃面”，或“两口儿都上北京”和“双双同去上海”，变成相互排除的命题了。传统文评里有它的矛盾，但是这两句不能算是矛盾的口号。对传统不够理解，就发生了这个矛盾的错觉。当然，相反地，也会发生统一的错觉，譬如我们常听说中国诗和中国画是融合一致的。

二

诗和画号称姊妹艺术。有人进一步认为它们不但是姊妹，而且是孪生姊

---

① 艾尔德曼（K. O. Erdmann）：《文字的意义》（Die Bedeutung des Wortes），第3版第66～69（ein Kapitel Scholastik）。

妹。唐人只说："书画异名而同体"（张彦远《历代名画记》卷一《叙画之源流》）。自宋以后，大家都把诗和画说成仿佛是异体而同貌。郭熙《林泉高致》第二篇《画意》："更如前人言：'诗是无形画，画是有形诗。'哲人多谈此言，吾人所师。"冯应榴《苏诗合注》卷五〇《韩干马》："少陵翰墨无形画，韩干丹青不语诗。"孔武仲《宗伯集》卷一《东坡居士画怪石赋》："文者无形之画，画者有形之文，二者异迹而同趣。"张舜民《画墁集》卷一《跋百之诗画》："诗是无形画，画是有形诗。"释德洪觉范《石门文字禅》卷八：《宋迪作八景绝妙，人谓之"无声句"。演上人戏余曰："道人能作'有声画'乎?"因为之各赋一首》。岳珂《宝真斋法书赞》卷一三《薛道祖白石潭诗帖》："'画'以'有声'著，'诗'以'无声'名。'有声'者、道祖之所已知，'无声'者、道祖之所欲为而未能者也。"《宋诗纪事》卷五九钱婺《次袁尚书巫山诗》："终朝诵公有声画，却来看此无声诗"；《全宋词》三四五三页陈德武《望海潮》："对无声诗，哦有声画，仪形已见端倪"；这两处的"有声画"指诗，而"无声诗"指景物，由画引申，指入画的真山真水。两者只举一端，像黄庭坚《次韵子瞻，子由题憩寂图》："李侯有句不肯吐，浅墨写作无声诗"；米友仁《自题山水》："古人作语咏不得，我寓无声缣褚间"；周孚《题所画梅竹》："东坡戏作有声画，叹息何人为赏音"；例子更多。舒岳祥《阆凤集》卷六《和正仲送达善归钱塘》："好诗甚似无形画，昏眼羞同没字碑"；求对仗的平仄匀称，换"有"字为"无"字，出了毛病。"碑"照例有"字"，"没字碑"是自身矛盾语，恰好用作比喻，去嘲笑目不识丁；"画"压根儿"无声"，说"好诗似画"，词义具足，所添"无声"两字就不免修辞学所谓"赘余的形容"（redundant epithet）了①。南宋孙绍远搜罗唐以来的题画诗，编为《声画集》；宋末名画家杨公远自编诗集《野趣有声画》，诗人吴龙翰作序，说："画难画之景，以诗凑成；吟难吟之诗，以画补足"（曹庭栋《宋百家诗存

---

① 昆体良（Quntilian）：《修词原理》（Institutio oratoria）第 8 卷第 6 章第 40 节，《罗勃（Loeb）古典丛书》本第 3 册，第 324 页。

卷一九》)。从那两部书名，可以推想这个概念的流行。

“无声诗”即“有形诗”和“有声画”即“无形画”的对比，和西洋传统的诗画对比，用意差不多。古希腊诗人（Simonides of Ceos）早说：“画为不语诗，诗是能言画”[①]。嫁名于西塞罗的一部修辞学里，论“互换句法”(commutatio）的第四例就是：“正如诗是说话的画，画该是静默的诗”（Item poema loquens pictura，pictura tacitum poema debet esse)[②]。达·芬奇干脆说画是“嘴巴哑的诗”（una poesia muta)，而诗是“眼睛瞎的画”（una pittura cieca)[③]。莱辛在他反对“诗画一律”的名著里，引了“那个希腊伏尔泰的使人眼花缭乱的对照”(die blendende Antithese des griechischen Voltaire)，也正是那句希腊古诗，顺手又把他所敌视的伏尔泰扫上一笔[④]。“不语诗”“能言画”和中国的“无声诗”“有声画”是同一回事，因为“声”在这里不指音响，而指说话，就像旧小说、旧戏曲里“不则（作）声”“禁（噤）声!”的那个“声”字。古罗马诗人霍拉斯的名句：“诗亦犹画”（ut pictura poesis erit)，经后人断章取义，理解作“诗原通画”[⑤]，仿佛苏轼《书鄢陵王主簿折枝》所谓：“诗画本一律。”诗、画作为孪生姊妹是西方古代文艺理论的一块奠基石，也就是莱辛所要扫除的一块绊脚石，因为在他看来，诗、画各有各的面貌衣饰，是“绝不争风吃醋的姊妹”(keine eifersüchtige Schwester)[⑥]。

---

① 艾德门茨（J. M. Edmonds)：《希腊抒情诗》（Lyra Graea)，罗勃本第2册，第258页。哈格斯特勒姆（Jean H. Hagstrum)：《姊妹艺术》（The Sister Arts）(1958）10又58页。

② 西塞罗：《修词学》（Rhetorica ad Ilerennium）第4卷第28章，罗勃本，第326页。

③ 达·芬奇：《画论》（Trattato della Pittura）第16章，米兰奈西（G. Milanesi）编本，第12页。近代一个意大利作家对这句话承而又转：“这些画家的绘画不但是无言语的诗歌而且是无声响的音乐”（La lor Pittura non è soltan to una Poesia muta，ma è anche una musica muta. —D'Annunxio，II Fuoco，ed. Fratelli Trevea，p. 107)。这也透露，浪漫主义运动以来，音乐在艺术里的地位高升在诗歌之上了。参看纪德（A. Gide）1926年5月说批评家（l'abbé Brémond）把“诗如画”（ut musica Poesis）的标准变为“诗如乐”（ut musia Poesis)，《日记、回忆》（Journal，Souvenirs)，《七星（La Pléiade）丛书》本第1004页。

④ 莱辛：《拉奥孔》（Laokoon）《前言》（Vorrede)，李拉（P. Rilla）编《莱辛集》第6册，第10页。

⑤ 霍拉斯：《论诗代简》（Art poetica）第361行，参看《姊妹艺术》25，37，59~61。

⑥《拉奥孔》第8章，第82页。

诗和画既然同是艺术，应该有共同性；它们并非同一门艺术，又应该各具特殊性。它们的性能和领域的异同，是美学上的重要理论问题。我想探讨的，只是历史上具体的文艺鉴赏和评判。我们常听人说：中国旧诗和中国旧画有同样的风格，体现同样的艺术境界。那句话究竟是什么意思？这个意思能不能在文艺批评史里证实？

三

那句在国画展览会上、国画史等著作里说惯、听惯、看惯的话，和“诗原通画”“诗画一律”，意义大不相同。“诗原通画”“诗画一律”是树立一条原理，而那句话只是叙述一个事实。前者认为：诗和画的根本性质是一致的；后者认为：在中国传统里，最标准的诗风和最标准的画风是一致的。假使前者成立，也许可以解释后者这个事实；假使后者成立，却还不够证明前者那条原理。对于前者，要求它言之成理，免于牵强理论；对于后者，要求它言之有物，免于歪曲历史。说破了，那句套话的意思就是：中国旧诗和中国旧画同属于所谓“南宗”，正好比西洋文艺史家说，莎士比亚的戏剧和鲁本斯（Rubens）、雷姆勃朗德（Rembrandt）的绘画同属于“奇崛派”（Barock）[①]。

中国画史上最有代表性、最主要的流派是“南宗”。董其昌《容台别集》卷四有一节讲得极清楚：“禅家有南北二宗，唐时始分。画之南北二宗，亦唐时分也，但其人非南北耳。北宗则李思训父子着色山水，流传而为宋之赵干、赵伯驹、伯骕以至马、夏辈。南宗则王摩诘始用渲淡，一变钩斫之法，其传为张璪、荆、关、董巨、郭忠恕、米家父子以至元之四大家；亦如六祖之后，有马驹、云门、临济儿孙之盛，而北宗微矣。要之摩诘所谓‘云峰石迹，迥出天机，笔意纵横，参乎造化’者，东坡赞吴道子、王维画壁亦云：‘吾于维也无间然’，知言哉！”（参看同卷《文人画自王维始》一

① 沃尔则尔（O. Walzel）：《各门艺术的相互阐发》（Wechselseitige Erhellung der Künsie），第95页。

条，叙述更详）。董氏同乡书画家莫是龙《画说》十五条里有一条，字句全同；董氏同乡好友陈继儒《偃曝余谈》卷下有论旨相类的一条，坦白地把李思训、王维分别比为“禅家”北宗的神秀和南宗的惠能。南、北画家的区别，也可用陈氏推尊的王世贞的话来概括，《弇州四部稿》卷一五四，《艺苑卮言·附录》卷三：“吴、李以前画家，实而近俗，荆、关以后画家，雅而太虚。今雅道尚存，实德则病。”这是明人鉴赏的常谈，清人承袭了，例如厉鹗说：“尝以词譬之画，画家以南宗胜北宗。稼轩、后村诸人，词之北宗，清真、白石诸人，词之南宗也。”（《樊榭山房文集》卷四《张今涪红螺词序》）清人论书法，以南、北宗的概念来判别流派，而且应用到董其昌本人身上：“太仆〔归有光〕文章宗伯〔董〕字，正如得髓自南宗”（姚鼐《惜抱轩诗集》卷八《论书绝句》三）；“尝与钱梅溪（泳）论书，画派分南、北宗，书家亦分南、北。如颜、柳一派，类推至于吾家文敏〔张照〕，是为北宗；褚、虞一派，类推至于香光，是为南宗”（张祥河《关陇舆中偶忆编》）。近年来有人反对董其昌的分类，夏敬观先生《忍古楼画说》就批评说：“余考宋、元以前论画书，未见有‘南、北宗’之说。夫南北画派诚有别，然必剿袭禅宗之名以名之，而‘南’、‘北’字均无所取义，盖非通人所为。李思训父子为唐宗室，王维太原祁人，均北人也。只张璪唐人，余皆宋人，安见唐时已分南北乎？”

画派分南北和画家是南人、北人的疑问，不难回答。某一地域的专称引申而为某一属性的通称，是语言里的惯常现象。譬如汉、魏的“齐气”、六朝的“楚子”、宋的“胡言”、明的“苏意”；“齐气”“楚子”不限于“齐”人、“楚”人，苏州以外的人也常有“苏意”，汉族并非不许或不会“胡说”“胡闹”。杨万里说：“诗‘江西’也，非人皆江西也”（《诚斋集》卷七九《江西宗派诗序》）；家铉翁说：“奋乎齐鲁汴洛之间者，固中州人物也。亦有生于四方，奋于遐外，而道学文章为世所宗工，德业被于海内，虽谓之中州人物可也”（《元文类》卷三八家铉翁《题中州诗集后》，四库辑本《则堂集》漏收）；更是文学流派名称的好例子。拘泥着地图、郡县志，太死心眼儿了。画派在“唐时”虽然未“分南北”，但唐人诗文评早借用了

“南北宗”的概念。遍照金刚《文镜秘府论》南卷《论文意》：“荀孟传于司马迁，司马迁传于贾谊……乃知司马迁为北宗，贾生为南宗，从此分焉。”这位日本和尚居然讲司马迁而连《史记》都没看，不知道有《屈原、贾生列传》，但他也显然道听途说，拣得了唐人的一些谈屑。伪托贾岛撰的《二南密旨》，据《四库全书总目》卷一九七的提要：“以《召南》‘林有朴樕，野有死鹿’句，及鲍照‘申黜褒女进，班去赵姬升’句，钱起‘竹怜新雨后，山爱夕阳时’句，为南宗。以《卫风》‘我心匪石，不可转也’句，左思‘吾爱段干木，偃息藩魏君’句，卢纶诗‘谁知樵子径，得到葛洪家’句，为北宗。”论画“剿袭禅宗之名”，或许“无所取义”，也还可说有所借鉴。不过，真是“无所取义”么？

把“南”“北”两个地域和两种思想方法或学风联系，早已见于六朝，唐代禅宗区别南、北，恰恰符合或沿承了六朝古说[①]。事实上，《礼记·中庸》说“南方之强”省事宁人，“不报无道”，不同于“北方之强”好勇斗狠，“死而不厌”，也就是把退敛和肆纵分别为“南”和“北”的特征。《世说·文学》第四记褚季野云：“北人学问，渊综广博”，孙安国答：“南人学问，清通简要”，支道林曰：“圣贤固所忘言。自中人以还，北人看书如显处视月，南人看书如牖中窥日。”历来引用的人只知道“牖中窥日”仿佛“管中窥豹”，误解支道林为褒北贬南，而刘峻在这一节的注释里又褒南贬北，说什么北人“学广则难周，难周则识暗”，南人“学寡则易覈，易覈则知明”。支道林是仲裁者讲公道话。孙、褚分举南、北“学问”各有长处，支承认这些长处，而指出它们也各有流弊，长处就此成为缺点（le défaut de la qualité）。我国有关“性格类型”（Personality types）的最早专著、三国时刘劭《人物志·八观》里第七观是：“观其所短，以知其所长”，支道林可以说是“观其所长，以知其所短”。“中人以还”的“中”不是《论语·雍也》“中人以下，中人以上”的“中”，而是《中庸》“中庸其至

① 据文廷式《纯常子枝语》卷9、卷27所引道士著作，宋后道家也分“南北宗”。原则是否和禅宗的分派相近，我没有去考究。

矣乎”的“中”，不指平常凑货、不出众，而指恰如其分、无偏差，就是《人物志·体性》所说：“中庸之德……抗者过之而拘者不逮，抗拘违中。”“中人”以下追求广博，则流为浅泛，追求精简，则流为寡陋；浮光掠影和一孔片面都是毛病，尽管病情不同，但都是《人物志·材能》所称“偏材之人”。《隋书·儒林传》叙述经学说：“大抵南人约简，得其英华，北学深芜，穷其枝叶”；这简直像唐后对南、北禅宗的惯评了。看来，南、北“学问”的分歧，和宋、明儒家有关“博观”与“约取”、“多闻”与“一贯”、“道问学”与“尊德性”的争论，属于同一典型。巴斯楷尔区分两类有才智的人（deux sortes d'esprit）：一类“坚强而狭隘”，另一类“广阔而软弱”（l'esprit pouvant être fort et étroit，et pouvant être ample et faible）。康德曾分析“理性”里有两种基本倾向：一种按照万殊的原则，喜欢繁多（das Interesse der Manningfaltigkeit，nach dem Princip der Specification）；另一种按照合并的原则喜欢一贯（das Interesse der Einheit，nach dem Princip der Aggregation）①。禅宗判别南北，可以说是两类才智或两种理性倾向在佛教思想里的一个表现。

南宗禅把“念经”“功课”全鄙弃为无事忙，要把“学问”简至无可再简、约至不能更约，说什么“微妙法门，不立文字，教外别传”，“经诵三千部，曹溪一句亡”，“广学知解，被知解境风之所漂溺”（《五灯会元》卷一释迦牟尼章次、卷二惠能章次、卷三怀海章次）。李昌符《赠供奉僧玄观》：“自得曹溪法，诸经更不看”；张乔《宿齐山僧舍》：“若言不得南宗要，长在禅床事更多。”都是说南宗禅省“事”，不看经卷，不坐禅床。南宗画的原则也是“简约”，以经济的笔墨获取丰富的艺术效果，以减削迹象来增加意境（less is more）。张彦远讲“疎体画”用笔不同于“密体画”，早说出这个理想；“笔才一二，像已应焉。离披点画，时见缺落，此虽笔不周而意周也”（《历代名画记》卷二《论顾陆张吴用笔》）；“周”是“周密”“周到”“周备”的“周”。他在该节里强调“书画用笔同”，我们不妨

① 《纯理性批判》（Kritik der reinen Vernunft），艾尔德曼（B. Erdmann）校本，格鲁依德（W. de Gruyter）版第500页，参看第495页。当代心理学有关“性格型”的基本分类如“外向”（extrovert）和“内注”（introvert）、“发散”（diverger）和“收聚”（converger）。

挪借另一个唐人论书法的话作为注解：“‘损’谓有余。……谓趣长笔短，常使意势有余，点画若不足”（《全唐文》卷三三七颜真卿《张长史十二意笔法记》）。“损”就是“见缺落”，“若不足”就是“不周”。当代卓著的美术史家论“印象派”（Impressionism）含蓄不露（suggestion）的手法，说：观画者不是无所用心，而是“更有事可做”（the artist gives the beholder inceasingly “more to do”），参与了作画者的创造（making，creation），在心目中幻出（“conjured up” in our minds）那些未落迹象的景色（the inarticulate and unexpressed）①，也不外乎这个原则。休谟可能是首先揭示这种心理活动的哲学家，虽然他泛论人生经验，并未联系到文艺。他认为情感受“想象”的支配，“把对象的一部分隐藏不露，最能强烈地激发情感”（Nothing more powerfully excites any affection than to conceal some part of its object）；对象蔽亏不明（by throwing it in to a kind of shade），欠缺不全，就留下余地，“让想象有事可做”（leaves some work for the imagination），而想象为了“完足”那个观念所作的努力又能增添情感的力量（the effort which the fancy makes to compleat the idea gives an additional force to the passion）②。把休谟的大理论和我们的小题目拍合，对象蔽亏正是“笔不周”，在想象里完足正是“意周”，“compleat”可算是“周”字的贴切英译。和石溪并称“二溪”的程正揆反复申明这一点。他的《青溪遗稿》似乎三百年来无人过问，不妨多引一些。卷一五《山庄题画》六首之三：“铁干银钩老笔翻，力能从简意能繁；临风自许同倪瓒，入骨谁评到董源。”卷二二《题卧游图后》：“论文字者谓参一分见不如增一分识，识愈高则愈淡。予谓画亦然。

---

① 贡布里支（E. H. Gombrich）：《艺术与错觉》（Art and Illusion）第5版（1977）169页。

② 休谟：《情感论》（Dissertation on the Passions）第6节6条，见《道德、政治、文学论文集》（Essays Moral，Political，and Literary），格林（T. H. Green）与格罗士（T. H. Grose）编本第2册164页。休谟的话很像后来莱辛《拉奥孔》第3章讲绘画该挑选富有生发余地的景象，好“让想象力自由游戏”（was der Eidildungskraft freies Spiel Lässt）（本书P492注④所引同书第28页，编者注）。“工作”和“游戏”通常是对立的概念，但休谟说“留些工作（work）给想象去干”和莱辛说“让想象力游戏自如”，两者完全一致。中国古人所谓“得意忘言”“貌异心同”“莫死在句下”，也许我们读外国书时还不妨记住。

多一笔不如少一笔，意高则笔减。何也？意在笔先，不到处皆笔〔‘不’字直贯全句，等于‘非到处皆笔’〕。繁皴浓染，刻划形似，生气漓矣。”卷二四《龚半千画册》：“画有繁减，乃论笔墨，非论境界也。北宋人千丘万壑，无一笔不减；元人枯枝瘦石，无一笔不繁。予曾有诗云云〔即‘铁干银钩’那一首〕。”同卷《题石公画卷》：“予告石溪曰：“画不难为繁，难于用减，减之力更大于繁。非以境减，减以笔。所谓‘弄一车兵器，不若寸铁杀人’者也。”卷二六《杂著》一：“画贵减不贵繁，乃论笔墨，非论境界也。宋人千丘万壑，无一笔不减；倪元镇疏林瘦石，无一笔不繁。”翁方纲《复初斋诗集》卷一二《程青溪〈江山卧游图〉》：“枯木瘦石乃繁重，千岩万壑翻轻灵”；就地取材，正用程氏自己的话来题他的画。吴雯《莲洋集》卷六《题云林〈秋山图〉》：“岂但秾华谢桃李，空林黄叶亦无多”，也是赞叹倪瓒的“力能从简”。值得注意的是，程氏借禅宗的“话头”来比喻画法。“弄一车兵器，不是杀人手段，我有寸铁，便可杀人”，那是宋代禅师宗杲的名言，儒家的道学先生都欣赏它。例如朱熹《朱子语类》卷八就引用了，卷一一五教训门徒，又“因举禅语云：寸铁可杀人；无杀人手段，则载一车枪刀，逐件弄过，毕竟无益。”南宗禅提倡“单刀直入”（《五灯会元》卷一一守廊章次、旻德章次），不屑拈枪弄棒，所谓：“只要单刀直入，不要广参”（《宗镜录》卷四一），嘲笑“博览古今”的“百会”为“一尚不会”（《五灯会元》卷七洛京南院和尚章次）。那和“南人学问”的“清通简要”“约简得英华”，只是程度上的差异。体现在造形艺术里，这个趋向就是绘画的笔墨“从简”“用减”“笔不到”。“南宗画”的定名超出了画家的籍贯，揭出了画风的特色，难道完全“无所取义”么？

那么，能不能说南宗画的作风也就相当于中国旧诗里正统的作风呢？

四

西洋文评家谈论中国诗时，往往仿佛是在鉴赏中国画。例如有人说，中国古诗的“空灵”（intangible）、“轻淡”（light）、“含蓄”（suggestive），在西洋诗里最接近韦尔兰（Verline）[①]。另一人说，中国古诗简约隽永，韦尔兰的《诗法》算得中国文学传统原则的定义（taken as the definition of the principle of Chinese literary tradition）[②]。还有人说，中国古诗抒情，从不明说，全凭暗示（lyrical emotion is no where expressed but only suggested），不激动，不狂热，很少辞藻、形容词和比喻（no excinement，no ecstasy，little or no rhetoric，few adjectives and very few metaphors or similes），歌德、海涅、哈代等的小诗偶有中国诗的风味[③]。这些意见出于本世纪前期，然而到现在还似乎代表一般人的看法。透过翻译而能那样认识中国诗，很不容易。一方面也许证明中国诗的艺术高、活力强，它像人体有“自动免疫性”似的，也具备顽强的免译性或抗译性，经受得起好好歹歹的翻译；另一方面更表示这些批评家有艺术感觉和本土文学素养。一个绘画史家也指出，歌德的《峰颠群动息》（Ueber allen Gipfeln ist Ruh）和海涅的《孤杉孓然立》（Ein Fichtenbaum steht einsam）两首小诗，和中国画的情调融合（entsprechen jener lyrischen Stimmung）[④]。把中国旧诗和韦尔兰联系，最耐人寻味。韦尔兰宣称：最好是“灰暗的诗歌”，不着彩色，只分深淡（Rien de plus cher que la chanson grise，Pas de couleur，rien que la nuance）[⑤]。那简直就是南宗画风了：“画欲暗，不欲明；明者如觚稜钩角是也，暗者如云横雾塞是也”（董其昌《画眼》）。

一句话，在那些西洋批评家眼里，词气豪放的李白、思力深刻的杜甫、议论畅快的白居易、比喻络绎的苏轼——且不提韩愈、李商隐等人——都给“神韵”淡远的王维、韦应物同化了。西方有句谚语：“黑夜里，各色的猫一般灰色”（La unit tous les chats sont gris）；据动物学家的研究，猫是色盲

① 斯屈来欠（Lytton Strachey）：《一部诗选》（An Athology），见所作《人物与评论》（Characters and Commentarles），第153页。

② 麦卡锡（Desmond MacCarthy）：《中国的理想》（The Chinese Ideal），见所作《经验集》（Experience），第73页。

③ 屈力韦林（R. C. Trevelyan）：《意外收获集》（Windfalls），第115～119页。

④ 敏斯德保（O. Münsterberg）：《中国艺术史》（Chinesische Kunstgeschichte）第1册，第222页。

⑤ 韦尔兰：《诗法》（Art poétique），《全集》梅赛因（Albert Measein）版，第8册，第295页。

的，在白天看一切东西都是灰色（the daylight world is gray to the cat）。[①] 正像人夜里看猫，猫白天看世界，西洋批评家看五光十色的中国旧诗都成为韦尔兰所向往的“灰暗的诗歌”（la chanson grise）。这种现象并不稀罕。习惯于一种文艺传统或风气的人看另一种传统或风气里的作品，常常笼统概括，有如中国古代隽语所谓“用个带草（怀素）看法，一览而尽”（见董说《西游补》）。譬如在法国文评家眼里，德国文学作品都是浪漫主义的，它的“古典主义”也是浪漫的、非古典的（unclassical）；而在德国文评家眼里，法国的文学作品都只能算古典主义的，它的“浪漫主义”至多是打了对折的浪漫（only half romantic）[②]。德、法比邻，又同属于西欧文化大家庭，尚且如此，中国和西洋更不用说了。

和西洋诗相形之下，中国旧诗大体上显得情感不奔放，说话不唠叨，嗓门儿不提得那么高，力气不使得那么狠，颜色不着得那么浓。在中国诗里算是“浪漫”的，和西洋诗相比之下，仍然是“古典”的；在中国诗里算是痛快的，比起西洋诗，仍然不失为含蓄的。我们以为词华够鲜艳了，看惯纷红骇绿的他们还欣赏它的素淡；我们以为“直恁响喉咙”了，听惯大声高唱的他们只觉得是低言软语。同样，从束缚在中国旧诗传统里的读者看来，西洋诗里，空灵的终嫌着痕迹、费力气，淡远的终嫌有烟火气、荤腥味，简洁的终嫌不够惜墨如金。这仿佛国际货币有兑换率，甲国的两毛零钱，折合乙国的一块大洋。西洋人评论不很中肯，那可以理解。他们不是个中人，只从外面看个大概，见大同而不见小异。我们中国批评家不会那样，我们知道中国旧诗不单纯是“灰暗诗歌”，不能由“神韵派”来代表。但是，我们也往往忽视一个事实：神韵派在旧诗传统里公认的地位不同于南宗在旧画传统里公认的地位，传统文评否认神韵派是标准的诗风，而传统画评承认南宗是

---

① 盖茨（G. S. Cates）：《近代的猫》（The Modern Cat），第116页。

② 摩尔克尔（Cottfried F. Merkel）编《浪漫主义与佩翻译艺术论文集》（On Romanticism and the Art of Translation），第68页；贝尔（Henri Peyre）：《法国古典主义》（Le Classicisme francais），第183页，引圣佩韦和尼采，又吉尔曼（Margaret Gilman）：《法国人论诗》（The Idea of Poetry in France），第163页。

标准的画风。在“正宗”“正统”这一点上，中国旧“诗、画”不是“一律”的。

五

恰巧南宗画的创始人王维也是神韵诗派的宗师，而且是南宗禅最早的一个信奉者。《王右丞集》卷二五《能禅师碑》就是颂扬南宗禅始祖惠能的，里面说：“弟子曰神会，……谓余知道，以颂见论”，《神会和尚遗集·语录第一残卷》记载“侍御史王维在临湍驿中问和上若为修道”的对话。在他身上，禅、诗、画三者可以算是一脉相贯，“诗画是孪生姊妹”那句话用得最惬当了。苏轼《东坡题跋》卷五《书摩诘〈蓝田烟雨图〉》说：“味摩诘之诗，诗中有画；观摩诘之画，画中有诗”；《凤翔八观·王维、吴道子画》说得更清楚：“摩诘本诗老，佩芷袭芳荪，今观此壁画，亦若其诗清且敦。”纪昀评点苏诗说：“‘敦’字义非不通，而终有嵌押之痕”，指摘得很对。“敦”字大约是深厚之“义”，可参看张彦远《历代名画记》卷一《论画山水树石》所谓“又若王右丞之重深”，但和“清”连用（collocation），就很牵强，凑韵的窘态毕露了。

沈括《梦溪笔谈》卷一七：“书画之妙，当以神会，难可以形器求也。如彦远画评言：‘王维画物，多不问四时；如画花往往以桃杏芙蓉莲花同画一景。’余家所藏摩诘《卧雪图》有雪中芭蕉，此难与俗人言也。”现存《历代名画记》里没有关于王维这一节，画花“不问四时”却是画里一个传统；《卧雪图》也早遗失，但“雪中芭蕉”一事广布久传，为文评和画评提供了一个论证①。都穆《寓意编》：“王维画伏生像，不两膝着地用竹筒，乃箕股而坐，凭几伸卷。

① 参看《管锥编》，1305—5 页，《管锥编增订》第 99 ~ 100 页。宋代笔记像《冷斋夜话》《猗觉寮杂记》《懒真子》等，都讲到王维画“雪中芭蕉”；诗篇像惠洪《与客论东坡》七律、陈与义《题清白堂》七绝之三，楼钥《惠林画寒林七贤》五古、杨万里《寄题张商弼葵堂》七绝之一等都用了这个典故。晁冲之《三月雪》：“从此断疑摩诘画，雪中自合有芭蕉”（《风月堂诗话卷下引》），是《具茨集》的逸诗。汤显祖《玉茗堂集·尺牍》卷四《答凌初成》说起一个笑话：“昔有人嫌摩诘之冬景芭蕉，割蕉加梅。冬则冬矣，然非王摩诘冬景也！”

盖不拘形似，亦雪中芭蕉之类也。”这幅画后来为孙承泽收藏，《庚子销夏记》卷一《唐王维伏生图》：“一老生伏几而坐，手持一卷。……都元敬当在贵人之家见此图，惊欢不置。”从此“雪中芭蕉”不是孤零零的事件，“难以形器求”的画风又添了佐证，评鉴家更容易施展“挽回”（recuperation）的手段，不理会“俗人”们“拘形似”的惊疑和嘲笑。神韵诗派大师王士禛就在这一点上把王维的诗和画贯通。《池北偶谈》卷一八：“世谓王右丞画雪里芭蕉，其诗亦然。如‘九江枫树几回青，一片扬州五湖白’，下连用‘兰陵镇’、‘富春郭’、‘石头城’诸地名，皆辽远不相属。大抵古人诗画只取兴会神到。”名诗人兼画家金农更在这一点上把王维的画和禅贯通。《冬心集拾遗·杂画题记》：“王右丞雪中芭蕉为画苑奇构。芭蕉乃商飚速朽之物，岂能凌冬不凋乎？右丞深于禅理，故有是画，以喻沙门不坏之身，四时保其坚固也。余之所作，正同此意，观者切莫认作真个耳。”金农对“禅理”似乎不熟。禅宗有一类形容“不可思议”的“话头”，和西方古修辞学所谓“不可能事物喻”（adynata，impossililia）① 性质相同，例如“尘生井底，浪起山头，结子空花，生儿石女”，或“三面狸奴脚踏月，两头白牯手拿烟，戴冠碧兔立庭柏，脱壳乌龟飞上天”（《五灯会元》卷一〇光庆遇安章次、卷一二道吾悟真章次）②。鸠摩罗什译《维摩诘所说经·佛道品第八》：“火中生莲华，是可谓希有”，正是这一类比喻，很早被道士一眼瞧中，偷入《老子化胡经·玄歌章第一〇》“我昔化胡时”那一首里：“火中生莲华，尔乃是至真”（《鸣沙石室佚书续编》）。假如雪里芭蕉含蕴什么“禅理”，那无非像井底尘、山头浪、火中莲，等等，暗示“希有”或“不可思议”。明季画家李流芳似乎领悟这个意思，《檀园集》卷一《和朱修能雪蕉诗》：“雪中蕉正绿，火里莲亦长”，就是把两种“不可能事物”结成配偶，使它们相得益彰了。

试举一首传诵的王维小诗，说明他的手法。《杂诗》第二首；“君自故

---

① 参看普来明格（A. Preminger）主编《诗歌与诗学百科全书》（Encyclopedia of Poetry and Poetics），第5页。

② 参看《管锥编》，第600～606页。

乡来，应知故乡事。来日绮窗前，寒梅著花未?”赵殿成《王右丞集笺注》：“按陶渊明诗云：‘尔从山中来，早晚发天目，我居南窗下，今生几丛菊?’与右丞此章同一机杼，然下文缀语稍多，趣意便觉不远。右丞只为短句，有悠扬不尽之致。”批评不错，只是考订欠些。那首“陶渊明诗”是后人伪托的，上半首正以王维此篇为蓝本；下半首是：“蔷薇叶已抽，秋兰气当馥，归去来山中，山中酒应熟”，结句又脱胎于李白《紫极宫感秋》：“陶令归去来，田家酒应熟”[①]。王维这二十个字的最好对照是初唐王绩《在京思故园见乡人问》：“旅泊多年岁，老去不知回。忽逢门前客，道发故乡来。敛眉俱握手，破涕共衔杯。殷勤访朋旧，屈曲问童孩。衰宗多弟侄，若个赏池台？旧园今在否？新树也应栽。柳行疏密布？茅斋宽窄裁？经移何处竹？别种几株梅？渠当无绝水，石计总成苔。院果谁先熟？林花那后开？羁心只欲问，为报不须猜。行当驱下泽，去剪故园菜。”这首诗很好，和王维的《杂诗》在一起，鲜明地衬托出同一题材的不同处理。王绩相当于画里的工笔，而王维相当于画里的“大写”。王绩问得周详地道，可以说是“每事问”(《论语·八佾》)；王维要言不烦，大有“‘伤人乎?’不问马”的派头(《论语·乡党》)。王维仿佛把王绩的调查表上问题痛加剪削，删多成一，像程正揆论画所说“用减”而不“为繁”。张彦远说：“笔才一二，像已应焉。离披点画，时见缺落”；程正揆说：“意高则笔减，繁皴浓染，刻划形似，生气漓矣。”这种议论可以和王士祯的诗评对照。《香祖笔记》卷六：“余尝观荆浩论山水而悟诗家三昧，曰：‘远人无目，远水无波，远山无皴’”[②] 同书卷十：“‘《新唐书》如今日许道宁辈论山水，是真画也。《史记》如郭忠恕画天外数峰，略具笔墨，然而使人心服者，在笔墨之外也。’右王楙《野客丛书》中语，得诗文三昧，司空表圣所谓‘不着一字，尽得风流’者也。”《蚕尾集》卷七《芝廛集序》大讲“南宗画”的“理”，然

① 洪迈明知那首陶诗可疑，反论王维、李白都分别运“用”过它。《容斋五笔》卷一《问故居》：“此诗诸集中皆不载，惟晁文元家本有之。盖‘天目’疑陶居处，然李白云云，乃用此尔。王摩诘诗云云。”

② 参看《管锥编》，第720~723页。

后说："虽然，非独画也，古今风骚流别之道，固不外此。"南宗画和神韵诗就是同一艺术原理在两门不同艺术里的体现了。

既然"诗家三昧"是"略具笔墨""不着一字"，那么，写景工密的诗、叙事流畅的诗、说理痛快的诗都算不得"风骚流别"里的上乘了。例如谢灵运和柳宗元的风景诗都是刻画细致的，所以元好问《论诗绝句》说："谢客风容映古今，发源谁似柳州深！"自注："柳子厚，宋之谢灵运。"宋长白恰好把谢灵运的诗比于北宗画："纪行诗前有康乐，后有宣城。譬之于画，康乐则堆金积粉，北宗一派也，宣城则平远闲旷，南宗之流也"（《柳亭诗话》卷二八）。若把元好问的话引申，柳宗元也就是"北宗一派"。无怪王士祯《戏仿元遗山论诗绝句》对柳宗元有贬词："风怀澄淡推韦柳，佳处多从五字求。解识无声弦指妙，柳州那得并苏州！""无声弦指妙"就是"不着一字，尽得风流"的另一说法。韦应物正是神韵派的远祖司空图推尊和王维并列的："王右丞、韦苏州澄淡精致，格在其中，岂妨于遒举哉?"（《与李生论诗书》）；"右丞、苏州，趣味澄琼"（《与王驾评诗书》）。白居易的诗既能叙事井井，又会说理娓娓，和神韵派更是话不投机。司空图就说："元、白力劲而气孱，乃都市豪估耳"（《与王驾评诗书》）；翁方纲来了个补笔："一自司空表圣造二十四《品》，抉尽秘妙，直以元、白为屠沽之辈。渔洋先生趣之，每戒后贤勿轻看《长庆集》。盖渔洋教人，以妙悟为主，故其言如此。"使神韵派左右为难的，当然是号称"诗圣"的杜甫。

神韵派在旧诗史上算不得正统，不像南宗在旧画史上曾占有统治地位。唐代司空图和宋代严羽似乎都没有显著的影响；明末清初，陆时雍评选《诗镜》来宣传，王士祯用理论兼实践来提倡，勉强造成了风气。这风气又短促得可怜。王士祯当时早有赵执信作《谈龙录》，大唱反调；乾、嘉直到同、光，大多数作者和评论者认为它只是旁门小名家的诗风。这已是文学史常识。王维无疑是大诗人，他的诗和他的画又说得上"异迹而同趣"，而且他在旧画传统里坐着第一把交椅。然而旧诗传统里排起座位来，首席是轮不到王维的。中唐以后，众望所归的最大诗人一直是杜甫。借用克罗齐的名词，王维和杜甫相比，只能算"小的大诗人"（un piccolo grande poeta），而他的并肩者韦应物可以说是“大的小诗人”（un grande-piccolo poeta）[①]。托名冯贽所作《云仙杂记》是部伪书；卷一捏造《文览》记仙童教杜甫在“豆垅”下掘得“一石，金字曰：‘诗主本在陈芳国’”，更是鬼话编造出来的神话。然而作为唐宋舆论的测验，天赐“诗王”的封号和“子美集开诗世界”的歌颂（王禹偁《小畜集》卷九《日长简仲咸》），可以同等价值。元稹《唐故工部员外郎杜君墓系铭》早称杜甫超过李白，能“兼综古今之长”，宋祁虽然作诗深受“西昆体”的影响，而他的《新唐书·杜甫传赞》和元稹的《杜君墓铭》一致，并不像西昆体领袖杨大年那样“不喜杜工部诗，谓为‘村夫子’”（刘颁《中山诗话》）[②]。《皇朝文鉴》卷七二孙何《文箴》：“还雅归颂，杜统其众”；“统”正是“兼综”。杜甫《偶题》自说：“文章千古事，得失寸心知……法自儒家有，心从弱岁疲”（参看辛弃疾《念奴娇·答傅先之提举》：“君诗好处，似邹鲁儒家，还有奇节”）。后世评论家顺水推船，秦观《淮海集》卷一一《韩愈论》索性比杜甫于“集大成”的儒宗孔子。晁说之《嵩山文集》卷一四《和陶引辩》说：“曹、刘、鲍、谢、李、杜之诗，《五经》也，天下之大中正也；彭泽之诗，老氏也”；吴可《藏海诗话》：“看诗且以数家为率，以杜为正经，余为兼经也”；朱熹《语类》卷一三九称李、杜诗为学诗者的“本经”；陈善《扪虱新语》卷七：“老杜诗当是诗中《六经》，他人诗乃诸子之流也”；吴乔《围炉诗话》卷二有“杜《六经》”的名称；蒋士铨《忠雅堂文集》卷一《杜诗详注集成序》，“杜诗者，诗中之《四子书》也。”潘德兴《养一斋集》卷一八《作诗本经序》：“三代而下，诗足绍《三百篇》者，莫李、杜若

① 克罗齐：《帕斯科里（Giovanni Pascoli）论》，见所作《评意大利文学》（La Letteratura italiana），桑松内（Mario Sansone）辑本第4册第231页。

② 《新唐书》讲到文艺，比《旧唐书》态度认真，说话也在行。如果依据《旧唐书》为信史，那么，唐代最大的诗人原来是——吴筠！《隐逸传》说他“词理弘通，文采焕发，每制一篇，人皆传诵。虽李白之放荡、杜甫之壮丽，能兼之者，其唯筠乎！”在整部书二百卷里，不论立专传还是入《文苑传》的诗人，谁都没赢得那样赞欢备至的评语。吴筠的诗至今流传，富有思古幽情而又惯造空中楼阁的学者们是否因此失去了“发现”秘本、孤本的机会，还很难说。

也。……朱子曰：‘作诗先看李、杜，如士人治本经。’虽未以李、杜之诗为《经》，而已以李、杜之诗为作诗之《经》矣。窃不自量，辑李、杜诗千余篇与《三百篇》风旨无二者，题曰《作诗本经》。”潘氏另一书《李、杜诗话》卷二曾颂赞杜甫“集大成”，所以“李、杜”齐称也好比儒家并推“孔、孟”，一个“至圣”，一个“亚圣”，还是杜甫居上的。

这样看来，中国传统文艺批评对诗和画有不同的标准。论画时重视王世贞所谓“虚”以及相联系的风格，而论诗时却重视所谓“实”以及相联系的风格。因此，旧诗的“正宗”“正统”以杜甫为代表。神韵派当然有异议，但不敢公开抗议，而且还口不应心地附议。陆时雍比较坦白，他在《唐诗镜·绪论》里对李、杜、韩、白等大家个个责难，只推尊王、韦两家，甚至直言不讳：“摩诘不宜在李、杜下。”王士祯就很世故了。李重华《贞一斋诗说》记载：“近见阮亭批抹杜集。乃知今人去古，分量大是悬绝，有多少矮人观场处，乃正昌黎所谓‘不自量’也”（指韩愈《调张籍》：“李、杜文章在，光焰万丈长。不知群儿愚，那用故谤伤。蚍蜉撼大树，可笑不自量！”）。可见王士祯私下曾“批抹”杜诗，大加“谤伤”；他和门弟子的谈话——记录在《然灯纪闻》里——却称赞杜甫律诗是“究竟归宿处”。赵执信《谈龙录》透露了底细，说他不便自己出面，只借嘴骂人：“阮翁酷不喜少陵诗，特不敢显攻之，每举杨大年‘村夫子’之目以语客。”李重华看到的“批抹”本，就是王士祯“酷不喜少陵诗”的物证。袁枚《随园诗话》卷三也说：“李、杜、韩、白俱非阮亭所喜，因其名太高，未便诋毁。”翁方纲《七言诗三昧举隅》作了解释：“渔洋先生于唐贤，独推右丞、少伯以下诸家得‘三昧’之旨，盖专以冲和淡远为主，不欲以雄鸷奥博为宗。先生又不喜多作刻划体物语，其于昌黎《青龙寺》前半，因微近色相而不取。”“刻划体物”和“近色相”那种说法，竟可以移评北宗画。王士祯《池北偶谈》有一条把王维、韩愈、王安石三家咏桃花源的诗比较一下，结论是：“读摩诘诗多少自在！二公便如努力挽强，不免面赤耳热”；这和翁方纲的话是互相发明的。

王士祯《蚕尾集》卷一〇《跋〈论画绝句〉》，很耐寻味。《论画绝句》

的作者就是他标榜为齐名同调的宋荦，所谓：“当日朱颜两年少，王杨州与宋黄州”（参看《四库总目》卷一七三《西陂类稿》提要）。《跋》说：“近画家专尚南宗，而置华原、营丘、洪谷、河阳诸大家。是特乐其秀润，惮其雄奇，余未敢以为定论也。不思史中迁、固，文中韩、柳，诗中甫、愈（自注：子美河南巩县人），近日之空同、大复，不皆北宗乎？牧仲中丞论画，最推北宋数大家，真得祭川先河之义。”一眼粗看，好像他一反常态或尽除成见，居然推尊杜甫诗和北宗画了；仔细再瞧，原来他别有用心，以致寥寥不上百字的文章脱枝失节，前言不对后语。既然“画家专尚南宗”，那么不讲旁人，至少“洪谷子”荆浩“有笔有墨”的实践对南宗画派的成立大有贡献，他的《山水诀》或《画说》、《画法记》等又是南宗画理论的奠基石，他正被“尚”，那能说被“置”呢？既有“文中韩、柳”，就该接“诗中甫、白”，才顺理成章，为什么对韩愈那样偏爱，金榜两次题名，硬生生挤掉了李白呢？既反问“不皆北宗乎?”就该接“牧仲最推北宗”，才合逻辑，为什么悄悄换了一个“宋”字呢？“北宋”画和“北宗”画含义不同，董其昌所举“南宗儿孙之盛”里，就有巨然、郭忠恕、米芾三位“北宋”大家。《蚕尾集》同卷《跋元人杂画》里也把宋画概括为南宗：“宋、元人画专取气韵，此如宋儒传义，废注疏而专言义理是也。”王士祯用的是画评术语“南宗”“北宗”，讲的是画家、文人的籍贯南方、北方，不是他们的风格。所以他特意注明杜甫是河南人，所以蜀人李白在“北宗”里无地可容，而另一河南人韩愈必须一身二任。李梦阳（“空同”）寄籍扶沟，何景明（“大复”）本籍信阳，又是两个河南人。三个非河南人——马、班、柳——是拉来凑热闹的，仿佛被迫为河南的临时“荣誉公民”。揭穿了这些花样，无非说河南商丘籍的宋荦是货真价实的“北〔方之〕宗”。发了一通论画意见，请出历代诗文名家，无非旁敲侧击、转弯抹角地恭维那个“牧仲中丞”是大诗人，因此更要指出杜甫和他有同乡之谊，彼此沾光。貌似文艺评论，实质是挂了文艺幌子的社交辞令。在研究古代——是否竟可以说“古今”或“历代”？——文评时，正像生活在社会里，我们得学会孟子所谓“知言”，把古人的一时兴到语和他的成熟考虑过的议论区别开来，尤其把他的由衷认真的品评和他的官样套语、应酬八股区别开来。

六

诗、画传统里的标准分歧，有一个很好的例证。上文引过苏轼《王维、吴道子画》，那首诗还有一段话，就是董其昌论南宗画时引为权威性的结论的："吾观画品中，莫如二子尊。吴生虽妙绝，犹以画工论；摩诘得之于象外，有如仙翮谢笼樊。吾观二子皆神俊，又于维也敛衽无间言。"就是说，以"画品"论，吴道子没有王维高。但是，比较起画风和诗风来，评论家把"画工"吴道子和"诗王"杜甫归在一类。换句话说，画品居次的吴道子的画风相当于最高的诗风，而诗品居首的杜甫的诗风相当于次高的画风。苏轼自己在《书吴道子画后》里，就以杜甫诗、韩愈文、颜真卿书、吴道子画相提并称。杨慎《升庵全集》卷六四又《外集》卷九四《画品》说："吴道玄则杜甫。"方薰《山静居画论》卷上讲得更清楚："读老杜入峡诸诗，苍凉幽迥，便是吴生、王宰蜀中山水图。自来题画诗，亦惟此老使笔如画的昔人谓摩诘'画中有诗，诗中有画'，方之杜陵，未免一丘一壑。"苏轼《书吴道子画后》《王定国诗叙》《书唐氏六家书后》反复推杜甫为"古今诗人之首"，那是平常的正统见解。他的《书黄子思诗集后》却流露出异端情绪："予尝论书，以谓锺、王之迹，萧散简远，妙在笔墨之外。至唐颜、柳始集古今笔法而尽发之，极书之变，……而锺、王之法益微。至于诗亦然。……李太白、杜子美以英玮绝世之姿，凌跨百代……然魏、晋以来，高风绝尘，亦少衰矣。……诗人继作，虽间有远韵，而才不逮意。……司空图……诗文高妙，……自列其诗之有得文字之表者二十四韵，恨当时不识其妙。"苏轼论诗似乎到头来也倾向神韵派，和他论画很早就倾向南宗，标准渐渐合拢了。"萧散简远，妙在笔墨之外"，"有远韵"，"有得文字之表"，和"维也得之于象外"，词意一致。全祖望看出苏轼对李、杜的不满，在《鲒埼亭集》外编卷二六《春凫集序》里唤起大家注意，还补充说："自唐以还，昌黎、东野、玉川、浪仙、昌谷，以暨宋之东坡、山谷、诚斋、东夫、放翁，其造诣深浅、成家大小不一，要皆李、杜之别子也。”董其昌称南宗画“儿孙之盛”那句话，这里恰用得上，而神韵派诗相形之下只能像他说北宗所谓“微”了。

对一个和自己的风格决然不同或相反的作家，爱好而不漠视，仰企而不扬弃，像苏轼对司空图的倾倒，文学史上不乏这类特殊的事。例如白居易向往李商隐（参看《苕溪渔隐丛话》前集卷一六引《蔡宽夫诗话》），陆游向往梅尧臣，或歌德向往斯宾诺莎，波德莱尔向往雨果、巴尔扎克①。古希腊人说：“狐狸多才多艺，刺猬只会一件看家本领”②；当代一位思想史家把天才分为两个类型，莎士比亚、歌德、巴尔扎克等属于狐狸型，而但丁、易卜生、陀思妥耶夫斯基等属于刺猬型，托尔斯泰天生是狐狸，而心向着刺猬（Tolstoy was by nature a fox, but believed in being a hedgehog）③。我们也不妨说，苏轼之于司空图，仿佛狐狸欣羡刺猬，而波德莱尔之于雨果，则颇似刺猬欣羡狐狸。歌德和柯勒立治都曾讲到这种现象，叶芝也亲切地描述了对“相反的自我”（the most unlike, being my anti-self）的追求④；美学家还特地制定一条规律，叫什么“嗜好矛盾律”（Law of the Antinomy of Taste）⑤。这“规律”的名称是够庄严响亮的，但代替不了解释。在莫里哀的有名笑剧里，有人问为什么鸦片使人睡眠，医生郑重地回答：“因为它有一种催眠促睡力”（une vertu dormitive）。说白居易“极喜”李商隐诗文，是由于“嗜好矛盾律”，仿佛说鸦片使人睡眠，是由于“催眠促睡力”。实际上都是

---

① 许德利希（F. Strich）：《艺术与生活》（kunst und leben）。

② 参看《管锥编》564～565页。

③ 柏林（I. Berlin）：《俄罗斯思想家》（Russian Thinkers），第22～24页。

④ 辛尼奥（G. F. Senior）与卜克（C. V. Bock）编注《批评家歌德》（Goethe the Critie）8页；阿许（T. Ashe）编《柯勒立治语录及其它》（Table-Talk and Omniana）236页；叶芝（W. B. Yeats）：《在月亮的友善的静寂中经过》（Per Amica Silentia Lunae），见《散文集》（Essays），麦克密伦（Macmillan, 1924）版484页，参看493页（the other self, the anti-self or the antithetical self）。

⑤ 凯恩茨（F. Kainz）：《美学这门科学》（Asteheties the Seience），许惠勒（H. M. Schueller）英译本第203～204页。

偷懒省事，不作出真正的解释，而只赠送了一顶帽子，给予了一个封号甚至绰号。

总结起来，在中国文艺批评的传统里，相当于南宗画风的诗不是诗中高品或正宗，而相当于神韵派诗风的画却是画中高品或正宗。旧诗和旧画的标准分歧是批评史里的事实。我们首先得承认这个事实，然后寻找解释、鞭辟入里的解释，而不是举行授予空洞头衔的仪式。

关于北朝乐府民歌

曹道衡*

一

在许多文学史著作和论文中，我们常常把《乐府诗集》中的《梁鼓角横吹曲》叫作“北朝乐府民歌”，把“吴声歌”“西曲歌”等在《乐府诗集》中所谓《清商曲辞》的部分叫作“南朝乐府民歌”。这种分法沿用既久，似乎已经约定俗成，难可改易了。

这种说法其实并不确切。首先一个问题是关于南北朝的时间概念。当我们讲到这一历史阶段，常常使用“魏晋南北朝”或“两晋南北朝”这些名词。这里所谓“魏晋”和“两晋”显然包括东晋在内，而今存的《子夜歌》等“吴声歌”中，有些显然产生于晋代，并在东晋时已被采入乐府歌唱。《晋书·乐志下》：“吴歌杂曲并出江南，东晋以来，稍有增广。《子夜歌》者，女子名子夜造此声。孝武太亢中，琅琊王轲家有鬼歌‘子夜’，则子夜是此时人也。”《乐府诗集》所载《子夜歌》四十二首、《子夜四时歌》七十五首，都说是“晋宋齐辞”。既然有东晋乐府歌辞，那就至少应改为“东晋南朝乐府民歌”才更符合事实（虽然这些歌辞中可能还杂有文人作

* 本文刊发于1982年第1期。作者曹道衡，时任中国社会科学院文学研究所研究员，曾任中国社会科学院文学研究所学术委员会委员、中国文选学研究会会长。

品）。至于“北朝乐府民歌”之名，问题就更多了。因为“北朝”当指后魏、北齐和北周三个朝代。但现存的《梁鼓角横吹曲》中，并没有北齐、北周两代的作品。至于后魏的作品有没有呢？有的，但数量不多。其中确实可考的是所谓《魏高阳王乐人歌》。这曲调现存歌辞两首，《古今乐录》说是高阳王乐人所作，故名。高阳王元雍是后魏后期人。从诗的内容看，也许是经“乐人”改编民歌而成。

至于《梁鼓角横吹曲》中其他歌辞，则有不少显系十六国时代的作品。如《企喻歌》的末首，据《乐府诗集》卷二十五引《古今乐录》云：“最后‘男儿可怜虫’一曲是苻融诗，本云‘深山解谷口，把骨无入收’。”苻融乃前秦君主苻坚之弟，说明这曲调可能为氐族的歌。《琅琊王歌辞》的第八首说道：“谁能骑此马，唯有广平公。”“广平公”即后秦姚兴之子、姚泓之弟姚弼。可见这种曲调可能本出羌族。但其中有些歌辞是否经南方人附益或修改，很可怀疑。如：

琅琊复琅琊，女郎大道王。孟阳三四月，移铺阴凉。

这首歌的内容和第二首十分相像，会不会是后人仿第二首拟作？诗中“孟阳”二字，值得注意。一般来说，“阳”当为“春”，东晋人讳郑太后（简文帝母，名阿春）改“春”为“阳”。“孟阳”疑即“孟春阳春”之简称。鲍照《代堂上歌行》：“阳春孟春月，朝光散流霞；轻步逐芳风，言笑弄丹葩。”“芳风”“丹葩”都非正月（孟春）景色，可见当时人有将孟春阳春连用的习惯。《琅琊王歌辞》中的“孟阳三四月”，当然不是“孟春”，而和鲍诗一样，泛指春天。然而此诗也避开了“春”字，疑是南朝人沿袭晋讳，如梁檀道鸾《续晋阳秋》之例。这是《琅琊王歌辞》经南朝乐工润饰或修改的痕迹。

《钜鹿公主歌辞》的情况也与此相同，《乐府诗集》引《旧唐书·音乐志二》的话说：“似是姚苌时歌词”，则亦系羌族之歌。但又云：“其词华音，与北歌不同”。可见歌辞已经南方乐工修改。《慕容垂歌辞》写的是慕容氏与东晋的战争，不管是指慕容垂枋头之战还是慕容超守广固之事，总之是十六国时代的歌辞。还有一首《慕容家自鲁企由谷歌》，也属这种情况。

《紫骝马》和《黄淡思》二曲，据《乐府诗集》载，这两种曲调在《汉横吹曲》中已有，是否十六国或北朝才有，值得研究。《紫骝马》前面的短诗，可能是十六国或后魏时北方的产物，但“十五从军征”以下，陈代智匠在《古今乐录》中已说是“古诗”。后来学者又说它产生于汉代，还有人怀疑它就是《相和歌》的《十五》本辞。《黄淡思》一曲，《古今乐录》怀疑它即《黄覃子》。这种曲调东晋民歌中也有，如《晋书·五行志中》载：“桓石民任荆州刺史时，百姓忽歌曰《黄昙子》”。现在《梁鼓角横吹曲》所录的《黄淡思歌辞》，风格和那些《子夜歌》及“西曲”差别不大，尤其是第三首：“江外何郁拂，龙洲广州出；象牙作帆樯，绿丝作帏綷。”像这样的歌辞，不仅风格上与南方民歌类似，而所讲到的名物，也与北方不相干。即使曲调产生于北朝的话，歌辞也当出于南方人之手。

其他像《陇头流水歌》《东平刘生歌》《折杨柳歌》等，也都是《汉横吹曲》中已有的曲名。这些曲调虽然在《乐府诗集》中已只有后人所拟作的歌辞，而无汉代曲辞原文。但后人拟作的《汉横吹曲》，有些内容与《梁鼓角横吹曲》有类似处。如《乐府诗集》卷二十一所载梁元帝萧绎的《陇头水》：

衔悲别陇头，关路漫悠悠。故乡迷远近，征人分去留。沙飞晓成幕，海气旦如楼。欲识秦川处，陇水向东流。

同卷又有梁车縠的《陇头水》：

陇头征人别，陇水流声咽。只为识君恩，甘心从苦节。雪冻弓弦断，风鼓旗竿折。独有孤雄剑，龙泉字不灭。

这两首拟《汉横吹曲》的歌辞，与《梁鼓角横吹曲》中的《陇头歌辞》显然有关系。尤其是萧绎提到了“秦川”，车縠提到了“陇水流声咽”，这都与《梁鼓角横吹曲》中第三首“陇头流水，鸣声幽咽。遥望秦川，心肝断绝”有沿袭的痕迹。这当然不可能是民歌采用萧绎、车敹辞语，只能是萧、车化用民歌原文。但《乐府诗集》不把萧、车之作放进《梁鼓角横吹曲》，而放进《汉横吹曲》中，多少总有点根据。因为萧绎、车敹这些文人引用汉代旧曲的歌辞是很自然的；至于十六国和北朝民歌，在当时作为音乐歌唱是可以的，但作诗用这种典故就较少[①]。我想，是否《梁鼓角横吹曲》的曲调虽与《汉横吹曲》有别，有些歌辞却就是汉代原辞呢？从《紫骝马》中的“十五从军征”的例子看来，似乎不能否定这一可能性。又如：《雀劳利歌辞》的“雨雪霏霏雀劳利，长嘴饱满短嘴饥”，以“雨雪”起首，而《汉横吹曲》中也有一支称为《雨雪》的曲调。《东平刘生歌》在《汉横吹曲》中也有《刘生》这曲调。萧绎、陈叔宝、张正见、柳庄、江晖、徐陵、江总等梁陈诗人都写过此诗。《古今乐录》说：“《梁鼓角横吹曲》有《东平刘生歌》，疑即此《刘生》也”（见《乐府诗集》卷二十四引）。《古今乐录》这句话，更说明萧绎等人所拟作的是《汉横吹曲》，而不是《梁鼓角横吹曲》，这也说明《梁鼓角横吹曲》的曲辞有些是承袭《汉横吹曲》的。

《折杨柳歌辞》的情况可能更复杂些。《汉横吹曲》的《折杨柳》，原辞已不见于《乐府诗集》等书。但《折杨》之名，最早见于《庄子·天地篇》。所谓“《折杨》《皇荂（华）》”，不知和《折杨柳》有无关系，《宋书·五行志》说到“晋太康末京洛为《折杨柳》之歌，其曲有兵革苦辛之辞”，其辞亦不存。但《乐府诗集》卷二十二所录梁柳恽、陈叔宝、江总之作，则多少有关“兵革苦辛”，是否受两晋民歌影响，不得而知[②]。《旧唐书·音乐志二》说《梁鼓角横吹曲》的“上马不捉鞭，反拗杨柳枝；下马吹横笛，愁杀行客儿”，是“胡吹歌”，“元出北国”。这首歌，在《梁鼓角横吹曲》的《折杨柳歌》中保存着的《折杨柳歌辞》第一首的内容也与此

① 南朝人诗文中用十六国典故的，唯前秦苏蕙的《回文诗》，曾被江淹等人所提到，但苏蕙是文人，《回文诗》并非民歌。

② 以情理论，《宋书·五行志》的话，多少说明沈约曾见过两晋的《折杨柳》，而柳恽又离沈约不久，似亦可见到。

相仿。这些歌辞出于北方少数民族是不成问题的。但今存歌辞如果不是南方乐工所译，也是经南人修改的。如《折杨柳歌辞》的第四首：

遥看孟津河，杨柳鬱婆娑。我是虏家儿，不解汉儿歌。

这里提到“虏家儿”，就不像北方少数民族的原话。因为“虏”是南朝对北方少数民族的蔑称。少数民族的人民既不会这样自称，十六国和后魏的统治者大抵出身少数民族，也不会允许那儿的汉人这样称呼他们。[①]《北史·薛辩附薛聪传》载，魏孝文帝元宏曾和薛聪开玩笑，说他是“蜀人”，薛聪说自己九世祖薛永随刘备入蜀，“时人呼为蜀臣”，现在自己在后魏做官，就“是虏非蜀也”。元宏只好笑着说：“卿幸可自明非蜀，何乃遂复苦朕?”可见称“虏”是少数民族很不爱听的话。元宏只是自己先开玩笑，不好发怒而已。所以此歌的译文恐非出北方汉人之手，而像南方乐工所改。

我个人还认为，《折杨柳歌》和西北少数民族特别是氐族或羌族有点关系，恐非后魏时产物。因为“遥看孟津河”之句，与前秦赵整的《琴歌》：“昔闻孟津河”有些类似，疑赵整拟这民歌而作，以讽刺苻坚。另外，《洛阳伽蓝记》卷四载后魏时羌族起义，秦州刺史元琛派他的婢女吹篪竟使羌人闻声投降的故事说：“秦民语曰：‘快马健儿不如老妪吹篪。’”秦州一带本是氐族、羌族聚居之地，而“快马健儿”又和此曲第五首“健儿须快马，快马须健儿”之句相合。再说“孟津河”在洛阳附近，后魏自元宏迁洛后，洛阳才成为多数鲜卑人聚居之地。但元宏是提倡汉化的，他禁止鲜卑人穿本族服装及在朝廷讲鲜卑语。如果鲜卑族人公开唱“我是虏家儿，不解汉儿歌”，即使原文作“我是鲜卑儿”，亦属与皇帝大唱反调。

《幽州马客吟》这个曲调，据《艺文类聚》卷十九引《陈武别传》说，陈武曾向牧人学唱《太山梁父吟》、《幽州马客吟》及《行路难》。其中

① 个别少数民族，也称别的少数民族为“虏”，如《晋书·苻坚载记》载，前秦时长安童谣云：“长鞘马鞭击左股，太岁南行当复虏”，还说“秦人呼鲜卑为白虏”，同书也记苻坚称鲜卑慕容氏为“白虏”的话。

《太山梁父吟》和《行路难》都是魏晋以前就有的曲调，可能汉代就有。那么此曲是否十六国或北朝的产物，也很难说。《地驱乐歌》的末二首，据《古今乐录》说：“‘侧侧力力’以下八句是今歌有此曲。”这两首的情调和南方民歌中的《子夜歌》《哪呵滩》相似。这里所谓“今歌”，恐亦出于南方乐工拟作，曲调虽与北方民歌相同，内容却变得和南方民歌无别。这也可能是乐工将南方人拟作附入的。《梁鼓角横吹曲》中，确也有以南方文人的拟作附入之例。例如《雍台》一曲，据《乐府诗集》卷二十五引《古今乐录》说：“是时乐府胡吹旧曲”中有这曲名，和《大白净皇太子》《小白净皇太子》等并列。智匠说的“是时”，显然指梁代。因为《旧唐书·音乐志》说到梁乐府鼓吹又有《太白净皇太子》《少白净皇太子》《企喻》等曲。但这《雍台》的歌辞却出于梁武帝萧衍及文人吴均之手。这说明《梁鼓角横吹曲》的多数乐曲虽来自北方，也未必不能易以南朝帝王或文人改作的歌辞。这正像《相和歌》是汉代的旧曲，而《宋书·乐志》所载其中一些曲调的歌辞，则被乐工代之曹操、曹丕之作一样。

此外，像《捉搦歌》、《隔谷歌》和《谆于王歌》，大约是北方民歌，但产生于十六国时代，还是后魏初，却也很难考定。《隔谷歌》还有个令人不解的情况，《乐府诗集》卷二十五所载共两首，一首杂言的据《古今乐录》说：“前云无辞，乐工有辞如此”；一首是整齐的七言四句，《乐府诗集》说是“古辞”。但根据一般情况，出自北方少数民族的歌，往往是杂言，而汉族的歌，则多是整齐的五七言。《乐府诗集》卷八十六引《乐府解题》对《敕勒歌》的说明云：“其歌本鲜卑语，易为齐（指北齐）言，故其句长短不齐。”根据这种说法，那么杂言的当为北方少数民族原辞的译文。而七言的倒像南方人拟作。《乐府诗集》所说“古辞”，疑有误。不过，智匠是陈代人，《古今乐录》说的“乐工有辞如此”，总有根据，疑杂言那首也是经南方乐工润饰的。

根据上述情况，我认为这些歌辞与其称之为“北朝乐府民歌”，倒不如用《乐府诗集》所谓“《梁鼓角横吹曲》”更妥当些。因为它们是南朝梁的乐府官署中所演奏的北方乐曲，而这些乐曲又有不少是后魏以前的产物。

当然，现在一些同志讲的“北朝乐府民歌”，有时也包括一些不属于《梁鼓角横吹曲》的歌辞，如《魏书·李孝伯传》所载的《李波小妹歌》。这首歌确系北方汉族民歌，但北朝的乐府官署亦未采入歌唱，只能称“北朝民歌”，而非北朝的“乐府民歌”。《魏书·咸阳王禧传》的《咸阳王宫人歌》，则出于宫人之手，恐怕不可称为“民歌”。

二

《梁鼓角横吹曲》的曲调既产生于北方，为什么成了南朝梁的乐府官署中演奏的乐曲？这是一个值得研究的问题。原来所谓“横吹曲”，本是一种军乐。《乐府诗集》卷二十一云：

> 《横吹曲》，其始亦谓之“鼓吹”，马上奏之，盖军中之乐也。北狄诸国皆马上作乐。故自汉以来，北狄乐总归鼓吹署。其后分为二部，有箫笳者为鼓吹，用之朝会道路，亦以给赐。汉武帝时南越七郡皆给鼓吹是也。有鼓角者为“横吹”，用之军中，马上所奏者是也。

郭茂倩说的“横吹曲”指“汉横吹曲”。但“横吹曲”之名不见于《宋书·乐志》。据《宋书·乐志》说：“鼓吹，盖短箫铙歌，蔡邕曰：军乐也。”又说，“《建初录》云：‘《务成》、《黄爵》、《玄云》、《远期》皆骑吹曲，非鼓吹曲。’此则列于殿庭者为‘鼓吹’，今之从行鼓吹为‘骑吹’，二曲异矣。”《务成》《黄爵》等曲，在《宋书·乐志》中，附见于“晋鼓吹曲”中，其歌辞似多与军乐无关。可见《宋书》所谓“从行鼓吹”或“骑吹”与“横吹曲”不是同一事物；倒是“鼓吹铙歌”，中有《汉铙歌》，更似军乐。唐人所修的《晋书·乐志》则有“鼓角横吹曲”之名，并说“胡角者，本以应胡笳之声，后渐用之横吹，有双角，即胡乐也”。《晋书·乐志》所列“横吹”十曲之名：《黄鹄》、《陇头》、《出关》、《入关》、《出塞》、《入塞》、《折杨柳》、《黄覃子》、《赤之杨》、《望行人》，亦见于《乐府诗集》。据《晋书》说其乐是张骞得自西域，由李延年更造新声。一般来说，《宋书》作于齐梁间，比《晋书》为早，当更可信从。然《宋书·乐志》无“横吹”或“鼓角横吹”之名，不一定说明刘宋时这种乐曲不存在。可能因为它们是军中所用的少数民族乐曲，所以沈约略而不论。沈约作《宋书·乐志》，对晋宋乐舞都有介绍，文中也提到刘宋时“又有西伧羌胡诸杂舞”，还提及随王诞所造《襄阳乐》、南平王铄所造《寿阳乐》、沈攸之所造《西鸟夜飞歌》。他对后面那些乐曲，认为“歌词多淫哇不典正”，不加著录；至于“西伧羌胡诸杂舞”，则连名称也不加介绍。这可能有轻视之意。另外在《宋书》中有时提到的“鼓吹”，似即指“鼓角横吹”。

刘宋一代的军乐中，是有少数民族乐曲的。《南齐书·柳世隆传》讲到宋顺帝时沈攸之反对朝廷，进攻郢城，“郢城既不可攻，而平西将军黄回军至西阳，乘三层舰，作羌胡伎，泝流而进”。这虽是刘宋末年之事，但也可以证明刘宋军队里奏过少数民族的军乐。不但如此，连“鼓角”这名称，在晋代及刘宋时，也都有过，并且皆指军乐。《晋书·石勒载记》讲到石勒早年“每耕作于野，常闻鼓角之声，勒以告诸奴，诸奴亦闻之，因曰：‘吾幼来在家恒闻如是。’”从这句话看来，“鼓角之声”即指《载记》前文所谓“鞞铎之音”，当是军乐。《宋书·张兴世传》载，张兴世之父仲子“尝谓兴世：‘我虽田舍老公，乐闻鼓角，可送一部，行田时吹之。’兴世素恭谨，畏法宪，譬之曰：‘此是太子鼓角，非田舍老公所吹。’”这里所谓“鼓角”，称之为“太子鼓角”，颇可注意。因为《梁书·昭明太子传》载，刘孝绰议太子居叔父之丧，应该“逾月不举乐，鼓吹寂奏”。同传下文又云：“如元正六佾，事为国章，虽情或未安，而礼不可废，铙吹军乐，此之亦然。”从《梁书》此文看来，可以证明张兴世所谓“太子鼓角”，亦可名之曰“鼓吹”，其性质即“铙吹军乐”，又《南齐书·王敬则传》载，王敬则母“生敬则而胞衣紫色，谓人曰：‘此儿有鼓角相。’”王敬则虽在齐代做大官，但出生时还是刘宋。《南齐书》作于梁代，其记载当属可信。上述材料说明在刘宋时鼓角之名，有时与鼓吹混用。

至于南齐以后，少数民族音乐在南朝统治阶级中颇受欣赏，似乎不光军中用之，有时也用来取乐。如《南齐书·鬱林王纪》："世祖（武帝萧赜）丧，哭泣竟，入后宫，尝列胡伎二部，夹阁迎奏。"同书《东昏侯纪》："每三四更中，鼓声四出，幡戟横路，百姓喧走相随，士庶莫辩。出不言定所，东西南北，无处不驱人，高障之内，设部伍羽仪，复有数部，皆奏鼓吹羌胡伎，鼓角横吹，夜出昼反，火光照天。"这些帝王以少数民族乐曲取乐，有的就是奏军乐。至于武官有时也用"横吹"作为威仪，而且它和"鼓吹"似乎有别。《南齐书·垣崇祖传》载，齐高帝萧道成时，（垣）"崇祖闻陈显达、李安民皆赠给军仪，启上求'鼓吹'、'横吹'。上敕曰：'韩白（按：桓崇祖常自比韩信、白起，故云）何可不与众异'，给鼓吹一部。"考同书《李安民传》，萧道成即位后，李就"加鼓吹一部"。《陈显达传》则说陈显达给鼓吹是武帝永明八年的事，而桓崇祖死于永明元年。因此陈显达"赠给军仪"的事，恐怕指给了"横吹"。证以《垣崇祖传》，把"鼓吹""横吹"并提即可了然。据《宋书·乐志》，刘宋以后，给"鼓吹"比魏晋要严，"魏晋世给鼓吹甚轻，牙门督将五校悉有鼓吹""今则甚重矣"。"横吹"是军乐，似与"赠给军仪"相符。

从南齐到陈代，用少数民族乐歌取乐的事例也不少。《陈书·章昭达传》："每饮食必盛设女伎杂乐，备尽羌胡之声，音律姿容弦一时之妙。虽临对寇敌，旗鼓相望，弗之废也。"《隋书·音乐志上》曾讲到陈后主陈叔宝"遣宫女习北方箫鼓，谓之'代北'，酒酣则奏之"。《乐府诗集》卷十六引此语后说："此又施于燕私矣。"这里所谓"代北"，是否后魏的乐曲，如《真人代歌》之类，无法确考。不过即称"代北"，恐是鲜卑歌。《隋书·经籍志》有《国语真歌》十卷、《国语御歌》十一卷，都与《鲜卑语》等书并列；同书《音乐志》有《大角》，凡七曲，"其辞并本之鲜卑"。可能北方乐曲此时也不断流入南朝。《隋书·音乐志》中说北齐后主"唯赏胡戎乐，耽爱无已。于是繁手淫声，争新哀怨"。这种音乐，也能取得陈后主欣赏，似乎不难理解。

我们上面讲到宋、齐和陈代都演奏过少数民族乐曲，为什么《乐府诗集》名之曰《梁鼓角横吹曲》呢？这是因为此名原出《古今乐录》。这些歌有的也可能在宋齐时已流入南方，而智匠生活在陈代，他所见到的却只是梁代乐府官署中所保存的北方军歌，故归之于梁。《旧唐书》则以“梁乐府横吹曲”称之，其实是同一事物，却点明了是梁代乐府官署所唱。

当然，在梁代，传入南方的北方歌曲还不止这一些。如《魏书·咸阳王禧传》所载《咸阳王宫人歌》、《乐府诗集》卷七十三所载魏胡太后所作《杨白花歌》（事详《梁书·杨华传》）等，也曾传入南方，但非军歌，梁代乐府官署亦无演唱的记载，所以不收入《梁鼓角横吹曲》。此外，南方文人用北方传入的曲调作歌辞，似乎在南齐时已有，如王融作《阳翟新声》。《乐府诗集》七十四引《隋书·音乐志》说是西凉乐曲。今本《隋书》虽亦有此语，但作“阳泽新声”。考同书《文学· 孙万寿传》载孙万寿诗有“宜城酝始熟，阳翟曲新调”之句，可见，《阳翟新声》即《阳泽新声》，西凉乐在南齐时已经流入南方。此亦非军乐，故亦不见于《梁鼓角横吹曲》中。

三

至于北方的魏、齐、周三代也有乐府官署，但所奏乐歌是否和《梁鼓角横吹曲》相同？从现存史料看，似乎不完全是这样。据《魏书·乐志》说，后魏道武帝拓跋珪建国之初：

> 正月上日，飨群臣，宣布政教，备列宫悬正乐，兼奏燕、赵、秦、吴之音，五方殊俗之曲。四时飨会亦用焉。凡乐者乐其所自生，礼不忘其本，掖庭中歌《真人代歌》，上叙祖宗开基所由，下及君臣兴废之迹，凡一百五十章，昏晨歌之，时与丝竹合奏。郊庙宴飨亦用之。

这里的“燕”似指鲜卑慕容氏，“赵”指匈奴刘氏和羯族石氏，“秦”指氐族符氏和羌族姚氏，“吴”指东晋。这些歌曲中，可能有一部分曲调和《梁鼓角横吹曲》相同（但曲辞未必一样）。至于“五方殊俗之曲”就包括别的少数民族甚至外国的音乐；《真人代歌》则是鲜卑拓跋氏自己的乐曲。到太武帝拓跋焘统一北方后，后魏乐歌又有所增益。《魏书·乐志》云：

> 世祖破赫连昌，获古雅乐，及平凉州，得其伶人、器服，并择而存之。后通西域，又以悦般国鼓舞设于乐署。

这里讲到拓跋焘得凉州“伶人、器服”一事，颇为重要。因为后魏乐府中所奏音乐，基本来自凉州。后来孝文帝元宏时代，大力推行汉化，虽曾叫高闾审定音乐，但“遇迁洛不及精尽，未得施行，寻属高祖（元宏）崩，未几，闾卒”（《魏书·乐志》）。根据这段记载，后魏音乐似乎还是少数民族乐曲为主，其中凉州音乐占有特别重要的地位。凉州音乐，本是汉族和西域少数民族音乐的混合物。《隋书·音乐志中》载北齐祖珽上书云：“魏氏来自云朔，肇有诸华，乐操土风，未移其俗。至道武帝皇始元年，破慕容宝于中山，获晋乐器，不知采用，皆委弃之。天兴初，吏部郎邓彦海，奏上庙乐，创作宫悬，而锺管不备。乐章既阙，杂以《簸逻回歌》。初用八佾，作《皇始》之舞。至太武帝平河西，得沮渠蒙逊之伎，宾嘉大礼，皆杂用焉。此声所兴，苻坚之末，吕光出平西域，得胡戎之乐，因又改变，杂以秦声，所谓《秦汉乐》也。”祖珽所定北齐音乐，据《隋书》说“仍杂西凉之曲”，并说“所谓‘洛阳旧乐’者也”。可见与后魏音乐区别不大。直到隋文帝开皇年间，据《隋书·音乐志下》载，置七部乐，其一叫“国伎”，《隋书》解释说：“西凉者，起苻氏之末，吕光、沮渠蒙逊等，据有凉州，变龟兹声为之，号为‘秦汉伎’。魏太武既平河西得之，谓之《西凉乐》，至魏周之际，遂谓之‘国伎’。”可见在北朝，《西凉乐》的地位特别高。后魏文人温子升作有《敦煌乐》一首，《凉州乐歌》二首。这种歌词，南朝文人除前面说到王融的《阳翟新声》外，还不大有人写过，说明《西凉乐》在北朝特盛。

后魏自元宏迁洛以后，有人也用汉语写作歌辞，例如《高阳王乐人歌》、《咸阳王宫人歌》和《杨白花》等。因为《魏书·高祖纪下》载，太和十九年元宏“诏不得以北俗之语言于朝廷，若有违者，免所居官”。因此后魏一些贵族，迁洛后颇有欣赏汉族歌曲的。如《洛阳伽蓝记》卷四载，河间王元琛的婢女能吹奏《团扇歌》(东晋歌曲，《宋书· 乐志》谓东晋王珉家婢女作）及《陇上声》(疑即《晋书· 刘曜载记》所录北方汉族民族《陇上歌》)；田僧超能为《壮士歌》。《北史·魏本纪五》载，魏孝武帝元修，在宫中叫人唱鲍照的乐府诗《代淮南王》。但留在平城一带的鲜卑人，似仍用本族语言。有一事颇可玩味，那就是《魏书·孝文五王传》载，元宏的废太子恂，迁洛后想回平城，元宏大怒，说元恂想“跨据恒朔”，“乃是国家之大祸，脱待我无后，恐有永嘉之乱”。这简直是以汉族自居，而把留居拓跋氏故地的鲜卑人看作另一民族了。至于北齐、北周以至隋、唐的皇族，大抵出身于北方的“六镇”，汉化程度要轻得多。像北齐和隋、唐的祖先从血统来说都是汉人，却早已鲜卑化了。尤其北齐和北周时代，王公贵族所用的语言，大约主要是鲜卑语。《周书·长孙俭传》：“时梁岳阳王萧詧内附，初遣使入朝，至荆州，俭于厅事列军仪，具戎服，与使人以宾主礼相见。俭容貌魁伟，音声如锺，大为鲜卑语，遣人传译以问客，客惶恐不敢仰视。”北齐的情况也差不多。《颜氏家训·教子篇》所说“齐朝有一士大夫”，要教他儿子“鲜卑语及弹琵琶，稍欲通解，以此状事公卿”。高欢进攻北周的玉壁，被韦孝宽所败。他叫斛律金唱《敕勒歌》并亲自和之。这首歌原文是鲜卑语。这些鲜卑语的歌当不止这一首，到唐初修《隋书》时还有不少，因为魏、齐、周三代通用的乐曲，许多都是用鲜卑语唱的。《隋书·音乐志上》讲到北周时“登歌之奏，协鲜卑之音”。隋文帝杨坚即位后，还是“制氏全出于胡人，迎神犹带于边曲”。当时颜之推曾上言：“今太常雅乐，并用胡声，请冯（凭）梁国旧事，考寻古典。”未被采纳。但平陈之后，杨坚又认为南朝的“清乐”是“华夏正声”。随着民族的融合，鲜卑语逐渐为人们所遗忘。《旧唐书· 音乐志二》说到唐时所存后魏乐府中的“北歌”有五十三章，其中可解的只有六章。不可解的据云多“可汗”之辞。《旧唐书》作者认为：“知此歌是燕魏之际鲜卑歌也，其词虏音，竟不可晓。”据说唐玄宗开元年间有个歌工叫长孙元忠的，“自高祖以来世传其业”。长孙元忠之祖是从一个并州人叫侯贵昌那里学来的。唐太宗贞观年间，曾有诏叫侯贵昌“以其声教乐府”。然而，“虽译者亦不能通知其辞，盖年岁久远，失其真矣”。“长孙”是鲜卑族的姓，长孙元忠从血统上说当是鲜卑人，但他也不尽知鲜卑歌。这些歌也许就是《隋书· 经籍志》所谓《国语真歌》《国语御歌》之类。《隋书·音乐志》提到过《簸逻回歌》，当是其中之一。李白《司马将军歌》提到的“羌笛横吹《阿亸回》”，明代杨慎曾认为是“番曲”，不知是否亦属后魏北歌。至于历来传诵的《木兰辞》，许多同志认为产生于后魏，也有人从文体上觉得接近隋唐。但此诗凡两次提到“可汗”，与《旧唐书·音乐志》所说的后魏“北歌”类似。此诗也可能本为“燕魏之际鲜卑歌”，经汉人翻译加工，就成了这个样子。此诗风格与《梁鼓角横吹曲》很不同，而这种叙事诗，似与《梁鼓角横吹曲》也不一样。但文笔问题，往往和译者的文学修养有关，未必能据此断定其产生时代。清人张玉谷在《古诗赏析》中认为诗中用“可汗”字，木兰当是北朝人，而诗则南朝人所作，此说有理。①

不过，《旧唐书·音乐志》所谓的后魏“北歌”，有些虽名称与《梁鼓角横吹曲》相同，其音调仍不一样。所以《旧唐书》又说“北歌”中有《白净皇太子》；“梁乐府又有《太白净皇太子》、《少白净皇太子》……隋鼓吹有《白净皇太子曲》，与‘北歌’较之，其音皆异。”可见后魏乐府官署中，即使有类似《梁鼓角横吹曲》的歌，亦与之不同。所以把《梁鼓角横吹曲》称为“北朝乐府民歌”，恐不妥当。

---

① 有人认为《木兰诗》产生于隋唐，除文体外，也可能因为宋代黄庭坚说到此诗是唐朔方节度使韦元甫得自朔方之故。但黄氏此语未必可信。因为《乐府诗集》引《古今乐录》有“《木兰》不知名”一语，可见《木兰》之名，陈智匠已知之。而且考唐代自玄宗至代宗时历任朔方节度使的姓名，据《新唐书·方镇表》、《唐会要》及《通监》所载，基本清楚，其中无韦元甫之名，又《旧唐书·韦元甫传》载韦曾任苏州刺史、浙西观察使、扬州长史、淮南节度使等职，未任朔方节度使。他长期在南方，即使此曲是韦元甫发现的，仍然应得之南方，还是经南朝人写定之说较近事实。

中国现代文学与东亚人文地理

杨　义*

近年来，中国社会科学院文学研究所除了研究西域文明之外，又有一批中青年学者倡导研究东域学，东域学的范围包括中国及日本、韩国、朝鲜，有时还包括蒙古国。西域学主要研究印度的佛学、中亚的伊斯兰文明，如何通过中国新疆地区的沙漠绿洲文明与中原汉族文明相融汇。东域学主要研究如何通过海路和陆路，使汉字典籍文化、儒学、佛学在东亚土地上流通、吸收和另创。近代以来又由于西方文明的强势侵入，造成新一轮的文明冲突与融通。

中、日、韩、朝这东亚四国，地缘相近，山水相依，两千多年来在一衣带水之间海陆兼进，频繁地进行文化、经济、政治上的往来，长期使用汉字和汉文传播的思想、宗教、文学资源，形成所谓“汉字文化圈”。近百年以来，欧美列强的远程介入，造成这里文化地图的割裂，以及刀枪相见的灾难。从20世纪中期以后，这块土地上又先后出现日本、韩国和中国的经济起飞的奇迹。地缘经济交流的成就非常显著，但在建构“东亚意识”上，虽付出巨大努力，但依然艰难重重。这些都在考验着东亚诸国的文化立场、胸怀、智慧和意志，有一条很长的曲折的道路要走。今天要着重关注的，就

* 本文刊发于2010年第2期。作者杨义，曾任中国社会科学院文学研究所所长、中国鲁迅研究会会长，现任中国社会科学院学部委员、文学研究所研究员。

是近百余年这条艰难曲折的路，并且以本人曾经从事的中国现代文学学科为中心点来展开思考。下面分三个时段的关键点进行考察。

一　甲午战争到民国之前（1894~1916）

1868 年日本学习西方开始“明治维新”，政治体制全面更新，国力迅速崛起。1894 年甲午战争中日本摧毁清朝政府的北洋水师，并根据《马关条约》，占领中国的台湾地区。又于 1905 年强迫朝鲜李氏王朝签订亡国的《乙巳条约》，吞并朝鲜半岛。在这种不平等、不安宁的国际形势中，东亚各国是采取不同的身份、不同的应对策略、不同的借鉴途径和在不同的方向、层面上，输入西学，开始自己的近代化进程的。

中国 1898 年的“戊戌变法”是在民族危机震动朝野时，康有为联合各省 1300 余名学子“公车上书”而发动的。当时想学西方改革政、教、工、商，但更为邻近和痛切的示范是日本的“明治维新”。通过日本的途径，还有两千余年中形成的“汉字文化圈”所提供的便利条件，由于中日文化、文字相近，学习日文较学习西方语言便捷易成，张之洞在 19 世纪末就发现：

> 学西文者，效迟而用博，为少年未仕者计也；译西书者，功近而效速，为中年已仕者计也。若学东洋文，译东洋书，则速而又速者也。是故从洋师不如通洋文，译西书不如译东书。①

到过日本并有翻译实践的梁启超对此提供了更多的依据：

> 学日本语者一年可成，作日本文者半年可成，学日本文者数日小成，数月大成。余之所言者，学日本文以读日本书也。日本文汉字居十

① 张之洞：《劝学篇》外篇《广译第五》，《张之洞全集》第 12 册，河北人民出版社，1998，第 9745 页。

> 之七八，其专用假名，不用汉字者，惟脉络词及语助词等耳。其文法常以实字在句首，虚字在名末，通其例而颠倒读之。将其脉络词语助词之通行者，标而出之，习视之而熟记之，则已可读书而无窒阂矣。余辑有《和文汉读法》一书，学者读之，直不费俄顷之脑力，而所得已无量矣。此非欺人之言，吾国人多有经验之者。然此为已通汉文之人言之耳。①

出自这种原因，1862 年成立的京师同文馆，于甲午战争以后增设“东文馆”，梁启超在上海创立大同译书局，翻译方针为“以东文为主，而辅以西文”（《大同译书局叙例》）。自 1896 年唐宝锷等 13 人首批赴日留学开始，由于距日本较近、学习费用较低等因素，中国人赴日留学者日渐增多，至 1906 年达到高峰，是年留日学生达到 8600 人。至“五四”前，中国留日学生人数估计不少于 15000 人。留日学生大量出现，为从日文转译西书提供了重要的条件，因而从日文转译西方著作在 19、20 世纪之交形成热潮。此前中国已翻译过日本人的著作《琉球地理志》（1883）、《欧美各国政教日记》（1889）和《东洋史要》（1899）。曾任驻日使节的维新派人士黄遵宪，以对日本十几年的考察和研究，写成长达 50 万言的《日本国志》，于 1895 年出版，被“海内奉为瑰宝”，叹为“此奇作也，数百年鲜有为之者”。于是大规模翻译日文书籍在 20 世纪初形成气候，波涛滚滚，数量一路攀升。据香港谭汝谦《中国译日本书综合目录》的统计和后人的补充，1896 年至 1911 年中国所译日本书在 1000 种之上，大大超过了同期所译西方诸国书籍的总和。② 又据顾燮光《译书经眼录》的统计：1901 年至 1904 年共出版译书 533 种，其中译日本书 321 种，占 60%；而译西方诸国的书籍依次为英国 55 种，占 10.3%；美国 32 种，占 6%；德国 25 种，占

① 梁启超：《论学日本文之益》，《饮冰室合集》文集第 2 册，上海中华书局，1941，第 81 页。

② 谭汝谦主编《中国译日本书综合目录》，香港中文大学出版社，1980。

4.7%；法国15种，占3%；其他85种，占16%。[①]从更长远的观点看，留日学生的领先发展，不仅影响了中国近代文学，而且为五四新文学运动和30年代左翼文学运动提供了一批骨干。一百年来，中国翻译的日本文学译本达到两千多种。

政治危机深重的情境中的文学翻译，不可避免地带有浓重的政治功利色彩。中国翻译日本文学，是从翻译“政治小说”开始的。政治小说本是19世纪70年代日本民间争取民权和国权的浪潮中，由留学英国的学生翻译政治家的小说，并因政界人物受法国作家雨果的告诫“应该让你们的国民多读政治小说”，而19世纪80年代在日本本土掀起写作政治小说的热潮。1898年中国“戊戌变法”失败，梁启超坐日本大岛兵舰逃亡，借阅舰长用来消遣的《佳人奇遇》，随阅随译，并于该年底开始连载于《清议报》上。并在《清议报》创刊号上发表《译印政治小说序》加以鼓吹：“在昔欧洲各国变革之始，其魁儒硕学，仁人志士，往往以其身之所经历，及胸中所怀政治之议论，一寄之于小说。……往往每一书出，而全国之议论为之一变。彼美、英、德、法、奥、意、日本各国政界之日进，则政治小说为功最高焉。”[②]对于日本政治小说的功能，他又作了进一步的介绍：“于日本维新运动有大功者，小说亦其一端也。明治十五六年间，民权自由之声遍满国中。于是西洋小说中，言法国、罗马革命之事者，陆续译出。……自是译泰西小说者日新月盛……翻译既盛，政治小说之著述亦渐起。如柴东海之《佳人奇遇》，末广铁肠之《花间莺》《雪中梅》，藤田鸣鹤之《文明东渐史》，矢野龙溪之《经国美谈》等。著书之人，皆一时之大政治家。寄托书中之人物，以写自己之政见，故不得专以小说目之。而其浸润于国民脑质，最有效力者，则《经国美谈》《佳人奇遇》两书为最云。”[③]

《佳人奇遇》写西班牙将军之女幽兰、爱尔兰独立运动的女志士红莲、

① 顾燮光：《译书经眼录》，载张静庐辑注《中国近代出版史料二编》，中华书局，1957。

② 《清议报》第1册，1898年12月23日。

③ 梁启超：《自由书·传播文明三利器》，《饮冰室合集》专集第2册，上海中华书局，1941，第41～42页。

中国反清复明的志士鼎泰琏和日本留学生东海散士足迹遍于欧、美、亚、非二十余国，大谈民族危亡、振兴国家的政治问题，向往美国独立建国的精神。梁启超的这次翻译，足以作为他写作政治小说《新中国未来记》的动因，他也是使书中的青年志士游历中国数省市和欧美各国，开口就演讲和辩论立宪政治的。其后周宏业用章回体翻译矢野龙溪的《经国美谈》，叙述古希腊一个叫“齐武”的小国（即底比斯）的兴亡史，宣扬改良政治，争取国权民权的政治理想。这些政治小说的陆续推出，宣泄着晚清维新派极大的政治热情，梁启超在《清议报一百册祝词并论报馆之责任及本馆之经历》一文中，热情洋溢地说：“有政治小说《佳人奇遇》、《经国美谈》等，以稗官之异才，写政界之大势，美人芳草，别有会心，铁血舌坛，几多健者，一读击节，每移我情，千金国门，谁无同好？”[①]政治小说传播的政治理想和豪侠气概，给当时的文化界以强烈的震撼。

由日文翻译和转译的文学作品，除了政治小说之外，还有科学小说、冒险小说、侦探小说等门类。加上林纾翻译的欧美小说一百几十种，足以打破国人认为“欧美小说不及中土”的狭隘眼界，在晚清到民国初年那个时代，确实令人感受到“若谓梁任公文章有大电力，当谓林琴南译笔有真灵感”。小说的门类变得丰富多彩，这也是当时翻译日文小说和西洋小说的一个重要的收获。当时人对此颇有感触，如认为“我国小说，虽列专家，然其门类太形狭隘”；[②]或认为“西洋小说分类甚细，中国则不然，仅可约举为英雄、儿女、鬼神三大派”。[③] 然而，以政治、科学、冒险、侦探来区分小说类型，触及的仅限于小说的题材和社会功能，至于深入小说内在的“人的发现”和审美神髓，就有待于五四新文学运动了。

中国文学从日本政治小说中吸取政治维新的冲动和思想，同时从朝鲜亡国的惨重教训中敲响了救亡图存的警钟。20 世纪最初的十几年，中国长篇小说对朝鲜半岛的叙事主要有三个关注的焦点：①继续关注清朝中国与日本

---

① 梁启超：《饮冰室合集》文集第 3 册，上海中华书局，1941，第 55 页。

② 《觚庵漫笔》，《小说林》1907 年第 7 期。

③ 《小说丛话》，《新小说》1905 年第 13 号。

的战争，有《中东大战演义》（1900）、《中东和战本末纪略》（1902～1903）、《消闲演义》（1921）等；②关注朝鲜亡国的灾难处境和历史教训，有《朝鲜亡国演义》（1915）、《朝鲜痛史》（1915）、《日本灭高丽惨史》（1915～1916）、《绘图朝鲜亡国演义》（1920）等；③歌颂韩国志士安重根刺杀伊藤博文以及其他韩国义士的壮举，有《醒世奇文英雄泪》（1910）、《爱国鸳鸯记》（1915）、《韩儿舍身记》（1915）、《亡国英雄之遗书》（1918）、《安重根外传》（1919）等。总体而言，这些作品对朝鲜的亡国处境和反抗壮举是采取同情、尊重和理解的态度。

朝鲜王朝的亡国和日军帝国咄咄逼人的扩张，使最先觉醒的中国知识界深感民族危机迫在眉睫，留学德国的陈寅恪“惊闻千载箕子地，十年两度遭屠剖。……兴亡今古郁孤怀，一放悲歌仰天吼”，[①]痛惜朝鲜的亡国，愤怒日本的鲸吞，抒发抑郁难遣的忧国情怀。流亡日本的梁启超也当即发表了《朝鲜亡国史略》，大声疾呼：“有感于近两个月来日本在朝鲜之举动，欲详记之，以为吾国龟鉴。”[②] 龟可卜吉凶，鉴（镜）能别美恶，其旨趣是要警醒中国人救亡图存的意识。反映朝鲜亡国的作品在1915年出现高潮，折射着这一年的5月7日，已经掠取山东半岛权益的日本帝国向袁世凯政府发出签署“二十一条”的最后通牒，想把用条约吞并朝鲜的强盗逻辑在中国重演。《朝鲜亡国演义》等作品强烈地抨击朝鲜总理大臣李完用秘密签署日韩合并条约的为虎作伥的行为，是因为它觉察到一国覆亡的严重原因在于内部出现“蛀虫”，“总之朝鲜亡国，统那前后事实看来，一句包括，全送在卖国贼的手里，这个为了权利，捣乱一起，那个依了外势，捣乱一起，社鼠城狐，结党构祸”，“有了这榜样，后来人大可作个前车之鉴了”，它以李完用断送国家的行为作为镜子，照出来的是袁世凯签署“二十一条”的卖国者的嘴脸。

---

① 陈寅恪：《庚戌柏林重九作——时闻日本合并朝鲜》，载陈美延、陈流求编《陈寅恪诗集》，清华大学出版社，1993，第1页。

② 梁启超：《朝鲜亡国史略》，《新民丛报》第53、54号，1904年9月24日、10月9日。

二　“五四”新文学运动时期（1917~1927）

1919 年中国五四运动的导火索是巴黎和会。中国在 1917 年对德国宣战，成为同盟国方面的参战国。但是在第一次世界大战结束后的巴黎和会上，中国以战胜国地位要求取消列强在中国的特权，归还山东的权利，英、法、美诸国却与日本妥协，拒绝中国的正义要求，决定把德国在山东的权益转让给日本。消息传来，北京各大学群情激愤，3000 多名学生于 5 月 4 日在天安门聚会，游行示威，呼吁“拒绝和约签字”，“外争国权，内惩国贼”，并把运动推向上海诸地，影响全国——史称“五四运动”。此前 3 月 1 日，朝鲜“民族自决”浪潮高涨，学生和各界人士走上街头，高呼“独立万岁”口号，惨遭日本操纵的宪兵警察的镇压，史称“三一独立运动”。朝鲜和中国先后爆发的爱国民众运动，在同声相应、同气相求中，也推动了东亚的思想文化的现代化进程。

五四运动充满爱国的激情，也充满文化的理性，二者是互为表里的。激情以示民族尊严的不可侮，理性以示思想启蒙的不容缓。曾有留学日本的经历的辛亥革命党人陈独秀创办的《新青年》杂志，倡导新思潮，邀请留美学生胡适发动文学革命，又集合留日学生鲁迅、周作人、钱玄同等人推进思想革命，倡导“人的文学”。1918 年周作人在北京大学讲演《日本近三十年小说之发达》，系统地梳理了日本明治维新以后的文学进程，其文学眼光已非专注于政治小说的梁启超所能比拟。此文发表在 1918 年 7 月《新青年》第 5 卷第 1 号，使知识界看到了“写实主义”提倡者坪内逍遥及其《小说神髓》，“人生的艺术派”二叶亭四迷及其《浮云》，“艺术的艺术派”尾崎红叶、幸田露伴的砚友社，主情的理想的文学北村透谷，自然主义文学国木田独步，“有余裕的文学”夏目漱石与“遣兴文学”森鸥外，“享乐主义文学”永井荷风、谷崎润一郎，以及白桦派的理想主义文学。在周作人眼中已经有了文学流派，这是“五四”文学观念的一大进步。

文学的因缘有时带点戏剧性。1918 年 5 月《新青年》第 4 卷第 5 号发表鲁迅的《狂人日记》，“小说”栏接下来的文章则是周作人的《读武者小路君作〈一个青年的梦〉》，其实是介绍日本的一个多幕剧，编者不明底细就排在这里了，这不能不引起鲁迅的兴趣。五四时期翻译日本文学，以白桦派最早，鲁迅、周作人兄弟合译《现代日本小说集》收入了武者小路实笃、有岛武郎、志贺直哉等的白桦派作家为主的 15 家 30 篇小说。鲁迅读完武者小路实笃《一个青年的梦》，自称“很受些感动：觉得思想很透彻，信心很强固，声音也很真”。这部八万余字的四幕剧写一个青年梦中听战死者亡灵的哭诉和反战演讲，又观看象征列强的“俄大”“英大”“法大”“德大”“奥大”“日大”登台鼓吹战争，“和平女神”又发表和平反战的演讲。从艺术上看，剧本是直露、天真而幼稚的。但鲁迅译完后反而得出“这剧本也很可以医许多中国旧思想的痼疾”的深刻见解，将之引向“国民性解剖”：“全剧的宗旨，自序已经表明，是在反对战争，不必译者再说了。但我虑到几位读者，或以为日本是好战的国度，那国民才该熟读这书，中国又何须有此呢？我的私见，却很不然：中国人自己诚然不善于战争，却并没有诅咒战争；自己诚然不愿出战，却并未同情于不愿出战的他人；虽然想到自己，却并没有想到他人的自己。譬如现在论及日本并吞朝鲜的事，每每有‘朝鲜本我藩属’这一类话，只要听这口气，也足够教人害怕了。”① 鲁迅批判的是在国内战争与邻国关系上国民心理的卑怯、麻木和虚妄自大的积弊。

值得注意的是，从“五四”到 20 世纪 30 年代，日本文学理论和翻译出现热潮，所译 270 余种日文作品中，文论方面占 110 余种。其中影响最大的当是鲁迅对 1923 年关东大地震中遇难的日本文论家厨川白村遗稿《苦闷的象征》的翻译。鲁迅如此介绍此书：“至于主旨，也极分明，用作者自己的话来说，就是‘生命力受了压抑而生的苦闷懊恼乃是文艺的根底，而其表现法乃是广义的象征主义’。但是‘所谓象征主义者，决非单是前世纪末

① 鲁迅：《一个青年的梦 · 译者序》及《译者序二》，《鲁迅全集》第 10 卷，人民文学出版社，1981，第 192 ~ 196 页。

法兰西诗坛的一派所曾经标榜的主义，凡有一切文艺，古往今来，是无不在这样的意义上，用着象征主义的表现法的'。……作者据伯格森一流的哲学，以进行不息的生命力为人类生活的根本，又从弗罗特一流的科学，寻出生命力的根底来，即用以解释文艺——尤其是文学。然与旧说又小有不同，伯格森以未来为不可测，作者则以诗人为先知，弗罗特归生命力的根底于性欲，作者则云即其力的突进和跳跃。这在目下同类的群书中，殆可以说，既异于科学家似的专断和哲学家似的玄虚，而且也并无一般文学论者的繁碎。作者自己就很有独创力的，于是此书也就成为一种创作，而对于文艺，即多有独到的见地和深切的会心。"[①]

促成广泛影响的，不仅在于鲁迅1924年将此书译文连载于《晨报副镌》，1925年又作为"未名丛刊"之一出版，而且在于鲁迅把它作为在北京大学、北平女子师范大学讲授文艺学的教材，推动了20世纪20年代中后期的"厨川热"，使其主要著作如《近代文学十讲》《出了象牙之塔》《欧洲文学评论》《文艺思潮论》《欧洲文艺思想史》等，几乎全被译为中文。回忆鲁迅当年的讲课情况，许钦文说："鲁迅先生在北京大学讲完了《中国小说史略》，就拿《苦闷的象征》来作讲义；一面翻译，一面讲授，选修的人很多，旁听的人更多……长长的大讲堂，经常挤得满满的，这在当时固然是难得的关于文学理论的功课，而且鲁迅先生，同讲《中国小说史略》一样，并非只是呆板解释文本，多方的带便说明写作的方法，也随时流露出些作小说的经验谈。"[②]荆有麟又说："曾记有一次，在北大讲《苦闷的象征》时，书中讲了一个阿那托尔法郎所作的《泰绮思》的例，先生便将《泰绮思》的故事人物先叙出来，然后再给以公正的批判，而后再回到讲义上举例的原因，时间虽然长……而听的人，却像入了魔一般。"《鲁迅回忆》追踪着这些回忆，重现鲁迅当年讲课的风采，我们不妨看一看鲁迅晚年是怎样谈论《泰绮思》的：

---

① 鲁迅：《苦闷的象征·引言》，《鲁迅全集》第10卷，人民文学出版社，1981，第232页。

② 许钦文：《学习鲁迅先生》，上海文艺出版社，1959，第68页。

> 文豪，究竟是有真实本领的，法朗士（Anatole France，1844－1924）做过一本《泰绮思》，中国已有两种译本了，其中就透露着这样的消息。他说有一个高僧在沙漠中修行，忽然想到亚历山大府的名妓泰绮思，是一个贻害世道人心的人物，他要感化她出家，救她本身，救被惑的青年们，也给自己积无量功德。事情还算顺手，泰绮思竟出家了，他恨恨地毁坏了她在俗时候的衣饰。但是，奇怪得很，这位高僧回到自己的独房里继续修行时，却再也静不下来了，见妖怪，见裸体的女人，他急遁，远行，然而仍然没有效。他自己是知道因为其实爱上了泰绮思，所以神魂颠倒了的，但一群愚民，却还是硬要当他圣僧，到处跟着他祈求，礼拜，拜得他"哑子吃黄连"——有苦说不出。他终于决计自白，跑回泰绮思那里去，叫道"我爱你！"然而泰绮思这时已经离死期不远，自说看见了天国，不久就断气了。[①]

据鲁迅的分析，《泰绮思》的构思运用了弗洛伊德（S. Freud）精神分析的学说，正是弗洛伊德学说为厨川白村的"苦闷的象征"的文学本质论，提供了深层心理学的理想基础。把"苦闷的象征"视同文学的本质，是20世纪20年代一股重要的学术流脉，尤其在那些留日学生和听过鲁迅讲课的青年学人身上。早在此书译为中文之前，郭沫若就在1922年《时事新报·学灯》上宣布："我郭沫若信奉的文学定义是'文学是苦闷的象征'。"1923年他又在《创造周报》上撰文表示："文艺本是苦闷的象征。无论是反射的或创造的，都是血与泪的文学……个人的苦闷，社会的苦闷，全人类的苦闷，都是血泪的源泉。"[②] 1926年他又对有自传色彩的爱情诗集《瓶》作告白："《瓶》可以用'苦闷的象征'来解释。"[③] 郁达夫《文学概论》认为："象征是表现的材料，不纯粹便得不到纯粹的表现。这一种象征选择的苦

---

① 鲁迅：《"京派"与"海派"》，《鲁迅全集》第6卷，人民文学出版社，1981，第304页。

② 郭沫若：《暗无天日之世界》，《创造周报》第7号（1923年6月）。

③ 郁达夫：《〈瓶〉附记》，《郁达夫文集》第5卷，花城出版社、三联书店香港分店，1982，第237页。

闷，就是艺术家的苦闷。我们平常听说的艺术家的特性，大约也不外乎此了。”[①] 更应提到的是，这种思想渗透到20世纪二三十年代的大学教育，当时编写的多种《文学概论》之类的书，在谈到文学的本质或起源时，都与“苦闷的象征”相联系。比如曾留学日本的田汉，或鲁迅的学生许钦文所写的《文学概论》，都在传播厨川白村的这个思想。

“五四”毕竟不同于晚清，这代文学者已经超越了晚清维新派关于民族与文学的思路。由于东亚各国的民族生存处境不同，五四文学者采取了双方的思路，一方面在思想上通过日本吸收西方现代理论的成果，另一方面通过真实的或想象的“朝鲜故事”从半岛的三千里江山中吸取民族血性的真诚。一些充满激情的作家的作品，如郭沫若的《牧羊哀话》、蒋光慈的《鸭绿江上》，莫不如此。郭沫若写于1919年二三月之间的小说《牧羊哀话》，描写朝鲜亡国之后，贵族子爵闵崇华不愿附逆，带领全家隐居金刚山麓，女儿闵佩荑与佣人之子尹子英因青梅竹马而相爱，子英的父亲和闵崇华后妻勾结日本人，企图杀害闵崇华邀功报赏，子英为救闵崇华，被自己的父亲所误杀。家破人亡的少女闵佩荑从此牧羊于群山之间，挥着鞭儿唱着忧伤的望郎归恋歌。这篇作品的背景据郭沫若的外孙女、日本学者藤田梨那的考证，是1918年底至1919年初，朝鲜李太王的三子、英亲王李垠，被日本天皇敕许与日本皇族梨木宫方子结婚。按照当时朝鲜习俗，被订婚的女子如被解除婚约，一生不能结婚，而且兄弟姐妹也都被闭婚（不允许结婚），从而造成李垠少小无猜的订婚情侣闵甲完家破人亡，父亲和祖母痛急而死，她则流亡上海。在背景与虚构故事之间，英亲王李垠变成尹子英，闵甲完变成闵佩荑，也就是说真实人物在小说中，男方留其封爵（“英”），女方留其姓氏（“闵”），主人公的命运是男被日本或亲日势力夺去生命，女则悲苦流浪，或牧羊荒山，呈现了把人间爱情悲剧与国家沦亡进行联结的文学认知思路。郭沫若在《创造十年》中明确提及他的创作意图：“转瞬便是一九一九年

① 郁达夫：《文学概论》，《郁达夫文集》第5卷，花城出版社、三联书店香港分店，1982，第67页。

了。绵延了五年的世界大战告了终结，从正月起，巴黎正开着分赃的和平会议。因而‘山东问题’又闹得尘嚣甚上起来。我的第二篇创作《牧羊哀话》便是在这个时候产生的。……我只利用了我在一九一四年的除夕由北京乘京奉铁路渡日本时，途中经过朝鲜的一段经验，便借朝鲜为舞台，把排日的感情移到了朝鲜人的心里。”[①] 借他人之杯酒，浇自己之块垒，《牧羊哀话》与其说是在为亡国的朝鲜而哀，毋宁说是为被帝国主义瓜分而面临亡国危险的祖国而哀，“牧羊姑娘”成为郭沫若民族忧患意识的意象表达，“借离合之情，写兴亡之感”。有意思的是，“牧羊”意象的选择也非朝鲜风物，传统朝鲜农牧生活并不养羊，由此可见心有块垒欲借物象以抒之意图所向。

三　从革命文学到左翼文学时期（1928~1937）

文学以 1928 年作为分期的界线，实在有着足够的理由，因为自此以后中国各种政治文化力量已在重新组合。由于国共合作的大革命破裂，国民党以“清党”名义大量清洗和杀戮“左”派人士，一批“左”派文学家从前线撤出，到上海提倡革命文学。创造社在郭沫若、成仿吾等元老的带动下转换方向，主张“无产阶级文学”，又有李初梨、冯乃超、朱镜我、彭康等留学日本的少壮派，携带着他们在异国学到的马克思主义知识，想通过批判“五四”来打开新的文化局面。从苏联归来的革命诗人蒋光慈和从战场退下来的钱杏邨、孟超、洪灵菲、戴平万等人成立太阳社，提出文学“表现无产阶级的意识”的诉求。蒋光慈、楼适夷、冯宪章、任钧等人游历或留学日本，组织太阳社东京支部。由于国共合作破裂后中苏断交，以及上面所述人员流动的地理因缘，1928 年中国革命文学的思想资源直接来自日本，连苏联的文学政策和文学信息也往往是由日本中转过来的，诚如后期创造社的

① 郭沫若：《创造十年》，《沫若文集》第 7 卷，人民文学出版社，1958，第 54 页。

一位成员所说："中国的普罗艺术运动，与日本实有不可分离的关系。"①

研究这段文学史不难发现，那种生搬硬套的理论是难以催生成熟的文学作品的。过分追求新理论，可能导致观念与写作的分裂。本来在五四时期，鲁迅写小说除了得益于他对中国古典小说的深刻研究之外，虽然也借鉴过俄国的果戈理、安特莱夫的作品，但对日本近代文学的熟知也是一个潜在的因素。比如著名的《阿 Q 正传》虽是鲁迅的独创，但它那种迂回曲折、好发议论的诙谐笔法，不能说与他喜欢的夏目漱石轻快洒脱、富于机智的"低徊趣味"或"有余裕的文学"情调没有相通之处。1921 年鲁迅翻译了芥川龙之介的两篇小说：《鼻子》写古代一位和尚鼻子长得畸形，总受嘲笑，得到中国秘方搓揉缩短后，反被人看不惯，嘲笑更甚，终至治疗恢复长鼻子，才算如释重负。《罗生门》写一个被解雇的仆人在罗生门避雨，看见一位老妇在城墙上拔死尸头发，做假发出售，不听他的制止，反说"不这么干，就要饿死"。那仆人就抢劫老妇衣物，当起强盗来了。鲁迅评点这两篇小说，认为前者"内道场供奉禅智和尚的长鼻子，是日本的旧传说，作者只是给他换上了新装。篇中的谐味，虽不免有才气太露的地方，但和中国的所谓滑稽小说比较起来，也就十分雅淡了"。②对于后者则认为，"这一篇历史的小说（并不是历史小说），也算他的佳作，取古代的事实，注进新的生命去，便与现代人生出干系来"。③这是鲁迅对"芥川龙之介意义"的独特发现，估计芥川本人说不出，别人也说不出。这种独特发现的意义，在于它启动了鲁迅从 1922 年开始写《故事新编》系列小说的心理契机。《故事新编·序言》说："其中也还是速写居多，不足称为'文学概论'之所谓小说。叙事有时也有一点旧书上的根据，有时却不过信口开河。而且因为自己的对于古人，不及对于今人的诚敬，所以仍不免时有油滑之处……不过并没

① 沈起予：《日本的普罗列塔利亚艺术怎么经过它的运动过程》，《日出旬刊》1928 年第 3～5 期。

② 鲁迅：《〈鼻子〉译者附记》，《鲁迅全集》第 10 卷，人民文学出版社，1981，第 226 页。

③ 鲁迅：《〈罗生门〉译者附记》，《鲁迅全集》第 10 卷，人民文学出版社，1981，第 227 页。

有将古人写得更死，却也许暂时还有存在的余地的罢。”[①]这里所谓“油滑”难道不可以看作鲁迅古今杂糅的辛辣处，掺入一点芥川不同于滑稽小说的谐味；所谓“并没有把古人写得更死”，难道不可以联想到芥川“取古代的事实，注进新的生命去，便与现代人生出干系来”吗？

之所以在谈1928年热气腾腾的文学转向之时，重提鲁迅在五四时期的创作和日本文学翻译，就是因为那些以为只有他们才算“抓住时代”的“左”倾批评家，操着一种半生不熟的理论武器冲锋陷阵，其勇气固然可嘉，但不察中国国情和文学自身规律，在讨伐鲁迅等一批五四资深作家的时候，迫不及待地宣布“阿Q时代早已死去”，连同“《阿Q正传》的技巧也已死去”了。这种只有死去才能新生，而排斥并存融合创造式的新生的文化批判，使深知文学奥秘的鲁迅在小说创作上，发出了“写新的不能，写旧的又不愿”的长叹，这是值得我们深刻反思的。自此以后，鲁迅开始从日文译本中转译苏俄文艺理论、政策和文学作品，如卢那察尔斯基的《艺术论》，是从昇曙梦的日译本转译；普列汉诺夫的《艺术论》，是从外村史郎的日译本转译；法捷耶夫的长篇小说《毁灭》是由藏原惟人的日译本转译；连果戈理的长篇小说《死魂灵》，也是参考日译本。尤其是文艺理论的翻译涉及鲁迅思想的演变，他说：“我有一件事要感谢创造社的，是他们‘挤’我看了几种科学底文艺论，明白了先前的文学史家们说了一大堆，还是纠缠不清的疑问。并且因此译了一本蒲力汗诺夫的《艺术论》，以救正我——还因我而及于别人——的只信进化论的偏颇。”[②]鲁迅不是说进化论不能信，而只是说“只信”进化论为偏颇，进而他又增加了科学的文艺论的新维度。同时他把翻译苏联的《文艺政策》（据外村史郎和藏原惟人辑译的日文本转译）等书，比喻为希腊神话中普罗米修斯（Prometheus）窃火给人间，“但我从别国里窃得火来，本意却在煮自己的肉”。[③]这种尽可能地接近

① 鲁迅：《故事新编·序言》，《鲁迅全集》第2卷，人民文学出版社，1981，第342页。

② 鲁迅：《三闲集·序言》，《鲁迅全集》第4卷，人民文学出版社，1981，第6页。

③ 鲁迅：《“硬译”与“文学的阶级性”》，《鲁迅全集》第4卷，人民文学出版社，1981，第209页。

理论原著，又敢于和自己原本思想质对的作风，是鲁迅以译除弊的重要特点。

然而，当时的革命文学家更多取法的是经过日本左翼理论家衍绎的“无产阶级文艺理论”。苏联衍绎马克思，日本衍绎苏联，是否能够准确地尽其精髓，或者又在哪些地方变形走样，当时都来不及认真辨析，也缺乏深入辨析的能力。比如曾经留学日本的创造社成员方光焘翻译平林初之辅的《文学之社会学的研究》，传播的就是文学运动是阶级斗争的一个组成部分，无产阶级文学应该是无产阶级斗争的武器和工具。这种武器和工具论，对后来的中国革命文艺理论就产生过非常深刻的影响。青野季吉曾写过《自然成长和目的意识》的文章，把无产阶级文学区分为“自然成长”和强调“目的意识”的两个发展阶段。李初梨也以类似的题目，写了《自然生长性与目的意识性》的论文，强调“目的意识性”是辨别无产阶级文学与非无产阶级文学的标准。甚至与辛克莱（UptonSinclair）的观点结合起来加以引申，认为“一切的文学，都是宣传。普遍地，而且不可逃避地宣传；有时无意识地，然而常时故意地是宣传。”[①]在日本无产阶级文学理论家中，最为中国革命文学者熟知的莫过于藏原惟人，鲁迅称“藏原惟人是从俄文直接译过许多文艺理论和小说的，于我个人就极有裨益”，既谈论蒋光慈与藏原惟人交谈翻译（《二心集·“硬译”与“文学的阶级性”》），又嘲讽“钱杏邨近来又只在《拓荒者》上，搀着藏原惟人，一段一段的，在和茅盾扭结”（《二心集·我们要批评家》）。这指的是钱杏邨在1930年《拓荒者》第1期上发表的论文《中国新兴文学中的几个具体问题》，反复引用藏原惟人的《再论普罗列塔利亚写实主义》《普罗列塔利亚艺术的内容与形式》等文，用以批评茅盾的《从牯岭到东京》和他的小说创作。但是，这种生吞活剥地使用外来理论的做法，把藏原惟人的“无产阶级现实主义”“唯物辩证法的创作方法”这类似是而非的文学观念也搬进来了。

在此期间日本侵略军于1931年在沈阳策划“九一八事变”，扶植清废

① 李初梨：《怎样地建设革命文学》，《文化批判》1928年第2号。

帝溥仪建立伪“满洲国”，支配数以百计的朝鲜移民进入中国东北三省。1932 年 4 月韩国义士尹奉吉奉韩人爱国团团长金九的命令，在上海“虹口公园炸案”中炸死日军司令官白川义则大将。中国文学中的不少作品是把来自朝鲜半岛的义士和民众当作命运与共的战友的。这类作品以东北作家群的萧军的长篇小说《八月的乡村》和舒群的短篇小说《没有祖国的孩子》，最为驰名。无名氏（原名卜乃夫）是写韩人题材小说最多的一人，留下三部长篇和八个短篇。无名氏的作品散发着唯美而神秘的传奇风味，给韩人题材的作品增添了一道奇异的色彩，闪烁得令人目眩。比如《北极风情画》(1943)，一开头就渲染着一个长发披脸、面容惨厉的怪客，在华山顶峰遥望北方，豺狼般哀吟着惨不忍闻的歌声。对酒夜谈中才知道，此人是 1932 年随中国抗日名将马占山的部队撤退到西伯利亚托木斯克城的韩国上校林参谋。他在那荒寒的城镇中与波兰将军的遗女奥蕾利亚一见钟情，以狂热的赌徒的方式享受着炽热的爱情，倾诉着“在世界大战以前，世界上有两个最富有悲剧性的民族：一个是东方的韩国，一个是西方的波兰”。惺惺相惜的亡国之痛，使这一对异国情侣的炽热恋情融进了酸苦而深刻的家国悲情。部队撤离，不许携带家眷，无法忍受离别的奥蕾利亚殉情自杀，遗书要他十年后登上高峰，北向高唱他们告别时的《别离曲》。华山顶峰的那一幕，就是他十年践约之举。无名氏为收集创作资料，曾访问过寓居重庆的大韩民国临时政府的首脑人物金九，为其参谋长李范奭代笔撰写《韩国的愤怒——青山里喋血实记》，并结为忘年之交。这部小说的基本内容就取材于李范奭跟随马占山部撤至苏联托木斯克留住时，与波兰少女杜妮亚的恋爱故事。它以华山雪峰作证，舒展着唯美而神秘的浓墨重彩，挥写着：两个弱小民族的飘零子民尽管有着如烈火、如狂潮的情感，到底逃不脱无国可归、血泪情缘终成泡影的悲剧。这种悲剧具有两重性，在生离死别的爱情悲剧的深处，蕴藏着一个国破导致家亡的民族悲剧，它在狂怪的着墨中强化了对韩国流亡者的文学认知的情感力度。

从自然王国走向艺术王国

——读杜威美学

高建平*

说到杜威，中国学术界并不陌生。贺麟先生曾评论说，“对旧中国思想界影响最大的应该首推杜威”。[①] 然而，中国学术界所熟悉的，多为他的哲学和教育思想。杜威的几位著名的中国弟子都不研究美学。杜威的美学著作《艺术即经验》出版于1934年，那时，他的中国弟子们早就在中国功成名就，纵横驰骋于学界和政界了，没有人再回到美国去学他的美学。20世纪初和中叶，中国的美学研究者对美国美学的研究本来就很少，对杜威的关注就更少。

杜威美学不受重视的原因，还在于一个特别的情况。这就是杜威美学在美国也曾经历了一个形成、被忘却，又受到普遍欢迎的过程。对此，理查德·舒斯特曼描述道，实用主义美学始于这本书，又差不多“在他那里终结”。[②] 舒斯特曼总结其原因时说：“第一是由于杜威的政治观点倾向于左

* 本文刊发于2006年第5期。作者高建平，时任中国社会科学院文学研究所文艺理论研究室主任，曾任中国社会科学院文学研究所副所长、学术委员会主任，现任中国社会科学院文学研究所研究员。

① 贺麟为罗蒂的《哲学和自然之镜》中译本所写的序，见理查·罗蒂《哲学和自然之镜》，李幼蒸译，三联书店，1987，第2页。

② 理查德·舒斯特曼：《实用主义美学》，彭锋译，商务印书馆，2002，第10页。

翼，而在麦卡锡时代的政治气氛下，这种左翼的观点不受欢迎。第二是杜威的艺术观点比较保守。他不欣赏后印象派以后的任何艺术流派，对先锋派艺术持贬斥的态度。第三是他的论述（由于不清晰）远没有像分析哲学那样在大学课堂里受到欢迎。”[①] 20 世纪中叶的西方，是分析美学大行其道时代。只是到了 20 世纪后期，杜威的美学才重新受到重视，被拿来当作推动人们走出分析美学的动力。这时，杜威得到了重新评价。舒斯特曼甚至认为：在英美美学传统中，没有一本书在涉及范围的广泛，论述细致和激情有力方面可与《艺术即经验》相比。这本书对于那种将艺术品看成固定、自足而神圣不可侵犯之对象的传统美学观的冲击，预示了巴尔特、德里达和福柯等的后结构主义者的思想，并且，杜威的理论要比这些大陆哲学家更为健全，而不像他们那样走极端。[②] 不仅舒斯特曼，而且诺尔·卡罗尔、约瑟夫·马戈内斯、阿诺德·贝林特，以及几乎所有的当代美国重要美学家都深受杜威的影响。

二

谈论杜威的美学，当然还是要从他的哲学谈起。杜威的哲学可以看作解决从古希腊时代就已形成的古老哲学问题的新一轮努力。关于传统哲学所存在的问题，我想从两个词说起。

第一个词是“理论”，另一个词是“哲学”。在希腊文中，“理论”一词的原义是“看”，由此引申为“仔细地看”“观照”“思考”，由此再进一步，才形成了“看到的东西”，即将自己关于对象的思考投射到对象中去，认为是对象固有的。本来，任何“看”的行动都是在一定的具体情形下，一定的活动中所进行的看。人总是处在活动之中，并为了活动的需要而看清周围的一切。当哲学家们不仅要求看的人停下来，还要他看停下来的世界

① 高建平等：《实用与桥梁：访理查德·舒斯特曼》，《哲学动态》2003 年第 9 期，第 17 页。
② 舒斯特曼：《实用主义：杜威》，见《劳特里奇美学指南》，劳特里奇出版社，2001，第 103 页。

时，看的主体与看的对象的对立就形成了。

第二个词是“哲学”，在希腊文中的意思是“爱智”。哲学家是一个智者，能知过去现在未来之事，但更重要的是，这里面有一个对这些事的情感追求，他不仅爱知，而且爱智，也就是说，他是带着一种情感去思考世界的。希腊早期思想的这种特点，后来就逐渐丧失了。哲学被看成一种不动情的对世界本质的思考，语境被改变了，看与行脱离了，于是，就有了静观，思辨，进而将持续地看到的东西视为客观的。杜威要致力于哲学的改造，而这种改造是从思考的出发点的变化开始的。

杜威哲学的一个核心概念是“活的生物”。从哲学史上看，人与动物之间的区别已经被强调得太久、太过分了。人们用理性、语言、意识等各种各样的词来说明人与动物的区别，而忽视了人与动物间共同的东西。为此，杜威提出，“为了把握审美经验的源泉，有必要求助于处于人的水平之下的动物的生活”。[①] 根据这一思路，他从动物身上找到了一种经验的直接性和整体性。他认为，在动物的活动中，“行动融入感觉，而感觉融入行动——构成了动物的优雅，这是人很难做到的”。[②]

以“活的生物”为基石，杜威建立了他的一元论哲学。如果说，西方哲学从柏拉图开始，就出现了理念世界与物质世界的对立的话，那么，亚里士多德有形式与质料，圣奥古斯丁有上帝之城与人类之城，笛卡儿有精神与肉体，康德有本体与现象界，这些都表明，在几千年的欧洲哲学史上，二元论的哲学传统始终占据着主导地位。二元论的哲学总是将世界看成对象，从而形成精神是主体，而物质是对象的二元对立关系。杜威要改变这种看法，将世界看成人的环境。人与动物一样，只是一个“活的生物”而已。动物没有主客体意识，它们与自身的生活环境是结合在一起的。杜威用这种他称之为自然主义的视角来看待人，指出人与环境也具有这样的结合关系。人是环境的一部分，环境也是人的一部分。我们的皮肤不是隔离自我与环境的墙。我们的活动是在环境刺激下形成

① 红翰·杜威：《艺术即经验》，纽约：Perigee Books，1980，第 34 页。

的，我们的思想也是环境的产物。人的活动表现为与环境中的其他力量的相互作用。更进一步说，人并不是置身于环境之外对环境进行思考的。当人置身于环境之外时，环境就变成了对象。然而，我们无法置身于环境之外，而只能处于环境之中。我们不是世间诸种力量相互作用的旁观者，而是参与者。

二

在美学上，杜威谈得更多的是恢复艺术与非艺术之间的连续性。这种恢复包括几个层次：第一是艺术品的经验与日常生活经验之间的连续性。我们并非只在接触艺术品时才产生经验，在日常生活中，经验是无处不在的。任何能够抓住我们的注意力，使我们发展兴趣，给我们提供愉悦的事件与情景，都能使我们产生经验。我们关注一个爆炸性新闻，听到一则笑话，农村孩子跑十里、二十里去看火车，在城里工作和居住的人不远千里万里去旅游，所获得的都是经验。这些经验过去被认为与艺术经验毫不相干。艺术经验被当作穿着礼服在音乐厅和剧院里正襟危坐听音乐和看戏，被看成去博物馆和画廊观赏艺术名作，被局限于阅读文学名著。艺术理论的研究，只是从这些艺术经验出发，或者说，只是从公认的艺术作品出发。杜威认为，建立在这种认识基础上的艺术理论，是一种空中楼阁。这是艺术理论走向形式主义、变得苍白无力的原因。

第二个层次是高雅艺术与通俗艺术之间的连续性。我们今天看到的雅典帕台农神庙是一件伟大的艺术品，但它对于当时的雅典人来说，只是神庙。被我们奉为经典的许多古代艺术作品，在其产生之时，也都与当时人的生活有着密切联系。那些以大写字母 A 开头的“艺术”（Art）似乎具有某种被称为“灵韵”（aura）的精神性，被人们高高地供奉起来，放进了博物馆。大写字母开头的“艺术”（Art），与小写字母开头的“艺术”（art），即一些大众艺术区分了开来。这种区分是现代社会发展的结果。高雅艺术与通俗艺术区分之后，有教养者将自己的欣赏范围局限于前者，而人民大众则既由于缺乏财力、时间和教育水平，又由于觉得它苍白无力而去“寻找便宜而粗俗的物品”。[①] 由此，造成了高雅艺术与通俗艺术的分野。这种分化对艺术的发展来说，是具有灾难性的，前者失去了大众，后者则失去了品位。一方面，高雅艺术使普通人望而生畏，无法接近，不构成生活的一部分；另一方面，大众就只能求助于凶杀、色情的粗俗品来满足审美饥渴。对此，杜威的回答是，看看原始人是怎样对待艺术的，看看原始艺术怎样在今天越来越受到人们的欢迎。当然，我们无法回到原始时代，但重建高雅艺术与通俗艺术之间的连续性，却是我们所能够完成的任务。

第三个层次是美的艺术与实用的或技术的艺术之间的连续性。从中世纪的手工作坊中，一方面生长出现代的制造业，另一方面也生长出美的艺术。由于受审美无利害观点的影响，传统的看法是，只有那些不是为着实用目的而制造出来的制成品，才是艺术品。杜威认为，实用与否，不是区分是不是艺术的标志。他提出，美的艺术在生产过程中“使整个生命体具有活力”，使艺术家“在其中通过欣赏而拥有他们的生活”。[②]

上面的这些论述显示出，杜威努力要建立一种回到日常生活的艺术理论。他提出，“为了理解艺术产品的意义，我们不得不暂时忘记它们，将它们放在一边，而求助于我们一般不看成是从属于审美的普通的力量与经验的条件。我们必须绕道而行，以达到一种艺术理论”。[②] 这里的“绕道而行”4个字，是他的美学方法的集中概括。

三

杜威将他的哲学称为经验自然主义。经验是他的哲学的核心，也是他的美学的核心。但是，杜威的经验与此前的英国经验主义不同。对于18世纪和19世纪的欧洲哲学家们来说，世界是给定的事实，而哲学的任务是解释

① 《艺术即经验》，第6、27页。

② 《艺术即经验》，第6、27页。

人关于世界的知识的源泉。英国经验主义者将这一源泉归于经验。与英国经验主义相对立的是欧洲大陆的理性主义，主张知识的源泉是理性。杜威哲学的对立面不是理性主义，而是主观与客观相对立的二元论。对于他来说，无论是英国经验主义者，还是大陆上的理论主义者都属于这种二元论。他提出，经验是超越这种二元论的关键概念。世界并不处于人的对立面，而只是人的环境而已。活的生物与环境之间的关系才是给定的事实。活的生物与环境接触产生了经验。在这种经验中，既包括环境作用于活的生物所产生的"受"（undergo），也包括活的生物作用于环境所产生的"做"（do）。因此，经验并不只有被动的一面，也有主动的一面。不仅如此，他还指出，经验是动态而非静态的。活的生物在与环境的相互作用中，不断处于平衡丧失和平衡恢复的过程之中。这种平衡的失与得的过程，就是活的生物与环境相互改造的过程。通过这种相互作用和改造，环境成了属于活的生物的环境，而活的生物也成了环境的一部分。这种动态平衡的过程中产生了经验。这种经验既不是纯粹主观的，也不是纯粹客观的，它是人与环境相遇时出现的。更进一步说，只有经验才是第一性的。有了"经验"，才能对经验进行反思。一切关于"自我"和"对象"的意识、思考和理论，都是第二性的，是在"经验"的基础上生长起来的。

从这种对经验的定义出发，杜威进一步提出了他的"一个经验"（an experience）的概念。经验有完整与不完整之分。日常生活的经验常常是零碎的，不完整的。在生活之流中，各种各样的经验在错综复杂地相互错杂，我们的注意力被不同的事件所吸引，我们的情感表现常常被打断和压抑，我们的某一项具体的活动不断受到其他活动的干扰。但是，人具有一种获得完整经验的内在需求。一块石头从山上滚下，不到山谷不会停。一件事没有做完，我们会总是想着它。一盘没有下完的棋，会让我们惦念不已。一句话没说完而被别人打断，会使人不快以至恼怒。有一个相声中说，一个戏迷边骑自行车边哼一段戏，自行车撞电线杆倒地他还接着哼，过路人去拉他，他要把戏哼完再起来。这也许可以成为"一个经验"的夸张的描绘。

"一个经验"给我们提供了一把理解"审美经验"的钥匙。过去的美学家都把“审美经验”看得很神秘。特别是英国经验主义者，常常利用“审美感官”来论证“审美经验”。这种“审美感官”在一些人如夏夫茨伯里和哈奇生那里被看成一种“内在感官”（internal sense），这种“内在感官”被看成独立的，与“外在感官”即我们通常所说的视听嗅味触感官并列的思想源泉。与这种观点不同，杜威致力于恢复审美经验与日常生活之间的连续性。对于他来说，我们只有五种感官，而没有什么第六感官，并不存在“内在感官”。只要经验获得完满发展，就成了“一个经验”。“一个经验”不一定就是“审美经验”，但它的确是具有审美性质的经验，而“审美经验”只是“一个经验”的集中与强化而已。审美经验也不是康德美学所强调的那样，其中没有实用的考虑，没有理智的概念。杜威写道，“审美的敌人既不是实践，也不是理智。它们是单调、松垮而目的不明、屈从于实践和理智行为中的惯例”。[①]因此，具有整一性、丰富性、积累性和最后的圆满性的经验，就具有了审美的特质。

四

“一个经验”从冲动开始，但冲动还不是“一个经验”。“一个经验”的形成，依赖于双重改变的过程。在这个过程中，一个活动转变为一个表现行动，而环境中的事物转变成了手段和媒介。在“一个经验”之中，凝聚了活的生物与环境的相互作用的结果。

情感的表现，是美学研究中的一个老问题，从20世纪初直到世纪中叶，许多美学家都对此做过论述。因此，杜威的表现论，为这一古老的问题提出了新的视角。关于表现，我们对一些观点可能不会陌生。例如，列夫·托尔斯泰曾讲过要在心中唤起情感，并用动作、线条、色彩和声音来传达这种情感。这似乎暗示了一种情感传达说，即外在的材料只是在传达一种已经存在

① 《艺术即经验》，第40页。

的情感。[①]克罗齐的表现说，强调表现与直觉的统一，认为通过线条、色彩、声音和文字实现了表现，才成为真正的直觉。他否定外在的物质材料与表现有关，艺术作品从本质上说是一个精神的与想象的综合体，将印象融合成一个统一的整体而已。在他的心目中，物质材料只是传达已经实现的表现，而表现在真正的直觉中即已实现了。[②]克莱夫·贝尔提出一切视觉艺术的共同性质是“有意味的形式”，一种“线、色的关系和组合”，“审美地感人的形式”。[③]克莱夫·贝尔在设想形式与情感的对应关系，然而，二元论的哲学框架使他不能解释这种对应关系形成的原因。

与这些人的观点不同，杜威认为，表现需要两个条件，即内在的冲动和外在的阻力。它是被压出（ex－press 即 press out）的，因此，依赖于被压的东西和压力的存在。不存在一种先在的情感，然后用符号将它记录下来。情感的表现过程，也同时就是产生过程。这是一种情感形成的“柠檬汁”理论。艺术家在艺术创作活动中产生情感，而不是传达已经产生的情感。艺术是在一种表现性动作中形成的。在表现性动作的发展之中，情感就像磁铁一样将合适的材料吸向自身。情感的直接发泄不是表现，只有在它“间接地使用在寻找材料之上，并赋予秩序，而不是直接消耗时，才会被充实并向前推进”。[④]

不仅情感，而且思想也具有与材料结合的特点。杜威认为，人可以通过图像和声音来思维，语词并非唯一的思想媒介。当然，语词是重要的思想媒介，但并非所有的意义都能通过词语得到表现。绘画和音乐由于其直接可见和可听的性质而能够表现一些独特的意义。当我们询问，绘画和音乐所表现的是什么意义时，我们是在要求一种从图像和声音的意义向语词意义的转换，而这本身就否定了图像和声音的意义的独特性。因此，艺术家是用形象来构思他们的作品的，这种形象同时也与艺术所使用的媒介，即实际的材料

① 参见列夫·托尔斯泰《什么是艺术?》，引自 Thomas E. Wartenberg，*The Nature of Art：An Anthology*（Beijing：Peking University Press，2002），pp. 98－106。

② 〔意〕克罗齐：《美学原理》，朱光潜译，外国文学出版社，1983，第 7～18 页。

③ 〔英〕克莱夫·贝尔：《艺术》，周金环、马钟元译，中国文联出版公司，1984，第 4 页。

④ 《艺术即经验》，第 70 页。

结合在一起。因此，这种思维，既是图像的思维，也是材料的思维。

更为重要的是，杜威提出，艺术作品所表现的，并不是情感，而是带有情感的意义。他认为，情感与思想，与意义都是不可分开的。艺术所表现的，也不是“自我”。相反，并不存在一种先于表现的自我。我们是在与他人的交流中，逐渐学会表达意义的。我们学会了表达的方式，这些表达方式既塑造了我们的“自我”，也使我们能够“表现”。

五

对一个人的思想，可以从两个方面来评价。第一是看他与他的前人相比，有没有提出新的东西；第二是从今天的角度看，这个人的思想有无意义，可起什么作用。这两者在有的人身上是重合的，在有的人身上，则不重合。从这两个方面来看杜威，我们会得到一些有趣的结论。

杜威的确提供了许多前人没有提供的东西。在他之前，美学界受康德和黑格尔的影响。康德给 20 世纪初的西方美学界带来了二元论、形式主义，黑格尔给美学界带来了唯心主义精神。杜威是这两种影响的挑战者。他反对克莱夫·贝尔的形式主义，反对克罗齐的唯心主义，将达尔文的自然主义精神带入美学之中，为美学提供了一个新的支点。

杜威对今天的美学的意义，是在一个新的背景下形成的。20 世纪的美国美学，取得了许多成就。在著名的美学家中，有我们所熟知的鲁道夫·阿恩海姆、苏珊·朗格、门罗·比厄斯利、乔治·狄基、阿瑟·丹多、纳尔逊·古德曼，等等，这个名单列举起来会很长。在这批人中，有深受康德哲学影响的阿恩海姆和朗格。阿恩海姆代表着格式塔心理学在美学上的发展，康德式主体为客体提供范畴的思维模式为这种心理学提供了理论基础。朗格关于情感符号的观点，是新康德主义在美学上的显现。至于比厄斯利等一批分析美学家们的思想，则是维特根斯坦思想的发展。维特根斯坦本来对美学持否定的态度，然而，分析美学正是在他们的思想基础上发展起来的。这种美学致力于对艺术批评所使用的概念进行分析。分析美学对康德美学和黑格尔美学都持批判的态度，但是，这种美学仍然继承了康德和黑格尔对学术分科和将艺术孤立化的做法。这些美学家们花了很多的精力来论证艺术的定义问题，认定艺术是人类的一种独特活动所产生的独特的产品，而忽视艺术生产与日常产品生产之间的联系。对于是否存在大写字母 A 开头的“艺术”（Art）问题，分析美学家们的态度是，只对这个已经被认定的事实进行分析。分析美学家们对批评所使用的术语进行分析，满足于将美学理解成元批评。分析美学家们还应对先锋派对艺术构成的挑战，思考怎样的艺术定义才能将这些艺术包括进去，从而使他们的理论跟上时代。这种美学的逻辑严密性，以及这些美学家们对同时代艺术的亲和态度，使得分析美学一度成为在包括美国美学界在内的西方美学界占据着统治地位的美学。

只是到了 20 世纪末，分析美学在国际美学界的统治地位才受到来自一些方面的挑战。在这些挑战者中，有人从后现代主义的角度对精英性的艺术概念表示不满，有人从后殖民主义的角度开始对非西方美学传统进行阐释，也有人回到维特根斯坦的后期思想，寻找语言与生活的联系。在这种情况下，杜威的美学成为一个重要的思想资源。杜威美学不像受康德、黑格尔影响而产生的美学以及分析美学那样，从公认的艺术作品出发，而是要“绕道而行”，从“活的生物”出发，这就使美学建立在了一个新的基础之上。杜威美学的现实意义，正在于此。

六

一位名叫菲利普 · M. 策尔特纳的荷兰学者曾这样写道：“杜威的哲学就是他的美学，而所有他在逻辑学、形而上学、认识论和心理学中的苦心经营，在他对审美和艺术的理解中被推向了顶点。”[①] 这位作者也许出于对杜威美学的偏爱才做出这一结论，但如果了解杜威的基本思想倾向的话，我们

① 菲利普 · M. 策尔特纳（Philip M. Zeltner）：《约翰 · 杜威的审美哲学》（*John Dewey's Aesthetic Philosophy*）（*Amsterdam*：*B. R. Grüner*，1975），第 3 页。

就会发现，这种说法中包含着一些深刻的道理。

有一个问题，表面看来与我们所涉及的话题无关，但实际上对我们理解杜威起着非常关键的作用。这就是杜威对科学的态度。罗蒂曾将哲学区分为三个阶段，指出从教父时代直到 17 世纪，“哲学”一词“指的是将古代智者（尤其是柏拉图和亚里士多德）的思想用于拓广和发展基督教的思想构架”。到了 17、18 世纪，“自然科学取代宗教成了思想生活的中心。由于思想生活俗世化了，一门称做‘哲学’的俗世学科的观念开始居于显赫地位，这门学科以自然科学为楷模，却能够为道德和政治思考设定条件”。这种思想的代表就是康德。现代哲学是在对康德的科学主义的批判过程中形成的。这种批判的特点就是用政治和文艺来取代科学，成为文化的中心。罗蒂认为，马克思选择了政治，而尼采选择了文艺，杜威选择了政治，而海德格尔选择了文艺。[①] 如果说，在美国大学的哲学系里，马克思与尼采没有对康德体系构成根本威胁的话，那么，对于罗蒂来说，重新回到杜威则成了挑战康德传统的新一轮努力。

有人提出这样一些从学科谱系观点看不可理解的现象：杜威继承了席勒关于审美教育的思想，只是将席勒的贵族式的教育理念转换成了平民的教育理论而已。席勒是康德的信徒，但杜威却在反对康德的同时，接过了席勒思想的有益因素。通过教育来改造世界、改造人，从而达到一个美的世界，用这句话来概括杜威的理论意愿，也许离事实差得不太远。美学是杜威关于哲学改造的一部分，同时也是他关于社会改造和人的改造的一部分。

在该书的最后，杜威提出，“艺术的材料应从不管什么样的，所有的源泉中汲取营养，艺术的产品应为所有人所接受”。[②] 他提出了一个乌托邦：使艺术从文明的美容院变成文明本身。他满怀信心地相信艺术会繁盛，认为“艺术的繁盛是文化性质的最后尺度”，[②] 艺术将与道德结合，而爱与想象力在其中起着重要的作用。

① 这里的罗蒂的话，请参见理查·罗蒂《哲学和自然之镜》中译本作者序，见该书第 11～14 页。

② 《艺术即经验》，第 344、345 页。

作为“活的生物”，人生活在自然之中，自然是人的环境。对于杜威来说，这一点是事实。杜威的理想是，艺术成为文明本身。这时，人就生活在艺术之中了。也许，这个理想也只是乌托邦而已，但这个乌托邦是美好的，也是现实所需要的。至少，它能启发我们对艺术与文明的关系做许多有益的思考。

康德的文化立场与审美维度

张政文*

一

“批判哲学”将人同时界定在经验、本体和审美三大领域之中。文化由人所创造又重塑着人，也就有了三种不同的总体样态，康德将之理解为“What”、“be”和“How”。“What”指的是经验界文化的表征和功能。康德认为，经验是人作为感性生命存在的基本方式。它由生命的感性活动展开，又可以被人类的感性与知性主体功能所把握。“What”样态的文化就是发现经验界的感性生命活动存在什么，有什么特点，有什么功能，与人自身存在什么关系。其文化历程显现为人类的认识过程，成果即科学知识。“be”则是本体存在。“批判哲学”相信，本体的存在不是认知可操作的，它必须有更高的理性才能获得。文化的“be”样态具有极为深刻的内涵：它是全部文化的基础，却又不可能经验，因为它就是人之本真、文化之本源，是把关于存在的一切可以认识的和可陈述的扬弃后剩下的存在价值。人一旦与此分离便失去存在的根据。由此，这个“be”样态的文化只能是自

* 本文刊发于2005年第2期。作者张政文，时任黑龙江大学副校长，曾任黑龙江大学校长，现任中国社会科学院大学党委常务副书记、校长，第十三届全国政协委员。

由。自由不证自明，永无终结，因而也“不能确切地被人类预见到”,[①]而对“be”样态的文化陈述也只能是对自由的敬畏和肯定，是对人所以为人的终极关注。但人在陈述主体和确认自我的同时还作为生命行为存在。生命行为既包含着对经验自我的把握又内化着对非经验的本质的确定，从而构成了人这种存在方式的独特活动过程，即人总是用新的方式去发现存在和本质的新意义，总是在向客体和主体提出询问并要求自己做出回答，这便是文化的第三种样态“How”。文化的“How”样态使人的生命存在和本质确认从不停止在历史或自然过程已然的限定之中。相反它要求人类不断地规划自己怎样行动，从而确立超越个体有限性和集体定在性的行为模式，不断建构自己的存在价值、发现自己的本质意义、发展自己的主体能力。在这个意义上，文化并不是一种在人的历史过程中自发产生的自在力量，而是现实的人通过把握外部世界、确立自我本质并观照自我本质的主体过程。事实上，当人用自己的观照去探究生存的价值、世界的意义时，他所受到的束缚、禁锢消失了。文化的“How”样态就是通过观照领悟自己和理解世界，因而文化的“How”样态具有一种真正的解放性质。它是人回到文化本身去把定文化本因和意义的根源，也是人在生命过程中成为自己的导师的最终依据。由此可见，文化是一个永不自明又不断昭示、永无终结又不断确立的人类战略对策过程。

不过，康德也深刻地发现：“我们要探讨的乃是自由的生命，他们应该做什么确实是可以事先加以命令的，但是他们将要做什么却是无法事先加以预言的。”[②]文化的三种样态要真正成为属人的存在性质与过程，必须在现实中成为人的生存与发展的现实对策。

二

人属于自然，但人又不是自然的，为此，现实的文化应首先是超越自然

① 康德：《历史理性批判文集》，商务印书馆，1990，第151页。

② 康德：《历史理性批判文集》，商务印书馆，1990，第150页。

的生命对策。“批判哲学”认为，从物种的意义上讲，人与动物都属于自然的一部分，并像所有动物一样，其生命的最一般倾向在于不断要求确定和完善自身的物种属性，这就构成了人作为物种与一般动物的生存目的的一致性或相似性。但与一般动物不同的是，人的物种属性具有其他物种所不具有的开放性质，它与自然的关系呈现出极大的可能性特征，这导致了在生存方式上人与其他物种的根本差异。这种差异使人同自然始终有一种非常紧张的关系。自然常常成为人的威胁和束缚，人亦感到强烈的被压迫感，所以人需要挣脱自然的束缚。挣离束缚并不是断绝与自然的联系，而是把自然的法则统摄到人的主体活动的超越性之中去，使人在自然中获得属人的优先权。在康德看来，也许文化是唯一能达成这一目的的方式，因为文化是非自然的，却又能介入与干预自然。正是在这介入与干预中，自然才可能成为属人的自然，成为人的生命存在与发展的一部分。康德曾反复强调，在对待外部自然和人的自然属性这个问题上绝不能只把知识、艺术、宗教甚至技术等文化活动视为单纯地提高人类智力品质的活动，它应是抵御自然、超越自然的战略对策与方法。当人以文化为实践对策，实现了对自然法则和人的本能统摄时，自然对人而言就成为非决定性的，人的活动和人对自身活动的阐释便是人类调整自我构成、指导自身行为的真正尺度，人在肉体和精神两方面的存在和发展就都具有了创造性。正因为此，人不仅能够创造自己，而且决定着怎样创造自己。文化不仅是人对付自然的生命对策，也是人不再通过生物进化、变种发展自己的基本方式。所有这些，在康德看来，取决于我们如何将自然整合于文化模式之中。当然，整合的方式、方法和具体途径复杂万象。不过有一点却不可相异，即作为生命对策的文化绝不意味着反自然和泯灭人的天性，超越自然的实现在于使自然法则与人的本能符合人的主体文化目的、成为人的理性价值与自由本质的展开。

由此可见，当康德把挣离自然、超越本能的生命对策界定为文化的赋值与操作时，也就同时将自然视为人类的生存家园了。家园本身就意味着人自己的建造，纯粹的原始自然不会自发地成为人的居地。而文化成果，成为人类生存家园的自然，既是自然客观的，又是文化属人的。人在这个家园的生存发展直接表现为对家园的建设。康德认为，建设这个家园包含着两个方面的主体任务，其一，要改变自然，使之人化。这又要求人们认识自然，对自然有尽可能广博和深刻的理解与体悟，使人尽量全面地根据这种认识与体悟合目的地改造自然。其二，更为深刻的是保持自然的独立性，使自然永远成为人类生存活动的最有效、直接的参照系。只有这样，人才能使用一种有意义的文化方式进行选择和实现自身的生存和发展。否则人的活动将可能是盲目和偏执的。所以在自然家园中生活，人要懂得关心自然、尊重自然，更多地用静观的态度、对话的方式、合规律的行为去享受自然赐予我们的福祉。为此，康德曾严肃地告诫世人，无论何时何地，人类都要防止用以提升人、解放人的文化异化为危及自然存在、中断人类生存的异己力量，并应视此为超越自然的基本文化对策之一。

三

人的文化活动虽然以这样或那样的方式表现出对各种规则的扬弃，但最终它指向、回归现实生存着的个体。文化的自由本质、超越功能归根结底还在于个体生命对自身存在的发现和超越，文化实际上呈现为双向度的过程。就人类而言，文化意味着人类从自然中挣离出来，康德将这一文化过程称之为“从……自由”。就个体而言，生命存在的走向几乎与自然进化规则和物种属性难以分离。人类的许多性质在个体的日常生活中似乎都隐藏到个体存在的背后，往往只在思维中隐约可见，人们确实也总是为关于人类的本质的描述与个人现实生存经验之间的巨大差异感到苦恼。“批判哲学”认为，造成这种苦恼的原因在于人类与人（即大写的人与小写的人）的内涵并不完全一致。人类属于历史范畴，它在其漫长的时间延续中逐渐地昭示自己。而个体的人却是非历史的，它只能在当下的现实中显现自我。就人超越自然实现生命的文化方式而言，人类获得了一种解放，但这并不意味着个体的现实人在日常生活中是自由的。而文化在实现人类超越自然的同时，还必须使个体在日常生活中获得解放。当文化建构了人与自然的对象性关系时，人类便从自然中实现了自由，这是人类的生存发展只在方式上与动物有别，而目的却是一致的缘故所造成。但对个体的现实人来说情况就完全不同，他在日常生活中既不能脱离自然、经验，又无法通过与自然、经验建立某种整体性关系来实现解放。个体只有在生存方式和生存目的两个方面同时获得对自然的非经验性超越，才能实现自由。可见，个体的自由不是不食人间烟火、断绝物质本能。个体自由是非经验、非日常的本体论意义上的自由，即对个体的全部生活内容与生存方式赋予自由的意义，并使个体在其中能够显现自身存在的价值。康德称这一向度的自由为“去……自由”。在这个自由向度中，文化便直接表现为替个体寻找使其在目的与方式两方面皆获得属人特征的意义对策。在“批判哲学”看来，这个意义对策不是别的，正是要求个体符合道德律令。因为道德律令的实质是自由，而自由又是文化的先验前提，所以文化的结果必定是道德。

康德认为，以自由为本质的道德是超经验的。经验界的一切都受着因果律的制约，对个体而言其日常存在又没有普遍的主体尺度。因而以自由为本质的道德不可能来自经验的日常世界，必定来自一个非日常却又能命令、干预日常的存在领域，这个领域即主体的理性领域。“批判哲学”相信，现实的人具有知、情、意三大主体功能，每一主体功能又缔造了个体生存活动的不同界域。其中主体意志功能产生了人的理性。意志功能本身与感知无关，它生成的就是非日常的理性世界。这个世界超越经验而又统摄经验、不含纳任何规律却又介入日常生活，是人所以成为人的基石。这个世界的核质是自由，而其普遍形式即道德。所以，“批判哲学”的道德实际上是以人为目的、以自由为本质、以意志自律为形态的个体存在的唯一普遍形式。文化作为个体的意义对策，就是要通过文化的运作，使具有经验性质并必须生活在日常领域中的个体获得这种普遍的本体价值，使个体在自然规则和感性现实中具有自由的意义。一旦达成这一点，现实的个体就不仅是追求快乐、享受幸福的存在，也不仅是认知、应用技术的存在，更主要的则是一种献身责任、具有道德良知评价的存在。而现实个体所面临的世界也能够在被感知和实践把握的同时，被理性所达到，成为真实的、富有意义的个体世界。将道德界定为个体的普遍自由形式并通过文化来实现这一形式时，道德也就不再是人们通过理智的推论或经验的感情、直觉的启示所确立的训条戒律和神圣法则，而成为个体永恒而运动着的人生态度，成为个体的一种存在使命和生活风范、一种在现实情致中具有肯定意义的自我意识，并成为个体在自身中发现他自己生活意蕴的源泉。也正是在这一过程中，个体以其具有本体普遍意义的个性行为进入了群体之中，成为人类社会的一员，并最终成为人类世界的一种存在方式；同时，文化也因个体的独特性、实在性而产生了多元、开放和具体的性质。而且通过个体道德价值在群体社会中的实现，个体也一定会获得自己的发展，成为人类社会价值之所在。对此康德充满信心，认为文化的意义对策一旦实现，对个体而言，道德便“不是教导我们怎样才能幸福，而是教导我们怎样才能配得上幸福”。[①] 对由无数个体构成的人类整体而言，人类史将在原则上“是某种道德的东西，而这种东西被理性表现为某种纯粹的、但同时又由于其巨大的和划时代的影响而被表现为某种公认是人类灵魂的义务的东西；这种东西涉及人类结合的全体，它以如此之普遍而又无私的同情在欢呼着他们所希望的成功以及通向成功的努力”。[②]

然而对于个体的人来说，将道德的普遍形式界定为自身的存在方式和价值所在并非天生既得的事。实际上，需要借助于文化的意义对策，通过极为复杂、漫长的文化活动才能使一个自然生物人变成社会文化人。就康德看来，在人尚未以道德作为自身存在的方式并从此获得生存意义之前，人完全受自然因果律和生理本能的统治。这时的人没有自由意识，精神昏聩、形同走兽，一切只得听从他人，受着奴役和压迫。要使人从这种状态中走出来首先应解放人的精神，使他具有自主选择、行动的意识，从而能够运用自己的理性支配自己，康德称之为启蒙：“启蒙运动就是人类脱离自己所加之于自己的不成熟状态。不成熟状态就是不经别人引导，就对运用自己的理智无能为力。”[③] 当个体的精神意识不再受他人支配时，精神也就不再是一种实体、一种灵魂

① 康德：《历史理性批判文集》，商务印书馆，1990，第182、155页。

② 康德：《历史理性批判文集》，商务印书馆，1990，第182、155页。

③ 康德：《历史理性批判文集》，商务印书馆，1990，第23、279、149页。

或内在的冲动，而是现实个体的总体定向和个性存在的标志。要做到这一点，有一个基本前提，即个体必须相信自己拥有运用理性的权利。个体只要坚持这一信仰并拥有了这一权利，启蒙也就具有了主体的基础。同时，对于社会而言，应该懂得只有允许每一个个体拥有运用理性的自由权利，才能够完成精神启蒙。康德尤其重视这一点。他说，一个社会如果阻碍个体的自由发展，这个时代就停留在愚昧落后的状态，这个社会便是反人道主义的。“一个时代绝不能使自己负有义务并从而发誓，要把后来的时代置于一种绝没有可能扩大自己的知识、清除错误以及一般地在启蒙中继续进步的状态之中。这会是一种违反人性的犯罪行为，人性本来的天职恰好就在于这种进步，因此后世就完全有权利拒绝这种以毫无根据而且是犯罪的方式所采取的规定”。①

康德对个体生命价值和意义规范的本体论定位的更宏大目标在于通过个体的道德自律、责任感与理性功能的培养，引导整个人类的健全发展。个体存在的普遍形式只能为群体社会的进步提供可能性，更现实而不可改变的是，人作为历史的存在，虽就某种意义上说决定历史，但在广阔与深刻的背景中受着历史的决定。个体与社会在相互依赖、补益的同时，会出现背反的现象。个体的道德化并不一定表明社会前进。现实人的自我完善也不一定带来历史的全面进步。文化的发展与文明的异化成为群体存在的两面。文化的意义对策产生的个体进步并不必然使群体走向一个更高级的阶段，并且由于群体社会发展的每一阶段的性质而存在更大的差异，群体发展的任何一个阶段也就不意味着比前一阶段更优越。正像康德所说：“进步问题不是直接由经验就能解决的。即使我们发现人类从整体上加以考察，可以被理解为在漫长的时间里是向前的和进步的；可是也没有一个人能因此就认定，正是由于我们这个物种的生理禀赋，目前就绝不会出现一个人类倒退的时代。”②因而，要求人类整体的发展就必须寻找更有效的文化战略，这个文化战略在康德看来便是保证群体发展的社会对策。

① 康德：《历史理性批判文集》，商务印书馆，1990，第 23、279、149 页。

② 康德：《历史理性批判文集》，商务印书馆，1990，第 23、279、149 页。

四

在康德那里，美和审美是合目的的，而人类最根本的目的就是通过文化，使人成为人的目的。人生存于经验和本体世界的同时还生活于审美世界之中。审美世界的生存既包含着对经验自我的认识又内化着对人之本体的领悟，总是用新的方式去发现存在的新意义。审美领域中主体情感能动对生命存在的确认从不停止在自然或历史的已然限定中，而是在无目的的而又合目的的具有普遍必然的个体判断中审视世界，从而确立超越个体有限性和集体定在性的文化，不断建构自己的存在价值、发现自己的主体能力。因而，在审美世界中，文化具有了现实解放的性质。

在审美中，最能在有限的现象中显现无限的本体，在必然的物理过程中表达、确证主体的自由性质的莫过于对崇高的鉴赏。康德认为，美是在一种更具感性特质的轻松愉快中以和谐的方式在有限中确立无限。而崇高则不一样，它的实现借助于感性与理性的对抗。当主体否定了必然、本体扬弃了现象、感性提升为理性时，崇高感才能产生，否则只能导致主体的恐惧、惊吓和委顿。康德把崇高分为两种形态。一种他称之为“数学的崇高”。主体观照无限大的对象时，无限大的对象无法用某种具体的感性直观或知性概念来衡量，人的具有现象性的主体功能“知性力”“想象力”因无力把握对象而遭摧毁。这时就出现了一个困境：一方面“知性力”“想象力”要求统摄对象，但无限大的整体不是经验能够把握的，从而使主体的认识系统陷入“二律背反”；另一方面主体“知性力”“想象力”功能的丧失，使人的感性生命力受到极大的压抑，主体在感觉上产生痛苦。这两方面的因素共同刺激着主体，使主体在否定的状态中焕发出深藏于主体底层的理性自我意识——自由观念，并以“主观合目的性”的姿态建构着对象，使主体“主观地和对象相合致。就是说产生出一种内心的情调，这情调符合着那一种情调（指由于知性力与想象力无法把握对象所产生的困境），并和它协调着，这就是一定的观念（自由）对情绪（痛感）产生影响时所产生出来的情调”,[①] 从而在感性的痛苦中实现了理性的升华，在生理的必然中显现了精神的自由。另一种形态的崇高被康德称之为“力学的崇高”。这种崇高的产生机制是，当主体去审视某种无法抗拒的威力时，一方面巨大的威力使自身成为主体的“恐惧的对象”；另一方面这种恐惧唤起了主体自由的理念，而“把我们平常关心的东西（财产、健康和生命）看得渺小，因而把自然的威力看作不能对我们和我们的人格施加粗暴的支配力，以至迫使我们与最高原则（自由）攸关，须决定取舍的关头，向它屈服。在这种情况下自然之所以被看作崇高，只是……心灵认识到自己的使命的崇高性，甚至高过自然”。[②] 这样，在日常生活中，主体通过对在现象的生理、认识无法战胜的力量的超越性统摄，显现了自由本体的绝对价值，使人成为不受必然羁绊的自由主体。

在西方美学史上，康德是第一位为审美、艺术活动设定独立领域并规范特殊主客体关系的思想家。在康德的“批判哲学”中，人的感性与认知能力规定了主体在现象世界中的存在。在这个世界中，人的生存是以感性与知性的方式实现的。这个世界被严格地限定在经验界域中，具有明确的此岸性，一旦人有所逾越，主体便出现“二律背反”，客体亦成为陌生、不可认知的物自体。人又生存于本体世界，这个世界的生存维度具有彼岸性，不可经验、无法认识。然而这不可经验认识的彼岸性生存却规定了人作为主体的本源——自由。人生存于此岸的现象世界和彼岸的本体世界，同时还生存于情感世界中。人的情感世界生存以感性经验为形式但又在感性经验的形式中生成并表达着理性的内容，此岸与彼岸性交织着的情感世界具有四大规定性：“凭借完全无利害观念的快感和不快感对某一对象或其表现方法进行判断”；[③] “不依赖概念而被当做一种必然的愉快”；[④] “是一

① 《判断力批判》，牛津大学，1952，第 104 页。

② 《判断力批判》，牛津大学，1952，第 111、50、66、81、85 页。

③ 《判断力批判》，牛津大学，1952，第 111、50、66、81、85 页。

④ 《判断力批判》，牛津大学，1952，第 111、50、66、81、85 页。

对象的合目的形式，在它不具有目的表象而在对象上被知觉”；[①]“不凭借概念而普遍令人愉快”。[②] 在这四大规定的厘界下，情感世界中的客体是美、艺术文本，主体是审美主体、艺术创作者、鉴赏者，主客体关系的成果为美感、艺术享受。在情感世界中，审美与艺术活动在有限的形态中生成着无限的本质。当人们沉浸在审美、艺术活动之中时，时刻拥有并体会着全部生命力的洋溢与灵魂的升华，具有解放的性质。这种解放不是源于对理性的服从，而是自由的欢悦，是摆脱了人类日常生活的物性而以主体的方式直接显现与肯定自己，所以审美、艺术活动中愉快不再像功利性需求的满足一样只对自己有效，而是对所有人有效，传达着人类的属性。审美、艺术活动中的这种普遍性亦不同于认识的普遍性，认识的普遍性源于认识对象中的规律性。而审美、艺术活动中的普遍性在于个体作为人类存在的具体方式的自由表达。审美、艺术活动也就不服务于任何具体功利目的，却内在地指向以人为目的的自由。正是这一指向，审美、艺术活动中的愉悦成为必然，这种必然性是对物的束缚的解放、人的去蔽的肯定。以此，康德确立了审美文化的自律。康德以人为本，坚信自由选择的人本主义文化立场，将审美理解为人在感性世界中的解放这一审美文化选择具有巨大的人文精神，无论在席勒的审美解放理论、谢林的浪漫主义观念，还是在黑格尔的精神发展学说和马克思的历史革命思想中，我们都可以看到康德的文化立场和审美文化选择对他们的深远影响。

① 《判断力批判》，牛津大学，1952，第111、50、66、81、85页。

② 《判断力批判》，牛津大学，1952，第111、50、66、81、85页。

传统文论诠释中的视界融合问题

党圣元*

从特定意义上来讲，中国古代文论研究实际上是一种经典诠释的学术过程。在研究过程中，无论是对于文论史之梳理和描述，还是对于具体的文学观念或者概念、范畴的内涵意蕴之分析揭示，以及对于传统文学思想理论体系之建构，都是以对于传统文论典籍的诠释为基础和出发点的。由于这一诠释是在一定的学术理念和方法论支持和驱动下进行的，所以当时的社会思想文化语境无不对其产生影响和制约，而形成特定的诠释语境。在经典诠释中，存在经典文本（诠释客体）所内蕴的历史角度与研究者（诠释主体）的当下角度两种维度，二者之间存在一种张力关系，构成了诠释过程的所谓“视界”。这种张力主要体现为迄今为止中国现代性推进过程中的古与今、中与西文化观念之冲撞和相互渗透。本文主要论述在中国传统文论研究中，古与今、中与西不同文化视界融合对于传统文论经典诠释之重要学术意义，以就教于方家。

---

* 本文刊发于 2006 年第 6 期。作者党圣元，时任中国社会科学院文学研究所副所长，曾任中国社会科学院外国文学研究所党委书记兼副所长，现任全国马列文论研究会会长。

一

在20世纪中国社会思想文化和学术语境中，传统与现代的关系，实质上也就是古与今、中与西、体与用等的关系。众所周知，在百年来的中国文学发展历程中，种种观念和思想学说相互冲撞，激起了一股股思潮，引发了一场场论争，而传统与现代这一组范畴，则始终起着“关键词”的作用，从而成为一个关乎中国文学命脉、走向的原点性问题。可以说，在很大程度上，整个20世纪中国文学思潮的发展演变，就是围绕着这一文化焦点问题而展开、推进的。对于已经跨入新世纪门槛的当下中国文学而言，传统与现代的关系这一问题所蕴含的意义非但没有减少，反而变得更加重要了。

综观20世纪以来围绕这一问题所进行的论争，相当一部分人在价值判断与选择上陷入了古今、中西二元对立的认识误区，形成了激进主义与保守主义的两军对垒，前者主张“全盘西化”，以“进步”者自居，对民族文化、传统文学思想持虚无主义态度；后者则因循守旧，以“国粹主义”者自居，对新思想、新知识持排拒态度。我们亦可以将二者之间的观念对抗概括为“荣今虐古”与“荣古虐今”两种文化发展观的冲突，彼此在价值判断与选择上存在一道深深的鸿沟，以致输攻墨守，争端大起。在“荣今虐古”一方，如“五四”前后的“西化”论者，对传统文化不做区分精华与糟粕的辩证分析，而一概仇视之，视其为滋生民族卑劣无耻根性之罪恶渊薮，故而认为统统属于毁弃之列，且不容反对者有讨论的余地。甚而至于迁怒于汉字本身，认为中国文字既难传载新知识，且为腐毒思想的巢窟，所以将其废弃一点也不可惜。[①] 当时许多激进者置身于东西方社会发展的巨大时差中，看到了西方科学民主给社会带来的进步与繁荣，而将中国社会发展严重滞后的原因，完全归结于传统文化、文学，并进而对传统文化、文学产生

① 陈独秀：《答钱玄同〈中国今后之文字〉》：“中国文字，既难载新事理，且为腐毒思想之巢窟，废之诚不足惜。”《新青年》第4卷第4号。

绝望，认为只有彻底抛弃传统才能有社会的发展进步可言，是为典型的“荣今虐古”。从我们今天的认识来看，这种对于传统的态度，就批判精神而言，或许有其一定的历史合理性成分，但是将社会发展的制约因素完全归结于人文传统方面，不问青红皂白，主张摧毁传统、割断古今，实行文化上的“休克疗法”，则无疑是片面的、非理性的。我们肯定“五四”新文化运动的历史进步意义，但对其偏失亦毋庸讳言。而且，这种以狂飙突进式的情绪化的政治批判代替冷静的理性思考分析的文化批判，为后来思想文化领域轻贱传统的政治与文化偏见播下了种子，以致我们看到，现代化被理解为对传统的简单抛弃，反传统被利用为一种社会、文化变革和政治斗争的主要驱动力量和工具，一而再、再而三地使用之，并演变为一种时尚，以至于在百年中国文化的发展历程中“全盘西化”论虽然数次破产，但终不能被彻底汰洗干净，其亚种总是在一定的时候滋生出来。而在“荣古虐今”一方，则又表现为另一种极端，他们虽然于西方的物质文化承认其先进，并乐于享用，然而在精神文明方面则严分夷夏之别，深信华夏人文优于域外人文，文化、文学、道德者还是自家的好，“五四”前后反对社会变革、反对新文化运动的一批守旧人物可为其代表。而且这种意识现在也不能说已经灭绝，如20世纪90年代初期出现的以否定中国近现代反封建和反帝爱国文化传统为目的的文化保守主义思潮，以及80年代中后期以来渐渐流行开来的主张恢复儒学内圣之学，亦即心性之学，并将其视为一种意识形态的替代产品从而需作当下认同的新儒学思潮，尽管对其分析不能简单化，但其具有文化保守主义的色彩则是毋庸置疑的。比较而言，应该说“荣今虐古”思潮对现代中国文化产生的影响要更大一些，我们看到百年中国文化思想的历史进程中，一些人往往在社会政治思潮的策使下，反传统意识极度延伸，以致粗暴对待传统，“妖魔化”传统，最终将传统置于被审判的位置，从对其展开的一次次的批判中获得即时性的政治效应，而从根本上忽视了对其资源价值的利用。

中国古代文论的现代研究，就是在这样一种大的社会文化背景下展开的，“荣今虐古”与“荣古虐今”的二元对立于其中也有复杂曲折的表现。

一般地说，中国古代文论研究是一种对历史经典的诠释活动，其遭遇的诸多问题，无不可以通过对这种诠释活动中的诸多关系之分析来加以探究。因此，从这一意义上来说，以经典诠释活动为研究对象的西方哲学诠释学的相关理论，对中国古代文论研究的学科反思自然就具有了重要的启示。综观百年学术史，传统文论研究中的"古今视界融合"问题，也是其中一个极其重要而迄今尚未厘清的问题，而文化时间上古与今的关系、文化空间上中与西的关系，以及科学主义与人文主义、求是与致用、研究者个体与理论传统整体、经典解读与理论创造等诸般关系，皆可置于此"视界融合"中加以融会贯通之分析，所以，"视界融合"云云，似可作为分析传统文论之现代遭际之收结点。

从学科属性来看，古文论研究既属于"历史"学科，同时也属于"理论"学科，因此，经典解读与理论创造之关系，无疑是该学科的基本问题之一，西方现代诠释学"视界融合"论，一方面强调对传统经典之解读总离不开解读者之理论创造性，另一方面同时强调一切人文理论之创造又总离不开对历史经典之解读，在理论创造中解读经典，在经典解读中创造理论，两方面断不容支离割裂，而既往研究一大流弊却正在将这两方面支离割裂，仅仅注意它们之间的紧张关系，而忽视它们之间的契合关系。与此相关，既往研究之流弊，以古今关系论可谓"历史性"或"传统性"视界之缺失，以中西关系论可谓"自主性"视界之缺位，以科学人文关系论可谓"主体性"视界之阙如及与之相伴的"主观性""随意性"视界之泛滥。这些流弊又是复杂地交织在一起并衍生出其他诸多弊端，比如，传统视界之缺失导致的是"荣今虐古"，而与之相对的"荣古虐今"又往往体现为"主体性"视界之阙如；再如，"荣今虐古"往往还表现为认同于西方中心论，如此等等。对历史传统的高度重视，乃是"视界融合"论及西方现代哲学诠释学相关思想最为基本之精神趋向，这对我们传统文论之研究当尤具启发性。我们认为，中国古代文论现代研究之进一步良性发展，有待于对以上种种流弊之矫正及在诸般视界之不断循环融合中一种"创造性"研究视界之不断生成，这种创造性视界之生成，表明中国古代文论对我们现代文学思想之创造性发展，应该也可以起极其重要的作用，不断充分开掘传统文论资源，绝非中国现代文论发展的权宜之计。视界融合，是中国古代文论研究基本的方法论基础，是古代文论范畴、理论之现代诠释所应遵循的重要原则，是中国文论走向综合创造的重要途径。

二

“视界”德文原作“horizont”，中文又译作“视野”“视域”“地平线”“边缘域”等，此概念是当代西哲伽达默尔哲学诠释学中提出的一个重要的术语，我们首先看伽氏相关的经典表述：

> 只要我们不断地检验我们的所有前见，那么，现在视域就是在不断形成的过程中被把握的。这种检验的一个重要部分就是与过去的接触，以及对我们由之而来的那种传统的理解。所以，如果没有过去，现在视域就根本不能形成。正如没有一种我们误认为有的历史视域一样，也根本没有一种自为的现在视域。理解其实总是这样一些被误认为独自存在的视域的融合过程。我们首先是从远古的时代和它对自身及其起源的素朴态度中认识到这种融合的力量的。在传统的支配下，这样一种融合过程是经常出现的，因为旧的东西和新的东西在这里总是不断地结合成某种更富有生气的有效的东西，而一般来说这两者彼此之间无须有明确的突出关系。
>
> 与历史意识一起进行的每一种与流传物的接触，本身都经验着本文与现在之间的紧张关系。诠释学的任务就在于不以一种朴素的同化去掩盖这种紧张关系，而是有意识地去暴露这种紧张关系。正是由于这种理由，诠释学的活动就是筹划一种不同于现在视域的历史视域。历史意识是意识到它自己的他在性，并因此把传统的视域与自己的视域区别开来。但另一方面，正如我们试图表明的，历史意识本身只是类似于某种对某个持续发生作用的传统进行叠加的过程，因此它把彼此相区别的东西同时又结合起来，以便在它如此取得的历史视域的统一体中与自己本

身再度相统一。[①]

“视界融合”涉及的是“过去（传统、流传物、本文等）”与“现在（解读者、诠释者等）”之间的关系，而“融合”云云表述的是两者之间的一种“紧张关系”或者说是一种富有张力的关系，而偏于这两者中的任何一方，则会使这种张力废弛，从而不能形成良性的视界融合。确实，“正如没有一种我们误认为有的历史视域一样，也根本没有一种自为的现在视域。理解其实总是这样一些被误认为独自存在的视域的融合过程”，然而历史客观主义却误认为有一种“独立存在”的历史视界，而主观主义则误认为有一种“独立存在”的现在视界——这截然对立的两者的相通之处在于：都误认为文化的历史空间与现在空间是相互隔绝、独立存在的。西方思想现代性的重要表现之一，就是假设所谓“现代”与“传统”的彻底断裂——这种现代性断裂思想，可能是西方文化对中国现代文化影响最大的地方，许多信奉现代性的中国学者坚信：现代文化空间乃是在与传统彻底断裂基础上形成的独立自主的空间，并且认为只有在与传统彻底断裂的基础上，才能形成所谓文化现代性，进一步的逻辑就是：中国文化要现代化就必须彻底与自己的历史文化传统断裂。同样重要的是：西方文化中现代与传统之断裂是发生在其自身内部的，而中国文化中现代与传统的断裂则还受到来自其自身外部即西方文化的冲击的影响。因此，如果说，文化现代性意味着与传统之断裂的话，那么，中国文化的现代性则意味着与传统更深刻、更严重的断裂。比如在学术界、文化界一个流行甚广的观点认为：“中国现代文学”只能用“中国现代文学理论”来分析，而所谓“中国现代文学”又是在西化的基础上发展起来的，所以适合分析“中国现代文学”的最终就只能是西方现代文学理论，这样一来，西方现代文学理论竟然成了中国现代文学理论之“独立存在的”“自为的现在视域”，“中国古代文学理论”不再能对这一独

① 〔德〕汉斯－格奥尔格·伽达默尔：《真理与方法》上卷，上海译文出版社，1999，第393～394页。

立封闭的“现在视域”形成任何影响了，对“中国现代文学”已彻底地丧失了诠释力。进而，中国古代文论研究最多也就只具有考古学、博物学的价值——这也是许多反对古代文论现代转化说法的基本认识之一。今天再强调传统文论的价值，就不是旨在复古，因为“复古”云云恰恰是把研究视界封闭在独立自主的“历史视界”之中了，同样也掩盖了传统与现在的“紧张关系”。强调传统文论价值的重要目的之一，是打破我们西化的“现在视界”的封闭性，重建我们与传统合理的紧张关系，“与历史意识一起进行的每一种与流传物的接触，本身都经验着本文与现在之间的紧张关系。诠释学的任务就在于不以一种朴素的同化去掩盖这种紧张关系，而是有意识地去暴露这种紧张关系”——用哲学诠释学视界融合理论来分析古代文论研究中的流弊，其基本“任务”之一也正在此。

哲学诠释学更多的是关注诠释活动中“人”与“历史传统”的关系，“视界融合”论所强调的首先正是作为理解者、诠释者的人的“视界”与历史“视界”之融合。日人丸山高司《伽达默尔——视野融合》一书对伽达默尔哲学诠释学思想做了专题性梳理，作者认为：“在为历史所规定的同时重新成为历史——理解的活力中引发‘视野融合’。这，就是伽达默尔的中心思想”,①他认为哲学诠释学的理论是建立在“理解的历史性”上的（第82页），而“我们总是已归属于某种特定的‘传统’。所谓传统不仅仅是过去的单纯的遗物或遗迹，而是从过去传承到现在的东西。正是它形成了现在的我们的‘成见’”（第98页），“所谓‘理解’就是‘传承的运动与解释者的运动的内在的互动’。在这一互动中，过去的视野和现在的视野不断融合”（第107页）。而哲学诠释学对于近代的“主观性立场”的批判，就表现为揭示和强调“事先规定我们的存在的历史，可以说是‘实体’性的存在。这是自我意识或自我感知绝对不可以回收的东西”，伽达默尔强调指出“实际上，并不是历史属于我们，而是我们属于历史”（第95页）——这也

① 〔日〕丸山高司：《伽达默尔——视野融合》，河北教育出版社，2002，第1页。本文以下引文凡不特别注明出处者均据此书，只在文中注明页码。

是“视界融合”论的基本精神之一，而这表明“‘理解’有着辩证法的结构。首先，它有着朝向传统的归属性。其次，在与过去的相遇中，发觉过去的他者性，通过这一点来确认自己的成见。最后，在‘视野融合’中建立新的共通性，从而形成新的自己理解”（第 106 页）。伽达默尔受黑格尔思想影响颇大，在他看来，作为历史传统的经典本文之视野存在局限性和片面性，而作为诠释者的人的视野也存在局限性和片面性，只有在两种视野之互动融合之中，两者各自的局限性和片面性才能被扬弃——对诠释者视野的强调，绝不意味着赋予其绝对全面的合法性，对诠释者视野片面性之高度警醒，恰是视野融合论的另一基本点。

三

古文论研究中的一个突出流弊“虐古荣今”，一方面是无视我们今人对历史传统的归属性，另一方面又是无视诠释者自身的局限性和片面性。今天我们反对“虐古荣今”绝非旨在复古，我们的落脚点不是“古”而同样也是“今”。“虐古荣今”者之迷失不在对“今”之重视，而在对“今”之封闭，重视传统文论的价值不是为了复古，而恰是为了“今”之发展，因为传统中蕴含着“今”之发展源源不断的文化精神力量。

于历史之“连续性”与“断裂性”关系而论，视野融合论强调二者的高度统一：“连续性”表明人的理解、诠释活动对历史传统的归属性，“断裂性”则为理解、诠释活动中主体创造力的发挥提供了可能。一方面，“我们总是被抛入某种特定的成见之中，并以此保持着与过去的‘共通性’或‘连续性’”（第 98 页），而另一方面，丸山高司在《伽达默尔——视野融合》一书中这样分析道：

> 我们能够对过去的“倾诉声”侧耳倾听，也因为过去和现在之间产生了断层。与过去“相遇”本身就因为在这其中能体会到文化的异质性与隔绝性。诚然，与过去的完全隔绝不可能产生理解。但是与此相

> 反，在与过去存在完全连续的情况下，理解反而显得不必要了。试图理解也就是理解这一课题产生于亲密与疏远的两极之“间”。一方面，过去拥有与我们相联系的“共通性”这一性格；另一方面，又有与我们相隔绝的“对象性”这一性格。因此，在与过去的相遇中，我们与过去之间产生了一种紧张关系。但是，这种紧张关系却是动辄就要隐藏起来的。因此，当前最重要的问题是，我们要如实地把握与过去相遇时产生的这种紧张关系。（第 99～100 页）

与此相关经常会出现两种“陷阱”：“第一种情况，我们试图性急地将过去的原文同化为现代所期待的意思”；“第二，为了避免第一陷阱，而清醒地觉察这一‘时代的间隔’，试图通过过去自身来理解过去”（第 101 页）。在一次论战中，德里达正是以“断裂”论批驳伽达默尔的（参见丸山高司《伽达默尔——视野融合》一书第 152～154 页相关分析），这从反面可以表明伽达默尔绝非片面强调文化历史之断裂性，同时也高度重视文化历史之连续性，这也就构成视野融合论的另一基本点。在这方面，古文论研究中盛行的一个流弊，是对历史传统之“断裂性”的过度强调，或可称之为“过度断裂”论。这种过度断裂论的结果是使我们经常陷入以上所谓的两个“陷阱”之中：一方面总是“试图性急地将过去的原文同化为现代所期待的意思”，这在前几年关于古代文论现代转换的一些讨论中是或多或少地存在的；另一方面“为了避免第一陷阱，而清醒地觉察这一‘时代的间隔’，试图通过过去自身来理解过去”，此即所谓“以古释古”的客观历史主义——避免落入陷阱的途径就在于保持我们与过去的“紧张关系”。

我们这里不妨再检审一些古文论研究中的历史观问题。著名古文论研究专家郭绍虞强调：“对于古人的文学理论，重在说明而不重在批评”，“是叙述而不是表彰，是文学批评史而不是文学批评”，要“保存古人的面目”，但他也指出自己的《中国文学批评史》“固然重在材料的论述，然亦多加以论断的地方”，“论断”则必融入自己的时代的视野，可见纯客观的历史主义是很难行得通的，比如他把古文论史从北宋与南宋之间划作两大阶段，是否就保存古人的面目就是个问题。再如胡适在审查郭著时指出，在材料方面，郭用《礼记·表记》孔子“情欲信，辞欲巧”而不用“辞达而已矣”，“未免被主观的见解影响到材料的去取了”，[①]可知即使不进行诠释，在材料的去取上也会无可避免地要融入研究者的视野。再如罗根泽，他强调要“祛阴阳褊私之见，存历史事实之真”，“成见最要不得，特别是历史家，一有成见，则‘事实的历史’便被摈于成见以外，不易发现。成见的来源很多，最主要的是‘时代意识’”。他举例分析道：“五四的学者，因为时移事改，知道了古人之传统的载道观念曲解历史，却不知自己也正作曲解历史的工作；不过不依据传统的载道观念，而改依五四的缘情观念而已”，“譬如编著中国文学史或文学批评史者，如沾沾于载道的观念，则对于六朝、五代、晚明、五四的文学或文学批评，无法认识，无法理解。如沾沾于缘情的观念，则对于周、秦、汉、唐、宋、元、明、清的文学或文学批评，无法认识，无法理解”，而难能可贵的是罗先生并未将客观历史主义绝对化，他指出：“祛除成见才能客观。绝对的客观是没有的。如法朗士所说，吾人永远不肯舍弃自己，永远锁在自己的躯壳及环境，所以没有真正的客观”——这正是哲学诠释学所特为强调的所谓“合理的偏见”。罗先生还指出：

> 但因时代意识所造成的主观成见，则以我们得时所厚，可以祛除。我们亲自看见五四以前的载道文学观，亲自看见五四的对载道文学观的革命，又亲自看见五四的缘情文学观被人革命。使我们的主观成见，由时代意识造成，又由时代意识祛除。这并不是我们比古人聪明，是古人没有见过像我们这么多的时代意识。假使见过这么多时代意识的我们，仍然自锁于一种胶固的时代意识以编着史书，致使历史的真相，无法显露，不唯对不起历史及读者，也对不起时代及自己。[②]

① 郭绍虞：《中国文学批评史》上卷“自序”相关部分，百花文艺出版社，1998。

② 罗根泽：《中国文学批评史》第1册相关论述，古典文学出版社，1957。

我们不妨将此与德人伽达默尔的一段话对读：

> 历史意识本身只是类似于某种对某个持续发生作用的传统进行叠加的过程，因此它把彼此相区别的东西同时又结合起来，以便在它如此取得的历史视域的统一体中与自己本身再度相统一。

二人之语几可互训，视野融合乃是一个不断发展的历史过程，这一历史过程使我们的视野不断地扩大，我们强调今天不能以西学的某种观念去裁剪古文论，而应回到其文化语境，恢复其历史丰富性，而恢复传统文论历史丰富性对于今天的重大意义，就在于可以使我们的“现在视野”更加开放，在与传统文论视野不断的融合之中，我们现在乃至未来的文论才能获得真正的丰富性。

对于我们来说，古文论近一个世纪的现代研究过程也已成为一段“历史”，历史连续性与断裂性之关系论，也有助于我们反思这段现代化之“历史”，并对这段“历史”做“同情之了解”。近一个世纪的现代化，确使我们今天的文论与传统文论之间出现了非常明显的“断层”，对于今天做所谓“文学原理”研究的中国现代学者来说，中国古代文论之“异质性与隔绝性”似乎要远远强于西方文论，国学较之西学对他们而言要更为“疏远”——首先，这是中国现代文论之事实；其次，这种现状是累积了近一个世纪才历史地形成的；最后，对这段发端于 20 世纪初的现代史也应做历史的分析。如果说历史之连续性体现了我们对传统的归属性的话，那么，历史之断裂性则体现了我们对传统的创造性，不管怎么说，五四先贤们对传统文化采取毅然决然的“过度断裂”态度，初衷确是为了创造中国文化新的传统。这其中一种近似规律的现象似可表述为：只有与当下延伸着的历史拉开一定距离，才能对传统有所新创，而拉开距离就是一种“断裂”——而这种现象显然不仅仅出现在中国文化现代化之初。从西方来看，标志其现代化的发动的所谓“文艺复兴”，首先就是要与其当时正在延伸着的历史即中世纪的历史拉开距离，或者说对当时正在延伸着的中世纪历史进行了“断裂”，而这种历史断裂恰恰是通过“复古”来进行的，即跳过中世纪回归古希腊传统，文艺复兴以来回归的主要是柏拉图传统，20 世纪的西方哲学家如海德格尔复又对这种柏拉图主义的现代传统做再断裂，而要回归到更早的柏拉图、苏格拉底以前的希腊传统。在中国古代学术史上，宋学是对当时延伸着的汉学历史传统的断裂，而清代之朴学又对当时延伸着的宋学历史进行了再断裂，要跳过宋学，回归到汉学传统；从中国古代文学史来看，唐人标榜汉魏是为了与当时延伸着的齐梁文学传统拉开距离，明人标榜唐诗则是对当时延伸着的宋诗传统的断裂，如此等等。由此来看，中西历史似乎都表明："复古"恰恰是对历史的一种"断裂"，而断裂是为了创造，这就是钱锺书所谓的"一切成功的文学革命都多少带些复古——推倒一个古代而另抬出旁一个古代"——而通常的情况是所推倒的古代往往是离自己时代最近的那个"古代"，也即依旧在当时延伸着的历史传统，如朱明前之赵宋，等等（这是钱锺书在相关分析中未特为标出的）。

"复古"是对历史的一种断裂，而断裂历史的方式却不仅仅有复古一种，最明显的例子就是在强调要对历史传统进行大断裂的五四新文化运动之中，"复古"就是个几近一无是处的概念——钱锺书有《论复古》一文，对郭绍虞《中国文学批评史》一书的"复古"观进行了批评：

> 读了郭绍虞先生大作《中国文学批评史》上册，发生好多感想，论复古也是一个，目的倒并不在批评郭先生，也非为复古辩护，更不是反对复古，虽然郭先生是不甚许可复古的……藐视复古似乎是极时髦的态度……

"藐视复古"确是当时学术界、文化界一时之风气。

> 从现在郭先生主张魏晋的文学观念说来，唐宋的"复古"论自然是"逆流"或"退化"了；但是，假使有一天古典主义反过身来（像在现代英国文学中一样），那么，郭先生主张魏晋的文学观念似乎也有被评为"逆流"的希望……有"历史观念"的人"当然能知文学的进化"；但是，因为他有"历史观念"，他也爱恋着过去，他能了解过去

> 的现在性（the presentness of the past），他知道过去并不跟随撕完的日历簿而一同消逝。①

"过去的现在性"已暗含视野融合论之意。一时代有一时代之文学，一时代也有一时代之文学观念和思想，在历史上这些文学观念和思想却曾出现此消彼长之现象，某种文学思想在某一时代得到充分的发展和展示，到了另一时代另一种文学思想取而代之得到充分的发展和展示——线性的进化论历史观认为后起的文学思想总要比前于此的文学思想更接近真理，这种历史观假设历史是朝着一个绝对正确的唯一的真理而发展的，但历史发展的合目的性也许在于人类文学思想丰富性的不断展示，而不在于接近某种唯一正确的一元化的文学思想——作为"得时所厚"的历史后来人的我们，比前人更清晰地看到，任何一种文学思想都有其合理性也都有其局限性，因此以历史上一种文学思想为唯一正确而其他文学思想一无是处，或者发明一种全新的文学思想而以为唯一正确进而可以取代历史上其他所有"落后"的文学思想，其失恐怕还不在狂妄，而在对不起我们的时代，当然也对不起历史。我们历史后来人在文学思想上确有"进步"，但这种"进步"恐怕不是发现了什么更正确的唯一真理，而是在于发现了文学思想无限丰富的潜能。因此钱锺书希望在《论复古》一文结尾处提出以下几点更具理论性的问题：

> （一）文学革命只是一种作用，跟内容和目的无关；因此（二）复古本身就是一种革新或革命；而（三）一切成功的文学革命都多少带些复古——推倒一个古代而另抬出旁一个古代；（四）若是不顾民族的保守性、历史的连续性而把一个绝然新异的思想或作风介绍进来，这个革新定不会十分成功。②

---

① 《钱锺书散文》，浙江文艺出版社，1997，第502、505页。

② 《钱锺书散文》，第509页。

钱氏所讲的第四点突出了“历史的连续性”，而且此点显然并非漫无所指，直接针对的正是五四以来的西化之风——问题在于所谓“复古”也是对这种“历史的连续性”的某种断裂。这里似乎可以概括性地指出：看来，断裂历史有两种途径，如果说“复古”是一种“纵向回溯”之断裂法的话，那么还有一种与之相对的“横向切断”之断裂法，即借助本文化传统之外的文化来使本文化当下延伸着的历史断裂——最典型的就是借助西方现代文化对当时延伸着的中国古代文化历史进行大断裂的五四新文化，钱锺书断言这种“横向切断”之革新“定不会十分成功”。“纵向回溯”与“横向切断”产生的实际效果有何不同，当是值得深入探究的问题，兹姑不论。钱氏《论复古》的结语是：

> 日月无休息地运行，把我们最新的人物也推排成古老陈腐的东西；世界的推陈出新，把我们一批一批地淘汰。易卜生说得好：“年轻的人在外面敲着门呢！”这样看来，“必死不朽”的人就没有重见天日的希望么？不然！《新约全书》没有说过么？“为什么向死人堆中去找活人呢？——他不死了，他已在坟墓里站起来”。[①]

可见钱氏对传统“复活”之期许，今天，通过对西方哲学诠释学基本精神之了解，吾人更易生吾道不孤之感。

四

历史地也是积极地来看，现代化使我们与传统文化“疏远”也可以成为一件好事，因为与历史传统拉开一定距离，实际上也为我们进行文化创造腾出了空间。只是我们对在我们当下依然在延伸着的西化历史也要进行“再断裂”，而“纵向回溯”则是这种再断裂的具体途径。然而，“得时所

① 《钱锺书散文》，第509页。

厚”的我们却绝不应再像五四先贤们那样走极端，否则就像罗根泽说的“不唯对不起历史及读者，也对不起时代及自己”，反过来说不仅对不起我们自己的时代，也对不起五四先贤们——“事先规定我们的存在的历史，可以说是‘实体’性的存在。这是自我意识或自我感知绝对不可以回收的东西”——这种规定我们的存在的“历史”，既包括我们的古代文化历史，也包括我们近一个世纪的文化现代化乃至西化的历史。五四先贤以西化来断裂传统是为了创造传统——这是我们对五四历史传统“同情之了解”，我们今天强调古代传统文化的价值对五四西化传统来说是某种程度上的“再断裂”，而我们与五四先贤的目的却一样：也是为了在新的社会历史条件下、在新的理论视界中创造和发展传统。

一般认为，伽达默尔所谓“视界融合”主要涉及的是文化视界之时间性或历时性差异。西人围绕“视界融合”产生的种种争论，可以说体现出的主要是一种文化时间上的焦虑或历史焦虑；而对中国现代学术来说，除此之外，还遭遇着文化视界之空间性或共时性差异，即文化视界之中西差异，而中国现代学者也就承受着双重焦虑，即还承受着文化空间上的焦虑或文化焦虑，而且这种文化焦虑于我们而言可能还更为严重。如前所述，“视界融合”又与所谓“断裂”有关，与双重焦虑相应，于我们中国现代学者而言还面临着双重断裂：除了文化时间上的与历史传统的断裂外，还有文化空间上的断裂，即文化上中西之断裂。因此，如果说在西方“视界融合”就已涉及许多复杂问题的话，那么，在现代中国，“视界融合”就面临着更为复杂以至纠缠不清、剪不断理还乱的问题。当然，主要建立于文化时间上的对话、视界融合论的基本原则，同样适用于分析文化空间上的对话、视界融合。

文化空间上的视界融合涉及的一个基本问题是理论的普适性问题，最直观地看，两种文化视界融合至少是这两种视界要有所交叉，而其交叉部分所涉及的内容当较具普适性；文化视界融合同时也是一种文化对话，两种文化若全无交叉之处则根本无法对话，两种文化具有某些相通之处从而对两者来说具有普适性，乃是两种文化得以对话必不可少的基本平台。钱锺书曾在

《谈中国诗》一文中针对西方读者阅读理解中国旧诗指出：

> 所以，你们讲，中国诗并没有特特别别“中国”的地方。中国诗只是诗，它该是诗，比它是“中国的”更重要。好比一个人，不管他是中国人、美国人、英国人，总是人。有种卷毛凹鼻子的哈巴狗儿，你们叫它“北京狗”（Pekinese），我们叫它“西洋狗”，《红楼梦》的“西洋花点子哈巴狗儿”，这只在西洋就充中国而在中国又算西洋的小畜生，该磨快牙齿，咬那些谈中西本位文化的人。每逢这类人讲到中国文艺或思想的特色等等，我们不可轻信，好比我们不上“本店十大特色”那种商业广告的当一样。中国诗里有所谓“西洋的”品质，西洋诗里也有所谓“中国的”成分。在我们这儿是零碎的、薄弱的，到你们那儿发展得明朗圆满。反过来也是一样。因此，读外国诗每有种他乡忽遇故知的喜悦，会领导你回到本国诗。这事了不足奇。希腊神秘哲学家早说，人生不过是家居、出门、回家。我们一切情感、理智和意志上的追求或企图不过是灵魂的思家病，想找着一个人、一件事物、一处地位，容许我们的身心在这茫茫漠漠的世界里有个安顿归宿，仿佛病人上了床，浪荡子回到家。出门旅行，目的还是要回家，否则不必牢记着旅途的印象。研究我们的诗准使诸位对本国的诗有更高的领会，正像诸位在中国的小住能增加诸位对本国的爱恋，觉得甜蜜的家乡因远征增添了甜蜜。①

以上这些话，一方面对所谓中西文化本位论者进行了调侃，另一方面同时强调本国诗对人的家园之感。钱氏认为不仅文学创作如此，文学理论也如此，其《中国固有的文学批评的一个特点》指出：

> 我们不说中国文学批评，而说中国固有的文学批评，因为要撇开中

① 《钱锺书散文》，第538~539、388~391页。

国文学批评里近来所吸收的西洋成分，我们不说中国旧文学批评，而说中国固有的文学批评，因为这一个中国旧文学批评的特点，在中国新文学批评里，多少还保留着。

这种近似东西文化特征的问题，给学者们弄得澜污了，我们常说，某东西代表着地道的东方化，某东西代表真正的西方化；真实那个东西，往往名副其实，亦东亦西。

所以，我们所谓中国文评的特点，要是：（一）埋养在自古到今中国谈艺者的意识田地里，飘散在自古到今中国谈艺者的著作里，各宗各派的批评都多少利用过；唯其它是这样的普遍，所以我们习见而相忘。（二）在西洋文评里，我们找不到它的匹偶，因此算得上中国文评的一个特点。（三）却又并非中国语言文字特殊构造的结果，因为在西洋文评里，我们偶然瞥见它的影子，证明一二灵心妙悟的批评家，也微茫地、倏忽地看到这一点。（四）从西洋批评家的偶悟，我们可以明白，这个特点在现象上虽是中国特有，而在应用上能具普遍性和世界性，我们的看法未始不可推广到西洋文艺。①

钱氏所谓的“中国固有的文学批评的一个特点”指的是“把文章通盘的人化或生命化”，当然这显然不是“唯一”特点。在钱氏看来，许多东西其实是亦东亦西的，只不过一些方面在西方文化中发展得明朗圆满一些，在东方文化中则可能发展得不够充分，反之亦然。唯其发展有充分不充分之分，故相异；唯其发展不充分但也能“偶然瞥见它的影子”“微茫地、倏忽地看到”，故相通；唯其既相异又相通，故方有视界融合与对话——此诚为明通之论。钱氏在上文中举了很多中国古典的例子以证明“把文章通盘的人化或生命化”是“中国固有的文学批评的一个特点”，也举了一些西洋的例子以“证明一二灵心妙悟的批评家，也微茫地、倏忽地看到这一点”，最终表明中国固有的文学批评的这个特点是具有“普遍性和世界性”的。没

① 《钱锺书散文》，第 538～539、388～391 页。

有“差异”也就没有“对话”，而只有自说自话；没有“相通”也无“对话”，而只有各说各话。而各说各话也还是自说自话。“对话”绝不会最终消除“差异”，因为“差异”之消除就意味着“对话”之终止。钱锺书在其他著述中做中西比较时指出经常出现的两种基本情况是“貌（名）同实（意）异”与“貌（名）异实（意）同”，名实异同之辨，既需广博之知，同时也需通透之识，而在中西比较中常见的以名同即为实同、以名异即为实异的现象，往往正是研究者相关知识基础薄弱、辨识能力欠佳造成的。

20 世纪以来中国文学思想变迁中存在两种不同的对待传统与现代的态度，并且一直影响至今。但是，在这一问题的认识上能持符合历史理性之见解者亦大有人在，并且已为社会发展证明为正确，这就是包括文学理念在内的新世纪中国人文的发展进步只能是走中西融会贯通而综合创造的路子。所谓融会贯通、综合创造，即为走出古今、中西二元对立的认识误区，立足于弘扬民族主体精神和优秀传统文化精神，放眼世界，广采博纳，审慎辨析，融通中西，列类古今，重在创新。超越“荣今虐古”与“荣古虐今”之二元对立之途径，只能是对文化视界融合的高度重视，并把这种融合不断推向深入，在不断的良性的深度的视界融合与古、今思想之间不断的诠释学循环中，古文论思想的无限丰富性才会不断地得以展现，同时中国现代文论的理论视界才会不断地得以拓展，中国现代文论视界之自主性才会不断地得到加强，进而才可能成为丰富世界诗学思想的一支重要的文化精神力量。

第八篇

古今之变与理智启迪

史前的猎头和断头葬

陈星灿*

半个世纪以前，有关史前猎头和断头葬的现象就已得到学术界的关注。所谓猎头，是指猎取敌人的头颅；所谓断头葬，一般是指自己的亲属死后割下头颅单独埋葬。这两种独特的文化现象，分布地区既广，延续的年代又长，因此如何理解它们所蕴含的宗教内涵，就成为一项急迫的工作。本文主要收集了世界上有关史前猎头和断头葬的考古资料，并把它与近现代国内外民族志的相关记载进行类比分析，以期对这两种现象作出初步考察。

一　考古发现的有关资料

（一）猎头遗迹

最早的猎头风俗发现在中国的北京人时期。著名古人类学家魏敦瑞在1939～1940年发表的《中国猿人是否残食同类?》（讲稿）和1943年发表的《中国猿人头骨》一书里，对北京猿人的猎头风俗给予肯定的回答。据魏敦瑞观察，大部分北京人的头盖骨都有伤痕。如1929年发现的E地头骨（即

---

* 本文刊发于1989年第6期。作者陈星灿，时为中国社会科学院研究生院考古系1988级博士研究生，曾任中国考古学会秘书长，现任中国社会科学院学部委员、考古研究所所长、研究员。

由裴文中最初发现的头盖骨）的两顶骨的表面有多处伤痕，可以认为是打击所致。1936 年从 L 地发现的第一个头盖骨的额骨左侧和顶骨有深的切痕；L 地的第二个头盖骨左顶骨的中部有一个约 1.5 厘米直径的浅而不平的圆凹痕，并从凹痕中心放射出三条裂纹，还有一处残损是在前囟的左侧，也从凹痕中心放射出三条裂纹；L 地的第三个头盖骨的右顶骨上有一个近 3 厘米长从矢状缝斜向前的深切痕，在这个头盖骨上除了在两顶骨孔之间有轻微的损伤外，在额部的左边眉骨之上还有一个清楚的疤痕。另外，在 J 地、D 地及 H 地的残头骨上也可以看出伤痕。魏氏认为，凹痕是由多少带点尖状的器物重击的结果，长条形的伤痕是利刃所伤，大而圆的损伤是以圆石或棍棒打击产生。在魏氏看来，这些头骨都是由北京人带到山洞中去的。由于周口店发现的头骨多属脑盖部分，因此贾兰坡教授推测这些脑盖是用以盛水的器皿。[①]

在其后的尼安德特人（Homo Sapiens Neaderthalensis）和克罗马农人（Cro-Magnon Man）时期，猎头风俗依然存在，并出现了埋葬死者头骨的仪式。

1939 年，在欧洲南部的蒙特·西塞罗（Monte Circeo）山洞中发现了一个尼人头骨。该头骨上的创痕，说明死者的右颞骨生前曾受到一次致命的打击。连接脑髓和脊髓的颅骨大孔的根部被砍断，可能脑子被吸食。该头骨放置在洞穴内由石头围成的小圆圈内，驯鹿、马、鬣狗、象及狮子的骨骼满放在周围的地面上，人头骨的下面是两副破碎的牛和驯鹿趾骨。[②]

本世纪初，在印尼爪哇梭罗河上游的昂栋附近发现十二个头骨，所有的头骨面部缺失，只有两个头骨（第六号和第十一号）有完全的枕部。1937 年，荷兰古人类学家孔尼华（G. H. R. Koenigswald）在参照加里曼丹岛的达吉克人有打破颅底取食脑子的习俗后，认为第十二个梭罗人是由于吃人的目的而被杀死。[③] 头骨面部缺失，成碗状，大概也是做盛水的器皿的。

---

① 贾兰坡：《远古的食人之风》，《化石》1979 年第 1 期。

② E. O. James, *Prehistoric Religion*, (NewYork: Frederick A. Praeger, 1957), p. 19.

③ 吴汝康：《也谈〈食人之风〉》，《化石》1979 年第 3 期。

在南斯拉夫的克罗皮那（Krapina）的莫斯特地层中，发现一头骨上留有人工的刀痕，研究者认为这也是猎头的痕迹。[①]

在法国夏朗德省的普拉卡德（Placard）的旧石器时代洞穴中，马格德林和莫斯特地层之间发现的水杯是由头骨的天灵盖做成的，推测可能也是猎头的遗迹。[②]

在欧洲蒙塔狄特（Montardit）的特罗－凡里特（Trou-Uiolet）洞穴，发现剥掉头皮的头骨片，它和几块小骨头及河卵石排列成人体的样子，似有“衣冠冢”的含义。[③]

进入新石器时代，猎头风俗依然以某种形式顽固地存在。

在我国西安半坡第一号屋址西部的居住面下面，发现有一带盖的粗陶罐，当为修建时有意埋入的。在南壁下的灰层中，发现一个人头骨，旁边还有一个破碎的粗陶罐，研究者认为这是我国最早的人头奠基遗存。[④] 也可能是猎头的结果。

50 年代，在河北邯郸涧沟龙山文化的两个灰坑中发现了 6 个头盖骨。头盖骨清楚地显示出斧子砍过的伤痕和剥头皮留下的刀痕。[⑤] 这些头盖骨也可能是被割头后砍去面部用作水器的。

此外，湖北房山七里河、云南宾川县白羊村、江苏常州圩墩等地的无头葬，也可看作猎头风俗的一种反面证明。

（二）断头葬遗迹

在德国巴伐利亚的中石器时代的奥弗涅特（Ofnet）遗址，考古学家曾经发现了 27 个人头骨，它们集中摆放在红色赤铁矿粉粒中，皆面向西方。距此几米外的第二处遗迹，摆放着 6 个头骨。从残留的痕迹看，头骨可能是死后

① E. O. James, *Prehistoric Religion*, (NewYork: Frederick A. Praeger, 1957) p. 19.

② E. O. James, *Prehistoric Religion*, (NewYork: Frederick A. Praeger, 1957) p. 19.

③ E. O. James, *Prehistoric Religion*, (NewYork: Frederick A. Praeger, 1957) pp. 20－21.

④ 中国科学院考古研究所等：《西安半坡》，文物出版社，1963，第 202 页。

⑤ 北京大学等：《1957 年邯郸发掘简报》，《考古》1959 年第 10 期；严文明：《涧沟的头盖杯和剥头皮风俗》，《考古与文物》1982 年第 2 期。

被燧石小刀割下来的。因为遗迹中间的头骨排列很整齐且有破碎，似乎是经年累积造成的。其中有20个孩子皆饰以蜗牛壳，妇女戴有用鹿牙串成的项链，4个男子无饰物。除一男子外，其余皆随葬有工具。从出土头骨的特征及随葬红土及工具、装饰品的习俗分析，这可能是比较早的割头葬遗迹。①

在西亚地区，前陶新石器时代的耶利哥（Jerico）、贝哈（Beidha）、穆拉贝特（Muhabaat）、布克拉斯（Bouqras）、拉马德（Remad）、蒙哈塔（Munhata）、哈奇拉尔（Hacilar）等遗址都发现过断头埋葬。在贝哈遗址，有两种葬式：一是小孩，原样埋葬，有的有随葬品；二是成人，断头葬（也有一例不断头）②。在著名的耶利哥遗址，曾发现10个涂泥头骨，其中7个在屋内地板下的废物堆中发现，2个后来在同一屋中发现，还有1个于1957年在远离主要遗址的地方发现。面貌轮廓及鼻耳眉口的细部都以涂泥法予以复原，眼珠则以贝壳代替。在布克拉斯，死者葬于屋内或院子中，有坑，其中满是头骨及骨骼，显然是断头葬。在拉马德，涂泥头骨和涂泥人像一起埋葬，人像支撑着头骨。在哈奇拉尔的屋内地板下，也曾发现几个头骨。③

在我国青海乐都柳湾新石器时代遗址，墓211将死者的头骨另置一组陶盆中，研究者认为可能是“割首葬仪”的葬俗。这种葬俗在墓542和墓506中均有发现④。可能也属于割头葬的一种形式。

二　民族志中的相关发现

猎头的风俗在中国南方、东南亚及太平洋某些岛屿的土著民族中多有发现。

在亚洲东南部太平洋中的世界第二大岛——伊里安岛的启威（Kiwai）

---

① E. O. James, *Prehistoric Religion*, p. 20.

② 北京大学等：《世界古代史论丛》第一集，三联书店，1982，第39~40页。

③ P. Singh, *Neolithic Cultures of Western Asia*, London and NewYork, 1974, pp. 57 - 59, 49 - 52, 65 - 78.

④ 青海省文物管理处考古队等：《青海乐都柳湾原始社会墓地反映出的主要问题》，《考古》1976年第6期。

和麦威塔（Mawate）地方，猎头的程序一般是这样的：当杀一个敌人时，就用一把竹刀割下他的头，然后用一根藤吊索穿入下颌骨下面，带回家中。人头被悬挂在火上，将所有的头发都烧掉。与此同时，村上的姑娘都要聚集起来，并且在火的近旁围成一圈——但不是围着火——跳舞，始终唱着歌。然后把人头拿开，并且将所有的肉都取掉，把头骨洗涤后，用一个雕刻的木钉插进头骨中，以便将头骨悬挂于屋房的正柱上。①

伊里安岛的西部属印度尼西亚管辖。在岛西半部的东南部分一个叫作阿斯马特的地方，居住着当代的猎头部落。这个地区的几乎每一个房屋都存放着人的头盖骨。头盖骨有两种，一种具有下颌骨，并且头骨上没有洞，属于正常死亡。另一种是太阳穴上有洞，下颌缺失，这是猎头袭击的胜利品。在一次袭击以后，胜利的一方用竹刀割下失败者的头和肢体。头被烧烤后，头皮被剥掉。在太阳穴处挖通一个洞，然后把脑髓倒出来，吃掉。下颌被切开，作为颈圈上的装饰品。②

我国云南省南卡江一带的佤族同胞，在解放前还举行猎头祭祀。每年阴历二、三月间，在卡瓦山旱谷长至五、六寸时，为卡瓦人的猎头季节。卡瓦人成群结队，四处砍取人头。他们在出发之前，要请巫师杀鸡占卜以定凶吉。卜得一个好卦之后，众人即在鼓亭旁用预先埋下的铁锅，将鸡米合煮然后吃掉。当晚，由寨中头人击木鼓为号，猎首队员闻声携带武器，聚集在鼓旁，整队后，按照卦上所示的方向行进。他们在黑夜中走三四十里或五六十里，一见有交通要道，而路旁又有草丛或树林可以埋伏之地，即选为猎头地点。由巫师先砍下一根竹竿，横架在路上，并将带来的米、盐、生姜洒在地上。众人在东方发白时，便到路边树丛中埋伏起来，准备伏击单身过客或人数较少的商队。过客一旦倒地，伏者便一冲而出，争砍人头。砍得人头的人，猛吸死者流下的鲜血，并把尸身抛在一边。然后用草或树叶把人头包扎，放在竹篮内或背袋内，星夜跑回村寨，举行隆重的祭祖仪式。祭祖后，

① 〔英〕海顿：《南洋猎头民族考察记》，吕一舟译，商务印书馆，1937，第112～113页。

② 吴胜明：《阿斯马特的猎头部落》，《化石》1979年第2期。

人头被放置在竹架上，过一两年头骨上的肉腐烂后，再把头骨送到村寨外丛林中的头骨椿中。[①]

我国台湾土著民族除雅美人之外，泰雅、赛夏、布农、邹、排湾、阿美等六族皆有猎头旧俗。比如邹人的猎头程序是这样的：猎头人在出发的前夜必须住在心房中，避免和妇人同床，当晚如有吉梦即连夜出猎。他们把最新的衣服放在网内，并携带大小五个饼及生姜作为干粮。在枪或刀等武器上挂起染红的树叶，目的在于祈求战神的保佑。猎队到达猎头地点后，隐藏在草丛或树丛中，窥探敌人的行径。待杀了敌人，便将死者的身体仰面向上，砍下头颅，装入网袋内。等猎队归来时，社众在头上插上枫树的新芽，集中在社门迎接。他们把人头放在长三尺、宽八寸的两块木板上，使脸面朝上，置放在心房内。然后各位战士用手指蘸酒，滴洒在人头的嘴上，高唱祭首歌。唱完后将九尺多长的竹竿，上端分开为三叉，把人头夹在中间，树立在心房前的榕树下。社内老少都来绕树跳舞，人头直到第二年祭首式开始时才能取下，放在头首笼内。[②]

有关断头葬的风俗在近现代民族志中也有记载。如在伊里安岛的厄剌勃（Erub）和墨累岛（Murray）地区，当地土著民族在亲属死后先把他做成干尸，待干尸腐朽就通知朋友们来帮助割下尸身的头颅。然后主人设宴并请人用蜡在头骨上复制脸面。眼睛是以人刚死时就嵌入的螺钿代替的，黑蜜蜡的圆点充作瞳仁；鼻子的长宽是死后就量好的，此时根据原来的尺寸予以复原。当脸面整个复原后，即把头骨送给死者最亲近的男亲属保存。[③] 阿斯马特人也将亲属的人头取下，挂在房中，精心保存。[④]

三　猎头、断头葬与头骨崇拜

猎头和割头是一种行为，考古发现的人头遗存是一种结果。因此，根据

① 凌纯声：《中国边疆民族与环太平洋文化》上册，台湾联经出版公司，1979，第559~562页。

② 凌纯声：《中国边疆民族与环太平洋文化》上册，台湾联经出版公司，1979，第553~554页。

③ 〔英〕海顿：《南洋猎头民族考察记》，吕一舟译，商务印书馆，1937，第94~96页。

④ 吴胜明：《阿斯马特的猎头部落》，《化石》1979年第8期。

考古遗迹中发现的头骨本身，很难断定它是被猎的敌人的头或是亲属死后被割下的头。尽管如此，本文还是依据头骨上是否留下刀痕和随葬品，葬式的有无，区分猎头与断头葬。当然，由于文化的极端复杂，这种区分只可能是粗线条的。但是，本文之所以把猎头和断头葬放在一起讨论，就是因为它们有很大的共同之处。因为无论是敌人的头颅还是亲属的头颅，它们之所以被单独处理，都表现了生者对头颅的超乎寻常的兴趣。这的确是一个值得探讨的问题。

关于猎头的目的，台湾土著民族有非常繁多的解释。比如泰雅人的解释就有七种之多，它们分别是：①祭祀祖先；②举行成丁礼；③娶妻；④表示勇气；⑤驱除疫病；⑥判决争议；⑦解除嫌疑。[①] 台湾其他几个土著民族的解释也都大同小异。

云南佧佤族猎首的目的在于祭祀祖先，以保证五谷丰登、子孙繁盛。据佧佤传说，他们的祖先是两个蝌蚪，雄的叫耶当，雌的叫耶台，后来都成了蛙，住在南岛山上，日久变成精怪，又迁居在穴洞内。它们当初只吃野兽，所以没有子孙。有一天远出觅食时抓住了一个人，吃了他的肉，并把他的头颅带回来，放在岩洞内。自此以后，他们就生下了许多人形的小精怪。他们自以为这是头颅赐予，于是崇拜它。后来耶当和耶台被奉为祖先，每年都用人头祭祀。[②] 这个神话既曲折地表现了佧佤人对人头骨的崇拜过程，也是那个物资严重缺乏、人吃人时代的真实反映。

伊里安岛上启卫和麦威塔地方的猎头人把猎头看成力量和勇气的象征，一个青年若没有猎过头就不能娶妻。所以，有的青年为得到女人的青睐，不惜到外地买一个头骨回来。[③]

居住在伊里安岛的萨拉瓦克（Sarawak）的克阳人（Kenyah），有这样一个关于猎头的传说：古时候，克阳人在征战中仅取一个被杀男人的头发，并用它装饰自己的盾牌。但是，有一天他们在复仇的路上听到一只青蛙说：

---

① 凌纯声：《中国边疆民族与环太平洋文化》上册，台湾联经出版公司，1979，第 566 页。

② 凌纯声：《中国边疆民族与环太平洋文化》上册，台湾联经出版公司，1979，第 566 页。

③ 〔英〕海顿：《南洋猎头民族考察记》，吕一舟译，商务印书馆，1937，第 122～123 页。

“你们克阳人简直愚蠢得可怕，你们进行征战，杀戮人民，仅仅取了他们的头发，这种头发是很少用处的。设使你们于其时把整个的人头取去，那么你们将来需要什么就有什么——丰收以及没有疾病，而且极少任何痛苦。设使你们不知道怎样取下一个人头，我将指示你们。”[①] 青蛙说完后，杀了一个同类以作示范。从此以后，克阳人便以猎取人头，求得五谷丰登、人丁兴旺。平时，他们把取下的头盖骨整齐舒适地排放在一堆火的上面；在迁新居时，他们把头骨带走，对个别不需带走的头骨也要举行复杂的告别仪式，以防给生者带来灾难。这个神话把猎头的始作俑者归之于青蛙，一方面意味着猎头人自己在猎头的价值判断上，已经与现代人的道德观接近了一步。另一方面他们仍然信仰头骨本身所具有的神秘力量，因而在现实生活中继续不断地猎取人头。

菲律宾吕宋岛内地的邦都土人，往往在移植和播种水稻的时候各猎取一个人头，待水稻收割完毕，他们把人头带回家去，作为珍物保存起来。[②]

通过对上述现代猎头部落情况的考察，可以看出，他们猎头不论出于何种具体的目的，但总的看来，都根源于对头骨所具有的神秘力量的恐惧和崇拜。

至于将头骨砍下后用作饮器的行为，显然也是出于对头颅的某种神秘力量的崇拜。据希罗多德《历史》第四卷第六十五节记载，斯基太人把敌人的头砍成碗形，其中穷人的头骨包上牛皮，富人的头骨贴上金箔，然后才用作饮器。如果贵重的客人来访时，他便用这些头盖杯来款待，并且告诉客人，他的这些死去的族人曾经如何向他挑战而又被他战败，以此来证明自己的勇武。其他一些古代民族，如匈奴、蠕蠕、伯子勒克、党项族和藏族甚至我国古代的商民族、周民族都有砍头做饮器的习俗。此外，中国古代甚至还有将敌人的头骨“漆为秽器”，即用作盛装粪尿的器具。凡此种种，都可看作是交感巫术的报复行为，即以污辱死者最神圣的头颅，来显示或增加自己

① 〔英〕海顿：《南洋猎头民族考察记》，商务印书馆，1937，第357页。

② 弗雷泽：《金枝》（中译本）下册，民间文艺出版社，1987，第626~627页。

的勇气和力量，这从反面证明了他们对头颅的崇拜。

像猎头一样，由于各民族文化的差异，他们举行断头葬的目的也各不相同。据伊里安岛厄刺伯和墨累岛的割头风俗，当地土著民族之所以砍下死者的头颅，主要是用于占卜吉凶。在他们看来，一个装饰恰当的头骨，当正式使用占卜时就变成具有不可思议力量的“索古”（Zogo）。它还被用作为发现窃贼或者被盗的物件，或者使用巫术使人害病的工具。[①] 有趣的是，他们装饰头骨的方式，与西亚前陶时代的人们用泥涂头骨和用贝镶嵌眼睛的做法大同小异。关于后者的意义，有人认为是出于对祖先的崇拜，涂泥是为了保存祖先的面貌。[②] 的确，从伊里安岛的土著居民对割头的解释看，那个神秘的头颅显然具有祖先保护神的作用。但是，为什么不把祖先的整个身体保存下来，却仅仅保存头颅呢？显然，这并非出于技术上的原因，而只能是认为头颅比身体其他部位更具有一种超自然的力量。史前人割取亲属的头颅，可能意味着祖先崇拜的萌芽，但更重要的还是出于对头颅本身的崇拜。在现代一些原始民族中，有许多对头部的禁忌事例，如爪哇人头上不戴任何东西，任何人如果将手放在他们的头上，都将被杀死；他们不盖楼房，为的是彼此不在他人头上走动。[③] 这种禁忌反而证明了原始人对头颅的神秘力量的崇拜。

由上述民族志材料所反映出来的有关猎头和断头葬具体原因的多元解释，暗示着史前时代（从北京人时期到新石器时代晚期）猎头及断头葬的极端复杂性。但是，猎头及断头葬在历史上确实有一个不断变化的过程。在北京人时期，由于人类思维的低下，人类可能还没有自觉意识，最原始的宗教信仰也还没有发生。因此，这时的猎头可能纯粹是出于生物学上的需要，即取食脑子。到了尼人时期，墓葬出现，表明宗教信仰已经产生。这时的猎头可能在生物学的需要之外，又有了一种精神上的需要，即对人头骨本身的崇拜。在德国奥弗涅特遗址出土的三十三个头骨中，有一些是死后用小刀割

---

① ［英］海顿：《南洋猎头民族考察记》，商务印书馆，1937，第95页。

② 北京大学等：《世界古代史论丛》第一集，三联书店，1982，第41、51页。

③ 弗雷泽：《金枝》（中译本）上册，民间文艺出版社，1987，第343页。

下的，可能是断头葬的开始。目前我们虽然不知道奥弗涅特的人头骨是否也被吸食，但从出土的赤铁矿粉末及装饰品看，头骨是被生者精心安排过的。这表现了生者对死者头颅的崇拜和尊重。西亚前陶新石器时代的断头葬可能也已经完全摆脱了生物学上的需要，突出地表现了对死者的头颅所具有的超自然力量的崇拜。与此同时，由于人的自觉意识日增，祖先崇拜的观念大概也在这时候产生了。于是他们精心涂抹头骨以保存祖先面貌，其用意显然是让寄托在头骨中的祖先灵魂来保佑自己，免受灾害。[①]

随着社会生产力的发展，及人的思维水平的提高，猎头的生物学意义正在逐渐退化。到了史前时代的后期，猎头并不仅为吃食脑子，而更重要的是为了精神上的需求。像仰韶文化、龙山文化中用以祭祀、奠基或制作饮器的头骨，只能是出于对头颅神秘力量的一种崇拜。这种崇拜一直到相当晚近的历史时期还以某种形式顽固地存在，但这已不是本文探讨的范围了。

综上所述，我们认为，史前的猎头和断头葬习俗，都是出于对头骨的超自然力量的崇拜。这种崇拜最初可能基于纯粹的生物学上的需要，但是后来随着生产的发展和人脑的进化，生物学的意义慢慢退化乃至消失，猎头和断头葬完全成为生者为了借助头骨本身所具有的神秘力量，来保佑自己的一种文化现象了。

① 陈星灿：《史前的居室葬研究》，《华夏考古》1989 年第 2 期。

西周时期的诸侯国青铜器

李学勤*

西周时期是中国古代青铜器发展过程中一个非常重要的阶段。青铜器工艺在商代后期达到繁盛的高峰，曾产生许多精美卓绝的作品。周初青铜器直接承袭晚商富丽繁缛的风格，说明这一工艺的优秀传统并未因商周朝代更迭而告中断。西周中晚期青铜器作风转为简朴凝重，同时长篇铭文增多，体现了周人尚文的特色。

西周青铜器的发现，以当时王畿范围，即今陕西、河南一带为最多。就其铭文考察，大多属于周王室及其臣僚。这种现象，是西周王朝势力强盛的一种表现。不过，根据近年考古成果，这一时期青铜器在上述范围以外，还有相当广泛的分布。大致说来，北起内蒙古，南至湖南、四川，东到山东半岛，西抵宁夏，都有西周青铜器出土。因此，在周王朝器物之外，已有不少属于诸侯方国的青铜器可供研究。过去只能讲东周时期（包括春秋、战国）列国青铜器的异同，现在则有条件探讨西周诸侯国青铜器的若干特点。这不仅对青铜器研究是重要的，对深入认识中国青铜时代的文明也有所裨益。

---

* 本文刊发于 1985 年第 6 期。作者李学勤，时任中国社会科学院历史研究所副所长，曾任清华大学出土文献研究与保护中心主任、教授。

一

目前对西周诸侯国青铜器的了解，大体有这样几种情形。

第一，青铜器的出土地点可与文献印证，并有铭文予以证实。试举以下三例。

（一）河南濬县辛村出土的卫国青铜器。

1932～1933 年在濬县辛村发掘的西周墓，出有数量较多的青铜器[①]。其中 M68 圆形盾饰和 M72 椭圆形盾饰，均有“卫自（师）易（或鍚）”铭文，表明是卫国器物。

发掘之前的 1931 年，辛村曾有大量青铜器盗掘出土，其中最重要的是现藏伦敦不列颠博物院的𣳚司徒𨑘簋[②]。有论著推测，这件簋和同组器物出自辛村报告的 M21 大墓[③]。簋铭记康侯受命鄙（《广雅·释诂》：“国也。”）于卫，与典籍相合。

辛村 1931 年还出有一组兵器，现藏华盛顿弗利尔美术馆，其间有康侯刀[④]，应为康侯本人或其侍卫仪仗所用。

濬县辛村靠近卫国初封的都邑朝歌（今河南淇县）。考其地理位置，核以所出器物铭文，当地为卫国墓葬群殊无疑义。与辛村相邻接的鹤壁庞村，也出土西周青铜器[⑤]，也应当是卫国的器物。

（二）山东曲阜出土的鲁国青铜器。

1969 年，曲阜北关发现过一批西周晚期青铜器[⑥]，但没有铭文。1977～

① 郭宝钧：《濬县辛村》，科学出版社，1964。

② 容庚：《商周彝器通考》下册图二五九，哈佛燕京学社，1941；Jessica Rawson，Ancient China，P1，Ⅲ，British Museum，1980。

③ Chang Kuang-Yuan，A Study of the Kang-hou Gui，Oriental Art，1981，pp. 282－301.

④ J. E. Lodge et al.，A Descriptive and Illustrative Catalogue of Chinese Bronzes，34. 6，Washington，1946.

⑤ 文物编辑委员会：《文物考古工作三十年》，文物出版社，1979，第 278 页；周到、赵新来：《河南鹤壁庞村出土的青铜器》，《文物资料丛刊》第 3 期，文物出版社，1980。

⑥ 齐文涛：《概述近年来山东出土的商周青铜器》，《文物》1972 年第 5 期。

1978 年，对曲阜鲁故城作了较大规模的钻探和试掘，不少西周墓出有青铜器[①]，最重要的是乙组墓 M30 和 M48。

M30 出鼎、盨、壶、盘、匜各一件。盨铭开首为："鲁伯悆用公龏（宠），……"可知器之主是鲁臣伯悆。M48 出鼎三、甗一、簋二、盨二、簠一、壶一、盘二、匜二，作器者为鲁司徒仲齐。这两座墓，报告排在西周中期，但看青铜器的形制、纹饰，恐应定为晚期。

曲阜据载籍为鲁国都邑，现在在故城中又发现了鲁国朝臣的器物，确切证明当地的西周青铜器属于鲁国。

（三）北京出土的燕国青铜器。

1973～1974 年，在北京房山琉璃河发掘一批西周墓[②]，其 M52 所出青铜器复尊铭文记受匽（燕，下同）侯赏赐，同出盾饰也有"燕侯"字样。这座墓的年代约在周康王时[③]。

1975 年，同地 M251 所出伯矩鬲的铭文也记受燕侯赏赐，M253 所出堇鼎铭文则记器主受燕侯之命，往宗周向太保（召公，第一代燕侯之父）奉献礼物的事迹[④]。其年代都是西周早期。

最近，在 1981～1983 年，又在琉璃河发掘了一批西周墓[⑤]。M1029 所出无胡戈，内部有"燕侯"铭文。同出钩戟有铭"燕侯舞戈"，盾饰铭"燕侯舞易"。墓的年代也属西周早期。

燕国都于蓟，"约在今北京外城之西北部"[⑥]，并有一些考古发现足为证据[⑦]。蓟和琉璃河墓地的关系，有可能与卫都朝歌同辛村墓地的关系相似。

北京地区还有几个地点出有燕国青铜器。清潘祖荫《攀古楼彝器款识》

① 山东省文物考古研究所等：《曲阜鲁国故城》，齐鲁书社，1982。

② 琉璃河考古工作队：《北京附近发现的西周奴隶殉葬墓》，《考古》1974 年第 5 期。

③ 晏琬：《北京、辽宁出土铜器与周初的燕》，《考古》1975 年第 5 期。

④ 《中国古青铜器选》，文物出版社，1976，第 25～26 页。

⑤ 琉璃河考古队：《1981～1983 年琉璃河西周燕国墓地发掘简报》，《考古》1984 年第 5 期。

⑥ 侯仁之：《关于古代北京的几个问题》，《文物》1959 年第 9 期。

⑦ 文物编辑委员会：《文物考古工作三十年》，文物出版社，1979，第 5 页。

载，卢沟桥曾出盉一、卣一、爵二、觚一。盉即《三代吉金文存》14，10，7，现藏上海博物馆，铭文也记器主受燕侯赏赐事，和复尊等相仿[①]。顺义牛栏山发现的青铜器，不少地方与卢沟桥的类似。

1975 年，在北京昌平白浮发掘了三座西周早期墓，随葬青铜器以兵器为主[②]。这些青铜器，从出土地点看，也应当是燕器。

以上卫、鲁、燕三国的青铜器，国别都是能够确定的。这一类例子还可举出山东滕县的滕器等，但所出不多，兹不赘述。

第二，青铜器的出土地点可与文献比对，从而推知国别，但无铭文印证。试举两例。

（一）甘肃灵台出土青铜器。

1967 年和 1972 年，在灵台白草坡发掘了一批西周墓，出土青铜器很多[③]。M1 器物作器者有泾（或释㵒）伯，M2 器物作器者有𨸏伯。年代为西周早期。

1972 年，距白草坡很近的姚家河也发现一批西周墓葬，M1 的一件鼎上有“乖叔作”铭文。同年，在灵台洞山、西岭两地也出有青铜器，前者为西周早期，后者为中期[④]。

有关简报、报告都据文献指出，灵台为密国故地，密城在今县西百里镇，经调查该地确有西周遗存[⑤]。洞山靠近百里镇，姚家河、白草坡相距也不很远，所出青铜器应为密国之物。泾伯、𨸏伯、乖叔等，大约是密国的贵族。

据《诗经》《国语·周语》《史记·周本纪》等书，密即密须，被周文王伐灭，后封有同姓诸侯。陕西岐山凤雏出土的西周甲骨卜辞，多次

① 晏琬：《北京、辽宁出土铜器与周初的燕》，《考古》1975 年第 5 期。

② 北京市文物管理处：《北京地区的又一重要考古收获》，《考古》1976 年第 4 期。

③ 甘肃省博物馆文物组：《灵台白草坡西周墓》，《文物》1972 年第 12 期；甘肃省博物馆文物队：《甘肃灵台白草坡西周墓》，《考古学报》1977 年第 2 期。

④ 甘肃省博物馆文物队等：《甘肃灵台县两周墓葬》，《考古》1976 年第 1 期。

⑤ 甘肃省博物馆文物队：《甘肃灵台白草坡西周墓》，《考古学报》1977 年第 2 期。

提到密[1]，即指姬姓密国。过去著录的西周早中期金文，也有涉及密的。密国传至密康公，被周共王所灭。上述灵台青铜器的年代，都相当姬姓密国存在的时期。

（二）四川彭县、成都出土青铜器。

彭县竹瓦街于 1959 年、1980 年两次发现西周青铜器窖藏[2]。两处窖藏相距仅约二十五米，所出包括礼器和兵器，有的还有铭文。

1976 年初，成都市交通巷出土了一件蚕纹铜戈；1978 年 2 月成都市一环路附近出土了一件大铜罍。铜戈与铜罍的形制和竹瓦街出土的完全相似，属于同一时代的制作[3]。

成都地区是蜀国的中心，彭县位于成都北方，也应在其范围以内。这些青铜器显然可以推定为蜀国器物，有很重要的价值。

第三，由青铜器铭文能知其国别，但于文献无征。也试举两例。

（一）江苏丹徒烟墩山出土的宜国青铜器。

1954 年在丹徒烟墩山发现的一批青铜器[4]，久已引起学术界的重视。近年，学者们已经指出，出这批青铜器的实际是一座不掘墓坑的所谓土墩墓[5]。

烟墩山青铜器群中最重要的宜侯夨簋（《商周金文录遗》167），铭文记周王封虞侯夨于宜之事。多数学者认为宜就在丹徒一带。近年有人提出不同意见，但考虑到铭文提到“东国”和“锡土：厥川三百口”，可见宜是东土水道纵横之地，和丹徒附近的地貌相符。

宜侯夨之父为虞公，本人也曾为虞侯，其世系和吴国有关，但没有证据

---

① 徐锡台：《周原出土的甲骨文所见人名、官名、方国、地名浅释》，《古文字研究》第 1 辑；陈全方：《陕西岐山凤雏村西周甲骨文概论》，《四川大学学报丛刊》第 10 辑《古文字研究论文集》。

② 王家祐：《记四川彭县竹瓦街出土的铜器》，《文物》1961 年第 11 期；四川省博物馆等：《四川彭县西周窖藏铜器》，《考古》1981 年第 6 期。

③ 文物编辑委员会：《文物考古工作三十年》，第 5 页。

④ 江苏省文物管理委员会：《江苏丹徒县烟墩山出土的古代青铜器》，《文物》1955 年第 5 期；《江苏丹徒烟墩山西周墓及附葬坑出土的小器物补充材料》，《文物》1956 年第 1 期。

⑤ 萧梦龙：《母子墩基青铜器及有关问题探索》，《文物》1984 年第 5 期。

说明宜是吴的别称，应列为不见于文献的诸侯国。

1982 年，在烟墩山附近，又发掘了磨盘墩[①]、母子墩[②]两座土墩墓，后者出了较多的青铜器，其国别应与烟墩山的相同。

（二）河北元氏西张村出土的軧国青铜器。

西张村西周墓是在 1978 年发现的[③]。研究墓内所出臣谏簋等器铭文，可知墓主名攸，是軧侯之臣[④]。墓的年代约在周昭王时。

西张村位于槐河即古泜水之滨，軧国很可能由泜水得名。从铭文知道，軧和邢国有某种关系。这个诸侯国在载籍中也是找不到的。

类似的例子，还可提到陕西宝鸡、陇县一带发现的夨的青铜器。

30 年代以来，在以宝鸡斗鸡台、贾村为中心的方圆十余里地区中，多次发现有“夨”的铭文的器物，并有夨王所作器；在陇县南坡，也出土有夨仲的器物[⑤]。有学者据此主张当地曾有夨国，所出青铜器为夨器，是很有道理的。不过，宝鸡由文献记载看，是西虢封地。今宝鸡县附近的虢川，清代曾出虢叔旅钟[⑥]；虢季子白盘也传出于虢川司。“夨王”是少数民族之长[⑦]，夨究竟是一个方国，还是在西虢的治下，似尚待探讨，附论于此。

二

上节谈到的卫、鲁、燕、密、蜀、宜、軧、夨的器物，已足为西周诸侯国青铜器的代表。下面概括地讨论这类青铜器的若干特点。

首先应当指出，诸侯国青铜器很多和周王朝的器物形制相同，在器形、

---

① 《丹徒磨盘墩遗址发现一座西周墓葬》，《新华日报》1982 年 11 月 11 日。

② 镇江博物馆等：《江苏丹徒大港母子墩西周铜器墓发掘简报》，《文物》1984 年第 5 期。

③ 河北省文物管理处：《河北元氏县西张村的西周遗址和墓葬》，《考古》1979 年第 1 期。

④ 李学勤、唐云明：《元氏铜器与西周的邢国》，《考古》1979 年第 1 期。

⑤ 卢连成、尹盛平：《古矢国遗址、墓地调查记》，《文物》1982 年第 2 期；卢连成：《西周矢国史迹考略及相关问题》，《人文杂志丛刊》第 2 辑《西周史研究》。

⑥ 冯登府：《关中金石志》卷一，第 3 页；《嘉业堂金石丛书》，文物出版社重刷本。

⑦ 王世民：《西周春秋金文中的诸侯爵称》，《历史研究》1983 年第 3 期。

纹饰和工艺上都看不出明显的特点。

我们曾对北京琉璃河 M50、M52、M53、M54 四座西周早期墓的青铜器作出详细的对比分析[①]，以 M52 的复尊为例，这件尊铭文明记受燕侯赏赐而作器，所以是典型的燕器。尊的腹部饰有两条夔纹带，同型器可举出卿尊（《澂秋馆吉金图》26）和睦尊[②]。卿尊出于周东都即今洛阳，是周器；睦尊出自濬县辛村 M60，是卫器，均与复尊作风一致。

宜侯夨簋是一件四耳簋，浅腹，高圈足，腹外饰涡纹。和它最相似的器物，应推故宫博物院所藏荣簋，形制与宜侯夨簋同，只是四耳下有垂珥[③]。荣也见于周康王晚年的大小盂鼎，是王朝重臣。簋铭记载他受周王赏赐而作器，自然应列为周器。

1980 年在陕西长安花园村出土的一件方座簋，系周昭王时器[④]。作器者系王臣，所以也是周器。出土地点紧靠宗周（镐）遗址[⑤]，应是属于周王朝的墓葬群。这件簋的形制，和丹徒母子墩出土的伯簋非常近似，都有一对鸟形的耳。

元氏西张村出土的臣谏簋，形制是深腹，低圈足，四耳有垂珥，腹面饰体部作卷涡形的象纹。我们已指出它的器形、纹饰都同于现藏伦敦不列颠博物院的邢侯簋[⑥]。邢侯簋是 1921 年在洛阳出土的。两簋上的那种象纹，也见于 1929 年洛阳庙坡所出臣辰尊、卣。洛阳出土的这几件青铜器都是周器。

不仅诸侯国的青铜器与周王朝器物近似，相距很远的不同诸侯国，也有彼此同型的器物。

这方面最明显的例证，是辽宁喀左北洞二号窖藏中的罍。当地的窖藏应属于燕国，可由距北洞十五里的马厂沟出燕侯盂证明。北洞这件罍，“其形制花纹近似四川彭县竹瓦街窖藏中的两件，无疑是同时的铸作。罍肩的卷体

① 晏琬：《北京、辽宁出土铜器与周初的燕》，《考古》1975 年第 5 期。

② 郭宝钧：《濬县辛村》，科学出版社，1964。

③ 杜迺松：《荣簋铭文考释及其意义》，《故宫博物院院刊》1982 年第 3 期。

④ 李学勤：《论长安花园村两墓青铜器》，《文物》1986 年第 1 期。

⑤ 郑洪春：《西周建筑基址勘查》，《文博》1984 年第 3 期。

⑥ 李学勤、唐云明：《元氏铜器与西周的邢国》，《考古》1979 年第 1 期。

夔纹，见于泾阳高家堡所出铜器，也见于武王时的天亡簋、成王时的仲爯簋等。罍盖的昂首蟠龙，又近于丹徒烟墩山出土的盉。”① 辽宁和四川可谓天南地北，却出现相似的青铜器。

以上所论，例证限于礼器。实际上，在兵器方面，也可以看到同样的现象。

前文曾提到，传1931年在濬县辛村出土的十二件兵器，是西周早期的卫国器物。它们形制特异，各各不同，有学者怀疑过是拼凑甚至伪造。我在50年代，也曾表示过疑问，后来对原件作了细心观察，始觉释然。以这十二件兵器与北京白浮出土的成批兵器对比，大多数都有对应的类似标本②。这表明当时卫、燕两国的兵器，形制和组合都是彼此接近的。

灵台白草坡的青铜器中，也有数量较大的兵器。与辛村的十二件兵器比较，便很容易发现，辛村异形钺34.4，与白草坡1∶58相似，只是前者三穿，后者仅有两穿。辛村34.7有虎纹的一穿戈，同白草坡2∶18几乎完全相同，和白草坡2∶12、1∶54也很近似。辛村34.14太保钩戟③已残，但与白草坡2∶30的共同点还是明显的。

如以白草坡兵器与北京琉璃河、白浮的兵器相比，同样可找到不少共同之处。特别是草坡2：35有鞘短剑，和琉璃河所出很相像，鞘的纹饰结构也差不多。

陕西扶风出土的周兵器④，有些也和上述辛村兵器相仿，和编号总205的戈，即同于辛村34.7。在辛村的发掘品中有一件锯形器残部，扶风庄白发现有两件这种器物。

由此可见，不止卫、燕两国兵器近似，同西方的周、密兵器也存在联系。这是西周王朝和诸侯国青铜器共同性的突出表现。

---

① 晏琬：《北京、辽宁出土铜器与周初的燕》，《考古》1975年第5期。

② 李学勤：《论美澳收藏的几件商周文物》，《文物》1979年第12期。

③ R. J. Gettens et al., Two Early Chinese Bronze Weapons with Meteoritic Iron Blades, Freer Gallary of Art 4（1971）, pp. 64－65, Fig. 29a、b.

④ 罗西章：《扶风出土西周兵器浅识》，《考古与文物》1985年第1期。

强调西周列国青铜器的共同性，对我们研究当时文明的特点很有意义。在西周广大疆域上存在的这项共同性，反映出周朝政治、经济、文化上的统一。当然，说有共同性，并不排除诸侯青铜器有各自的特殊性，或者说地域性，不过相比而言，共同性还是主要的。

鲁国从来被认为保存周礼最多的诸侯国，可是从曲阜鲁城的发掘来看，鲁国的青铜器是有自己的特色的。例如 M48 的甗是分体的，这可能是最早的分体甗之一。同墓的壶，盖作蟠龙形，腹膨如瓠，饰有编织纹，两侧上下有三组环耳，也很罕见。有的器物有增多的装饰，如 M30 的盨盖中央有一立虎，M48 的盘，附耳上有卧牛，圈足下有人形三足，都很特殊。这些特色只能说是细微的。

丹徒烟墩山青铜器，一件无耳簋和一件附耳盘都有特别的草叶形纹，以致有学者误以为时代很晚。根据近年丹阳司徒等地的发掘，这其实是一种地域性的纹饰①。烟墩山又有一件角形器，上有类似几何印纹陶的花纹。母子墩青铜器上更有许多由几何印纹陶移植的纹饰，已有学者讨论过了②。

彭县竹瓦街青铜器的地域性，主要表现在兵器上。这里的礼器基本上属于中原一类型式，虽有特色也是很细微的。兵器则如有的学者所说，是典型的蜀器，有浓厚的地方特点。已有一些论著指出，这类兵器与靠近四川的陕西宝鸡、城固等地所出有关③。

以上作为例子的鲁国和宜国、蜀国的青铜器，其地域性的程度和性质都是不同的。鲁国青铜器虽有一些特点，总的说来和周王朝器物还属于同一范畴。宜、蜀的情况则不同，其器物有的接近中原，有的则地域性明显。这一方面是由于宜、蜀距周朝中心较远，另一方面是因为民族和文化的差异。由此不难类推，距王朝较远的诸侯国，其青铜器也有较多的地域性，北方和南方都有这样的实例。就器种而言，兵器的地域性常比礼乐器更为突出。

---

① 李学勤：《从新出青铜器看长江下游文化的发展》，《文物》1980 年第 8 期。

② 萧梦龙：《母子墩墓青铜器及有关问题探索》，《文物》1984 年第 5 期。

③ 李伯谦：《城固铜器群与早期蜀文化》，《考古与文物》1983 年第 2 期；卢连成、胡智生：《宝鸡茹家庄、竹园沟墓地出土兵器的初步研究》，《考古与文物》1983 年第 5 期。

这种现象，和西周诸侯国的构成直接有关。我们从史籍和青铜器铭文知道，西周分封的诸侯国，统治者多来自王朝（也有少数是当地的），而其臣僚和人民常属于不同的来源。大家都记得《左传》定公四年所述，鲁国有殷民六族，卫国有殷民七族，晋国有怀姓九宗。曲阜鲁城的发掘证明，在鲁国的都邑内，周人和殷民的界限并未泯灭。从墓葬的礼俗可以看出，殷民的传统一直到东周还在维持着[①]。这恰和古书所载鲁国有周社、亳社的并存互相印证。其他诸侯国的情况，可能在不同程度上也是相近的。

在诸侯国青铜器，特别是西周早期的青铜器群中，常可看到带有“殷遗民”族氏铭文的器物。所谓“殷遗民”，即商朝原来的统治阶层成员，经过商周的变革，有些人在周王朝分封诸侯后仍保持一定的身份和地位。例如在北京琉璃河、卢沟桥、牛栏山出土的燕器，有些就是他们所作[②]。在濬县辛村，也有类似的现象。这些青铜器的器主，被吸收到各诸侯的机构中，巩固了各国的统治，同时也是商、周文化传统相连续的一个具体体现。

上引《左传》定公四年，还提到分封时有“分物”。《尚书》序也说“武王既胜殷，邦诸侯，班宗彝，作《分器》”。随着商朝的灭亡，有很多珍贵的青铜器落入周人之手，这便是好多周初青铜器群中夹杂商代器物的原因。本文列举的卫器、燕器等，都有其实例，可由形制和铭文分辨。宝鸡斗鸡台、戴家湾等地的器群，包含了很多族氏各异的器物，很可能也出于这种原因。彭县竹瓦街第一次发现的窖藏，内有两件商人族氏的觯，大约正是蜀人随周东征的俘获品。

关于西周时期各诸侯国的青铜器，还有很多问题值得探索，本文不过开一端绪。相信今后随同各地考古工作的开展，会有更多这一时期列国器物出土，使我们的认识更为深入。

---

① 山东省文物考古研究所等：《曲阜鲁国故城》，齐鲁书社，1982，第214～215页。

② 晏琬：《北京、辽宁出土铜器与周初的燕》，《考古》1975年第5期。

《曲礼》中的古代官制及卜、祝之由尊而贱

顾颉刚*

《曲礼下》："天子建天官，先六大，曰大宰、大宗、大史、大祝、大士、大卜，典司六典。"郑《注》："典，法也。此盖殷时制也。周则大宰为天官；大宗曰宗伯，宗伯为春官，大史以下属焉。大士，以神仕者。"又云："天子之五官，曰司徒、司马、司空、司士、司寇，典司五众。"郑《注》："众，谓群臣也。此亦殷时制也。周则司士属司马；大宰、司徒、宗伯、司马、司寇、司空为六官。"又云："天子之六府，曰司土、司木、司水、司草、司器、司货，典司六职。"郑《注》："府，主藏六物之税者。此亦殷时制也。周则皆属司徒：司土，土均也；司木，山虞也；司水，川衡也；司草，稻人也；司器，角人也；司货，卝人也。"又云："天子之六工，曰土工、金工、石工、木工、兽工、草工，典制六材。"郑《注》："此亦殷时制也。周则皆属司空：土工，陶、旊也；金工，筑、冶、凫、栗、锻、桃也；石工，玉人、磬人也；木工，轮、舆、弓、庐、匠、车、梓也；兽工，函、鲍、韗、韦、裘也；惟草工职亡，盖谓作萑苇之器。"

如《曲礼》说，则天子之官有六大，有五官，有六府，有六工，凡分四级：六大，宗教官也；五官，政务官也；六府，掌资源之官也；六工，掌

* 本文刊发于1986年第2期。作者顾颉刚，曾任中国社会科学院历史研究所研究员，中国民主促进会中央委员，第四、五届全国人大代表，第二至四届全国政协委员。

工程之官也。此其职分，视《周官经》大异，与《立政》所言亦不合。然则其言遂不可信乎？曰：未必也。《左传》成公十三年曰："国之大事在祀与戎。"祀者，六大事也。戎者，五官事也。《洪范》八政："一曰食，二曰货，三曰祀，四曰司空，五曰司徒，六曰司寇，七曰宾，八曰师。"食与货，六府與六工也。祀，六大也。司空、司徒、司寇、宾、师，皆五官之事也。食与货，民之所以生祀，君之所以立（使人民信仰君主，以为天之所立，不敢起反抗之心）。自司空以至宾、师，政之所由成。故约之则为《左传》之祀与戎，析之则为《洪范》之八政，《周官》之六官，扩之则为《曲礼》之六大、五官、六府、六工。数目有多寡，排列有上下，要之不出乎此君、政、民三者之范围。

然有可用《曲礼》以正《周官》者，则《曲礼》以天事为先，人事为后，合于古代之实际；而《周官》则以天官司王宫，地官司人民；至春官乃司宗教，夏官司师，秋官则司寇与宾，宗、祝、史、卜之官视《曲礼》降矣。观《书·君奭》云："我闻在昔，成汤既受命，时则有若伊尹格于皇天；……在太戊，时则有若伊陟，臣扈格于上帝，巫咸乂王家；在祖乙，时则有若巫贤，……率惟兹有陈，保乂有殷，故殷礼陟配天，多历年所"，殷国之所以克保，殷先王之所以得配天，殷祚之所以多历年所，无他焉，其大臣能与天帝直接发生关系，且以其为巫，故以巫为氏也。其下文云："惟兹惟德称，用乂厥辟，故一人有事于四方，若卜筮，罔不是孚"，所以孚于四方者赖卜筮耳。《诗·皇矣》云"皇矣上帝，临下有赫，监观四方，求民之瘼"，又云："上帝耆之，憎其式廓，乃眷西顾，此维与宅"，又云"帝迁明德，串夷载路，天立厥配，受命既固"，又云"帝省其山，柞棫斯拔，松柏斯兑，帝作邦作对"，又云"维此王季，帝度其心，貊其德音，其德克明"，又云"帝谓文王：'无然畔援，无然歆羡，诞先登于岸'"，又云"帝谓文王：'予怀明德，不大声以色，不长夏以革；不识不知，顺帝之则'"，又云"帝谓文王：'询尔仇方，同尔兄弟，以尔鉤援，与尔临衝，以伐崇墉。'"此若干事之上帝行动与其言语，将谓如后世所云之"显圣"然，予周国君臣以共见乎？毋亦假于巫祝，藉于卜筮，以博得国人之信仰耳。是则建国、立君、出师、施政，必假六大以耸动听闻可知也。

印度古代等级，婆罗门为第一，惟婆罗门能传达天意于人，又能报告人事于天，沟通天地，故居最高之地位。若君主、官吏，手握政权，在人间固自有力，然必介于婆罗门以通乎天，故其地位居第二流。中国古代所谓唐、虞之世者为商、周是否有类于印度，今不可知；或君主即属婆罗门等级，以祭司身份执掌政权，亦不可知。今所可知者为商、周，其时君主或称“帝”（如帝甲、帝乙，但为死后所加）或称“天王”，表示其地位超乎人而近乎天；其次则为《曲礼》之六大，皆装点君主，使之接近于天者。盖必有史、宗、卜、祝之官，而后君主乃有维持其尊位之理由，是之谓“神道设教”，是之谓“口含天宪”。若五官以下，皆不能直接见天帝者，则抑之为第三流可也。观于西藏，自弃宗弄赞后，世有王以治其民，宗教之力虽强，尚不能超越政治。及黄教兴，宗喀巴之弟子达赖喇嘛竟于争夺政权之中取得政教合一之地位，自是以教统政，寺院之堪布为行政之官吏，而人民无间言。予于1934年至内蒙古百灵庙，闻当地人言，上年班禅莅寺，蒙古王公皆向之跪拜；班禅每一出入，蒙古王公皆执香前引，因以想见印度婆罗门凌驾刹帝利之风。商周之际，神权已不若是之炽，宗教已为政治服务，故格于皇天上帝之伊尹、伊陟、巫咸、巫贤等皆降为商王之臣，而卫巫仅为周厉王之鹰犬，然视一般臣僚则尚高出一筹也。《曲礼》之说不知其所自来，然必非作者之想象，视《周官》《洪范》更符合于古代之实际。郑玄必以《周官》校之而定为殷制，非也。

巫于古代有崇高之地位，盖利用人民之无知；且其时生产工具不进步，实不足以征服自然，既不能征服之，则唯有俯首听命，而巫遂因缘为奸利。至于春秋、战国，物质文明大启，扩地又广，见闻日多，向日巫之所为，人民以为神之所凭依者，今乃审识其诈伪。西门豹之投巫于河，其最显著之一例也。使若在皇古，不将以西门豹为大逆不道而车裂之耶？今乃厕之于《滑稽列传》之末，知当时人对此事直以喜剧观之，巫之权威，扫地尽矣。其在《论语》，则曰：“未能事神，焉能事鬼！”又曰：“未知生，焉知死！”（《先进》）其在《左传》，则曰：“国将兴，听于民；将亡，听于神。”（庄三十二年）又曰：“天道远，人道迩，非所及也。”（昭十八年）此皆对于巫、卜之流之革命宣言也。至于礼家之言，则《檀弓》曰：“天则不雨，而望之愚妇人，于以求之，毋乃已疏乎！”《王制》曰：“凡执技以事上者，祝、史、射、御、医、卜及百工。凡执技以事上者，不贰事，不移官，出乡不与士齿；仕于家者，出乡不与士齿。”盖其贱如此。《王制》又云：“执左道以乱政，杀。……假于鬼神、时日、卜筮以疑众，杀。”郑《注》：“左道，若巫蛊及俗禁。”按此诸事，皆巫、卜所优也。较之《曲礼》六大高于五官、六府、六工者，真有不堪回首之情矣。识得此种变异，可以知《太史公自序》溯其出于重、黎，世序天地，及司马谈临终，执子迁之手而泣曰：“余先，周室之太史也，自上世常显功名于虞、夏，典天官事”，职在天官，若甚尊重，而史迁《报任少卿书》乃云：“仆之先非有剖符丹书之功，文史星历近近乎卜祝之间，固主上所戏弄，倡优所畜，流俗之所轻也”，深以比于卜祝，侪于倡优为耻。是则文史星历且为人所鄙，遑论卜祝乎！卜祝以师保之尊降而与但是优为偶，直从九天跌至九渊，此正可证时代之进步矣。

文明与国家起源的“聚落三形态演进”说和“邦国—王国—帝国”说

王震中*

20世纪90年代初，笔者在探索中国文明与国家起源时，曾针对酋邦理论和“博物馆清单”式的文明观等方面的局限性，将聚落考古学与社会形态学相结合而提出文明与国家起源途径的“聚落三形态演进”说；[①] 之后，又对进入文明社会之后的国家形态提出了“邦国—王国—帝国”说。[②] 如果将这两个学说理论观点结合起来，其社会形态演变的过程则可以表述为：“史前大体平等的农耕聚落形态—含有不平等的中心聚落形态—都邑邦国—复合制国家结构的王国—郡县制的帝国”这样五个发展阶段和形态。

一　“聚落三形态演进”说

我们知道，文明与国家起源若从社会形态推移与演进的角度而论，就属

* 本文刊发于2012年第5期。作者王震中，时任中国社会科学院历史研究所副所长，曾任第十届全国政协委员，现任中国社会科学院学部委员。

① 王震中：《中国文明起源的比较研究》，陕西人民出版社，1994。

② 王震中：《邦国、王国与帝国》，《河南大学学报》2003年第4期；王震中：《从邦国到王国再到帝国——先秦国家形态的演进》，《中国社会科学院古代文明研究中心通讯》第7期，2004年1月；王震中：《夏代“复合型”国家形态简论》，《文史哲》2010年第1期；王震中：《商代都邑》，中国社会科学出版社，2010，第459、485、511页。

于社会复杂化的过程。对于这一过程，像以往那样仅仅用所谓文明起源的“三要素”说或“四要素”说，即博物馆清单式的方法，是难以究明的。此外，对于社会形态、社会类型演进的研究，塞维斯（Elman R. Service）等人类学家的做法是按照社会进化观点将民族学上可以观察到的同时性的各种社会类型，以逻辑的手段排列为历时性的社会演进的序列，然而虽然其逻辑色彩很强，但远古时期各地域社会的演进是否果真如此，也还是需要证明的。用塞维斯自己的话来说，这就是“它们也许可以用来进行现代民族志的分类，却难以用来从现存诸阶段推论已经消失的时代”。[①] 为此，我们曾经指出，对于史前社会的研究，若想达到逻辑与历史的统一，除了人类学或民族学之外，还必须借助于考古学。因为考古学可以依据遗迹的地层叠压关系确定其时代的早晚和先后顺序，从而观察到社会的发展和变化，因而我们若在借鉴酋邦、社会分层等理论模式的基础上，以考古学为素材和骨架来建立一个能反映由史前到文明的社会结构特征方面的演进模式，是可以达到历史与逻辑的统一的。[②]

若从考古学角度着眼，在各种考古遗迹中，聚落遗址所能提供的有关社会形态的信息量是最大最复杂的。特别是那些保存较好、内涵丰富、发掘较科学较完整的聚落遗址，我们不但可以从聚落的选址、聚落内外动植物的遗留等方面看到人与自然的关系；而且可以从聚落内部的布局、结构、房屋及其储藏设施的组合、生产和生活用品等方面，看到聚落的社会组织结构、生产、分配、消费、对外交往，以及权力关系等方面的情况；还可以从聚落的分布、聚落群中聚落与聚落之间的关系，看到更大范围内的社会组织结构。考古发现表明，不同时期的聚落有不同的形态特征，这种聚落形态的演进，直接体现了社会生产、社会结构、社会形态的推移与发展。因而，将聚落考古学与社会形态学相结合，通过对聚落形态演进阶段的划分可以建立社会形

① 易建平：《部落联盟与酋邦——民主·专制·国家：起源问题比较研究》，社会科学文献出版社，2004，第156~157页。

② 王震中：《中国文明起源的比较研究》，陕西人民出版社，1994，第7页。

态的演进模式或发展阶段。[①]

基于上述考虑，笔者通过聚落形态的演进，把古代文明和国家的起源过程划分为三大阶段：即由大体平等的农耕聚落形态发展为含有初步不平等和社会分化的中心聚落形态，再发展为都邑国家形态。[②] 对此，有学者称之为“中国文明起源途径的聚落‘三形态演进’说”。[③]

作为第一阶段——大体平等的农耕聚落期，它包含了农业的起源和农业出现之后农耕聚落的发展时期。在农业的起源问题上，正如我们以前在谈到恩格斯的“三次社会大分工”理论时所说的那样，不是畜牧业早于农业，而是农业早于游牧，[④] 最早的家畜饲养是包括在农业之中的。农业的起源以及以农耕和家畜饲养为基础的定居聚落的出现，标志着一个崭新的历史阶段的开始。这一方面表现为农耕聚落的定居生活促进了人口的增长；另一方面表现为土地的集体所有制即聚落所有制得到了发展，从而以聚落为单位的经济、军事、宗教礼仪和对外关系等一系列的活动开始形成，社会一反过去的分散状态，将沿着区域与集中化的方向向前发展。因而可以说，农业的起源，是人类历史上的巨大进步；以农耕畜牧为基础的定居聚落的出现，是人类通向文明社会的共同的起点。从此，由村落到都邑，由部落到国家，人类一步步由史前走向文明。

从农业的发明到农耕聚落有了初步的发展，人类经历了漫长时期。因为，并非农业一经发明，它立即就成为当时经济的主要部门。在旧石器时代晚期，人们在高级采集—狩猎经济中，依据自己对动植物生长规律的认识，开始尝试谷物的栽培和牲畜的驯养，这种从采集植物过渡到培育植物，就是所谓农业的起源，由此，远古社会也由旧石器时代转为新石器时代。随着培育的农作物在食物中所占比重的增加，先民们就由以前只是从自然界直接获取食物的攫取经济发展到了生产经济。但是，种植的农作物在人们食物中比

① 王震中：《中国文明起源的比较研究》，陕西人民出版社，1994，第7～8页。

② 王震中：《中国文明起源的比较研究》，陕西人民出版社，1994，第8页。

③ 杨升南、马季凡：《1997年的先秦史研究》，《中国史研究动态》1998年第5期。

④ 田昌五：《古代社会断代新论》，人民出版社，1982，第7～11页。

例的增长，是一个缓慢的发展过程，因而，采集、狩猎、捕鱼等在经济生活中依旧是重要的。

伴随着农业起源，在距今12000~9000年，在中国的南方和北方都出现一批新石器时代早期的遗址，如南方的湖南道县玉蟾岩、[①] 江西万年仙人洞、[②] 北方的河北徐水南庄头、[③] 北京门头沟区东胡林遗址[④]等。这些遗址所在的聚落，都出土有陶器和谷物加工工具，过着定居生活；在南方已种植水稻，在北方种植粟类作物；已饲养猪等家畜，也伴有狩猎、采集、捕鱼等。此时的聚落规模较小，人口不多，物资尚不丰富，过着简单而平等的聚落生活。

距今9000~7000年，是中国新石器时代中期。这是农业在起源之后第一个发展时期，也是农耕聚落扩展的第一个阶段。如南方的湖南澧县彭头山，[⑤] 河南舞阳县贾湖，[⑥] 浙江浦江县上山，[⑦] 萧山跨湖桥，[⑧] 浙江余姚河姆渡遗址，[⑨] 北方的河北武安磁山，[⑩] 河南新郑裴李岗，[⑪] 陕西宝鸡北首岭下

① 袁家荣：《玉蟾岩遗址》，载于《中华人民共和国重大考古发现》，文物出版社，1999；张文绪、袁家荣：《湖南道县玉蟾岩古栽培稻的初步研究》，《作物学报》第24卷第4期(1998年7月)。

② 江西省文管会等：《江西万年大源仙人洞洞穴遗址试掘》，《考古学报》1963年第1期；江西省博物馆：《江西万年大源仙人洞洞穴遗址第二次发掘报告》，《文物》1976年第12期；严文明等：《仙人洞与吊桶环——华南史前考古的重大突破》，《中国文物报》2000年7月5日；张弛：《江西万年早期陶器和稻属植硅石遗存》，载于《稻作、陶器和都市的起源》，文物出版社，2000。

③ 保定地区文管所等：《河北徐水县南庄头遗址试掘简报》，《考古》1992年第11期。

④ 北京大学考古文博学院等：《北京市门头沟区东胡林史前遗址》，《考古》2006年第7期。

⑤ 湖南省文物考古研究所等：《湖南澧县彭头山新石器时代早期遗址发掘简报》，《文物》1990年第8期。

⑥ 河南省文物考古研究所：《舞阳贾湖》，科学出版社，1999。

⑦ 浙江省文物考古研究所等：《浙江浦江县上山遗址发掘简报》，《考古》2007年第9期。

⑧ 浙江省文物考古研究所、萧山博物馆：《跨湖桥》，文物出版社，2004。

⑨ 浙江省文物考古研究所等：《浙江浦江县上山遗址发掘简报》，《考古》2007年第9期。

⑩ 河北省文物管理处等：《河北武安磁山遗址》，《考古学报》1981年第3期。

⑪ 中国社会科学院考古研究所河南一队：《1979年裴李岗遗址发掘简报》，《考古学报》1984年第1期。

层，[①] 山东滕县北辛，[②] 内蒙古东部敖汉旗的兴隆洼[③]等遗址，它们的农业生产都较之前的新石器时代早前遗址有明显的发展。在聚落中有相当量的谷物储藏；聚落的人口，有的为 100 多人，有的在 300 人以上。从墓葬和房屋中的出土物以及聚落与聚落间的关系来看，这时在聚落内虽可以划分出家族和核心家庭等，但无论是聚落内还是聚落外，都处于平等的状态，属于平等的农耕聚落社会类型。

距今 7000 ~ 6000 年，是新石器时代中晚期或晚期的前段，也是考古学文化中的仰韶文化早期，或称仰韶文化半坡期。这一时期不但农业和家畜饲养业得到很大的发展，这时期的聚落规划得很好，其中陕西临潼姜寨、[④] 西安半坡、[⑤] 宝鸡北首岭、甘肃秦安大地湾第大地湾二期遗存的聚落，[⑥] 最具有典型性：在用壕沟围起来的村落中，有几十座至上百座的房屋被分成若干组群，各群房屋的门均朝向中央广场，形成一个圆形向心布局，从而使得聚落内部呈现出高度团结和内聚。聚落的公共墓地中，各个墓葬的随葬品不多，差别不大，说明当时社会还未产生贫富分化。综合聚落的各方面情况来看，此时的一个聚落似乎就是一个氏族，在聚落内即氏族内，又可划分出大家族和核心家庭。整个聚落的人们非常团结，很有凝聚力。他们既从事农业，也兼营狩猎、采集和陶器的制作。聚落在经济上是自给自足的，内部大小血缘集体之间以及个人之间，关系平等和睦。因而，这一阶段依旧属于大体平等的农耕聚落社会。

距今 12000 ~ 6000 年，是我国农业起源后平等的农耕聚落形态时期，其

---

① 中国社会科学院考古研究所：《宝鸡北首岭》，文物出版社，1983。

② 中国社会科学院考古研究所山东队等：《山东滕县北辛遗址发掘报告》，《考古学报》1984 年第 2 期。

③ 中国社会科学院考古研究所内蒙古工作队：《内蒙古敖汉旗兴隆洼遗址发掘简报》，《考古》1985 年第 10 期；中国社会科学院考古研究所内蒙古工作队：《内蒙古敖汉旗兴隆洼遗址 1992 年发掘简报》，《考古》1997 年第 1 期。

④ 西安半坡博物馆等：《姜寨——新石器时代遗址发掘报告》，文物出版社，1988。

⑤ 中国科学院考古研究所等：《西安半坡——原始氏族公社聚落遗址》，文物出版社，1963。

⑥ 甘肃省文物考古研究所：《秦安大地湾——新石器时代遗址发掘报告》，文物出版社，2006。

社会类型大体相当于塞维斯酋邦模式中平等的“部落”社会，也相当于弗里德（Morton H. Fried）社会分层理论中的“平等社会”。在这里我们并非仅仅停留在“部落”或“平等”这些概念上，而是通过具体的村落遗址的材料来考察当时生产力水平、人与自然的关系和人们的生产关系，以及社会内部的组织结构等，而且还进行的是历时性的考察，因而我们所展示的史前平等社会的历史画卷，是丰富的、具体的，其社会形态向前推移的轨迹是清晰的、可信的。

作为第二阶段——含有初步不平等的中心聚落形态阶段，是指距今6000～5000年的仰韶文化中期和后期、红山文化后期、大汶口文化中期和后期、屈家岭文化前期、崧泽文化和良渚文化早期等，它属于中国新石器时代晚期。这是一个由史前向国家转变的过渡期，相当于酋邦模式中“简单酋邦”和“复杂酋邦”两个时期，也相当于弗里德社会分层理论中“阶等社会”和“分层社会”两个时期。中心聚落形态的不平等表现为两个方面，一是在聚落内部出现贫富分化和贵族阶层；二是在聚落与聚落之间，出现了中心聚落与普通聚落相结合的格局。所谓中心聚落，往往规模较大，有的还有规格很高的特殊建筑物，它集中了高级手工业生产和贵族阶层，与周围其他普通聚落，构成了聚落间初步的不平等关系。所以，不平等的中心聚落形态，是史前平等的氏族部落社会与文明时代阶级社会之间的过渡阶段，它是中国古代国家起源过程中一个重要的环节。

与酋邦和社会分层理论相比较，在中心聚落形态的聚落群的结构中，“中心聚落—普通聚落”这种两级相结合的形态或“中心聚落—次级中心聚落—普通聚落”这样三级相结合的形态，与最初提出酋邦概念的奥博格（Kalevo Oberg），以及后来的斯图尔德（J. Steward）、卡内罗（Robert L. Carneiro）等人对酋邦的定义是一致的。如奥博格说，政治上组织起来的酋邦，是在一个地域中由多村落组成的部落单位，由一名最高酋长统辖，在他的掌控之下是由次一级酋长所掌管的区域和村落。斯图尔德对酋邦的定义是由许多小型聚落聚合而成的一个较大的政治单位。卡内罗说酋邦的政治结构是由一个最高酋邦永久控制下的由多聚落或多社群组成的自治政治单位。①

再就社会的不平等而论，随着中心聚落形态由初级阶段到发达阶段的发展，其不平等逐步在加深。如河南灵宝市西坡村遗址属于中心聚落形态的初级阶段，该遗址11号墓内埋的是一个4岁的小孩，② 却随葬有12件器物，包括玉钺3件、象牙镯1件、骨匕4件、骨锥1件、陶碗1件、陶钵2件。该墓的规模也较大。该墓主人虽为小孩，而墓葬的规模和随葬品的质量与数量都与墓地中的成年人墓葬中的较大的墓葬属于同一等级，而与完全没有随葬品的不太大的墓葬形成对比。所以，11号墓主人所具有的“阶等”是与生俱来的，是由其血缘身份规定的。灵宝西坡村中心聚落中的不平等应该属于基希霍夫（Paul Kirchhoff）所说的每一个人都依他与酋长的关系的远近而决定其阶等，形成圆锥体形的或者说金字塔形的分阶等的社会系统，这是传承自同一始祖的所有同时后裔的一种不平等的身份关系。这种血缘身份与政治分级相结合的初步的不平等，应当属于厄尔（Timothy K. Earle）的酋邦分类中的简单酋邦。再如，江苏张家港东山村遗址、③ 安徽含山凌家滩遗址的墓葬资料④和大汶口遗址大汶口文化中晚期的墓葬资料，⑤ 所表现出的社会不平等要比灵宝西坡遗址突出得多，其大墓与小墓之间的显著的财富差别，呈现出贵族与平民之间的不平等。江苏新沂花厅北区墓地发掘出似62座大汶口文化晚期墓葬，其中10座大型墓中有8座有人殉现象。⑥ 由于这一时期家族、宗族组织以及父家长权的出现，所以这种不平等是政治经济权力的不平等，这是发达的中心聚落形态阶段的特点，相当于厄尔酋邦分类中的复杂酋邦，弗里德所说的史前分层社会也应当放在这一阶段，这种分层应该是

① 陈淳：《文明与早期国家探源——中外理论、方法与研究之比较》，上海世纪出版集团上海书店，2007，第141～144页。

② 河南省文物考古研究所等：《河南灵宝市西坡遗址墓地2005年发掘简报》，《考古》2008年第1期。

③ 南京博物院等：《江苏张家港东山村遗址M91发掘报告》，《东南文化》2010年第6期。

④ 安徽省文物考古研究所：《凌家滩——田野考古发掘报告之一》，文物出版社，2006。

⑤ 山东省文物管理处等：《大汶口——新石器时代墓葬发掘报告》，文物出版社，1974。

⑥ 南京博物院：《花厅——新石器时代墓地发掘报告》，文物出版社，2003。

在原有的血缘身份分等的基础上又含有经济权力不同的一种分层。

中心聚落形态时期的权力特征是民事与神职相结合以神权为主导的权力系统。以神权为例，西辽河流域与内蒙古东部地区的红山文化最为典型。在红山文化中，辽宁喀左县东山嘴祭祀遗址有大型的祭祀石社的方坛和祭天的圆形祭坛；辽宁西部凌源、建平两县交界处的牛河梁遗址有女神庙、积石冢。女神庙和积石冢相互关联。女神庙里供奉的是久远的祖先，积石冢中埋葬的是部落中刚刚死去的酋长，随着时间的推移，这些死去的著名酋长，也会逐渐列入被崇拜的祖先行列。红山文化以其女神庙、积石冢、大型祭坛和精美的玉器而被学术界誉为文明的曙光。红山文化的先民们，在远离村落的地方专门营建独立的庙宇和祭坛，形成规模宏大的祭祀中心场，这绝非一个氏族部落所能拥有，而是一个部落群或部族崇拜共同祖先的圣地。由于这些大型原始宗教祭祀活动代表着当时全社会的公共利益，具有全民性的社会功能，所以，在原始社会末期，各地方酋长正是通过对祖先崇拜和对天地社稷祭祀的主持，才使得自己已掌握的权力进一步上升和扩大，使其等级地位更加巩固和发展，并且还使这种权力本身变得神圣起来，从而披上了一件神圣的合法外衣。

女神庙、大型祭坛显示出当时曾经存在过相当规模的劳动力集中组织能力，这些类似于欧美人类学家所谓的“纪念性建筑”，按照克利斯蒂安森（Kristiansen）的说法，可能反映的是一个具有“集体主义倾向”的酋邦；而积石冢及其所随葬的精美的玉器所体现出个人社会地位的标志物品等，按照克利斯蒂安森的说法，则反映的是所谓“个人主义酋邦”。[①] 从理论联系实际来看，克利斯蒂安森所谓两种类型的酋邦在红山文化中应该是二者合二为一的。其原因就在于作为贵族的酋长所主持的大型原始宗教祭祀活动和公共工程属于全社会的公共事务、公共利益，而它与贵族所具有的地位和生活不但并不矛盾，而且还是统一的。

这样，我们通过中心聚落形态这样的理论构架，将酋邦中的简单酋邦与

① 易建平：《部落联盟与酋邦》，社会科学文献出版社，2004，第294~308页。

复杂酋邦以及社会分层理论中的“阶等”与“分层”等理论概念，予以整合，以考古发现为依据，来研究由史前向国家转变的这一过渡形态，既有方法论上的意义，也是学术体系创新上的一种探索。

作为第三阶段——都邑邦国阶段，主要指考古学上龙山时代所形成的早期国家阶段。这一时期考古学上一个重要现象是发现了大批城邑，有的明显属于国家的都城。当然，我们并非主张一见城邑即断定已进入国家。中国的史前城邑出现得很早。在南方，早在距今6000年前的大溪文化湖南澧县城头山遗址就修建有城邑；在北方，河南郑州西山遗址也发现过距今5000多年前的仰韶文化晚期城址。然而，这些城邑都不属于文明时代的国家都城。作为国家都城，城内应该有宫殿宗庙等高等级、高规格的建筑物，还应当伴有阶级和阶层的分化以及手工业的专业化分工等。而这在距今五六千年前的城邑中都是看不到的。只有到了距今5000～4000年前的龙山时代，大批城邑才在阶级和阶层分化的背景下出现。所以，城邑从其产生到发展为国家之都城，有其演变发展的过程，我们判断它的性质究竟是中心聚落形态阶段的中心聚落还是早期国家时的都城，是需要附加一些其他条件进行分析的，而不能仅仅依据是否修建了城墙，是否出现了城。这里所说的附加条件，我们认为一是当时阶级产生和社会分层的情形；二是城邑的规模、城内建筑物的结构和性质，例如出现宫殿宗庙等特殊建制。这是因为，只有与阶层和阶级的产生结合在一起的城邑，才属于阶级社会里的城邑；而只有进入阶级社会，在等级分明、支配与被支配基本确立的情况下，城邑的规模和城内以宫殿宗庙为首的建制，才能显示出其权力系统是带有强制性质的。而凌驾于全社会之上的强制性权力和社会的阶级分化是我们设定的国家形成的两个重要标志。①

依据先秦文献，我们可以看到，中国古代有国就有城，建城乃立国的标志。结合龙山时代纷纷崛起的城邑现象，笔者认为中国上古时期，作为国家

① 王震中：《文明与国家》，《中国史研究》1990年第3期；王震中：《中国文明起源的比较研究》，陕西人民出版社，1994，第345页。

的最简单的形态，每每是以都城为中心而与四域大小不等的各种邑落结合在一起的，而且是以都城的存在为标志的。为此，我们把这种类型的国家称为都邑邦国，把这一时代的文明称为邦国文明。其中，都城的规模有多大，由四域各种邑落所构成的领土范围有多大，以及在都城之外是否还存在第二级、第三级聚落中心决定，这将会因邦国的实力和其发展程度而有较大的差别，但有城就有一定范围的领土，则是一定的。

从考古发现来看，在中国文明起源的研究中，作为早期国家代表性的都邑遗址，位于山西省襄汾县的陶寺是非常典型的。陶寺遗址自 1978 年首次发掘以来，已经历三十多年的考古发掘，获得了一系列重要的考古发现。[①]例如，发现有规模宏大的 280 万平方米的陶寺中期城址和 56 万平方米的早期城址；在城内，发现面积约 6.7 万平方米的宫殿区，内有作为宫殿的大型夯土建筑物；在宫殿区西边，是面积约 1.6 万平方米的大贵族居住区和下层贵族居住区，已探出多座面积较大的夯土建筑；在城中还发现一个观象授时的天文建筑 II FJT1，大概同时也兼有祭祀功能；此外，还发现 1300 多座等级分明的墓葬，呈现金字塔式的等级结构和阶级关系。在陶寺遗址出土的器物中，除墓葬中出土的彩绘龙盘、彩绘陶簋等各种精美的彩绘陶器，以及玉琮、玉璧、玉钺、玉戚、玉兽面器等各种玉器和鼍鼓、特磬、石璇玑之外，

① 中国社会科学院考古研究所山西队等：《山西襄汾陶寺城址 2002 年发掘报告》，《考古学报》2005 年第 5 期。中国社会科学院考古研究所山西第二工作队等：《2002 年山西襄汾陶寺城址发掘》，《中国社会科学院古代文明研究中心通讯》2003 年第 5 期。中国社科院考古所山西工作队等：《山西襄汾县陶寺城址发现陶寺文化大型建筑基址》，《考古》2004 年第 2 期。中国社科院考古所山西工作队等：《山西襄汾县陶寺城址祭祀区大型建筑基址 2003 年发掘简报》，《考古》2004 年第 7 期。中国社科院考古所山西工作队等：《山西襄汾县陶寺中期城址大型建筑 II FJT1 基址 2004～2005 年发掘简报》，《考古》2007 年第 4 期。中国社科院考古所山西工作队等：《山西襄汾县陶寺城址发现陶寺文化中期大型夯土建筑基址》，《考古》2008 年第 3 期。中国社会科学院考古研究所山西工作队：《山西襄汾县陶寺遗址发掘简报》，《考古》1980 年第 1 期。中国社科院考古所山西工作队等：《1978～1980 年山西襄汾陶寺墓地发掘简报》，《考古》1983 年第 1 期。中国社科院考古所山西工作队等：《陶寺遗址 1983～1984 年Ⅲ区居住址发掘的主要收获》，《考古》1986 年第 9 期。中国社科院考古所山西工作队等：《山西襄汾县陶寺遗址Ⅱ区居住址 1999～2000 年发掘简报》，《考古》2003 年第 3 期。中国社科院考古所山西工作队等：《陶寺遗址发现陶寺文化中期墓葬》，《考古》2003 年第 9 期。

还发现有1件红铜铃、1件铜齿轮形器与玉瑗规整黏合在一起的铜玉合体的手镯。在彩绘陶器上还发现朱书的两个文字，其中一个可释为“文”；另一个有人释为“昜”，也有人释为“堯”（尧），或释为“唐”“邑”“命”等。① 陶寺发现的这两个文字的字形和结构，比大汶口文化中的图像文字又进了一步，应是中国最早文字之一。

在陶寺城邑的周边，由规模大小不等的遗址构成了陶寺聚落群。依据中国社会科学院考古研究所山西工作队和山西省考古研究所等单位最新的联合调查，以陶寺都邑为中心，在南北70公里、东西25公里、面积大约1750平方公里的范围内，发现陶寺文化遗址54处，可划分出四五个聚落等级。②

综合陶寺遗址各种考古发现，可以看到这样一幅历史发展的画面：陶寺城邑乃都邑（都城），陶寺都邑和其周围村邑以及更大范围内聚落群的分布格局，已具有早期邦国的框架，即已出现邦君的都城、其他贵族的宗邑和普通的村邑这样的组合结构；墓葬的等级制表明社会存在阶级和阶层的分化；陶寺的经济生产不但有发达的农业和畜牧业，而且制陶、制玉、冶金等手工业也已从农业中分离了出来；生产的专门化使产品空前丰富，但不断增多的社会财富却越来越集中在少数人手中；陶寺发现的两个朱书陶文已说明都邑内文字的出现和使用；从彩绘龙盘、彩绘陶簋等陶礼器，玉琮、玉璧、玉钺、玉戚、玉兽面器等玉礼器，文字的使用，以及观象授时的天文神职人员的存在，说明陶寺都邑内脑力劳动与体力劳动性质的社会职能分工是显著的，前者为智者圣者，亦即陶寺都邑内以邦君为首的管理兼统治的统治者，后者乃一般的族众。陶寺城址的规模很大，城内发掘出土物非常丰富，陶寺文明是当时众多邦国文明的佼佼者。

从考古发掘上升到对社会的说明，这应当是考古与历史最基本的整合。

---

① 罗琨：《陶寺陶文考释》，《中国社会科学院古代文明研究中心通讯》第2期，2001年7月。何驽：《陶寺遗址扁壶朱书“文字”新探》，《中国文物报》2003年11月28日。冯时：《文字起源与夷夏东西》，《中国社会科学院古代文明研究中心通讯》第3期，2002年1月。以上三文均收入解希恭主编《襄汾陶寺遗址研究》，科学出版社，2007。

② 何驽：《2010年陶寺遗址群聚落形态考古实践与理论收获》，《中国社会科学院古代文明研究中心通讯》第21期，2011年1月。

此外，陶寺遗址得天独厚，它还是目前较有条件与古史传说相联系的遗址之一。陶寺遗址被分为早中晚三期，作为都邑的早期和中期遗址，碳十四测定的年代为距今 4300 ~ 4000 年前，属于夏代之前的尧舜时代。而在地望上，陶寺文化和陶寺遗址与“尧都平阳”的古史传说相吻合。为此，包括笔者在内的一些学者多主张陶寺都邑乃帝尧陶唐氏的都城。① 在条件具备的地方，谨慎地将考古学文化与古史传说中族团做些系统整理和整合，也是研究深化所需要的。

陶寺遗址所处的尧舜时代的另一重要现象，就是邦国联盟，也是史书所称的“万邦”时代。这里的万邦之万字，只是极言其多，不必指实。不可否认，在“万邦”这些政治实体中，既有自炎黄时期以来仍处于原始社会发展程度的诸氏族、部落或酋邦，也有一批政治实体已演进为早期国家的邦国。过去把这一时期的联盟称为“部落联盟”。而从事物的性质总是由其主要矛盾的主要方面予以规定来看，既然尧舜禹时期已出现一批属于早期国家的邦国，那么尧舜禹时期诸部族之间的关系，与其称为“部落联盟”，不如称为“邦国联盟”或“族邦联盟”。唐尧、虞舜、夏禹之间的关系实为邦国与邦国之间的关系，只是当时随着势力的相互消长，唐尧、虞舜、夏禹都先后担任过“族邦联盟”的盟主而已。为此，笔者很赞成这样一种说法：尧舜禹他们的身份有一度曾是双重的，即首先是本国的邦君，其次是族邦联盟之盟主或霸主，这种盟主

---

① 主张陶寺乃帝尧陶唐氏的遗址者有：王文清：《陶寺文化可能是陶唐氏文化遗存》，田昌五主编《华夏文明》第 1 集，北京大学出版社，1987。王震中：《略论“中原龙山文化”的统一性与多样性》，田昌五、石兴邦主编《中国原始文化论集》，文物出版社，1989，收入王震中《中国古代文明的探索》，云南人民出版社，2005。俞伟超：《陶寺遗存的族属》，《古史的考古学探索》，文物出版社，2002。解希恭、陶富海：《尧文化五题》，《临汾日报》2004 年 12 月 9 日。卫斯：《关于“尧都平阳”历史地望的再探讨》，《中国历史地理论丛》2005 年第 1 期。卫斯：《“陶寺遗址”与“尧都平阳”的考古学观察——关于中国古代文明起源问题的探讨》，解希恭主编《襄汾陶寺遗址研究》，科学出版社，2007。主张陶寺乃尧和舜的遗址者有：李民：《尧舜时代与陶寺遗址》，《史前研究》1985 年第 4 期。王克林：《陶寺文化与唐尧、虞舜——论华夏文明的起源》，《文物世界》2001 年第 1、2 期。张国硕、魏继印：《试论陶寺文化的性质与族属》，“中国古代文明与国家起源学术研讨会”论文，河北保定·清西陵行宫宾馆，2009 年 4 月。

地位就是夏商周三代时“天下共主”之前身。[①]“邦国联盟”是国际关系而不是一种国家形态，其时的国家形态就是邦国；夏商周三代“家天下”之“天下”，则属于以时王（夏王、商王、周王）为天下共主的复合制国家。

二　“邦国—王国—帝国”说

以上笔者用聚落形态演进的三个阶段对中国古代国家起源的过程和路径作了概括，并与酋邦理论和社会分层理论进行了对比和整合。那么，进入国家社会之后，最初的国家是否如人们习惯上所说的一定是具有王权的王国，在早期的发展中中国古代国家形态和结构又经历了什么样的变化？对此，笔者曾提出“邦国—王国—帝国”说，认为夏代之前的龙山时代的国家，是单一制的邦国，属于早期国家，也可称为初始国家或原始国家；夏商周三代王朝国家属于多元一体的统一的复合制国家，是发展了的国家，是王国体系；秦汉以后的国家则属于更加发展了的成熟国家，是一种郡县制下中央集权的结构稳定的国家形态，是帝国体系。[②]

关于中国古代国家形态的演变，20 世纪 50 年代以来，日本的中国古史学界每每用“城市国家—领土国家—帝国”[③] 这样的模式来论述中国由先秦至秦汉的国家形态的演进。我国学术界讨论的主要是如何从奴隶制国家向封建制国家转变的问题。20 世纪 90 年代以来，也有一些学者不再采用“五种生产方式”的模式，提出用另外的框架来表述中国古代国家形态的演进，如田昌五先生提出用“洪荒时代”“族邦时代”“封建帝制时代或帝国时代”，把古代中国划分为三大段，洪荒时代主要讲人类起源的历

① 王树民：《禅让说评议和古代历史的真相》，《曙庵文史续录》，中华书局，2005，第 68 ~ 69 页。

② 王震中：《邦国、王国与帝国》，《河南大学学报》2003 年第 4 期；王震中：《夏代“复合型”国家形态简论》，《文史哲》2010 年第 1 期；王震中：《商代都邑》，中国社会科学出版社，2010，第 459、485、511 页。

③ 宫崎市定：《中国上代は封建制か都市国家か》，《史林》32 卷 2 号，1950。

史，族邦时代主要讲中国文明起源和宗族城邦以及相应的宗族社会结构演变的历史，封建帝制或帝国时代主要讲两千多年来中国社会循环往复变迁的历史。[①] 苏秉琦先生提出了“古国—方国—帝国”式的演进框架。[②] 也有学者使用“早期国家”和“成熟的国家”来区别夏商周时期的国家与秦汉以后的国家。[③] 上述有关中国古代国家形态演进的种种框架，虽说各自从各个不同的侧面概括了中国古代国家发展过程中的某些特征，但也并非没有问题。

说到“城市国家”与中国古代国家的早期形态及其演变，不能不提到侯外庐先生。在我国，“城市国家”这一概念最初的提出，以及以此为基本线索考察中国古代社会问题的，实始于侯外庐先生1943年出版的《中国古典社会史论》。[④] 尽管今天看来，侯先生在该书中把中国古代文明和国家出现的时间定在殷末周初，很需要予以修正，但他以“城市国家”作为研究古代文明和国家起源的路径，以及力图探讨中国古代国家形成的独特途径的科学精神，至今都有它的启发意义。侯外庐先生之后，在日本，以宫崎市定和贝冢茂树先生为代表，20世纪50年代初也开始用“城市国家”（日语为“都市国家”）这一概念来理解从商周到春秋初期的国家结构，[⑤] 宫崎先生还把世界古代史的发展路径概括为：氏族制度—城市国家—领土国家—大帝国这样几种形态和阶段。当然，在这之前，20世纪20年代，日本的中江丑吉先生就提出过“邑土国家”这样的概念，说“当时的国家”是“出自同一祖先的团体，以各个邑土为根据地形成社会生活”。[⑥] 宫崎先生之后，也有

---

① 田昌五：《中国历史体系新论》，山东大学出版社，1995；田昌五：《中国历史体系新论续编》，山东大学出版社，2002。

② 苏秉琦：《中国文明起源新探》，生活·读书·新知三联书店，1999。

③ 谢维扬：《中国早期国家》，浙江人民出版社，1995，第459页。

④ 1943年侯外庐在重庆出版了《中国古典社会史论》；1948年以《中国古代社会史》为题，由新知书局出版了初版的修订本；1955年改题为《中国古代社会史论》，由人民出版社出版。

⑤ 宫崎市定：《中国上代は封建制か都市国家か》，《史林》32卷2号，1950。贝冢茂树：《孔子》，岩波书店，1951，第23~31页；贝冢茂树：《中国の古代国家》，弘文堂，1952，第38~53页。

⑥ 中江丑吉：《中国古代政治思想》，岩波书店，1950，第71~73页。

一些日本学者提出“邑制国家”的概念，以此来置换“城市国家”的提法。[①]

对于用“从城市国家走向领土国家”这样的说法来表现“自殷周时代向春秋战国时代的变化”，日本的伊藤道治教授就提出过质疑。伊藤先生指出，最初使用“从城市国家到领土国家”这样的说法，并非用在中国史而是用在西亚近东中东文明史的研究中，中原与茂九郎先生在1914年执笔的《西南亚细亚之文化》（《岩波讲座东洋思潮》第五卷）中就使用了这样的表述，但中原先生所说的城市国家是包含农村地域在内的。伊藤先生认为，所谓“城市国家”，中国与古希腊不同，不像古希腊那样以单一城市为一自我完备的生活体，而是有点像西亚两河流域，城市在结合许多带有农耕地和牧场的村落后，才构成一个生活体。殷周时期的国，中心有城市，例如安阳、郑州商城即是，较小的则有盘龙城。城市周围称为鄙，意即郊外，大体上分成东西南北四方。鄙又有几个邑。当时“邑”这个用语，城市、乡村都共通使用，指居住区域，因而鄙中之邑或许应称为村落，那是一种在居住区域周围展开耕地的形式。大国除了中央的都市之外，在地方性的中心还有大邑，以大邑为中心再有鄙，构成几个层次。因而，这里的城市国家已把某种程度的较广范围的领域置于其支配之下，可见，“城市国家”与“领土国家”的差别，并非在于领域的有无，而在于对领域内的农民是如何进行支配统治，即国家对于农民的支配方式、国家与农民的关系问题[②]。“邑制国家”的情况也是这样。我们且不说“邑制”之“邑”，既可以指王都，也可以指王都之下的地方性中心聚落，还可以指一般村落，也用于指方国、诸侯之都邑，总之，在商周时期特别是商代，它是一个很宽泛的用语，更主要的是因“邑制国家”与“领土国家”或“地域国家”的差别，也不在于领域

① 宇都宫清吉：《汉代社会经济史研究》，弘文堂，1955，第17页。增渊龙夫：《中国古代の社会と国家》，弘文堂，1960。西嶋定生：《中国古代帝国の形成と搆造》，东京大学出版会，1961，第36～37页。木村正雄：《中国古代帝国の形成》，不昧堂书店，1965，第60～80页。松丸道雄：《殷周国家の搆造》，《岩波講座世界歷史4》，岩波书店，1970。

② 伊藤道治：《中国社会の成立》，讲谈社，1977，第7～12页。

的有无，因而采用“由邑制国家走向领土国家或地域国家”这一模式，依然难以说明问题。

田昌五先生的由先秦“族邦”到秦汉“帝国”的发展模式，其族邦的概念，在反映先秦国家中宗族特性方面有其独到之处，但商周时期的国家结构，并非全处于族邦或邦国这一层面，在存在邦国的同时，还存在中央王国与地方邦国、诸侯的关系问题，所以从族邦到帝国的框架，也有不尽如人意之处。

苏秉琦先生“古国—方国—帝国”的模式框架，在反映先秦国家形态演变的阶段性上，有其合理性，但“古国”“方国”词语本身却是不规范的，带有主观随意性。苏秉琦先生对“古国”和“方国”的定义是：“古国指高于部落以上的、稳定的、独立的政治实体”，“即早期城邦式的原始国家”，“红山文化在距今五千年以前，率先跨入古国阶段”。“古国时代以后是方国时代，古代中国发展到方国阶段大约在距今四千年前。与古国是原始的国家相比，方国已是比较成熟、比较发达、高级的国家，夏商周都是方国之君。……所以，方国时代是产生大国的时代。也为统一大帝国的出现做了准备。不过，方国最早出现是在夏以前。江南地区的良渚文化，北方的夏家店下层文化是最典型的实例”。[①] 苏先生的“古国”“方国”的概念，似乎与通常人们所使用的“古国”“方国”词语的意思有所不同，就约定俗成而言，“古国”一般是既可以指夏王朝之前古老的邦国，也可以指夏商以来古老的国家，所以，“古国”一词本身并不能特指最初的原始的国家。而“方国”一词，来自甲骨文中的“方”，自 1904 年孙诒让在《契文举例》中提出“方国”以来，甲骨学界一般是用它来指商代与中央王国相对而言的各地方的国家，与周代文献中的“邦国”是同一个意思。甲骨文中的“多方”就是“多邦”的意思。在甲骨文中那些称“方”国的（方国），绝大多数与商王处于时服时叛的关系，而不称“方”的国（广义的方国）始终臣服商

① 苏秉琦：《中国文明起源新探》，第 7、131～145 页。

王者占绝大多数。[①] 在商尚未取代夏之前，商对于夏王朝来说是方国，但在灭夏以后，商就不能再称为方国了，而已成为取得正统地位的中央王国。周也是如此，灭商前的周是商王朝的方国，可称为“周方国”，灭商后，取代商的正统地位而成为中央王国。所以，苏先生的“方国”概念，与商周史学者们所使用的“方国”也是不同的，当然也不符合夏商周时期的实际情况。苏先生的“古国”“方国”这些词语，若不放在他的说明下来使用，是很难理解的，很容易同一般意义上的“古国”“方国”的概念相混淆。此外，苏先生说法自相矛盾，例如说“方国已是比较成熟、比较发达、高级的国家，夏商周都是方国之君”，说“方国”是大国。但又说“方国最早出现是在夏以前。江南地区的良渚文化，北方的夏家店下层文化是最典型的实例”。也就是说，在时间上，所谓“方国”阶段似乎是指夏商周以来文明成熟的阶段，但又不限于这一阶段，因为它“最早出现是在夏以前”；在级别上，它似乎以夏商周王国为代表，但又不限于此，因为江南地区的良渚文化、北方的夏家店下层文化也是“最典型的实例”。这样，我们就不知道所谓“成熟”“发达”“高级”的标志是什么？这显然是矛盾的，也有点概念上的模糊和主观随意性。

剔除上述诸说之不足而吸收其中合理的成分，笔者认为，中国古代进入文明与国家社会以后的政治实体的演进应更规范地表述为：邦国—王国—帝国三个阶段和三种形态，中国古代最早的国家是小国寡民式的单一制的邦国；邦国的进一步发展是以王国为“天下共主”国的复合制国家结构的王朝国家；王国以后，通过专制主义的中央集权走向了以郡县制为统治结构的帝国。

在“邦国—王国—帝国”中，如前所述，我们把邦国也称为“都邑邦国”，其中就“都邑”而言，这是因为中国古代有国就有城，建城乃立国的标志，并形成“都鄙”结构。“都”是指国都、都城；“鄙”是指鄙邑有的属于都城周围的村邑，有的属于边陲地域的村邑。那些较大的邦国，在都城

① 孙亚冰、林欢：《商代地理与方国》，中国社会科学出版社，2010，第254页。

之外还可以有二级、三级城邑或宗邑，构成二、三级邑落中心，在二、三级城邑或宗邑的周边也有鄙邑存在。所以，都邑邦国是有城又有领土的，它不同于日本学者中“城市国家—领土国家”中城市的概念。至于“邦国”一词，这是因为先秦文献中就有“邦”“国”“邦国”“庶邦”“邦君”等词，并与“王国”相区别，[①]“邦国”主要反映的是简单的早期国家的概念，既有夏代之前相互独立的邦国，也有夏商周三代与王国并存的邦国。关于夏商周三代的邦国，我们后面再作进一步的说明。但这里的“都邑邦国”或“都邑国家”的概念，不同于古希腊“城邦”。诚如伊藤道治教授所言，古希腊的城邦以一单一城市为一自我完备的生活体，而且其政体属于奴隶制社会的民主政制，所以被称为民主城邦。古希腊城邦与我国龙山时代的都邑邦国以及夏商周三代的王国均不相同。

邦国较史前的“中心聚落形态”（或称为“酋邦”，包括简单酋邦与复杂酋邦，或称为“史前分层社会”）最显著的区别是凌驾于全社会之上的强制性权力系统的出现。与王国相比，一般来说邦国可以没有王权或仅有萌芽状态的王权，但由于在商周时期有些边缘小国偶尔也称王，所以，邦国与王国的区别不仅仅在于是否称王或王权的有无，更重要的是这种王权不但支配着王邦（王直接支配的地区，即后世所谓“王畿”），还支配着附属于或从属于王邦的属邦，这就是《诗经》和《左传》中所说的“溥天之下，莫非王土；率土之滨，莫非王臣”。由于出现了可以支配其他族邦的这样一种王权的存在，其他族邦的主权变得不完整，没有独立的主权，从而使得王国时期统一的国家结构或者说国家形态是一种“复合型国家结构”。在这种结构中，既有作为“天下共主”的“国上之国”的王邦，也有作为属邦的“国中之国”。例如商代“内服”与“外服”结构和周代的分封制结构都属于复合制国家结构。其中，商代作为外服的“侯、甸、男、卫、邦伯”，周代那些被分封的诸侯之国，它们都是臣服于王国的、主权不完整（不具有独立

① 王震中：《先秦文献中的“邦”“国”“邦国”及“王国”——兼论最初的国家为“都邑”国家》，陈祖武主编《“从考古到史学研究”之路——尹达先生百年诞辰纪念文集》，云南人民出版社，2007。

主权）的邦国——“国中之国”。我们可以将这种既含有王邦即王国在内，又含有诸侯国（臣服于时王的邦国）在内的“复合型国家结构”，称之为王朝国家，以区别于王国即王邦之意。当然，夏商周三代王朝与秦汉以后的王朝是不同的，前者属于复合制国家结构中的王朝，后者属于高度中央集权的郡县制国家结构的王朝。此外，在夏商周三代还存在一些与王国敌对的邦国，如商代的土方、人方等方国。这些敌对的邦国，其主权是独立的，它们不能划入“复合型国家结构”之中。至于时服时叛的方国（邦国），在其“反叛”时，或者在其尚未臣服于王国之前，不能由王和王邦所调遣，当然也不属于“复合型国家结构”之中的“国中之国”，而为独立的邦国（方国）。

王国中的王权在本质上是邦国中凌驾于全社会之上的强制性的权力经过一个发展过程后，进一步集中的体现，但并非所有的邦国都能发展成为王国，只有取得了“天下共主”地位的邦国，才变成了真正意义上的王国，这就是夏商周三代的夏邦、殷邦和周邦。只有这样的王权才使得“天下”诸邦之间的权力系统真正呈金字塔式结构。在王国和作为复合制国家结构的王朝中，君王位于权力的顶点，王与臣下、王邦与属邦的差别是结构性的、制度化的。根据夏、商、周诸王朝的情况看，这种王权还是在家族或宗族的范围内世袭的，但王权又是可支配整个“天下”的，从而形成“天下共主”的传统理念。基于王权的世袭性、结构性和制度化，才形成了王朝或王权的“正统”意识和“正统”观。在相当长的一段时间内，这种正统观又是与中原地区这一独特的地理环境联系在一起的。

王国之后是帝制帝国，中国古代帝国阶段始于战国之后的秦王朝。帝国时期的政体实行的是专制主义的中央集权。这种专制主义的中央集权的成因，我们可以从各个方面各个角度进行探讨，笔者以为至少战国时期郡县制的推行和以授田制为特色的土地国有制的实行，以及先秦时期“溥天之下，莫非王土；率土之滨，莫非王臣”[①] 的政治理念的作用，都是秦汉专制主义

① 《左传》昭公七年。

中央集权国家得以形成的基础和条件，而秦始皇统一六国后对于文字的统一，则是中国两千多年来国家统一与文明传承的文化保障。

在帝制国家结构中实行的郡县制，与先秦时期的采邑和分封制是完全不同的。采邑与分封都是世袭的，而郡县制中的各级官吏都是皇帝和中央直接任免的。王国与封国，王国内王与贵族的封地和采邑，诸侯国内邦君与贵族的封地和采邑，它们之间虽有上下隶属关系，但不是行政管理关系，因而无论是封国、封地还是采邑，都不属于地方行政机构，不能据此而划分出地方行政管理级别。这就是复合制的王朝与郡县制中央集权的帝国王朝在国家结构和统治方式上的差别。

试论孙中山“民生主义”的真谛

张海鹏*

民生主义是孙中山三民主义的归宿①，是三民主义思想中最具特色的部分。在孙中山看来，民生主义就是社会主义，他钟情于民生主义，要为在中国实现民生主义而奋斗终生。但是，在三民主义的整个体系中，正是民生主义最为引起人们的误解和诟病。在提出三民主义原则的二十年中，孙中山不得不花去许多精力，去解释和阐发他的民生主义。这就为后人研究他的民生主义思想，留下了许多重要的资料。

孙中山说，“国人往往误解民生主义真谛”②，不了解民生主义为何物，“故盲然为无谓之反对耳”③。误解什么？孙中山以为，人们误解他提倡民生主义——社会主义，是要“反对资本家”，是要“均贫富”④，是要“劫富济贫，扰乱社会秩序”⑤。他说：“现在留心世道的人，多说中国目下没有资

* 本文刊发于1996年第5期。作者张海鹏，时任中国社会科学院近代史研究所所长，曾任第十届全国人大代表、中国史学会会长，现任中国社会科学院学部委员、国务院学位委员会委员兼历史学科评议组召集人。

① 参见《在上海中华实业联合会欢迎会的演说》，《孙中山全集》第2卷，中华书局，1986，第339～340页。

② 《在中国国民党本部特设驻粤办事处的演说》，《孙中山全集》第5卷，第476页。

③ 《在上海南京路同盟会机关的演说》，《孙中山全集》第2卷，第338页。

④ 同上书第2卷，第340页。

⑤ 《在国民党成立大会上的演说》，《孙中山全集》第408页。

本家，用不着讲社会主义，或又说待有资本家产生，再讲社会主义。”[①] 因之，对孙中山的民生主义—社会主义主张，颇有反对之意。

人们的误解不是没有根据的。孙中山在阐释民生主义的过程中，说了许多批评资本家和资本主义制度的话。诸如，“资本家者，以压抑平民为本分者也，对于人民之痛苦，全然不负责任者也。一言蔽之，资本家者无良心者也。”[②] 又说，“土地一日不平均，又受大地主、大资本家无穷之专制耳，贻害子孙，何堪设想”[③]；“资本家之专制与政府之专制一也，政府有推翻之日，资本家亦有推翻之日”[④]；“从前的皇帝贵族压制百姓，他们有时候还负些责任，这种大资本家压制小百姓，他们是毫不负责任的呀！”[⑤] “富人的财产过多，总是用资本的势力操纵全国政权，来压制穷人”[⑥]；等等。

从上引孙中山的这些话中，人们不难得出民生主义是均贫富、是要反对资本家的看法。所以孙中山一再解释，民生主义并不是要反对资本、反对资本家，只是要反对少数人对社会财富的垄断，防止资本家垄断所产生的社会流弊。这种社会流弊主要表现在富可敌国、穷无立锥，造成资产阶级与无产阶级之间阶级战争的社会痛苦。

下面，我们再看看孙中山在辛亥革命后给民生主义下出的定义。

1912 年 4 月 16 日，孙中山在上海南京路同盟会机关发表演说，称：“民生主义者，非反对资本、反对资本家耳，反对少数人占经济之势力，垄断社会之富源耳。……民生主义，则排斥少数资本家，使人民共享生产上之自由。故民生主义者，即国家社会主义也。”4 月 17 日在上海实业联合会欢迎会上发表演说时称：“实行民生主义，而以社会主义为归宿，俾全国之人，无一贫者，同享安乐之幸福，则仆之素志也。”9 月 4 日在北

① 《在中国国民党本部特设驻粤办事处的演说》，《孙中山全集》第 5 卷，第 476～477 页。

② 《在武昌十三团体联合欢迎会的演说》，《孙中山全集》第 2 卷，第 333 页。

③ 《在广州各界欢迎会的演说》，《孙中山全集》第 356 页。

④ 《在上海中国社会党的演说》，《孙中山全集》第 520 页。

⑤ 《在桂林军政学七十六团体欢迎会的演说》，《孙中山全集》第 6 卷，第 8 页。

⑥ 《在广州宴各军将领会上的演说》，《孙中山全集》第 8 卷，第 470 页。

京共和党本部欢迎会上的演说中说：“民生主义并非均贫富之主义，乃以国家之力，发达天然实利，防资本家之专制。”10月10日在《中国铁路计划与民生主义》一文中，孙中山提出：“惟民生主义之意义维何？吾人所主张者，并非如反动派所言，将产业重新分配之荒谬绝伦。但欲行一方案，使物产之供给，得按公理而互蒙利益耳。此即余所主张之民生主义的定义。”①

1921年2月1日，在国民党粤省支部成立会上的演说中说：“民生主义须趁此资本家、地主不多之际，行资产国有制，借机器以兴实业，普利一般人民，消灭阶级战争。”12月7日在桂林军政学76团体欢迎会的演说中称：“怎么样享受生活上幸福的道理，便叫做民生主义。”又说，“民生主义就是平民反对资本家，穷人反对富人的反动。”②

1922年1月4日，在桂林广东同乡会欢迎会上演说：“民生主义，即贫富均等，不能以富者压制贫者也。”③

1924年1月23日，中国国民党第一次全国代表大会发表宣言称：“国民党之民生主义，其最要之原则不外二者，一曰平均地权；二曰节制资本。”2月23日在对驻广州湘军的演说中，他说：“民生主义是对谁去打不平呢？是对资本家打不平的。”3月10日在广州对东路讨贼军的演说中，他说：“要把全国的贫富都打到平等，便要应用民生主义。”8月3日在民生主义第一讲中，孙中山说：“什么叫做民生主义呢？……我今天就拿这个名词来下一个定义，可说民生就是人民的生活——社会的生存、国民的生计、群众的生命便是。”又说：“民生就是政治的中心，就是经济的中心和种种历史活动的中心。”④ 8月10日，在民生主义第二讲中，孙中山说：“共产主义是民生的理想，民生主义是共产的实行；所以两种主义没有什么分别，要分别的还是在方法。”又说，“这种把以后涨高的地价收归众人公有的办法，

① 《孙中山全集》第2卷，第338～339、340、442、492页。

② 《孙中山全集》第5卷，第460页。

③ 《孙中山全集》第6卷，第3～4、56页。

④ 《孙中山全集》第9卷，第120、503、570、555、377页。

才是国民党所主张的平均地权，才是民生主义。这种民生主义就是共产主义。……因为三民主义之中的民生主义，大目的就是要众人能够共产”。“人民对于国家不只是共产，一切事权都要共的。这才是真正的民生主义”。8 月 17 日在民生主义第三讲中，孙中山说：“我们要实行民生主义，还要注重分配问题。我们注重的分配方法，目标不是在赚钱，是要供给大家公众来使用。”又说：“我们的民生主义，目的是要打破资本制度。……所以民生主义和资本主义根本上不同的地方，就是资本主义是以赚钱为目的，民生主义是以养民为目的。”①

以上关于孙中山对民生主义定义的解说，并非全部，却是最重要的一部分。从这些解说中，我们看到民生主义就是社会主义，或是国家社会主义、集产主义，或是共产主义，民生主义不反对资本、资本家，而是防资本家之专制，有时又说是排斥少数资本家，是平民反对资本家，或是对资本家打不平的，有时说民生主义即贫富均等，要把全国的贫富都打到平等，有时说均贫富是误会，有时说民生主义是不用革命手段，以消弭社会革命于未然，或消灭阶级战争，有时说民生主义是享受生活上幸福平等，是社会财富公平分配；有时说民生主义是人民的生活、社会的生存、国民的生计、群众的生命，或是一种世界观，一种历史观，或是一种政策，一幅社会发展蓝图或理想。民生主义究竟是什么？孙中山并未给我们一个准确的定义，他的一些说法有时是前后矛盾，互有差异的。19 世纪末 20 世纪初西方社会流行的有关资本、资本家、垄断、社会主义、集产主义、共产主义那样一些概念，在孙中山的民生主义学说里都可以找到。孙中山并画图表明，社会主义、集产主义、共产主义，都包括在他的民生主义之中。时人理解歧异，后人评说纷纭，原因就在这里。由于民生主义学说中蕴含有若干与社会主义相近的设想，民生主义往往被评价为社会主义。有人说，孙中山“是在帝国主义时代，接受和提出了避免西方资本主义道路的社会主义”②。有人说，“民生主

① 以上引文俱见《孙中山全集》第 9 卷，第 381、359、394、409、410 页。

② 李泽厚：《论孙中山的“民生主义”思想》，引自金冲及主编《孙中山研究论文集 1949～1984》下册，四川人民出版社，1986，第 799 页。

义是一种社会主义，也是均贫富的主义"[①]，"民生主义是介于社会主义与资本主义之间的主义"，"它可以显现社会主义的特性，也可以显现资本主义的特性"。[②] 还有人说，"最大限度地发展国家资本主义"[③]，才是孙中山社会主义经济思想的实质。有人主张民生主义是资本主义的。[④] 还有人认为，民生主义所主张的国有社会主义，是"将资本主义生产与社会主义分配相结合"[⑤]。

民生主义的真谛究竟是什么？换言之，按照民生主义学说，中国究竟应该建设成一个怎样的社会？下文要就此作一些讨论。

孙中山是在19世纪末期开始观察并研究欧美资本主义社会模式的。这时的欧美社会，正是通常所说自由资本主义发展到垄断资本主义的时候。工业革命以后，实业的迅速发展所带来的社会流弊，日甚一日。"不见今日欧美之托拉斯乎？一国之需要，皆取给于数托拉斯，一国之民生权，遂为数托拉斯所握。"[⑥] 由此引起劳资关系紧张，工人罢工频仍，社会革命其将不远。面对欧美社会现实，孙中山不能不对中国如何实施资本主义的发展战略作出认真的思索。

孙中山认识到，在那时的时代潮流之下，中国不可避免地要走上资本主义道路，"建立有助于资本成长与流通的新实业"[⑦]，中国将"自行投入实业漩涡之中"，"实业主义为中国所必需，文明进步必赖乎此，非人力所能阻遏，故实业主义之行于吾国也必矣"。[⑧] 实业主义就是资本主义，这是不言

---

① 张玉法：《孙中山与近代中国革命运动》，《历史讲演集》，台北东大图书公司，1991，第189页。

② 张玉法：《转型的时代：三十年来的台湾》，《历史讲演集》第442页。

③ 杨天石：《孙中山和中国革命的前途》，见孙中山研究会编《孙中山和他的时代》上册，中华书局，1989，第121页。

④ 陈独秀的意见。见杨玉清《解放前孙中山三民主义思想研究浅略述评》，见孙中山研究学会编《回顾与展望——国内外孙中山研究述评》，中华书局，1986，第223页。

⑤ 山本幸夫的意见。见狭间直树《民生主义研究在日本》，《回顾与展望——国内外孙中山研究述评》第200页。

⑥ 《在广州对报界公会主任的谈话》，《孙中山全集》第2卷，第364页。

⑦ 《中华民国》，《孙中山全集》第393页。

⑧ 《中国铁路计划与民生主义》，《孙中山全集》第492页。

而喻的。“近世资本主义之天然演进，对于劳动者常与以不平之待遇”，这是欧美社会已经发生的事实。如果不加控制，任其发展，中国在十年以后，必至有十万人以上之资本家，那时，中国必然重陷欧美社会的老路。中国既要发展资本主义，又要避免资本家垄断社会财富、压制人民群众，办法在哪里？鉴于中国实业发展未久，大资本家还未出现，也还没有资本家垄断社会经济的现象，这就为孙中山设计中国式的资本主义发展战略提供了合适的客观环境。孙中山认为，只要实行以土地国有和节制资本为主要内容的一系列民生主义政策，就能够避免出现大资本家，就能防止社会财富集中于少数人手中，就能防止资本家专制。民生主义的出发点，是防止垄断性的大资本家出现，反对大资本家垄断社会财富。孙中山在革命之初制定的革命方略中就严正指出：“敢有垄断以制国民之生命者，与众弃之”[①]，即是为此。当然，反对大资本家不是不要资本家。“不知资本家应维持，如何反对，特资本家之流弊，则不能不防备”。[②] 像欧美那样，“土地权全操之于少数大资本家，其势必流于资本专制”[③]，那是万万要不得的。可见，孙中山所要建立的，不是没有资本家的社会，而是不要大资本家的资本主义社会。

以下分析孙中山的平均地权政策。民生主义主张通过平均地权实现土地国有，是要限制大地主、大资本家对土地权的垄断。平均地权，又是通过地主自报地价、国家按价收税、按价收买以及涨价归公的办法来实现。这种设计在实施过程中，必然遇到许多困难。在广大农村、山区，地价不可能很快增长，国家不可能从地主手中按价尽收土地，地主仍将相当牢固地控制着土地所有权。在法律上、理论上，地主土地所有制被剥夺，土地实现国家所有。但由于地主仍掌握土地原价，且在相当长时间内国家不可能从地主手中收购土地，这种土地制度是事实上有限制的地主土地所有制，换一个角度，是不完全的土地国家制。尽管如此，平均地权仍是对封建地主土地所有制的严重冲击，其最大实效，可能正是造成农民和土地的

① 《中国同盟会革命方略》，《孙中山全集》第1卷，第297页。

② 《在上海中华实业联合会欢迎会的演说》，《孙中山全集》第2卷，第340页。

③ 《在广州行辕与各界的谈话》，《孙中山全集》第372页。

分离，造成游离于土地之外的农村无产者，他们是正在发展中的现代工业企业的产业后备军。[①]

照孙中山看来，实现平均地权，就算完成了民生主义的一半。完成另一半，就要靠发达资本。他说，“要解决民生问题，一定要发达资本，振兴实业。”振兴实业的办法，无非是发展铁路等交通事业、发展矿业、发展机器工业。发展的办法，就靠节制资本。节制资本，并不是节制资本主义生产，而是节制私人资本的发展。如果任由中国私人或者外国商人来经营，将来的结果也不过是私人资本发达起来，也要生出大富、大贫等阶级的不平。仅仅节制资本，也不是解决民生问题的唯一办法。“中国不单是节制资本，还要发达国家资本”，“由国家管理资本”，全国人民便享资本的利，不受资本的害。[②]

实行土地国有、节制资本、发达国家资本的政策，能防止大资本家为祸社会，也能刺激中等资本家——中产阶级的活力。孙中山正是呼吁、企盼中国社会产生中产阶级。他说过：“欧美社会与我国异，人民只有贫者、富者二种，无中产阶级，是以常起劳资竞争”[③]，意在企盼中国产生中产阶级，以调和劳资纠纷。1920 年 4 月，孙中山在美国《独立周报》发表文章，向美国人民呼吁：“美国人必须认清：北京政府不能代表这个国家；广州政府（原编著按：指岑春煊、陆荣廷控制下的广州军政府）也同样不能代表中国。比较能代表中国的，倒是上海的商人，以及正在成长中的中产阶级——他们不多过问政治，而只想把国家的实业建立起来。”[④] 正在成长中的中产阶级，正是孙中山所渴望的，是实施民生主义、避免社会弊病的阶级基础。

---

① 胡汉民（民意）根据孙中山口授意见撰写的《告非难民生主义者》一文中说：“其人倘并锹锄斧斤之属而亦无之，其不能不为他人作嫁固耳。若其有农具之资本，足以施于农事，则自可向国家请愿而租地……必其继续二年以上不能纳者，始请求废其契约。”见《民报》1907 年 3 月第 12 号，第 119 页。中国农村这样的无产者、半无产者（所谓贫雇农）是很多的，他们租不到田地，很容易被抛出土地之外。

② 以上引文俱见《民生主义第二讲》，《孙中山全集》第 9 卷，第 391、391、393 页。

③ 《在广东省第五次教育大会上的演说》，《孙中山全集》第 5 卷，第 560 页。

④ 《中国人之直言》，《孙中山全集》第 247 页。

可以说，民生主义所要代表的是正在发展中的、受到严重压抑的、政治经济势力都很软弱的、渴望同官僚垄断势力和外国资产阶级争取平等地位的中国民族资产阶级的利益。

孙中山说："现在我们不单是用革命去扫除那恶劣政治，还要用革命的手段去建设"，"我们革命就是要将政治揽在我们手里来作"①。孙中山从事革命活动，从同盟会到中国国民党，20 年来，是一直注意将革命领导权掌握在自己手里的，但很少像这样用明确的语言强调革命的领导权问题。这个"我们"，指的是代表中产阶级利益的政治力量。就是说，无论是革命还是建设，即实施中国资本主义发展战略，不能大权旁落，要把领导权"揽在我们手里"。

孙中山对中国劳动大众充满了深切同情，是一个一辈子为社会平等而奋斗的革命家。他深恶痛绝欧美社会里出现的劳资间的阶级斗争，不希望这种社会病态在中国出现。民生主义的归结点，是社会和平协调发展，永远消弭劳资间的阶级斗争，永远防止无产阶级为向资产阶级争取政治、经济平等权益而发动的"社会革命"，或曰"第二次革命"。在他看来，欧美资产阶级在完成夺取政权的政治革命后，未能防止实业发展后出现的社会革命，是一大缺憾，中国社会应未雨绸缪，设计新的发展战略，预防"西方国家劳资间的不协调以及劳工大众所处的困境"② 那样的局面，做到"举政治革命、社会革命毕其功于一役"，甚至使民族、民权、民生革命一次完成，一劳永逸，就可保证中国社会永臻大同之域。

孙中山认为，"社会革命的惨痛，比政治革命流血更多"③。为了免除这种痛苦，消弭社会革命于未然，就要"建设一个极和平、极自由、极平等的国家"④，方才可以实现没有阶级冲突、阶级竞争的社会图景，从而可以永远不再革命。这种设想，准确地反映了中产阶级要求在和平、稳定、协调

① 《在上海中国国民党本部会议的演说》，《孙中山全集》第 400 页。

② 《中华民国》，《孙中山全集》第 2 卷，第 392 页。

③ 《在中国国民党本部特设驻粤办事处的演说》，《孙中山全集》第 5 卷，第 480 页。

④ 《与戴季陶的对话》，同上书第 69 页。

的社会环境中发展资本主义的愿望。

孙中山认为，只有实行民生主义，经济生活上人人平等，共同富裕，就能保证中国永远不再革命。“仆之素志在提倡实业，实行民生主义，而以社会主义为归宿，俾全国之人，无一贫者，同享安乐之幸福。”① 从早年到晚年，孙中山都十分关心工人、农民的生活。他说，“我希望看到人民大众的生活状况获得改善，而不愿帮助少数人去增殖他们的势力，直至成为财阀。”② 因此，他赞成“得社会主义真髓”的亨氏土地公有、麦氏资本公有办法，就是希望造成“所得的利益归人民大家所有”，又“和资本家不相冲突”③ 那样的社会局面。这就是他理想中的民生主义——社会主义社会模式。陈义高尚，理想圣洁，无可批评。当然，孙中山的社会主义，是他常加称赞的德国俾士麦的国家社会主义，是“不能够马上推翻”④ 资本制度的社会主义，是劳资和平协调发展而不致引起社会主义革命的社会主义。这种社会主义，不是马克思主义学说中经过社会主义革命的社会主义。笔者认为，可以姑且称之为民生社会主义。

这种民生社会主义，实际上是孙中山设计的一种有中国特色的资本主义发展模式。这种模式的特点，一是以国家资本为社会的主要经济构成，不允许大资本垄断社会经济现象的存在；二是以中产阶级为支撑社会发展的阶级基础，社会发展目标由代表中产阶级的阶级利益的政治代表所掌握；三是融入了社会主义的分配办法，力求全社会和平协调发展，全民都得到富裕，防患社会革命于未然；四是在政治方向和社会发展目标上，公开声称与马克思主义的社会主义、共产主义理想不相冲突，而且是好朋友。

民生社会主义上述特点，反映了孙中山的个人特色，且其主要方面，已为中国国民党第一次全国代表大会宣言所接受。但是，孙中山在确立自己的

---

① 《在上海中华实业联合会欢迎会的演说》，《孙中山全集》第 2 卷，第 340 页。

② 《中华民国》，《孙中山全集》第 393 页。

③ 《民生主义第二讲》，《孙中山全集》第 9 卷，第 393 页。

④ 《民生主义第三讲》，《孙中山全集》第 410 页；《民生主义第四讲》，《孙中山全集》第 9 卷，第 424 页。

社会理想时，对国情的估计尚有若干不足。第一，自鸦片战争以来，外国资本主义——帝国主义的政治、经济甚至军事势力控制了中国，中国几乎国将不国，它们不能容许孙中山在这块土地上试验自己的理想。这方面，自1912年初南京临时政府成立以来，孙中山已经有了许多切身体会，并且已经认识到："我们要解决民生问题，如果专从经济范围来着手，一定是解决不通的。要民生问题能够解决得通，便要先从政治上来着手，打破一切不平等的条约，收回外人管理的海关，我们才可以自由加税，实行保护政策。"① 国家、民族不能独立，一切仁人志士要想实践自己的理想都是不成功的。要建国必须先救国。只有驱逐帝国主义出中国，建国的目标才有可能实现。在帝国主义和封建军阀统治中国局面不改变的情况下，建国蓝图越具体，就越具有空想性。当1924年9月18日，孙中山代表中国国民党发表北伐宣言，明确宣布，辛亥革命以后之国内战祸，"直接受自军阀，间接受自帝国主义"，"此战之目的不仅在推倒军阀，尤在推倒军阀所赖以生存之帝国主义"②。只有如此，中国才能脱离次殖民地之地位，以造成自由独立之国家，才具有实现三民主义的条件。到这时，孙中山的认识才得到了校正。

第二，孙中山强调中国只有大贫和小贫，意在模糊中国社会的阶级差异。他没有深刻认识中国农民对土地的渴望，没有体察到农民和地主阶级之间阶级斗争的存在。他虽以"洪秀全第二"自居，却没有认识到太平天国起义正是19世纪50年代农民和地主阶级斗争激化的表现。尤其是19世纪70年代以来，中国社会里资本主义生产关系正在成长，民族资产阶级（孙中山所企望的中产阶级）的经济势力到19世纪末20世纪初，已经在中国社会的经济、政治生活中有相当影响，官办企业也有了可观的发展，外国资本主义的独资企业已经控制了中国经济的走向。这些资本主义的生产、金融、交通企业对中国传统社会的冲击力是很大的。现代工业企业中的劳资关系已

① 《民生主义第三讲》，《孙中山全集》第410页；《民生主义第四讲》，《孙中山全集》第9卷，第424页。

② 《中国国民党北伐宣言》，《孙中山全集》第11卷，第76页。

经存在。[①] 对这些估计不足，而设计民生社会主义的美丽图景，颇有些单向度思考的意味。试想，在中国的现实情况下，土地公有、资本公有能否实现？实现以后能否防止垄断性的大资本家产生？如何保证社会全体成员公平分配、人人幸福？是否能避免劳资间阶级斗争？

① 1924 年 5 月 1 日，孙中山在广州市工人代表会的演说中，说本国的资本家还没有压迫工人的能力，这显然是曲解，但他又说，中国工人反想种种办法来压迫本国资本家，中国工人常常和本国资本家发生交涉，中国工人是驾于本国资本家之上。从这种曲解中，我们看到孙中山实际上承认劳资矛盾的现实情况。见《孙中山全集》第 10 卷，第 148 ~ 149 页。

古代雅典的民主和工商业

廖学盛*

在研究和比较世界各国历史的过程中，如何区分古代与现代貌似相同而实质不同的社会现象，是一个值得注意的问题。在进一步发展社会主义民主已是我国政治生活重要内容的今天，人们不时也谈到古代希腊，特别是古代雅典的民主。那么，古代雅典的民主是怎样确立的，它与构成商品经济主体的工商业的发展有什么样的联系呢？

在古典时代希腊世界数百个城邦之中，有过多种政体，只有雅典的民主政治得到了高度发展。公元前6～4世纪雅典的民主政体，是作为公民集体的雅典城邦一定历史发展阶段的产物，是奴隶占有制社会早期特有的一种国家组织形式。

处于自然经济的汪洋大海之中的雅典城邦，主要经济部门也是农业，公民权与土地占有权密不可分。在雅典内部，包括民主政治达到顶峰的伯里克利当政时期（公元前443～429年），长期在经济、政治和社会方面占主导地位的是有资格占有，并且实际占有土地的公民。从公元前6世纪后期到4世纪中叶，虽然雅典的工商业发展程度在希腊诸邦中比较高，从事工商业的公民的政治地位比在其他城邦中高一些，但是单纯从事工商业致富的公民只

---

* 本文刊发于1988年第5期。作者廖学盛，时任中国社会科学院世界历史研究所副所长，曾任中国社会科学院世界历史研究所所长，现任中国社会科学院学部委员、世界历史研究所研究员。

是极少数。在公元前5世纪和4世纪，与工商业关系比较密切的第四等级公民，经常受到公民集体中富有奴隶主的鄙视和排斥。富有而又从事海外贸易的雅典公民，往往是因遭到放逐而被迫经商[①]。至于从公元前5世纪中叶起在雅典的工商业中日渐占有重要地位的异邦人，则没有雅典的公民权，无权干预雅典的政治。尽管他们中的绝大多数人同情和支持雅典的民主政体，而且在公元前五世纪末推翻寡头统治的斗争中出了力，但仍然无法得到雅典公民权。不仅如此，异邦人有时甚至不能到雅典的主要贸易场所阿戈拉[②]去做买卖[③]，而只能租赁房屋居住。

雅典民主从萌芽到确立，经历了一百多年[④]。它的起点是公元前594年的梭伦改革。这次改革颁布的"解负令"，消除了雅典公民集体内部的债务奴役，使因欠氏族贵族的债，或者即将失去土地被卖往异邦为奴的农民群众，得到了解放。"解负令"的实施，使雅典只能靠剥削来自外部的奴隶以发展奴隶占有制经济。梭伦改革的结果，使构成雅典第四等级公民主体的无地和少地农民，得到了参加公民大会干预政治的权利。梭伦改革之后雅典民主政治的兴衰史，始终与如何对待无地和少地的公民群众密切相关。

梭伦出身于家道中衰的氏族贵族家庭，本人也一度经商。他的立法活动的一个方面便是鼓励土地贫瘠的雅典公民从事生产，包括经营工商业。这样做的目的在于使每个公民都有谋生的手段。在梭伦的时代，雅典的工商业处于很低的水平，落后于科林斯。公民等级的划分以每人每年所得农产品的数量为标准。当代许多学者认为，在雅典，铸币的出现是梭伦改革之后大约

① 关于雅典工商业的发展状况以及公民对待工商业者的态度，参阅霍珀《古典时代希腊的商业和工业》，伦敦1979年英文版，第109页；普林斯海姆：《有关买卖的希腊法律》，1950年英文版，第126页以后。

② 古希腊文中的αγορα一词，最初的意思是"公民大会"，后来进而指公民开会的地点，因为古代各地公民集会之日就是贸易兴隆之时，所以公民从事政治活动的地点也就成了主要的市场。许多中文译著把αγορα译为"市场广场"不妥。那里首先是公民从事政治活动的地方。

③ 参阅马克多维尔《古典时代雅典的法律》，纽约1978年英文版，第156页。

④ 参阅拙著《雅典民主政治的确立》，载《外国历史大事集》（古代部分）第一分册，重庆出版社，1986，第295～311页。

50 年的事[①]。

雅典民主政治的形成与发展是由多种因素决定的，它与工商业的发展也有一定的联系。没有工商业一定程度的发展，特别是武器制造业和造船工业的发展，雅典就不能维持强大的海军和陆军，以有效地保卫国家独立和实现对外扩张。而离开了国家独立，民主就根本无法存在；没有对外扩张带来的土地和其他财富，广大公民群众比较优裕的生活和积极参加政治活动的时间就无法保障。造船的基本原料木材等就主要是从外部输入的。公元前 5 世纪 80 年代首次大规模地营造战舰的资金，首先是来自劳里昂银矿的收入[②]。

自 1959 年 R. M. 库克发表了《彩陶在希腊商业中的意义》一文以后，许多学者都认为，不能夸大彩陶贸易在希腊经济生活中的作用。对于雅典来说，情况也不例外。霍珀指出，彩陶贸易只是雅典输出品的一小部分[③]。

经常论及的雅典输入粮食，那主要是公元前 5 世纪 70 年代以后，即希波战争第一阶段结束之后的事[④]，而且情况颇为复杂，不在此赘述了。

由上所述，工商业的发展状况不是决定雅典民主政治兴衰的主要因素。这里应该强调指出的是，公元前 5 世纪是雅典民主政治最繁荣的时期，城邦的主要财政收入来自对提洛同盟中的盟邦的剥削。雅典大兴土木所耗费的资财，主要来自希波战争中掠夺的财富，以及提洛同盟诸邦提供的捐款[⑤]。

公元前 461 年埃菲阿尔特斯的改革标志着雅典民主政治的最终确立，即

① 参阅《剑桥古代史》第二版，第三卷，第三分册，1982 年英文版，第 379 页。关于梭伦时期雅典工商业的发展程度以及梭伦所代表的社会势力问题，还有待深入探讨。

② 参阅希罗多德，VI，144，1-2；亚里士多德：《雅典政制》，XXI，7；罗兹：《亚里士多德的雅典政制笺注》（英文版），第 277～280 页。

③ 德圣克罗阿：《伯罗奔尼撒战争的起源》，纽约 1972 年英文版，第 214～220 页；霍珀：前引书，第 96～98 页。

④ 参阅霍珀：前引书，第 53～54 页。

⑤ 科洛鲍娃：《古城雅典及其遗迹》，1961 年俄文版，第 83 页以后。

全体公民有权参加的公民大会成了雅典内外政策的最高决策机构，并真正掌握了雅典的主要政治权力，这一事件发生在希波战争过程中，雅典处于进攻地位和提洛同盟已经开始变为雅典实现霸权的工具之后，绝非偶然。它说明雅典民主的发生、发展与雅典面临的战争和实行扩张有密切的联系。由此可见，雅典民主的确立既是以剥削外部的奴隶、异邦人以及提洛同盟中的盟国为前提，又是为了维持和加强这种剥削和奴役关系。

公元前6~4世纪存在于雅典的民主政体，是雅典公民集体（包括有公民权的奴隶主和广大主要靠自己劳动谋生的一般公民在内）在一定时期内利益一致的政治表现。这种不同阶层利益的一致性，又首先表现在只有团结、一致对外才能维护国家独立和实行对外扩张。否则，在小邦林立、战争不断，而以公民兵为战斗主力的奴隶占有制社会中，国家一旦灭亡，全体公民都可能沦为异邦的奴隶。梭伦改革后雅典一百多年的历史发展，就是由于前述特殊有利的内、外环境，不仅消除了公民集体内部的债务奴役，还使得主要靠自力谋生的第三和第四等级公民的经济、政治和社会力量不断壮大，使富有的奴隶主和一般公民群众之间一度形成了比较融洽、和谐的关系。这就使雅典的民主政体得以确立并继续发展①。

公元前461~431年的三十年间，随着雅典民主政治的高度发展，工商业也有了巨大发展。伯里克利曾在著名的国葬典礼演说中自豪地说：“由于我们城邦的强大，世界各地的产品都贩运到这里，以致我们能够像用本地产品一样享用外邦的物产。”② 之所以出现这种情况，首先是因为提洛同盟的存在，使爱琴海地区相当长时期内保持了比较和平的有利于商业交往的国际环境，雅典因此一度成了地中海地区重要的贸易中心③。再者，雅典国内大兴土木以及实行鼓励异邦人到雅典定居、经营工商业的政策，也都有助于国

① 参阅拙著《希波战争和雅典城邦制度的发展》，载中国世界古代史研究会编《世界古代史研究（第一辑）》，北京大学出版社，1982，第54~69页。

② 修昔的底斯，Ⅱ，38，2。

③ 关于雅典的海上霸权与其国力及工商业的关系，可参阅色诺芬的《雅典政制》，Ⅱ，11~12；修昔的底斯，Ⅰ，80~81。

内外贸易的发展①。

不过，即使是在这个时期，雅典的一个基本国策，也是使无地和少地的第四等级公民变成具有第三等级公民资格的土地占有者。大规模的军事殖民就是为此服务的。

在伯罗奔尼撒战争期间，雅典的国库耗费一空，农村遭到巨大破坏，公民人数，特别是第四等级公民的数量大减，大量从事手工业劳动的奴隶逃亡，并且最后因战败而丧失了海上霸权。但即使是在这样困难的情况下，雅典公民集体仍能最终消除两次实在是寡头政变造成的巨大创伤，重建雅典的民主政治制度。根本原因就是实现民主政治能够最有效地保障国家的独立和维护包括部分富有公民在内的大多数公民的利益。直到雅典最终丧失独立之日，它仍是希腊诸邦中能够提供数量最大的公民兵的城邦，就雄辩地说明了这一点。

在公元前 5 世纪下半叶和 4 世纪，确实有过少数富有的工商业者或出身于工商业者家庭的人活跃于雅典政坛，例如，伯罗奔尼撒战争时期的克列昂、许佩尔博洛斯和克列奥丰，著名演说家、反马其顿派的领袖人物德谟斯梯尼。不过，他们都是在整个公民集体的严格监督之下行动，都得按公民大会的决议行事，并没有也不可能提出纯粹代表工商业者利益的纲领。无论是克列昂还是德谟斯梯尼，谈论的都是当时全体公民深表关切的战争与和平问题。

作为奴隶占有制城邦一种政体的雅典民主，虽然也伴随有“平等”“自由”“法治”等思想，但它们的内容与近现代的这类概念有本质的区别。

关于古代的“平等”观念与近、现代的“平等”观念的巨大差别，恩格斯在《反杜林论》中有过精辟的论述。他写道：“在最古的自发的公社中，最多只谈得上公社成员之间的平等权利，妇女、奴隶和外地人自然不在此列。在希腊人和罗马人那里，人们的不平等比任何平等受重视得多。如果

① 参阅《雅典政制》，I，10～12；阿甫季耶夫和皮库斯主编《古希腊史》，1962 年俄文版，第 233～239 页。

认为希腊人和野蛮人、自由民和奴隶、公民和被保护民、罗马的公民和罗马的臣民（指广义而言），都可以要求平等的政治地位，那么这在古代人看来必定是发了疯。”① 这段话的精神，对于古代雅典也是适用的。马克思也指出了“希腊社会以奴隶劳动为基础，从而有人间的不平等”② 这一重要事实。雅典公民间的一定程度的平等是为了促进奴隶占有制的发展，即加剧自由民与奴隶之间的不平等服务的。

众所周知，亚里士多德曾公开宣扬：“一部分人天生是自由人，另一部分人则天生是奴隶。”③ 民主制度的基本原则是自由，而“轮番当统治者和被统治者”则是自由的基本要素。

他对此进而解释说，由于奴隶不得按自己的意志生活，自由人想要不受他人统治而又事实上办不到，故不得不实行轮番为治。这种轮番为治就体现了以平等为基础的自由④。雅典五百人会议以及公民大会主席团成员的选举办法和活动方式，的确在很大程度上体现了“轮番为治”的原则。可是，以“轮番为治”作为主要表现形式的自由、平等观，与近代以来的自由、平等观，难道不是有天壤之别吗？的确，对于任何时代来说，“自由”都包含有按自己的意志生活这样的内容，但是在雅典民主下公民的自由意志有其特定的社会意义。奴隶占有制社会中公民可以自由地做的事，有些则是其他社会所不允许的。

在《反杜林论》中，恩格斯指出：“只要自由民和奴隶之间的对立还存在，就谈不上从一般人的平等得出的法律结论。”⑤ 雅典的法律，长期就是以公民和非公民的差别、自由人和奴隶的差别为根据的。只是到公元前 4 世纪下半叶才出现了同等对待雅典公民和异邦人的有关商事纠纷的法律⑥。

由于还保留了大量原始社会的残余，在雅典的立法中缺乏公法和私法的

① 《马克思恩格斯选集》第 3 卷，第 143 页。
② 郭大力、王亚南译：《资本论》第 1 卷，人民出版社，1965，第 33 页。
③ 《政治学》，1255a2。
④ 《政治学》，1317a40 ~ 1318a10。
⑤ 《马克思恩格斯选集》第 3 卷，第 143 页。
⑥ 马克多维尔：前引书，第 234 页。

区分。普林斯海姆指出，在希腊没有产生过一本关于私法的书。希腊人没有创造任何可与罗马的法律体系、罗马人关于私法的抽象概念相比拟的东西[①]。

在公元前5世纪和4世纪的雅典，没有独立的法学，它只不过是哲学的一个分支。在司法实践中，涉讼者往往不是把胜诉的希望寄托于法律的公正，而是千方百计拨动民众法庭众多成员的感情。

① 普林斯海姆：前引书，第1页。

意大利文艺复兴的历史背景

张椿年*

文艺复兴是意大利历史上非常光彩夺目的一章。它是如此的美丽，如此的迷人，似乎它就是光辉和繁荣的化身，然而，文艺复兴却不是一个科学的历史名词，因为它没有说出历史的真实面貌和社会的本质。

一

文艺复兴这个名词的创造者是意大利的画家、建筑家、艺术史家乔治奥·瓦萨里（1511～1574）。他在1550年出版的《著名画家、雕塑家、建筑家传记》的著作中发表了这样一个观点：16世纪，艺术在经历了千年的野蛮之后重放光芒。他说读者会从他的书中“比较容易地认识到在我们这个时代艺术复兴和她向完美发展的进步”①。在瓦萨里那里，文艺复兴的概念仅仅限于新的艺术，这个概念保持了三百年之久。

1855年，法国历史学家朱尔·米什莱出版了他的第七卷《法国史》。这一卷的标题就叫《文艺复兴》。米什莱把《文艺复兴》用来说明相当时期的

* 本文刊发于1991年第5期。作者张椿年，时任中国社会科学院世界历史研究所所长，曾任中国史学会理事，现任中国社会科学院荣誉学部委员、世界历史研究所研究员。

① 引自 E. R. Chamberlin, The World of Italian Renaissance（London: Book Club Associates, 1982）, p. 2。

法国历史，从而使文艺复兴具有“时代”的意义。他在自己的著作中，提出了一个异常新颖的观点，他说不能“把文艺复兴这个美丽的字眼限于新艺术的降临……研究古物的复兴”，他认为持有这种局限观点的人忽视了两个细节，这就是“把我们的时代和前人区分开来的世界的发现和人的发现”①。五年以后，瑞士史学家雅各布·布克哈特发表了他的杰作《意大利文艺复兴时代的文化》。这是第一部关于意大利文艺复兴的专著，在学术界引起了极大的反响。这部著作对世界的发现和人的发现作了全面的、精微的论述，把文艺复兴的内容引申到文化思想、社会生活领域，进一步肯定了文艺复兴作为一个历史时代而存在。布克哈特的著作虽然奠定了文艺复兴研究的基础，却忽视了文艺复兴时期的经济基础，似乎文艺复兴是魔术般地突然产生出来的。

现在文艺复兴作为西方历史上的一个新时代的认识已普遍地为历史学家所接受。但是对这个历史新时代的内容的理解上仍有差异。有的认为，文化艺术的繁荣和近代精神的形成是这个时代的主要内容；有的认为，文艺复兴时期文化、艺术、思想之所以发生深刻的变化并呈现一派繁荣的景象，并不是偶然的，与当时经济基础的变化不可分割地联系在一起。在文艺复兴时期产生了资本主义生产关系。它是时代的本质，新文化产生的基础，标志了从封建社会向资本主义社会的过渡。因此文艺复兴的内容不仅包括文化、艺术、思想等方面，也包括经济。这是继布克哈特之后，文艺复兴的概念又一次得到延伸和扩大。我同意后一个观点。因为资本主义生产关系的存在是个事实，社会经济制度和社会关系最终制约着社会文化的发展，分析文化的本质不能同经济的性质割裂开来。

一个历史名词的内涵的发展，显示了人们对历史运动和它的背景在认识上的深化。文艺复兴是怎样产生的呢？

意大利文艺复兴有深厚的历史根源，是在吸收前人（包括中世纪）的优秀成果的基础上进行创造的结果。但是有一种观点否定中世纪，把中世纪看成一片黑暗。这种观点源远流长，文艺复兴时期的一些著名的人文主义者

① 见 E. R. Chamberlin 前引书，p. 3。

彼得拉克、薄伽丘、萨户塔蒂和布鲁尼都有这种看法。布克哈特的著作使这种观点更广为流传，但很快也遭到逐渐增多的批判。遗憾的是，这种成见到今天还没有完全消除。甚至在我国的一些出版物中还不时地可见到这样的历史观念。例如，有人曾说：“《十日谈》是在中世纪垃圾堆上怒放出来的一朵奇葩，是文艺复兴现实主义初期自由思想的代表作品，也可以说是欧洲第一部资产阶级现实主义文学作品。”我们很难相信，欧洲第一部资产阶级现实主义文学作品能在中世纪的垃圾堆上产生出来。文章完全割断了历史来评估《十日谈》的意义。在这里有必要谈一谈中世纪的历史地位。中世纪是不是黑暗呢？它与文艺复兴有无继承的关系呢？这两个问题应该得到澄清。

中世纪是社会发展史上的一个重要阶段。封建社会的产生标志了社会进步。中世纪黑暗论的一个重要论据是，日耳曼人入侵意大利后，消灭了古罗马的灿烂文明。我们要问，日耳曼人的入侵是否使意大利和西欧完全丧失了古典文明？中世纪是否死水一潭，始终处于停滞状态？日耳曼人侵占意大利，的确使大批华丽的建筑毁于战火，大量的文献埋没丧失，许多精良的工艺永久失传。尽管如此，伦巴底人和其他蛮族却摧毁了罗马的大地产制，改善了奴隶和隶农的生活，促进了奴隶制的灭亡和封建关系的产生，这是历史的进步。由于当时包括东哥德人和伦巴底人在内的蛮族比较落后，他们还不具备更高的文明来替代罗马的文明，因此，为了统治意大利，他们对罗马的文明是赞赏和仿效的。一个日耳曼的编年史家写道：“12 世纪时，腓特烈·巴勃罗斯皇帝手下的日耳曼人，满以为伦巴底人是同胞，不知他们已经完全拉丁化，已经摆脱犷悍的野性，在空气与土地的影响之下学会一些罗马人的聪明文雅，保存着典雅的语言和礼让的古风，甚至城邦的宪法和公共事务的管理也学到罗马人的长处。”① 从以上的记载，可见古罗马的文化并没有完全消亡，它最终影响着生活在意大利土地上的民族。

中世纪从古罗马继承了拉丁语、拉丁文学。中世纪学者对拉丁语法的研究和对维吉尔、奥维德、西塞罗的著作的阅读从未中断。拉丁语对西欧各国语

① 引自〔法〕丹纳《艺术哲学》，傅雷译，人民文学出版社，1986，第 82 页。

言和文学的发展都起过不同程度的影响，即使在今天拉丁语仍用作科学术语。

中世纪从古罗马继承了许多古老的城镇。罗马、比萨、热那亚、里昂、马赛、科隆、伦敦无一不是罗马人的遗产。这些城镇保留了许多罗马时代的手工业（如制造钱币），商业管理、手工业团体，一系列公共和私人的建筑。这些方面为中世纪城市的兴起创造了条件。

中世纪还从古代古罗马继承了罗马法。中世纪的城市兴起后，伴随着商业活动的扩大，曾出现了一股研究罗马法的热潮。这种法学研究完全是非宗教性的，对市民思想的世俗化起了重要的作用。因为罗马法的本质是理性的。

中世纪绝不是建筑在一片废墟或荒芜的沙漠之上的，它不仅有继承，更有重大发展，取得了古代所未曾有过的成就：大学、银行、议会制度、哥特式的建筑和市民文学无不诞生于中世纪。与古代不同，中世纪的城市在经济方面发挥的作用远远超过古代。

自 11 世纪以后，欧洲的各种知识迅速地增长起来，并进一步地系统化和专门化，到 13 世纪又按照各自的特点，发展为神学、罗马法、宗教法规、医学、数学、天文学、占星学、逻辑学和自然哲学，最后还有语法和修辞学。知识的这种组成方式是中世纪后期的特征。虽然经过许多变化和补充，它仍是文艺复兴时期的教育的主脉。

彼得拉克和所有的人文主义者崇尚学习罗马作家的著作，这与中世纪的教育把拉丁语的语法的学习和一些古典作家作品的阅读作为学校教育的核心分不开，当然文艺复兴与中世纪在对待古典著作的态度上是不同的，前者把古典文学视为智慧的来源，以模仿古典作品的优雅和博学为荣，中世纪则缺乏这种风格。再如薄伽丘的《十日谈》，深受中世纪市民文学的影响。“《十日谈》之所以受到公众的欢迎是由于小说中的大部分情节反映了当地的传统和其中的人物大多数是人们所熟悉的当代或近乎当代的人物。从这个角度上讲，他的小说是既有传统的又具有现代的气息。”①

---

① 〔英〕丹尼斯·哈伊：《意大利文艺复兴的历史背景》，李玉成译，生活·读书·新知三联书店，1988，第 99 页。

我们有理由说，文艺复兴的产生不能脱离中世纪在各个领域内所取得的成就，但它并不是这些方面的简单的数的增长，而是有了质的变化。

二

中世纪欧洲的文明是欧洲各国人民共同创造的。在13世纪以前，其中心在法国，但是进入14世纪以后，意大利站到了欧洲文明的最前列，成为欧洲文艺复兴的发祥地。原因何在？有人说，这与古罗马文明的影响和有利的地理环境有关。但只说出了一半的道理，还须补充另一半的道理。也有人说，因为“在意大利资本主义生产发展得最早，农奴制瓦解得最早”。这是最通常的回答，似乎也是最正确的回答，然而的确也是最混乱的回答。资本主义生产关系是文艺复兴的前提和基础，也是新时代的一个主要内容，无论发生在意大利还是法国、尼德兰，都离不开这个前提和基础，这是一个共同的问题，或者叫作一般性的问题。现在要我们回答的问题是，意大利有哪些独特的条件促使它早日产生文艺复兴，也就是说要找出意大利的特殊性来。常常有人把文艺复兴的原因和文艺复兴首先发生的原因混为一谈。这就必然会得出一个奇怪的逻辑：文艺复兴的前提和基础首先在意大利形成，是因为意大利的文艺复兴的前提和基础首先产生。

现在，我就意大利首先发生文艺复兴的原因谈谈个人的一些看法。

意大利有哪些独特的条件呢？这些条件不能随便列举，必须对意大利的经济发展和资本主义生产关系的产生起了加速的作用。这样的条件我认为有以下一些。

一是传统的影响。意大利人得天独厚，直接继承了古罗马的文明。众所周知，佛罗伦萨和热那亚是欧洲首先制造金币的两个国家，而意大利之所以拥有货币，既与这两个城市共和国的贸易出超，要求有一个比较稳定和标准的货币有关，也与他们掌握了古罗马世代相传的铸币技术有关。还有一个例子，佛罗伦萨经济的主要支柱是羊毛工业。这个工业也有悠久的历史传统。据著名的佛罗伦萨史学者戴维逊的研究，自罗马时代以来，意大利的羊毛工业从未中断，显然也是受了佛罗伦萨的影响。据文献记载，佛罗伦萨圣·安得利亚修道院的修女们必须每年向佛罗伦萨的大主教进贡“一件用山羊毛织造的僧衣”。圣·米歇尔修道院的修女们每年须向诺南托拉修道院的住持贡献“五疋质地优良的呢绒”。除这五疋呢绒外，修女们还须从摩德纳修女院招募十二名女工，在她们的监督下织造羊毛和亚麻僧衣。由此可见，传统的影响对意大利的发展起了推动作用。

二是意大利的特殊的地理条件。意大利地处地中海航线的中心。在哥伦布发现新大陆之前，地中海一直是东西方联系的纽带。11 世纪的十字军东征就是把意大利作为跳板的。意大利也利用十字军东征在近东获得了殖民地。有利的地理环境对意大利的海外贸易的发展起了十分重要的作用。

资本主义生产使商品大量增加，但要倾销商品光有国内市场还不够（何况在封建主义占统治地位时，因地方封建主常自设关卡，国内市场很狭小），还必须进行海外贸易。列宁说：“资本主义只是广阔发展的超出界限的商品流通的结果。因此没有对外贸易的资本主义国家是不能设想的，而且的确没有这样的国家。”① 在意大利，虽然资本主义萌芽诞生的前后还没有形成世界市场，但是它的有利条件为其北部诸城市进行国际性的贸易提供了方便。

三是城市异常的发达。地理条件只是一个客观存在，能不能被利用，完全取决于生产者能否提供足够的产品进行交换和有没有进行交换的要求。也就是说，地理条件的影响是通过生产水平来表现的，而生产水平又受社会关系的制约。我们认为城市发达、城市剥削农村，是意大利社会关系方面的一个特点。

意大利半岛自日耳曼民族入侵后，先是受几个蛮族国家的统治，最后名义上隶属于神圣的罗马帝国。这样，帝国内部和意大利境内的混乱状态，一方面使意大利没有成为一个统一的国家，形成一个统一集中的中央政权，使封建主成为一支联合的力量；另一方面又促进了城市共和国的兴起，中世纪

---

① 《列宁选集》第 3 卷，第 44 页。

的意大利以城市异常发达而不同于其他西欧国家。9 世纪时，在稍许多于 30 万平方公里的土地上有几百座城市。意大利人的经商活动遍及西欧、北欧、近东诸国，马可·波罗还到了中国。到 13 世纪时，意大利已不仅经营工业和商业，还经营银行业。他们组成公司，在巴黎、伦敦、布鲁日、西班牙、摩里亚、罗得、塞浦路斯等地均驻有代表。各国国王、领主、贵族、教会、市民既是他们商品的主顾，又是他们贸易的对象。到了 14 世纪时，热那亚、比萨、威尼斯已成了国际贸易的中心。

发达的贸易要求意大利人提供越来越多的商品，但是城市在发展过程中常常遇到来自封建主的阻力，封建主常常利用对依附农民的政治权利和对粮食的垄断来控制城市。然而，城市的进一步发展意味着市民的增加，对劳动力和原料的进一步需求，因此城市和封建主之间的矛盾必然日益尖锐。12 世纪以后，城市利用其财富，对封建主实行进攻。城市与封建主的斗争由来已久，最早见于公元 850 年克雷莫的商人抗拒向主教交税。以后比萨、卢卡、西恩那、帕多尔、波伦尼亚相继起来反对封建主的统治，他们捣毁封建堡寨、迫使城郊的封建主移居城里，接受城市公社的领导。在 11 世纪末和 12 世纪初，意大利的北部诸城市都先后成立了公社，以后这些公社又发展为独立的城市共和国。在反对封建主的斗争中，佛罗伦萨的事例最为典型。它为了削弱贵族的势力，颁布了一系列的法令。在 1286 年 6 月 1 日通过的法令中规定："凡出身贵族，年满十五岁的男丁必须向公社交纳二千里拉的守法保证金。一旦发现本人或其亲属有反对公社和市民的行为，没收其全部保证金。"几年以后，公社又进一步规定贵族不得参与政治活动，1293 年公社颁布的"正义法规"宣布："凡以欺骗手段获得政治权利者将受到严惩。"

在反对封建主的过程中，公社开始释放农奴。1257 年，波伦尼亚公布"极乐法令"，从 400 名封建主的手里解放了 6000 名农奴。在 1289 年，佛罗伦萨实际上也废除了农奴制。

战胜了封建主以后，城市把自己的势力伸向农村。在城市争取独立的时候，农村也形成自己的公社。农村公社为了摆脱封建主在公社中的行政权和掌握公社收入的权力，为了公用地的使用问题常同封建主发生讼争。在讼争中，城市总是支持农村公社。当农村公社取得胜利后，城市公社就着手制定或审定农村的法规、任命农村公社的官员。这样，奴市公社的作用不断扩大，农村公社的官员的职能不断缩小，最后仅限于执行城市公社的决议。这种趋势在14世纪时尤为明显。意大利中部的一个城市奥尔维爱托的早期法规（1209~1220）明确规定，城市周围地区的农村公社，必须接受城市行会的领导。奥尔维爱托一共有25个行会，每六个月抽一次签，哪个行会中签就由其派出官员去领导农村公社，任何一个农村公社都没有选举自己的官员的权利。

城市关于在农村公社土地上实施农业操作、进行土壤改良、培植葡萄和果园、改善放牧地的规定，在一定的时期内促进了农业的进步。但在同时，城市公社向农村公社征收的税及要求农村公社完成的赋役却不断增加。除税收以外，城市公社还强迫农村公社提供作战用的马匹和装备，提供城市居民需要的粮食及参加城市的民团。①

从以上所说的历史情况中，我们可看到意大利的城市不仅如其他欧洲城市那样以自己的垄断价格、行会制度、商业欺骗和高利贷在经济上剥削农村，而且在政治上统治农村。马克思说，在意大利，“封建主义由于城市的发展而被摧毁”。城市的强大是意大利在经济上和文化上走在其他国家的前面、最早产生资本主义的一个根本的原因。

在14~15世纪时，在佛罗伦萨、西恩那、波伦尼亚和比萨的纺毛业和呢绒业中，在威尼斯的造船业中都发生了资本主义萌芽。从14世纪时意大利的一些工商业公司的账册，如哉尔·奔工商业公司的“黑色账册”② 中，及编年史家乔凡尼·威兰尼的编年史中可以看到，资本主义的生产关系于14世纪时最早发生在佛罗伦萨的纺毛和呢绒业的工场中。在这些工场内，生产组织发生了根本的变化，代之以中世纪作坊内的师傅、帮工、学徒的是工场主和雇佣工人。和中世纪作坊不同的是，工场内已有明确的分工，每个

① L. A. 科特利尼科娃：《8~15世纪意大利的封建主义与城市》（俄文版），第80~81页。

② “黑色账册”，因账册的封面是黑色的，故名。

工人操作的仅是生产过程中的某个工序，不再参加生产的全过程，仅加工半成品的呢绒，就有25～26个工序。

三

以上我谈了文艺复兴首先在意大利发生的原因，是不是还有其他原因，就要请专家们进一步去研究。现在我想转到另一个问题，即文艺复兴发生的原因是什么？我国学界普遍认为文艺复兴是资本主义生产关系产生的结果。这个观点正确的程度如何？我在前面提到，资本主义是文艺复兴的前提和基础。

资本主义生产的先进性不是中世纪的手工作坊所能比拟的。它给佛罗伦萨带来了繁荣的经济，根据乔凡尼·威兰尼（1276～1348）的编年史的记载，在1336～1338年，佛罗伦萨的毛织业作坊有200多座，年产7万～8万疋呢绒，价值120万金佛罗林（约折合480万美元）[①]，约3万余人以此为生。这时佛罗伦萨城内的居民有9万人，教堂100座，修道院30座，公社每年的收入约30多万元。

威兰尼是佛罗伦萨统治集团的成员，曾在政府许多的部门中工作过，熟悉法律，了解公社的财政预算，又是两个大公司的成员，因此，他的记述该是可信的。如果把480万美元，平分到每个居民，每人的年产值有5万多美元。由此可见，佛罗伦萨的实力是何等强大，佛罗伦萨成为文艺复兴的中心不是偶然的，与资本主义的生产是分不开的。

资本主义为文艺复兴奠定了深厚的物质基础。文艺复兴是一个长达三百年的历史时期，在这个时期内不仅有光辉的艺术、宏伟的建筑、人民的起义，还有连绵的战争、肆虐的黑死病。如果当时的意大利城市共和国还建筑在中世纪手工业的经济基础上，很难设想意大利在文艺复兴时期能取得辉煌

① 参见〔美〕坚尼·布鲁克尔：《文艺复兴时期的佛罗伦萨》，朱龙华译，生活·读书·新知三联书店，1985，第93页注。按：一佛罗林含金量为3536克、35美元等于一盎司黄金的兑率计算。

的成就。

资本主义改变了人民的生活方式，从而使人们的价值观念也发生了变化。在文艺复兴时期，艺术由刻板无生气的变成了有血有肉的，人由消极被动的成了积极主动的。人文主义者对财富、对自由和民主的歌颂，反映了新生资产阶级的要求和世界观。资本主义引导着文艺复兴发展的方向。

资本主义是文艺复兴的土壤，并不是文艺复兴的唯一因素。在同样的经济条件下，历史的新时期在意大利表现为文艺复兴，在德国却表现为宗教改革。其重要原因是，当时的法国、西班牙、英国有一个强大的中央政权，德国则处于分裂的状态，罗马天主教廷对它进行残酷的剥削，教廷的丑恶行径在这里表现得淋漓尽致，教廷与德国的矛盾是民族性质的矛盾，所以德国民族的觉醒和反抗就表现为宗教改革的形式。

还有一例，有的国家如中国在晚明时也有了资本主义萌芽，社会也发生了深刻的变化，但既没有文艺复兴，也没发生什么宗教改革。什么原因呢?国情不同，当时的中国统治者腐朽昏庸，他们非但不能去建设新的文化，甚至对已经破土而出的资本主义的萌芽还进行扼杀，实行闭关政策。

关于决定历史过程的因素问题，恩格斯早在一百年前就作了精辟的分析。他说："……根据唯物史观，历史过程中的决定性因素，归根到底是现实生活的生产和再生产。无论马克思或我都从来没有肯定过比这更多的东西。如果有人在这里加以歪曲，说经济因素是唯一决定性的因素，那么他就是把这个命题变成毫无内容的、抽象的、荒诞无稽的空话。经济状况是基础，但是对历史斗争的进程发生影响并且在许多情况下主要是决定着这一斗争的形式的，还有上层建筑的各种因素：阶级斗争的各种政治形式和这个斗争的成果——由胜利了的阶级在获胜以后建立的宪法等等，各种法权形式以及所有这些实际斗争在参加者头脑中的反映，政治的、法律的和哲学的理论，宗教的观点以及它们向教义体系的进一步发展。"①

希腊和罗马的文明是造成文艺复兴时期文化繁荣的一个重要因素。在文

① 《马克思恩格斯选集》第4卷，第477页。

艺复兴时期的文化艺术中，我们随时感到古代文化，尤其是古罗马文化的深刻影响。但丁把维吉尔作为古典文明的化身，是众诗人的火把，是他到达圣彼得门的引导人。彼得拉克认为古代文明是孕育意大利人的母亲、一切令人尊崇的艺术的创造者，他谴责“可耻时代”（中世纪）对古典的轻视。

似乎文艺复兴时，人们突然地把眼光转向古代。实际上并非如此。在中世纪，人们学习古典著作并没有中断，但当时还停留在对古典著作零星的搜集和简单的模仿上。到了文艺复兴时，人们对古典著作表现了普遍的热情。彼得拉克有这样几句诗：

法学家忘记了查士丁尼，
医生忘记了埃斯库拉皮乌斯，
因为荷马和维吉尔的名字迷住了他们。
石匠和农民竟扔下自己的工作，
也来谈论缪斯和阿波罗。

文艺复兴时人文主义者以古为师是为了更好地创造。帕乔利（1445～1509）说：要向古人吸取知识，同时还应具备天才去填补空白和摒弃无益的知识。正因为重在创造，这一时期文学、艺术、雕塑方面的成就皆超出了古代。文艺复兴终于成为人类文化史上一座熠熠发光的里程碑。

文艺复兴时对古典的兴趣和重视的原因，在于市民生活获得了充分的发展，市民的心理状态和价值观念发生了一系列的变化，而在中世纪时还不具备这个条件。由于社会心理状态的变化，对古代文明的理解和评价也就不同。

中世纪的文明是基督教的文明、一教统治的文明，它对异教的文明是消极的，甚至是敌视的。在思维上是超理性的，它的道德规范是：安分守己、容忍谦恭和鄙视财富。这些教谕是符合农业社会的自给自足的经济的。

在农业社会，土地是社会财富的唯一来源，人们只要守着一块土地就能过活，生产者只要生产出能满足本人和领主的东西也就知足了，用不着为市场而生产（因为当时也没有市场）。

城市的生活与农村不同。市民脱离了土地，以经商和手工业为生。不同的生活状况，必须养成新的习惯，日长岁久，逐渐形成与传统的价值观念相抵触的心理状态。从文艺复兴时佛罗伦萨或威尼斯商人或企业主的身上，我们可看到这样一些特征：善于创新，如果因循守旧，不提高产品的质量就会在竞争中失败；重视自由，没有自由就不能携带商品走南闯北；敢于冒险，害怕漂洋过海，商品就缺乏广阔的市场；主张宗教容忍，不敢和异教徒接触，必然会失去可观的利润；重视理性，对行情、国情的估计不建立在事实的基础上，不作冷静的、理智的分析，就会遭受破产；崇拜财富，因为财富给他们带来了荣誉和地位；要求享受，财富的增长，使他们有可能享受生活的乐趣。文艺复兴时，人们追求美化生活外表和盛大的节日庆典，是对中世纪最突出的精神特征——禁欲主义的冲击。

变化了的心理状态要求相适应的、新的文化。人文主义反映了市民的要求。但是人文主义并不是市民思想直接的、简单的反映，而是市民思想的提炼和升华。人文主义者在构思他们的理论和观点时，必须获取他们需要的思想素材。

希腊和罗马的文化不受教会的统治，是博大融合的文化，它以人为本。它的建筑和艺术表现了人的创造力，它的文学表达了人的理智，它的法律充分地肯定人的私有财产。因此希腊和罗马的文化成了人文主义者最好的思想库。

从以上所说，能不能得出这样一个结论，即文艺复兴是古典文化和近代意识两者的结合呢？为了强调古典文化和近代意识的作用，我认为是可以这样提出问题的。但是，如果以为唯有这两个因素才得以发生文艺复兴，它和强调经济是唯一的原因同样片面，甚至离真理更远了一步，因为它跨越了或者说忽视了中世纪。逻辑的结论应是，文艺复兴就是两个遥远时代的结合。

意识的作用、对古典文化的兴趣都不能脱离社会物质生活条件，这一点无须赘述，我在这里还想指出的是意大利的城市公社对资本主义和文艺复兴的发生所起的重要作用。

意大利的城市公社是商人和作坊主组成的政府。他们对商业和手工业采取保护的政策，并以同样的态度对待具有世俗倾向的新文化。为了新文化的发展，佛罗伦萨政府采取了许多的措施。如对宗教裁判、对教会监督文化的作用实行限制。在 14 世纪，支持异端兄弟派的人很少受到当局的干扰。政府为文化艺术的创造开拓了比较民主和自由的环境。1420 年，政府为修建佛罗伦萨大教堂，邀请市民中所有主要行业的代表到长老会议上提意见，每个代表可以在此发表个人的见解，这种讨论会无疑有利于文化艺术的繁荣。佛罗伦萨政府扶持文化的另一重大措施就是通过各种方式对才学之士给予奖励和荣誉。有的授以官职，如共和国的文书长一职，长期以来任命人文主义者担任。自 1375 年起，先后担任此职的有科鲁乔·萨留塔蒂、列奥纳多·布鲁尼、波卓·布拉丘利尼、卡尔罗·马尔苏比尼。有的给予物质奖励，如 1300 年，建筑家阿诺尔孚·地·坎比奥因为在教堂建筑等方面才艺精绝，公社政府希望凭着他的勤劳、经验与天才把佛罗伦萨大教堂建设成为托斯堪尼最美丽、最宏伟的一座教堂，所以获得了免税的特权。还有些人享受了死后的殊荣：1376 年，长老会议作出决定，允许但丁·彼得拉克、薄伽丘·扎罗比·达·斯特拉达、阿库尔西斯葬在大教堂（那儿原先是不准埋葬人的）。这个计划虽然没有执行，但说明了佛罗伦萨人民和政府对历史做出贡献的、已经逝去的人的爱戴。

以上我谈了文艺复兴发生的经济、传统文化、政治和心理状态的原因。还可以列举一些其他原因，如东方文化，尤其是中国四大发明对文艺复兴广度和深度的发展起了促进的作用。但是，决定文艺复兴的发生、发展方向和文艺复兴的特征的，还是我在前面所提到的那几个方面。另外，本文指出这几个方面，旨在说明对文艺复兴的发生要作全面的分析。把我在前面所说的归纳起来，我认为，文艺复兴是社会政治、经济、文化乃至心理状态等因素相互作用和全面发生转折的结果。其具体表现：随着封建制度的衰落、资本主义生产方式的诞生，商人和企业主组成的市民民主政权，不仅保护了商人的利益，也为新文化的繁荣创造了比较自由的环境。市民的心理状态和价值观念因城市生活条件不同于农村而发生了一系列的变化，为古典文明充当新文化的向导奠定了广泛的群众基础。

文艺复兴是在上述一整套的特殊的社会环境中诞生的。法国、德国和英国等一系列西方国家因为也经历了意大利那样的变革，并在意大利的影响下，也出现了文艺复兴。但不同于意大利的是，这些国家的文艺复兴受古典文化的影响较小，对宗教问题的兴趣较浓，在文艺复兴的内容上，这些国家也各具特色，在英国有莫尔的空想社会主义，在德国有宗教改革和农民战争，在法国有拉伯雷的“随心所欲，各行其是”的彻底个性解放。

有些学者认为，文艺复兴不仅是意大利和西欧历史上的现象，而且是一个在任何时候、任何地区都可产生的世界性的现象；世界各国历史上都产生过文艺复兴。如果从文学的角度，形象地说明某一时期文艺的繁荣，这或许是可以的。但是，历史是一门严格的科学，不能仅以表面相似的一些现象，而随意冠以文艺复兴的帽子。美国历史学家哈斯金斯认为欧洲在中世纪时已经出现了文艺复兴，他的著作《12 世纪的文艺复兴》就说明了这个问题。德国汉学家哈里特·威廉认为中国历史上发生过两次文艺复兴，一次是公元前 2 世纪到公元 2 世纪，另一次是公元 7～10 世纪。他们不承认文艺复兴是一次革命性的变革，没有看到中世纪的城市文化与文艺复兴时的文化有根本的区别：前者是封建性的，后者带有资本主义的性质。各个国家的历史发展不可能一模一样，很难设想在不同的历史条件下，产生相同性质的文化。如果把文艺复兴这一名词用于在内容、形式和时间上都不同的现象，也就使它成了超历史和无内容的了。

在我国当代的史学家中，目前尚未就文艺复兴有无普遍性的问题进行争论，但是谈到了与文艺复兴有联系的一个问题，即人文主义的产生时间和地区的问题。有位历史学家说：“如果不去计较人文主义得名的历史原因，单从文化的性质上着眼，则应该可以说，人文主义的适用范围，决不限于文艺复兴那一个时期，也不止于欧洲西部那一块地域。”人文主义与文艺复兴有一点不同：“人文”是中国的一个古老名词，而“文艺复兴”是从西方介绍过来的一个名词。我不反对我国的一些历史学家用人文主义这个词来说明中国传统文化的特点，但是我认为意大利模式的人文主义在中国是不存在的。

意大利人文主义与中国历史上的人文主义性质也是不同的。我坚持这样一个观点：考察某个时期的思想文化不能脱离当时的政治经济情况。我还要指出，我之所以要在这里讲上几句有关人文主义的问题，因为人文主义是资产阶级的思潮，是文艺复兴文化的特征，如果人文主义可以产生于任何时间、任何地点，文艺复兴自然也是这样的了。

《十八世纪外交史内幕》笔记

陈乐民*

马克思的《十八世纪外交史内幕》是一本研究18世纪欧洲国际关系的学术著作。书中大量引用了几份有关这个时期外交史的文件，许多是全文照录，书的主要部分则是马克思对这些文件所作的脚注、评论和发挥。乍一看，似乎不像一本有头有尾的书，深入读下去就会发现，这是一本别具特色的国际问题著作，贯串着引人入胜的理论思维。

本书的主要内容，是18世纪俄国和英国的关系及它们各自的政策、行为特点，也旁及有关的欧洲国际关系问题。要了解俄国和英国外交政策的历史渊源，这确实是一本不可不读的书。马克思对于欧洲问题分析之精辟自不待言，在国际问题的研究方法方面也给我们以极重要的启发。

一

这本书引用的主要文件，是直接反映1700年开始的北方战争的三本小册子：《北方危机》、《防御条约》和《真理合乎时宜才是真理》。

《北方危机》看来是丹麦宫廷透露出来的，1716年以小册子的形式在伦

* 本文刊发于1987年第1期。作者陈乐民，时任中国社会科学院研究生院西欧研究系主任，曾任中国社会科学院欧洲研究所所长、欧洲学会会长。

敦印行了英译本。1715 年，俄国、丹麦、波兰、普鲁士和汉诺威缔结了北方联盟，目标是瓜分瑞典帝国，并准备第二年入侵瑞典本土。俄、丹两国是出兵最多的，利害关系也最直接。在同盟国行将向瑞典的马尔默首府肖楠（肖楠是根据 1660 年哥本哈根条约由丹麦割让给瑞典的）发起进攻的前夕，俄国突然变卦，表示不能如约派出三万俄军，只能派一万五千人，并说要推迟对肖楠的攻击（这并不是说俄国不想进攻瑞典了，只不过是想先造成瑞、丹相互消耗的局面，然后再来收拾瑞典帝国）。这就给丹麦造成了很大困难和压力。丹麦宫廷认为有必要把有关情况向各国宫廷作一公开声明，《北方危机》的小册子就是为此而发的。

这里值得注意的并不是肖楠之战，而是英国的立场。英国本于 1700 年与瑞典签有防御同盟条约，但在北方联盟决定进攻肖楠时，却站在了瑞典的敌人——北方联盟一边。英国国王通过驻丹公使表示支持丹麦，想方设法说服沙皇维持进攻肖楠的原议。英国还通过汉诺威以海军增援丹麦，因而在两军对垒中背弃了自己的盟国——瑞典。马克思指出，英国就这样被抛进了“俄国的势力圈”。俄国也由此很清楚地了解到英国在北方战争中的立场和作用。①

《防御条约》是根据英国议会两院部分议员的要求发表的小册子。它把英瑞同盟条约的主要条款公之于世，并且用批注的方式提出了二十几个“疑问”，比前一本小册子更直接地揭露英国背弃条约、勾结俄国的“亲俄性质”。例如，条约的第二条写道：“盟国中任何一方由自己或任何别人，无论以何种方式或任何地点，无论从陆上或海上，进行损害另一方，使其丧失国土或领地的行动、谈判或尝试，均为非法，一方绝对不得协助另一方的敌人，包括反叛者或敌对者，以损害其盟国。”小册子则针对这一条款揭露，英国正在与俄国联合行动，英国的海军上将参加了俄国的针对瑞典的军事会议，并与北方联盟各国一起参与对瑞典的袭击。小册子说，主要是由于

① 〔德〕卡尔·马克思：《十八世纪外交史内幕》，中共中央马克思恩格斯列宁斯大林著作编译局译，人民出版社，1979。以下凡引自本书的文字和材料不再加注。

英国的缘故，瑞典丧失了它的全部德意志省份。这本小册子无疑出自英国“反俄派”议员之手。

《真理合乎时宜才是真理》于1717年在伦敦出版，写明“全部摘自N. N.在1715年8月从出使莫斯科宫廷回国奉国王陛下之命编写并向国务大臣的报告。谨呈下院”，也反映“反俄派”观点。这本小册子提醒英国内阁警惕俄国将成为危害英国利益的竞争敌手。

此外，还全文收进三封英国驻俄使节写回的信和一份报告。这些函件的国际背景，是北方战争以后直至18世纪晚期以英俄关系为主的欧洲外交舞台上的纵横捭阖。文件披露了英国为了攫取欧洲霸权与俄国相互利用的情况。这些出使俄国宫廷的英国使节根据他们奉使期间的见闻，担心俄国同其他欧洲国家的关系可能损及英国的利益。

马克思以这些材料为依据，揭开了18世纪欧洲外交史的若干内幕。马克思做这件工作的时候正是克里米亚战争和英法联合侵华战争的前夕。欧洲列强的实力都大大膨胀起来，竞相向着帝国主义阶段迅跑。在这个时期，马克思和恩格斯写了大量剖视欧洲局势、揭发列强争夺的文章和通信。结合起来读，对于二百年的欧洲是怎样发展的，便可以有一个连贯的印象，对于了解之后的国际关系亦大有益处。

二

《十八世纪外交史内幕》中分量最大、着墨最多的，是马克思回顾几个世纪以来的俄国的发展道路。他在最后两章里集中写透了这个问题，堪称“通古今之变”的精彩文字。马克思和恩格斯论及沙皇俄国的文章很多，这本书可说是最系统的。

马克思在谈到研究俄国发展史的意义时写了下面两段话：

> 俄国压倒一切的影响曾在不同时期使欧洲感到突然，使西方各国人民感到震惊，并且被当作命中注定的事物一样予以顺从，或者仅仅遇到

断断续续的抵制。但是对俄国的魅力总是不断产生着怀疑……一个庞大的帝国甚至在取得了世界规模的成就之后，它的存在本身还始终被人看作一种信念中的东西而不是事实上的东西，俄国提供了历史上这样一个绝无仅有的例子。从18世纪初直到如今，从没有一个作者，不管是想歌颂俄国还是抨击俄国，认为有可能无须首先证明它的存在。

然而，不管我们对俄国是采取唯心主义的，还是唯物主义的态度，也就是说，不管我们把它的力量看作是明显的事实，还是只看作问心有愧的欧洲人民的幻觉，问题都是一样："这个国家，或者这个国家的幽灵，是如何设法达到这样大的版图，竟致一方面激起人们激烈地断言它以排演大一统的君主国威胁着世界，另一方面又激起人们愤怒地否认这种威胁的存在呢？……"

当时，西方对俄国有两种说法。一种是低估或干脆否认俄国的强大潜力，这当然是不符合历史事实的。另一种意见则相反，认为俄国从来就有广漠的版图，并非后来发展所强大起来的。有些俄国历史学家便硬说"这个使十九世纪欧洲害怕的北方幽灵"早在9世纪柳里克王公们治下就是笼罩欧洲的现实了。这当然也是不符合历史事实的。照这样说，早已如此，何来扩张！

于是，马克思从9世纪柳里克王公帝国时谈起，讲到它怎样不断分裂，以至诺曼式的俄罗斯迅速地从舞台上消失，一个与柳里克王公帝国的延续性微乎其微的莫斯科公国在"蒙古奴役的血腥泥潭"中代之而起。马克思很详细地追述了莫斯科公国怎样"从默默无闻中显露头角"，叙述了伊万一世·卡利塔怎样把其他王公一个一个地打下去，终了成为莫斯科公国权力的缔造者，是为莫斯科大公（1328）。但当时的莫斯科公国还处于东方鞑靼人的统治之下。

当公位传到伊万三世（1440～1505）时，莫斯科公国才发展到一个新阶段。伊万三世其人并没有什么了不起，是一个"公认的懦夫"，他绝不是靠自己出众的智慧和韬略完成这个业绩的。然而，时代使他在位时进行了几场使欧洲震惊的斗争，由此巩固了莫斯科公国。这几场斗争是：与东方鞑靼人的斗争，与北方诺夫哥罗德人的斗备，与拥有封土的王公们的斗争，与西方的立陶宛、波兰的斗争。通过这些斗争，伊万三世做了伊万一世想做而做不到的事情。马克思说：

> 只要改换一下姓名和日期，就可以明显看出伊万三世的政策和现代俄国的政策并不是什么相似，而是一模一样。而伊万三世则不过是把伊万一世·卡利塔遗留下的莫斯科公国的传统政策加以完善化而已。

伊万三世起了承上启下的作用。他使莫斯科公国摆脱了东方蒙古贵族的统治，巩固了伊万一世缔造的业绩。但继承传统政策，并且加以发扬光大，从而使欧洲感到威胁的，则是一百多年以后的彼得一世（彼得大帝）（1672～1725）。彼得一世把伊万的传统政策“提炼成一个抽象的公式”“把它的目的加以普遍化”，并且进而“把它的目标从推翻某个既定范围的权力提高到追求无限的权力”。莫斯科公国于是变成了“现代俄国”，彼得一世则因此成为“现代俄国政策的创立者”。

彼得一世是伊万三世以后又一个俄国历史上的权力人物，他把俄罗斯的历史推到现代；他的新业绩，就是把僻居内陆地区的斯拉夫人世世代代要“探海”的梦想实现了。他宣布：“俄国需要的是水域。”

为了实现这句写在自己传记扉页上的誓言，彼得一世在阿速夫海、黑海、里海、波罗的海与土耳其、波斯、瑞典迎头相撞，把俄罗斯的地缘政治一步一步地向四周延伸出去，东抵顿河、德涅伯河、布格河、刻赤海峡，北抵涅瓦河口，并通过与瑞典的战争在波罗的海占据要津，建立了一个“俄国的利物浦”，然后从北向西扩展。马克思分析说：“对于一种地域性蚕食体制来说，陆地是足够的；对于一种世界性侵略体制来说，水域就成为不可缺少的了。”于是，“彼得用出色本领把帝国的都城从内陆中心迁到滨海地区，他的特有的胆略把新都建在他征服的第一块波罗的海海岸上，距离边境几乎在步枪射程之内，就这样有意给他的领土制造一个外偏中心。”

马克思特别重视彼得一世的迁都（迁至圣彼得堡），这是俄国发展史上有决定意义的一举。从此，俄国就由原来的内陆国家转向了海洋，使原来只借助东方的政策发展为同时向西开放和扩展的政策。这对于俄国的未来发展具有不可估量的意义。

其一，马克思犀利地指出，既然彼得堡是彼得一世“有意”制造出来的“外偏中心”，那么以此为中心的圆周怎样画和画到哪里，就是值得注意的大问题了。用马克思的话来说：“彼得堡这个帝国的外偏中心从一开始就表明：一个圆周尚有待划定。”这是画龙点睛的一笔。明确地说，这是一个“为进行世界性阴谋而精心选中的巢穴”。

其二，彼得一世因此使俄国接触了西方先进的科学文明。“通过迁都，彼得宣告了他打算反过来借助于西方来影响东方和各紧邻国家。如果对东方的借助由于亚洲各国人民的停滞特性和有限交往而大受限制的话，那么对西方的借助则由于西欧的活动特征和频繁交往而顿时变得毫无限制和无所不包了。”

彼得一世的俄国从北向西，从波罗的海接触了英国、荷兰等“海上强国”的科学、技术和工业、商业，从而加速了俄国资本主义发展的步伐。从俄罗斯的发展看，这第二种意义的重要性绝不下于第一种意义。甚至可以说，如果没有后者，前者定会遇到困难，甚至难免落空。

有彼得一世的政策确定了俄国向外大力扩张的姿态，俄国才得以借着这一强劲的推动向前奔跑起来，才会有叶卡捷琳娜二世乃至保罗一世的进一步对外侵略扩张政策。俄国作为一个庞然大物才因而能够野心勃勃地迈进19世纪，迅速使欧洲接受它，同它认真地打交道。

三

一般史书写到北方战争时，都不太注意英国扮演了什么样的角色，马克思则注意到了这个后台的演员，把它在这个时期的政策描绘得淋漓尽致，而且着眼于这一政策的延续性。

北方战争以后的（“光荣革命”以后的）英国，作为欧洲大陆的“外来户”，除了忙于同荷兰、西班牙、法国等争夺海上和海外霸权外，还要想方设法取得除与汉诺威的姻亲关系以外的更多的利益；能否涉足波罗的海地区当然是十分重要的。在短短十多年当中，它先与瑞典帝国缔结防御同盟，旋即背弃了同盟者，使俄皇得以趁瑞王年幼、丹麦和波兰孱弱，放手向爱沙尼亚、芬兰伸手，并伺机把丹麦、波兰、瑞典“一个一个吞噬掉”。马克思几乎全文引证的这份文件说，如果沙皇的计划得逞，他就将成为这些国家的敌人，那时的俄国将不仅“独揽全部北方贸易”，而且可以把里海或黑海与彼得堡连接起来，土耳其和波斯地区就都在俄国的影响之下了。同时，俄国势将西向开进德意志帝国，深入欧洲腹地。

问题是，英国在决心把瑞典出卖给俄国的时候，难道不清楚俄国的脚步不可能止于彼得堡么？难道英国内阁不理解俄国的意图么？马克思答曰，不是不理解，而是早就理解了：

> 它们（《北方危机》等小册子）将足以驳倒大陆和英国著作家们所共有的这样一种偏见，即英国只是到较晚的时候，而且是在过晚的时候，才理解或猜想到俄国的意图，英国和俄国之间的外交关系不过是两国共同物质利益的自然产物，因此，我们若指责18世纪的英国政治家的亲俄，就足倒果为因，是不可饶恕的错误。……从彼得一世以来俄国开始崛起于欧洲的时期，俄国的意图就被理解了，而且英国政治家们对这些意图的默许受到了英国著作家的抨击。

马克思在这里明确说，英国在北方战争一开始，也就是在它同瑞典缔约的时候，就已“理解”了俄国的意图，对于俄国的扩张是“默许”的。俄国在瓜分瑞典帝国的战争中是最大的得利者；英国在瓜分西班牙的王位继承战争中是最大的得利者。英国虽然不是北方战争的直接参加者，但其中时刻有它的影子，终于由于背弃了与瑞典的盟约而在波罗的海地区分得了一杯羹。因此，英国的“亲俄”本有所图，只是“假装天真糊涂”而已。英国要染指波罗的海是定了的，问题是在俄国和瑞典之间选择谁。英国是先选择了瑞典，不久以后选择了俄国。

当时曾有人用“商业利益”来解释为什么英国背弃瑞典，倒向俄国。马克思说这只是“杜撰”出来的“借口”；“商业利益”问题不过是个“外表”，英国内阁作的文章比“商业利益”要大得多。“光荣革命”后英国金融资本的政治地位已经迅速膨胀了起来，它的眼睛远处盯着世界，近处盯着欧洲；它既看中了波罗的海地区，也看中了俄国这个可以容纳巨额投资的场所。彼得一世从荷兰拿到投资的前例，使英国金融资本不禁垂涎三尺，也跃跃欲试。英国决心尽早与俄国缔约，为此需要向俄国送礼，开始衰落的瑞典帝国便充当了牺牲品。俄国也深深理解这是一个必须抓住的绝好机会。因此，马克思说：“霍雷修·沃尔波尔[①]用这样一句话来说明他的时代特征：‘现今时兴的，是互相利用。’”这段故事再恰当不过地为百多年后英国首相帕麦斯顿的一句名言作了注脚，他说：“我们没有永久的盟友，也没有永久的敌人。我们的利益才是永久的和不变的。”

18 世纪后半叶，英国继续实行这种远交近攻的政策。它与西班牙战，与法国战，同它们争夺海外殖民地，但对俄国则采取拉拢政策。那时，西欧大国为了扩张自己的势力，为了互相排斥，几乎都把俄国看作可以利用来牵制自己的直接敌人的力量，这当然为俄国提供了插足欧洲事务的机会。人们看到：

——英国和俄国相互利用，先是一起针对瑞典，继而是共同遏制法国。

——当英国困于北美殖民地独立战争之中，并面对法国、西班牙、荷兰等欧洲国家的联合进攻的时候，它指望俄国不要参加进反英的行列。俄国宣布了“武装中立”，这对英国既是安抚，也是威胁，但英国

① 霍雷修·沃尔波尔（1678～1757），英国首相罗伯特·沃尔波尔的儿子，作家。

为了不增加压力，仍报以米诺尔卡岛[1]。

——法国和俄国相互利用，以共同针对普鲁士；而法俄接近，特别是北美战争期间法俄的任何亲密表示都足以引起英国的警觉。

——普鲁士与俄国先在北方战争、后在七年战争期间缔约，并三次勾结一起瓜分波兰。

——法国革命爆发后，几乎所有欧洲君主国都相互勾结起来，结成几次反法联盟，把战争强加给法国。

于是，马克思敏锐地提示给人们一把观察 18 世纪外交史的钥匙："……俄国自知它与其他国家没有任何共同利益，但是每一个国家都必须分别认识到它与俄国有排斥其他国家的共同利益。"

在这许多相互利用的关系中，无例外地都有一个俄国。英国等在相互利用中都为俄国之西向提供了机会，但也为自己树立了一个强大的竞争对手。这也算作欧洲近代史中的一条规律。马克思大量摘引的《真理合乎时宜才是真理》中提出警告说，英国内阁希图用扶植一个第三海上大国的巧妙办法来维持波罗的海均势，必定会因失控而养虎贻患。这本匿名小册子大声疾呼英国已不能独立控制均势，"时间必将向我们证实，把俄国人赶出波罗的海现在应该是我们内阁的首要目的"。这是马克思摘录的最后一句话，也是《十八世纪外交史内幕》的最后一句话。马克思没有再多加评述，但引文本身足以说明，一个斗争更加复杂激烈的 19 世纪的欧洲的轮廓已经勾勒出来了。

拿破仑战争的结束宣告了英俄合作的结束，而克里米亚战争则为从 18 世纪以来的英俄关系作了小结，它们终于转友为敌了。像恩格斯说的，切身利益使英国"成为反对俄国兼并和扩张领土计划的死敌"，"英国是不能同意俄国占领达达尼尔海峡和博斯普鲁斯海峡的。俄国如果占领这两个海峡，

① 米诺尔卡岛是地中海西部巴利阿里群岛中的第二大岛，在 18 世纪曾多次易手。1763 ~ 1782 年属英，英于 1779 年曾提出送给俄国，1802 年归属西班牙。

无论在贸易方面还是政治方面，对英国实力都是一个沉重的打击，甚至是致命的打击”。[①]

四

马克思在这本书里提出了一个很重要的历史观。在我看来，它不仅是全书的方法论，对一般治学（起码对我涉足的国际政治）也有指导意义。他说：

> 要了解一个限定的历史时期，必须跳出它的局限，把它与其他历史时期相比较。要判断历届政府及其行动，必须以它们所处的时代以及和它们同时代的人们的良知为尺度。

这段话包含两点意思：

> 一，在观察一个限定时期的历史事件时，必须同其他时期比较，即要超越这个时期的局限，只有经过不同时期的比较，才能更深刻地了解这个限定的历史时期的特质。换言之，就是要有历史发展、延续和比较的观点。
>
> 二，在对一个人（一个政府、一个团体）的行为加以判断或评价时则相反，即不能超越那个特定的历史条件的局限，必须以他所处的历史时期所许可的条件为依据；“同时代的人们的良知”，一般就是在这种条件下的“良知”。换言之，就是要有一切以时间、地点、条件为转移的观点。

总起来说，就是研究问题必须有“历史感”。国际关系既有历史的连贯

---

① 《马克思恩格斯全集》第 9 卷，第 14 页。

性，又有历史的阶段性；没有历史感，便不足以言今天的国际关系。

例如，马克思在他的研究中比较了俄国在三个时期的发展：第一是柳里克王公帝国时期；第二是伊万一世至伊万三世的莫斯科公国时期；第三是彼得一世缔造的、叶卡捷琳娜二世加以发扬的“现代俄国”。经过比较这三个时期各自的内外部条件，彼得一世对外政策的延续性和独创性便都清楚了。“现代俄国”并非一开始就这样庞大、这样富有侵略扩张性，而是经过了被东方蒙古贵族征服、摆脱蒙古的控制、为了生存和发展向北寻找出海口等历史长过程，才有彼得一世的俄罗斯帝国的。从这个角度看，彼得一世既继续了两个伊万的遗志，又有所创造：伊万一世的统治术是从蒙古贵族学来的，伊万三世使莫斯科公国从蒙古汗国的“宠臣”地位挣脱出来，而彼得一世则更进一步地使传统政策转向了大步开拓的政策。彼得一世在向外开拓的事业中完成了一件俄国史上的空前创举，即迁都滨海地区，开门迎进西方文明，开始用先进的西方科技装备落后的俄国。

当然，写史终究是为了说明今天乃至预见明天。马克思更不是为史而史。他所处的时代已是沙皇俄国全面扩张的时代，它不仅要波罗的海，而且要达达尼尔海峡。这种意图在 18 世纪已见端倪，即马克思说的“外偏中心”和新的“圆周”。那么，到了马克思和恩格斯生活的时代，俄国的“圆周”划到哪里了呢？马克思写道：

> 俄国从瑞典手里获得的领土比这个王国剩下的领土还大；它在波兰获得的领土相当于整个奥地利帝国，在欧洲土耳其获得的领土超过了普鲁士的国土面积（不包括莱茵河流域的属地）；在亚洲土耳其获得的领土有全部德国本土那么大；在波斯获得的领土面积不亚于一个英国；在鞑靼获得的领土面积高于欧洲土耳其、希腊、意大利和西班牙的总和。俄国最近六十年来所获得的领土，从面积和重要性来看，等于俄罗斯帝国在此以前的整个欧洲部分。①

① 《马克思恩格斯全集》第 9 卷，第 131 页。

这应该说是《十八世纪外交史内幕》没有写进的沙俄发展的第四个时期。

沙皇俄国的政策及其意图是很容易理解的，以当时“同时代的人们的良知为尺度”是容易理解的。但是，英国统治阶级并没有按同一尺度行事，这就涉及马克思所说的英国内阁在北方战争中的“亲俄性质”问题。马克思并没有简单化，而是：第一，把英国统治阶级分成不同的小集团，有的主张英国应继续站在瑞典一边，有的则主张应站在俄国一边。由于有不同的集团，英国内阁的这项或那项政策措施，当然总是会符合这个阶级的这个或那个小集团的特殊利益。第二，即使是站在俄国一边对瑞典落井下石的英国内阁，也是很早就理解了俄国的“意图”。所以，马克思所谓英国内阁的“亲俄性质”不过是极而言之，是从它的政策表象来看的，并不是说英国内阁真的“亲俄”。

既然“理解”了俄国的“意图”还要同它如此勾结，这岂不费解！但当时的英国正是这样玩弄策略，把宝押在与俄国相互利用上面的。这看来颇有背于同时代常人的“良知”。马克思说：

> 任何人只要看到培根本人把魔鬼学列入科学编目，就不会责难一个17世纪的英国政治家依据迷信行事。另一方面，如果斯坦霍普、沃尔波尔、唐森之流[①]在他们自己的国家里被他们的同时代人当作俄国的帮凶怀疑过、反对过和谴责过，那就不再能随意地用当时普遍存在的偏见和无知来掩饰他们的政策。

马克思这本书中没有写19世纪的事情，却提出了19世纪仍存在的一个认识问题，即这篇文章引用过的对俄国的“魅力”一直有人抱怀疑态度的那段话。看来马克思写这本书的用意；很大成分是为了点明这个“魅力”

① 斯坦霍普·詹姆斯（1673～1721），英国将领、内务大臣；沃尔波尔·罗伯特（1676～1745），英国首相；唐森·查理（1674～1738），英内阁大臣。

的渊源。但是，利益矛盾是客观存在的，《内幕》引用的文件已足资说明，只是马克思在这里没有充分发挥。俄国的扩张同西欧列强的扩张，不可能保证 18 世纪的英俄关系不起变化，冲突是必然的。终于首先在土耳其地区爆发了欧洲国家间的战争，即克里米亚战争。恩格斯说：

> ……历史和现代的事实同样指明，必须在欧洲伊斯兰教帝国的废墟上建立一个自由的、独立的基督教国家。即将到来的革命就极有可能使这样的事不可避免，因为在这种情况下，俄国的专制和欧洲的民主之间久已成熟的冲突恐怕非爆发不可。英国势必参加这个冲突，不管到那时是什么政府执政。这个国家永远不会同意俄国占领君士坦丁堡。[①]

恩格斯是 1853 年写的这段话，比马克思写《内幕》早三年，但可作为《内幕》的续篇。

五

这本书如果要归类，应属国际关系，或国际政治。像本文开头说的，它有很强的理论思维力量。

在西方，国际关系或国际政治可以笼统地说有两类研究法。一种姑称之为“务实派”的研究法，认为国际关系无抽象理论可言；国际关系就是各国对外政策的总和，而对外政策只有实践，写出来的便是实践的记录，与理论不搭界。我想这大概是有些偏颇的。国际关系或国际政治属于社会科学，总要提到理论的高度，甚至需要探寻它的哲学含蕴，即对事实作理论的抽象，而不只是资料的堆砌、分类或归纳，也不只是就事论事。另一种是“务虚派”的研究法，提出国际关系应当“概念化”（Conceptualization），并推到极端，以至发展为从概念到概念，从定义到定义，陷入了新公式主义；

① 《马克思恩格斯全集》第 9 卷，第 45 页。

空洞的术语层出不穷，却缺少充实的内涵，事物的面目反而被弄得朦胧不清，或者有意把明明简单的道理弄得烦琐而又玄虚。我觉得这种把理论架空的研究法，也是不足为训的。

人类正常的思维活动应该是从客观实际到头脑加工。及至治学，最最基本的终归还是太史公说的“网罗天下放失旧闻，略考其事，综其终始，稽其成败兴坏之纪”，然后才有进行抽象思维的根据。马克思的《十八世纪外交史内幕》篇幅不大，却是理论与实践相结合的巨著，通篇闪耀着理论思维的光芒，有着震撼人心的力量。其所以故，恰恰就在于马克思不作脱离事实的纯抽象思维，每一分析、每一推论、每一论断都有大量而全面的事实作为依据。仍以彼得一世的“外偏中心”论为例，马克思起码是在通盘研究了伊万以来的俄国发展史之后，才水到渠成地作出这个结论的。也就是说，他是先有了这些文件，加上他对现实问题的了解，才进入理论思维的；书中不乏警句，都是这样从大量的具体事实中抽象出来的。

“论”从“史”出，这里的“史”就是包括过去的和现行的现实运动的材料。国际政治是很具体的学问，各种各样矛盾只能通过具体事物的运动表现出来。

这个问题似乎是老生常谈，但实行起来却仍有问题。作一篇文章，总要先有材料，否则就是无米之炊。如果先主观主义地凭空“想”一个题目，然后去找材料，那就颠倒了思维运动的次序，结果或者索性作不出文章，或者把拿到手的材料断章取义、为我所用。这绝不是我们应该提倡的学风。

研究国际政治需要上升到理论，这是肯定的，问题是绝不能丝毫忽视理论思维的物质基础。

此外，我还觉得，马克思这本书的文风也属上乘。前面说过一开卷辄不能释手，文字的犀利、透彻、生动是不可小看的原因。

由此我联想到，绝不可把理论文章的文字问题看作不足道的雕虫小技，因为第一，它关系到论点能否充分而准确表达；第二，它关系到能否使人读下去。即使立意极好，如果文字使人无法卒读，仍然起不到应有的效用，那是非常遗憾的。我国宋代诗人梅尧臣说，凡好文章都要有两个条件，即

"意新、语工"。多年来，报刊上常有人批评某些理论文章之佶屈聱牙，不能不引起我们的重视。长期以来确实有一种错误的看法，以为凡理论文章必具一定程式，否则即不被接受为理论文章；遣词造句也率多道貌岸然，以致千人一面，毫无特色。读了马克思这篇不拘格调、挥洒自如的著作，我止不住联想了许多。我认为，理论著作也不仅应该文字清通，而且应该提倡有作者的个性和特色。

近一两年来，我在一些大学兼课，发现系里给学生列出的参考书目中都有这本书，指为必读。我则由于特别喜欢这本书，也经常以很大的热情向学生们（包括我们研究生院西欧系的研究生）推荐。但是，我隐隐约约地感到，真正认真去读的人似乎不多，甚至多数人可能根本没有看。这是很可惜的。现在把我的粗浅体会写出来，倘能引起一丝阅读这本书的兴趣，我也就满足了。

第九篇

当代中国社会转型与社会建设

我们如何应对“下一次危机”

李培林*

我们如何应对“下一次危机”？这不是一个吉利的提问，但又是一个不能不做出的提问。这次的SARS危机，促使我们全民反思的，不仅仅是公共卫生和防疫系统的漏洞，也不仅仅是政府信息的披露是否应当更加及时透明，而是我们整个的发展策略。

这次SARS危机，很可能成为中国改革开放发展史上的一个转折点，一个走向经济和社会更加协调发展的新起点。我甚至想，在这次SARS危机结束之后，真该建立一座“SARS危机殉难者纪念碑”，一方面是纪念那些付出生命代价的可歌可泣的医护人员以及普通的殉难者，另一方面也是让我们永远记住，这个引导我们全民反思的危机事件。

实际上，SARS危机是一次社会危机，我们已经很长时期不曾面对这样的危机，它对我们来说，已经变得陌生，我们也缺乏应对这类危机的策略、机制和系统。

一个社会对可能发生的重大突发性危机的估计和考虑，往往成为决定其发展策略的关键性因素。改革开放之前，中国的一切事务，都围绕着准备应

* 本文刊发于2003年第4期。作者李培林，时任中国社会科学院社会学研究所副所长，曾任中国社会科学院副院长、党组成员，现任第十三届全国人大常委及社会建设委员会副主任委员、中国社会科学院学部委员。

对“战争危机”和“政权危机”，所以在发展策略上的重大选择，就是“备战、备荒”，就是“反修、防修”，就是“以阶级斗争为纲”。大搞“三线建设”，全民挖“防空洞”，“反右”和发动“文革”，都是这种选择的结果。改革开放之后，我们对重大危机来自何处的估计和考虑，发生根本性变化。基于我们进入一个和平与发展时期的认识，基于主要危险是“经济到了崩溃的边缘”“人民生活 20 多年没有什么变化”的估计，确立了“以经济建设为中心”的发展策略。

近 20 多年来，中国经济高速增长，人民的生活有了很大的改善，综合国力也得到迅速提高。取得这些成就，应当说“以经济建设为中心”的发展策略功不可没。但问题是，未来的重大危机，是否还是仅仅来自“经济崩溃”？我们今后要应对的主要危机是否和过去有所不同？我们是否到了应当对发展策略作出某些调整的转折点？SARS 危机是不是给我们提出了某种预警信号？

在有些人看来，SARS 可能谈不上什么“严重危机”，也不过就是一种新型的、暂时不明病因和传染渠道的传染病而已，其危害主要是造成了“心理恐慌”。证据主要有两个：一个是 SARS 的死亡率可能还不如“交通事故”和“煤矿事故”，更不如“大地震”和“大洪水”等“自然灾害”；另一个是中国的经济主要是工业推动的，SARS 对中国的经济增长不会产生太大的影响。

从某种意义上说，这两个证据不能说没有道理。但是，“事故”、“自然灾害”与“危机”的差别以及不同的危害性，是不能以死亡率来测算的。“9·11”对美国社会来说，是一个严重的危机，尽管死伤的人数，较之美国每年的交通事故要少得多。“危机”不同于“事故”“自然灾害”的特点：一个是它的“扩散性”，即它不是一个局部的、孤立的、一次性的事件，它会具有全局的、扩散的和长久的影响；另一个是它的“不确定性”，它何以发生、在什么条件下爆发、发生以后是否能够迅速控制、控制以后是否还会再次爆发，等等，都是很不确定的，或者说，危机的原因和后果，都不仅是难以预报的，而且是难以预期的。

至于对经济增长的影响，我想，由于以住房、汽车、通信和教育为主导的改革开放以来第三次消费热潮的到来，即便是有SARS危机对服务业的沉重打击，但2003年在占经济总量一半以上比重的工业的强力推动下，GDP仍可望达到7%～8%的速度。问题是，能否仅仅用GDP当年增长速度是少1个百分点还是少1.5个百分点来衡量SARS危机的影响？SARS危机给今后人们的生活和社会交往是否会带来长期的影响，从而使经济和社会交往的成本大大提高呢？SARS疾病患者的医疗费，在GDP里体现的可能和他们买了一部车是一样的结果，但对患者的意义能一样吗？450万农民工因恐惧SARS的传染返乡，又能在GDP里体现多少？在各种经济指标中，GDP是个很不错的经济总量指标，但它的局限性也是很明显的，很多福利总量的损失，GDP都是难以反映的。

更为重要的是，SARS危机是否只是一个预警信号，下一次的“类SARS危机”是什么？在目前的经济和社会发展领域，有没有潜伏的类似危机的征兆？对下一次可能发生的类似危机，我们如何预警和应对？我想，这种反思和提问，应当不是“危言耸听”。比如，中国现在总体上已成为淡水资源非常紧缺的国家，过去从不缺水的东北地区城市和长江沿岸城市，现在也普遍出现缺水的状况，而且“无河不枯、无水不污”的趋势，仍然在蔓延，很多城市已开始使用无法恢复的，且只能供8～10年使用的深层岩水，众多的农村人不得不饮用已被污染的地表和浅层水源。SARS污染了我们本以为可以“自由”呼吸的空气，谁能保证，如果我们本以为可以“自由”饮用的水源被污染，不会产生下一次危机？再如，20世纪90年代中期以前的各种长期预测，大多认为贫富差距扩大的变动曲线，在我们达到人均GDP 1000美元的时候，会出现符合发展规则的拐点，而现在我们的人均GDP超过了1000美元，但贫富差距还在加速扩大，而且我们还看不到短期内这种差距有缩小的可能，尽管在提高农民收入上已经“千方百计”，但基于已有理论推断的具体措施似乎仍显苍白无力。

我们是否应当对我们的整个发展策略和核算体系也做一下反思呢？实际上，经过改革开放20多年来的发展，我们面对的根本问题和威胁已经发生转变。比如，粮食的供给和安全，过去一直是影响发展策略的重要因素，而现在随着食品消费中粮食替代品的大量增加，粮食的短缺已经不再是潜在的巨大威胁。在经济方面，社会主义市场经济体系已经基本建立，推动经济增长的主导力量已经发生本质变化，中国已不再是政府主导型的经济，经济走上了按照它自身规律发展的轨道。在这种情况下，政府的责任，也不再是为了经济的增长去做各种产业投资的计划，而是维护和完善市场秩序，解决好市场本身不能解决的各种社会发展问题，如就业、收入差距、社会保障、教育、医疗卫生、健康、环境和资源保护，等等。

换句话说，根据对现阶段可能的社会危机和主要威胁的估计和重新认识，我们是否也应当适时地调整我们的发展策略，从“以经济建设为中心”转变到“以经济和社会的协调发展为中心”呢？

这种发展策略和调整，首先意味着要以人民福祉的增加作为衡量政府政绩的主要指标，而不是 GDP 增长的单一指标，GDP 的增长只是实现人民福祉增加这个目标的一个基础性手段，而人民福祉的增加，则需要一系列的社会发展指标来测量。目前，我们的经济统计比较完善，尽管也存在这样那样的问题，但社会统计应当说还很不完善，除了人口有普查外，在就业、收入、教育、医疗、社会保障、环境和资源方面，都是依靠速度较慢、差误较多、口径时常变化的部门报表制度，缺乏快速准确的信息反馈系统，以至于这方面的针对性研究，很难获得翔实可靠的数据。如果连基础的、准确的信息和数据都缺乏，怎么做出正确的快速反应的决策呢？

这种发展策略的调整，还意味着要建立一个不同于经济核算的“社会核算”体系。现在，一些地方政府总以为经济增长是硬道理，社会发展是软道理，经济增长是赚钱的，而社会发展是花钱的，以为不挣钱哪有钱花？但他们并没有去认真地算一算账，经济增长带来了多大的收益？而社会发展付出什么样的代价？在环境、资源上的破坏，要花多少钱才能恢复？在教育、健康、社会保障上的欠账，是不是欠得越久，需要还的越多？根据世界各国和我们国家各个地区的发展经验，“增长”和“发展”并不是内涵完全重叠的概念。根据发展的类型，有的是“高增长、高发展”，有的是“高增长，低发展”，也有的是“有增长而无发展”。我们要警惕的，就是走入“高增长、低发展”的怪圈，落入“有增长而无发展”的陷阱。如果一个地方政府，只关注体现政绩的 GDP 增长，而把社会发展的难题留给下一任，谁能保证这些难题不在某一天积累成危机而突然爆发？

这种发展策略的调整，也意味着要使“社会核算”成为一个普遍运用的科学的体系。我们国家总体上来说，还不是一个富裕的国家，在社会发展的各个领域，都是缺钱的。政府在社会发展领域面对的，是一群哭着喊着要奶吃的孩子。在这种资源和财力有限的情况下，如果过分地加大税收负担来获得财力，就会削弱我国在残酷的全球化市场上的竞争能力。所以，社会发展也要精打细算。那么我们凭借什么做出有限资源配置的决策呢？就要依靠科学的“社会核算”。如果仅仅是哪里出现漏洞，就补哪里的窟窿，窟窿是永远补不完的。在公共服务的供给方面，我们实际上非常缺乏“社会核算”系统，我们只知道某些国有企业由于经营不善而亏损甚至破产倒闭，但我们并不能准确地知道，那些依靠国家财政运转的大学、医院、新闻机构、文化团体、科研部门乃至国家机关和其他事业单位，是赔还是赚？它们在资源和财力的使用上是有效率的还是浪费的？也许有的人会说，这些部门提供的，主要是“社会效益”，而不是“经济效益”，而“社会效益”是难以测量的。这话并不错，但难以测量，并不等于不能测量；“社会核算”比较困难，但也不等于不需要“社会核算”。“社会核算”的精确化当然要有一个过程，但现在就要起步，我们总会找到一些便于操作的指标，至少便于操作的完全独立的专家评估系统，就是一种“社会核算”的约束。大学一次定乾坤的入学考试，很难说是最好的人才筛选制度，但目前来说，它是我们能够操作的最不坏的制度。所以，只有建立起较科学的“社会核算”制度，我们才能知道，紧缺的扶贫款，通过什么方式配置才能使穷人更多受益，需求量极大的环保资金怎样花法才能更有效率。如果没有这种“社会核算”，所谓的“经济社会协调发展”，也会引导我们走入另一种陷阱。

最后，这种发展策略的调整，将意味着我们把准备应对的“下一次危机”，扩展到整个社会发展领域，而不仅仅是公共卫生领域。要有一个整体的社会安全和危机的预防、监测、预警和快速反应的系统，对可能突发的社会危机，要基于科学的研究进行筛选，并认真地准备危机处理的预案，对那些可能发生危机的薄弱环节和脆弱的系统，要根据监测的结果及时进行修复和提出预警。但我并不赞成，为此又专门成立一个庞大的机构，因为我们因“问题”而成立的机构太多，而处理这些“问题”本来就是已有机构的职能所在。也许我们可以通过转变机构职能和加强协调能力，得以走出一条提高危机应对能力的新路。

发展变化中的中国农业、农村与农民

陆学艺*

1949年新中国成立以来，特别是1978年改革开放以来，中国的经济社会发生了深刻的变化。2004年，中国的GDP达到159878亿元（人均1549美元），其中第一产业占13.1%，第二产业占46.6%，第三产业占40.3%。全国75200万就业人口中，农业就业人口占46.9%，第二产业占22.5%，第三产业占30.6%。全国总人口为129988万人，其中城镇人口54283万人，城市化率41.76%。可以说，中国正在由传统的农业国家逐步向现代化的工业国家转变。

改革开放以来，我们在实现向工业化国家转型的同时，还要实现由计划经济体制向社会主义市场经济体制转轨。社会转型与体制转轨同时进行，这是中国改革开放以来经济社会发展的基本特点。这既可用以说明中国20多年来经济社会发展等方面取得成功的原因，也可用于解释这些年所产生的众多经济、社会问题的根据。就我个人体会，中国的经济发展之所以取得如此巨大的成功，很重要的方面，是因为我们比较成功地实现了由计划经济体制向社会主义市场经济体制的转轨。通过改革，调整了生产关系，解放和发展了生产力，调动了广大人民的积极性，使整个社会充满了活力，因此才有了

---

* 本文刊发于2006年第4期。作者陆学艺，时任中国社会科学院荣誉学部委员，曾任第八、九届全国人大代表，中国社会科学院社会学研究所所长，中国社会学会名誉会长。

今天的经济社会和各项事业的兴旺和繁荣。

但是，计划经济体制在中国实行了几十年，已经渗透到整个国家的经济、政治、社会、文化等方方面面，可谓盘根错节，根深蒂固，改革起来难度很大，改革的任务尚未完成。对此我们应有充分的认识。相比较而言，经济体制的改革，我们重视了，用力了，取得了成功，当然还有一些难题没有解决；而社会体制等方面的改革，有的还只是开始，有的还没有破题。城市改革、城市发展有了很大的进展，农村改革本来是带头的，并且首战告捷，取得了很大成功，可是农村改革并没有坚持下去。20 世纪 80 年代中期提出过要进行农村第二步改革，因故没有得到实施，以后只是在农业生产出现问题的时候，才做些修补性的政策调整。原来计划经济体制条件下形成的对农村发展不利的户籍制度、土地制度、金融信用制度等还没有得到应有的改革。所以，近 20 年来，政府虽然高度重视农业发展，一直把农业、农村工作放在首位，也投入了一定的人力、物力和财力，农业生产也取得了很大的成绩，但是农村形势还是时好时坏，经济社会问题越积越多。这主要是因为农村发展存在体制性的障碍。

不改革掉计划经济体制留下的这些体制性障碍，不按照社会主义市场经济体制的要求构建农村发展的新体制，农村的诸多问题就解决不好，目前提出的社会主义新农村建设的目标和任务也难以实现。

1998 年 10 月，中共中央召开第十五届三中全会，专门研究了农业和农村工作，通过了一个重要文件。文件指出：“十二亿多人口，九亿在农村，是我国的基本国情。农业、农村和农民问题是关系改革开放和现代化建设全局的重大问题。没有农村的稳定就没有全国的稳定，没有农民的小康就没有全国的小康，没有农业的现代化就没有整个国民经济的现代化。”这一段关于“三农”问题的论述，广为传播，已经得到全国上下的共识。尽管这么说了，而且正如前述，也真的尽力去做了，然而 8 年过去了，农业和农村虽有了一定的发展，但是“三农”问题并没有得到根本的解决，有些方面甚至越来越严重了。2000 年春节，时任湖北省监利县一个乡党委书记的李昌平说：“农民真苦，农村真穷，农业真危险。”这三句话，十三个字，勾勒了中国“三农”问题的窘境。开始，很多人不相信，农村怎么会是这样的呢？有位领导同志还专门派人下去调查。事实证明，这还不仅是一个县、一个乡的问题，在中西部的广大农村是比较普遍存在的问题，在东部发达地区的一部分农村，也有类似的问题。

2002 年 10 月，中共十六次代表大会的报告明确指出：“城乡二元结构还没有改变”，要逐步扭转“工农差别、城乡差别和地区差别扩大的趋势”；并且提出了“统筹城乡经济社会发展，建设现代农业，发展农村经济，增加农民收入”的战略方针。2002 年 12 月，在中共中央政治局会议上胡锦涛同志指出，做好“三农”工作是全党工作的重中之重。2005 年 10 月，中共十六届五中全会提出了建设社会主义新农村的战略任务，现在全国正在蓬勃开展。党的十六大以来，党和政府对解决好“三农”问题给予了前所未有的重视，还实施了一些体制性的改革，投入了前所未有的人力、物力和财力，推进了农村、农业工作的开展，解决了一部分农民问题，农民的收入有了较大幅度的提高。但是，“三农”问题仍很严重，城乡差距还是在扩大，城乡关系仍不合理，近几年又出现了 4000 多万农民失地、失业、失利的问题，农村的社会秩序也不好。为什么出现这种事与愿违的状况呢？归根结底是因为农村一些重要体制的改革没有到位，城乡“二元”经济社会结构的难题还没有破解。正如邓小平同志所说，制度比人更重要。“领导制度、组织制度问题更带有根本性、全局性、稳定性和长期性。……如果不坚决改革现行制度中的弊端，过去出现过的一些严重问题今后就有可能重新出现。”①

回顾改革开放以来，中国的农业、农民、农村问题发展演变到现在，可以做这样一个总体判断：农业问题基本解决了，农民问题、农村问题还很严重，还远未解决好。

---

① 邓小平：《党和国家领导制度的改革》，《邓小平文选》第 2 卷，人民出版社，1994，第 333 页。

一 农业问题

1949 年新中国成立后，各届政府都很重视发展农业，为此做了很大的努力。但由于实行计划经济体制，实行人民公社那一套办法，不能调动广大农民的生产积极性，农业生产长期徘徊，粮食和主要农产品严重短缺。直到 1978 年，8 亿农民搞饭吃，饭还是不够吃，要靠进口粮食来弥补。1978 年实行改革开放，农村率先改革，按照邓小平同志提出的"一靠政策、二靠科学"的方针，执行了 20 多年，先后取得 1984 年、1990 年、1996 年、2004 年等四次农业特大丰收。1996 年的特大丰收，粮食总产超过 1 万亿斤，其他主要农产品也大丰收。从此中国的农业发展进入了一个新阶段，改变了粮食和主要农产品长期短缺的局面，形成了"总量基本平衡、丰年有余"的新格局，较好地解决了 13 亿人口的吃饭问题。所以说农业问题基本解决了。我们的农业，可以保证全国人民的吃饭，保证国民经济发展的需要。从 1997 年以后，农产品的进口、出口相抵一般都能基本平衡，有几年还略有出超。前几年，我们还常常宣传用 7% 的土地养活了 22% 的人口，说的就是农业发展的贡献。1996 年国家土地局花了 10 年时间把全国的土地测量了一遍，耕地总量是 19.5 亿亩。这几年征地占用耕地较多，加上退耕还林，2004 年还有 18.4 亿亩。现在可以说用占世界 9% 的耕地，供养了 21% 的人口。所以说，我国现在的农业问题基本解决了。

表 1 是历年粮食和主要农产品的生产状况，从中可见农业发展的曲折和变化。

表 1　改革开放以来粮食和主要农产品变化状况

年份	粮食总产（万吨）	人均粮食（公斤）	棉花总产（万吨）	人均棉花（公斤）	肉类总产（万吨）	人均肉类（公斤）	水果总产（万吨）	人均水果（公斤）
1978	30477	317	216.7	2.25	856.3	8.9	657	7.3
1980	32056	327	270.7	2.80	1205.0	12.2	679	6.9
1984	40731	390	626.0	6.00	1540.0	14.7	984	9.4

续表

年份	粮食总产（万吨）	人均粮食（公斤）	棉花总产（万吨）	人均棉花（公斤）	肉类总产（万吨）	人均肉类（公斤）	水果总产（万吨）	人均水果（公斤）
1985	37911	361	414.7	3.90	1760	16.3	1163	10.8
1990	44624	393	450.8	4.00	2513	21.9	1874	16.3
1991	43529	376	567.5	4.90	2723	23.5	2176	18.8
1996	50454	412	420.3	3.43	4584	37.5	4652	38.0
1997	49417	400	460.3	3.70	5269	34.6	5089	41.0
1998	51230	411	450.1	3.60	5724	45.8	5452	44.0
2000	46218	366	441.7	3.50	6125	38.3	6225	49.0
2002	45711	355	492.0	3.83	6586	40.8	—	—
2003	43070	334	486.0	3.80	6932	42.7	14517	112.0
2004	46947	361	626.0	4.80	7243	55.7	15340	118.0
2005	48401	370	570.0	4.40	7700	58.9	16076	123.0

资料来源：《中国统计年鉴》各年度数据，中国统计出版社。

二　农民问题

农民问题是“三农”问题的核心问题。我们至今还没有一个好的解决办法。主要表现为四个方面。

第一，农民众多。世界上的工业化国家在工业化和城市化过程中，农业劳动力是逐步减少的，农民是逐步减少的。我国1953年开始第一个“五年计划”，开始大规模的工业化建设。1952年时是5亿农民，以后农民逐年增加，直到2000年。1952年我国农业人口是50139万人，1958年是54704万人，随后出现了“三年困难”，政府实行严格限制农业人口进城的户口制度，城市化就停滞了。到1978年，农民达到79014万人。20年下来，增加24310万农民，平均每年增加1215.5万农民。1978年以后是不是这样？还是这样。一直到2000年，相对数字在减少，绝对数字还是逐年增加的。最高数是2000年的94244万。21年又增加15230万农民，平均每年增加725万人。到了2001年农民才开始减少，具体数字是94175万人，以后逐年缓慢减少。所以，直到现在我国还是9亿农民。从1952年到2006年，工业化了50多年，中国要变成工业大国了，农民反而越来越多。13亿人口，9亿农民，这是一个大问题。

第二，农民太穷。首先，农民“穷”是相对于我们改革开放以来取得这么好的成绩，而农民却没有得到相应实惠而言的。相对于农民本身来说，生活水平还是提高了，因为现在温饱问题解决了，1978年有2.5亿贫困人口，现在只有2000多万了。其次，相对于城市居民而言，城市居民收入提高得快，农民提高得慢，差距太大，农民有相对剥夺感。改革开放初期，1978~1985年城乡居民收入差别是缩小的，1985年以后反弹，特别是1994年以来，差距不断扩大（见表2）。

表2　改革开放以来城乡居民收入差距状况

年份	城镇居民年可支配收入（元）	农民人均年纯收入（元）	农村农民人均收入:城市居民人均收入（城乡居民人均收入比）
1978	343	134	1:2.57
1985	739	398	1:1.80
1990	1510	686	1:2.20
1995	1577	1578	1:2.72
1997	5160	2090	1:2.41
1999	5854	2210	1:2.65
2000	6280	2253	1:2.79
2001	6860	2366	1:2.90
2002	7703	2476	1:3.11
2003	8472	2622	1:3.23
2004	9422	2936	1:3.21
2005	10493	3255	1:3.22

资料来源:《中国统计年鉴》各年度数据，中国统计出版社。

第三，农民分化。首先，农民的职业分化。20世纪80年代以来，农民就逐渐分化了：有乡镇企业的干部和工人；有从事商业、饮食业、服务业的人员；有科技人员、民办教员、医生，等等。他们有的已经离开农村，在城市里生活。但是，这些人还是农业户口，国家认定的身份仍然是农民。现在9亿多农民中，有4.9亿劳动力，其中从事农业为主的劳动力有3亿多人，另外接近2亿是农民工，其中“离土不离乡”进城的农民工有1.2亿。1989年我写过一篇文章叫《社会学要重视当今农民问题》，提出农民阶级已分化成8个阶层，正是反映这个问题的。其次，农民的财产和收入分化。农业户口人员中，有些人已经相当富有，有的人已经是亿万富翁，有的还很穷。过去在一个公社，一个生产大队里，大家一起生产，一起生活，收入相差无几。现在在同一个乡，或一个村里，少数人很富，住上别墅式房子了，大多数人还贫穷，住平房，相差很大。根据国家统计局调查，2004年，农民年收入600元以下的占2.25%，601～1000元的占6.07%，1001～3000元的占51.37%，3001～5000元的占25.29%，5000元以上的占15.02%①。足见当前我国农民财产和收入分化的程度。

第四，农民太弱。农民被普遍认为是弱势群体，不少人呼吁要给农民以国民待遇。农民群体弱化的表现在：一是基本权利方面太弱。直到现在，农村的产权还没有明确的说法。农民连保护自己承包的耕地、宅基地甚至房子的权利都没有。他们不能保护自己承包的耕地，因为随时都有被征用的可能；他们也不能保护自己的房子，因为随时都有被强制拆迁的可能；他们要把房屋当作贷款抵押的权利都没有，因为房子的宅基地不属于他们，是集体所有的。前几年，刮起了一股大办工业园、科技园、大学城的风，约有3.6万平方公里的耕地（5400万亩）静悄悄地被占掉了，有4000多万农民成为失地农民。农民无力保护自己赖以生存的承包耕地，可见农民权利的微弱。幸靠党中央、国务院三令五申，才把这股风刹住了。二是组织上的薄弱。工人有工会，知识分子有学会，老板可以组织工商联合会，还可以组织各种俱乐部。他们这样做，有自己的组织，可以维护、争取他们自己的权利。但是现在的农民没有属于他们自己的“农会”这样的组织，所以维护、争取他们自己的权利就无从谈起。

① 国家统计局编《中国统计年鉴》(2005)，中国统计出版社，2005，第359页。

三　农村问题

1911年辛亥革命以前，在封建社会时期，中央政府只管到县，向县派出行政长官，乡以下靠乡绅和自治组织管理。民国以后，仍提倡乡村自治，有一部分省在县以下设区公所、乡公所，由县政府任命区长或乡长。1949年新中国成立以后，开始还是承袭旧制，在县以下设区、设乡管理。1954年“宪法”开始实施，确定乡镇政府是一级政权组织，设乡（镇）人民委员会。1958年人民公社化，实行政社合一的体制。行政事务由公社委员会施行，公社实行“三级所有，队为基础”，公社下设生产大队，大队下设生产小队。公社、大队、小队既是集体经济组织，也是行政组织。这就把全国5亿多农民全部组织到人民公社体制里面去了。1983年，撤销人民公社体制，改公社为乡镇人民政府，改生产大队为村民委员会，改生产队为村民小组。到1984年全国共建乡镇人民政府91171个，建村民委员会926439个，农户总数为18792万户，农村总人口为84300人①。到2004年，全国的乡镇总数为36952个，村委会为652718个，农户总数为24971万户，农村总人口为94253万人②。

为什么农户总数、农村人口大量增加了，而乡镇和村反而大量减少了？这主要有两方面的原因。一是这20多年正是中国大规模城市化的阶段。1984年只有297个市，2968个镇；到2004年，全国已有661个市（平均每年增加18个市），19883个镇（平均每年增加845个）。与此同时，乡和村则大量减少。2004年同1984年相比，乡减少54219个（平均每年减少2719个），村减少273721个（平均每年减少13686个村）。乡和村之所以减少这么多，一个重要原因是因为城市扩大，把这些乡和村改为城区了。例如广州市，1978年建成区只有87平方公里，而2003年已扩大为240平方公里，增

① 《中国统计年鉴》（1985），第237页。

② 《中国统计年鉴》（2005），第443、445页。

加153平方公里，扩大了近两倍；其间有十多个乡镇，150多个村，被城市化了。另一个重要原因是，我国在20世纪90年代后期，国家调整县以下的行政区划，大规模地并乡并村。例如2000年，全国仍有乡镇43735个，2004年乡镇只有36952个，减少6783个，平均每年减少2261个。2000年有行政村734715个，2004年只有652718个，减少81997个，平均每年减少27332个。20世纪80年代，全国有365万个自然村，2004年只剩下257万个了。

以上是中国农村行政组织的沿革。就农村发展来说，新中国成立以来，特别是改革开放以来，进行了大规模的农村建设，农村的面貌已发生了根本性的变化。现在全国所有乡镇、95%的行政村都通了公路，90%以上的村通了电，通了电话，可以看电视。20世纪80年代以来，平均每年有2%的农户自建新房，年竣工面积在4亿平方米，其中50%是楼房，有的已住上了别墅式的洋房。2004年底，全国农村实有住宅面积达205亿平方米，人均居住面积为27.9平方米。耐用消费品、家用电器正在大量地进入农家。2004年，农村每百户农家拥有彩电75台、洗衣机37.3台、电冰箱17.8台。农村教育事业有了很大发展，九年制义务教育已基本普及，青壮年中的文盲已降到10%以下。

与1978年改革开放前相比较，中国的农村已经有了很大的发展，但是与改革开放以来经济发展所取得的巨大成绩相比，特别是与城市发展相比较，农村的发展是滞后的，有很大的反差，显得很不相称，很不协调。有以下一些表现。

第一，城乡居民收入的差距越来越大。

二战以后，日本、韩国和中国台湾等几个工业化国家和地区，在经济高速增长的时期，城乡差距是缩小的。中国在改革开放初期，1978~1984年，城乡差距也是缩小的，但1985年以后又开始反弹，1997年以后，则几乎连年扩大。虽采取了多种措施，城乡差距扩大的趋势仍未扭转（见表2）。

第二，城乡居民消费方面的差距。

1985年，城市居民人均生活消费支出673元，农民人均生活消费支出317元，差距为1∶2.12；2003年，城市居民人均生活消费支出6511元，农民人均生活消费支出1943元，差距为1∶3.35。实际的消费差距比这个数字还要大，因为城市居民还享有各种补贴，如住房补贴、医疗补贴、电话补贴、煤气补贴，等等，而农民是没有的。

1978年，农民占全国总人口的82.1%，当年农民购买社会消费品占全国社会消费品零售总额的67.6%；2003年，农民占全国总人口的70.5%，只购买35.1%的社会消费品。现在三个多农民的购买力，还抵不上一个城市居民，农村农民的消费水平要比城镇居民落后10～15年。这表明农民没有得到改革开放以来与经济高速增长相应的实惠，这也是目前中国国内市场开拓不了、许多消费品销售不出去的重要原因。

第三，农村的教育、卫生等社会事业发展缓慢。

农村社会发展滞后于经济发展的要求，更落后于城市社会事业的发展。现在城乡间经济差距很大，而城乡间社会发展方面的差距则更大。现在多数大中城市已在普及高中，而在中西部农村，不少乡镇九年制义务教育还不能普及，特别是初中教育，学生中途辍学的很多。有些学校初中一年级时三个班，到初二时剩两个班，初三时，只有一个班。现在4.9亿农村劳动力中，高中及以上的占13%，初中占50.3%，小学程度的占29.2%，文盲半文盲的占7.5%，平均受教育年限不到8年。这种教育方面的差距，预示着今后的城乡差距仍难以缩小。

城乡在医疗方面的差距比教育方面更大，因为城市居民有医疗保险或公费医疗，农村原来的合作医疗基本上都没有了（近几年在恢复中）。农民看病难、看病贵的状况比城市严重得多。农村落后，生活水平低，长期缺医少药。这种城乡差距的恶果已经影响到下一代身上。据2000年第三次全国营养普查，6岁儿童的身高，农村是110公分，城市是113公分，相差3公分；16岁青年，农村是158公分，城市是164公分，相差6公分。现在城市居民的多发病是高血压、高血脂、糖尿病等，多数是“富贵病”；而农民的多发病是肝炎、肺结核、痢疾，地方病如血吸虫、克山病等，都是“穷病”。

第四，城乡基础设施建设方面的差距。

20世纪90年代中期以后，财政向城市集中，特别是向东部沿海、向地级以上的大中城市集中，加上大量低偿圈占农村耕地、以地生财等原因，10年来，中国的城市建设突飞猛进，成绩斐然。高楼大厦、大马路、大广场、立交桥、轨道交通、种花种草、喷泉绿地、亮化美化，竞相与国际接轨。城市建设得相当好了。但这些年的农村，特别是中西部的农村，主要是给城市做贡献，献出了数以亿计农民工的血汗，献出了以千万亩计的承包农田，献出了古木大树、风景树，而农村自身却没有随着经济腾飞得到相应的发展，反而背了一身债，没有搞多少基础设施建设，多数是依然故我，乃至凋敝破败。高等级的公路修到村旁，但入村还是土路，垃圾乱堆、污水横流，猪羊与人混居，柴禾垛在屋旁。现在全国还有4%的村不通汽车，7%的村不通电话，46%的村不通自来水，有近3亿人喝不上够卫生标准的干净水，绝大多数的村庄没有排水系统，还使用传统的旱厕。有位外国朋友评价中国的城乡建设的状况时说：城市建设得像欧洲，农村却像非洲。此话虽然不中听，但是似非虚言。这样巨大的城乡差别，当然不能长此以往地存在下去！

城乡差距之大，农村问题、农民问题之严重，自2002年“十六大”以来，已经受到领导和各方面的特别关注，也采取了不少重要的举措，力图改变这种状况。有些方面已初见成效，如减免农业税等，受到广大农民的拥护和欢迎。但总的发展状况仍不乐观，如城乡差距扩大的趋势还在继续。为什么？这主要是因为我们过去长期实行计划经济体制，实行“城乡分治，一国两策”，形成了中国特有的城乡“二元”经济社会结构，而且这个体制还没有得到应有改革。说到底，农业、农村、农民问题之所以如此缕清不了，是因为存在结构性、体制性的障碍。不调整结构，不改革体制，这些问题是解决不了的。2004年，全国GDP中，农业只占13.1%，而当年从事农业的劳力占总就业劳力的46.9%，农村人口占总人口的59%，农业人口占总人口的70%多。经济结构与社会结构如此背离，不调整改变这种结构，农民怎么能不穷？农村怎么能不落后？而要调整这种不合理的结构，就必须改革。要改革原来计划经济体制下形成的、现在还在实行的户口、就业、人事、社会保障等方面的体制，按照社会主义市场经济体制的要求，建立相应的新体制，改变城乡“二元”经济社会结构，建立城乡一体的社会主义市场经济新体制。

2005 年 10 月，中国共产党十六届五中全会提出了推进社会主义新农村建设的战略任务，这是贯彻科学发展观，统领经济社会发展全局，构建社会主义和谐社会要求的重大决策。现在全国正在按照“生产发展、生活宽裕、乡风文明、村容整洁、管理民主”的要求，协调推进农村的经济、政治、文化和社会建设。其中的一个重要任务，我认为就是要继续深化改革，改变城乡“二元”经济社会结构，建立新的体制和机制，调整结构，逐步解决好“三农”问题，使城乡协调发展，使经济社会协调发展，整体推进我国的社会主义现代化建设的伟大事业。

社会保障：公平社会的基础

景天魁[*]

一　是否建立完善的社会保障体系是好的市场经济和坏的市场经济的分水岭

社会保障不仅仅是一项经济制度，它还是并且主要是一项社会制度、社会的基础建设。社会保障不仅仅是一种经济补偿、经济支援，它更是一种社会补偿、社会关怀、社会支援。对那些在市场竞争中的失利者、弱势群体和边缘群体而言，社会保障表示了社会对他们的承诺和保护：不论他们遇到多大的困难和风险，社会承诺保障他们的基本生活和起码的尊严。

但是，在我们大力推进社会主义市场经济体制建设的时候，人们注意到了充分认识和高度肯定市场经济的巨大优越性——这当然是必要的，却对社会保障制度的独立价值和作用强调不够，因而对市场经济体制和社会保障制度的关系认识模糊。就人的需要而言，好的市场经济应该能够普遍地满足每个社会成员的生存和发展的需求，但这单靠市场经济制度本身是难以做到的。市场经济是通过市场机制来实现资源配置的经济制度，它的核心是自由

---

* 本文刊发于 2006 年第 6 期。作者景天魁，时任中国社会科学院社会学研究所学术委员会副主任，曾任第十一届全国政协委员、中国社会科学院社会学研究所所长，现任中国社会科学院学部委员、社会学研究所研究员。

竞争，市场竞争的规律是优胜劣汰。由于每个社会成员的自身禀赋包括受教育水平、体能和工作能力不同，社会资源和发展机遇各异，在分配领域中必然损益有别，从而造成社会的贫富差距，并引发社会各阶层之间的矛盾。改革开放以来，在从计划经济向市场经济转轨过程中，一部分国有企业被兼并破产，还有相当部分企业因严重亏损而面临困境，由此出现了规模空前的下岗和失业现象，一些国有企业的职工以及部分离退休人员的生活发生困难，一部分人甚至跌落到贫困线以下，而大量财富却向少部分人手里集中。社会保障是政府通过法律和制度手段，筹集社会保障基金，对社会成员在年老、疾病、伤残、失业、生育、遭遇灾害、面临生活困难时给予必要的救助和保护，以满足社会成员基本生活需要的制度安排。它的基本功能是保障公民的生存权，进而为实现每个人的发展权提供基础条件。通过建立医疗保障制度、社会救助制度、实施失业者职业技能培训等措施，保障人的发展权利，拓展人们的发展空间。因此，社会保障是实现公民生存权和发展权的重要方式。[①]

与市场经济的竞争机制不同，社会保障制度是人们通过达致社会合作而形成的一种公共品。在这里，人和人之间是非竞争的关系。而每一个人都有可能成为弱者，都有可能遭遇危险，又都需要维护自己生存和发展的权利。社会保障就是人们达成的风险共担、同舟共济的契约和道德承诺，个人与社会之间有了这个相互承诺，人与人之间才能摆脱那种“豺狼式”的状态，人与社会之间才能摆脱那种只向社会索取，不向社会贡献的关系。只有这种社会承诺建立起来了，市场规则、法律规定才可能被遵守。从这个意义上说，市场规则、法律规定都以人与社会之间的公平契约为前提。[②] 所以，市场经济和法制虽然都是和谐社会的基础，但都离不开公平契约这个基础。

就社会发展而言，好的市场经济应该能够促进社会稳定，实现经济与社会协调发展。这也不能单靠市场机制本身，更要靠市场经济制度和社会保障

① 郑功成：《用社会保障促进社会和谐》，《社会保障研究》2005 年第 1 期。

② 郑功成：《关注民生——郑功成教授访谈录》，人民出版社，2004。

制度的结合才能做到。市场机制配置资源的特点是优质资源向能够获得最大效益的方向流动。这些年，随着市场经济的发展，农村以及中西部地区的优质资源——青壮劳动力、财力和物力迅速向城市、工业、发达地区集聚，“三农”问题积累日甚，地区差别继续扩大，社会发展难以平衡。社会保障具有国民收入再分配的功能，通过社会保障基金在高收入者和低收入者之间的转移支付，使国民收入的再分配向低收入者倾斜，从而调节社会成员之间的收入差距，维持低收入者的基本生活，以促进社会公平，实现社会稳定。社会保障不仅是一种重要的利益平衡机制，而且是市场运行和经济发展的基础性支撑。

社会保障制度可以保证社会基本生活水平的稳定性，推动有效需求适度增长。它通过国民收入再分配，积累社会保障资金，形成个人收入不确定部分的补充。当宏观经济大局、微观经济态势发生不期而至的变故，人们面临失业、退休、生病和出现事故伤残等难以抗拒的风险时，社会保障提供了相对比较稳定的收入，来满足人们的基本需要，[①] 从而恢复和保持有支付能力需求的适度增长。社会保障制度改善了人们的收入预期，提高了人们的安全感，有利于扩大消费需求，从而减少经济波动对人们的影响，有利于保持经济的可持续发展。

从长远看，21 世纪前 20 年既是我国全面建设小康社会的机遇期，也是进入老龄社会的风险期。我国是在刚刚进入低水平、不全面的小康社会情况下，迅速跨入老龄社会的发展中国家。而这一时期又是以独生子女劳动力为就业主力军的阶段，我国的就业结构、消费结构面临重大调整，这都将影响经济发展的活力。养老、医疗、失业等保障制度是协调代际分配关系、当前利益和长远利益关系的重要制度，对于经济可持续发展、社会可持续发展、保持国家长治久安具有重要意义。[②]

① 劳动和社会保障部社会保险研究所：《世纪抉择——中国社会保障体系构架》，中国劳动社会保障出版社，2000。

② 劳动和社会保障部社会保险研究所：《世纪抉择——中国社会保障体系构架》，中国劳动社会保障出版社，2000。

社会保障是相对独立的社会体制，它包括经济制度，但并不限于资金筹集和发放、管理和运营；它不仅仅是现金保障，还包括服务保障、权益保障、组织保障乃至精神保障。因此，简单地说社会保障制度是“市场经济体制的重要组成部分”是不够准确的，正如不能把政治制度、宗教制度看作“市场经济体制的重要组成部分”一样。尽管这些制度都要与“市场经济体制”相配套、相适应，但社会保障制度毕竟有自己的独立体系，不能归结为“市场经济体制”。①

二　社会保障的首要功能：为社会公平提供制度基础

中国有13亿人口，又是一个发展中国家，以并不充足的财力解决世界上最庞大人群的社会保障问题，这是一项空前艰巨的伟大事业。特别是中国加强社会保障制度建设的背景，是从计划经济向市场经济的转轨，各种社会制度，包括生产资料所有制结构、收入分配制度、财税制度、社会管理体制等都在发生重大调整。在这种情况下，政策供给不足、滞后并且前后不一致，难免经常发生。

在我国，社会保障制度改革和建设的大力推进，确实是与建立社会主义市场经济体制相伴随的。但这一点并不意味着社会保障必定是依附于市场经济的。事实上，不搞市场经济，也要搞社会保障。但社会保障的独立地位却一度被有意无意地掩盖了，仿佛只是为了配合国有企业改革，为了给企业卸掉社会包袱、增强企业的市场竞争力才需要搞社会保障。后来，又仿佛是为了解决下岗失业职工安置问题，为了解决农民工问题，才需要搞社会保障。这样一来，社会保障好像只是为了解决一时的具体问题，它作为一项长期的基本的制度安排的意义被淡化了，其社会功能被忽略了。

在财力不足的情况下推进社会保障制度建设，又希望这项制度能够自我运行，着重考虑经济效益是可以理解的，从效率的角度讲也是具有合理性

① 景天魁主编《基础整合的社会保障体系》，华夏出版社，2001。

的。但是缴费多的人国家财政和企业单位给予的补贴也多，而少缴费则少补贴，不缴费则无补贴。这样一来，在个人收入差距本来就在迅速拉大的背景下，社会保障制度不但没有起它应该起的缩小贫富差距的作用，反而在不经意间助长了差距拉大的趋势。

长期以来，社会保障考虑的对象范围主要限于城市居民，广大农村除少数有条件的地方自行实施了局部的、有限的社会保障以外，全国统筹城乡的社会保障制度供给基本付诸阙如。例如，在城市实行了最低生活保障制度，3000万城市贫困人口得到了这张“安全网”的有力保护，但在广大农村至少也有3000万贫困人口翘首以待的同样的制度性保障却迟迟不能出台。在城乡差距迅速拉大的背景下，这种制度安排不但没有起它应该起的在城乡居民之间促进社会公平的作用，反而在不经意间助长了城乡差距拉大的趋势。

社会保障制度有利益的层面，也有价值的层面。它的价值追求本来是为了促进和实现社会公平。如果社会保障的理念不明确，只讲“效率”，只追求经济效益不追求社会效益，它就可能陷在利益的计较中，模糊了方向。实现社会公平是社会保障制度的首要社会功能、核心价值关怀，因而是这项制度的灵魂。

从社会保障制度比较健全的国家和地区的实例看，尽管不能简单地说社会公平程度一定与社会保障制度的健全程度成正比，但大体上还是可以看出二者之间的确具有一定的相关性。例如英国，在1994～1995财政年度初始收入分配中，20%高收入家庭与20%低收入家庭的平均收入相比，二者相差19.8倍，但是经过收入和消费税收以及社会保障等福利制度的调节之后，最终收入差距缩小到3.7倍。① 再如芬兰，如果单看收入差距，大致在120～1800欧元，为15倍，与月工资（200～3000欧元）差距相一致；但月工资在1600欧元以上者不享受国家养老金，月工资在200～1600欧元者，享受国家养老金的数额逐步减少，大约从每月440欧元减到0，月工资在2000欧元以上者，不享受住房津贴，月工资在200～2000欧元者所享受的

① 中国社会科学院课题组：《努力构建社会主义和谐社会》，《中国社会科学》2005年第3期。

住房津贴也逐步减少。这样调整下来，虽然月工资收入相差15倍，但享受养老金的差距却在720～1280欧元，仅为1.7倍。

世界各国的社会保障制度因种种原因，而存在巨大的差异。但这项制度是有共同理念基础的。这个基础就是社会公正的理念。在市场经济社会，如果没有起码的社会公正，这个社会不可能是一个文明的现代社会。[①] 所以，从“贝弗里奇报告”到北欧社会民主党的“均等化原则”，从“基本需要”到“基本权利”，社会公正的基本理念得到了维护，从而社会保障也从市场经济的陪衬、政府缓和社会矛盾的工具，变成了现代文明社会的一个重要基础。[②]

在和谐社会建设中，要求社会保障发挥的作用主要是促进社会公平。社会的公平正义显然主要依靠包括税收制度、财政转移支付制度、教育制度等各项社会制度的共同作用，其中，社会保障制度是当仁不让的主要功能承担者。当然，社会保障制度发挥好了对促进实现社会公平有作用，同时对和谐社会建设的其他方面也可做出相应的贡献。[③]

三　适度公平就是底线公平

对于社会公正，过去主要是从社会伦理、社会价值的层面去理解的。自罗尔斯提出“作为社会公平的公正”以后，[④] 社会公正落实到了经济利益调节和补偿、社会差距的缩小和社会机会的平等这样一个更具体的可操作的层面。

从世界各国的情况看，不同的社会保障制度类型在实现社会公平的能力和作用方面具有明显的差别。选择什么样的社会保障制度，在一定程度上取

① 姚洋主编《转轨中国：审视社会公正和平等》，中国人民大学出版社，2004。

② 〔英〕贝弗里奇：《贝弗里奇报告——社会保险和相关服务》，劳动和社会保障部社会保险研究所组织翻译，中国劳动社会保障出版社，2004。

③ 联合国开发计划署驻华代表处、中国发展研究基金会：《中国人类发展报告2005：追求公平的人类发展》，中国对外翻译出版公司，2005。

④ 〔美〕约翰·罗尔斯：《正义论》，何怀宏等译，中国社会科学出版社，1988。

决于选择什么样的社会公平。它要受一个国家政治、经济、文化和社会诸多因素的影响。正确的提法应该是公平和效率的统一和兼得，是社会发展与社会公平的均衡和协调。

在科学研究和政策设计中，“度”是重要的。没有“度”就没有科学，就没有政策。一个国家、政府和社会的责任是确保每一个公民，当他的自我保障能力不足时，不至于沦为贫困、无法就学和不医而亡，也就是保持作为一个公民的起码的体面和尊严。在我国，至少在目前乃至未来一个较长的历史阶段，所谓“适度公平”其实就是“底线公平”。“底线公平”是社会保障制度的基本理念。

“底线公平”是一个确定和描写社会公平度的概念。依据社会保障的基本理论，这个度是指“基本需要”。但从确定社会公平度的要求看，“基本需要”会随着经济发展而有较大幅度的变化，它对经济发展水平比较敏感，伸缩性较大，因而不够稳定，也不太容易定义。应该并且还可从“基本需要”中找出更具稳定性的“需要”——“基础性需求”。它包括：（1）解决温饱的需求（生存需求）；（2）基础教育的需求（发展需求）；（3）公共卫生和医疗救助的需求（健康需求）。这就是人人躲不开、社会又公认的“底线”。

“底线”划分了社会成员权利的一致性和差异性。底线以下部分表现“权利的一致性”，底线以上部分体现权利的差异性。从而，底线公平可以定义为：所有公民在这条“底线”面前所具有的权利的一致性。①

在经济水平比较低时，政府要守住底线公平这条线，以确保每个公民都有基本的生活保障，过上有尊严的生活。在经济水平提高以后，政府仍要守住底线公平这条线，以防止社会保障水平持续刚性上升。在底线以上，政府的责任是调节贫富差距，加强税收能力，而不是搞“福利国家”政策。就市场机制而言，底线以下不是市场机制发挥作用的领域，而是公共财政确保的领域，底线以上要靠市场调节。政府调节和市场调节的关系是解决社会保

① 景天魁：《底线公平与社会保障的柔性调节》，《社会学研究》2004年第6期。

障刚性问题的关键。底线公平，不仅适用于经济水平较低的发展阶段，而且适用于经济水平较高的阶段。或者说，它应该是确保社会保障健康持续发展——在现在，走向扩面和公平；在将来，防止过度公平和过度福利——的最关键的机制。这就是“柔性调节机制”：“底线”以下部分，是政府和社会的责任，是必保的、刚性的；底线以上的部分是可以用市场机制由企业、社会组织和个人去承担的，是柔性的。

四 以底线公平为核心理念完善社会保障体系

底线公平概念和柔性调节机制，不仅可以为最低生活保障制度、基础教育制度、大病统筹和医疗救助等制度的加速推进和完善提供理论论证，还可以为养老、医疗、失业等社会保险制度的改革，为社会保障的扩面，为城乡统筹的社会保障制度的建立，提供新的视角和方法，从而有助于推动社会保障制度建设打开新的局面。

党的十六届五中全会对社会主义和谐社会建设做出了全面部署，强调“要以扩大就业、完善社会保障体系、理顺分配关系、发展社会事业为着力点，妥善处理不同利益群体关系，认真解决人民群众最关心、最直接、最现实的利益问题”。其中，完善社会保障体系作为一个重要的着力点，对于促进实现社会公平、形成和谐的社会关系具有重要作用。而在社会保障制度建设中，目前群众要求最为强烈的是扩大社会保障覆盖面，将更多的社会成员特别是中低收入者纳入社会保障体系。应该承认，多年以来，尽管我们做了很多努力，但社会保障的覆盖面还是太窄。到 2005 年底为止，纳入城镇基本养老保险的只有 1.7 亿人，纳入基本医疗保险体系的只有 1.4 亿人，而失业保险只覆盖 1 亿人左右。这种情况造成了严重的社会不公平，并且已经成为社会长期稳定发展的隐患。“十一五”规划明确提出要增加财政的社会保障投入，提高基本养老保险社会统筹层次，加强社会福利事业和社会救助体系建设，特别是首次明确要求要“认真解决进城务工人员社会保障问题”，“有条件的地方要积极探索建立农村最低生活保障制度”。这些重要措施将对加速扩大社会保障覆盖面起重要作用。

目前，扩大社会保障覆盖面，迫切要做好以下几件事情。

第一，尽快地把农民工纳入社会保障体系中来。从和谐社会建设的角度来看，农民工的问题要予以高度重视。农民工和城里人同工但是没有一样的待遇，这种不公平感就会特别真切。把农民工纳入社保体系问题，有些地方已经做了一些探索。比如，上海市、大连市专为农民工设计了一个不同的制度，但还需要配套和完善。

第二，失地农民的社会保障。2002 年至 2004 年初不到两年的时间里，我国工业化和城市化的过程中征地 5600 万亩，4000 多万农民失去土地。到目前，失去土地的农民不会少于 5000 万人。这两年上访告状的群体一部分就是失地农民。其中一个重要原因就是社会保障问题解决得不好。从全国来看，浙江省有一些地方例如嘉兴市解决得比较好，对农民实行了比较全面的社会保障，标准也还比较符合当地老百姓的基本生活需求。但是从全国来讲，这方面还缺乏比较规范的制度安排，还处在探索的过程中。

第三，灵活就业人员的社会保障。在灵活就业人员中，一部分是下岗失业职工，但这几年又出现了一些新的情况，一部分大学生，一部分文化水平、技能水平比较高的在信息产业、文化产业就业的人员，也采取了灵活就业的方式。灵活就业人员的收入有时多，有时少，有时有，有时没有，不大能够连续地按照固定的比例缴费。所以对待灵活就业人员如何设计更好的、更加灵活的制度，也是一个比较迫切的问题。

第四，在农村普遍实行最低生活保障制度。农民的基本生活需要和城里人不一样，农村最低生活保障标准可以低一些。因为农民有承包地，可以种点粮食、蔬菜。从补差来看，各地农村也有差别，平均起来，实际补差每个贫困人口一年 100 ~ 200 元就可以了。亚洲开发银行认为有 27 亿元就够了。这是按农村贫困人口是 2700 万计算的。那么，即使多算一点，标准再高一点，54 亿元或者再多一点，大致相当于用于城镇低保的 100 亿元左右，就可以解决农村贫困人口的最低生活保障问题。所以，农村最低生活保障制度不是可不可以实行的问题，实际上有些省已经搞起来了。

第五，大力推进新型农村合作医疗制度建设。我国卫生和医疗体系存在的严重问题是资源分配不公平，大体上说，80%的医疗资源分配给了城市，其中又有80%的医疗资源给了大城市，广大农民缺医少药，“看病难、看病贵”的问题远甚于城市居民。2003年，中央决定在农村试行新型合作医疗制度，但筹资标准太低。2006年，温家宝总理在“两会”上宣布把筹资标准提高到每人每年50元（中央财政出20元，地方财政出20元，农民个人出10元），并要求迅速推广，到2008年基本普及。这项重大决策结束了农民医疗没有制度性保障的历史，尽管目前的筹资水平仍然不高，但还是得到了广大农民的热烈欢迎。

底线公平概念和柔性调节机制，由于区分了不同的需求层次，明确了政府、社会和个人的责任，划分了市场机制和非市场机制的界限，因而对于解决上述问题可以提供有益的启发。但以下几个关系需要进一步明确。

第一，扩面和标准的关系。

现在我们提的“广覆盖、低门槛”从总体上讲是符合中国国情的。我们毕竟是个穷国、人口大国，社会保障又是人人都需要的，起码在半个世纪以内标准都不能高。“广覆盖、低门槛”实际的效果是门槛也不高，覆盖也不广。这里面的问题不是一个简单的门槛低了覆盖面就宽了的问题。比方说在工伤保险这种事情上应该有不同的门槛吗？我们时常发生农民工受了伤赔偿只相当于城里人的几分之一的情况。“门槛”高固然不利于扩面，但问题的核心是不公平，保障过分和保障不足同时存在，有保障和无保障同时存在。解决的办法，按照底线公平的思路，就是优先把处于底线以下或濒临底线的群体的基础性需求保障起来，城乡并举，贫富兼顾，逐步解决城镇社会保障制度的完善问题。

第二，政府责任和个人责任之间的关系。

在整个社会保障问题上，政府责任和个人责任之间怎样建立起一种平衡的、协调的关系？正好像现在减免了农业税，政府就必须承担农业税减免之后原来靠农业税支持的那些社会事业的责任。例如，原来靠农业税养老的那些“五保户”、乡镇养老院何以为继？农民工的问题也是这样。农民工群体脱离了农业生产经营活动，也就脱离了传统土地保障的范围，他们与城镇其他劳动者一样，面临着城镇就业生活中养老、医疗、工伤、失业等各方面的社会风险，客观上也就有进入社会保障网络的需要。政府既然承诺了可以自由流动，那就应承担与自由流动相关的责任。面对农民工的社会保障问题，就不能怕外资不来，怕私企承担不了。为什么外资就可以进来廉价地剥削中国的民工？为什么私企就可以无限制地搞原始积累？农民工的社会保障责任个人化，就等于相应地承认了外资不给中国职工缴纳社会保障金、私企不给职工参保的合法性。中央已经明确提出利用外资的合理性问题了，中国私企的原始积累也已经搞了 20 多年，也应该离开这个阶段了。所以，政府没有必要再担心吓跑了外资和私企，而容忍它们推卸对职工特别是农民工的社会保障责任。

第三，企业责任和个人责任之间的关系。

前几年，对失地农民的经济补偿一般只是一次性货币补偿。且不说补偿标准普遍偏低，不足以保障失地农民的基本生活，即使补偿稍多一点，也不能据此应付失业、疾病、养老等风险。最近，四川成都市和浙江许多地方都提出变一次性货币补偿为制度性社会保障，广东省政府要求凡开发商不能对失地农民提供基本生活的社会保障，就不批准征地，叫“即征即保”。同样道理，任何企业，不论外企、私企，还是国企，只要雇工，就应该提供社会保障，这叫“即雇即保”或“即聘即保”。事实上，前一段时间在农民工问题上普遍存在只用工不保险的现象。不论是从尊重人权还是维护公平出发，只有承诺提供最基本的社会保障，用人单位才有资格雇用农民工。

第四，强制和自愿的关系。

政府在社会保障上的最大责任就是实行强制，不论企业和个人是否同意。到目前为止，尽管国家有了法律规定，像工伤保险这样一些保险也没有普遍实行。

对城镇养老、医疗保障制度的改革和完善，城乡统筹的社会保障体系的建立，需要专门讨论。但按照底线公平和柔性调节的理论，社会保障支出水平不是与经济增长率相对应地增长，而是直接与“基础性需求水平”相挂钩。由于“基础性需求”（生存需求、基础教育需求、公共卫生和医疗需求等）是相对稳定的，虽然其水平也会随着经济发展和社会进步有所提高，但这种提高往往表现为绝对量的稳步增长，而不表现为相对比例的同步增长（其中，恩格尔系数随经济水平的提高而下降）。因此，这种需求的稳步提高不会给经济发展造成负担，反而在经济增长乏力时，基础性需求可能成为维持经济增长率的积极因素。也就是说，按照底线公平实施社会保障，不会给经济发展造成负担，反而在经济增长乏力时，基础性需求可能成为维持经济增长率的积极因素。

中国社会福利制度的发展及其对城市化的影响

王延中*

新中国成立60年来，不断发展的工业化与城市化，使越来越多的农业劳动者和农村人口离开了农业和农村，转变为城镇劳动者和城市居民。与此相适应，中国逐步建立了现代社会保障与福利制度，保障了城乡居民的基本生活，防范了城镇劳动者的疾病、工伤、失业乃至老年风险，维护了城乡社会稳定，促进了经济发展和现代化的进程。现代社会保障与社会福利体系的建立与发展，成为中国城市化进程的重要支撑。

一 中国社会福利体系的发展历程

中国共产党第十七次全国代表大会报告指出，中国要大力建设“老有所养、劳有所得、病有所医、学有所教、住有所居”乃至“贫有所助”等建设社会主义和谐社会所需的民生工程。这些民生工程包括了就业、教育、医疗、住房、社会保障、社会福利和社会事业，属于广义的社会福利体系所

* 本文刊发于2010年第2、3期。作者王延中，时任中国社会科学院劳动与社会保障研究中心主任，曾任中国社会科学院科研局副局长、社会学研究所党委书记，现任中国社会科学院民族学与人类学研究所所长。

包含的内容。本文的“社会福利体系”主要是指以政府为主兴办的社会救助、劳动保险、社会保险、医疗保障、社会福利等各项社会保障事务。由于探讨社会福利体系与城市化关系的需要，有时也包含了教育、住房等广义社会福利体系的内容。

（一）中国社会福利制度框架的初步建立(1949～1957)

新中国社会福利体系的建设与发展大体经历了改革前后两个时期，但第二个时期起点并不完全等同于经济体制改革开始的1978年。新中国社会福利体系的建设大体分为建立框架（1949～1957）、曲折发展（1958～1978）、恢复建设（1979～1997）三个阶段。第一个阶段是中国社会主义经济制度逐步确立的时期，也是通过计划经济体制进行大规模工业化建设的时期。经济建设与相对稳定的社会环境，促进了城市的恢复与发展，城市化步伐不断加快。1949年，全国市镇总人口只有5765万人，占全国总人口的10.64%，到1957年分别达到9949万人和15.39%。新增加的城镇人口主要来源于农村人口，尤其是农村劳动力的迁移。但是，1958年的《中华人民共和国户口登记条例》颁布、户籍制度确立之后，农业户口自发迁移到城镇工作与生活的道路被堵塞，加上“大跃进运动”和“文化大革命”期间经济增长波动大，严重制约了农村人口向城镇转移的城市化进程。1958～1978年，市镇总人口（非农业户口）尽管从10721万人增长到17245万人，增长了大约6500万人，但由于这些人口主要是城镇人口的自然增长，同一时期的城市化率只有微弱增长，仅仅从1958年的16.25%提高到1978年的17.92%，而且有些年份（1963、1965～1972、1974）城市化率还是下降的。

尽管现代社会福利体系的雏形早于工业化带动的城市化进程，但城市化进程无疑是现代社会福利体系的形成和发展的重要原因之一。因为土地和家庭对变化很小的农业社会可以发挥经济社会保障的作用，而相对于没有土地、就业不稳定、家庭规模又日趋小型化的城市居民来说，不可能像农村居民那样主要依靠土地和家庭保障，他们在面临疾病、老年、失业等社会风险时，需要更稳定、更社会化的社会保障和社会福利制度。事实上，自新中国成立之日起，就已经着手建立社会化的社会保障与社会福利制度。新中国成立初期就面对几个基本问题：一是伤残军人的安置；二是被长期战乱严重影响的城市失业人员；三是各种自然灾害引发的庞大数量的灾民。1949 年颁布的《中国人民政治协商会议共同纲领》规定，“革命烈士和革命军人的家属，其生活困难者应受国家和社会的优待。参加革命战争的残疾军人和退伍军人，应由人民政府给以适当安置，使能谋生立业”。这实际上为中国建立优抚安置为核心的军人社会保障制度奠定了基础。针对数量庞大的城市失业工人，政府除对其中生活极其困难的家庭给予临时救助外，主要靠发展生产安置就业。1950 年，政务院公布了《关于救济失业工人的指示》，劳动部颁布了《救济失业工人暂行办法》，成为中国建立现代失业保险制度的雏形。1951 年，政务院公布了《中华人民共和国劳动保险条例》，此后经过 1953 年、1956 年两次修订，全面确立了适用于城镇职工的劳动保险制度。这项制度为城镇劳动者解决了主要的风险与后顾之忧，是适应城市化需要的最根本的社会制度之一，因此成为新中国成立初期建立的各类社会保障制度中“最重要的一项社会保障制度”。[①] 除了对企业职工建立劳动保险制度之外，国家对机关事业单位职工也逐步建立了“公费医疗”和“退休、退职”等方面的制度，形成了比较完整的城市社会保障体系。对于遍及广大农村的灾民，新中国自成立之日起就确立了生产救灾的方针，担负起社会救济的职责。1949 年 12 月，政务院颁布了《关于生产救灾的指示》，成立中央救灾委员会组织各地救灾工作。此项职责后被内务部（现民政部）承接，作为一项长期工作和中国社会救济制度的基础工作延续至今。作为社会救助制度的补充，中国还在 1956 年通过的《高级农业合作社示范章程》中，确立了面向乡村孤老残幼的“五保”制度。这一时期中央政府或有关部门还就职工福利、社会福利事业、福利工厂、生活困难补助等问题发布了一系列规范文件。通过短短几年的努力，新中国

① 郑功成等：《中国社会保障制度变迁与评估》，中国人民大学出版社，2002，第 4 页。

初步建立了以救济城乡贫民和灾民的基本生活为基础、以企业职工劳动保险为重点、以军人优抚安置和公职人员国家保障为补充的社会保障制度的基本框架。

（二）中国社会福利事业的曲折发展(1958～1978)

从1958年开始，直到1978年为止，伴随20多年中国社会主义经济建设的曲折进程，中国社会保障与社会福利体系也在不断发展壮大，尽管在一些时期发生过一些曲折甚至中断。从社会保险制度建设来看，一个重大发展是职工养老保障制度的建立。1957年和1958年，国务院颁布了《关于工人、职员退休处理的暂行规定》《关于工人、职员退职处理的暂行规定》，建立起企业职工的退休养老制度。不过当时处于大规模工业化建设初期，养老保障还没有成为突出问题。由于当时特定的政治环境与经济发展的大起大落，社会保障制度建设出现了一些新的特点，突出表现为卫生、教育事业的快速发展。

这一时期医疗保障和卫生事业的发展，促进了全民健康状况的极大改善。这一时期，中国利用计划经济体制的高度动员能力，大力开展爱国卫生运动，建立了城乡三级卫生服务网络，建立了公费医疗制度、劳保医疗制度和合作医疗制度组成的城乡医疗保障体系，使医疗保障制度覆盖了绝大多数人口。同时，政府通过计划和预算严格控制公立医院的行为，加上药费实行成本价，形成了医与药的平衡机制，保证了医疗服务体系以“低廉的费用向全体国民提供了基本医疗服务”。[①] 尽管由于经济的落后中国从整体上还没有摆脱“缺医少药”的局面，但是医疗保障和卫生事业的发展极大地改善了城乡居民的健康状况，人口预期寿命由新中国成立初的34岁提高到60多岁。

同时，教育事业的发展提高了人们的教育水平。教育在社会福利体系中占据重要地位。中国虽然具有重视教育的历史传统，但识字受教育的人口往

① 刘晓梅：《中国社会保障制度改革的方向与评价》，载〔日〕广井良典、沈洁主编《中国·日本社会保障制度的比较与借鉴》，中国劳动社会保障出版社，2009，第55页。

往只占总人口的很小比例。1949 年，中国 80% 的人口是文盲，小学和初中入学率只有 20% 和 6%，高校在校生仅有 11.7 万人。[①] 通过大力开展教育事业和“扫盲”运动，城乡人口的文化教育程度不断提高。在 1964 年第二次人口普查中，具有大学文化程度的达到 287.5 万人，是 1949 年的 24.6 倍；具有高中、初中和小学文化程度的人数也大幅度增长。但是，13 岁以上不识字的人口仍占到全部人口的 38%。“文化大革命”时期教育事业受到巨大冲击，尤其是高等教育质量大幅度下降，但是中小学教育仍有较大发展。根据 1982 年第三次人口普查资料可以看出，文盲和半文盲人口占总人口的比例由 1964 年的 38.1% 下降为 23.5%，受到小学、中学教育的人口大幅度上升。

但是，这一时期社会保障和社会福利制度的正常发展，也受到了当时特定政治环境、计划经济体制和经济社会政策经常性剧烈变动的巨大冲击。对于中国社会福利制度来说，这一时期有几个制度设计产生了巨大而深远的影响。一是户籍制度的建立。为保障国家工业化战略实施，防止十分庞大的农村人口向城镇自由迁移，国家于 1958 年建立了城乡户籍制度，通过商品粮制度、住房制度等把全国人口划分为农业户口和非农业户口。户籍制度的建立把中国的社会福利体制和劳动力市场人为地划分为城乡两大块，使中国在发展中国家“二元经济”基础之上形成了典型的“二元社会”体制。二是社会保障制度的单位化和封闭化。“文化大革命”期间，国民经济和社会管理陷入动乱状态。1968 年，主管社会救济、社会福利工作的内务部被撤销，负责劳动保险事务的工会陷入瘫痪状态，劳动部门受到削弱，政府已经难以保持社会保障制度的有效运作。1969 年 2 月，财政部发布《关于在国营企业财务工作中的几项制度的改革意见》，规定国营企业一律停止提取劳动保险金，原在劳动保险金开支的劳动保险费改在企业营业外列支。从此之后，社会保障制度只能主要依靠各个单位组织来维持，“劳动保险失去统筹机制

① 中共教育部党组：《人民教育奠基中国——新中国 60 年教育事业发展和改革的伟大成就》，《求是》2009 年第 19 期。

变为企业或单位保障制"，城镇企、事业单位包办社会的现象迅速扩张，社会保障在很大程度上变成"自我封闭的单位化"。[①] 与户籍制度和单位保障制度关联的是针对城镇居民的物价补贴制度、公共住房制度和单位福利制度。物价补贴是针对城镇居民的，而公共住房的分配和单位福利的提供，则主要针对城镇国有企事业单位职工。由于缺乏足够的价格弹性和供给刺激，各种物品尤其是住房的短缺成为突出现象，当时的社会救济也仅仅针对极端贫困的"三无"人群和遭受自然灾害的人群，救济水平十分有限。三是当时中国认为社会主义制度下不存在失业现象，不承认失业问题，也没有建立失业保障制度。

（三）中国社会福利事业的恢复调整与改革试点(1979～1997)

这一时期中国社会福利制度建设大体经历三个时期：恢复调整时期（1978～1986）、改革探索时期（1986～1993）、统账结合改革试点时期（1993～1997）。

1. 社会保障制度的恢复调整

1978 年底召开的十一届三中全会标志着中国进入了改革开放的新时期，经济体制改革一般以这一年为起点。但是，对于社会保障制度来说，党的十一届三中全会并不意味着改革的开始。在之后相当长一段时间内，主要是恢复和重建。1978 年国务院颁布了《国务院关于安置老弱病残干部的暂行办法》和《国务院工人退休、退职暂行办法》，恢复了退休、退职待遇的规定。同年民政部、财政部重新印发了 1962 年内务部、财政部《抚恤、救济事业费管理使用办法》，恢复了抚恤、救济制度；1979 年又提高了抚恤金标准。[②] 但随着退休职工大量增加，退休费用增长且由企业直接支付所造成的新老企业之间负担不均的矛盾越来越突出。为了解决国有企业之间社会保障负担不平衡问题，1984 年广东、江苏、福建、辽宁等省的少数市县进行了

---

① 郑功成等：《中国社会保障制度变迁与评估》，中国人民大学出版社，2002，第 7 页。

② 方青：《从"集体保障"到"社会保障"——中国农村社会保障 1949～2000》，《社会学研究》2002 年第 1 期。

国有企业职工退休费用社会统筹试点改革。统筹的范围比较小，主要是在市、县一级行政区域内的国有企业之间，按照以支定收、略有节余的原则，实施养老金的统一收缴、发放以及对职工养老问题的统一管理。一些企业为缓解医疗费用过快增长的问题，对劳保医疗试行了医疗费用包干的改革。1985 年《中共中央关于制定国民经济和社会发展第七个五年计划的建议》第一次明确地提出了“社会保障”的概念，将社会保险、社会福利、社会救助、优抚安置等制度统称为社会保障制度。

2. 社会保障制度的改革探索

这一时期社会保障制度的主要进展包括建立待业保险制度。随着国有企业改革的逐渐深入，企业迫切需要建立自主用人机制，必须建立职工退出的社会保障制度。1986 年，国务院颁布了《国营企业职工待业保险暂行规定》，在国有企业中引入了劳动合同制和待业保险制度。当时的待业保险适用人群范围比较小，只是在新招聘的合同制工人中实行待业保险制度。在养老保险制度改革方面，1986 年国务院发布的《国营企业实行劳动合同制暂行规定》规定：企业按照劳动合同制工人工资总额的 15% 为合同制工人缴纳养老保险基金，合同职工本人也要按照自己标准工资的 3% 缴纳养老保险费。这是中国在社会保障制度中第一次引入个人缴费成分。1991 年国务院发布《关于企业职工养老保险制度改革的决定》，规定实行退休费用社会统筹，逐步由市、县级统筹过渡到省级统筹；同时提出“逐步建立起基本养老保险与企业补充养老保险和职工个人储蓄性养老保险相结合”的多层次养老保障设想。除地方统筹外，一些行业也在尝试实行养老保险行业统筹。到 1993 年，已经有 11 个行业实行了养老保险行业统筹。为在农村地区逐步建立社会化的养老保障制度，民政部从 1986 年开始在经济较发达的农村地区进行农村社会养老保险试点，1992 年颁布了《县级农村社会养老保险基本方案（试行）》，标志着农村社会养老保险制度的初步建立。在医疗保障方面，一些城市先后对公费医疗制度和劳保医疗制度进行了多种形式的改革。为了克服单个企业难以支付职工医疗费用的问题，一些城市开始实行企业职工大病医疗费用社会统筹，有的地方对退休人员医疗费用实行社会统筹，试图缓解企业难以承担职工患大病所需医疗费的矛盾。从总体上看，这一阶段社会保障制度改革的出发点主要是为国有企业改革进行配套，改革只是局部性的，还没有从根本上触动社会保障的旧体制。

3. 建立统账结合的社会保险制度的改革试点

1993 年党的十四届三中全会在《关于建立社会主义市场经济体制若干问题的决定》中把社会保障制度作为构筑中国社会主义市场经济框架的重要组成部分，标志着中国社会保障体制改革从为国有企业改革配套转变为为建立社会主义市场经济体制服务。《关于建立社会主义市场经济体制若干问题的决定》还提出了根据中国国情建立“社会统筹与个人账户相结合”的职工基本养老保险制度和基本医疗保险制度，并进行了多种多样的改革试点。1995 年国务院出台两套改革方案交由地方进行建立新养老保险制度的试点，方案一倾向于以个人账户为主，方案二倾向于以社会统筹为主。地方在进行试点时选择的方案各不相同，有的地方还搞出了方案三、方案四，很不统一，争论也很大。在医疗保障制度改革方面，国务院 1994 年选择江苏省镇江市和江西省九江市进行试点，两个城市先后颁布实施了“统账结合”的医疗保险新模式，扩大了医疗社会保险的实施范围，建立了稳定的费用筹措机制，提高了医疗保险的社会化程度，并使医疗费用高速增长的势头得到了一定控制。① 试点范围逐步扩大。这一时期其他社会保障项目建设也有进展。1994 年劳动部颁布了《企业职工生育保险试行办法》，规定对生育保险实行社会统筹。② 1996 年劳动部发布了《企业职工工伤保险试行办法》，工伤社会保险制度逐步建立。一些城市建立了城镇最低生活保障制度，逐步把覆盖对象从“五保户”转向“低保线”的所有社会成员。农村社会养老保险制度也得到了快速发展。③

① 王延中、沈志渔、杜莹芬：《医疗保险制度改革中的“两江”模式》，《中国工业经济》1999 年第 7 期。

② 潘锦棠：《中国女性社会保障制度变迁与评估》，载郑功成等：《中国社会保障制度变迁与评估》，中国人民大学出版社，2002，第 281 页。

③ 劳动和社会保障部、国家统计局：《1998 年劳动和社会保障事业发展年度统计公报》，《中国劳动保障报》1999 年 6 月 17 日。

（四）逐步建立现代社会保障制度的基本框架（1997～2007）

自1997年以来，中国社会保障制度建设在总结前期试点经验的基础上，加快制定实施社会保险、社会救助、社会福利、农村社会保障等方面的法律法规，标志着社会保障改革开始由试点走向制度建设阶段。经过10年努力，初步建立了现代社会保障制度的基本框架。

在养老保险方面，国务院于1997年7月颁布了《关于建立统一的企业职工基本养老保险制度的决定》，统一了企业和职工个人的缴费比例，统一了个人账户规模，统一了基本养老金计发办法，标志着我国城镇企业职工基本养老保险进入制度统一阶段。2005年，统一了城镇个体工商户和灵活就业人员参保缴费政策，[①] 改革基本养老金计发办法，扩大了自2001年在辽宁省开始的做实个人账户的试点范围。同时，国家积极发展企业年金，推进机关事业单位和农村社会养老保险制度改革，探索建立农村和被征地农民、农民工的养老保险制度。

在医疗保障方面，国务院1998年颁布《关于建立城镇职工基本医疗保险制度的决定》，明确了基本医疗保险实行社会统筹与个人账户相结合的模式，规定城镇单位职工都要参加基本医疗保险。为适应就业形式多样化的情况，2003年、2004年基本医疗保险覆盖范围延伸到城镇所有从业人员。为解决城镇非从业人员的医疗保障问题，2007年开始进行城镇居民基本医疗保险制度试点。自2003年下半年开始的新型农村合作医疗试点实施5年多来，到2008年已经覆盖2679个县市区（全国只剩下50个县市区没有开展）、8.04亿农村居民（占农民总数的91%）。同时，国家还支持建立了公务员医疗补助、大额医疗费用补助、企业补充医疗保险和城乡医疗救助制度。

在失业保障方面，国务院于1999年颁布了《失业保险条例》，标志着中国的失业保障制度逐步走向法制化轨道。失业保险的覆盖范围开始从国有

---

① 自2001年在辽宁省开始做实个人账户试点到2006年底，全国已在11个省区开展做实个人账户试点，做实个人账户资金485亿元。参见《近年来我国社会保险基本情况》，《中国劳动保障报》2007年11月30日。

企业扩大到包括国有企业、私营企业及其他企业的所有城镇企业和事业单位。失业保险制度与当时建立的下岗职工生活保障制度和城镇居民最低生活保障一起，构成了针对城镇失业人员尤其是大批下岗人员的三道保障线，在体制转轨和结构调整期间处理国有企业大量冗员下岗问题上发挥了积极作用。

在工伤、生育保险方面，2003 年国务院颁布实施了《工伤保险条例》，各类企业以及事业单位、非营利组织等都必须为本单位职工建立工伤保险制度，工伤保险费由雇主缴纳，实行工伤预防、工伤补偿、工伤康复相结合的制度，确立了中国工伤保险制度的基本框架。同一时期，生育保险的参保率和覆盖面也不断扩大。

城乡居民最低生活保障制度的建立与发展尤其值得关注。1993 年，上海市率先探索建立城市最低生活保障制度。民政部 1995 年向全国推广上海经验。国务院 1997 年发布了《关于在各地建立城市居民最低生活保障制度的通知》，1999 年颁布《城市居民最低生活保障条例》，规定家庭人均收入低于最低生活保障标准的城市居民均可申请领取最低生活保障待遇。同时，为解决低保对象在子女教育、医疗、住房及取暖等方面的问题，逐步建立了医疗救助、教育救助、住房救助制度。[①] 国务院 2006 年修订了 1994 年实施的《农村五保供养工作条例》，将五保供养资金纳入财政预算，2007 年决定在全国农村建立最低生活保障制度，确立了中国新的农村反贫困国家战略（传统战略为生产性开发扶贫为主）。2003 年以来，中国颁布了《城市生活无着的流浪乞讨人员救助管理办法》《突发公共事件应急管理条例》等法规，灾害应急机制、灾害救助制度逐步健全。

社会保障管理体制日益完善。1998 年 8 月，国务院颁布《关于实行企业职工基本养老保险省级统筹和行业统筹移交地方管理有关问题的通知》，解决了过去长期存在的行业统筹与地方统筹条块分割的矛盾。1998 年新组

① 唐钧：《城乡低保制度：历史、现状与前瞻》，《红旗文稿》2005 年第 18 期。

建的劳动和社会保障部,[①] 统一管理城镇企业职工养老、医疗、失业、工伤、生育保险和农村社会养老保险。1999 年国务院颁布了《社会保险费征缴暂行条例》，对社会保险费征缴范围、征缴管理、监督检查和处罚等作了规定，社会保险体制逐步完善。养老保险的统筹层次不断提高，到 2006 年底 13 个省区市实现了省级统筹。为应对将来人口老龄化可能带来的资金支付压力，国家从 2000 年开始建立具有战略储备性质的全国社会保障基金，到 2007 年底已积累资金约 5000 亿元。

（五）发展现代社会福利体系（2007年以来）

在 2007 年召开的中国共产党第十七次全国代表大会上，胡锦涛代表党中央所做的报告中明确提出了“学有所教、劳有所得、病有所医、老有所养、住有所居”的目标，并把它作为改善民生和建设和谐社会的基本内容。与以前的社会保障制度改革相比，这些目标的内涵更丰富，实际上提出了建立和发展现代社会福利体系的新构想。因为社会保障制度仅仅是解决生存危机的预防性措施，而现代社会福利体系才是更加全面的、公平的和可持续发展的，是更加积极的保障措施，也是符合科学发展观要求的、以人为本的、促进经济社会协调发展的战略举措。建立现代社会福利体系不仅强调风险防范，更强调综合保障，主张社会共建、全民共享。只有建立了完善的教育保障制度，享受义务教育不再受到家庭收入的限制，对所有学龄儿童来说“学有所教”的目标才有可能实现；只有建立了完善的就业保障制度和失业保险制度，“劳有所得”的目标才能得以实现；只有建立了全民享有的医疗保障制度、养老保障制度、住房保障制度，“病有所医、老有所养、住有所居”的民生目标才有可能实现。[②]

自党的十七大以来，我国现代社会福利体系建设在已有的社会保障制度基本框架基础上又取得一些新的进展。一是公共服务体系均等化建设迈出新

① 2008 年，新一届中央政府把人事部与劳动和社会保障部合并为“人力资源和社会保障部”，进一步统一管理全国社会保险事务。

② 王梦奎主编《建立发展型的中国社会福利体系》，中国发展出版社，2009。

步伐。相比较前一段时间在教育、卫生、住房等社会发展领域过度强调“产业化”“商品化”“市场化”导向，现在更强调基本公共服务的均等化，在全国城乡实现无差别的九年义务教育制度，大力实施财政转移支付制度，提高欠发达地区政府提供公共服务的能力，尽量为全体国民提供均等化的各种基本公共服务。二是深化城乡户籍制度改革，主张统筹城乡、协调发展。根据中国工业化、城市化和国民经济发展新阶段的新国情，提出了“以工补农、以城带乡”的发展思路，更加注重补农、惠农，促进农村社会福利事业的更快发展。三是在社会救助、农村社会保障建设和医疗卫生改革方面采取了新举措。社会救助作为统筹城乡社会保障制度的突破口，2007 年已经在全国普遍建立起来，下一步是走向综合救助体系建设。人力资源和社会保障部 2008 年颁布了《关于开展新型农村社会养老保险试点的指导意见》，向社会公众广泛征求意见。2009 年 8 月，国务院召开“全国新型农村社会养老保险”试点工作会议，提出 2009 年在全国 10% 的县进行“新农保”试点，以后逐步扩大试点，到 2020 年前基本实现全覆盖。经过长时间的多方论证，中国 2009 年颁布了医药卫生体制改革方案的实施方案，把健全医疗保障体系作为改革方案的重要内容。截止到 2009 年 9 月底，全国参加城镇基本医疗保障的人数达到 36295 万人，加上参加新型农村合作医疗的 8 亿多农村居民，全国接近 12 亿人参加了社会医疗保险制度，占到全国总人口的 90% 。四是加快住房保障制度建设。针对商品房价格持续上升、经济适用房量小覆盖面窄的问题，近年来中国政府加大了廉租房建设力度，同时鼓励企业为职工尤其是农民工提供单身宿舍。针对国际金融危机导致的市场萎缩问题，政府把廉租房等保障性住房建设作为扩大投资、拉动内需的重要领域，对解决低收入家庭的住房问题发挥了重要作用。

二　中国社会福利体系与城市化发展的相互关系

自近代产业革命以来，城市化水平伴随着工业化的进展不断提高。现代社会保障和福利体系是工业化、城市化的产物，从德国 19 世纪 80 年代开始建立社会保险制度算起只有约130年的历史。由此可见，城市化与现代社会保障制度及福利体系的发展，都与工业化及其引发的现代经济增长进程相联系。

全面研究新中国成立60年来城市化进程与社会福利服务体系的关系，不仅需要这两个方面拥有十分翔实的数据，更需要在社会保障与福利服务体系方面进行严格的界定。社会保障与福利服务体系是一个内容十分复杂、涉及经济社会发展全局的整体制度安排，其内部各组成部分对城市化进程发挥的功能并不相同。特别是中国60年内经济体制发生了两次比较大的剧烈转换，城乡户籍制度自建立以来存在了50多年，如何将这些特定因素纳入城市化进程中考虑并进行严格的测算，显然不是这样一篇论文能够完成的任务。但是，社会保障与福利服务体系建设对城市化进程的确发挥着巨大的影响，也是不容置疑的客观事实。下面我们选择社会福利与服务体系的一些主要方面，简要分析它们对城市化进程的影响。

（一）户籍制度与城市化

从总体上看，城市化进程受多种因素的影响，户籍制度只是其中的影响因素之一。但从我国60年来的城市化进程来看，户籍制度对城市化的影响是巨大的、负面的。户籍制度严格管理时期，城市化率是慢的；逐步放开户籍制度，允许农村劳动力和农村人口进入城市，城市化率才能逐步提高。尽管户籍制度的形成具有特定的原因，但是自这一制度颁布至今，户籍制度把中国人口分割为城乡固定的二元体制，成为中国特定的“二元体制的法制基础”。[①] 从社会管理的角度看，户籍制度在一定程度上发挥了限制流动、维护稳定的作用，尤其在计划经济时期。同时，由于户籍制度堵塞了农村人口自发流向城市的道路，把流动人口限制在最低程度，使城市户籍的人口尤其是城市劳动力能够比较稳定地在城市就业，保持了相对的社会稳定。由于户籍制度的实行，城市管理者还把农村作为分担城市就业压力的疏散地。比较典型的例子是1958年“大跃进”和随后的三年自然灾害，导致城市无法

① 观察家：《突破二元体制的法制基础》，《中国发展观察》2009年第11期。

保证足够的就业机会，当时下放了数以千万计的新招农村工人回农村，暂时缓解了城市的就业压力。1966 年开始的十年“文革”，再次打乱了国民经济运转秩序，城市教育系统受到重创，就业压力再次凸显。中国政府被迫再次把难以安置的城市户籍的青年转向农村和农业。连续几年的知识青年“上山下乡”运动，使城市解决了几千万人的就业安置问题。同时，农村人口转移到城市仅仅留下了“招工”或顶替“招工”、当兵入伍复员安置等十分狭窄的渠道。尽管自实行户籍制度到 1978 年进行改革的 20 年间中国城市人口从总量到占全国总人口的比重都是上升的，但是相对于实行户籍制度前和 1978 年实行改革开放政策之后，计划经济和严格户籍制度管理时期城市化增长率是最低的（见表 1）。

表 1　不同时期城市人口增长率比较

指标	未建户籍制度时期（1949～1957）	严格户籍管理时期（1958～1978）	经济体制改革期间（1979～2008）
城市人口增加总量（万人）	4184.00	6524.00	42172.00
城市人口年均增长量（万人）	523.00	326.00	1406.00
城市人口比重提高幅度（%）	4.75	1.67	26.72
城市人口年均增长率（%）	0.59	0.08	0.89

实行改革开放政策之后，国家逐步放松了对农村人口从事二、三产业和进入城市寻找工作及定居的控制，加上工业化快速推进、城市规模不断扩大，城市人口的总量、年均增长量增长十分迅速。同时，由于城市人口统计口径的变化，不仅把“非农业户口”同时也把在城市定居半年以上的“农业户籍”人口作为城市人口。自 20 世纪 80 年代以来，城市户籍制度不断改革，目前一些城市甚至省份已经取消城乡户籍制度。这些变化促进了城市人口的扩张和城市化率的不断提高。1979～2008 年的 30 年间，全国城市人口年均增加 1400 多万人（其中 2008 年城市人口总量达到 1990 年的 2 倍），年均城市化率接近 0.9%。作为人口规模位居世界第一的中国来说，这样的城市化率是很快的。

（二）社会保障制度与城市化

现代社会保障制度建设是工业化、城市化的产物。因为农业社会中劳动力很少流动，家庭成为各种保障的提供者，除了严重自然灾害时期政府提供给灾民的少量赈灾救济和国家对官员的退休保障外，没有其他类型的社会保障。社会保障制度尤其是针对城市劳动者的社会保险制度，历来是社会福利体系的核心内容。工业化、城市化极大地改变了传统的生产生活方式，劳动力与人口向城镇集中的城市化进程，不仅提高了劳动生产率，也导致了劳动者失业、疾病、工伤、老年乃至家庭贫困等各种社会风险的集中。家庭制度对这些规模化的社会风险已经无能为力，为了保持经济发展和社会稳定，迫切需要建立防范上述社会风险的制度安排。社会保障制度就是适应上述要求建立的。发达国家一般在工业化中期之后逐步建立社会保障制度，并伴随工业化、城市化的进程不断调整与完善社会保障制度。社会保障尤其是社会保险制度逐步从城镇劳动者向农村和农业劳动者扩展，从保障劳动者本人向保障劳动者家庭扩展，从缴费型的社会保险制度向保险与福利相结合的社会福利体系扩展。发达工业化国家尽管社会福利的制度各不相同，但其覆盖范围与保障内容的广泛性是不容置疑的，其保障水平也是欠发达国家短期内难以比拟的。

新中国成立以来社会福利体系的建设也主要围绕城市劳动者进行。从1951年颁布《劳动保险条例》到1997年颁布《关于建立城镇企业职工基本养老保险制度的决定》、1998年颁布《关于建立城镇职工基本医疗保险制度的决定》，劳动者的社会保险一直是我国社会保障制度建设的重点。进入新世纪以来，中国在继续扩大社会保险覆盖面的同时，进一步明确了覆盖全民的社会福利体系建设的任务。但是，不论社会保险还是社会福利，仍然体现出劳动者身份差别和城乡差别。这在一定程度上是由我国经济社会发展阶段决定的，与二元经济及户籍制度条件下形成二元社会体制也具有密切的关系。在工业化、城市化加速发展时期，不断发展完善的社会保障制度尤其是针对劳动者的社会保险制度对城市化又产生什么样的影响呢？这是一个值得认真思考的问题。从总体上看，工业化、城市化需要社会保险制度，中国计划经济时期建立的劳动保险制度，尽管保障水平不高，但对已经城市化的非农业户籍的劳动者提供了比较完善的衣食住行、生老病死等各种保障，是稳定城市劳动者就业、把其纳入现代城市体系的重要支撑。从这个角度看，新中国成立以来，城市人口数量与比重不断提高，与上述保障制度具有一定的关系。但是，计划经济时期户籍制度通过上述保障制度把愿意进城的农业劳动者和农村居民挡在城市大门之外，又不利于自发的城市化，导致城市化在很长时间内滞后于工业化。由于福利制度依托于计划就业体制和户籍制度之上，改革之前城市化滞后的主要根源在户籍制度和计划经济体制。

实行改革开放政策后，社会保障制度经过短暂的恢复调整，逐步开始适应社会主义市场经济体制的改革。从 1986 年开始建立国营企业合同制工人待业保险，到逐步明确建立“社会统筹与个人账户”相结合的企业职工基本养老保险和基本医疗保险，直至后来建立的职工工伤保险、生育保险，建立社会统筹的社会保险制度取代计划经济时期的企业保障制度，成为这一时期社会保障与社会福利制度建设的重点。值得关注的是这一时期建立的社会保险制度一方面要承担为国有企业改革、经济体制转型的配套建设服务，另一方面又不得不为大批已经退休的老职工以及在改革中下岗失业的职工提供退休金等各种社会保险费用，同时由于物价上涨和历史惯性的作用又不能急剧降低社会保险的待遇水平。这些因素的叠加导致了社会保险的缴费率不得不保持比较高的水平（5 项社会保险费加住房公积金占参保职工工资总额 50% 以上）。过高的缴费率把大批城镇就业人员阻挡在社会保险计划之外。这些人大多是城镇灵活就业人员和超过 1 亿人的农民工。从总体上看，社会保险制度的改革与建设，对于保持城市社会稳定、促进经济发展发挥了积极作用。

但是，对于城市化来说，进入城市的农民工难以被城市社会保险制度所覆盖，一直成为中国社会保障制度建设的一个重大缺陷，也成为阻碍农民工“真正”城市化的重要因素之一。城市化的本质是将农村劳动力和农村居民逐步向城镇聚集，并使他们从生产与生活方式上逐步成为市民。进入城市工作的农民工无疑是城市化进程的推动者。但是，没有社会保险与社会保障的农民工，还不能真正成为所在城市的市民，因为一旦他们遇到失业等社会风险，就不得不回到农村原籍寻求帮助；一旦他们进入老年或丧失劳动能力，农村老家又成为他们最后的归宿。这样的农民工只具有城镇人口统计方面的意义，还不是已经完成“城市化”的城镇居民，最多只是从农村居民向城镇居民过渡的中间环节。为了加快城市化进程，让进城的农民工和农村户籍居民逐步享有城镇居民待遇尤其是社会保障待遇，是十分必要的。自 20 世纪 80 年代农民工大规模流动以来，我国吸纳农民工就业的城市和沿海地区，并没有把农民工真正纳入当地的社会保险与福利体系之内，这也成为我国城市化滞后于工业化的重要原因。

当然，受现有经济社会结构的制约，农民工进城的首要目的或初衷并不是获取附着在城市户籍制度下的社会保险和社会保障，而是得到一份收入高于农村的工作机会。没有就业机会，收入不可能提高，与就业关联的社会保险就成为空中楼阁，失去了实际意义。受文化程度不高、劳动技能较低、市场分割、社会支持网络薄弱等因素影响，在相当长的时间内农民工就业只能处于低端就业市场，就业岗位高度竞争、流动性强、就业关系不稳定、工资收入比较低。在这种情况下，社会保险与农民工就业的关系就值得分析研究。首先，我们必须明确在权利与义务基本相对应的社会保险原则下，参保缴费与享受待遇是挂钩的，在竞争能力强的大中型企业或就业关系比较稳定的单位，就业人员参加强制性的社会保险比较容易，而就业不稳定的灵活就业人员尤其是农民工就比较难加入。同时，为保证正规就业人员参保后较高的保险待遇设定的高额保险费率，又使雇佣农民工的企业和农民工本人难以承受高额保险费而不能参保。一味强调让农民工参保有可能对其就业产生不利影响，甚至增加企业用工负担，影响国际竞争力，在一个时期内不利于推进工业化和就业岗位的转化。由此可见，农民工城市化的质量与他们能否参加社会保险关系密切，社会保险关系的建立对农民工转移到城镇就业的影响可能更加复杂，甚至不完全是积极的影响。世界各国城市化和建立社会保险关系的历程说明，非正规就业包括转移就业人员不可能全部纳入正规的社会保险制度之内，社会保险制度必须具有一定的弹性。

随着经济发展和工业化进程的加速，把社会保险关系从城镇就业扩展到农村就业尤其是农业劳动是客观趋势。社会保险向农村劳动力扩展，表面上看提高了劳动力的就业成本，实际上有利于提高农村就业的质量，促进全国劳动力市场的发育，减缓农村劳动力向城镇转移的压力。这在一定程度上不利于提高城市化的速度，却有利于提高城市化的质量。

（三）教育卫生福利与城市化

现代经济发展离不开拥有知识和保持健康状态的劳动大军，教育与卫生是保障上述两大目标的主要途径。教育卫生的发展可促进人力资本的积累，为城市化提供符合条件的劳动力队伍，是社会福利体系中最值得关注的两大领域。教育与卫生的运行体制与养老保险或者其他社会保障制度有很大不同之处。养老保险等社会保障制度的实施，主要是筹集资金、发放资金和管理资金的金融过程，而教育卫生则需要在筹集资金、运用资金和管理资金的过程中把重点放到如何提供专业技术服务方面，这些服务的数量、质量以及布局、分配也至关重要。因为这关系到服务的效率，更关系到服务的公平性。因此，教育卫生不同于社会保险追求参保与受保双方的权利与义务的双边对应关系，更需要平衡资金保障、服务提供和福利服务权益公平公正的大三角关系。

从总体上看，教育卫生福利的发展与城市化是相互促进、相辅相成的。城市化发展对合格劳动力尤其是各类人才表现出旺盛的需求，教育的发展为城市化发展提供强有力的人力和科技资源的支撑，教育规模扩大不仅本身可以促进青年人口向城镇集中，而且有助于从整体上提高劳动者素质，促进产业结构优化升级。城市化与教育的互动关系对加快城市化进程发挥着基础性作用。一些研究表明，教育指数与城市人口比例的相关系数为 0.643，教育指数与 GDP 指数的相关系数为 0.762，说明教育指数与城市人口比例和 GDP 指数都有很强的正相关性，即城市化水平和 GDP 指数值越高，则教育指数值就越高。尤其在城市化进程和经济发展初期，教育指数随着城市人口比例和 GDP 指数的提高迅速提高。[①] 与一般初中级教育相比，高等教育本身就是城市化的一个组成部分，发展高等教育对城市化的促进作用更加明显。[②]

但是，我们也要清醒地看到，教育发展对城市化的促进作用是在一定的经济社会制度框架内进行的，必然受经济社会制度的制约。对中国来说，城乡户籍制度尤其是教育财政投入关系地方政府职责，使各类教育尤其是中、初级教育具有强烈的地方属性或者属地化特点，这对人口迁移与城市化的影响需要从两个方面考虑。一方面，地方教育发展有利于促进本地农村人口的城市化；另一方面，教育的属地化投入与管理又不利于当地政府对流动人口子女的教育投入，因为财政投入与教育绩效都不把流动人口子女教育纳入考核范围。流动人口子女教育问题，成为中国改革开放以来尤其是近 20 年来规模不断扩大的流动人口家庭面临的一个突出问题。很多研究表明，这些农民工子女的受教育的机会很少，质量很差（流动人口特别是农民工子女的教育质量甚至赶不上农村老家），教育不平等问题十分突出。由此带来的新一代农民工（有研究表明，目前进入城镇的农民工 40% 左右是二代农民工，是没有种过地，也不会种地的农民工，而且很多青年农民工就是在城镇中长大的）就业技能差，已经成为制约他们在城镇寻找稳定工作、长期扎根城市的重要因素。因此，发展教育尤其是高等教育对城市化的促进作用尽管很显著，但是，对于正处于经济起飞、快速城市化、工业化阶段的我国来说，新进入城镇的大多为受教育水平不高的农村人口是客观现实，必须看到教育结构尤其是教育投入属地化特点带来的多重影响，在一定时期和一些地区甚至是不利影响。

与教育的功能相类似，卫生福利对经济发展与城市化也具有十分重要的

---

① 张妍：《城市化发展与教育》，《教育发展研究》2005 年第 8 期。

② 何志方：《高等教育规模与城市化联动发展的国际经验》，《比较教育研究》2001 年第 9 期；赵士谦、康翠萍：《高等教育与城市化进程关系辨析》，《沈阳师范大学学报》2007 年第 2 期。

促进作用。很多研究结果表明，健康状况的改进不仅可以增加人们的可行能力，提高人类发展的质量，而且对社会各个领域的发展具有十分显著的促进作用，包括促进经济增长、提高劳动生产率、增加个人收入、扩大经济参与、增加受教育机会和教育成就。一项针对 53 个国家健康水平对人均 GDP 增长影响的研究显示，从 1965 年到 1990 年健康水平的提高导致了人均 GDP 平均每年增加 0.23%。另外一些研究结果表明，健康对经济增长的影响甚至大于教育。一项针对中国健康状况与经济增长关系的研究成果表明，改革开放以来，中国健康人力资本与经济增长之间有显著的正向关联，预期寿命每延长 1 岁，GDP 增长率相应提高 1.06 ~ 1.22 个百分点；健康指数对经济增长的弹性约为 0.08。①

尽管改善健康状况的因素有很多，收入增长及其均衡分配、卫生技术发展以及居民利用卫生服务可及性的提高、公共卫生服务与卫生福利制度的发展，是提高健康水平的三大主要因素。前两个因素促进健康的作用非常直接，后一个因素不仅可以改善收入分配状况，而且增强了卫生服务的可及性与公平性，对全社会尤其是穷人改进健康状况的作用更加显著。这是很多研究得出的共同结论。公共卫生支出的增加能够有效地降低儿童死亡率，而在农村地区，免疫接种的覆盖率对降低 5 岁以下儿童死亡率更为重要。公共卫生支出每增加 1% 在穷人中引起儿童死亡率的下降是富人中的两倍，关于婴儿死亡率也有类似的结果。②

经济增长过程中卫生支出增长速度一般高于 GDP 增长幅度，也就是说医疗消费弹性（卫生支出增幅与 GDP 增幅之比）一般为正。但是，一个国家或地区医疗费用总支出并不是越高越好。这里面有医疗支出与经济增长的协调性问题，同时也有医疗服务效率与公平性问题。前面的论述使我们明确了健康投入对经济发展的促进作用，但是如果健康投入机制缺乏有效设计、结构不合理，新增加的医疗消费支出并不一定带来满意的健康结果。比如，

① 罗凯：《健康人力资本与经济增长：中国分省数据证据》，《经济科学》2006 年第 4 期。

② 王曲、刘民权：《健康的价值及若干决定因素：文献综述》，《经济学》（季刊）第 5 卷第 1 期（2005 年 10 月）。

如果健康投入资金完全由个人承担，则容易导致个人医疗负担过重，穷人难以获得必需的医疗服务。这不仅难以遏制医疗费用增长，降低医疗投入的使用效率，而且增大医疗服务的不公平性，不利于全体国民健康水平的提高。一些研究表明，健康投入与经济增长既可以互相促进、相得益彰，也可能出现因为卫生投入效率与公平性差导致健康状况恶化、影响长期经济增长的后果。苏联解体后一些原加盟共和国尤其是俄罗斯已经出现了这样的后果，我国20世纪80年代到21世纪初农村健康状况也出现了一定程度的滑坡现象。[①] 美国作为经济最发达的国家由于医疗卫生费用高昂而且医疗保健整体效果相对较差而备受诟病，这也成为奥巴马政府极力推进的一项改革，一方面控制医疗费用的高速增长，另一方面提高卫生保健的整体效果。[②]

教育卫生福利与城市化的关系是比较复杂的。这首先是因为教育卫生的复杂性。因为教育卫生不仅仅是经费投入问题，还必须考虑投入的公平性，尤其是向穷困人群倾斜的问题；同时，不同于一般的社会保险如养老保险制度主要考虑参保人与保险管理在资金管理方面的双边关系，教育卫生还必须把服务的供给体系建设考虑在内，一方面要考虑基本公共服务的可及性、公平性，另一方面又要考虑不断提高服务质量，满足人们多层次的教育卫生需求。公共部门与私营部门在提供教育卫生服务时都是不可或缺的，问题的关键是公共部门与私营部门的分工合作关系是否合理，公共部门与私营部门各自运行机制是否具有显著的比较优势和良好效果，最终形成促进教育卫生与经济发展的良性互动机制。计划经济时期，政府直接生产服务，全社会所有阶层都能够得到最基本的教育卫生服务，基本服务的公平性相对较高。但是，由于缺乏有效激励机制，整体服务质量比较低，而且难以持续，对经济发展的直接促进作用难以体现出来。在市场经济体制下，教育卫生服务的质量有所提高，但是不公平性日益扩大，如何通过教育福利制度的建立与不断完善弥补市场化机制的缺陷，成为新的问题。这不仅是教育卫生发展的关键

① 王延中：《中国经济转型中的卫生公平问题》，《中国工业经济》2006年第10期。

② 吴伟东：《激烈的利益博弈——美国医疗保障体系改革的挑战与前景》，《中国社会保障》2009年第12期。

问题，也是促进经济社会协调发展、促进城乡协调发展、不断提高城市化水平的关键问题。在应对这个问题时，有两种思路一直在互相博弈。其中一种思路是不断发展资金保障体系，比如扩大教育卫生财政与保障性资金的投入，这也是我国确立社会主义市场经济体制以来一直强调的改革重点。但是这种建设机制在资金投入方面的缺陷（比如越困难地区越缺乏资金，也难以获得资金），使教育卫生资金在不同地区、不同群体之间分配的公平性很难提高。自党的十六大以来，中国政府逐步提出了加强公共服务体系建设的新思路，并且提出了基本公共服务均等化的目标。这是对主要依靠扩大财政资金和社会保障制度建设思路的修正，也是把教育卫生等基本公共服务作为公共品向全体国民均等提供的新尝试。应该说，这是符合教育卫生福利服务特点的，它从资金供给与建设发展服务体系两个方面、两种机制保障教育卫生服务的效率和公平性，是符合实际的。但是，受经济社会体制的影响，教育卫生两种机制的建设还处于初级阶段，要实现预期的目标还必须解决一系列的体制性障碍尤其是财政体制、户籍制度的障碍。这些障碍不克服，教育卫生福利制度对城市化的促进作用还会打折扣。因此，我们肯定教育福利制度对城市化的一般促进作用，但需要具体分析这种促进作用的内在机理和实现途径。比如，如何通过国家与地方政府甚至私人学校的共同努力，解决好农民工子女的教育问题，才是真正有效促进城市化，并提高城市化质量的治本之策。对于流动人口的医疗保障问题，也必须继续探索属地化投入机制问题，真正化解个人包括流动人口的健康忧虑，提高全体居民的健康水平，进而实现经济的持续增长和城市化的快速发展。

（四）住房保障与城市化

让进入城市的流动人口在城镇找到居住之所，是推进城市化的客观要求，也是城市化的题中应有之义。经验研究表明，住宅的发展规模和居住水平与城市化的程度密切相关。[①] 城市人口规模的不断扩大，为城市住宅建设

① 董黎明：《城市化与住房问题》，《国际城市规划》2001 年第 3 期。

提供了巨大的需求空间，促进了城市住宅建设。同时，城市住宅规模的扩大和住宅质量的不断提高，对推进城市化、扩大城市规模提供了物质载体。世界各国城市化历程表明，城市住宅的发展不仅是城市化的客观结果，也是促进经济增长、提高城市化水平的支柱产业和发展动力之一。

城市住宅是重要的产业部门，但作为最基本的生活设施和生活必需品，住宅又具有一定的福利属性。与其他类型的福利制度一样，城市住宅的建设与经济社会体制密切相关，尤其与户籍制度密切联系在一起。改革之前，中国对城镇户籍的正式职工实行统一管理、统一分配、以租养房的公有住房实物分配制度。这种制度模式在当时较低水平的消费层次上，最低限度地满足了职工的基本住房需求。但是，这种满足是低水平的，人均居住面积很小、住房的质量与功能都十分简陋。户口制度与住房制度成为中国控制城市人口增长的主要依托，因为在计划经济体制下流动人口难以获得城市户口和城市住房，即使到城镇短期居住尤其是租房也十分困难。伴随着城市住房实物供给制的实施，城市人口增长率在相当长时期内比较滞后。

改革开放以后，尽管很多城市的政府仍然坚持限制流动人口在城镇定居的户口制度，但经济体制的逐步市场化和城镇住房制度的不断改革，使房地产业得到了快速的发展，城镇住房建设的规模不断扩大。1994 年 7 月国务院发布《关于深化城镇住房制度改革的决定》，提出城镇住房制度改革作为经济体制改革的重要组成部分，目标是逐步实现住房的商品化、社会化；把住房实物福利分配的方式改变为以按劳分配为主的货币工资分配方式；建立以中低收入家庭为对象、具有社会保障性质的经济适用住房供应体系和以高收入家庭为对象的商品房供应体系；同时，建立住房公积金制度，建立政策性和商业性并存的住房信贷体系。1998 年 7 月，为加快推进城市住房改革，国务院发布了《关于进一步深化住房制度改革加快住房建设的通知》，宣布全国城镇从 1998 年下半年开始停止住房实物分配，全面实行住房分配货币化，同时建立和完善以经济适用住房为主的多层次城镇住房供应体系。2003 年国务院再次发布《关于促进房地产市场持续健康发展的通知》，把城镇住房发展的重点放在促进房地产业发展上，一些地方政府甚至提出“经营城市”的设想。

上述政策的出台，对旧的福利分房制度进行了彻底的改造，促进了城镇住房尤其是商品房建设的快速发展。截止到2008年底，城镇人口人均居住面积28平方米，是1978年人均居住面积的42倍。[①] 与此相适应，城市人口和建成区规模持续扩大，为不断提高的城市化奠定了越来越坚实的物质基础。

从总体上看，我国城镇住房制度市场化改革的推进是顺应市场经济体制改革总体要求的。但是，急速的城市住房商品化改革和房地产业的快速扩张也带来一些问题。最突出的问题是住房价格急剧上涨，远远超出了中低收入群体的购买能力，导致新形势下日益严重的住房难，并对城市化产生一定的抑制作用。有研究表明，2008年以来北京、上海、深圳投资性住房购买分别占总住房购买的62%、51%和57%，房地产已经不仅是面向人民住房需求，更是面向资产投资需求，房地产价格上涨对人口城市化起到了抑制作用。[②] 同时，城市规模的扩大和大规模的旧城改造，使原来的城乡接合部的原居民和租住其房屋的农民工不断向城郊外迁，加大了流动人口寻找工作的交通成本，不利于吸引外地人在城市安家落户，这对进一步推进城市化进程是不利的。目前政府通过建立廉租房制度等公共福利体系可以解决城镇最低收入群体的住房问题，但是缺乏针对流动人口在城镇居住的长远打算。很多城市从产业上和劳动力需求上已经离不开农民工，但是似乎没有多少城市试图解决农民工的住房问题，也不想尽快把农民工融入城市，实现真正意义上的城市化。一些研究表明，今后20年仍是中国大规模城市化时期，每年有超过一千万的人，甚至两千万的人将会进入城市。[③] 为他们提供适宜的居住条件，是城市化的客观需要，也是城市经济发展的巨大市场需求。中国城市化步伐的不断加速必然不断创造住房需求，这种需求既包括基本需求，也包括城市发展趋向高级化带来的更高质量的住房需求。城市化地域结构的集约

---

① 齐骥："中国社会保障、住房保障情况和住房建设成就新闻发布会"情况（2009年9月29日），见 http：//www.0831home.cn/newscenter/shownewsasp？newsID = 15399。

② 张平：《2010年中国经济增长情景和宏观政策正常化》，《中国社会科学报》2009年12月31日。

③ 珀金斯：《中国城市化速度及对住房需求的影响》，http：//news.sohu.com/20080322/n255850865.shtml。

化发展使得现有城市基础上的住房开发变得更加重要。未来城市多层次化和非均衡发展将进一步凸显住房分布和住房价格的差异性，满足中低收入者住房需要的中低端房地产的潜力也很巨大。[①] 但目前的房地产业和住房福利制度还远远不能满足上述需求，这将对未来的城市化发展带来多方面的制约。

三　中国福利制度体系抑制城市化发展的突出问题

（一）城乡分割的福利体系对城市化的阻碍日益明显

中国现行社会福利体系是在城乡分割体制下逐步建立起来的，是不利于人口流动、不利于农民工进城的。但是，几十年的改革开放政策特别是社会主义市场经济体制的建立，已经使市场机制发挥着引导生产要素合理流动的基础性作用。劳动力作为生产要素中最活跃的部分，在市场机制的作用下合理流动是客观规律，失去了计划经济体制的保护，户籍制度对劳动力流动的阻挡作用明显弱化。1 亿多的流动民工和 2 亿左右的流动人口，对中国城市化水平的提高和经济社会发展做出了巨大的贡献。但是，经济体制转型并没有带来社会管理体制的相应改革，与传统户籍制度相关联的社会管理、社会福利、社会服务体制仍把守着城市的城门，把流动劳动力和流动人口阻挡在城市门外。经济发达的人口流动的输入地，总体上是欢迎农民工进城从事劳务的，但是目前社会福利体系中当地财政支付的福利项目比如低保制度、公共教育制度、住房保障项目等一般都与户籍制度挂钩，而把流动人口排除在外；至于需要以缴费为前提的社会保险项目，制度设计一般并不把外地民工排除在外，但往往利用参保和退保机制，把流动人口参保的权益压得很低，甚至变相为劳动力输入地的社会保险基金做贡献。根据有关研究，2005 年每个流动人口为打工地创造的基本养老保险统筹基金平均为 2444 元，总计达 6684 亿元。由于退保只退个人账户基金，这些不能转移和跟随打工人员

① 倪鹏飞主编《中国住房发展报告（2009～2010）》，社会科学文献出版社，2009。

流动的统筹基金成为流动打工者对当地社保基金的净贡献，反过来构成了对流动人口社保权益的极大侵害，是当前流动人口社保制度最大的不合理性和不科学性①。中国的城市化率目前有两个口径，一是户籍人口城市化率，二是常住人口城市化率。户籍人口城市化率明显低于常住人口城市化率。由于各地及不同人群福利体系的碎片化，大量流动人口尽管长期在城镇常住，但是难以变成真正的市民，对城市化的速度和质量造成了严重的负面影响。流动人口既不能得到市民的各种福利待遇，也不能通过社会福利服务调节日益扩大的收入差距，导致消费不足，城市服务业的发展受到制约，进一步影响了城市就业的吸纳能力。

（二）费率过高的社会保险制度不利于福利保障覆盖面的扩大和可持续运行

在经济体制转型过程中，传统的单位保障制度难以适应国有企业改革需要。因为市场竞争必然导致企业不断优胜劣汰，如何为破产倒闭企业的职工提供必要的社会保障成为推进国有企业改革的必要配套措施。这导致企业（单位）保障制度逐步向社会统筹保障制度转变。20 世纪 90 年代以来的社会保障制度改革主要解决如何建立社会化的社会保障的问题。国有企业职工是计划经济体制下保障水平最高的社会群体，而且国家并没有为社会保障制度的转型及历史债务问题提供必要的财力保障，导致社会保险制度的建设不得不采取高费率的方式解决模式转换及历史债务问题。其结果是企业和职工负担的五大社会保险制度及住房公积金制度的合并名义费率高达工资总额的 50% 甚至更多。这种高费率成为企业的巨大负担，尤其是对于数量众多、劳动密集型的中小企业来说，如果把所有企业职工全部按名义费率缴纳社会保险，企业生存和发展势必受到影响。不少企业采取少报职工人数和压缩缴费工资基数的方式逃避参保义务，导致大约 50% 的城镇从业人员不能参加社

① 郑秉文：《改革开放 30 年中国流动人口社会保障的发展与挑战》，《中国人口科学》2008 年第 5 期。

会保险制度，相当数量的从业人员没有社会保险和社会保障。制度单一、费率过高的社会保险制度不能满足劳动者参保的需要，也不利于化解劳动者的社会风险，促进社会消费的扩大。同时，由于目前高费率的社会保险主要适用于正规就业职工，社会保险关系转移衔接困难，劳动保障权益不公平，人为导致劳动力市场的分割，不利于建立城乡统筹、全国统一的劳动力市场，甚至影响到国民经济的长期健康发展。因此，为了建立公平、高效、可持续的社会保障制度，必须解决社会保险制度的高费率问题，同时建立适合不同劳动力类型的社会保险及社会保障制度，实现人人享有社会保障的目标。

（三）公共服务体系不健全和公共服务能力明显不足

社会福利体系不仅仅是资金筹集问题，还必须考虑与之相适应的社会服务的提供及管理问题。如果说社会保险、社会保障、社会福利制度主要考虑资金问题和资金来源问题的话，那么社会福利服务体系或者公共服务体系就必须解决社会发展所需公共服务的提供与配置问题。改革开放以后曾经出现对福利服务主要靠市场机制解决的理解偏差，一些部门、行业和地区甚至把这些服务完全推给市场，在教科文卫等社会事业领域不加区别地提倡教育产业化、卫生市场化、住房商品化，压缩甚至放弃了政府在这些领域应当承担的保障责任和服务管理职能。政府对公共服务体系建设的投入并没有伴随经济和财力的提高而相应提高，公共服务的市场化导向日益明显。在市场导向和市场机制下公共服务资源向优质地区、优质人群集中，薄弱地区、行业和领域的公共服务资源减少，服务能力更加不足，资源配置和使用更加不平衡。甚至出现了越富裕、越有条件的地区越容易得到政府投入的公共资源的奇特现象。比如，医疗卫生资源更加向城镇尤其是大城市集中，政府卫生投入也主要向城市地区集中，发达地区由于地方财力比较充足，对本地医疗卫生事业的总体投入明显高于贫困地区，进一步加剧了卫生资源的不平等。教育资源在一个时期内也是如此，条件好的学校政府投入也多，而基础教育、农村教育、技术教育的公共投入明显不足。教育卫生等公共服务事业总体投入不足、资源配置不合理问题比较突出。20 世纪 80 年代中后期以来教育不公平、卫生不公平等问题愈益突出，甚至出现了中国卫生投入公平性位居世界192个国家和地区倒数第4的情况。由于基本公共服务供给不到位，养老保障、医疗保障等制度不健全，教育、卫生、住房等领域的消费分流了城乡居民购买力，对其他消费产生严重的挤出效应，制约城乡居民消费能力，导致消费率下降，内需不足。①

（四）社会福利投入、管理和监督体制不适应城市化进程和城乡统筹发展要求

目前我国社会福利、公共服务的投入、管理体制是城乡分割和地区分割的，有些需要集中管理统一制度的福利事务过多考虑了属地化特性。比如基本养老制度，全国各地各自为政，甚至为突出地方特色人为增强制度的差异性，导致养老制度的碎片化。在教育、卫生等属地化色彩显著的公共服务领域，中央与地方的财力与事权不匹配问题比较突出，主要依靠地方财力解决公共服务提供问题。由于各地经济发展水平的差异，医疗卫生、教育事业投入能力不同，以致地区之间基本公共服务不均衡，农村地区、落后地区和基层教育卫生设施落后，设备、人才比较薄弱，在一些地区还不能满足人民群众的基本需求。最低生活保障制度是全国最先全面覆盖的社会保障制度，但地方政府在低保筹资和监管方面的主导地位，导致了低保制度地方化，不利于最低生活保障制度的均等化和低保水平的提高。同时，低保制度以户籍制度为基础，流动贫困人口无法得到居住地政府的基本生活保护，其基本社会权利无法保障。目前社会保险基金管理体制也存在一些问题与矛盾，人力资源和社会保障部与税务部门共同负责社会保险基金的征收和筹集，形成独特的双元征收体制。医疗保险基金使用也是一个复杂的体制，目前卫生部门与人力资源

① 刘强：《谁挤占了消费需求：教育、医疗、住房三大支出负担过重》，《中国国情国力》2006年第10期。据测算，2005年中国城乡居民用于教育和医疗的额外支出对其他商品消费和服务消费产生的挤出效应达到5810.7亿元。如果政府在教育、医疗等公共服务领域的投入到位，消费率可以从51.9%提高到55.2%。

和社会保障部门的配合还不密切，难以发挥整体合力，影响基金使用效率，一方面是保险基金大量结余，另一方面是患者自付比例难以下降，看病难、看病贵问题十分突出。

四　完善适应城市化要求的福利制度的思路与对策

（一）彻底破除以户籍制度为依托的二元社会福利体制

自改革开放尤其是21世纪以来，中国进入了快速城市化时期，目前到2030年都将处在这一时期。按照目前的城市化速度，到2030年中国的城市化率达到67%～68%，之后将逐步稳定下来。[①] 2009年刚刚结束的中央经济工作会议提出，要把解决符合条件的农业转移人口逐步在城镇就业和落户作为推进城镇化的重要任务，放宽中小城市和城镇户籍限制。稳步推进城镇化，优化产业结构，努力使经济结构调整取得明显进展。进一步推进城市化，促进经济发展模式转型。推进城市化的关键是打破城乡二元体制，户籍制度作为城乡居民社会身份差异的标签不仅阻碍市场要素的合理流动，而且成为现代化进程中一个坚固的体制性壁垒。经过实行改革开放政策之后的持续改革，户籍制度阻挡劳动力流动的作用已经不太明显，但是与户籍制度关联的福利待遇方面的制度安排并没有消除，而且在某些领域由于福利的属地化问题甚至有所强化，已经成为户籍制度壁垒中最坚硬的内核。破除以户籍制度为依托的传统的二元社会福利体制和以地方财政为依托的属地化社会福利体制，应当成为推进城市化和经济发展模式转型的重要任务。这要求对社

① 诺瑟姆1975年总结的城市化发展曲线认为，城市化水平低于30%为城市化第一阶段，这一阶段城市人口增长比较缓慢；城市化水平在30%～70%为第二阶段，城市人口比重超过30%，城市化进入加速阶段，城市化进程出现加快趋势，这种趋势一直持续到城市化水平达到70%才逐步稳定下来；第三阶段是城市化水平达到70%，经济社会发展渐趋成熟，城市人口保持平稳。参见“中国经济增长与宏观稳定课题组”《城市化、产业效率与经济增长》，《经济研究》2009年第10期。

会保障体制和公共服务体制进行相应的改革与调整。这种调整主要是三个方面的任务。一是尽量实现社会保障制度的全覆盖和社会保障权益尤其是社会保险权益的可转移和顺畅转移；二是按照公共服务均等化的目标和要求，努力实现全国范围内基本公共服务的均等化和公平化；三是努力改革不适应上述要求和经济社会发展需要的福利保障与公共服务的管理体制，尽量节约管理成本，提高管理效率，发挥上述领域资源投入和配置的效率和效益。

（二）实现社会保障制度的全面覆盖和社会保障权益的顺畅转移

自 2007 年中国共产党十七大报告明确提出了学有所教、劳有所得、病有所医、老有所养、住有所居的目标后，按照落实科学发展观和构建社会主义和谐社会的要求，建立全面的社会保障制度成为改善民生和建设和谐社会的基本内容。实现社会保障的全覆盖，是指所有劳动者和公民甚至一定程度上包括在中国居住的外国公民，都应当被纳入中国社会保障制度体系之内。从社会保障的资金来源方面，劳动年龄人口尤其是就业人员主要通过参加社会保险制度得到社会保障待遇，非劳动年龄阶段人口和非就业人员，可从税收支持的社会福利系统得到社会保障，形成社会保险和社会福利共同组成、所有人群可以得到保障待遇的双层社会保障体系，实现人人享有社会保障的目标。另外，适应工业化、城市化、国际化等因素导致人口流动日益频繁的客观要求，社会保障制度的权益和待遇，应当能够有效地衔接和顺畅转移，这就要求逐步将属地化管理的社会保险制度和地方社会福利制度，逐步提高到国家层面来实施，变成国家的社会保障制度而不仅仅是地方性的制度。2009 年底出台的城镇职工基本养老保险关系转移接续暂行办法向这个目标迈出了重要一步，其最终目标应当是建立全国统筹的基础养老金制度和所有国民均可公平享受的基础福利制度。

（三）以完善基础教育、基本医疗服务、社会援助服务为重点实现全国范围内基本公共服务的均等化和公平化

进一步健全以公共财政投入为主体、所有居民公平享有的公共服务体

系，是健全社会保障体系不可或缺的重要组成部分。要改变社会保障制度仅仅是保障资金筹措、管理与发放的狭隘观念，树立资金保障与服务保障同等重要的新理念，高度重视公共服务和社会福利服务的供给体系建设，推进基本公共服务的均等化。要加大公共服务的财政投入，确定基本公共服务的国家标准，比如设施标准、设备标准、人员资格与数量标准、日常运行经费标准等，通过财政转移支付等手段，确保各地政府具有均等支付这些基本公共服务的能力，确保每个公民不分城乡、不分地区能够有机会得到法定的公共服务。在所有基本公共服务中，基础教育、基本医疗服务、社会援助服务具有优先地位。要克服搞市场经济就应把所有社会服务由市场机制进行配置（名之曰“购买服务不养人”）的狭义思路和做法，大力发展财政税收支持社会事业和公共服务业。这是社会进一步发展的需要，也是扩大就业机会、缩小收入与公共服务水平差距的需要，对扩大消费、促进产业结构调整、转变经济发展方式也具有重要的作用。义务教育制度和基本公共卫生制度以及健全社会救助体系、加大廉租房建设的做法已经发挥了一些作用，但离实现基本公共服务均等化和公平化目标还有不少矛盾和问题需要解决。

（四）深化社会保障与公共服务管理体制改革，提高管理能力和效率

目前我国社会保障和公共服务管理体制与城乡分割、条块分割、人群分割的旧体制相比已经有了很大的改进。但是，如何从广义的角度理解社会保障，把社会保障与社会公共服务体系有机结合起来，以适应劳动力流动尤其是城市化的需要，现行的管理体制还存在不少问题和障碍。社会保障的不同项目具有不同的运行机制和特点，目前对这个方面的考虑还不充分。养老保障制度尤其是全国统一的基础养老金制度还没有建立起来，同时缺乏相应的管理体制作为依托。我们建议在养老制度方面可以迈出更大的步伐，随着城镇职工基本养老保险关系转移接续暂行办法的实施，需要进一步解决全国不同人群养老保险待遇的平衡问题，解决统一的管理体制问题。适当的时候，应当建立国家社会保障署，统管全体国民和劳动者的基础养老金制度。在其他社会保障项目尤其是卫生、教育等主要依赖公共服务的项目上，需要研究

建立社会保障资金、财政投入资金如何更有效地与服务体系建设、服务提供递送等方面有机衔接的新体制，克服几个机构各管一段、互不配合、影响资源配置效率的问题。这个问题在推进全民医保背景下已经迫在眉睫，急需提出符合实际的医疗保障资金筹集、使用、监管新体制，使有限的公共资源发挥更大的效益。至于以财政支持为主的其他社会保障和公共福利服务项目，更应重视服务体系本身的建设、发展与监管，而不是把主要精力用在资金分配权的博弈上。应当指出，世界上各国福利体制均因国情不同而有所差异，不能简单照抄照搬其他国家的模式，但也决不因此放弃借鉴其他国家已经十分成熟的基本经验、运行机制和管理技术。由于我国仍处于城市化和社会保障体制逐步发展过程之中，社会保障管理体制和运行模式还没有定型，可调整的空间和余地比较大。要按照提高资源配置效率和效益的要求，打破已经不适应城市化进程和经济社会发展要求的部门利益的阻碍，适时调整社会保障与公共服务的管理体制。

（五）加强社会保障与公共服务自身能力建设

建立全面覆盖的社会保障并为全体国民提供均等化的公共服务，本身也需要投入，也需要不断提高目前管理机构、管理队伍的服务能力。要加大基层尤其是农村地区社会保障机构和人员队伍建设，把服务触角深入基层。要利用现代信息化技术支持，建立健全社会保障、就业服务、社会救助、医疗服务等方面的基础平台。应当利用高等教育毕业生资源，大力培养专业化的社会工作者队伍和公共服务人员，充实到基层社会服务和公共服务领域公共就业岗位，形成我国的基层社会事业、社会保障、社会服务的载体和支柱，同时为化解社会矛盾、社会风险、促进社会和谐和社会安全贡献力量。在世界经济危机背景下，国家不断加大基础设施投资，对提高投资率和拉动经济增长作用是直接的。但是，仅仅投资于基础设施本身是不够的，必须为基础设施的运行提供必要的资金保障，要把基础设施投资和人力资源配置有机结合起来，真正使国家的基础设施、基本公共服务建设与未来城乡经济社会的可持续发展形成有机的整体。

家庭背景影响了人们教育和社会阶层地位的获得

张 翼*

经过三十多年的改革开放，中国社会已在很大程度上完成了从计划经济向市场经济的转变。伴随这一转变的发生与继续深化，中国社会的阶层结构也得以重新形塑。在市场机制日益对资源配置起基础性作用的同时，某些新产生的阶层，不仅在市场化过程中取得了其应有的经济地位，而且也日渐固化了其在社会等级中的序列。虽然市场化、快速城市化与工业化或后工业化过程，曾经一度为全社会——亦即为各个社会阶层的生存和发展创造了机遇，但中国社会的阶层再生产模式，却通过人力资本或教育资本的传承竞争，增加了阶层封闭性特征，并在“初职”就业地位获得和“现职”地位获得中强化了家庭背景的影响。这既与现代化社会所要求的以“后致性因素”为主获得职业地位的要求相背离，而且也增加了社会的不平等，影响着中国社会的稳定。本文拟通过阶层出身，以及这种出身对教育资本的影响，进而分析人们的职业阶层地位获得——从“初职”社会地位到“现职”（终职）职业阶层地位的获得

* 本文刊发于2010年第4期。作者张翼，时任中国社会科学院社会学研究所副所长，曾任中国社会科学院社会学研究所党委副书记，现任中国社会科学院社会发展战略研究院院长、中国社会变迁与发展研究会会长。

上，揭示阶层继承的连带影响，并针对分析中发现的问题，提出可能的政策性建议。

一　研究假设、变量与数据介绍

（一）研究假设

众所周知，传统农业社会的封闭性特点，既束缚了人口的迁徙与流动，也固化了家庭代际的职业或阶层继承。如果不是兵役劳役抑或灾荒，农民的子女必然要继续做农民。农民的职业技能，只需家庭内部的传承而不需其他专门培训即可胜任。但工业社会打破了以家庭为单元的生产和再生产模式，分化了社会的职业结构，在国家和家庭之间组建了企业及其他非政府组织。社会分化的细密化也带来劳动分工的精细化。人们要参加社会生产劳动，就必须接受除家庭之外的专门教育与培训。因此，人们的劳动技能和生存方式等教育资本，才日渐彰显其重要性。一个劳动岗位所需要的劳动程度越复杂，胜任该岗位的劳动者所需的教育资本就越高，其需要接受的教育时间就越长，支付的教育和培训费用就越高。[①]

因此，在工业社会和后工业社会，人们要想取得较高的收入、获致较高的社会地位，就必须通过教育体系积累自己的教育资本。而教育体系，也适应于劳动力市场的竞争性特点，合法地建构了初级、中级和高等教育等级，以供不同年龄和不同经济能力的家庭选择。在这种情况下，家长自己要提高自己的阶层地位，或者要想使自己的子女提高其阶层地位，就必须参与对教育资源的竞争。因此，稀有的教育资源，越来越具象地表现为各个阶层在代际维持或晋升社会地位、巩固或增强权力资源、表现或展示社会声望上的重要手段。尤其当文凭成为就业场所的主要人力资源表征时，是否能够获得更高一级的教育机会，就成为一个人能否就业、在何种场所或单位就业，或者

① 张翼：《中国人社会地位的获得——阶级继承与代内流动》，《社会学研究》2004 年第 4 期。

获得工资回报的机遇性评估尺度——这个尺度，还是由政府所赋予和保护的合法性、合理性尺度。时下的中国，不管是在公务员的招考，还是企事业单位的招聘上，都明确写出了需求人员的文凭标准。正因为如此，哪些阶层能够为自己，或者为其子女较多竞争到较高一级的受教育机会，或者拿出较多的经济支持帮助自己或子女在这些竞争性考试中居于优势地位，就成为家庭经济支出决策的重要内容。

也因此，家长的阶层地位、社会网络和货币支付能力，一方面通过经济支持，为自己的子女购买或争取教育机会，使子女获得合法合理的入学竞争能力——比如参加各种名目的考试、聘请有经验的老师课外辅导、缴纳高昂的赞助费将子女转学到重点学校等——这被形象地总结为“掏票子”；[①] 另一方面，也通过家长的阶层地位和阶层关系网络，为子女创设有利于其发展的社会资源，使子女能够获得最大限度的教育收益——这被形象地总结为“批条子”“找路子”。当然，优势的阶层地位，在更惯常的情况下，还表现为文化的代际传导——毕竟，接受过较多教育的家长，能够以自己之所学，或者直接辅导子女的功课，或者间接启发子女的学业，或者激励子女的志向，使子女之所学直接指向于未来的就业目标。所以，家庭的阶层背景，亦即家庭的阶层出身，尤其是父亲或者母亲的阶层地位，对子女的教育获得，有着非常显著的影响。

在现代社会，貌似开放的机遇，实则为很多经济的和政治的门槛所隔阻，故在个人通往未来的道路上，除自身能力、天赋、运气、努力等因素的影响外，家庭的阶层出身，是一个切不可被忽视的变量。有研究表明，即使是在“文革”后期——1972～1976 年，70% 通过推荐入学的大学生是高干子弟，或是那些有政治关系的家庭的孩子。[②] 由此可以得到：

假设 1：人们的家庭阶层出身，显著地影响了其教育获得。家庭出身越

---

① 家长的这种竞争性特点，并不只表现在小学升初中的考试中，甚至于更早——在非义务制教育的早期，对幼儿园的选择，就充满了竞争性特点。在乡村，能否上幼儿园，在城镇和城市，能够上什么样的幼儿园，决定着子女对小学的选择。

② 邓贤：《中国知青梦》，人民文学出版社，1993，第 163 页。

优越，其获得较高教育资本的可能性就越大。

另外，教育资源不仅是稀缺的，而且在区域分布上是存在差异的。这种区域分布的差异表现在城乡区分上，是城市的教育资源优于农村；表现在地区区分上，是沿海及发达地区的教育资源优于中西部地区。即使在同一区域内部，即在城市行政区划内部，抑或在农村行政区划内部，也表现为重点学校和非重点学校的差异。重点学校的教育资源——尤其是师资资源，远远优于普通学校的师资资源。重点学校的教育财政投入与设备配备，抑或接受的社会捐赠，也优于普通学校。这种差异所造成的格局，从幼儿园、小学到中学和高中，甚至于在大中专院校和高等院校，都普遍存在。[①] 但要具体区别哪些人进入了重点学校，哪些人进入了非重点学校，的确需要特殊的资料收集渠道。而且问卷调查所需要的抽样设计，也应该根据研究设计而分配样本。因此，我们在研究过程中，拟以户口这个被先天赋予的变量来区别被访者的城乡所属——尤其是以一个人 14 岁时母亲的户口来区别人们的城乡户口特征，并以此检视“地区”这个变量给人们教育资源获得的影响。由此我们也可以得到：

假设 2：人们所在的地区与户籍属性，由于与该地区教育资源的丰富程度密切相关，故由此也影响了人们的教育获得。

另外，1999 年以来的高等教育扩招，是中国社会的大事，被誉为教育之从精英教育向大众教育的转型。事实上，九年义务制教育的推行，高等教育的扩招，也为适龄受教育者提供了高中阶段受教育机会。在高中适龄人口缩减的同时，大学生的升学率有了本质性的提高。因此，教育的扩张，迅速提高了新生中国社会劳动力的平均教育资本。但这种提高所造成的连带影响，就是增加了社会就业压力，尤其是增加了非体力劳动者的就业压力。

这就是说，与教育短缺供给的时代相比，教育文凭有可能贬值——与入学之预期相比，毕业时获得的初职社会地位有可能降低。为免遭贬值之影响，家长必须动用一切社会资源去帮助子女就业，使子女的“初

① 陈彬莉：《教育获得之中的路径依赖》，《北京大学教育评论》2008 年第 4 期。

职”职业地位获得达到预期的目的。因此，上层阶层的家庭，或者说父母亲的社会经济地位较高的家庭，能够通过自己的社会资本和关系资源，顺利化解风险的袭扰，帮助自己的子女获得相对较高的职业阶层地位。如果在“初职”职业阶层地位获得中难以实现此一目标，则经过一段时间的努力，在“现职”或“终职”职业地位获得中，则可以看到显见的家庭支持。

正因为如此，某些上层阶层成员，即使自己的子女难以在高考中获得通向上层社会的入场券——录取通知书，也会通过其他合法途径，比如非全日制教育，或者通过在职教育，轻易地拿到为人事制度或社会承认的文凭。不仅中国的各类学校在制造着各种各样的机会，就是西方的大学，也为中国学生广开了门路，设计出了各种省钱的机制，以满足日益扩张的富人阶层的文凭需求。所以，教育与经济收入和社会地位之间的关系是相辅相成的。如果一个人丰富了某一种资源，就可以通过资源交换以相对便捷地获取其他资源。因此，除全日制教育之外，非全日制教育和国外教育，也为上层阶层成员及其子女的教育获得，源源不断地提供了机遇。① 只有这样，我们才有理由理解这一社会现象：一方面是教育文凭在贬值，另外一方面却是富人阶层想尽一切办法，在教育渠道中获取文凭。由此我们得到：

假设 3：人们的阶层出身，也显著影响其初职阶层地位的获得。如果因各种社会制度配置的限制，这种影响难以在“初职”中显示其重要性，也会通过继续教育的中介，在“现职”地位获得或“终职”阶层地位获得中显示出显著影响。

---

① 有媒体报道说：北京市某重点初中，在小学升初中的招生录取过程中，还没有到电脑派位的时候，就已经录取了占招生人数 80% 左右的学生，也就是说，只有大约 20% 左右的名额是用来录取电脑派位生的。尽管如此，在“电脑派位”过程中，如果某些人拿到了“条子”，还会干扰电脑派位的结果，甚至有专家称，在某些教育资源比较差的学校，经过层层淘汰机制之后，到开学半学期之后剩下初一年级的学生的家长，就连一个科长都找不到了。可见，所谓的“小升初”，与其说考的是家长的社会背景，毋宁说进行的是教育资源的阶层选择。

当然，在教育扩张为教育需求提供了必要通道后，中国自20世纪70年代日渐严格的计划生育政策，率先在城市降低了生育率，继之在农村大幅度降低了生育率。这直接导致了家庭子女数——或曰一对夫妇所生子女数的大幅缩减。城市户口的新婚夫妇，只能生一个孩子。农村户口的新婚夫妇，也最多只能生育两个孩子——到20世纪80年代甚至于降低到平均只生1.5个孩子。这使改革开放之后家庭总收入提高的同时，也迅速提高了家庭成员的平均收入。也就是说，在家庭人口规模缩减的情况下，家长更有能力提高子女的受教育水平。尤其是城市，不管是生育了男孩的家庭，还是生育了女孩的家庭，都能够集中资金投资子女的教育。这种人口结构变化所产生的一个"非预期结果"，就是消除了传统社会非常显著的性别受教育差异。也就是说，在家庭子女数较多时，对子女的投资会自然存在男性选择偏好。但计划生育——或者一对已婚夫妇只能生一个孩子或两个孩子时，这种性别选择性偏好，就失去了存在基础——只要家长愿意投资于子女的教育，就不得不只为自己那唯一的子女而投资，而无论其性别。差异可能只存在于社会性别所要求的兴趣或文化性别导向，而不可能存在性别之选择。正因为如此，生育的子女数越少，家庭集中投资于子女身上的资金就越多，子女的"家庭学习条件"就越好，学校的教育资源就越优越，与父母亲的沟通机会就越多。[①] 这可以导出另外一个假设——

假设4：家庭子女数量的减少，消解了家庭投资中的性别差异，由此也使女性获得了较多的教育资本，并通过劳动力市场的竞争，逐渐减轻职业地位的性别差异。

（二）变量介绍

家庭阶层出身：为对以上假设进行验证，我们以父亲的社会阶层定义子女的家庭阶层出身。将父亲的职业阶层划分为：官员与国有企业管理者阶

① 赫克明、汪明：《独生子女群体与教育改革——我国独生子女状况研究报告》，《新华文摘》2009年第10期。

层、私营业主阶层、知识分子阶层、工人阶层、自雇和小业主阶层、农民阶层。但在我们将父母亲的职业阶层地位设想为一个连续性变量时，我们采用邓肯的国际职业声望量表来定义父母亲的阶层地位。毕竟，同时属于知识分子阶层的大学老师和中学老师的社会影响是不同的。而且，邓肯的国际职业声望量表，是在综合考察被访问者的学历和收入水平后计算的“社会经济指数”。这个指数也被社会学界广泛使用。

教育资本：被调查者的受教育年数。截止到本文写作时，中国劳动力人口的受教育程度主要集中在初中阶段。尽管与发达国家相比，接受过高中及以上文化程度教育的人口所占比重仍然比较低，但在九年义务制教育的强力推行及高等教育扩招的影响下，自 21 世纪以来，中国劳动人口的受教育程度已得到迅速提高。所以，在年龄同期群中，越是年轻的群体，其平均受教育程度越高。因此，为控制同期群的影响，也为分析高中及以上受教育程度的家庭阶层背景的影响，我们在有些模型，也使用教育的类别变量，即将被调查者的文化程度区别为初中及以下文化程度、高中阶段文化程度和大专及以上文化程度进行分析。

另外需要说明的是：有些研究，为综合分析家庭背景的影响，或为表现“家庭”的作用，经常将父母亲的教育资本——将父母亲的受教育年数相加在一起，将其和作为一个变量使用。但我们的研究，为了分析来自父母亲的不同影响，则分别探视父亲和母亲的教育资本变量。①

在进行分析的过程中，我们将被访问者的年龄、性别等作为控制变量。即使在将模型区别为不同的出生同期群后，我们仍然将年龄作为控制变量。这中间的一个主要原因，是在同一同期群内部，不同年龄的被访问者，仍然受年龄的影响。毕竟，不管是教育资源，还是就业时的职业选择，都在不同的年代，有不同的时代特征。故控制年龄这个变量是必要的。

① 倪志伟：《市场转型理论：国家社会主义由再分配到市场》，载边燕杰主编《市场转型与社会分层——美国社会学者分析中国》，生活·读书·新知三联书店，2002，第 195 页。

表1 变量介绍

指标	变量类型	案例数	最小值	最大值	平均值	标准差
被访现职/终职阶层	类别变量	6372	1	6	4.67	1.430
被访初职所属阶层	类别变量	3667	1	6	4.68	1.315
被访身份(党员=1)	虚拟变量	7014	0	1	0.07	0.248
被访户口性质(城镇=1)	虚拟变量	7011	0	1	0.35	0.478
14岁时母亲户口(城镇=1)	虚拟变量	6688	0	1	0.21	0.405
被访性别(男=1)	虚拟变量	7014	0	1	0.50	0.500
被访教育资本	定比变量	7009	2	19	8.70	3.233
父亲教育资本	定比变量	3568	2	19	6.96	3.428
母亲教育资本	定比变量	4321	2	19	5.32	3.380
被访年龄	定比变量	7009	18	70	41.44	13.830
被访初职时教育资本	定比变量	3759	2	19	8.66	3.001
被访现职或终职教育资本	定比变量	6529	2	19	8.54	3.226
14岁时父亲教育资本	定比变量	6384	2	19	5.92	3.504
初职时父亲教育资本	定比变量	5955	2	19	5.81	3.469
被访初职社经指数	定比变量	3625	16.00	72.00	36.0492	8.31138
被访现职或终职社经指数	定比变量	6304	16.00	82.00	36.8435	9.71434
被访14岁时父亲社经指数	定比变量	6204	16.00	85.00	35.2555	9.67578
被访14岁时母亲社经指数	定比变量	6319	16.00	72.00	32.0797	5.94345

资料来源：2008年GSS调查。

（三）数据介绍

本文研究所使用的数据，是中国社科院社会学研究所于2008年5月至9月，采用分层多阶段抽样方式，进行的第二次“中国社会状况综合调查”(GSS2008，CASS)，①覆盖全国28个省市区的134个县（市、区）、251个乡（镇、街道）和523个村（居委会），共成功入户访问了7139位年龄在18~69岁的居民，调查误差小于2%，符合统计推论的要求。这次调查以民

① 该项调查研究由李培林主持，李炜等率领的社会学所社会发展研究室人员负责调查实施，2008年的调查（以民生问题为主题）是继2006年此类调查（以和谐稳定为主题）后的第二次调查。

生为主题，调查内容涉及收入、消费、就业、教育、医疗、社会保障、社会态度等诸多方面的内容。

二 家庭阶层背景对教育获得的影响

自布劳—邓肯以降，传统社会地位获得模型的经典做法，就是以被访14岁时父亲的教育资本和社经指数，去预测被访的教育资本获得，然后看以父亲为代表的家庭阶层背景，如何影响了被访的教育资本获得。但在布劳—邓肯研究美国时，美国女性的就业率并不高。可是中国的情况恰恰相反。中国是世界上女性就业率最高的国家之一。在这种情况下，如果只在模型中置入父亲的变量，而视母亲的影响于不顾，则与现实社会相距甚远。故我们在模型中加入了母亲的变量，并以此分别分析母亲和父亲对子女教育资本获得的影响。

表 2 被访者 14 岁时父亲职业地位与被访者初职时教育获得

单位：%

阶层	未受正式教育	小学	初中	高中	技校/中专	大专	本科及以上	其他
政府工作人员与国营企业管理者阶层	1.6	17.0	44.4	20.3	6.5	5.2	4.9	
民营企业家阶层		13.3	53.3	6.7	20.0		6.7	
知识分子阶层	0.0	7.8	43.1	25.9	5.2	11.2	6.9	
工人阶层	1.4	11.7	54.3	16.9	7.5	6.6	1.6	
小业主和自雇阶层	2.5	17.3	51.9	12.3	6.2	7.4	1.2	1.2
农民阶层	7.2	32.5	48.0	7.5	2.4	1.7	0.5	0.2
总 计	5.1	25.5	48.9	11.3	4.1	3.5	1.4	0.1

注：教育获得中既包括全日制教育获得的教育程度，也包括非全日制或自学考试等获得的教育程度。“工人阶层”中包括了农民工。

资料来源：2008 年 GSS 调查。

从表 2 可以看出，被访 14 岁时父亲的阶层所属，对被访的教育获得具有显著影响。父亲的阶层地位越高，子女的教育获得就越多。在“大专”

栏可以看出，被访14岁时父亲是农民阶层的群体中，只有1.7%的人获得了“大专”学历；0.5%的人获得了“本科及以上”的学历。但在政府工作人员和国营企业管理者阶层，其子女获得大专学历的比重却高达5.2%，获得本科及以上学历的比例则高达4.9%。当然，作为民营企业家阶层，其子女获得本科及以上学历的比重高达6.7%，仅次于知识分子阶层的6.9%。民营企业家阶层的子女之所以会获得如此之高的本科文凭，一个重要的原因是家长的阶层背景的影响，而另外一个原因，则是这个阶层，大部分是改革开放之后新产生的阶层。他们可以通过自己的经济支持，给子女创造较好的学习条件——尤其是非全日制学历教育的条件，提高子女的教育获得水平。当然，在“文革”之前，也曾经存在一个规模并不太大的民营企业家（民族资产阶级），但这个阶层的子女，本身就能够获得较高的学历教育。毕竟，教育的阶层传承性，在当时是非常明显的。

表3　家庭背景对被访初职时教育获得的影响

指标	模型1 1965年及之前	模型2 1966～1976年	模型3 1977～1984年	模型4 1985～1999年	模型5 2000～2008年
性别(男=1)	0.261**	0.193**	0.124**	0.089**	-0.048
年龄	0.042	0.051	0.140**	0.095**	0.043
14岁时父亲社经指数	0.008	0.081	0.125**	0.084**	0.102*
14岁时母亲社经指数	-0.081	0.017	0.004	0.053	0.107*
14岁时父亲教育资本	0.157*	0.106*	0.168**	0.143**	0.176**
14岁时母亲教育资本	0.139*	0.023	0.116*	0.172**	0.190**
14岁母亲户口(非农=1)	0.244**	0.307**	0.227**	0.213**	0.354**
N	285	568	570	1111	654
调整后 R^2	0.210	0.203	0.254	0.249	0.253

注：1. “***” =p<0.001；“**” =p<0.01；“*” =p<0.05。

2. 方程中的系数是标准回归系数。

资料来源：2008年GSS调查。

表3给我们报告了跨时段的分析。从模型1——1965年及此之前就参加工作的同期群中可以看出，在这一历史时段，性别是最主要影响人们的教育

获得的变量。相对于女性而言，男性的教育获得水平，要大大高于女性。但父母亲的社会经济地位，对子女的教育获得的影响，却并不显著。这中间的主要原因，是新政权的初建对整个国家的阶层地位的调整，具有重要的影响。工人阶级被赋予领导阶级的意识形态地位，农民阶级也获得了土地资产，并在此间的集体化运动中也被赋予了农村领导阶级的意识形态地位。虽然在1949年之前，有产阶级子女更有机会获得较高的教育，但在1949年之后，有产阶级地位的相对抑制，也使有产阶级子女的教育获得受到了负面影响。但父母亲的教育资本，却显著影响了子女的教育获得。父母亲的教育资本越高，子女接受到的教育就越多，积累的教育获得就越高。但在这一时期，由于城乡差距的存在，也由于长期以来子女只能随母亲的户口落户，14岁时母亲的户口类型，严重影响了子女的教育获得。也就是说，尽管新政权打碎了旧有国家机器，但在教育的阶层传承机制里，子女的教育获得，仍然受家庭背景的影响。

在模型2——1966～1976年初次参加工作的同期群里，14岁母亲户口类别所造成的差异更大。我们知道，在“文革”时期，虽然政府普及了农村小学和初中教育，但小学或初中的辍学率却很高。户籍制度又严格限定了老百姓的迁徙，生产队、生产大队、人民公社的硬性管理方式和公共资源分享方式，严重约束了农村人口对教育资源的使用，这使城市与农村之间的教育差距越来越大。虽然农村的教育获得，在历史向度上大有改进，但在横向比较上，却难以缓解城乡之峪。“文革”期间的另外一个特点，就是对知识分子阶层地位的抑制，对“知识青年到农村去接受贫下中农再教育”政策的提倡，也消解了部分家庭背景对子女教育获得的影响。不仅父母亲的社会经济地位指数不见显著意义，而且，母亲的教育资本也失去了影响，父亲的教育资本的影响力度也减少了。

模型3反映了改革开放初期教育获得的差异。这中间的一个显著现象，就是家庭背景因素的强力显现。不管是父亲的社会经济地位，还是父母亲的教育资本，都对子女的教育获得发生了深刻影响。在“文革”时期被压抑的读书情结，伴随知识分子政策的落实，也伴随高等教育招生制度的正常化，焕发出了青年一代求学积极性。那些接受过更多教育的父母亲，更有能力帮助自己的子女获得较多的教育。所以，父母亲的教育资本，是子女获得更多教育资本的主要支持力。而14岁时母亲的户口类别，虽然也影响子女的教育获得，但与“文革”时期相比，这一影响因素的作用力却有所降低。

模型4反映的是1985年到1999年高等教育扩招前的情况。从这里可以看出，父亲的社会经济地位，虽然仍然具有统计学意义的影响，但其标准回归系数的值却大大降低。但父母亲的教育资本，却仍然具有很强的影响力。这就是说，来自家庭背景的影响，在社会分化中更集中在教育资本上，而不在于权力或社会经济地位的高低上。

可模型5反映的问题，却与模型4反映的信息大有区别。在模型5中，性别的统计影响意义消失了。这预示着计划生育制度在缩减了家庭子女数的同时，也为下一代子女的教育公平带来了福祉。在独生子女家庭，甚至于父母亲难以进行教育投资的性别选择，不得不将剩余资金只投资于家庭唯一的孩子。但在高等教育的扩招过程中，父母亲的社会经济地位却变得越发影响显著。母亲的社会经济地位，在1999年之前，都是不显著的，而独在2000年之后，变得显著起来。这一方面预示家庭子女数的减少，给了女性——尤其是城市女性更多的机会去发展自己的职业生涯，提升自己的阶层地位，使之能够显著地对子女发挥影响。这个影响甚至超过了父亲社会经济地位对子女的影响。毕竟，在模型5中，母亲的教育资本标准回归系数和社会经济地位标准回归系数，分别大于父亲的教育资本标准回归系数和社会经济地位标准回归系数。但模型5也增加了我们的担忧——来自“14岁母亲的户口类型”的影响，大大增加了。这就是说，城市户籍的子女，在控制了其他变量的情况下，能够获得更多的教育机会，提升自己的教育资本。

所以，考察整个历史时段的影响，我们会发现，“文革”时期的户口政策，严重影响了适龄青年的教育获得。在1977～1984年，或者在1985～1999年，“户口”因素的影响有所减弱，但在2000年之后，“户口”因素的影响却增强了。这就是说，在教育扩招促使高等教育“大众化”的背景下，城市人口比农村人口享受了更多的教育资源，获得了更多的教育机会，接受了更高阶段的教育——高等教育扩招的结果，不是缩小城乡差距，而是扩大了城乡差距。尽管农村生源的升学率也获得了某种程度的提高，但城市地区的升学率，却远远高于农村地区。

另外，在2000年之后，家庭背景对子女的教育获得——不管是来自父亲，还是来自母亲的影响，都较前一阶段有所加强。这证明了我们的假设——父亲和母亲的阶层地位，影响着子女的教育获得。父母亲的教育获得，更直接和更有力地影响了子女的教育获得。教育的阶层传承作用，在市场化过程中，被强化了。

三　家庭阶层所属、教育获得对子女职业地位的影响

前文已经指出，在现代工业社会，教育的社会化、教育获得的专业特性与劳动素质标签特性，已成为人们在劳动力市场上获得就业岗位的表征。一个人获得的教育文凭的高低，直接决定了其预期的求职社会空间，从而也影响其初职阶层地位的高低。如果人们的工作获得，只是依靠教育文凭的指引而分流了劳动力渠道，那我们会只考察教育的分流功能。但现实情况却是：在求职压力下，人们除依靠既已获得的文凭或教育资本外，还不得不依靠家庭的支持。因此，父母亲所在的阶层属性，就会对子女的求职存在显见的影响。但这种影响，在不同时代、不同政治抑或经济制度约束之下，会多多少少地发生一些变化。

所以，“初职”的阶层地位，可能是家庭背景的部分影响，而不是最终影响。因此，在分时段进行的模型分析中，有些时候，来自父母亲的代表家庭背景的某些变量是显著的，但在另外一些时候，以父母亲为代表的家庭背景变量是不显著的。这种统计数据所反映的显著或不显著的背后，隐藏着当时社会制度对社会分层过程的干预。

从表4可以看出，在模型1——1965年及以前获得“初职”的同期群中，我们可以明显看出：人们“初职”阶层地位的高低，主要取决于自己获得的教育资本。看父母亲社会经济地位所代表的家庭背景变量就会发现，

母亲社会经济地位的高低，影响着子女“初职”地位的高低，但来自父亲的影响却消失了。这是很奇怪的问题。一个可能的解释是1949年之后新政权的建立所导致的“重新阶层化”，在最初虽然保留了1949年之前地位较高的那些群体的职位，甚至于也照顾到了其子女的就学和工作安排，但在集体化和国有化完成之后，则对那些“阶级成分”不好的家庭，实行了歧视性的就职政策。这在某种程度上影响了“父亲”对子女的“初职”地位获得的影响。

模型2为我们报告了“文革”时期的情况。拿这一时期的数据与前期或后期相比较就会发现，教育资本——子女“受教育年限的长短”这个变量的标准回归系数大大缩水。因为城市就业岗位的减少，城市化进程的停滞不前，以及国民经济状况的恶化，国家不得不开始推行“知识青年上山下乡”运动。成千上万的初中毕业生或高中毕业生，不得不离开城市，到农村去“大有作为”，结果使“教育变量”在“初职”阶层地位获得中缩减其效力。尽管如此，在户籍制度的约束下，“户口”这一变量对“初职”地位的影响，却格外显著而有力。应该说，户籍制度在控制了劳动力人口的流向的同时，也严格限制了农民转变为工人的可能性，更严格地限定了工人转干的可能性。此一时期，工人职级很少提升，干部级别难以晋升，农民基本被限定在生产队和生产大队，很难转变自己的职业身份。所以，如果一个人生来为农民，其就不得不继续为农民；一个人生在城市，就被“安排”为工人。甚至于干部的子女，也在“初职”地位获得上，不得不从普通工人做起。知识分子作为小资产阶级的一个部分，摆脱不了“被改造”的命运——其子女的“初职”地位，不是继承父业，而是首先转变为体力劳动者。这就是说，很多子女“初职”的社会地位，其实是向下流动，而不是代际继承或向上流动。

模型3向我们报告了“文革”后几年的初职获得情况。从这里可以看出，以父母亲社会经济地位为代表的家庭背景变量，开始显现其作用。母亲的社会经济地位，“14岁时父亲的教育获得”具有显著的统计解释力。在落实知识分子政策的过程中，那些受过较好教育的家长，有可能帮助自己的孩子，考取更好的学校，获得更好的教育。初职时人们的教育资本，对初职社会地位的获得，显示了较“文革”时期更强的解释力。但户口制度，仍然具有市场分割意义。具有城镇户口的人的“初职”地位获得，明显高于农业户口的人。事实上，最初从农村到城市的流动人口，都是农闲自带口粮到城市、农忙又回乡务农的“候鸟式”的农民工。很明显，这些农民工的“初职”，绝大多数属于“农民”。

模型4向我们报告了城市体制改革大规模展开之后的“初职”地位获得情况。在此一历史时段，户口仍然具有统计解释力，但作用似乎在减弱。可来自家庭背景的影响，却更为显著。父亲的社会经济地位、母亲的社会经济地位直接而显见地影响着子女“初职”地位的获得。应该说，以社会经济地位为代表的家庭背景，实际上也综合反映了家长的社会职业声望和权力使用能力。这一点与“文革”刚刚结束后的制度调整期很不相同。“文革”结束之后的最初时段，家长的受教育程度具有一定功效。但这一时期，家庭背景影响中的主要因素，已经转移到了家长的社会经济地位上。父母亲双方的社会经济地位，都影响了子女“初职”社会经济地位的获得。

模型5向我们报告了高等教育扩招之后人们“初职”地位的获得情况。在此一模型中，户口仍然具有显著影响作用。但“年龄”这一变量却具有了统计解释力。年龄在这里的重要意义，可能表现在就业竞争中的职位搜寻。在那些毕业后必须马上就业的人中，有很多人的家庭经济状况与家庭背景难以支持其延长工作之搜寻时间——尤其是那些贷款上学的大学生们，属于典型的“有工作就干”，是“干中学”和“干中跳槽”，故他们“初职”社会地位并不高。但那些在毕业后可以等一段时间，并依靠家庭背景的支持而就业的人，则会获得相对较高的职业地位。这就是说，在控制了“初职”教育资本的情况下，年龄越大，“初职”地位越高，越是毕业后推迟了初职年龄。在这里，来自父母亲的影响力，也有所加强。因为在标准回归系数里面，除自己“初职”时教育资本外，来自父母亲职业社会经济地位的系数，算是较高的。虽然“初职时教育资本”对“初职”职业地位贡献了最主要的解释力，但相对于前一时期，该系数值则有所下降。这就是说，教育资本是重要的，但家庭背景的作用却也是重要的。在教育分流人们的职业时，家庭背景的作用具有强化之势。

表 4　初职社会经济指数

指标	模型 1 1965 年及之前	模型 2 1966 ~ 1976 年	模型 3 1977 ~ 1984 年	模型 4 1985 ~ 1999 年	模型 5 2000 年以后
被访年龄	0.044	0.144**	0.037	-0.019	0.092*
初职时户口（非农 =1）	0.337**	0.356**	0.295**	0.065*	0.077*
性别（男 =1）	-0.067	0.034	0.062	-0.029	0.018
参加工作时父亲社经指数	-0.060	0.019	0.004	0.103**	0.118*
参加工作时母亲社经指数	0.187**	0.019	0.097*	0.091**	0.095*
14 岁时父亲教育资本	-0.095	0.048	0.091*	0.029	0.055
14 岁时母亲教育资本	-0.005	-0.019	-0.028	-0.019	0.027
初职时教育资本	0.332**	0.168**	0.207**	0.375**	0.302**
初职时父亲政治身份（党员 =1）	-0.027	0.019	0.035	-0.033	0.022
N	223	427	512	957	265
调整后 R^2	0.190	0.222	0.274	0.218	0.285

注：1. “**” = p < 0.001；“*” = p < 0.01；“*” = p < 0.05。

2. 方程中的系数是标准回归系数。

资料来源：2008 年 GSS 调查。

在“初职”社会地位的获得模型中，性别基本失去了影响。或者说在我们的模型中，性别这一变量失去了显著性。但性别的确表现不出歧视性吗？非也！看表 4 可以知道，在“现职”社会经济地位的获得过程中，在 1984 年及以前，性别的作用未能被本次调查所验证。但在模型 4 和模型 5 中，男性比女性更易于获得较高的社会经济地位。这说明性别歧视问题，仍然存在于我们的社会。

户口制度，一如既往地影响着人们社会经济地位的获得。不仅影响初职，而且还有力地影响“现职”和“终职”。这是中国社会绵延半个多世纪的最大不公。人们不是因为自身能力的限制，而是由于出身地点的限制，或者与生俱来的那种先天家庭背景的限制，而不能参与社会地位的公平竞争。

如何将户籍制度的负面影响消除到最小，也应该是我们不得不深入思考的社会问题。

在经过“初职社会经济地位”的影响后，父母亲的受教育程度，失去了那种可见的显著意义。但这并不预示家庭背景只影响人们“初职”社会经济地位的获得。因为另外一个非常显著的影响变量——“参加工作时父亲的社会经济地位”却长期而持续地影响了人们现职地位的获得。比较模型 3 就会发现，在“初职”地位的获得过程中，在 1984 年之前一个很长的历史时期，“初职时母亲的社会经济地位”大多是显著的，但父亲的社会经济地位只在 1985 年之后显著。但在模型 4 中，“父亲的社会经济地位”在每一历史时段都显著。一般而言，在中国社会普遍存在的“上迁婚”影响下，母亲的“社会经济地位”指数相对低于父亲。所以，母亲“社会经济地位”的高低，以及母亲的社会活动能力及交往网络，就代表了这个家庭的家长最低的那种基本社会资源动用能力。在政治制度的约束之下，来自母亲的影响，就是家庭最低程度的代际影响。也就是说，家庭背景对子女“初职”社会经济地位的影响，是较低程度的影响。

但在“现职社会经济地位”的获得或“终职社会经济地位”的获得过程中，家庭有时间动用家庭的最大资源，寻找更多的社会资助，为子女谋求和建构“最好”的社会发展空间。所以，来自父亲的影响力最终发挥了出来。我们还不能解释为什么在 1985 ~ 1999 年这一时段来自父亲“社会经济地位”的影响失去了显著性。但可以肯定的是，在 2000 年以后的这一模型中，父亲社会经济地位的影响力再度显现，并表现得很有力——标准回归系数也很高，达到了 0.142。

非常有意思的是：在获得“现职”或“终职”时人们的教育资本——亦即积累了接受过全日制教育与非全日制教育之后的教育资本，在对“现职”地位获得的影响上，显示了不同时段的差异。在 1965 年之前，教育资本是最主要的影响因素——模型 1 中该变量的标准回归系数最高。但在模型 2——1966 ~ 1976 年的“文革”时期，“户口”取代了“教育资本”而成为最主要的解释变量——“户口”的回归系数大于“教育资本”。甚至于在模型3中，“教育资本”也仅仅与“户口”的解释力相当。但到模型4——1985～1999年的模型中，“教育资本”又恢复了最主要解释变量的地位。这说明这一时期，教育对人们社会地位获得的影响，具有非常重要的意义。让人担忧的是，在2000年之后，教育对人们社会地位的影响力，开始下降，又恢复到了与父亲的“社会经济地位”相当的水平。这说明，教育扩招之后，一方面存在文凭缩水现象，另外一方面也存在就业竞争，这可能提升了父亲“社会经济地位”的作用。

表5　现职社会经济指数

指标	模型1 1965年及之前	模型2 1966～1976年	模型3 1977～1984年	模型4 1985～1999年	模型5 2000年以后
被访年龄	0.113	0.195	0.013	0.105**	0.004
被访的性别(男=1)	-0.194	0.049	0.005	0.072*	0.044*
14岁时父亲教育资本	-1.012	0.183	-0.005	0.001	-0.051
14岁时母亲教育资本	-0.406	-0.025	-0.069	0.073	0.069*
现职户口(非农=1)	0.467*	0.315*	0.385**	0.104*	0.040
参加工作时父亲社经指数	0.498**	0.142*	0.103*	0.006	0.142**
参加工作时母亲社经指数	0.127	0.034	-0.018	-0.027	0.016
自己政治身份(党员=1)	-0.293	0.055	0.192**	0.094*	0.067*
初职时父亲政治身份(党员=1)	-0.052	0.008	-0.027	0.006	0.042*
现职或终职教育获得	0.550*	0.283*	0.383*	0.251**	0.148**
初职时社会经济指数	-0.024	0.135	0.253**	0.184**	0.170**
N	219	527	548	954	587
调整后R^2	0.208	0.215	0.279	0.258	0.286

注：1. “**” =p<0.001；“*” =p<0.01；“*” =p<0.05。

2. 方程中的系数是标准回归系数。

资料来源：2008年GSS调查。

人们初职时的“社会经济地位”，在“文革”及“文革”之前，缺少统计显著性。但在“文革”之后，“初职”社会经济地位的高低，对“现职和终职”社会经济地位获得的影响意义开始彰显。但总体来看，在历史趋势上，“初职社会经济地位”对“现职和终职”社会经济地位的解释力有所降低。一个可资解释的原因可能是：就业之后人们再度获得受教育机会的可能性增加了。毕竟，改革开放以来，除全日制教育之外，国家也大力发展了非全日制教育和非学校教育。自学考试、成人高考、夜校与远程网络教学的展开，都提升了在职人员的学历水平和知识技能。这使人们岗位地位的提拔，除考虑“初职”社会经济地位因素外，文凭的作用也不可低估。另外，在家庭背景——尤其是在父母亲的支持之下，子女“现职或终职”地位的获得，也会降低“初职”经济地位的支撑力。社会的开放程度，或曰人们就业岗位的可流动性，也在改革开放程度的加深过程中释放了其应有的效力。一个人最初的工作岗位固然重要，但伴随学识增进和劳动力市场发育程度的提高，社会流动——尤其是地区之间和单位之间的社会流动，在扩展水平流动空间的同时，也会带来垂直的流动。

总之，不管是“初职”社会经济地位的获得，还是“现职或终职”社会经济地位的获得，都在新时期增加了家庭背景的作用。但最重要的发现是，在2000年之后，人们的职业地位获得，在“初职”时大多受教育资本的影响，但在“现职”社会经济地位的获得过程中，教育资本固然重要，可来自家庭背景的作用却也显著。大学扩招的结果，一方面增加了社会各阶层的受教育机会，另一方面却使城市受惠更多，借此扩大了城乡差距。这种教育机会扩展的不平等性，传递到就业领域，则是家庭背景的不平等增加了“初职和现职”社会经济地位的不平等。毕竟，在控制了教育资本的情况下，父亲的“社会经济地位”这一变量，在人们的“初职”社会经济地位和“现职及终职”社会经济地位获得中，都具有非常强的解释力。教育与社会地位获得的双重不平等，会直接阻滞下层社会通向中上层社会的合理通道，造成很强的中国阶层结构的代际继承性。如果下层阶层的代表难以进入上层阶层，如果下层阶层的政治意愿难以在社会上层得到表达，如果制定社会政策的主要人员中缺少来自下层阶层的成员，那么，社会流动的封闭性就会增加阶层之间的隔离。这一切，都会给中国社会的和谐发展带来负面影响。

四 小结及进一步讨论

（一）家庭背景影响了子女接受教育机会的公平性

家庭背景，主要是父母亲受教育程度的高低，或者说父母亲教育资本的多少，在任何时代和制度约束下，都显著而直接影响着子女的受教育资本。这就是说，父母亲的教育资本越高，其子女的教育资本也就越高。尽管在“文革”时期，出现过“知识越多越反动”的对知识分子的歧视环境，但父亲的教育资本，仍然影响了子女教育资本的获得。而“文革”一旦结束，母亲教育资本的解释力也随之复现。但应该注意的是：在2000年之后，伴随高等教育扩招政策的实施，在大学招生从精英教育转为大众教育之后，来自父母亲教育资本的影响力，反倒更为增强。伴随教育资本影响力的上升，父母亲的社会经济地位，也在2000年之后显现了直接而显著的影响。这就是说，“教育的大众化”，实际更加扩展和方便了上层阶层子女的就学。教育的职业阶层传承性，在追求“教育公平化”的时代背景中，反倒制造了教育差距。

不管是来自父母亲的影响，还是来自户籍制度的影响，这些影响都属于先赋性因素，而非后致性因素。一个人，不是因为自身的原因，而是因为先赋性因素的影响，而导致了其接受教育机会与教育资本积累的差异，这是最大不平等。这种不平等的制度配置和资源配置不改变，教育不平等就会永远被维持，中国社会的不平等就不会得到根本改变。不管怎么说，收入差距研究得到的最主要结论，就是人力资本或教育资本直接影响着人们的收入。

（二）家庭背景对子女“初职”和“现职”社会经济地位获得的影响显化

在中国社会的工业化和后工业化、在中国乡村社会的非农化和整个社会的城市化过程中，职业分化使得教育资本对职业地位获得具有举足轻重的解释力。但在不同的时代，这种影响也不同。因为“文革”之前，限制劳动力流动并以户籍制度配置社会福利的约束环境，使出身于农民家庭的子女，不得不继承父母亲的职业地位，难以提升自己的阶层梯级。即使在“文革”之后的1977～1984年，户口制度也是人们“初职”社会经济地位获得的最主要影响因素。只是在1985年之后，教育资本的影响才超过了户籍制度的影响。但在教育资本提升解释力的同时，父母亲的社会经济地位却也显化了对子女社会经济地位获得的影响。而且这种影响是仅次于户籍制度影响的重要因素，且在2000年之后，其还增加了力度。

考虑到父母亲的教育资本和社会经济地位已经传承到了子女的教育资本获得上，所以，父母亲社会经济地位对子女“初职”社会经济地位影响的显化，意味着中国“社会经济地位获得”不平等程度的提高。

而且，需要强调的是，那些对“初职”社会经济地位获得影响的因素，在人们的“现职或终职”社会经济地位获得中，也同样发挥着显著而重要的影响。因为现职地位获得，具有家庭支持的积累性效应。也就是说，现职职业地位的获得，积累了父母亲长期的影响。但这种影响，却在2000年之后变得更为重要——其对“现职”地位获得的解释力，甚至于与子女自己的“初职社会经济地位”、与子女自己的“教育资本”几乎同等重要。事实上，在控制了其他变量的情况下，在1985年之后，在人们“现职”社会经济地位的获得中，教育资本的解释力处于渐次降低的态势。

在这种情况下，我们认为：不管是教育资本的获得，抑或是职业地位的获得，中国社会在2000年之后，都强化了家庭背景的作用，使社会流动的先赋性因素提升了社会预期功能。这会增加中国社会的不平等性，导致阶层继承的代际继替性。如果不警惕这一点，中国社会在改革开放过程中创造的机遇共享性，就会为中国社会流动的封闭症状所消解。这会有利于阶层意识的形成，却不利于社会团结。

新世纪以来，关于中国社会开放性与封闭性的推断，渐成社会学研究的核心之所在。学者们发现，工业化与后工业化程度的加深，并不必然带来社会开放程度的上升。在制度约束、流动空间受限、教育机会不公的影响下，工业化的迅速推进，以及教育部门的突然扩张，会增加教育机会与就业机会的竞争。即使教育扩招降低了招生门槛，而就业竞争所形成的阶层地位过滤机制，既会限制中下层阶层自身代内流动的渠道，也会限制中下层阶层代际流动的渠道。也就是说，看似扩张的教育机会，经过社会流动机制的筛选，会为上层阶层创造更多的机会。而工业化和后工业化所带来的就业机会——尤其是在新经济部门所创造的就业机会，则更通过上层阶层对教育机会的竞争性选择而排挤下层阶层子女的进入，在社会流动上表现出某种程度的“封闭性”特征。所以，社会流动的“工业化逻辑”，不是伴随工业化过程的展开而自动表现的逻辑，而是被一定社会制度和社会运行过程所影响的流动逻辑。中国的经验表明，一旦教育机会的公正性被阶层门槛所限制，则就业的公正性会更为严重地被阶层门槛所扰动。

（三）以户籍制度配置社会资源的政策必须改变

在我们的研究中，不管是教育资本的获得，还是“初职和现职”社会经济地位的获得，都深受户籍制度的限制。因为父母亲的户籍在农村，子女们就失去了与城市户籍孩子公平竞争的机会，这也是由先赋性因素造成的我们时代的不公平。尤其重要的是，表面看起来，在教育扩招①过程中，农村地区学生们的升学机会也增加了。但需要明白的是：城镇户籍学生们得到了更多升学机会。

城镇和城市教育资源的优势表现，在给非农户口孩子们创造了受教育机会的同时，也为他们选择到更著名的大学带来了资源支持——比如重点大学招生名额的分配比例，就在地区之间存在差距。这种不平等，还衍生到“初职”就业中，还使城市地方保护主义者更多地照顾了本地生源的就业，而集体性地排挤了外地生源。在整个城市就业体制的封闭性政策影响下，户籍制度在本质上更多地歧视了农业户口生源的就业竞争。

---

① 高等教育的扩招，实际也拉动了高中阶段教育的扩招。虽然自新世纪以来，中国普通高中招生的规模已经开始缩小，但大学招生规模却趋于扩大，这也给农村孩子们创造了升学机会。但需要注意的是：农村地区与城市地区高中学生的升学机会是不平等的。也就是说，城市或城镇户口的学生们，得到了更多的福利，使重点高校的招生名额向这些人更加倾斜。

事实上，在将农业户口人口视为流动人口的制度割裂中，城市的教育与就业排外政策，还人为制造了整个社会保险制度歧视性政策的连续出台。考察中国城市的福利制度和社会保障制度就会发现，城市在为本地人口设计了就业保护政策、教育机会优先享受政策、经济适用房购买政策的同时，还为本地劳动力设计了城镇社会保障政策。时至今日，在强大的舆论压力和城市户籍就业人口的短缺压力下，城市虽然出台了专门针对流动人口的社会保障政策，但这些政策，也无一例外地带有歧视性内容。

考虑到这些内容，如果户籍制度仍然存在，或者城市的公共社会资源仍然以户籍制度作为政策设计的准则，则教育机会的不平等和就业机会的不平等，会在户籍制度的约束下，形成更为严重的不平等。这会影响到中国社会城乡一体化的进程，造成中国社会某种程度的割裂，将城乡二元社会带入城市，形成城市内部的新的二元结构。所以，以户籍制度配置社会资源和社会福利政策的现状必须改变。当前一个可行的思路，应该是以人们的常住地设计城市福利保障措施，借此缩小城乡差距。

（四）要继续消除性别歧视

应该说，伴随独生子女政策的实施，也伴随整个中国社会家庭子女数的减少，曾经一度极其盛行的教育歧视有所缓解。在我们的模型中，教育获得的性别歧视状况，自改革开放以来处于逐渐降低的态势，到 2000 年以后，教育获得的性别歧视状况，已经不具有统计显著性。另外，在“初职”社会地位获得中，性别歧视也显示不出来。但在“现职或终职”社会地位获得过程中，近期显示的趋势是——性别的歧视作用强化了。尤其是在 2000 年之后，就业竞争所带来的劳动力市场的恶化，使男性具有了某种程度的优势。如何健全劳动力市场，逐步减轻直至消除性别差异，也是我们的社会政策需要健全的地方。

图书在版编目（CIP）数据

中国特色哲学社会科学探索与创新：《中国社会科学院研究生院学报》创刊 40 周年纪念文集 / 林维主编. -- 北京：社会科学文献出版社，2022.8

ISBN 978 - 7 - 5201 - 9132 - 6

Ⅰ.①中… Ⅱ.①林… Ⅲ.①社会科学 - 文集 Ⅳ.①C53

中国版本图书馆 CIP 数据核字（2021）第 200376 号

中国特色哲学社会科学探索与创新

——《中国社会科学院研究生院学报》创刊 40 周年纪念文集

主　　编 / 林　维

出 版 人 / 王利民
组稿编辑 / 陈　颖
责任编辑 / 桂　芳
责任印制 / 王京美

出　　版 / 社会科学文献出版社 · 皮书出版分社（010）59367127
地址：北京市北三环中路甲 29 号院华龙大厦　邮编：100029
网址：www.ssap.com.cn
发　　行 / 社会科学文献出版社（010）59367028
印　　装 / 天津千鹤文化传播有限公司

规　　格 / 开　本：787mm × 1092mm　1/16
印　张：46.5　插　页：0.5　字　数：695 千字
版　　次 / 2022 年 8 月第 1 版　2022 年 8 月第 1 次印刷
书　　号 / ISBN 978 - 7 - 5201 - 9132 - 6
定　　价 / 368.00 元

读者服务电话：4008918866